Seosamh Ó hÉanaí

Nár fhágha mé bás choíche

Seosamh Ó hÉanaí

Nár fhágha mé bás choíche

Liam Mac Con Iomaire

Cló Iar-Chonnachta
Indreabhán
Conamara

An Chéad Chló 2007
© Cló Iar-Chonnachta 2007

ISBN 978-1-905560-20-2

Dearadh clúdaigh: Greek Design
Grianghraif chlúdaigh: Lensmen
Dearadh: Deirdre Ní Thuathail / Greek Design

Bord na
Leabhar
Gaeilge

Tugann Bord na Leabhar Gaeilge
tacaíocht airgid do Chló Iar-Chonnachta

arts
council
schomhairle
ealaíon

Faigheann Cló Iar-Chonnachta cabhair airgid
ón gComhairle Ealaíon

Clóchur: Cló Iar-Chonnachta, Indreabhán, Conamara
Teil: 091-593307 **Facs:** 091-593362 **r-phost:** cic@iol.ie
Priontáil: Future Print, Baile Átha Cliath 13.

I gcuimhne ar Phroinsias Mac Aonghusa, ar Johnny Chóil Mhaidhc
Ó Coisdealbha agus ar Riobard Mac Góráin –
triúr de chairde móra Sheosaimh Uí Éanaí,
a fuair bás le linn don bheathaisnéis seo a bheith á cur le chéile

An tAmhránaí

Gruaig mar a bheadh fiataíl.
Baithis mar leac.
Grua mar
aill eidhinn.
Srón mar chreig.
Leiceann mar thaobh aille.
Béal mar
shruthán ceolmhar.

Múnlaithe
ag fear na ceirde
an dealbhóir
as cloch eibhir Chonamara
in Aird an Chaisleáin.

– Jackie Mac Donncha

Clár

Réamhrá

AG CÉILÍ SA SEANHALLA AR AN GCEATHRÚ RUA I LÁR NA GCAOGAIDÍ seo caite a chonaic agus a chuala mé an t-amhránaí Seosamh Ó hÉanaí i dtosach, agus tá an ócáid fanta go gléineach i mo chuimhne ó shin. Dúirt sé cupla abairt faoin amhrán sular dhúirt sé an t-amhrán féin, agus leis an dáiríreacht agus leis an gcinnteacht a bhí ag baint leis thit ciúnas iomlán ar a raibh sa halla. Chloisfeá biorán ag titim le linn an amhráin féin, cé nach ceann de na hamhráin mhóra a dúirt sé ach ceann éadrom eicínt mar 'An Spailpín Fánach'.

Chuala mé ina dhiaidh sin é ag na hOícheanta Seanchais in Amharclann an Damer i mBaile Átha Cliath ag rá 'Caoineadh na dTrí Muire', agus bhí a raibh sa halla faoi dhraíocht aige. Scríobh Máirtín Ó Cadhain san *Irish Times* ag an am: *'In 'Caoine na dTrí Muire' he brings home to us the joys and sorrows of Mary with the intimacy and poignancy of a Fra Angelico painting. This tour de force forms between him and his audience a bond of sympathy which has scarcely been felt between any audience and actor in this city in our time.'* As na hOícheanta Seanchais sin sa Damer a roghnaíodh ábhar cheirníní Gaeltachta Ghael-Linn i 1958, agus bhí Seosamh Ó hÉanaí ar thrí cinn de na seacht gceirnín bheaga 78 rpm sin.

I dtús na seachtóidí, nuair a bhí Gael-Linn ag eisiúint an chéad fhadcheirnín leis, *Seosamh Ó hÉanaí*, d'iarr bainisteoir Ghael-Linn, Riobard Mac Góráin, orm éisteacht le spóla mór amhrán a bhí taifeadta ag Seosamh agus focla na n-amhrán a scríobh, le cur ar an gclúdach. Chaith mé tráthnónta agus oícheanta fada ag éisteacht aríst agus aríst eile leis na hamhráin mhóra sin – 'Eileanór na Rún', 'An Buinneán Buí', 'An Tiarna Randal', 'Eanach Cuain', 'Caoineadh na dTrí Muire' – go dtí go raibh siad de ghlanmheabhair agam beagnach. Ba mhór an an peaca, shíl mé, a bheith ag stopadh an spóla i lár véarsa agus i lár líne agus tosú ag scríobh na bhfocal, ach b'éigean é a dhéanamh. Agus tar éis mo chuid trioblóide, pé ar bith céard a tharla do na focla, bhíodar ar iarraidh nuair a tháinig an ceirnín amach, cé go bhfuil m'ainm luaite ar an gclúdach mar 'cúntóir taighde'. Ach is cuimhneach liom a bheith faoi dhraíocht ag éisteacht le Seosamh Ó hÉanaí de ló agus d'oíche ar feadh coicíse nó níos mó go dtí go mb'éigean dom an spóla úd a thabhairt ar ais do Len Ó Cluamháin, a bhí i bhfeighil ceirníní i nGael-Linn ag an am. Ba gheall le bheith i dTír na nÓg é, Tír na nAmhrán.

Tá ócáid eile freisin a thagann chun cuimhne chuile uair dá gcloisim amhrán le Seosamh Ó hÉanaí: an bhainis Mheiriceá a bhí i dteach tábhairne O'Donoghue's, ar Rae Mhuirfean i mBaile Átha Cliath, do Sheosamh an oíche sula ndeachaigh sé ar ais go Nua-Eabhrac i 1971. Bhí a raibh i láthair faoi dhraíocht aige nuair a dúirt sé na hamhráin mhóra, cinn Ghaeilge agus cinn Bhéarla, agus é ag cuimilt a bhéil lena naipcín bán – nós a bhí aige – idir dhá amhrán. Bhí idir fhir agus mhná, mé féin ina measc, i scuaine ag deireadh na hoíche ag iarraidh lámh a chroitheadh leis nó barróg a bhreith air agus slán abhaile ar ais go Meiriceá a rá leis. B'as Meiriceá go leor dá raibh sa scuaine agus bhí deora le go leor acu, cé nach raibh focal Gaeilge acu. Ní fhaca mé ócáid chomh corraitheach, spioradálta riamh i mo shaol in aon teach tábhairne ná, dá n-abróinn é, in aon teach pobail.

Fuair mé cuireadh cosáin ó Mheaití Jó Shéamuis Ó Fátharta an oíche sin ar ais tigh Mháirín agus Paddy O'Donoghue, áit a raibh bagún agus cabáiste agus bairille pórtair ar fáil do Sheosamh agus dá chairde go dtí gur dúradh amhráin dheireadh na hoíche am eicínt as sin go maidin. Ní raibh mé ar mo shuaimhneas gur mhínigh mé do Sheosamh go raibh cuireadh cosáin agam, ach leis an gceart a thabhairt dó chuir sé ar mo chompord mé agus chuir sé in aithne do lánúin an tí mé. Bhíodh faitíos orm roimhe sin aon teanntás a dhéanamh air, thairis beannú go hómósach dó an uair annamh a gcastaí orm é. Aon uair amháin roimhe sin a labhair mé leis, ag coirm cheoil a thug sé i Halla na Saoirse; chuir mé ceist eicínt air faoi 'Amhrán Rinn Mhaoile' agus gan a fhios agam gur aniar as ceantar Rinn Mhaoile a tháinig a mhuintir go Carna. Ach cuimhním gur dhúirt sé de ghlór an-bhrónach: 'Níl aon fhocal Gaeilge fanta i Rinn Mhaoile inniu.'

An oíche seo tigh Phaddy O'Donoghue chuir sé iontas orm chomh séimh is a bhí sé, agus dúirt sé 'An Buinneán Buí' dom, amhrán a bhfuil mé an-cheanúil air, anois agus an uair sin. Ócáid chiúin, shollúnta a bhí inti; bhí Seosamh féin ciúin agus bhí sé uaigneach, cheap mé. Casadh ar an amhránaí Pádraigín Ní Uallacháin in O'Donoghue's é an mhaidin dár gcionn, agus dúirt sí liom nuair a labhair mé léi blianta fada ina dhiaidh sin, nach é amháin go raibh sé uaigneach ach go raibh sé ag gol go faíoch agus go hoscailte. Thug sí cuntas an-íogair dom ar chumha agus ar uaigneas Sheosaimh agus é ag fanacht leis an gcarr a bhí lena thabhairt amach chuig an aerfort, ar a bhealach ar ais go Manhattan. Bhí cuntas breá spleodrach faighte roimhe sin agam ó Mhac Dara Ó Fatharta as Inis Meáin faoin scléip agus an gairdeachas a bhí sa teach ósta céanna roinnt seachtainí roimhe sin, an tráthnóna ar tháinig Seosamh abhaile.

Tá mé faoi dhraíocht ag amhráin Sheosaimh Uí Éanaí ón am sin i leith agus, i bhfocla cheann de na hamhráin sin, 'Eileanór na Run', 'chúns mhairfead beo beidh gean agam orthu'. Airím diamhaireacht agus doimhneacht, uaisleacht agus uaigneas i ngach siolla ceoil dá dtagann as a bhéal. Bhí sé in ann dul go croí an amhráin, i nGaeilge nó i mBéarla, agus é a rá amach óna chroí féin ar bhealach a chuaigh láithreach go croí an éisteora. An rud a thagann ón gcroí, téann sé faoin gcroí. Bhí sé in ann na hamhráin mhóra faoi Napoleon – 'The Green Linnet' agus 'The Bonny Bunch of Roses' – a rá ar áilleacht an domhain, agus bhí sé draíochtúil ar fad ag rá na seanamhrán Gaeilge a chuala sé ina óige i gCarna. I bhfocla Pheggy Seeger: 'The songs in the Gaelic were his favourites and he would sink into them as into the arms of a lover'.

Is é Muiris Ó Rócháin a chuir ag bailiú eolais faoi Sheosamh Ó hÉanaí i dtosach mé, nuair a d'iarr sé orm léacht faoi shaol agus faoi shaothar Sheosaimh a thabhairt ag Scoil Samhraidh Willie Clancy i Sráid na Cathrach i gContae an Chláir i 1994, tráth a raibh Seosamh deich mbliana caillte. Fuair mé chuile chúnamh ó mhuintir Éinniú i gCarna ag an am, go háirithe ó neacht le Seosamh, Máire Uí Mhaoilchiaráin, a bhfanadh sé ina teach i gCarna nuair a thagadh sé abhaile ar saoire – as Albain ar dtús, as Sasana ina dhiaidh sin agus as Stáit Aontaithe Mheiriceá i ndeireadh a shaoil. Labhair mé le nia le Seosamh, Seán Ó hÉanaigh i Raidió na Gaeltachta, agus le comharsana Sheosaimh i gCarna, na fonnadóirí Dara Bán Mac Donnchadha, Michael Mháire an Ghabha Ó Ceannabháin (nach maireann), Johnny Mháirtín Learaí Mac Donnchadha, agus Josie Sheáin Jeaic Mac Donncha, fear a thug cuntas fíorbhreá dom ar ghnáthobair na bliana nuair a bhí 'Josie Éinniú' nó 'Joe Éinniú' mar a thugtaí air, ina bhuachaill óg san Aird Thoir. Thaithin an leagan Gaeilge dá ainm go mór le Seosamh féin, agus cloífidh mise leis sin sa scéal seo, mar ómós dó. Fuair mé cuimse eolais freisin ón Athair Eddie (Bheairtle) Ó Conghaile a bhfuil stór mór scéalta agus amhrán aige féin, chomh maith le seanchas faoi chúlra na n-amhrán.

Chuaigh mé chun cainte leis an gcéad ghlúin eile d'amhránaithe an cheantair, Micheál Ó Cuaig agus Peadar Ó Ceannabháin as Aill na Brón, Cill Chiaráin, a raibh tionchar mór ag Seosamh orthu beirt, agus le Peadar Tommy Mac Donncha agus Tomás Mac Eoin as an gCeathrú Rua, a chaith deireadh seachtaine 'thar sáile' i gcomhluadar Sheosaimh in Árainn. I gCois Fharraige fuair mé cuntas breá ó na hamhránaithe Máirtín Pheaits Ó Cualáin in Indreabhán agus Peait Phádraig Tom Ó Conghaile sa Spidéal, ar Sheosamh Ó hÉanaí ag na hOireachtais i mBaile Átha Cliath sna ceathrachaidí agus sna caogaidí. Labhair mé leis an gcraoltóir Seosamh Ó Cuaig faoin bpolaitíocht a bhí i réim i gCarna le linn óige Sheosaimh Uí Éanaí agus le beirt chraoltóirí eile ó Raidió na Gaeltachta, Máirtín Jaimsie Ó Flaithbheartaigh agus Seán Bán Breathnach, ar thit sé ar a gcrann Seosamh a chur i láthair an phobail ag coirmeacha ceoil i mBaile Átha Cliath agus i gConamara.

Chuaigh mé chun cainte in Áth Eascrach i mBéal Átha na Sluaighe le buanchara agus comharsa Sheosaimh, an t-amhránaí Seán 'ac Dhonncha (nach maireann), a bhí ag dul chuig Scoil na hAirde in éineacht leis i lár na bhfichidí. Labhair mé, ar ndóigh, leis an gcara ba mhó a bhí ag Seosamh in iarthar na hÉireann ar fad, an file agus an drámadóir Johnny Chóil Mhaidhc Ó Coisdealbha (nach maireann), agus ba mhór an cúnamh dom freisin na hagallaimh éagsúla le Seosamh féin a bhí ar fáil dom i gcartlann RTE Raidió na Gaeltachta, go háirithe agallamh a rinne Maidhc P. Ó Conaola leis i 1979 sa tsraith *Blianta faoi Bhláth*.

In Albain labhair mé le Cy Laurie, tábhairneoir a bhfuil club céilí aige i nGlaschú agus a casadh orm, é féin agus a chara Sam Ramsay, ag Féile Chomórtha Joe Éinniú i gCarna blianta fada ó shin. I nGlaschú, freisin, labhair mé leis an amhránaí Geordie McIntyre, a thaifead amhráin agus scéalta ó Sheosamh i dteach mhuintir Heaney i gClydebank i 1964–5, an uair dheireanach ar thug Seosamh cuairt ar a bhean agus ar a chlann ansin. Ó Mhichael Davitt (nach maireann), le linn dó a bheith ag bailiú eolais don chlár teilifíse *Joe Heaney: Sing the Dark Away*, a craoladh i 1996, a fuair mé go leor den eolas faoi shaol pearsanta Sheosaimh: faoina phósadh i gClydebank le bean de bhunadh Charna a rugadh i nGlaschú, Mary Connolly, agus faoin gceathrar clainne a bhí acu, beirt chailíní agus beirt bhuachaillí. Níor úsáid mé mórán den eolas seo ag Scoil Samhraidh Willie Clancy i 1994, mar gur shíl mé nár bhain sé le hábhar, thairis a rá gur theip ar an bpósadh agus gur fhág Seosamh an baile. Ach tá na hagallaimh a rinne Michael Davitt ar an gclár teilifíse sin leis an mac ba shine den chlann, Jackie Heaney (nach maireann), agus le deirfiúr Mhary Connolly, Kitty Ward, curtha i scríbhinn anseo agam.

Thairis sin, d'airigh mé go bhféadfadh aon fhiosrú breise cur as don bheirt chlainne atá fós beo in Albain, ar thréig a n-athair iad féin agus a máthair agus iad óg, ar cailleadh a máthair i 1966, ar cailleadh a ndeartháir Jackie i mbliain an dá mhíle agus a ndeirfiúr Patricia (Patsy) i 2006. Dá mbeadh Jackie fós beo nuair a hiarradh orm an bheathaisnéis seo a scríobh, is cinnte go ndéanfainn iarracht labhairt leis, mar chuaigh a dhínit agus a ionracas ar an gclár teilifíse i bhfeidhm go mór orm agus ar chuile dhuine eile dá bhfaca é, sílim. Cé go bhfuil Michael Davitt ar shlí na fírinne é féin anois freisin – fuair sé bás tobann i Meitheamh 2005 – ba mhaith liom mo bhuíochas a ghlacadh leis anseo faoi gach a raibh d'eolas bailithe aige faoi Sheosamh Ó hÉanaí a roinnt go fial liom. Trí nithe nach féidir a fhoghlaim – fonn, féile agus filíocht.

Tá mé thar a bheith buíoch freisin den bhean a bhí pósta le Michael Davitt, Máire Nic Fhinn as ceantar Thuar Mhic Éadaigh i gContae Mhaigh Eo, a thosaigh ag obair i nGael-Linn i ndeireadh na seascaidí. Snadhmadh caradas buan idir í féin agus Seosamh Ó hÉanaí an lá ar casadh uirthi ar dtús é i samhradh na bliana 1969 in O'Donoghue's. Bhí socrú déanta ag Riobard Mac Góráin i nGael-Linn le Seosamh ábhar fadcheirnín a thaifeadadh i stiúideo Pheter Hunt ar Fhaiche Stiabhna nuair a thiocfadh sé abhaile ar saoire as Nua-Eabhrac an bhliain sin, agus b'in é an gnó a bhí ag Máire leis in O'Donoghue's. (As an taifeadadh céanna sin a tháinig an spóla draíochtúil amhrán ar thrácht mé thuas air.) Ocht mbliana déag a bhí Máire ag an am, sách óg le bheith ina hiníon ag Seosamh, agus bhí sí díreach tagtha ar ais as Londain ó chuairt a thug sí ar a hathair ansin, nach raibh feicthe aici le trí bliana déag. Ón gcéad lá sin in O'Donoghue's go dtí an lá ar bhásaigh Seosamh i Seattle Mheiriceá Lá Bealtaine 1984, bhí dlúthchaidreamh agus caradas idir Máire agus é féin. Ba iad Máire Nic Fhinn agus Riobard Mac Góráin i nGael-Linn na cairde ab fhearr a bhí ag Seosamh Ó hÉanaí in Éirinn an chuid eile dá shaol. D'fhanadh Seosamh tigh Davitt i mBaile Átha Cliath nuair a thagadh sé abhaile as Meiriceá sna blianta deireanacha, agus scríobhadh sé féin agus Máire chuig a chéile go rialta; tá roinnt de na litreacha sin le fáil sa leabhar seo, le caoinchead Mháire Nic Fhinn.

Nuair a chuaigh mé ar lorg Sheosaimh i Londain i 2004 bhí an t-ádh orm treoraí agus faisnéiseoir maith a bheith agam a raibh ardmheas aige ar Sheosamh, an fidléir agus fliúiteadóir Gabriel O'Sullivan, nó Gabe Sullivan, as ceantar Átha Cinn i gContae na Gaillimhe, fear a chaith go leor dá óige ag éisteacht leis na deirfiúracha Sarah agus Rita Keane i gCathair Liostráin, agus an fear a rinne an ceirnín *Joe and the Gabe* le Seosamh i Londain i ndeireadh na seachtóidí. Bhí Gabe feicthe roimhe sin agam ar *Sing the Dark Away*, agus thug mé suntas ar leith don abairt seo uaidh: '*If this world goes on for another ten thousand years, there won't be a singer like Joe Heaney. Of that I'm quite convinced.*' Thug mé cuairt ar halla damhsa an Galtymore i gCricklewood, áit a mbíodh Gabe ag casadh ceoil sa mbanna céilí agus áit a gcasadh Seosamh amhrán ó am go ham. Ba é cuairt an lao ar an athbhuaile agamsa é, mar chaith mé cúig shamhradh as a chéile ag obair ag McAlpine i Londain i ndeireadh na gcaogaidí agus i dtús na seascaidí. Cé go raibh Seosamh i Londain na blianta céanna sin ní raibh a fhios agamsa ag an am é, agus shíl mé gur i Southampton a bhí sé fós.

Thug mé athchuairt ar Chamden Town ar thóir na dtábhairní – nó a bhfuil fágtha díobh – a ghnáthaíodh Seosamh: The Laurel Tree, áit a mbíodh cara mór le Seosamh, Willie Clancy, ag seinm ar an bpíb uilleann ag barr an staighre; The Bedford Arms, áit ar thaifead an bailitheoir ceoil Meiriceánach Ralph Rinzler an ceirnín *Irish Music in London Pubs*, a bhfuil trí amhrán ag Seosamh air, 'The Rocks of Bawn' 'Morrissey and the Russian Sailor' agus 'An Spailpín Fánach'; agus The Stores, áit a mbíodh Gabe Sullivan féin ag casadh ceoil agus Seosamh ag rá corramhrán. Tá seanghnáthóga na nÉireannach i gCamden Town agus i gCricklewood athraithe ar fad anois agus Araibis agus teangacha oirthear na hEorpa le cloisteáil sna bólaí a mbíodh Gaeilge nádúrtha Chonamara agus Béarla tíriúil iarthar Éireann le cloisteáil iontu tráth.

Bhíodh éileamh ar Sheosamh sna clubanna amhrán pobail, na *folk clubs*, ar fud Shasana faoi seo. Nuair a bhunaigh Ewan MacColl, Alan Lomax, Albert Lloyd agus Séamus Ennis an Singers Club i gKilburn i Londain i 1953, níorbh fhada go raibh Seosamh Ó hÉanaí ar an amhránaí ba mhó a mbíodh éileamh air ann. Bhí sé cloiste agus taifeadta roimhe sin i gCarna ag beirt de bhunaitheoirí an chlub: an bailitheoir ceoil Meiriceánach Alan Lomax, agus an bailitheoir ceoil Éireannach Séamus Ennis, seanchara le Seosamh. Ba é Lomax a thug amhránaí óg darbh ainm Peggy Seeger go Londain ar dtús i 1956, in aois a bliain is fiche, agus thit sí féin agus Ewan MacColl i ngrá agus i mbuanchumann. Tá sí chomh gnóthach agus chomh luaineach is a bhí sí riamh, faoin am a bhfuil an cuntas seo á bhreacadh i 2007.

Nuair a bhí ag teip orm teacht ar Pheggy Seeger ar a teileafón agus ar a ríomhaire i Meiriceá, d'éirigh liom go míorúilteach bualadh léi i mBaile Átha Cliath agus í ar a camchuairt amhránaíochta ansin. Chas mé air an teilifís oíche amháin le breathnú ar an gclár *Ardán* agus cé a bheadh ann ach í! Ghlaoigh mé ar mo chara Rossa Ó Sioradáin, duine d'fhoireann an chláir, agus dúirt mé leis greim an fhir bháite a choinneáil uirthi dom, rud a rinne sé. Rinne sí agallamh fada fonnmhar liom faoi Sheosamh, agus is léir óna bhfuil ráite aici sa leabhar seo go ndeachaigh sé i bhfeidhm go mór uirthi mar amhránaí agus mar dhuine, sa Singers Club i Londain ar dtús agus ina dhiaidh sin arís nuair a d'iarr MacColl ar Sheosamh roinnt seachtainí a chaitheamh sa teach leo i mBeckenham i Londain i 1964, le go dtaifeadfadh sé amhráin uaidh, agus eolas faoi amhráin. (Tá an t-ábhar a thaifead sé ó Sheosamh le fáil ar an dlúthdhiosca *The Road from Connemara*.)

In O'Donoghue's i mBaile Átha Cliath a bhí an t-aicsean ar fad i dtús na seascaidí, nuair a thosaigh rabharta mór na mbailéad nó an *ballad boom* mar a thugtaí air. Is ann a casadh Ronnie Drew agus na Dubliners ar Sheosamh, mar aon leis na Clancy Brothers, a bhí sa mbaile as Meiriceá, agus Séamus Ennis, a bhí ar ais óna shraith cláracha *As I Roved Out* don BBC. D'éirigh Seosamh an-mhór le Ronnie Drew agus a bhean, Deirdre (McCartan), a fuair bás i 2007, agus chaith sé dhá bhliain ag fanacht sa teach acu, sula ndeachaigh sé go Meiriceá i 1966. Ba é Seosamh a thug an t-amhrán 'Seven Drunken Nights' do na Dubliners, atá ar an téama céanna leis an amhrán Gaeilge 'Peigín is Peadar'. Roinn Ronnie a chuid eolais ar a chara go fial agus go flaithiúil liom.

Bhí na Clancy Brothers an-mhór le Seosamh freisin, agus chuadar siar go Carna in éineacht leis cupla uair. Is iad a chuir os comhair an phobail ar dtús i Meiriceá é nuair a thugadar anonn chuig an Newport Folk Festival é i 1965, agus is iad a fuair post buan dó i Nua-Eabhrac i 1966. Labhair mé le Liam Clancy, an t-aon duine díobh atá fágtha anois, agus cé go raibh an méid a dúirt sé ar *Sing the Dark Away* feicthe agus cloiste cupla uair agam, b'fhiú go mór labhairt leis féin go pearsanta. D'fhoghlaim sé féin agus Seosamh go leor ó chéile agus admhaíonn Liam go hoscailte go bhfuil sé faoi chomaoin mhór ag Seosamh.

Nuair a chuaigh mé go Nua-Eabhrac ar a lorg i 2005, thug mé cuairt ar an mbloc áirgiúil árasán i Central Park West ar chaith sé deich mbliana ina dhoirseoir agus ina fheighlí ardaitheora ann, agus chuaigh mé go Bay Ridge, Brooklyn, ag breathnú ar an árasán inar chónaigh sé féin. Thug mé cuairt ar The Lion's Head, an teach tábhairne i nGreenwich Village a mbuaileadh sé leis na Clancy Brothers ann, ach nuair a chuir mé tuairisc an Green Isle Tavern, an teach tábhairne áitiúil a thaithíodh sé, dúradh liom go raibh sé leagtha go talamh agus foirgneamh eile tógtha ina áit.

Labhair mé leis an Ollamh Ken Nilsen, a rugadh agus a tógadh in Bay Ridge, Brooklyn, agus atá anois i gceannas ar an Roinn Cheilteach in Ollscoil Francis Xavier in Antigonish i dTalamh an Éisc i gCeanada, fear a chuir barr feabhais ar a chuid Gaeilge in iarthuaisceart Chonamara ina óige, rud a chabhraigh go mór leis an gcaidreamh idir é féin agus Seosamh.

Labhair mé i Nua-Eabhrac freisin le Lucy Simpson (nach maireann), nach raibh i bhfad ó áit chónaithe Sheosaimh i mBrooklyn, bean a casadh orm roimhe sin ag Féile Chomórtha Joe Éinniú i gCarna. Ón tuairisc a thug sise dom, sílim nach raibh Seosamh chomh sona riamh ina shaol is a bhí sé sna blianta deireanacha sin i Nua-Eabhrac, nuair a bhí sé féin agus na Simpsons ag déanamh comharsanachta le chéile agus ag dul ar thurais fhada gluaisteáin le chéile ó cheann ceann na Stát, Lucy agus a fear Barry chun tosaigh, agus máthair Lucy, a n-iníon óg Shelley agus Seosamh taobh thiar.

I Nua-Eabhrac dom freisin, chuaigh mé ar thóir John Cage, an cumadóir ceoil nua-aoisigh as Los Angeles, fear a thaistil go Sasana i 1979 lena iarraidh ar Sheosamh, a bhí ar camchuairt ar na clubanna ansin, a bheith páirteach sa saothar nua le Cage, *Roaratorio*, bunaithe ar *Finnegans Wake* le James Joyce. Thaistil Seosamh le Cage agus *Roaratorio* go Páras na Fraince, go Toronto Cheanada, go Lille na Fraince, go Frankfurt na Gearmáine agus go Londain Shasana. Fuair mé cuntas breá ón bhfidléir Paddy Glackin, duine de ghrúpa ceoltóirí

Éireannacha a bhí páirteach i *Roaratorio* in éineacht le Seosamh. Labhair mé freisin le Gerry Shannon as Dúlainn i gContae an Chláir, a bhí ar dhuine de lucht leanúna Sheosaimh i Nua-Eabhrac agus a casadh air arís thiar i San Francisco i 1983 ag coirm cheoil dheireanach Sheosaimh, 'The Last Hurrah', mar a thug Niall O'Dowd air ag an am, ina nuachtán *The Irishman*.

Labhair mé leis an mboscadóir Joe Burke, a raibh aithne aige ar Sheosamh nuair a bhíodar ag taifeadadh cheirníní Gaeltachta Ghael-Linn i ndeireadh na gcaogaidí agus a bhí ar aon ardán leis arís i Nua-Eabhrac sna seachtóidí. Rinne an boscadóir mór eile Tony MacMahon cur síos dom ar chuairt a thug sé féin ar Sheosamh i Nua-Eabhrac agus ar chamchuairt a rinne sé in éineacht leis ar chósta thiar Mheiriceá, in éineacht leis an gceoltóir agus an ceoleolaí Mick Moloney as Luimneach.

I Meiriceá atá an chuid is mó dá shaol caite ag Mick Moloney, fear a hainmníodh faoi dhó san iris *Irish America* mar dhuine den 'Top 100 Irish Americans'. Is é an t-aon Éireannach eile é ar bhronn an National Endowment for the Arts an gradam mór céanna air a bhronn siad ar Sheosamh Ó hÉanaí i 1982: The National Heritage Award for Excellence in Folk Arts. Ar ndóigh, bhí tuairiscí moltacha a scríobh Mick Moloney faoi Sheosamh, i Meiriceá agus in Éirinn, léite agam sular bhuail mé leis ar chor ar bith; ach chomh maith le agallamh fada a dhéanamh liom faoin aithne a bhí aige féin ar Sheosamh Ó hÉanaí, cheadaigh sé dom úsáid a bhaint sa leabhar seo as dhá agallamh fhada a rinne Moloney é féin le Seosamh, thart ar an am ar aistrigh Seosamh as Ollscoil Wesleyan i Middletown, Connecticut, siar go hOllscoil Washington i Seattle.

Ba é an tOllamh Neilly Bruce a thug cuireadh do Sheosamh go Roinn an Cheoil in Ollscoil Wesleyan (taobh amuigh de Nua-Eabhrac) i 1976, ag múineadh na seanamhrán Gaeilge. Ar dhuine díobh sin a bhí sé a mhúineadh bhí James R. Cowdery, a scríobh an leabhar *The Melodic Tradition of Ireland* ina dhiaidh sin agus a thug caibidil iomlán sa leabhar sin d'amhránaíocht Sheosaimh féin, 'Putting it Over'. Is é Cowdery freisin a scríobh, ar chlúdach an dlúthdhiosca *Say a Song* faoi Sheosamh: '*No one could surpass his genius for giving a song just the right mixture of dignified elegance and emotional expression to create an artistic communication of extraordinary depth. His intricate vocal ornamentations were never gratuitous.'*

Nuair a chríochnaigh a théarma in Ollscoil Wesleyan, thug an tOllamh Fred Lieberman i Roinn an Cheoil in Ollscoil Washington i Seattle conradh dhá bhliain do Sheosamh mar Ealaíontóir Cuarda ansin, ag déanamh na hoibre céanna a bhí sé a dhéanamh in Ollscoil Wesleyan. Thiar i Seattle a chríochnaigh mise mo chamchuairt i 2005, áit ar bhuail mé le beirt bhan uaisle, Sean Williams agus Jill Linzee, a bhí ina scoláirí ag Seosamh i dtús na n-ochtóidí agus a bhain céim an mháistir amach sa staidéar a rinneadar ar a chuid amhránaíochta agus ar a chuid scéalaíochta. Bhí agallamh déanta in Éirinn roimhe sin agam i nglan-Ghaeilge le mac léinn eile le Seosamh, Steve Coleman, atá anois ina léachtóir le hAntraipeolaíocht in Ollscoil na hÉireann, Maigh Nuad. Labhair mé le bean uasal eile, Laurel Sercombe, a thosaigh ag obair mar chartlannaí i Roinn na hEitneacheoleolaíochta in Ollscoil Washington an bhliain chéanna ar thosaigh Seosamh ag múineadh ansin. Labhair siad triúr go ceanúil agus go grámhar faoi Sheosamh, mar atá le léamh i gcaibidlí deireanacha an leabhair seo, agus thaispeáin siad go bródúil dom an bailiuchán mór amhrán agus scéalta le Seosamh atá ar chóir shábhála sa Joe Heaney Collection ansin. Tá an taephota cré, ina mbíodh an tae láidir a raibh Seosamh chomh ceanúil sin air, ar bhord beag sa gcartlann ansin fós. Is beag an rud is buaine ná an duine.

Labhair mé ar deireadh le Cáit Callen, an bhean a bhí ag tabhairt aire do Sheosamh an oíche a bhfuair sé bás agus a tháinig abhaile leis an gcorp i 1984, bean a rinne cur síos beacht dom ar Sheosamh Ó hÉanaí agus é sna críocha déanacha. Gabhaim buíochas ó chroí leis na mná uaisle sin i Seattle agus le Lucy Simpson i Nua-Eabhrac, a raibh beagán cumha le brath ina nglór fós, breis agus fiche bliain tar éis bhás a gcarad. Gabhaim buíochas freisin le chuile dhuine dá bhfuil luaite thuas agam agus le chuile dhuine eile a thug aon bhlúire dá laghad eolais dom faoi Sheosamh Ó hÉanaí ó thosaigh mé ar an tionscnamh seo.

Tá go leor díobh sin a chabhraigh liom an bheathaisnéis seo a chur le chéile imithe ar shlí na fírinne iad féin anois, slán beo leo. Díreach roimh dhul chuig na clódóirí, fuair Riobard Mac Góráin, iarbhainisteoir agus iar-Cheannasaí Ghael-Linn, bás an deireadh seachtaine deireanach de Lúnasa 2007, fear a rinne na chéad cheirníní d'amhráin Sheosaimh i ndeireadh na gcaogaidí nuair nach raibh mórán ceirníní á ndéanamh sa tír seo, i mBéarla ná i nGaeilge. Ní dhearna Seosamh dearmad riamh do Riobard ar an gcuireadh a fuair sé uaidh i Southampton, chuig na hOícheanta Seanchais i Halla Damer i mBaile Átha Cliath i 1957. Dúirt Seosamh in agallamh le Pádraig Ó Raghallaigh ar Radio Éireann ag an am: 'An duine uasal a chuir fios orm chuig na hOícheanta Seanchais, ní raibh súil ar bith agam leis an litir nuair a fuair mé í, ach tá an-bhuíochas agam air faoi fios a chur orm. Chaith mé seachtain chomh maith is a chaith mé riamh.' Bhíodh sé féin agus Riobard ag scríobh chuig a chéile go rialta ina dhiaidh sin, agus tá roinnt de litreacha Sheosaimh sa leabhar seo.

Cailleadh an bailitheoir cáiliúil amhrán ó Roinn Bhéaloideas Éireann, Tom Munnelly, i Sráid na Cathrach i gContae an Chláir an deireadh seachtaine céanna le Riobard Mac Góráin. Má chonaic Riobard an taobh mín de Sheosamh chonaic Tom Munnelly an taobh eile den fhear, agus cé nár thaithin Seosamh le Munnelly, d'admhaigh sé gur ealaíontóir críochnaithe a bhí ann.

Cailleadh Lucy Simpson i ngan fhios dom thall i Nua-Eabhrac, slán beo léi féin, go gairid tar éis dom labhairt léi. Is léir go raibh tionchar thar na bearta aigesean uirthi siúd agus ar a clann. Mar a dúirt Lucy liom: '*I have tried countless times since Joe died to come to an understanding of what knowing him meant to me. The songs and stories were only part of it.*'

Nuair a tháinig mé abhaile as Seattle i 2003 bhí Proinsias Mac Aonghusa in ospidéal le tinneas a bháis, agus é gan aithne gan urlabhra. Bhí sé socraithe roimhe sin agam leis agallamh fada a fháil uaidh nuair a thiocfainn abhaile, mar bhí a fhios agam go raibh aithne an-mhaith curtha ag Proinsias ar Sheosamh, in Éirinn agus i Meiriceá. D'fhág mé rómhall é, mo léan! Ach mura bhfuair mé eolas uaidh, fuair mé toirtín tábhachtach eile uaidh. Nuair a bhíodh

Seosamh sa mbaile ar saoire as Sasana agus as Meiriceá sna seascaidí agus sna seachtóidí, thaifeadadh Proinsias lear mór amhrán agus eolais uaidh, don chlár raidió *Aeriris* a bhíodh ag Proinsias ar Radio Éireann. Tá an bailiúchán luachmhar sin bronnta anois ag bean Phroinsiais, an Breitheamh Catherine McGuinness, ar chartlann RTÉ. Lena caoinchead sise, thug Príomh-Stiúrthóir RTÉ, Cathal Goan, fear atá tógtha go mór é féin le hamhráin Sheosaimh Uí Éanaí, cead domsa tarraingt go fial as an gcnuasach álainn amhrán sin, i gcomhair an dlúthdhiosca atá i ndeireadh an leabhair seo. Ní fhéadfadh toirtín níos luachmhaire a bheith ag deireadh aon bheathaisnéise, agus ní fhéadaimse iomlán mo bhuíochais a chur in iúl do Chatherine McGuinness agus do Chathal Goan. Tá mé buíoch de Chathal Goan freisin faoi chead a thabhairt dom úsáid a bhaint as taifeadadh breá eile amhrán a thóg Pádraig Ó Raghallaigh ó Sheosamh Ó hÉanaí i sean-Radio Éireann i 1957, an chéad taifeadadh riamh a rinne Seosamh Ó hÉanaí in Éirinn, a bhfuil athmháistriú déanta anois air ag an 'máistir' Harry Bradshaw. Gabhaim buíochas breise fós le Cathal Goan faoi 'Amhrán Mhaínse' as a chnuasach pearsanta féin a thabhairt dom i gcomhair an chnuasaigh seo. Gabhaim buíochas freisin le Malachy Moran i gcartlann fuaime RTÉ, a thug chuile chúnamh dom leis an dlúthdhiosca.

Gabhaim buíochas ar leith le RTÉ Raidió na Gaeltachta, agus go háirithe le Tomás Mac Con Iomaire, a bhí ina Cheannaire ag an am ar dearnadh coimisiúnú ar an mbeathaisnéis seo, faoi urraíocht a dhéanamh ar an dlúthdhiosca. Tá mé an-bhuíoch freisin den Cheannaire atá ar RTÉ Raidió na Gaeltachta faoi láthair, Edel Ní Chuireáin, a chuir ábhar cartlainne agus áiseanna eagarthóireachta ar fáil go fial dom, agus gabhaim buíochas freisin le Nóirín Ní Chonghaile agus le Bobbie Ní Chualáin i gCartlann RTÉ Raidió na Gaeltachta, a chabhraigh go fial agus go minic liom.

Tá focal buíochais ar leith tuillte ag Peigí Ní Thuathail in RTÉ Raidió na Gaeltachta, a rinne eagarthóireacht ar an dlúthdhiosca agus a bhain an oiread sásaimh as amhráin mhóra Sheosaimh Uí Éanaí is a bhain mé féin. Ba phléisiúr a bheith ag obair léi, agus go raibh míle maith aici.

Gabhaim buíochas le Deirdre Davitt i bhForas na Gaeilge a rinne coimisiúnú ar an mbeathaisnéis; le Deirdre Ní Thuathail agus le Micheál Ó Conghaile i gCló Iar-Chonnachta a thionscain ar dtús í, agus go háirithe le Lochlainn Ó Tuairisg a chuir slacht agus eagar ar an leabhar. Agus níl mé ag déanamh dearmaid ar Bhord na Leabhar Gaeilge a chabhraigh liom ualach na gcostas taistil a mhaolú – go raibh maith acusan freisin.

Míle buíochas le Nioclás Ó Cearbhalláin agus le foireann Thaisce Ceol Dúchais Éireann, go háirithe le Joan McDermott a tháinig i gcabhair orm aríst agus aríst eile le cúlra roinnt de na hamhráin Bhéarla.

Gabhaim buíochas le mo bhean chéile Bairbre (Ní Chearbhaill) faoin script a léamh agus a cheartú dom; le m'iníon Máirín (Mhic Dhonnchadha) faoi roinnt grianghraf a thógáil i gcomhair an leabhair; le mo mhac Máirtín faoi eolas breise faoi Josie Mongan i gCarna a thabhairt dom; le mo mhac Colm faoi eolas a chur ar fáil dom faoin Newport Folk Festival i 1965, an chéad bhliain a raibh Seosamh Ó hÉanaí ansin, ar aon stáitse le Bob Dylan; le mo mhac Ruairí faoi iostas agus iasacht a chairr a thabhairt dom ar fud Chonamara, ag bailiú eolais faoi Sheosamh Ó hÉanaí; agus le mo mhac Darach faoi theacht i gcabhair orm go minic nuair a bhí mo ríomhaire ag dul le dod.

Ba mhaith liom mo bhuíochas a chur in iúl do mhuintir Éinniú ar fad, agus do na daoine eile seo a leanas (in ord aibítre a sloinne) nach bhfuil luaite thuas agam:

Féilim 'ac Dhonncha; Oliver Bardon (O'Donoghue's); Finbar Boyle; Cary Black i Seattle; Angela Bourke; Diarmuid Breathnach; Tomás (Tostaí) Briody; Peter Browne; Frank Bryson (nach maireann); Martin Byrne i Chicago; Seán Cheoinín (nach maireann); Josh Dunson i Nua-Eabhrac; Des Geraghty; Mick Hand; Peggy Jordan (nach maireann); Ian Lee; Larry Lynch i San Francisco; Antaine Pheaitín Terry Mac Donnchadha; Seán Mac Mathghamhna; Mícheál Mac Oireachtaigh; Seán Mac Réamoinn (nach maireann); Bríd Bean (Sheáin) Mhic Dhonncha; Máirín Mhic Góráin; Frank Miller;

Néillidh Mulligan; Tom (Óg) Mulligan; Nóra Ní Chlochartaigh; Maighread Ní Dhomhnaill; Mairéad Ní Eithir; Bríd Ní Lábhara (Biddy Berry); Bríd Ní Mhaoilchiaráin; Caitríona Ní Oibicín; Pádraigín Ní Uallacháin; Róisín Nic Dhonncha; Sinéad Nic Dhonncha; Ken Nilsen i gCeanada; an grianghrafadóir Nutan; Conchúr Ó hArlaigh; Pádraig Ó Baoighill; Feargal Ó Béarra; Colm Ó Cathasaigh; Peadar Ó Ceannabháin; Pádraig Ó Cearbhaill; Pádraig Ó Céidigh; Éamon Ó Ciosáin; Ciarán Ó Con Cheanainn; Tomás Ó Con Cheanainn; Máirtín Ó Cosgordha; Cóilín Mháirtín Sheáinín Ó Cualáin (nach maireann); Tomás Ó hÉineacháin; Antaine Ó Faracháin; Pádraic Ó Gaora; Peadar Ó Guairim; Breandán Ó Madagáin; Pádraigín Phaddy Ó Máille; Éamonn Ó Malóid; Seosamh Ó Méalóid; Pádraig Ó Maoilchiaráin; Roibeard Ó Maolalaigh; Tomás Ó Nialláin; Tim agus Mairéad Robinson; Séamus Ruiséal; Frank Sweeney; Nancy (Conroy) Uí Chadhain; Kate (Caitlín Ní Chadhain) Uí Éanaigh; Bairbre (Éinniú) Uí Mhaoilchiaráin; Margaret (Cotter) Uí Mhóráin; Máire Bean Uí Neachtain; agus Ríonach uí Ógáin.

Tá mé buíoch den fhile Mary O'Malley faoi chead a thabhairt dom roinnt dá cuid 'Joe Heaney Poems' as a leabhar *The Knife in the Wave* a shníomh isteach i scéal a bheatha.

Míle buíochas le m'iníon Nuala Nic Con Iomaire, a roghnaigh teideal an leabhair, atá tógtha as 'Amhrán Rinn Mhaoile' – 'Nár fhágha mé bás choíche nó go gcaithe mé dhíom an mí-ádh!'

Liam Mac Con Iomaire
Meán Fómhair 2007

1. Cúlra

BHÍ AN OIREAD SIN SUIME AG SEOSAMH Ó HÉANAÍ I STAIR NA hÉireann go bhfuil sé dlite dó beagán dá chúlra staire féin a thabhairt anseo. Cé go ndeireadh sé lena chuid mac léinn ollscoile i Meiriceá gur le linn Phlandáil Chromail a díbríodh a mhuintir siar as lár tíre – 'to Hell or to Connaught' – tá cruthúnas againn go raibh a mhuintir thiar i bhfad roimhe sin. Tá sé scríofa ag an staraí Seán Mór Ó Dubhagáin, a fuair bás i 1372, sa dán topagrafach 'Triallam timcheall na Fódla', go raibh muintir Éanaigh ina dtaoisigh áitiúla in iardheisceart Chonamara os cionn sé chéad bliain ó shin. Bhíodar i gceannas ar an gcuid sin ó dheas de bharúntacht Mhaigh Cuilinn ar a dtugtaí Gnó Bheag, a bhí ag síneadh siar le farraige; bhí Mac Con Raoi i gceannas na coda ó thuaidh den bharúntacht, ar a dtugtaí Gnó Mhór:

> Méig Con Raoi réidh do-ghabhar
> ar Gnó Mhóir na míonchaladh;
> Ó hAidhnidh ar Gnó mBeag mbuan
> nead nach daidhbhir 's nach diombuan.[1]

Is iomaí leagan scríofa Gaeilge den sloinne a bhí ann aniar trí na haoiseanna agus d'úsáid Seosamh féin a trí nó a ceathair de leagain i rith a shaoil. Tá an dá leagan Béarla den sloinne, *Heaney* agus *Heanue*, le fáil i leabhar teileafóin cheantar 07/09, agus creideann

Tomás Ó Con Cheanainn gur 'ath-Ghaelú bréige atá déanta ar an sloinne in "Joe Éinniú", ainm amhránaí mór le rá.[2]

Seans gur chaill muintir Éanaigh a gcumhacht le teacht na bhFlathartach sa tríú céad déag, nuair a dhíbir na Normannaigh (de Burgo/de Búrca) na Flathartaigh, a bhí i gceannas taobh thoir, siar trasna na Coiribe, agus chuir na Flathartaigh na seantaoisigh thiar dá gcois. Conmhaicne Mara a thugtaí ar na seantaoisigh thiar, agus thugtaí Conmhaicne Mara freisin ar an dúiche fhairsing a bhí faoina gceannas, ó Abhainn Inbhear Mór i Ros Muc siar go farraige. As an ainm Conmhaicne Mara a tháinig an t-ainm Conamara, ainm a raibh Seosamh Ó hÉanaí an-bhródúil go deo as.

Bhí na Flathartaigh i gceannas Chonamara ón tríú céad déag go dtí an seachtú céad déag, nuair a chuir fórsaí Chromail dá gcois iad. Ba mhinic le Seosamh tíorántacht na bhFlathartach, agus tíorántacht Chromail ina dhiaidh sin, a lua i Meiriceá le linn dó a bheith ag trácht ar stair na hÉireann. Labhraíodh sé go minic freisin faoin gcaisleán a bhí ag an tíoránach ba mhó de na Flathartaigh, Tadhg na Buile, i mbaile dúchais Sheosaimh féin, an Aird Thoir i gCarna. In agallamh le Pádraig Ó Raghallaigh ar Radio Éireann i 1957, tráth a raibh sé sa mbaile ar saoire as Southampton Shasana, dúirt Seosamh: 'Tá dhá Aird ann, an Aird Thiar agus an Aird Thoir, agus is minic a thugtar Aird an Chaisleáin ar an Aird Thoir, mar bhí caisleán ag Tadhg na Buile Ó Flatharta fadó ann, agus tá bun an chaisleáin ann fós. Sin é an fáth a dtugtar Aird an Chaisleáin air . . . '

Tá ainm Thaidhg na Buile le fáil sna leabhair staire freisin. Bhí sé ar dhuine díobh sin a shínigh an *Composition of Connaught*, an comhaontú a síníodh i 1585 idir na Flathartaigh agus taoisigh eile ar thaobh amháin, agus Sir John Perrot, fear ionaid na Banríona Éilís in Éirinn, ar an taobh eile. Ba é toradh an chomhaontaithe sin gur ghéill na taoisigh tailte na dteaghlach do bhanríon Shasana agus gur ghlacadar na tailte ar ais uaithi faoi dhlí feodach. Níor leis na teaghlaigh na tailte seo feasta mar shealúchas coiteann; ba leis na taoisigh iad de réir oidhreachta. Ní hamhlaidh a thoghfaí na taoisigh seo feasta; d'fhágfaí na tailte le hoidhreacht de réir córas uasaicmeach a fuair a chuid údaráis ó bhanríon Shasana. Gníomh feille in aghaidh dhlí ársa na mbreithiún a bhí anseo ag taoisigh a bhí in achrann le chéile agus a bhí ag tochras ar a gceirtlín féin. De réir na cáipéise a síníodh, bhí Tadhg na Buile ina úinéir ar Chaisleán na hAirde agus ar na tailte a bhí ag gabháil leis i *'Moyrusse, Moynish, Fynish agus Illanmashine'*,[3] is é sin Maíros, Maínis, Fínis agus Oileán Máisean, mar aon leis an gcaisleán ar an oileán locha i mBaile na hInse agus an talamh timpeall Bhaile an Dúin, gar do Bhaile Conaola.

De réir na seanscéalta a bhailigh Seán Mac Giollarnáth in *Annála Beaga ó Iorrus Aithneach*[4] dhúnmharaigh fear óg áitiúil Tadhg na Buile faoi é a bheith ag tógáil an ime óna mháthair, a bhí ina baintreach, in éiric an chíosa nárbh acmhainn di a íoc leis. An bhean a bhí pósta ag Tadhg, is é an chaoi a raibh sé tar éis í a fhuadach le lámh láidir, agus níor chuir sé mairg ar bith uirthise é a fheiceáil á mharú le scian. 'Caith an rud salach amach an fhuinneog sula salaí sé an t-éadach leapan,' a dúirt sí, más fíor an seanchas, agus adhlacadh Tadhg na Buile san áit ar thit an corp ar bhán an chaisleáin thíos faoin bhfuinneog. Bhailigh na hantraipeolaithe Haddon agus Browne blúirí eile béaloidis faoin tíoránach seo timpeall na bliana 1900.[5] Deir siadsan gur chros sé ar na daoine aon mhóin a bhaint i bhfoisceacht seacht míle don chaisleán agus gur chuir sé nimh sa loch in aice láimhe gur mharaigh sé an t-iasc ar fad a bhí inti.

Bhí seanchas cloiste ag Seosamh ina óige freisin faoi mhuintir Laidhe, a bhíodh ina ndochtúirí (iad féin agus na Ceannabháin) ag na Flathartaigh, an fhad is bhíodar sin i gceannas thiar – tá na trí shloinne sin fairsing in Iorras Aintheach i gcónaí. Nuair a chaill na Flathartaigh a gcumhacht, agus muintir Laidhe a ngairm, fuadaíodh Murcha Ó Laidhe (más fíor) go Beag-Árainn i 1668 agus fuair sé bua na dochtúireachta ar ais ansin nuair a bronnadh 'Leabhar Mhuintir Laidhe' air, ina raibh leigheas ar chuile ghalar beo, scríofa i nGaeilge agus i Laidin. (Beag-Árainn a thugtar ar an oileán draíochtúil sin, amach ó Charna agus siar ó Árainn, nach bhfeictear ach chuile sheachtú bliain.) Tá leagan breá den scéal seo le fáil sa leabhar

Éamonn a Búrc: Scéalta, atá curtha ina eagar ag an amhránaí mór eile as an gceantar sin, Peadar Ó Ceannabháin.[6] De réir leagan eile den scéal céanna is san Aird Thoir, baile dúchais Sheosaimh, a bhí cónaí ar Mhurcha Ó Laidhe. Is é fírinne an scéil go bhfuil a leithéid de leabhar ann, agus tá idir scéal agus seanchas agus stair an scéil go léir le fáil in aiste chuimsitheach le Tomás Ó Con Cheanainn, ina ndeir sé:

> 'The Book of the O'Lees', agus fós 'The Book of O'Brazil', na teidil a bhíodh ag Béarlóirí ar lámhscríbhinn leighis atá ar coimeád in Acadamh Ríoga na hÉireann (23 P 10 ii; uimh. 453), lámhscríbhinn a bhítí tráth a nascadh leis an seanchas faoin leabhar údan, mar a bhí ráite, a fuair Mrocha Ó Laidhe i mBeag-Árainn.[7]

Luaim an stair agus an seanchas áitiúil sin, mar gur stair agus seanchas é a chuaigh i bhfeidhm go mór ar Sheosamh Ó hÉanaí féin ina óige agus a d'insíodh sé dá chuid mac léinn sna hollscoileanna agus don ilchineál eile de phobal Mheiriceá a thagadh chuig a chuid seimineár, seónna aonair agus coirmeacha ceoil. Saibhreas a bhí sa seanchas sin do Sheosamh, a mheasc sé go healaíonta lena stór mór seanamhrán Gaeilge, gan trácht ar an mbailiúchán suntasach amhrán Béarla a bhí freisin aige. Bhí sé an-bhródúil as na glúnta a chuaigh roimhe, a choinnigh an seanchas agus na hamhráin beo in ainneoin aindlíthe, péindlíthe agus éagóir de chuile chineál. Bhí sé mórtasach freisin as iarsma chomh seanda le píosa de chaisleán Thaidhg na Buile a bheith fós ina sheasamh ar a bhaile dúchais féin, agus ba mhinic leis tagairt a dhéanamh do Chaisleán na hAirde agus Aird an Chaisleáin in agallaimh a rinne sé i Meiriceá le daoine nár chuala caint riamh ar an áit:

> I was born in Ard Castle. The reason it's called Ard Castle is because one of the O'Flahertys had a castle there one time and the ruins of the castle are still there. You heard the expression 'From the ferocious O'Flahertys deliver us, o Lord!' There were two Ards, Ard East and Ard West, and Ard East was always called *Aird an Chaisleáin* or Ard Castle.[8]

Le linn Phlandáil Chromail, nuair a cuireadh na Flathartaigh dá gcois, roinneadh Conamara ar Phrotastúnaigh a chabhraigh le Cromail agus ar Chaitlicigh a chaill a gcuid tailte in áiteacha eile sa tír. Roinneadh talamh chloch eibhir Chonamara theas, ceantar Charna san áireamh, ar threibheanna na Gaillimhe a chaill a gcuid eastát féin i nGaillimh: na Blácaigh, na Frinsigh, na Linsigh agus na Máirtínigh. Fuair na Máirtínigh talamh i mBaile na hInse in iarthuaisceart Chonamara freisin, agus le himeacht aimsire ba iad Máirtínigh Bhaile na hInse a thóg áit na bhFlathartach mar mháistrí ar Chonamara. Thug duine de na Máirtínigh, 'Humanity Dick' Martin, tearmann agus dídean do theifigh Chaitliceacha as Ard Mhacha ó ghéarleanúint chreidimh i gCúige Uladh sna 1790idí, agus baisteadh Cúige Uladh nó Cúgla (*Coogla* i mBéarla) ar bhaile fearainn beag i gCloch na Rón. Tá seanchas i gceantar Charna fós freisin faoin Athair Maolra de Priondargás agus Johnny Gibbons as Contae Mhaigh Eo, a bhí ar a dteitheadh tar éis Éirí Amach 1798 agus a dtug Máirtíneach Bhaile na hInse tearmann dóibh nuair a bhíodar daortha chun a gcrochta ag Ard-Sirriam Chontae Mhaigh Eo, Denis Browne. Bhí an leasainm Donncha an Rópa ar an bhfear céanna mar gheall ar an méid daoine a theilg sé chun a gcrochta, agus tá cuimhne an Athar Maolra agus Johnny Gibbons buanaithe ag an bhfile Raiftearaí ina dhán 'Na Buachaillí Bána'.[9]

Nuair a tháinig an Gorta Mór (1845–8) agus an t-uafás a lean é, díoladh eastát na Máirtíneach le Richard Berridge, fear grúdlainne as Londain, a bhfuil a ainm luaite fós le Baile na hInse agus le teach mór Scríbe gar do Ros Muc. Bhí roinnt mhaith bóithre agus céibheanna tógtha ar fud an réigiúin roimh an nGorta ag an innealtóir as Albain Alexander Nimmo, a bhfuil a shloinne ceangailte fós féin le Céibh Nimmo i nGaillimh. Thit tailte D'Arcy i gceantar an Chlocháin i seilbh mhuintir Eyre as Bath i Sasana. B'éigean do Bhlácaigh Rinn Mhaoile roinnt dá dtailte a dhíol in 1862 le Mitchell Henry, an fear saibhir as Manchester a thóg Caisleán na Coille Móire (Kylemore Abbey ina dhiaidh sin) agus a bhfuil a ainm iompaithe droim ar ais mar 'Henry Mitchell' san amhrán spleodrach sin 'Pluid Dhorcha Leára'.[10]

I gConamara theas bhí na portaigh á n-ídiú síos go cloch, lena raibh de mhóin á baint, le dó sa mbaile agus le tabhairt sna báid mhóra go Gaillimh, Contae an Chláir agus go trí oileán Árann. Bhí bochtáin Chonamara theas á gcrá ag na tiarnaí talún atá luaite thuas, go háirithe Blácaigh na Tulaí agus Berridges Bhaile na hInse. Mar bharr ar an donas, bhunaigh an Rev. Alexander Dallas as Wonston i Sasana an Irish Church Missions Society in 1849, 'convinced that the famine had been sent by God' lena chur faoi deara do mhuintir na hÉireann '[to] come out from Rome'.[11] Chabhraigh na tiarnaí talún Protastúnacha leis an Rev. Dallas scoileanna Dallas a bhunú ar fud Chonamara, agus tógadh ceann de na scoileanna sin i nDumhaigh Ithir, gar go maith don áit ar tógadh Seosamh Ó hÉanaí. Tá sé sa seanchas in Iorras Aintheach, agus curtha i gcló ag Seán Mac Giollarnáth, gur de bharr an amhráin a chum file dall as Dumhaigh Ithir i gCarna, Seán Mac Con Rí, in aghaidh na misinéirí Protastúnacha, a díbríodh as an áit iad agus a scriosadh a gcuid foirgintí. Ceann de na hamhráin mhóra a chasadh Seosamh Ó hÉanaí, agus a dtugadh sé an cúlra a bhí leis i gcónaí, é 'Amhrán Shéamais Uí Chonchúir', a chum fear den ainm sin in Árainn le linn an Drochshaoil, nuair a tairgeadh cnagaire talún dó ach amhrán a chumadh ag moladh an chreidimh Ghallda. Dhiúltaigh sé don chnagaire talún agus chum sé amhrán ag moladh a chreidimh féin.

Sa dialann a scríobh an tAlbanach Thomas Colville Scott, le linn dó a bheith ag déanamh suirbhé ar eastát na Máirtíneach in 1853, tá cur síos fuarchúiseach ar an gcaoi a raibh an taobh tíre seo tar éis an Ghorta Mhóir:

> There appears to be 'open war' waging at present between the Protestant and Roman Catholic Clergy, headed by the Rev. Mr. Dallas of London, who was lately here, and is establishing Schools in almost every parish, and even in isolated spots amongst rocks and lakes, which appear almost inaccessible. These Schools are drawing in many deserted or orphaned Roman Catholic children & the converts are opprobriously designated 'Jumpers', – the work of conversion is done with rather too much chuckling triumph over the Roman Catholics . . .

There is a 'Dallas school' planted on the edge of a beautiful little inlet or cove called Dooeyher Bay. I saw the infant scholars at play, – the sea lay still around them, the bright sun sparkled in placid waters, and all looked like the calm peace of innocence . . .[12]

Bhí rian an Ghorta fós sa taobh tíre sin, áfach:

In going and returning from Roundstone, I looked at many of the rude graves in the Bogs, Quarry holes and even on the ditches, into which the unfortunate people were flung in the time of the famine of '47. The very dogs which had lost their masters or were driven by want from their homes, became roving denizens of this district & lived on the unburied or partially buried corpses of their late owners and others, and there was no possible help for it, as all were prostrate alike, the territory so extensive, and the people so secluded and unknown. The luxurient tufts of grass and heath shew the spots where they lie . . .[13]

Ba mhinic Seosamh ag caint faoin nGorta lena chuid scoláirí agus lena lucht éisteachta i Meiriceá. Deireadh sé leo go raibh clocha i leataobh an bhóthair ar fud Chonamara san áit a bhfuair daoine bás leis an ocras le linn an Ghorta, agus gur mheabhraigh na clocha sin don dream a mhair agus a d'fhan in Éirinn go raibh dualgas orthu na seanamhráin agus na seanscéalta a bhí ag an tseanmhuintir sin a bhí imithe, a choinneáil beo agus a thabhairt don chéad ghlúin eile. Dá mhéad dá bhfuair bás, a deireadh sé, is ea is mó amhráin agus scéalta a bhí acu, agus sin é an fáth go raibh ceantar Charna, agus Iorras Aintheach go ginearálta, chomh lán le scéalta agus le hamhráin. Chreid sé go mairfeadh na hamhráin agus na scéalta an fhad is a mhairfeadh an Ghaeilge, agus dá n-éireodh daoine as a bheith ag labhairt na Gaeilge go mbeadh deireadh leis na seanamhráin agus na scéalta breátha a choinnigh beo ár sinsir agus a choinnigh ár sinsir beo.

Ach d'fheabhsaigh an saol de réir a chéile. Tháinig Michael Davitt agus Conradh na Talún in 1879 agus Bord na gCeantar Cúng (Congested Districts Board) in 1891. Níor éirigh go maith le scéim a d'aistrigh daoine as Conamara go tailte féaraigh Mhinnesota i Meiriceá in 1890, cé go bhfuil roinnt dá shliocht ansin fós in áit a dtugtar an Connemara Patch air i Minneapolis. Ceannaíodh amach na tiarnaí talún ar fud na tíre de réir a chéile, cuireadh feabhas ar ghabháltais bheaga agus, sa deireadh thiar thall, fuair an talmhaí beag paiste talún dá chuid féin. Is ar cheann de na paistí beaga talún sin, a raibh straidhp phortaigh agus straidhp fheamainne ag dul leis, a tógadh Seosamh Ó hÉanaí.

De bharr na n-athruithe tubaisteacha go léir a tharla in Éirinn san ochtú agus sa naoú céad déag, chúlaigh an Ghaeilge agus an saibhreas mór litríocht bhéil a bhí ar iompar ag an teanga, go dtí na ceantair a dtugtar Gaeltacht anois orthu. Ó tharla gur i ndeisceart Chonamara a tháinig an Ghaeilge slán, is minic go dtugtar Conamara ar an gceantar labhartha Gaeilge ó Bhearna go Carna. Le linn don Ghaeilge a bheith ag cúlú as iarthuaisceart Chonamara, níor éirigh leis an mBéarla ach fíorbheagán de na scéalta, de na hamhráin, de na paidreacha agus den seanchas a thabhairt leis. Ach 'san áit a maireann an Ghaeilge, tá an traidisiún chomh láidir sin fós, ó thaobh scéalta, amhráin agus ainmneacha áite, go gceapfadh duine go raibh na laethanta agus na hoícheanta níos faide i gConamara fadó, le go bhféadfaí éisteacht lena raibh le rá ann faoi Chonamara.'[14]

Aniar as ceantar Rinn Mhaoile in iarthuaisceart Chonamara a tháinig muintir Éinniú go Glinsce, taobh ó thuaidh de Charna. B'fhéidir gurb in é an fáth go raibh nádúr chomh mór sin ag Seosamh le 'Amhrán Rinn Mhaoile'. Dúirt sé le Mick Moloney i Nua-Eabhrac i Nollaig na bliana 1981:

> The first song I ever learned was 'Scríobhfainn agus léifinn leabhar Gaeilge cé gur milis a bhlas'. It's a song called 'Rinn Mhaoile' . . . and that's the song I sang when I won the prize for the Oireachtas in 1940 . . . I loved it, and that was the first song I gave to Séamus Ennis when he came to Carna to collect in 1942.

Ba é an t-amhrán deireanach freisin é a dúirt sé go poiblí ar Raidió na Gaeltachta, ar líne theileafóin anall as Seattle agus é faoi agallamh ag Seán Bán Breathnach ar chlár a craoladh beo as Gaeltacht Ráth Cairn i gContae na Mí, Oíche Chinn Bhliana 1983, ceithre mhí sular cailleadh é.

I nGlinsce, cupla míle taobh ó thuaidh de shráidbhaile Charna, a rugadh agus a tógadh athair Sheosaimh, Pádraig Éinniú. Bhí a athair siúd, a raibh Pádraig freisin air, pósta le bean de Chaodhán i nGlinsce, deirfiúr le seanathair Choilm Uí Chaodháin, ar thóg an bailitheoir Séamus Ennis suas le dhá chéad amhrán uaidh. D'fhág sin gur deartháir agus deirfiúr a bhí i seanathair Choilm Uí Chaodháin agus seanmháthair Sheosaimh Uí Éanaí; col ceatharacha a bhí in athair Choilm Uí Chaodháin agus athair Sheosaimh, agus col seisearacha a bhí i gColm Ó Caodháin agus Seosamh Ó hÉanaí. Thugadh Seosamh le tuiscint go minic go raibh gaol níos gaire eatarthu; thugadh sé 'my cousin Colm Keane' air i Meiriceá, ach tá ciall an-scaoilte leis an bhfocal cousin.

Bhí seal nó dhó caite in Albain ag Pádraig Éinniú, athair Sheosaimh, agus tá sé sa seanchas gur thug sé go leor amhrán Béarla abhaile leis, mar aon leis an bpaidir cháiliúil 'An Mharthain Phádraig' a bhí ag Seosamh freisin. Tá leagan den scéal sin le fáil in aiste faoin ainm 'S.Ó.D.' faoi Sheosamh a bhí sa tsraith 'An Mhuintir seo Againne' i Scéala Éireann i Meitheamh 1957, tráth a raibh Seosamh páirteach sna hOícheanta Seanchais in Amharclann an Damer i mBaile Átha Cliath:

> Ba togha amhránaí é a athair. Is uaidh a d'fhoghlaim sé cuid mhór de na hamhráin atá aige. Thug a athair 'An Mharthain Phádraig' abhaile leis ó Ghaidhealtachd na hAlban. Bhíodh sé ag obair thall. Ní raibh sé i ndon Gaeilge a scríobh. Ní múintí scríobh ná léamh na Gaeilge sna scoileanna ag an am sin, ar ndóigh. Scríobh Pádraig Ó hEanaigh na focla ar bhealach go bhféadfadh sé féin iad a léamh, agus ba ar sheanbhosca bróg a rinne sé é . . .

Phós Pádraig Éinniú isteach i dteach a mhná, Béib Sheáin Mhichíl (Ní Mhaoilchiaráin), ar an Aird Thoir, trí mhíle siar ó shráidbhaile

Charna. Bhí seisear deirfiúracha ag Béib, agus a bhformhór imithe go Meiriceá. Tá fothrach sheanteach Sheáin Mhichíl ar an tsráid ó thuaidh ansin fós, ach is sa teach ceann slinne de dhéantús Bhord na gCeantar Cúng, atá le taobh an tseantí, a rugadh agus a tógadh Seosamh. Is é an nós a bhíodh ann ag an am go dtéadh an chuid ba mhó den chlann iníon go Meiriceá agus an chlann mhac go Sasana nó go hAlbain ach amháin an mac a bhfágtaí an áit aige. Théadh go leor den chlann mhac go Meiriceá freisin níos deireanaí. Théadh formhór na gcailíní díreach go Meiriceá go gairid tar éis dóibh imeacht ón mbunscoil, nuair a sheoladh an chuid ba shine díobh a bpaisinéireacht abhaile chuig an gcuid ab óige ná iad. Ní heol dom gur fhág Béib Sheáin Mhichíl, máthair Sheosaimh, an baile riamh, agus phós sí Pádraig Éinniú i Séipéal Charna ar an 28 Márta 1914. Bhí sise tríocha dó agus bhí seisean tríocha cúig. Seán Ó Caodháin agus Áine Ní Cheannabháin a sheas leo. De réir an teastais phósta phós *'Patrick Heanue, Bachelor/Farmer, Glynsk, Barbara Mulkerrin, Spinster/Farmer's Daughter, Ard East, in the presence of: John Keane, Anne Canavan'*, agus ba é *'M. McHugh, P.P.'* an sagart. Fear cumhachtach i gCarna a bhí sa Fr McHugh céanna.

Bhí cáil na scéalaíochta ar mhuintir Mhaoilchiaráin, agus is bua í a thug Seosamh ó bhroinn leis chomh maith le bua na fonnadóireachta. D'úsáid sé a chuid scéalta chomh maith lena chuid amhrán sna ranganna a thugadh sé i Meiriceá, go háirithe i mblianta deireanacha a shaoil. Bhí an ceantar seo ar maos sa stair agus sa seanchas, ag dul siar go tús na Críostaíochta agus roimhe sin. Ba mhór i gceist na toibreacha beannaithe agus turas an tobair nuair a bhí Seosamh Ó hÉanaí ag fás suas. Bhí, agus tá fós ar ndóigh, tobar beannaithe ar an Aird Thoir atá tiomnaithe do Naomh Colm Cille, díreach faoin snáth mara, céad slat taobh ó thuaidh de chéibh Pholl an Ghlasoileáin. Bhí amharc ag Seosamh chuile lá dá óige ar Chruach na Carra, nó Oileán Mhic Dara mar a thugtar freisin air. Oileán beag cruinn cloch eibhir é Cruach na Carra, a bhfuil séipéal beag álainn cloiche ó aimsir na luath-Chríostaíochta ar an gceann thoir de, agus tá sé ar an tseoid seandálaíochta is luachmhaire dá bhfuil ar chósta theas Chonamara ar fad. Ar an 16 Iúil, Lá Fhéile

Mhic Dara, théadh, agus téann fós, go leor de phobal na háite isteach chuig an séipéilín sin sna báid seoil, a bhí fairsing ag an am. Tá seanchas mór faoin oileán céanna, go háirithe faoin gcaoi ar ghoid tíoránach eicínt ainmhithe fireanna an Naoimh Mac Dara agus ar thug sé leis go Cruach na Caoile iad, oileán eile atá in aice láimhe. Ach, go míorúilteach, léimeadar ar ais. Tá lorg chrúba an reithe le feiceáil fós san áit ar léim sé i dtír ar an gcósta thiar d'Oileán Mhic Dara, in áit a dtugtar Léim an Reithe ó shin air. Ní baileach gur éirigh leis an tarbh an t-oileán a shroichint lena léim féin agus b'éigean dó a bhealach a réabadh aníos trí chlocha an chladaigh. Tá an poll a rinne sé le feiceáil go soiléir sa gcladach ansin fós agus na maidhmeanna ag scairdeadh aníos tríd, i spota a dtugtar *Spout* an Tairbh riamh ó shin air. Bhí na scéalta sin, agus go leor eile mar iad, cloiste ag Seosamh agus ag a chomhaoiseacha ó bhíodar an-óg.

In aice láimhe, ar tír mór, tugtar Duirling na Spáinneach go dtí an lá atá inniu ann ar an áit ar tháinig Spáinnigh slán i dtír ón *Concepción*, ceann de na longa Spáinneacha a briseadh as Armada na bliana 1588.[15] Is cosúil gur tháinig na Flathartaigh i gcabhair ar chriú an dá long ón Armada a caitheadh i dtír ar a gcríocha, ach ghéilleadar ina dhiaidh sin do pholaitíocht na linne agus thugadar ar láimh don Ghobharnóir Bingham iad, fear a chroch trí chéad duine díobh istigh i gcathair na Gaillimhe. Tá scéal spéisiúil as béaloideas Charna faoin longbhriseadh sin le fáil in *Annála Beaga ó Iorrus Aithneach*, a deir gur tháinig fear a raibh Fernandez air slán ón longbhriseadh agus ón sléacht. Chaith sé tamall i bhfolach sa gcoill taobh ó thuaidh de Chnoc an Choillín; d'éirigh sé cairdiúil le fear as Dumhaigh Ithir in aice láimhe agus chabhraigh an fear sin leis a bhealach a dhéanamh ar ais don Spáinn. Roinnt blianta ina dhiaidh sin facthas long Spáinneach ar ancaire ar an bPoll Gorm amach ó Oileán Mhic Dara, agus chuaigh roinnt de mhuintir na háite ar bord le teann fiosrachta. D'fhuadaigh criú na loinge iad mar dhíoltas as sléacht an Armada, ach bhí Fernandez ar dhuine den chriú agus nuair a d'aithin sé fear Dhumhaigh Ithir scaoileadh saor iad ar fad in ómós dó.[16]

An bhliain sular rugadh Seosamh Ó hÉanaí, tharla tubaiste mhór eile ar an gcósta céanna seo, a ghoill go mór ar phobal an cheantair. Déardaoin Chorp Críost na bliana 1918, go gairid roimh dheireadh an Chéad Chogaidh Mhóir, maraíodh agus bádh seachtar de mhuintir na háite nuair a pléascadh an bád seoil ina rabhadar ag iascach, bád Cathasach den déanamh nabaí ar a dtugtaí an *Pretty Polly*. Ba iad a bádh: Tomás Ó Ceannabháin, ar a dtugtaí Teamannaí, agus beirt mhac leis, Joe agus Tom; beirt uncailí leis an amhránaí Dara Bán Sheáin Choilm Mac Donnchadha (deartháir lena athair agus deartháir lena mháthair); Marcus Mhaidhc Ó Ceannabháin (uncail leis an amhránaí Michael Mháire an Ghabha); agus Pádraig Jeaic Mac Donncha (deartháir leis an amhránaí Seán Jeaic agus uncail leis na fonnadóirí Josie agus Johnny). Ba é Pádraig Jeaic an duine ab óige dá raibh ar bord: sé bliana déag a bhí sé, bliain ní ba shine ná Seán Jeaic. Ba chol ceatharacha le Seán Jeaic an bheirt Cheannabhánach óg a bádh, Joe agus Tom, agus bhí an chuid eile den seachtar a bádh ina gcol ceatharacha nó ina gcol seisearacha ag a chéile. Níor tháinig fear inste scéil beo agus ní rabhthas cinnte ag an am céard ba chúis leis an bpléasc: arbh í long an gharda cósta a chuir an *Pretty Polly* go tóin poill, nó an amhlaidh a phléasc mianach Gearmánach a thógadar san eangach, mar a síleadh go coitianta ag an am? '*Lost at sea by enemy action*' an míniú oifigiúil a thug Rialtas Shasana ag an am, ag tabhairt le fios gurb í an Ghearmáin a bhí ciontach, ach táthar tagtha ar mhalairt intinne faoi sin ó shin.

Cluineadh an phléasc a mharaigh criú an *Pretty Polly* amuigh ar an gCnoc Buí, áit a raibh daoine ag buailíocht – chuireadh muintir na nAirdeanna a gcuid beithíoch amach ar buaile ar an gCnoc Buí ar feadh an tsamhraidh le seans a thabhairt don fhéar agus do na glasraí fás sna garranta. D'fhanadh daoine, ar a seal, ag faire na mbeithíoch. Théadh daoine amach á mbleán go moch ar maidin agus go deireanach tráthnóna, agus thugaidís an bainne abhaile. Bhí deireadh tagtha leis an am a mbítí ag tógáil brácaí fóid ar an gcnoc agus ag caitheamh an tsamhraidh ar buaile, tráth a mbíodh scléip agus amhráin ag aos óg ó oíche go maidin. Níor dúradh mórán amhrán, ar buaile ná ag baile, i samhradh na bliana 1918, nó má dúradh ba iad na hamhráin chaointe iad, 'Eanach Cuain', 'Curachaí na Trá Báine' nó a leithéidí, amhráin a chasadh Seosamh féin chomh cráite agus chomh hálainn sin níos deireanaí. Ar a laghad, bhí na hamhráin chaointe ag an bpobal seo lena racht bróin a chur dá gcroí, níorbh ionann is pobail eile a raibh a gcuid amhrán ligthe i ndearmad acu leis an nGorta Mór agus leis an athrú teanga. Castar fonn le fonn agus castar fonn le mífhonn, deirtear.

'Ba mhaith an léiriú é ar an gcaoi a raibh cúrsaí, an díospóireacht faoin *Pretty Polly*,' a dúirt an craoltóir agus an polaiteoir as ceantar Charna Seosamh Ó Cuaig:

> Dúirt daoine a bhí in aghaidh Shinn Féin agus ar thaobh Shasana sa gCogadh gurbh iad na Gearmánaigh a phléasc í. Agus ní raibh mórán cruthú air sin; cén chaoi a mbeadh? Ach baineadh úsáid as sin. Agus bhí Fr McHugh ina shagart paróiste ansin ag an am, fear láidir. Dúirt seisean ar an bpointe boise gurbh iad na Gearmánaigh a phléasc í, agus d'inis sé fiú amháin cén chaoi ar tharla sé, chomh maith is dá mbeadh sé ann.
>
> Bhí Sinn Féin ag teacht chun cinn; scuab siad an tír, ach níor scuab siad Carna. In olltoghchán na bliana 1918, an bhliain ar bádh an *Pretty Polly*, fuair Sinn Féin 73 suíochán as 105. Bhí cruinniú i gCarna roimh an olltoghchán i 1918, agus thosaigh Fr Mc Hugh ag caint ar son William O'Malley MP a bhí ag seasamh don Irish Party. Pádraig Ó Máille a bhí ag seasamh do Shinn Féin, agus chuir lucht Shinn Féin isteach de bheagán ar an sagart ó chúl an halla. Dúirt Fr Mc Hugh: 'Tá siad ag dul ó smacht ar a gcuid tuismitheoirí agus tá siad ag dul le Sinn Féin.' Agus dúirt William O'Malley: 'Is gearr nach mbeidh aon mheas ar an sagart féin ag an dream seo.'
>
> Is é an fáth go bhfuil mé á rá sin ná gur cáineadh Éirí Amach 1916 i gCarna nó gar dó, agus bhí an t-athrú ag teacht an t-am sin ó thaobh na polaitíochta de. Ar ndóigh, chuaigh Pádraig Ó Máille isteach do Shinn Féin; bhuaigh sé ar William O'Malley MP le 8,000 vóta i nGaillimh Thiar. Ansin tháinig an Cogadh Cathartha agus bhí Sinn Féin ag neartú.

Ba deartháir é Pádraig Ó Máille le Micheál agus le Tomás Ó Máille as Muintir Eoin, taobh thoir den Líonán, an bheirt a chuir *Amhráin Chlainne Gael* le chéile. D'éalaigh Pádraig as príosún i Sasana go gairid roimh olltoghchán 1918, agus bhí sé ar son an Chonartha Angla-Éireannaigh. Ba bheag nár éirigh leis suíochán a fháil d'Fhianna Fáil i gContae Bhaile Átha Cliath in olltoghchán na bliana 1932, agus bhí sé ina Sheanadóir ina dhiaidh sin.

2. Óige

É GURB É AN CHÉAD LÁ DE DHEIREADH FÓMHAIR 1919 A luaitear mar lá breithe Sheosaimh de ghnáth, is ar an 15 Deireadh Fómhair 1919 a rugadh é, ar an Aird Thoir, de réir a theastais beireatais, agus is ar an 29 Nollaig 1919 a cláraíodh é *'in the District of Roundstone No. 2, in the Union of Clifden'.* Bhí triúr mac agus iníon amháin sa teach roimhe, agus tháinig beirt iníon eile ina dhiaidh. Deirtear liom go raibh chuile dhuine den chlann in ann amhrán a rá ach nach raibh aon duine acu baol ar a bheith chomh maith le Seosamh.

Seán a bhí ar an gcéad duine. Chaith seisean seal san arm ar Churrach Chill Dara agus blianta fada ina dhiaidh sin i Nua-Eabhrac agus i mBoston. Níor phós sé riamh agus tháinig sé abhaile go Conamara i ndeireadh a shaoil. Tá sé curtha i Reilig Mhaírois le taobh Sheosaimh. Is ó Sheán a bhailigh Coimisiún Béaloideasa Éireann an leagan is luaithe den amhrán 'Johnny Seoighe', i 1932.

Máirtín a bhí ar an dara duine agus, seachas seal a chaith sé in Albain sular thosaigh an Dara Cogadh Mór, is sa mbaile ar an Aird Thoir a chaith sé a shaol, agus is aige a fágadh an áit. Phós sé bean de Ghaorach as Maínis, Anna Ní Ghaora, atá i dtogha na sláinte faoin am a bhfuil an cuntas seo á scríobh. Thógadar beirt iníon agus beirt mhac, Máire, Bairbre, Michael agus Seán, a bhfuil cónaí orthu go léir i gceantar Charna. I Maínis atá Máirtín curtha, agus tá an bheirt iníon pósta le beirt dearthár, Johnny agus Pete Ó Maoilchiaráin, de na Maoilchiaráin chéanna dar díobh Béib Sheáin Mhichíl.

Máire a bhí ar an tríú duine agus an iníon ba shine. Fuair sise Scoláireacht na gColáistí Ullmhúcháin as Scoil na hAirde, mar a fuair Seosamh níos deireanaí, agus cháiligh sí mar oide scoile. Chaith sí seal ag múineadh i Scoil na hAirde agus in áiteacha eile ar fud na tíre. Le linn di a bheith ag múineadh i mBré i gContae Chill Mhantáin i ndeireadh na gcaogaidí, chuir lucht éisteachta Radio Éireann aithne uirthi mar Mháire Bean Uí Néill, mar bhíodh páirt rialta aici i sraithdhráma raidió Eoghain Uí Shúilleabháin, *Colm i Sasana.* Thugadh Seosamh cuairt uirthi i mBré ó am go chéile nuair a bhíodh sé sa mbaile as Albain agus as Sasana. B'as Cill Chainnigh an fear a bhí pósta aici ach cailleadh go hóg é agus ní raibh aon sliocht orthu. Chaith Máire blianta deireanacha a saoil i Wolverhampton Shasana in éineacht lena deirfiúr Cite, agus is ansin atá sí féin agus Cite curtha.

Michael a bhí ar an gceathrú duine. Chaith seisean seal san arm freisin, mar a rinne Seán, agus d'imigh sé go Boston i 1951, áit ar phós sé Caitlín Ní Chadhain as Cois Fharraige i gConamara. D'fhilleadar féin agus a gceathrar clainne ar Éirinn i 1966. Chuireadar fúthu i Roisín na Mainiach i gCarna ar dtús agus ina dhiaidh sin ar an Lochán Beag i gCois Fharraige, ceantar dúchais Chaitlín. Tá Michael curtha i Maíros freisin.

Ba é Seosamh an cúigiú duine agus an mac ab óige, rud a d'fhág ina pheata ag a athair agus ag a mháthair é, deirtear liom, agus rud a d'fhág nár thit an oiread den obair taobh istigh ná taobh amuigh air, ó tharla deirfiúr agus triúr dearthár níos sine ná é a bheith sa teach.

Cite a bhí ar an séú duine agus chuaigh sise go hAlbain go hóg. Phós sí fear ansin a raibh Galloway air, d'aistríodar go Wolver-hampton, agus is ansin atá sí curtha.

Síle a bhí ar an seachtú duine agus an duine ab óige den chlann. Chuaigh sise go Nua-Eabhrac agus phós sí fear a raibh Newman air agus d'aistríodar abhaile go hInis i gContae an Chláir i 1975. Aon iníon amháin a bhí acu, Barbara, agus tá sise ina cónaí in Inis. Fuair Síle bás i mbliain an dá mhíle agus in Inis atá sí curtha.

Chuir an scoláire Meiriceánach Albert B. Lord, ina leabhar *The Singer of Tales*, an chomhairle seo a leanas ar dhuine ar bith atá ag déanamh staidéir ar leithéid Sheosaimh Uí Éanaí: *'One must always begin with the individual, and work outwards from him to the group to which he belongs, namely to the singers who have influenced him and then to the district, and in ever increasing circles until the whole language area is included'.*[17] Tá breith a bhéil féin againn ó Sheosamh, a bhuíochas sin do Mhick Moloney as Luimneach a chuir agallamh fada faoina óige air, i Nua-Eabhrac i 1981:

I was born in a little village called Ard Castle – *Aird an Chaisleáin* – in Carna in Conamara, a small village of about eighteen houses. And I grew up speaking Irish, as I do to myself very often. And everyone in the locality spoke Irish, but they had a little bit of English too, just in case they'd be called on to speak it. The locality was known for good old-fashioned singing and storytelling. There weren't many musical instruments; in fact there was only one melodeon in our village, the one with the three stops – and Tom Jack McDonagh [deartháir Sheáin Jeaic] used to play it. There was a man who came around with a show to Carna one time in 1931 – we were forbidden to go but we went – and he said that Tom Jack McDonagh was the best melodeon player he had ever heard in all his travels. There was another fellow called Thomas Canavan, who lives in New Jersey now, Tomáisín Pheaits Pháidín they called him, and he used to play the melodeon. They were the two best-known players. There wasn't any other musical instrument in any other house except maybe an odd house where somebody would come home from America and bring home a melodeon or something. And the people made their own music by singing songs and lilting and storytelling – and that's how we used to spend the winter's evenings around the turf fire, with our mouths open listening to somebody telling stories and singing songs.

And in our house, my father was always singing. He was a good singer. And I picked up most of the English songs off him. He had more English songs than he had Irish songs ... But the Irish songs were sung by everybody, because even at a wedding in our village, if somebody was singing an English song, an old man would come up and he'd say: '*Stopaigí de na véarsaí agus abraígí amhrán Gaeilge*' – stop singing the verses and sing us a real Irish song. I grew up with the songs.

Díreach le taobh tigh Éinniú ar an Aird Thoir bhí tigh Sheáin Choilm Mac Donnchadha, an teach amhrán agus ceoil ba mhó dá raibh sa taobh tíre sin ar fad. Tá duine de chlann cheolmhar Sheáin Choilm, Dara Bán Mac Donnchadha, sa teach sin faoin am a bhfuil an cuntas seo á scríobh, fear nach bhfuil a shárú le fáil ag gabháil fhoinn. Is ó Sheán Choilm a fuair Seosamh an t-amhrán is sine dá raibh aige, 'Seachrán Chearbhaill', an seachrán lenar mheall an file Cearbhall Ó Dálaigh Eileanór Chaomhánach nó 'Eileanór na Rún'.

Gar go maith do tigh Éinniú bhí tigh Joe Pheaitsín 'ac Dhonncha, fear a raibh amhrán breá aige féin, athair an amhránaí Seán 'ac Dhonncha a bhí ina chara mór ag Seosamh ar feadh a shaoil. Agus bhí seanathair Sheáin, athair a mháthar, Pádraig Sheáin Risteáird, molta mar amhránaí breá. Dúirt Seán liom gur bhuaigh Pádraig Sheáin Risteáird galún fuisce ag rá amhrán i gCinn Mhara fadó; dúirt sé liom freisin go bhfuair fear eile dá mhuintir, Féilim 'ac Risteáird Mac Donncha as an Aird, bás tar éis dó slaghdán a tholgadh ar Chaorán na hAirde, ag faire ar longa móra na bhFrancach amuigh ar fhíor na spéire, ar a mbealach go Cill Ala i 1798.

Gar go maith do tigh Joe Pheaitsín bhí tigh Sheáin Jeaic Mac Donncha, máistir na bhfonnadóirí, a bhfuil a chlann mhac Josie agus Johnny ag coinneáil an traidisiúin beo i gcónaí, gan trácht ar iníon Johnny, Róisín, a bhfuil cáil bainte amach aici ar an bhfeadóg mhór agus ar an bhfeadóg bheag, agus a bhfuil ardchéimíocht bainte amach aici mar scoláire ceol dúchais. 'Níl aon duine in Éirinn in ann "Úna Bhán" a rá cosúil le Seán Jeaic Mac Donncha,' a dúirt Seosamh Ó hÉanaí tráth.

Ní fada ó tigh Sheáin Jeaic atá tigh Bheairtle Uí Chonghaile, scéalaí agus amhránaí a fuair bás i 1971, fear a fuair duais ag an Oireachtas sa scéalaíocht agus san amhránaíocht san aon bhliain amháin. Ní hé amháin gur chuala Seosamh bunúdar na n-amhrán ó Bheairtle Ó Conghaile ach chuala sé na seanscéalta uaidh freisin. Deir mac le Beairtle, an tAthair Éamonn (Eddie Bheairtle) Ó Conghaile:

Go deimhin ní raibh aon chall do Joe dul amach as a theach féin le amhráin a bheith aige, mar fonnadóir breá a bhí i bPádraig Ó hÉinniú, a athair. Bhí go leor amhrán aige agus bhí bailéid Bhéarla freisin aige, rud a raibh dúil mhór ann an t-am sin den tsaol, agus a bhfuil fós go deimhin sa nGaeltacht, go háirithe *rebel songs*. Na hamhráin mhóra a bhí ann, amhráin mhóra grá a bhí iontu, agus theastaigh corramhrán le haghaidh an fhuil a choipeadh freisin.

Bhí muintir a mháthar ansin ann. Ba í a mháthair Béib Sheáin Mhichíl Shéamais Uí Mhaoilchiaráin, agus ar ndóigh bhí Micheál Shéamais thar barr ag scéalaíocht. Agus bhí Pat Mór Mhichíl Shéamais ar dhuine de na scéalaithe móra a bhí sa gceantar sin. Thosaíodh Pat Mór ar scéal ag a hocht a chlog oíche gheimhridh agus chuala mé na seandaoine ag rá – bhíodar óg ag an am – dá dtitfidís ina gcodladh ag a dó dhéag, nuair a dhúisídís arís ag a trí nó ag a ceathair, go mbíodh an scéal ar bun i gcónaí, ar feadh na hoíche, an scéal céanna – scéalta móra fada.

Ach b'in é an cúlra a bhí ag Joe Éinniú: scéalta, amhráin, agus neart gaile agus gaisce freisin. Bhí sé sin i mianach na Maoilchiaráin. Bhí an ceol agus na hamhráin acu. Bhí aithne agus eolas agam ar Joe ó bhí mé i mo ghasúirín beag bídeach, mar bhíodh sé isteach is amach sa teach riamh againn. Chaitheadh sé go leor ama sa teach s'againne, in éineacht le m'athair . . .

Má bhí cáil na scéalta fada ar Phat Mór Mhichíl Shéamais, bhí cáil na scéalta gearra ar Sheán Mhichíl Shéamais, seanathair Sheosaimh. D'insíodh sé, nó chumadh sé, scéalta beaga greannmhara a bhaineadh gáirí as óg agus aosta, agus tá roinnt acu fanta i gcuimhne roinnt daoine fós, an fonnadóir Josie Sheáin Jeaic ina measc:

Níorbh iontas ar bith bua cainte agus scéalaíochta a bheith ag Joe, mar bhí scéalta beaga go leor ar Seán Mhichíl. Scéilín amháin, níl aon dochar é a inseacht: go raibh lacha aige, agus gur bhain trap francach an gob di, agus go ndeachaigh sé ag gaibhneacht agus gur chuir sé gob *tin* uirthi. Ach níorbh in tada: cuireadh síos ál, agus nuair a tháinig na lachain óga amach bhí gob *tin* ar chuile cheann acu!

Agus ceann eile a bhíodh ráite faoi, go mbíodh sé ag foghlaeireacht – bhíodh go leor daoine ag foghlaeireacht an t-am sin mar bhí sé ag teastáil. Ach chaith sé oíche fhada amuigh ag foghlaeireacht, ag faire géabha fiáine agus níor airigh sé tada. Diabhal blas ach go raibh sé tagtha isteach abhaile agus é suite nó luite sa gclúid, nuair a d'airigh sé géabha. Ní raibh sé d'am aige ach an gunna a shá suas an simléar agus scaoil sé urchar, agus nuair a chuaigh sé amach bhí dhá ghé tite taobh amuigh ar an tsráid! Scéalta beaga mar sin.

Bhíodh Seosamh ag insint scéalta den chineál céanna faoina óige i gCarna do na Clancy Brothers i Nua-Eabhrac: go mbíodh sé féin agus comharsana leis amuigh i gcurach ag tarraingt photaí gliomach go moch ar maidin – rud a bhíodh – agus nuair a bhíodh na potaí tarraingthe acu, go n-ithidís ceapairí agus go n-ólaidís braon tae. Agus an mhaidin seo, gur shiúil an gliomach mór seo anall chuig na ceapairí a bhí ar urlár na curaí, gur thóg sé ceapaire agus gur bhain plaic as. Ansin bhreathnaigh sé ar Sheosamh idir an dá shúil agus dúirt: '*There's not enough salt on it!*'

Le filleadh ar na comharsana, caithfear Máire an Ghabha Bean Uí Cheannabháin as an Aird Thoir a lua, a bhfuil clann a mic – Michael Mháire an Ghabha, a fuair bás i Márta 2005 – ag cur na n-amhrán agus an cheoil chun cinn i gcónaí. Bean í seo a thug stór mór paidreacha agus amhráin bheannaithe léi óna seanmháthair, Máire Ní Ghríofa (Bean Uí Cheannabháin), agus óna máthair, Neainín Mháire Ní Ghríofa (Bean Mhic Giolla Máirtín). Cailleadh Máire Ní Ghríofa c. 1918, go gairid sular rugadh Seosamh, agus ar na hamhráin bheannaithe a d'fhág sí ag a clann agus ag clann a clainne bhí 'Caoineadh na Páise', mar a thugadh sise ar 'Caoineadh na dTrí Muire'. Seo é an t-amhrán is mó a tharraing cáil ar Sheosamh nuair a chas sé go poiblí ar dtús é ag na hOícheanta Seanchais in Amharclann an Damer i mBaile Átha Cliath i lár na gcaogaidí agus nuair a thaifead sé ar cheirnín le Gael-Linn é go gairid ina dhiaidh sin. In agallamh raidió le Proinsias Mac Aonghusa dúirt Seosamh, agus é ag trácht ar a óige:

Nuair a bhí mise ag éirí suas i mo leaid beag bhí mo mháthair mhór agus bean eile ar an mbaile a dtugaidís Neainín Mháire Ní Ghríofa uirthi, agus bhí na paidreacha seo uilig acu. Bhí ceann acu faoi Oíche Nollag, ceann eile faoin bPáis agus ceann faoin Aiséirí.

Agus mar a dúirt Pádraic Ó Gaora ina óráid oscailte ag Féile Joe Éinniú, 1993: 'Ansin bhí Joe Pheadair Uí Laoi aige, duine de na daoine ba deise labhartha dá raibh riamh anseo'.

Ach de na comharsana ar fad, is do Sheán Choilm Mac Donnchadha agus do Sheán Jeaic Mac Donncha is mó a thugadh Seosamh creidiúint, cé gur dá athair agus dá aint, deirfiúr a athar, Máire Éinniú, a bhí pósta i Maíros, a thugadh sé an chreidiúint ba mhó ar fad, mar aon le col cúigir a athar i nGlinsce, Colm Ó Caodháin. Bhí Máire Éinniú pósta le fear a raibh Máirtín Ó Curraoin air agus bhí ceathrar iníon acu, Béib, Nóra, Peige agus Sarah. Bhí glór cinn breá ag Máire agus go leor amhrán aici, agus dúirt Seosamh go minic i Meiriceá go bhfuair sé amhráin uaithi. Dúirt sé le Mick Moloney i Nua-Eabhrac:

Well, there were two in my own village, Seán Jack McDonagh, a brother of the fellow who played the melodeon, and Seán Choilm Mac Donnchadha. And then my own cousin, Colm Keane [Ó Caodháin], the man who gave Séamus Ennis over 270 [sic] songs. They influenced me most. My own father had Irish songs but he didn't have as many as he had in English. But that's how I picked up the songs . . . Even Alan Lomax said when he was in Carna in 1945 that Carna was the richest spot in Western Europe for folklore, in both songs and stories.

Bhí go leor fonnadóirí breátha eile ina thimpeall ar chuile thaobh. Bhí deirfiúracha Sheáin Choilm, go háirithe Béib Choilm, thar cionn ag rá amhrán, cé gur imigh sí go Meiriceá nuair a bhí Seosamh an-óg. Bhí Seán an Ghabha, deartháir le Máire an Ghabha, ina fhonnadóir breá freisin agus deirtear liom gur bhreá uaidh 'The Shores of Americay' a ghabháil. Bhí Seán níos óige ná Máire an Ghabha ach cailleadh i bhfad roimh Mháire é.

Bhí Meairc Pháidín Ó Ceannabháin ina chónaí in aice le tigh Éinniú, fear a bhí beagán níos sine ná Seán Jeaic, agus bhí sé féin agus a athair, Páidín Sheáin Hughie, ina bhfonnadóirí breátha. Bhíodh an t-amhrán 'O'Brien from Tipperary' ag Meairc Pháidín agus ceapann daoine gur uaidh a fuair Seosamh é, cé gur dhúirt Seosamh go minic gur óna athair féin a fuair sé é. Bhí blianta fada caite ag Meairc Pháidín i Sasana agus bhí go leor amhrán Béarla aige ach chasadh sé na hamhráin Ghaeilge freisin, 'An Caisideach Bán' go hard ina measc. Bhí Céitín Mharcaisín, deirfiúr le Joe Mharcaisín, go hiontach ag casadh amhrán freisin. B'aint í seo le Marcus Joe Mharcaisín, atá sa mbaile as Sasana le roinnt blianta anois agus a bhuaigh Fleadh Cheoil Shasana lena chuid amhrán le linn dó a bheith thall.

Síleann an tAthair Eddie Ó Conghaile gur ó Sheán Choilm Mac Donnchadha, a bhí ina chónaí i mbéal an dorais aige, is mó a chuala Seosamh seanamhráin:

Bhíodh Seán Choilm isteach is amach tigh Éinniú, b'fhéidir trí huaire sa ló, agus chaith sé mórán chuile oíche istigh ag cuartaíocht ann. Bhí go leor amhrán aige agus ní raibh aon chall amhrán a iarraidh air; bhíodh sé ag gabháil fhoinn gan iarraidh ar bith. Nuair a bhíodh braon ólta aige choinníodh sé ag gabháil fhoinn i gcónaí. Bhí Joe ag éisteacht leis na hamhráin sin agus d'fhoghlaim sé na hamhráin sin. Tá mé ag ceapadh nach raibh aon chall do Joe iad a scríobh síos. An t-am sin, ní raibh aon duine ag scríobh tada agus b'fhéidir gur tharla sé go minic go raibh focla na véarsaí anonn is anall mar gheall ar an gcaoi ar tógadh ó bhéal go béal iad. Ach d'fhoghlaim sé go leor de na hamhráin mar sin.

Bhí an-mheas go deo ar na hamhráin féin, chomh maith leis an té a bhí go maith á rá, ar fud Chonamara go léir ag an am. Tá cur síos i leabhar le Seán Mac Giollarnáth, Peadar Chois Fhairrge, ar amhránaí a raibh Bríd Ní Dhonnchadha uirthi. Peadar Mac Thuathaláin as Cois Fharraige, a fuair bás i 1930, atá ag insint an scéil.

Bhí mé tráthnóna agus mé ag tigheacht ó loch ag gabhail go dtí loch eile agus chuala mé bean a bhí ar bhuaile ag gabhail fhuinn agus í ag bleaghan bó, agus 'séard dubhairt sí:

'Tá an gairdín seo ina fhásach, agus nach álainn é a bhláth!
Tá ubhla buidhe ar bharra crann ann, agus a cuid spíonán ag fás,
Tá silíní blasta cumhra ann agus a rósa faoi n-a mbláth,
Tá mo stóirín ar chathaoir chláir ann agus a leabhar ina láimh.'

Nuair a d'airigh sí mé stop sí. 'Lean dó,' adeirim-se. Ach níor lean. Bhí sí cúthail. Níor chuala mé ariamh ná ó shoin an t-amhrán. 'Sí a bhí indon a ghabhail go blasta cumhra. Níor chualas ariamh níos binne milse ná í, ná aon duine eile dár chuala í. Brighid Ní Dhonnchadha a bhí uirthe.

Bhí Brighid Ní Dhonnchadha i nGaillimh Aoine na Nodlag. Thagadh na sluaighte ban an t-am sin, sean agus óg, go Gaillimh an Aoine roimh Nodlaig. Ó thuiteadh oidhche ní ghabhadh aon duine acab amach ar fud na Gaillimhe, ach suidhe síos ag gabhail fhuinn agus ag casadh port. Bhí Brighid ag cur fúithe i dtigh Antoine Uí Fhíne ar an bhFatha Bhig. Bhí fhios ag 'chuile dhuine go raibh an glór cinn aice, agus an t-amhrán. D'iarr Antoine Ó Fíne amhrán uirthe. Níor fhan fupa ná fapa aice.

'A Antoine Uí Fhíne,' adeir sí, 'ní cheideochainn ar mo phéire bróg thú a eiteach, ach níl sé ag tigheacht liom.'

Nuair a d'óladar a gcuid tae agus chuadar a chodladh, ní mórán achair a bhí sí ina codladh nuair a labhair sí.

'A Antoine Uí Fhíne,' adeir sí, 'an bhfuil tú i do chodladh?'

'Nílim anois,' adeir Antoine.

'Éist anois,' adeir sí.

Thosuigh sí ag gabhail fhuinn. 'Sé an t-amhrán adubhairt sí 'Coinnleach Glas an Fhóghmhair'. Níor fhan fear ná bean sa teach gan éirghe agus a gcuid éadaigh a chur orthab. Sin lom na fírinne. 'Sé an darna hamhrán adubhairt sí 'Pláinéid Mhuigheo,' agus lean sí dó go maidin.

'Chaith mé seacht mbliana déag,' adeir Antoine Ó Fíne, 'ins na Státaí; tá mé ocht mbliana déag ar an mbaile seo; do leithéid níor chuala mé ariamh abhfus nó thall.'

Is mó an fonn goil a bhí orthab ná gáire, mar bhí a glór chomh buadhartha sin. Ní raibh cuime ar bith le Brighid Ní Dhonnchadha. Bhí dhá shúil ina cloigeann chomh glas leis an drúcht. Bhí an lasadh ba deise innte a d'fhéadfá a fheiceál. Bhí folt gruaige uirthe ar dhath an óir bhuidhe. 'Sé an áit a rugadh is tógadh í, istigh i mBarr Roisín.[18]

Tá roinnt mhaith cuntas againn ó bhéal Sheosaimh Uí Éanaí féin ar a óige i gCarna agus ar an gcaoi ar fhoghlaim sé na seanamhráin. Dúirt sé in agallamh lena sheanchara Séamus Ennis ar Radio Éireann:

D'fhéadfá a rá go raibh mé á n-ól as an mbuidéal sa gcliabhán. Bhíodar agam ó bhí mé sa gcliabhán. Chuala mé á rá iad timpeall na tine oíche agus lá, amuigh sa ngarraí ag fosaíocht na mbeithíoch, nó amuigh ar an bhfarraige ag iascach, nó áit ar bith a ndeachaigh mé. B'éigean dom iad a bheith agam. Bhí m'athair ina thogha amhránaí, agus bhí Colm Ó Caodháin, go ndéana Dia grásta air, col cúigir [recte seisir] dom, ar dhuine de na daoine is mó i gConamara a raibh amhráin aige. Bhí fear eile ansin – agus tá aithne ag an saol Fódlach air – Seán Choilm a thugadh muid air, agus níor stop Seán riamh. Tar éis lá oibre thosaíodh sé ag gabháil fhoinn. Théadh sé amach ar an aill agus shíneadh sé siar ag gabháil fhoinn go dtí an dó dhéag san oíche.

In agallamh le Breandán Feiritéar ar Raidió na Gaeltachta i 1973 dúirt sé:

Fuair mé ar leic an teallaigh iad nuair a bhí mé ag éirí suas . . . Ní raibh raidió ag duine ar bith ach ag an máistir scoile agus ag an sagart, agus an rud a bhí againn fuair muid ar leic an teallaigh é agus ní raibh tada eile ag teacht isteach ón áit amuigh. Ach bhíodh scéalta agus amhráin agus filíocht agus rudaí mar sin ar siúl i gcónaí san oíche, go mór mór sa ngeimhreadh.

Nuair a chuir Douglas Sealy Seosamh faoi agallamh i mí na Nollag 1982, dúirt sé:

Rugadh mise leis na hamhráin. Sin é a bhí ar bun chuile oíche sa teach agamsa nuair a bhí mé ag éirí suas: amhráin agus scéalta, mar ní raibh raidió ná tada ann. Bhí m'athair ina amhránaí iontach maith agus bhí go leor leor amhrán aige, agus ba chol cúigir dom an fear a thug dhá chéad go leith [sic] amhrán do Shéamas Ennis, Colm Ó Caodháin . . . Is iomdha uair a tháinig mé anuas go dtí an doras ag éisteacht le amhráin nuair ba cheart dom a bheith i mo chodladh – bhí mé ceaptha a ghabháil a chodladh ag uair áithrid. Bhí an-spéis agam iontu riamh. Is mé an duine is mó sa teach a raibh spéis aige iontu. Shuínn síos ar an gcnocán agus thosaínn á rá liom féin . . .[19]

'Fonnadóireacht' a thugtar i gceantar Charna, agus in Iorras Aintheach go ginearálta, ar an amhránaíocht a chleacht ár seacht sinsear in Éirinn agus in Albain leis na céadta bliain, agus a chleachtar fós in aon áit a bhfuil an Ghaeilge á labhairt mar theanga pobail. Is fearr le go leor daoine mar ainm é ná 'sean-nós', an t-ainm a thug Conradh na Gaeilge isteach go hoifigiúil ar chlár an Oireachtais nuair a athbhunaíodh an fhéile sin i 1939. Tá roinnt mhaith daoine ar fud Chonamara agus ar fud na tíre ar fad ag déanamh aithris ar mhuintir Charna anois agus ag tabhairt fonnadóireacht ar amhránaíocht na Gaeilge agus fonnadóirí ar na hamhránaithe. Sa scannán *Ar Thóir Shorcha*, a rinne Bríona Nic Dhiarmada faoin bhfonnadóir as Roisín na Mainiach i gCarna, Sorcha Ní Ghuairim (1911–76), agus a taispeánadh ar TG4 den chéad uair in earrach na bliana 2007, is fonnadóireacht seachas sean-nós an téarma a d'úsáid an scoláire Ríonach uí Ógáin, a chuir an clár i láthair, agus a d'úsáid na fonnadóirí Nan Tom Teaimín de Búrca agus Meaití Jó Shéamuis Ó Fátharta, ag cur síos dóibh ar Shorcha Ní Ghuairim.

In alt leis an scoláire Róisín Nic Dhonncha as an Aird Thoir i gCarna, deir sí:

Díol spéise is ea an téarma 'sean-nós' i leith na hamhránaíochta. Úsáideadh é i gcomhthéacsanna eile, go mór mór i bhfilíocht agus i bprós cráifeach ón séú haois déag ar aghaidh ach, go bhfios dom, is i dtús an fichiú haois a luaitear é go comhchiallach le hamhránaíocht dhúchasach na hÉireann. Ba iad lucht eagraithe na bhfeiseanna agus an Oireachtais a rinne buanú ar an téarma . . . Níor tosaíodh ag úsáid an téarma 'sean-nós' i measc amhránaithe na Gaeltachta féin, áfach, go dtí le leathchéad bliain anuas cé go nglactar leis go náisiúnta agus go hidirnáisiúnta sa lá inniu.[20]

Bhíodh Sorcha Ní Ghuairim ag moltóireacht ar na comórtais fonnadóireachta ag an Oireachtas nuair a athbhunaíodh an fhéile i 1939 agus bhí sí chomh mór sin in aghaidh an téarma 'sean-nós' gur eagraigh Coiste an Oireachtais siompóisiam ar leith mar chuid d'Oireachtas na bliana 1943 leis an gceist a phlé. Bhí Sorcha féin ar an bpríomhchainteoir Connachtach, Seán Ó Baoighill (1908–79) ar an bpríomhchainteoir Ultach agus Aindrias Ó Muimhneacháin (1905–89) ar an bpríomhchainteoir Muimhneach. Bhíodar triúr ar aon fhocal agus go huile agus go hiomlán in aghaidh an téarma 'sean-nós'. Is díol spéise ann féin an teideal a bhí ar an siompóisiam: 'Symposium ar Amhránaidheacht na Gaedhealtachta'.

"'. . . ceol ar an tSean-Nós," níl ainm ar bith is lugha orm ná é,' a dúirt Seán Ó Baoighill:

> An dtabharfá 'Creideamh ar an tsean-nós' ar Chreideamh na nGaedheal? . . . Cainnt ar an tsean-nós" ar an teanga Ghaeilge? . . . Mar sin de, ná cluintear duine ar bith againn feasta ag cainnt ar 'Ceol ar an tSean-Nós' ach bheirimíst 'Ceol dúchasach Gaedheal' air, mar níl an dara cineál Cheoil Gaedhleaigh ann.[21]

'B'fhéidir go mba fheileamhnaighe "Amhráin na nDaoine" nó "Amhráin na hÉireann" a thabhairt ar a' gcainnt seo ná "Amhráin na Gaedhealtachta," a dúirt Sorcha Ní Ghuairim féin, agus í ag cur tús lena píosa breá cainte.[22] 'Sé an sean-nós nó an Traditional singer an séala is measa a cuireadh ar na h-amhráin Ghaedhealacha ariamh.'[23]

Dúirt Aindrias Ó Muimhneacháin: 'In ionad bheith ag trácht ar amhránaidheacht ar an *sean-nós* is é rud ba mhaith liomsa trácht air ná amhránaidheacht Gaedheal *do réir an nóis dúthchais*. . . . Gach aon amhrán gur fiú é a ghabháil bíonn scéal le haithris ann, agus is maith leis an muintir a bheadh ag éisteacht an scéal san do chlos.'[24]

Chuir chuile dhuine den triúr béim ar scéal an amhráin, agus mhol Sorcha Ní Ghuairim go láidir gan 'geáitsíocht' a thabhairt isteach san amhrán. Deir Nic Dhonncha:

Togra dúshlánach go leor ab ea siompóisiam a eagrú ar amhránaíocht na Gaeltachta. Ba é sin an chéad uair a reachtáileadh a leithéide agus ní mórán plé atá déanta ar an ábhar ó shin i leith ach an oiread, ar bhonn poiblí ar aon nós . . . [25]

Díríonn Nic Dhonncha ár n-aird freisin ar roinnt dá raibh le rá faoi amhránaíocht na Gaeilge ag tús an chéid seo caite ag daoine mar Edward Martyn as Tul Oidhre, gar don Ghort i gContae na Gaillimhe, cara le W. B. Yeats agus le Lady Gregory – bhí baint ag an triúr acu le bunú an Irish Literary Theatre i 1899. Bhí Edward Martyn ina bhall de Chonradh na Gaeilge agus, in ainneoin gur theip air Gaeilge a fhoghlaim, bhí sé an-bháúil leis an teanga agus go háirithe leis an bhfonnadóireacht. In alt in *An Claidheamh Solais* faoi Fheis Thuama i samhradh 1902 scríobh sé:

It reminds me of beautiful Gregorian singing, or of Orientals chanting in old mysterious tonality . . . It is obvious to any cultured person that the loss of such a native art as this would be a national calamity, second only to the loss of the Irish language itself . . .[26]

Bhí tuairimí chomh láidir céanna sin ag Seosamh Ó hÉanaí faoi thábhacht na fonnadóireachta agus faoi thábhacht na filíochta agus na teanga as ar fhás sí, agus cé gur dóigh nach iad tuairimí Edward Martyn a chuaigh i bhfeidhm air, is cinnte, dar liom, go ndeachaigh tuairimí Shorcha Ní Ghuairim i bhfeidhm air agus ar chuile fhonnadóir óg eile a bhí suas lena linn i gConamara agus a raibh suim aici nó aige sna hamhráin. Bhí Seosamh ag an Oireachtas i mBaile Átha Cliath i bhfómhar na bliana sin 1943 nuair a thug Sorcha Ní Ghuairim an píosa cainte ag an Symposium ar Amhránaidheacht na Gaedhealtachta, agus is iontach an chosúlacht atá idir a mbíodh le rá aige faoin ábhar sin agus a raibh le rá ag Sorcha ar an ócáid sin. Seo cuid de chaint Shorcha:

An ó dhream a tógadh le Béarla nó le Gaedhilge – a ghlacfas muid treoir? Tá ceol na ndaoine i n-íochtar faoi láthair ach dá dtagadh duine de na h-uaisle Gallda amáireach, a tosóchadh a' cur spéis sa rud duthchasach, b'fhéidir go mbeadh dúil mhór againn ann. Sa lá atá indiu ann ní chleachtann ceol na ndaoine ach muinntir na Gaedhealtachta, agus níl lord ná lady orthu siúd, cé go mb'fhéidir go bhfuil an fhuil mhór ó dhuthchas iontu. Is cinnte go raibh an fhuil mhór sa dream a cheap a gcuid amhrán idir filidheacht agus ceol, agus an lá a dtubharfaidh siad cúl do'n oighreacht sin ní fearrde a dtréithe ná a gcáilidheacht é. Beidh an teanga bochtuighte agus an litridheacht dá mbeadh míle beag leabhar i n-a leabaidh. Tá stair na ndaoine ins na h-amhráin seo, tá a n-uaisleacht ionnta, tá a ndearcadh fré chéile agus a gcuid feallsamhnachta ionntu, agus nach fear fear i gcomhnuidhe agus ní athruigheann an áilleacht.

... Tá níos mó ná focla Gaedhilge agus na nótaí beaga casta sa gCeol Gaedhealach – agus deirim anois gan scáth nach bhfuil ann ach nós amháin ceoil Gaedhealaigh. Sa nGaedhealtacht atá sé sin. Tá uaigneas ins a' gceol sin, uaigneas cnoc is gleann is fairrge; tá uathbhás ann – uathbhás an bháis – tá tuirse ann, tuirse na h-uaighe. Tá chuile bhuaidh aige dá raibh ag gabháil leis an gceol a dtráchtar air sna 'sean-scéalta – chuirfeadh sé ualach bróin ort, chuirfeadh sé mórtas croidhe ort, chuirfeadh sé t-intinn 'un suain, ach é a thuiscint.

... Má tá fhios agaibh an t-amhrán seo [Dónall Óg] tuigfidh sibh cé mar bhí an scéal ag a' gcailín seo ar ghile léi an bás ná bheith faoi leatrom mar bhí sí. Amhrán é a bhfuil an grádh, an fuath, an t-éad, an dílseacht agus an deacair fite fuaite ann. Mar deir sí féin, tá sí tuirseach ó shiubhal na dtíortha. Is féidir linn í a shamhailt dhúinn féin 'na suidhe chois claidhe nó chois sceiche, a bois faoi n-a leithceann agus a creach déanta. Is cinnte nach amuigh i lár sráide a bheadh sí a' fuagairt a h-anshógh de'n tsaoghal mór. An t-é a luigheann a' brón air agus a mbíonn leac ar a chroidhe, is ar uaigneas a bhíonn sé a' déanamh a mharanadh. Sean-cheol ceart é seo nach bhfuil an tomhaiste ann, agus caithfidh an fonnadóir guaim a choinneal air féin mar go bhfuil an guth faoi smacht ag a' gceol agus ag na foclaí.

. . . Ach sé 'n moladh a bhíonns ag muinntir na Gaedhealtachta ar fhonnadóir, moladh ar a chaoineadas agus ar a fheabhas is thuganns sé amach sgéal an amhráin. Ní chleachtann siad an 'béilín milis' ná an Ghallamaisidheacht.[27]

Ní raibh idir Sorcha Ní Ghuairim, a rugadh i 1911, agus Seosamh Ó hÉanaí, a rugadh i 1919, ach na hocht mbliana nó mar sin, agus thart ar an méid céanna de mhílte idir Roisín na Mainiach agus an Aird Thoir, agus bhí an ceantar sin ar fad ar maos sna hamhráin agus sna scéalta agus i ngach gné eile den litríocht bhéil. Chuala an dream óg na hamhráin agus na scéalta ó na daoine fásta. Chonaic siad an tóir a bhí ag na daoine fásta ar na hamhráin agus an meas a bhí acu ar an té a bhí in ann iad a chasadh. Thug siad faoi deara an cineáltas agus an caoineadas agus an ciúnas a thit ar an gcomhluadar nuair a bhí amhrán grá nó caointe á rá agus an t-ardú croí agus meanman a tháinig orthu nuair a dúradh amhrán meidhreach. An chuid acu nach raibh glór cinn acu féin, shantaíodar focla na n-amhrán, an fhilíocht, a bheith acu. De réir a chéile, mar a chuadar in aois, chuaigh áilleacht agus doimhneacht na smaointe agus na mothúchán a bhí nochtaithe i bhfilíocht na n-amhrán i bhfeidhm chomh mór sin orthu gur ócáid dhraíochtúil, spioradálta a bhí ann dóibh feasta éisteacht le hamhrán maith ó fhonnadóir maith. Bhí an fhilíocht chomh draíochtúil leis na foinn, agus ba mhinic gur ag an té nach raibh glór cinn ar bith, is fearr a bhí na focla ar eolas, ó bheith ag éisteacht chomh haireach agus chomh minic leo.

Bhí an fhilíocht agus na foinn fite fuaite le chéile chomh healaíonta sna hamhráin seo gurb é an cur síos a rinne an file Somhairle MacGill-Eain as oileán Gaeltachta Ratharsair in Albain orthu: '*that ineffable fusion of music and poetry, in which the melodies seem to grow out of the words and be a simultaneous creation*.'[28] Dúirt Albanach eile, an scoláire John MacInnes:

The best traditional singers possess a superb ability to communicate an art in which poetry and melody are indissolubly compounded. There is a profound feeling for the actual language and a most subtle use of its rythms. When this is combined with a characteristic gift for melismatic embellishment we have in Gaelic Song a uniquely beautiful form of artistic expression.[29]

Chuaigh Donal O'Sullivan (1893–1973), ina leabhar *Irish Folk Music and Song*, chomh fada lena rá: *'Nobody unacquainted with these folksongs can fully understand the mind and spirit of Irish-speaking Ireland.'*[30] Agus dúirt an píobaire agus an t-amhránaí as Doire, Tomás Ó Canainn, a bhfuil cónaí air i gCorcaigh le fada, gurb í an fhonnadóireacht, nó an amhránaíocht dhúchais, 'an eochair a osclaíonn gach glas'. Ina leabhar *Traditional Music in Ireland*, deir sé:

> It is the author's belief that no aspect of Irish music can be fully understood without a deep appreciation of sean-nós (old-style) singing. It is the key which opens every lock. Without a sound knowledge of the sean-nós and a feeling for it a performer has no hope of knowing what is authentic and what is not in playing and decorating an air. In the same way, a listener who is not steeped in the sean-nós tradition will be unable fully to assess even an instrumental traditional performance of an air because the style of playing is so much affected by the implications of the language.[31]

D'úsáid daoine a gcuid fonn agus a gcuid amhrán le deá-ghiúmar agus ardú meanman a chur orthu féin, agus bhí port maith feadaíola nó stéibh d'amhrán in ann scaipeadh a chur ar ghruaim agus an croí a ardú. Ba ionann a bheith ag gabháil fhoinn agus a bheith gan imní, fiú más amhrán brónach a bhí á ghabháil. Dúirt comharsa béal dorais le Seosamh, an tAthair Eddie Ó Conghaile, faoi na comharsana a bhí timpeall orthu san Aird Thoir:

> Is beag an rud a thugadh tógáil croí dóibh le go dtosóidís ag gabháil fhoinn; b'fhéidir scéala maith a chloisteáil nó nuaíocht mhaith. Nó mura mbeadh ann ach an lá breá, chuirfeadh sé chun foinn iad, bhí an croí chomh haerach sin acu. Ní raibh uathu ach spraoi agus greann agus amhráin agus ceol. Ach bhí an ceol seo ina gcnámha agus chaithfeadh sé teacht amach.

3. Scolaíocht

FAOIN AM A NDEACHAIGH SEOSAMH CHUIG SCOIL NA HAIRDE I 1924, in aois a chúig bliana beagnach, bhí an ceathrar ba shine den chlann ansin roimhe. Fuair a dheirfiúr Máire scoláireacht i scrúdú na gColáistí Ullmhúcháin cupla bliain ina dhiaidh sin. Chuaigh sí ar meánscoil go Coláiste Mhuire i dTuar Mhic Éadaigh agus as sin go Coláiste Oiliúna Bhantiarna na Trócaire ar an gCarraig Dhubh i mBaile Átha Cliath, áit ar cháiligh sí ina múinteoir náisiúnta. Bhí cáil an oideachais agus cáil na scoláireachtaí ar Scoil na hAirde ag an am mar bhí beirt mhúinteoirí den scoth ansin, Seán Ó Conchúir as Cill Mheáin i gContae Mhaigh Eo agus a bhean, Bríd Ní Fhlatharta as an gCeathrú Rua i gConamara, aint leis an amhránaí Val Ó Flatharta. Tá Seán Ó Conchúir molta i mbailiúchán béaloidis Sheáin Mhic Giollarnáth: 'Ní raibh máighistir Gaedhilge i Sgoil na hÁirde go dtáinig an Puirséalach atá anois i mBéal Chláir, an fear a bhí ann roimh Sheán Ó Conchubhair. Tá cáil na beirte abhfad le Gaedhilg. Is iomdha buachaill agus cailín atá curtha chun coláiste ag Ó Conchubhair.'[32]

In agallamh sa tsraith *Blianta Faoi Bhláth* a rinne Maidhc P. Ó Conaola le Seosamh Ó hÉanaí ar Raidió na Gaeltachta i 1979, mhol Seosamh Seán Ó Conchúir go hard na spéire:

> Bhí an t-ádh orainne, mar is dóigh go raibh an múinteoir is fearr a tháinig go Conamara riamh againn, Ó Conchúir as

Contae Mhaigh Eo, agus a bhean. Ba Flathartach as an gCeathrú Rua ise. Ba iad an bheirt ab fhearr iad; ní hé amháin go rabhadar go maith ag múineadh, ach bhíodar go maith do na gasúir freisin. Mar nuair a bhíodh scrúdú i gCarna nó tada, ghabhfadh Ó Conchúir ina charr féin, [thugadh sé] na gasúir soir; théadh sé soir le tae chucu i meán an lae agus bhreathnódh sé ar na páipéir a bhíodh acu sa scrúdú . . .

Dúirt seanchara Sheosaimh, Seán 'ac Dhonncha, nó Johnny Joe Pheaitsín mar is fearr aithne i gCarna air, ar Raidió na Gaeltachta i 1985, bliain tar éis bhás Sheosaimh:

Tá sé ag bordáil ar thrí scór bliain ó casadh Joe agus mé féin ar a chéile i dtosach. Sa scoil náisiúnta san Aird i bparóiste Charna a tharla sé sin. Ní raibh ach trí lá dhéag idir muid, agus bhí an t-éitheach agamsa ar Joe – is é sin le rá go raibh mé ní ba sine ná é. Bhí aithne agus eolas maith againn ar a chéile ón am sin. Ba deacair dúinn gan spéis a bheith againn sa sean-nós, mar bhí múinteoir againn sa scoil sin, Bean Uí Chonchúir, go ndéana Dia grásta uirthi, a mhúin agus a ghríosaigh gach páiste a bhí faoina cúram le spéis faoi leith a chur sa sean-nós amhránaíochta. Ba mhaith uaithi é a dhéanamh, agus is ise a d'fhág meas agus tóir thar an gcoitiantacht againn ar an amhránaíocht chéanna. Bhí Joe rang níos ísle ná mise. Bhíodh muid ar an bportach le chéile nuair a bhí muid inár ngasúir, ag tabhairt isteach mallachaí [ualaí] móna le asail agus péire cléibh. D'fhág mise an scoil bliain roimh Joe . . .

San agallamh le Mick Moloney i Nua-Eabhrac i 1981, dúirt Seosamh:

We were lucky in that we had probably the best teacher that ever came in to Connemara, O'Connor from Mayo. He wanted to do all he could to advance somebody he thought had a little bit of brains, to win a scholarship. At the time we were all poor and of course we went to school in our bare feet. We couldn't afford shoes until we were twelve or thirteen. And he did everything in his power, and he has left an awful lot of people in good jobs

. . . He put them forward and taught them in his own time. They won scholarships, and I was one of them.

We learned what we called the school songs, which of course died away after we left school, because we learned the old songs at home, and they are as different as chalk and cheese – the way they were in school and the way they were at home . . . And we had good teachers to sing us these songs. One of the songs we learned at school was *'An Chúilfhionn'*, and we had a version of *'Eanach Cuain'* at school. We had *'Beidh Aonach Amárach i gContae an Chláir'* and *'Babaró agus Óra Mhíle Grá'* and *'One Morning in June is mé ag dul ag Spaisteoireacht'*, but they didn't go down too well with us. Some of those songs were sung differently at home; we had the old way . . .

At school, the teacher would put the emphasis on 'open the mouth!' – get an egg and try to put an egg into your mouth. 'You can open your mouth!' You got a couple of slaps! You know yourself, I hardly ever open my mouth when I'm singing. But you had to open your mouth and sing, which was virtually impossible for me to do.

In agallamh le Douglas Sealy, dúirt Seosamh:

Bhí sé an-deacair ormsa amhráin na scoile a fhoghlaim mar bhí an sean-nós i mo chloigeann i gcónaí agus is iomdha *slap* a fuair mé, mar tá an-difríocht idir bealach na scoile agus bealach an bhaile. Bealach na scoile a thugadh muid ar na hamhráin a mbíodh nótaí curtha leo, an chaoi a raibh siad á rá sa scoil. Ní féidir nótaí seanamhráin a scríobh. Thriáil go leor daoine, ach níl duine ar bith in ann na castaíocha a scríobh, mar ní hé an bealach céanna a ndeireann tú an t-amhrán uair ar bith. Ní féidir é a rá an bealach céanna an dara huair. Níl aon *set pattern* ann, an dtuigeann tú! Déarfaidh tú amhrán an uair seo; déarfaidh tú an t-amhrán céanna faoi cheann chúig nóiméad fhichead, agus déarfaidh tú ar bhealach eile é, ach b'fhéidir níos fearr nó níos measa. Cuirfidh tú na castaíocha isteach in áit áithrid an chéad uair, agus isteach in áit eile an dara huair. [In] amhráin na scoile, bíonn na nótaí ar an mbealach céanna i gcónaí.[33]

Nuair a fuair Seosamh bás bliain go leith tar éis an agallaimh sin, rinne an t-iriseoir Tomás Mac Ruairí tagairt ina cholún 'Folklore' i *Scéala Éireann* do na *slap*anna a dúirt Seosamh a fuair sé de bharr 'bealach na scoile':

> Not only could the Irish education system not find a simple means of utilising his talent – as a visiting tutor in folk song, music and lore – it is also on record that his teachers in primary school physically punished him because he could not sing according to the curriculum. And that was under the new Free State.[34]

Tharraing an tuairisc sin roinnt mhaith cainte ag an am agus foilsíodh litir i *Scéala Éireann* i mBealtaine 1984 ó dheirfiúr leis an amhránaí Seán 'ac Dhonncha, Mairéad. Chuaigh Mairéad chuig Scoil na hAirde í féin agus fuair sí Scoláireacht na gColáistí Ullmhúcháin, agus bhí sí ina léachtóir ina dhiaidh sin i gColáiste Mhuire i dTuar Mhic Éadaigh agus sa gColáiste Ollscoile, Baile Átha Cliath:

> A Chara,
> Sa dhréacht spéisiúil ar Sheosamh Ó hÉanaí i 'Folklore' le Tomás Mac Ruairí, 4 Bealtaine, tá dearmad mór amháin faoi mhúinteoirí bunscoile. An bhean a mhúin Seosamh an bhean ab oilte de mhúinteoirí ceoil na linne.
> Chothaigh sí meas ar an gceol, go háirithe an ceol dúchais. Ní amháin gur mhúin sí féin amhráin Raiftearaí, 'Saileog Rua', 'Amhrán an Tae', 'Sadhbh Ní Bhruinnealla' agus go leor eile d'amhráin an cheantair, ach chuir sí iallach ar na gasúir amhráin a fhoghlaim sa mbaile agus iad a rá os comhair na scoile.
> Bheadh spás níos faide ná seo uaim le scéal ceoil na mná uaisle sin a ríomh. Is iomaí iarscoláire léi atá beo inniu agus a dheimhneodh mo thuairisc agus a chuirfeadh leis.
> Solas na bhFlaitheas di féin agus dá hiarscoláire, Seosamh.
>
> Mairéad Nic Dhonnchadha[35]

Fuair Bean Uí Chonchúir agus Scoil na hAirde moladh mór freisin ón iriseoir, craoltóir agus aisteoir Pádraic Ó Gaora as Carna, nuair a d'oscail sé Féile Joe Éinniú na bliana 1993. Ba é Pádraic 'Colm' sa dráma raidió *Colm i Sasana*, dráma ina mbíodh páirt ag Máire Bean Uí Néill, deirfiúr Sheosaimh:

Bhí áit eile fós a raibh tionchar mór aige ar Joe Éinniú agus a chuid fonnadóireachta; sin é teach scoile na hAirde a ndeachaigh sé chun na scoile ann. Ainneoin a ndeir Joe féin san agallamh a thug sé do Douglas Sealy i leagan na Nollag den *Soundpost*, bliain go leith sula bhfuair sé bás, is é fírinne an scéil go raibh baint mhór ag scoil náisiúnta na hAirde le múnlú a ghutha, agus ag piocadh nótaí as nár cheap sé riamh a bheith aige . . . Níl a fhios agam fhéin an mbeadh an cháil ar Joe Éinniú atá air agus a bheas air murach an obair iontach a rinne máistreás scoile na hAirde, Bríd Bean Uí Chonchúir, ag an am. D'eagraíodh sí comórtais sa scoil go bhfaigheadh sí amach cén gasúr is mó a d'fhoghlaimeodh amhráin sean-nóis is véarsaí roimh a leithéid seo de lá, agus b'annamh nach é Joe a thugadh an chraobh leis. Má fuair Joe *slap*annaí, fuair sé a chion de na *sweets* freisin, agus tá mé á rá seo ionas go dtuigfí an chomaoin mhór a chuir Bean Uí Chonchúir ar an amhránaíocht sean-nóis sna hAirdeannaí nuair a bhí Seán 'ac Dhonncha, Cólaí Bán Sheáin Choilm agus an chuid eile acu ag freastal ar an scoil sin.

Dúirt Pádraic Ó Gaora ar an ócáid chéanna sin:

Bhí Joe ina *lad* chomh meabhrach is a bhí ag freastal ar Scoil na hAirde lena linn; bhuaigh sé scoláireacht agus scríobhadh sé aistí do chomórtas an Oireachtais. Scríobhadh sé filíocht freisin faoin ainm cleite 'Loch na gCaor' agus chuirtí a shaothar i gcló in *Ar Aghaidh*. Ní fhaca mise aon chuid dá chuid filíochta ach tá a fhios agam go ndeireadh Joeen Chóil, go fiodmhagúil, le Joe luí isteach ar an bhfonnadóireacht agus gan bacadh leis an bhfilíocht! . . . Bhí a sheanbhuachaill, Pádraig Éinniú, an-cheanúil air. Go deimhin tá barúil agam go mba é Joe peata a mhama freisin agus go bhfaigheadh sé

cuid mhaith dá comhairle féin. Ba mhinic leis a bheith tinn . . .
tá a fhios agam go mbíodh plúchadh air ina fhear óg agus
chomh fada is is féidir a dhéanamh amach is é an plúchadh a
ghiorraigh leis sa deireadh.

There's no shame in being poor!' a deireadh Seosamh lena chuid mac
léinn i Meiriceá, caint nár chuala a bhformhór riamh cheana agus a
chuaigh i bhfeidhm go mór ar chuid acu. San agallamh le Maidhc P.
Ó Conaola ar Raidió na Gaeltachta, dúirt sé faoin athair, Pádraic
Éinniú:

> Bhíodh sé ag déanamh lá iascaigh agus ag déanamh lá oibre do
> dhaoine agus ag cur cupla iomaire talún. Sin an méid.
> Diabhal mórán a bhí ann. Ní mórán iascach a rinne sé, ach an
> méid a rinne sé bhí sé *hand*áilte le cúnamh a thabhairt . . .
> Nuair a bhí mise ag éirí suas i gCarna – ní mé féin amháin ach
> daoine a chuaigh chun na scoile in éindí liom – nuair a bhí
> muide ag dul chun na scoile ní raibh luach bróg ná tada
> againn. Théadh muid ann cosnochtaithe, samhradh agus
> geimhreadh agus fómhar. Agus tar éis na scoile, b'fhéidir go
> gcaithfeadh muid a ghabháil ag obair do dhuine eicínt le cupla
> pingin a fháil leis an teach a choinneáil. Mar atá a fhios agat
> féin, bhí na daoine bocht agus ní raibh raidió ná tada ag
> mórán daoine. Bhí sé ag an siopadóir agus ag an sagart
> paróiste, sin é an méid. Agus bheadh doicheall ort a ghabháil
> go dtí iad, ach chaithfeadh muid a ghabháil go dtí iad nuair a
> bheadh *All Ireland* nó rud eicínt ann, le suí taobh amuigh den
> fhuinneog agus é a chloisteáil. Ach ní raibh tada ag na daoine.
> Ní raibh praghas ar thada. Bhí na daoine ina sclábhaithe.
> Dosaen gliomach, gheobhfá coróin air, trí cinn déag.
> Buíochas le Dia, tá siad *all right* anois, ach an t-am sin ní raibh
> tada ann. Tá mé ag caint – suas go dtí 1930 agus ina dhiaidh,
> agus suas go dtí 1945 – ní raibh mórán ann.

Dúirt sé le Mick Moloney i Nua-Eabhrac i 1981:

When we went to school first we had no English of course, and the teacher told us: 'Don't speak English unless you speak it grammatically.' And he taught us English, but we spoke Irish outside the school. English was a part of our programme at school, a half-hour of English a day, but we did all our subjects at that time through English: catechism, history, geography and mathematics were done through the medium of English. Because he reckoned this was a marvellous way of teaching us English. And it was, too. But we couldn't miss a day from school. If we missed a day from school he'd send somebody to collect us. But we didn't miss a day . . . because we knew what was in store for us if we did.

D'inis iníon dearthár le Seosamh, Máire Uí Mhaoilchiaráin, scéilín greannmhar dom faoina huncail Seosamh nuair a bhí sé i Scoil na hAirde:

Bhí ar a mháthair dul ar shochraid lá, agus choinnigh sí Seosamh sa mbaile ón scoil le aire a thabhairt don bheirt ab óige, Cite agus Síle. Nuair a bhí an mháthair imithe bhí Cite ag fiafraí: 'Céard é sochraid?' Ní hé amháin gur mhínigh Seosamh di é, ach thaispeáin sé di é! Ní dhearna sé ach láí a fháil agus poll a thochailt taobh amuigh den teach agus Cite a chur ina seasamh thíos sa bpoll. Nuair a tháinig an mháthair abhaile ní raibh aníos as an bpoll ach cloigeann Chite!

Bhain sé féin gáire as a chuid mac léinn i Meiriceá go minic, ag insint an scéil sin, agus tá sé i measc na scéalta agus na n-amhrán atá sa Joe Heaney Collection i Roinn na hEitneacheoleolaíochta in Ollscoil Seattle. Déarfadh duine, ón scéal sin, go ndéanfadh Seosamh múinteoir maith dá bhfaigheadh sé an seans, ach ní mar a síltear a bítear.

Bhí scéal eile ag seanchara Sheosaimh, Seán 'ac Dhonncha, a tharla cupla bliain ina dhiaidh sin nuair a bhí Seán i rang a sé agus Seosamh i rang a cúig, faoin lá a dtáinig an *monk* go Scoil na hAirde ag tóraíocht buachaillí le dhul isteach sna Bráithre. Fágfaidh mé an scéal go díreach mar a d'inis Seán féin dom é, go gairid roimh a bhás i 1996:

Tháinig an fear seo, bráthair de chineál eicínt. Bhí féasóg fhada síos go himleacán air agus bhí sé ag labhairt Bhéarla linne agus gan aon Bhéarla againn. Ach bhí muid in ann é a thuiscint, nó cuid mhaith de a thuiscint. Aoine a bhí ann, agus chuile Aoine is éard a bhíodh againn ach graiméar Béarla tar éis am lóin. Ní raibh aon Bhéarla againn agus bhíodh an ghráin againn ar ghraiméar Béarla. Ghabhfadh muid de léim i bhfarraige le éalú ó ghraiméar Béarla dá mb'fhéidir é.

Ach, pé ar bith é, an lá seo tháinig an Bráthair seo isteach agus thosaigh sé ag caint linn, ag caint ar pheil agus iománaíocht agus rudaí mar sin, agus nuair a bhí an méid sin déanta nó ráite aige d'fhiafraigh sé: 'Aon duine ar mhaith leis dul isteach san ord seo?' Chuaigh dhá láimh suas sa seomra scoile sin an lá sin, mo lámhsa agus lámh Joe Éinniú.

Ar chaoi ar bith, thug sé abhaile muid; bhí fear heaicní as an gClochán aige á thiomáint timpeall. Chuaigh muid síos thar an Aird Thoir agus chuaigh siad soir tigh Éinniú, an Bráthair agus Joe. Tá a fhios agam go maith, an lá céanna, go raibh Joe an tSaoir, athair Sheosamh Mac an Rí, ag obair sa ngarraí an taobh eile den bhóthar . . . Agus dúirt fear an heaicní le Joe an tSaoir: '*You'll soon have nothing around here but monks!*' Tháinig sé ar ais anoir ó tigh Éinniú agus níor dhúirt sé tada. Bhí Joe fanta sa mbaile.

Chuaigh sé isteach abhaile liomsa mé féin. Bhí sé ag caint sa mbaile. Bhí m'athair agus mo mháthair ann. Níor dhúirt siad sin *two* ná *one*! Céard a bhí mé féin ag iarraidh a dhéanamh? Céard ba mhaith liom féin a dhéanamh?

Ar chaoi ar bith, as sin go ceann coicíse nó mar sin fuair muid litir. Agus thíos i gCorcaigh a bhí an cheanncheathrú acu, agus ní Bráithre Críostaí a bhí iontu ach ord eicínt eile. Fuair muid litir uathu, ag rá linn a bheith i gCorcaigh ar a leithéid seo de lá. Ní raibh mise ag dul ag tabhairt aird ar bith ar an litir, ach m'anam gur dhúirt Ó Conchúir leo sa mbaile go gcaithfeadh muid freagra a scríobh, i mBéarla. Ach sin é an áit a raibh an trioblóid! Caithfidh sé go bhfuair Joe litir freisin. Ach ní raibh níos mó faoi ansin. Is minic ina dhiaidh sin a dúirt mé le Joe gur breá an dá *mhonk* a dhéanfadh an bheirt againn!

Mar ghreann a d'insíodh Seán 'ac Dhonncha an scéal, ach nuair a luaigh Seán Bán Breathnach an scéal mar ghreann le Seosamh go gairid roimh a bhás, in agallamh beo ar Raidió na Gaeltachta, Oíche Chinn Bhliana 1983, níor léir go bhfaca Seosamh aon ghreann sa scéal. Rithfeadh sé le duine go bhféadfadh caitheamh ina dhiaidh a bheith aige nár thapaigh sé a dheis oideachas meánscoile a fháil, mar a rinne go leor buachaillí óga dá aois ar fud na tíre, go háirithe ó tharla gur ceileadh an deis eile a fuair sé air, go gairid ina dhiaidh sin.

Fuair Seán agus Seosamh an dara seans ar mheánoideachas in aisce a fháil nuair a d'éirigh leis an mbeirt acu i scrúdú na gColáistí Ullmhúcháin, le bheith ina mbunmhúinteoirí. Fuair Seán scoláireacht go Coláiste Chaoimhín i mBaile Átha Cliath i 1934, agus fuair Seosamh é féin scoláireacht i 1935 go Coláiste Éinde, a bhí lonnaithe go sealadach i mBaile Átha Cliath.

Sula ndeachaigh Seosamh go Baile Átha Cliath i bhfómhar na bliana 1935, fuair sé dea-scéala eile. Fuair sé duais ó Chonradh na Gaeilge ar fheabhas a chuid scéalta Fiannaíochta, agus bhí a ainm i gcló in eagrán an Mheithimh den nuachtán An t-Éireannach. 'AIRGEAD AN MHÁIRTÍNIGH' an ceannteideal a bhí ar an tuairisc, inar tugadh liosta de na daoine óga, ón Spidéal siar go Carna, a fuair duaiseanna ar a gcuid seanchais agus scéalaíochta, mar aon le hainmneacha na ndaoine fásta a bhfuaireadar na scéalta agus an seanchas uathu. Tá ainm Sheosaimh arís agus arís eile ar liosta Charna:

> Fuair na daoine seo leanas duaiseanna ó Chonnradh na Gaeilge, fá'n scéim chun duaiseanna a thabhairt do sheanchaidhthe óga agus do lucht a múinte (sgéim Airgid an Mháirtínigh):-

. . . I gCárna: Brighid (Sheáin) Ní Ghaora (Leitir Dheiscirt; óna hathair féin); Siubhán Ní Ghaora (Leitir Dheiscirt; óna hathair féin); Áine Ní Labhradha (Ruisín na Manach; óna muinntir féin); Tomás Breathnach (Ruisín na Manach; óna mhuinntir féin); Cáit (Phádraic) Nic Con Iomaire (Coillín; óna hathair féin); Máire Ní Mhaoilchiaráin (Ruisín na Manach; ó Bhairbre Ní Cheannabháin ar an Áird Mhóir); Maighréad Bairéad (Leitir Ard; ó Mhaitias Ó Conghaile); Sorcha Ní Ghaora (Cárna); Seosamh Ó hÉighnigh (Áird Thoir; óna athair féin); Eibhlín Ní Chaoillidhe (Aird Thiar); Maighréad Ní Chathasaigh (Aird Thoir).

Moladh faoi leith: Tá moladh faoi leith tugtha do Sheosamh Ó Cúláin (An Pháirc); Seán (Phádraic Shéamuis) Ó Conghaile agus a dheirbhshiúr Nóra (Baile na hAbhann); Éamonn Ó Máille (Doire Ruis); Brighid Ní Ghaora (Leitir Dheiscirt); Máire Ní Mhaoilchiaráin (Ruisín na Manach); agus Seosamh Ó hÉighnigh (Aird Thoir).

. . . Bhí cruinniú breágh sean-sgéalta, idir sgéalta fada agus sgéalta gearra, ag Máire Ní Mhaoilchiaráin. Bhí an Fhiannaigheacht – 'Dearg Mac Dearg', 'Grabaire Beag Fhinn Mhic Cumhaill' agus mar sin de – ar fheabhas ag Seosamh Ó hÉighnigh, bail ó Dhia air agus ar na seanchaidhthe óga uilig.

Níl aon ainm leis an tuairisc sin thuas, ach sílim go n-aithním Gaeilge bhlasta, nádúrtha Shorcha Ní Ghuairim.

Ba é Seán Beaumont a bhunaigh *An t-Éireannach* i mBaile Átha Cliath i 1934, agus thagadh an páipéar amach uair sa tseachtain go dtí 1937.[36] Ba é Beaumont a bhí ina eagarthóir air, agus bhí Sorcha Ní Ghuairim ina heagarthóir air seal freisin, chomh maith le bheith ina colúnaí. Bhí sí ina dhiaidh sin ina colúnaí agus ina heagarthóir Gaeilge ar *Scéala Éireann* agus ina léachtóir ar an nGaeilge labhartha i gColáiste na Tríonóide. Thaifead sí roinnt amhrán Gaeilge agus aon scéal amháin leis an lipéad Folkways i Nua-Eabhrac i 1945, le linn di a bheith ar cuairt ag a deartháireacha ansin.[37] Amhránaí den scoth a bhí inti agus b'iontach an misneach a thug sí don ghlúin óg ina ceantar dúchais.[38]

B'údar misnigh d'óg agus aosta, in Iorras Aintheach agus ar fud na Gaeltachta, a n-ainm a fheiceáil in *An t-Éireannach* na blianta sin, agus san iris mhíosúil *Ar Aghaidh,* a chuireadh an tAthair Eric Mac Fhinn agus Liam Ó Buachalla amach go míosúil ina dhiaidh sin. Bhí cáil Iorrais Ainthigh i bhfad is i ngearr i ngeall ar shaibhreas scéalta agus amhrán an cheantair. Dúirt Séamus Ó Duilearga, a bhí ina stiúrthóir ar Choimisiún Béaloideasa Éireann ag an am, nach raibh aon cheantar eile in iarthar na hEorpa a bhí chomh saibhir leis ó thaobh líon na scéalaithe. Bhí scéalta fada mar iad seo le fáil i dtíortha eile san Eoraip céad bliain nó níos mó roimhe sin, ach ní mórán áit in iarthar na hEorpa sa bhfichiú haois a raibh siad fanta fós ann agus daoine ag éisteacht leo. Chonaic Seosamh Ó hÉanaí bailitheoirí ag dul thart ag bailiú na scéalta agus na n-amhrán ina cheantar dúchais le linn dó féin a bheith ag fás suas: Séamus Ennis agus Liam Mac Coisdeala ó Choimisiún Béaloideasa Éireann, Alan Lomax as Meiriceá, Colm Ó Lochlainn, agus mórán eile.

Chonaic sé Seán Mac Giollarnáth ag bailiú na seanscéalta a d'fhoilsigh sé ina dhiaidh sin i *Loinnir Mac Leabhair* i 1936 agus ag bailiú seanchais ó dhaoine a raibh aithne mhaith ag Seosamh ar chuid acu i gcomhair *Annála Beaga ó Iorrus Aithneach* ina dhiaidh sin. Bhí roinnt mhaith de na scéalta agus den seanchas sin cloiste ag Seosamh ar leic an teallaigh sa mbaile nó sna tithe cuarta. Seo é an Seán Forde ('a bheith ina ghiúistís') atá luaite san amhrán 'Ócam an Phríosúin'[39], agus a bhreacadh síos go leor dá chuid scéalta istigh in Óstán Mhongáin i sráidbhaile Charna. Ba é úinéir an óstáin sin, Seosamh Ó Mongáin, T.D., a phiocadh na scéalaithe dó, mar go raibh suim aige féin sna seanscéalta agus aithne agus meas aige ar lucht a n-inste. Tá an cur síos seo i mbrollach *Loinnir Mac Leabhair* ag Mac Giollarnáth ar an dúiche álainn, fhiáin sin inar chaith Seosamh Ó hÉanaí a óige:

> Na sgéalta gaisgidh atá sa leabhar seo bailigheadh iad ó bhéalaibh ceathrar fear a tógadh san ngairbh-thír úd atá ó dheas de na Beanna Beola, idir Cuan Chill Chiaráin agus Cuan Chloch na Rón i n-iarthar na Gaillimhe. Iorrus Aithneach a glaodhtar fós uirthe imeasc Gaedhilgeoirí. Sean-tír ársa í, agus tá Gaedhilgeoirí dá cothú ó aimsir Phádraic anuas . . . Níl

áireamh ar na hoileáin fhairrge atá thart timcheall an Iorruis, ná cur síos ar na héanacha mara ná ar na hiasganna áidhbhéile a chídhtear ina ngar, ná ar an oibriú a thagas ar thonn Mhuighinse le athrú na huaire. Na Beanna Beola atá ó thuaidh de'n tír seo tá siad chómh hárd maordha go bhfanann a gcuimhne go dílis ag an deoraidhe, pé ar bith tír a dtéigheann sé . . . Nuair a cuireadh na taoisigh dá gcois agus nuair a bánuigheadh na sean-eaglaisigh, nuair a cuireadh na sgoláirí le fán, tháinig milleadh faoi'n léigheann. D'fhan na filí fáin agus tháinig na seanchaidhthe agus na sgéalaidhthe i leabaidh na sgoláirí. Bhí gean ag an bpobul ar na filí, ar Mhac Suibhne, ar Cholm de Bhailís, ar an gClochartach, agus ar an dream a chuaidh rómpa nach bhfuil fios a n-ainm anois againn. Bhí meas acu ar na hamhráin agus ar an bhfilidheacht. Tá a chruthamhnas sin le fáil ins na leabhra a bailigheadh i gConamara, mar atá 'Amhráin Chlainne Gaedheal,' 'Amhráin Chuilm de Bhailís' agus 'Ceól na n-Oileán'. . .[40]

Timpeall an ama chéanna a raibh Seán Mac Giollarnáth ag bailiú ábhar a chuid leabhar in Iorras Aintheach, bhí fear de bhunadh an cheantair féin, Séamas Mac Con Iomaire as Maínis, thall i mBoston agus é ag scríobh a shárleabhair, *Cladaí Chonamara* (Baile Átha Cliath, 1938), ina bhfuil an cur síos seo ar na talmhaithe beaga agus iascairí ar fhás Seosamh Ó hÉanaí suas ina measc:

Níl mórán de mhaoin shaolta ag an dream seo, ach ag sracadh leis an saol go hanróiteach. Ar feadh an tsamhraidh agus an fhómhair saothraíonn siad beagán ach is gearr le ghabháil é an chuid eile den bhliain. Drochdhlíthe agus tíorántacht, a bhí á n-imirt orthu leis na céadta bliain, a d'fhág go dona iad.

Maidir le cíos is cáin, níorbh fhiú trácht orthu ar ghualainn na ndrochghníomhartha eile. Bánaíodh an áit tráth, dála mar a rinneadh le go leor áiteacha eile ar fud na hÉireann. Díbríodh na daoine amach as a gcuid gabháltas agus leagadh a gcuid tithe. D'fhulaing siad a lán píonós agus céasadh ó bháillí an tiarna agus ó bhuíon na ngróití iarainn, a bhfuil lorg a láimhe le feiceáil go soiléir go fóill; seanbhallaí loma uaigneacha a bhfuil an t-eidheann agus an caonach ag fás taobh amuigh, agus neantóga taobh istigh. Rinneadh feall mór, ach deir an seanfhocal 'go bhfilleann an feall ar an bhfeallaire.'

. . . Is aoibhinn an áit é sa samhradh nuair a bhíos an mhuir ina clár cothram agus mar a bheadh scáthán mór airgeadach timpeall na n-oileán, na tránna míne gainimh go drithleach dealraitheach faoi thaitneamh na gréine, borradh agus fás faoi gach ní, éanacha an aeir go meidhreach ag ceol agus ag ceiliúr thuas i mbuaic na spéire goirme, faoileáin gheala bhána agus éanacha eile na mara ag soláthar agus ag snámh i mbéal na toinne, gach ainmhí, gach feithide agus gach aon rud, gan buaireamh gan eile, lántsásta leis an saol, daoine anseo is ansiúd ar na tránna ag snámh agus ag folcadh sa seansáile folláin.

Nuair a thagas an geimhreadh, bíonn a mhalairt de scéal le n-aithris. An ghaoth aniar agus aniar aneas ag séideadh ina cuaifeacha uafásacha isteach ar chrioslach na mara móire dubhuaine; dath dubh dúr agus cosúlacht ghruama ar na hoileáin bheaga; an fharraige ina praiseach agus ina cosair chró, ag at is ag borradh, ag éirí ina meallta bána, ag lúbadh is ag cúbadh faoi neart agus smacht na gaoithe móire; thart faoi gcuairt le ciumhaiseanna na n-oileán lom uaigneach ní bhíonn le cloisteáil ach clamhsán is crónán is glúscarnach na mbruthanna fíochmhara, borba agus iarsmaí na feirge ag imeacht agus ag eiteall ina coipeadh cúir suas ó bharr an tsnáithe mara, le foscadh is dídean a fháil ar scáth na n-ailltreacha agus na gcnocán. Ní bréag a rá nach lom uaigneach an radharc é sa ngeimhreadh.

. . . Feicim os mo chomhair anois na bóithre fada bána, na daoine sna goirt ag obair, na báid ag seoltóireacht is ag tabhairt na n-aghaidh amach ar an teiscinn mhór le linn an tráthnóna, is an ghrian ag maolú siar is ag cur lonrú órga ar na beanna. Cloisim ar gach taobh glórtha binne óg is aosta sa teanga ársa a cheap is a chas Gaeil; d'ainneoin ar fhulaing siad in aimsir Chromail is roimhe agus ó shin i leith choinnigh siad beo a dteanga agus a nósanna. Níor ghéill siad riamh fós don namhaid, agus tá súil agam nach ngéillfidh nó go mbí 'Éire saor chomh maith le bheith gaelach, is gaelach comh maith le bheith saor'.[41]

Faoin am ar foilsíodh an cur síos sin ar a cheantar dúchais i 1938 bhí Seosamh Ó hÉanaí ar ais sa dúiche seo arís, agus ní dá dheoin féin a bhí sé ann. Bhí cor cinniúnach tagtha ina shaol, mar bhí deireadh tagtha leis an seans a fuair sé ar bheith ina mhúinteoir scoile. I bhfómhar na bliana 1935 chuaigh sé go Coláiste Éinde, a bhí lonnaithe go sealadach i mBaile Átha Cliath ag an am. Bhí sé i gceist go gcaithfeadh sé ceithre bliana ansin agus go ngabhfadh sé isteach go Coláiste Oiliúna Naomh Pádraig i nDroim Conrach ina dhiaidh sin, lena oiliúint ina mhúinteoir náisiúnta. Ní raibh sé sin i ndán dó.

Bhí Coláiste Éinde ar cheann de sheacht gcinn de mheánscoileanna cónaithe a bhunaigh rialtas Shaorstát Éireann go speisialta i dtús na bhfichidí, le daltaí a mbeadh Gaeilge ar a dtoil acu a 'ullmhú' le dhul ag múineadh i scoileanna náisiúnta na tire – sin é an t-údar gur tugadh Coláistí Ullmhúcháin orthu. Bhí an páirtí polaitíochta Cumann na nGaedheal ina rialtas gan freasúra ag an am, mar níor thóg Fianna Fáil a gcuid suíochán sa Dáil go dtí 1927. Bhí W. T. Cosgrave ina Phríomh-Aire, Earnán de Blaghd ina Aire Airgeadais agus Seán Marcus Ó Súilleabháin ina Aire Oideachais. Bhí caomhnú agus athbheochan na Gaeilge ar cheann de phríomhchuspóirí an chéad rialtais sin agus bunaíodh scéim na gColáistí Ullmhúcháin trí Ordú Aire, ó tharla nach raibh freasúra ar bith ina haghaidh. Ní raibh díospóireacht Dála fiú amháin ann faoin scéal, mar gur thuig baill an rialtais go léir go raibh géarghá lena leithéid de scéim.

Ó tharla gur ar Ordú Aire a bunaíodh an scéim agus nach raibh bille i gceist, bhí sé de chumhacht ag an Aire Oideachais i dtús na seascaidí deireadh a chur leis na Coláistí Ullmhúcháin trí Ordú Aire arís, gan aon díospóireacht a bheith sa Dáil faoi. Sin é go díreach a tharla i 1961.

Cé gur d'Earnán de Blaghd atá an chreidiúint is mó ag dul faoi bhunú na gColáistí Ullmhúcháin an chéad lá riamh, tá creidiúint mhór ag dul freisin do Phádraig Ó Brolcháin, Rúnaí na Roinne Oideachais ag an am, fear a fuair bás go hóg sula raibh an scéim ar fad curtha i gcrích.

Ba é Coláiste Chaoimhín i nGlas Naíon i mBaile Átha Cliath an chéad cheann de na Coláistí Ullmhúcháin a bunaíodh, agus de réir a chéile bunaíodh sé cinn eile ar fud na tíre. Bunaíodh ceithre cinn do chailíní: Coláiste Bhríde ar an Fhál Carrach i gContae Dhún na nGall; Coláiste Mhuire i dTuar Mhic Éadaigh i gContae Mhaigh Eo; Coláiste Íde i gCorca Dhuibhne i gContae Chiarraí; agus Coláiste Móibhí, do chailíní Protastúnacha, i gCaisleán Sheanghainimh in aice le Bré i gContae Chill Mhantáin. Bunaíodh dhá Choláiste Ullmhúcháin eile do bhuachaillí: Coláiste Íosagáin i mBaile Bhuirne i gContae Chorcaí agus Coláiste Éinde sna Forbacha i gContae na Gaillimhe.

Coláistí cónaithe a bhí iontu seo go léir; trí Ghaeilge ar fad a bhí an teagasc iontu agus ba í an Ghaeilge gnáth-theanga an choláiste. Roghnaítí na scoláirí trí scrúdú poiblí agus thugtaí tús áite do labhairt agus do scríobh na Gaeilge sa scrúdú iontrála. Roghnaítí na hollúna freisin trí chomórtas poiblí, agus cuireadh ábhair bhreise mar líníocht, ealaín, ceol (amhránaíocht agus ceol uirlise), tíos nó adhmadóireacht, eolaíocht agus deaslabhraíocht mar ábhair riachtanacha ar an gclár teagaisc.

Osclaíodh Coláiste Éinde ar an 23 Deireadh Fómhair 1928 i dteach mór na mBlácach sna Forbacha, idir Bearna agus an Spidéal i gConamara, taobh ó thuaidh den áit a bhfuil teach ósta Tigh Phádraigín faoi láthair. Cúig dhuine fhichead a bhí i rang na chéad bhliana sin agus níor tógadh aon duine isteach i 1929 ná i 1930. Tógadh ceithre dhuine is tríocha isteach i 1931 agus ocht nduine fhichead i 1932. Níor tógadh aon duine isteach arís i 1933 ná i 1934, agus tógadh seacht nduine fhichead isteach i 1935, Seosamh Ó hÉanaí ina measc.[42]

Faoin am ar thosaigh an rang sin i gColáiste Éinde i bhfómhar na bliana 1935, bhí an coláiste imithe as na Forbacha le cúig bliana agus aistrithe go Baile Átha Cliath. Bhí sé beartaithe ag an Roinn Oideachais seanteach na mBlácach a chóiriú agus a fhairsingiú le go bhféadfaí tuilleadh scoláirí a thógáil ann, ach b'éigean an plean sin a chaitheamh i gcártaí nuair a cuireadh an Roinn as seilbh an tí i Nollaig 1930 agus haistríodh Coláiste Éinde go Baile Átha Cliath. Bhí an coláiste lonnaithe ar dtús le taobh na Roinne Oideachais i

Sráid Mhaoilbhríde i gceartlár na cathrach, ach i 1934 aistríodh as sin go Glas Naíon iad, an-ghar do Choláiste Chaoimhín, áit a raibh seanchara Sheosaimh Seán 'ac Dhonncha le bliain roimhe sin. Bhí deartháir níos sine le Seán 'ac Dhonncha, Maitias, i gColáiste Éinde ag an am céanna seo agus chastaí buachaillí na hAirde ar a chéile minic go leor. Níor tugadh Coláiste Éinde ar ais go Gaillimh go fómhar na bliana 1939, ach bhí an coláiste fágtha ag Seosamh i bhfad roimhe sin.

Le linn dom a bheith á scríobh seo i 2007, ní heol dom go maireann beo de rang Sheosaimh i gColáiste Éinde ach an t-aon duine amháin, Tomás Ó hÉineacháin i dTuar Mhic Éadaigh. Deir Tomás liom go raibh Pádraig Seoighe as Acaill ann ag an am agus Antaine Mac Domhnaill as Ceathrú Thaidhg. Bhí Seosamh beagáinín cúthail, a deir Tomás, agus bhíodh spórt ag fear Acla ag iarraidh a bheith ag baint chainte as. B'as Maigh Eo freisin Caoimhín Ó Flanagáin, deartháir leis an bpeileadóir agus an polaiteoir Seán Ó Flanagáin as Achadh Mór. Veidhleadóir a bhí i gCaoimhín agus bhíodh sé ag mealladh amhrán as na buachaillí sa suanlios. Is cuimhneach le Tomás Ó hÉineacháin Seosamh a chloisteáil ag casadh 'Bean an Fhir Rua' sa suanlios oíche. Is cuimhneach leis freisin go mbíodh spraoi agus spórt sa suanlios céanna go minic:

Bhí sé dhuine dhéag againn sa suanlios an chéad bhliain, dhá líne leapacha, agus cófraí arda idir an dá líne, agus ar bharr na gcófraí bhíodh málaí taistil na scoláirí. Agus is minic a thosaíodh duine éigin ag brú na málaí anuas sa mullach ar an dream a bhí taobh thall, agus bhíodh sé ina spraoi – ámhaillí na hóige!

Cé go raibh Tomás agus Seosamh sa rang céanna, bhí Seosamh beagnach trí bliana ní ba shine ná Tomás, rud a d'fhág nár chuireadar aithne rómhaith ar a chéile. Rugadh Seosamh i 1919 agus níor rugadh Tomás go dtí 1922, ach bhí cead an uair sin cur isteach ar scrúdú na gColáistí Ullmhúcháin suas go haois a sé bliana déag go leith. Ní raibh aon mhaith le Seosamh ag imirt peile, a deir Tomás, cé gur thaithin leis a bheith ag breathnú ar na cluichí. Théadh sé go

Páirc an Chrócaigh go rialta, mar a dhéanadh formhór na mbuachaillí, agus bhí sé sa gcomhluadar i bPáirc an Chrócaigh an lá ar thug Antaine Ó Domhnaill leathchoróin do bhean na n-úll agus a ndearna sí 'dearmad' teacht ar ais leis an tsoinseáil, rud a cheap Seosamh a bheith an-bharrúil!

Tá an cur síos seo a leanas ar Choláiste Éinde i nGlas Naíon fágtha ina dhiaidh ag fear eile as Conamara, Aodh Mac Dhubháin (1911–80) as Tír an Fhia, nó Hughie an Mháistir mar ab fhearr aithne thiar air, mac leis an máistir scoile Micheál Mac Dhubháin as Contae an Chláir, a bhí ag múineadh i dTír an Fhia. Fuair Aodh a chéad phost múinteoireachta i gColáiste Éinde i dtús na bliana 1934, rud a d'fhág go raibh suas le dhá bhliain caite aige ann faoin am ar tháinig Seosamh Ó hÉanaí. Níl aon tagairt ag Aodh anseo d'aon duine ar leith de mhic léinn na linne, ach is léargas spéisiúil ar an gcoláiste féin é, ó fhear a raibh, agus a bhfuil, ardmheas ag a chuid iarscoláirí ar fud na tíre air. Níos tábhachtaí fós, is é an t-aon léargas atá againn é ar an gcineál saoil a bhí ag Seosamh i gcaitheamh an dá bhliain chinniúnacha sin a chaith sé ar mheánscoil i mBaile Átha Cliath:

I mí Eanáir 1934 a leag mé súil i dtosach ar Choláiste Éinde – ní mar mhac léinn ach mar ollamh (*mirabile dictu*), ollamh nach raibh mórán thar chúpla bliain níos sine ná cuid de na mic léinn a raibh mé in ainm is a bheith ag dáileadh eolais orthu. Rite go leor a tháinig sé liom coinneáil rómpu, mar scoracha éirimiúla meabhracha chuile dhuine acu a raibh dúil nimhe neanta acu 'sna hábhair a raibh mise ag iarraidh tabhairt le fios dóibh go rabhdar i láthair foinse an eolais.

. . . I mBaile Átha Cliath, thuas i nGlas Naíon, a bhí an Coláiste lonnaithe san am. Bhí dhá theach ann, suite píosa óna chéile, ag ceann scríbe an tram-líne Uimhir 20. Ní raibh cosúlacht oifigiúil ar bith ar an dá theach seo agus ní raibh oifigiúlacht ar bith, ach an oiread, ag baint leis an dream a bhí neadaithe iontu. Bhíodh na ranganna agus roinnt seomraí codlata i dteach amháin (tá an teach seo athchóirithe ó shin agus is ann atá An Institiúid Taighde, an I.I.R.S. suite, i gcruthúnas go bhfuil comharbaí léannta orainn) agus bhí an séipéal, an seomra bia agus roinnt seomraí codlata sa gceann eile. (Teach Talbóid a thugtaí ar an teach seo agus bhí sé mar phríosún ina dhiaidh sin do óg-chiontóirí – droch-chomharbaí orainne.) Bhí mé féin ar lóistín sa teach ba ghaire don teach seo agus ba mhinic istigh ann mé ag imirt chártaí agus cluichí eile le mo chomhghleacaithe agus le cuid den mhuintir a bhí ar aon lóistín liom. Mar atá ráite agam, ní raibh, dar liomsa ar aon nós, oifigiúlacht ná dallach dubh ar bith dá oibriú. Bhíomar uilig mar chlann óg agus an tAthair Ó Seisneáin (R.I.P.) ina Pater-familias orainn . . .

Ní bhíodh ach uimhir bheag mac léinn againn san am, – ní raibh áit ann ach do c. 60 – agus d'fhág sin gur chuireamar aithne mhaith ar a chéile, cé nach go ró-mhaith a chruthaíomar ar na páirceanna imeartha in aghaidh na bhfathach i mBaile Átha Cliath. Is cuimhin liom bheith i bPáirc Pharnell lá agus an fhoireann peile s'againne ag imirt in aghaidh dream aduain éigin. Gaeilge uilig a bhí ag an dream seo againne agus b'ait le cuid mhaith den lucht féachana an scéal a bheith amhlaidh. Ag leath ama chruinnigh scata de ghúistíní na háite thart orainn, iontas an domhain orthu agus iad ag fiafraí cé muid féin agus mar sin de, agus ansin ar deireadh, an buille a mharaigh an mhuic, 'Are yous from Artane?'

. . . Bhí a fhios againn ó thosach nach mbeadh muid i mBaile Átha Cliath i gcónaí agus thuig muid go raibh foirgneamh galánta dá réiteach dúinn i mBóthar na Trá, i nGaillimh. Cé gur thiar a chaith mé mo shaol, sular ceapadh mé ar fhoireann teagaisc an Choláiste, ní fonn an-mhór a bhí orm filleadh ar mo dhúchas. Bhí mé thréis saoirse na príomhchathrach a bhlaiseadh agus bhí a fhios agam go mbeadh creaplú mór ar an tsaoirse sin thiar. Bhí muid le tosú sa Meán Fómhair 1939, ach cuireadh cor sa chinniúint. Bhris Cogadh Mór a Dó amach agus chuir sin moill ar an oscailt. Chuir na Gearmánaigh an *Athenia* go tóin poill áit éigin c. 500 míle siar ó Ghaillimh. Tugadh fuíoll an áir isteach go dug na Gaillimhe. Cuid acu seo ab ea na 'mic léinn' tosaigh a tháinig go dtí an Coláiste, óir tugadh 'iostas agus cónaí' ar feadh tréimhse do c. 100 díobh. Polannaigh agus Úcráinigh ab ea cuid acu, cé go raibh corr 'Yank' ina measc agus triúr as Ceanada . . .[43]

Ach ní bheadh Seosamh ag filleadh ar an áras nua i nGaillimh, agus níorbh é an Dara Cogadh Mór a chuir cor ina chinniúint. Nuair a bhí sé ar tí dul abhaile i gcomhair laethanta saoire na Cásca 1937, dúirt duine den bheirt shagart a bhí i gceannas an choláiste leis gan teacht ar ais. Chomh fada agus is féidir liom a dhéanamh amach níor tugadh aon mhíniú dó, agus is é an míniú a fuair mé ó dhaoine éagsúla, a sheanchairde Seán 'ac Dhonncha agus Riobard Mac Góráin ina measc, gur mar gheall ar rud fánach éigin ar nós a bheith ag caitheamh toitíní a cuireadh abhaile é. Mar sin féin, in agallamha éagsúla le Seosamh níos deireanaí ina shaol, is díol spéise é nár dhúirt sé riamh gur mar gheall ar chaitheamh toitíní a cuireadh abhaile é. Scríobh Tom Munnelly ó Roinn Bhéaloideas Éireann, i léirmheas a rinne sé sa mbliain 2000 ar an dlúthdhiosca *The Road from Connemara*[44] gur cruthúnas é seo nach raibh fírinne ar bith i scéal na dtoitíní:

His childhood does not seem to have been particularly happy. He said of himself: 'I was what they call the black sheep of the family. . . Because I never did anything right, that's why. Nothing to please anybody.' On leaving school he won a scholarship to go to teacher college. He spent two years there before being expelled. This failure seems to have haunted him for the rest of his life. The often repeated story that Joe was asked to leave for merely being caught smoking is debunked by the man himself in the MacColl interview with a typical lack of self-pity:
JH - I got a scholarship.
EM - You must be bright.
JH - Well, I wasn't too bad that time.
EM - Better than me. I never got a scholarship anywhere.
JH - I did. It was my own fault I left it too.
EM - What did you leave it for?
JH - Just being too lazy, shall we say.[45]

San agallamh a rinne Seosamh le Mick Moloney, thrácht sé ar an tráth sin dá shaol agus ar an méid buachaillí agus cailíní a fuair scoláireacht as Scoil na hAirde le cabhair ón Máistir Ó Conchúir:

I was one of them. I went to college myself, but that's another story, or maybe I wasn't clever enough to go through the whole lot of it. As I told you before, the teacher we had put us forward, and I was maybe better than the fellow that wasn't as good! I happened to win a scholarship in 1935 and I was supposed to be a teacher [after] six years. I went to Coláiste Éinde, in Glasnevin in Dublin at the time. And I don't think I was smart enough, and after a couple of years I didn't succeed in going any further – let me put it straight – and I dropped out.

Nuair a mheabhraigh Mick Moloney dó gur dócha nach easpa éirime a bhí air, d'fhreagair Seosamh: 'Maybe! Who knows? Who knows what your luck is, anyway!' Is fíor nár chuir sé féin an milleán, go poiblí ar aon chuma, ar údaráis Choláiste Éinde faoi gur chaill sé a scoláireacht, ach ní fhágann sin gan milleán iad, sílim. Is cinnte gur mhór an buille é, ar an mbuachaill féin agus ar a mhuintir. Is cinnte freisin go raibh a chroí briste an Cháisc sin, ar an traein as Baile Átha Cliath go Gaillimh, agus as sin ar an mbus go Carna.

Ach bhí drochscéala níos measa fós ag fanacht ansin leis. Nuair a tháinig sé amach den bhus i gCarna, bhí cónra á hiompar isteach sa séipéal ansin. D'fhiafraigh sé cé a bhí caillte agus is ansin a dúradh leis gurb é a athair féin a bhí ann. Is deacair rud mar sin a shamhlú ag tarlú sa lá atá inniu ann, ach caithfear smaoineamh gur i 1937 a tharla sé seo agus nach raibh cúrsaí cumarsáide mar atá siad anois. Aoine an Chéasta a bhí ann thar laethanta an domhain, agus ó chuala mé an scéal brónach sin samhlaím go n-airím nóta breise bróin ina ghlór chuile uair dá gcasann sé 'Caoineadh na dTrí Muire'.

B'as Contae an Chláir an bheirt shagart a bhí i gceannas Choláiste Éinde ag an am. Ba é an tAthair Aindrias Ó Seisneáin a bhí ina uachtarán. Iománaí breá a bhí ann agus dlúthchara leis an Athair Ó Gríofa i nGaillimh, ar dhúnmharaigh na Dúchrónaigh é ar an 14 Samhain 1920. An tAthair Donncha Ó hEidhin D.D. a bhí ina leasuachtarán, agus ba é a bhí ina uachtarán le linn dom féin a bheith ann i dtús na gcaogaidí. Níl tagairt ar bith déanta ag Aodh Mac Dhubháin dó, ach tá an cur síos iontach seo ag Breandán Ó hEithir air ina leabhar Over the Bar:

He was a small, bald-headed man with white skin and very dark facial hair which gave his jaws a bluish tinge towards evening. His eyebrows were black and very pronounced and when he was out of sorts he looked like a dyspeptic owl who had lost more than a few days' sleep . . . With Dr Ó hEidhin you were never completely sure. He invented thought police years before the idea entered George Orwell's mind and took the precaution of limiting membership to himself . . .

Luckily, he did not teach us, nor indeed did he ever but once, as I recall, take any active part in our extra-curricular activities. A group of us who had entered a verse-speaking competition in Feis Cheoil an Iarthair, more for the love of an evening's freedom and an opportunity to chat up the girls from the Dominican, Mercy and Presentation convents than out of devotion to poetry, received some coaching from Dr Ó hEidhin. He had a beautiful voice and the graceful walk of a dancer but he had no understanding at all of how to deal with growing boys, apart from laying down endless rules and enforcing them rigorously.

Every Sunday morning he came into study, during the time allowed for letter writing to approved addresses, and lectured us. The occasion seemed to cause him greater pain and discomfort than it caused us. He would ascend the high chair behind the desk that dominated the study and call us to order: 'A bhuachaillí'. He would remove his biretta and his glasses and grimace for some time before replacing them. He would then launch into a series of complaints which ranged from deficient table manners, and misdemeanours like dropping laundry bags over the banisters instead of carrying them down and placing them in the basket, and rubbing the walls of the corridors with our elbows, to various transgressions of rules concerning the showers and toilets.

Sometimes he was unintentionally hilarious. Once he gave a lecture on the subject of a polish tin, the lid of which had blocked a toilet. He wondered aloud and at length on the reasons which could provoke such a senseless act in an institution so well stocked with all necessary toilet requisites. As various Rabelaisian conjectures were going through most minds in the audience, the hall was soon simmering with suppressed snorts of laughter for which no real outlet could be found. A burst of ribald laughter would see our few little privileges – like going to the barber's without having a hair inspection – vanish in a blast of humourless anger.[46]

Nuair a d'fhiafraítí de Sheosamh ina dhiaidh sin cén fáth nár chríochnaigh sé a chúrsa meánscoile, ní bhaineadh sé fad ar bith as an gcomhrá ach a rá gur dóigh nach raibh sé sách éirimiúil, sin nó nach raibh sé i ndán dó. Ba léir i gcónaí, mar sin féin, go raibh sé bródúil gur ghnóthaigh sé Scoláireacht na gColáistí Ullmhúcháin. San agallamh a rinne Maidhc P. Ó Conaola leis sa tsraith *Blianta Faoi Bhláth* ar Raidió na Gaeltachta, dúirt sé:

Mar a deir an fear beag, bhuaigh mé féin [scoláireacht] na gColáistí Ullmhúcháin i 1935 agus chuaigh mé go Coláiste Éinde a bhí i mBaile Átha Cliath an uair sin. Agus is dóigh nach raibh mé sách cliste le dhul thríd, an dtuigeann tú?

Nuair a dúirt Maidhc P. leis: 'D'fhág tú Coláiste Éinde?', dúirt Seosamh: 'D'fhág. Ní raibh mé sách cliste; sin é an chaoi lena rá, an dtuigeann tú? Ní raibh mé sách maith . . .' Nuair a mheabhraigh Maidhc P. dó go raibh sé sách cliste leis an scrúdú a fháil, agus go mb'fhéidir nár oibrigh sé sách crua sa gColáiste, dúirt Seosamh: 'B'fhéidir nár oibrigh mé leath sách crua! B'fhéidir go raibh mo shúil ar rud éigin eile; níl a fhios agam! Ach, caithfidh mé an fhírinne a rá, ní dhearna mé chomh maith le daoine eile ar aon chuma.' Dúirt Maidhc P., le greann, go mb'fhéidir go raibh an iomarca airde aige ar na mná, agus ba léir ó fhreagra Sheosaimh nach bhféadfadh sé gur cúrsaí ban a bhí i gceist ar aon chuma:

Á, anois! Ag an am sin, an dtuigeann tú, ba peaca marfach cuimhneamh ar pheaca marfach a dhéanamh, an dtuigeann tú? Dá *mbreathnófá* ar bhean, bhí do dhóthain déanta agat! Ní bheadh a fhios agatsa é sin anois. Ní chreidfeása, ag an am a raibh mise ag éirí suas, nach raibh tú in ann tada a dhéanamh. Ní raibh tú in ann *time* [ceol] a bheith sa teach agat, mura mbeadh sé agat i ngan fhios. Ní raibh tú in ann braon poitín a bheith sa teach agat, mura mbeadh sé agat i ngan fhios . . .

Ansin tharraing sé anuas scannán le Bhob Quinn, *Poitín*, a bhí feicthe tamall gairid roimhe sin aige ar RTÉ; thosaigh sé ag cáineadh an chaoi ar taispeánadh mada á bhá sa scannán sin, agus d'athraigh sé an t-ábhar cainte go healaíonta.

Scríobh Proinsias Mac Aonghusa, fear a raibh an-mheas ag Seosamh air, tar éis bhás Sheosaimh:

> Ag dul ina mhúinteoir scoile a bhí sé i dtús a shaoil. Buachaill meabhrach a bhí ann agus déarfainn féin ón aithne a bhí agam air go ndéanfadh sé togha múinteora. Ach thit sé féin agus údaráis an choláiste ina raibh sé amach le chéile agus tugadh bóthar do Joe. Déagóir a bhí ann nár mhór a thuiscint ar an saol san am. Níl amhras ar bith ach go ndearna an díbirt sin dochar dó, cé gur chiallaigh sin gur chaith sé tréimhse níos faide i measc mhuintir na háite ná mar a dhéanfadh. Chuir sin lena chuid Gaeilge agus lena chuid amhrán . . .
>
> Is de bharr ar tharla idir é féin agus na húdaráis go raibh air cuid mhaith dá shaol a chaitheamh ag obair le sleán, le láí agus le piocóid. Sclábhaíocht a bhí san obair sin; ealaíontóir a bhí in Joe Éinniú . . .[47]

Ghoill eachtra Choláiste Éinde go huafásach ar Sheosamh, dar le Riobard Mac Góráin:

> An tragóid ba mhó a tharla ina shaol ná an rud a tharla dó sa gcoláiste. Níl a fhios agam cén sagart a bhí freagrach as sin. Is dóigh liom go raibh sé ag caitheamh toitíní; tá tuairim agam gur rud éigin cosúil leis sin a bhí ann. Ní heol dom go raibh tada níos tromchúisí ná sin ann . . .
>
> Duine an-éirimiúil a bhí in Joe. An-éirimiúil ar fad. Agus b'uafásach an éagóir air nár ligeadh dó. Dá mba rud é go

mbeadh sé in ann leanacht ar aghaidh agus a bheith ina mhúinteoir, níl mé ag rá go gcloífeadh sé le múinteoireacht, ach bheadh bunphost aige agus bheadh sé in ann leanacht ar aghaidh.

Nuair a chuaigh sé go Meiriceá níl aon dabht ná gur bhláthaigh sé agus bhláthódh sé níos túisce ná sin dá bhfaigheadh sé an seans. Measaimse go raibh saghas éirim nádúrtha an-chumhachtach ann, mar a déarfá. Agus sin é an fáth gur dóigh liom go ndearna an duine a rinne an bhreith sin éagóir uafásach air . . . Dá ndéanfaidís an rud céanna ar bhuachaill a mbeadh a mhuintir go maith as agus a bheadh in ann seans eile a thabhairt dó, ní bheadh sé chomh dona. Ach é sin a dhéanamh ar bhuachaill arb é sin an t-aon seans a bhí aige ag an am sin gnáthghairm a bhaint amach, agus i ndeireadh na dála é a fhágáil sa riocht is go raibh air a bheatha a shaothrú le obair láimhe. Níl mé ag rá go raibh aon drochmheas ag Seosamh air sin. Ní éirí in airde a bhí ag cur as dó. Ach go bhféadfadh sé an éirim a bhí ann a chur chun tairbhe ar bhealaí eile dá bhfaigheadh sé an seans. Dá bhfaigheadh sé an seans níos túisce, cá bhfios nach mbeadh áit ann dó i gcúrsaí raidió nó teilifíse? Ach an duine nach raibh ach ag teacht ar ais go hÉirinn ar feadh cúpla seachtain uair sa bhliain, ní raibh sé fada go leor sa tír. Agus mar is eol duit, is trí thimpiste a d'éirigh le daoine dul isteach i gcúrsaí craolacháin. Iarrtar ort rud beag a dhéanamh agus déanann tú é sin, agus ansin iarrtar ort an dara rud a dhéanamh, agus an tríú rud. Agus ansin smaoiníonn siad ort i gcomhthéacs eile. Agus ansin, de réir a chéile, bíonn folúntas ann le haghaidh rud eicínt agus smaoinítear ort, agus tá tú istigh. Agus ón uair amháin atá tú istigh tá seans maith go gcoinneofar go leanúnach thú. Agus mar sin bíonn tú in ann do bheatha a shaothrú leis. Agus ní raibh sé as an áireamh go bhféadfadh Joe rud den tsórt sin a dhéanamh.

Ach ní hé sin an rud is mó a smaoineoinn air. Dá mbeadh seans aige thart ar ollscoil nó a leithéid sin d'institiúid, i nGaillimh nó a leithéid sin, fé mar a bhí aige níos deireanaí i Seattle, sin é an rud a shásódh go mór é. Mar bhí an éirim ann; níl aon dabht orm faoi sin. Tá litreacha feicthe agam a scríobh sé . . .

Óna ghnáthchomhrá ba dhuine é a bhféadfá rud a phlé leis agus bheadh smaointe ag Joe faoi. Níl mé ag rá nach raibh sé claonta ar bhealaí áirithe, ach b'é an saghas duine é dá mbeadh níos mó deise aige a bheith ag plé leis na rudaí sin d'fheicfeadh sé níos mó ná taobh amháin den scéal. Ní raibh an seans sin aige. Treise na héirime ann, sin é an rud a bheadh soiléir duit, agus sílim gur léirigh sé é sin an chuid dheireanach dá shaol nuair a bhí an seans aige i Seattle, cuir i gcás. Féach an bealach ar bhláthaigh sé.

Nuair a d'fhiafraigh Mick Moloney de Sheosamh i Meiriceá cé mar a thaitin a thréimhse i mBaile Átha Cliath leis, dúirt sé:

To tell you the truth, Dublin as a city, I loved it. When I came there first I was scared, but when I look at it now and look back at that time, I used to love it. It was so beautiful . . . The real Dublin people are beautiful people. What I miss now is Nelson's Pillar and the old women selling the oranges and the apples – two apples for a penny at that time! But, honest to God, I loved it. I still love Dublin. I think Dublin is a beautiful city. At that time a penny on the tramcar from Ballymun Road, Glasnevin, to Nelson's Pillar. If we had the fourpence we could go to the Grafton Cinema and pay fourpence to go into a matinée on a Saturday. And the first picture I ever saw was called *The Dawn*. It [the film] was about 1922. I haven't seen the picture since. Not *The Informer* now! *The Dawn* it was called, and I'll never forget it. And Hopalong Cassidy was on, the same day, and I thought the horse was coming through the screen – it was the first time I saw this horse galloping on a big screen like that. But fourpence was the price for adults and we got in for twopence. Isn't that a big change!

Bheadh sé féin ag casadh a chuid amhrán sa nGrafton Cinema i lár na seascaidí, agus tiocfaidh muid chuige sin ar ball.

4. Ar Ais ar a Dhúchas

Bʜí Bᴇ́ɪʙ Sʜᴇᴀ́ɪɴ Mʜɪᴄʜíʟ ꜰᴀ́ɢᴛʜᴀ ɪɴᴀ ʙᴀɪɴᴛʀᴇᴀᴄʜ ɪ ᴅᴛᴇᴀᴄʜ ᴀ muintire ar an Aird Thoir i gCarna, agus seisear dá seachtar clainne fós faoina cúram. Bhí an iníon ba shine, Máire, an tríú duine den chlann, ar coláiste fós agus ba ghearr go mbeadh sí ina hoide scoile agus ag saothrú a coda. Bhí a sheans caillte ag Seosamh, nó ceilte air. Bhí an t-athair caillte, ach bhí an triúr mac ba shine suas ina bhfir óga agus iad ina n-oibrithe maithe. Níor thit an oiread den obair ar Sheosamh dá bharr sin cé go raibh sé seacht mbliana déag go leith faoi seo. Ba mhó aird Sheosaimh ar chuartaíocht agus ar scéalaíocht, agus go háirithe ar na hamhráin. Bhí sé ar ais ar a dhúchas, agus deirtear gur treise dúchas ná oiliúint. Bhí cor cinniúnach curtha ina shaol, ach deirtear freisin gur sháraigh an fhoighid an chinniúint. Cé nach dá rogha féin a bhí sé ar ais sa mbaile agus cé go raibh post múinteoireachta ceilte air anois, d'fhoghlaim sé go leor i measc a mhuintire agus a chomharsana i gcaitheamh na gceithre bliana ina dhiaidh sin, nach bhfoghlaimeodh sé i gColáiste Éinde ná i gColáiste Phádraig ná in aon choláiste eile.

Bhí gabháltas beag talún acu, mar a bhí ag chuile theach ina dtimpeall, dhá acra dhéag nó mar sin agus roinnt mhaith de faoi chlocha. Bhí cupla bó agus lao acu, ar nós na gcomharsan go léir, a bpaiste portaigh féin amuigh ar an gCnoc Buí agus a bpaiste feamainne féin ar an gCarraig Bhuí, i bpáirt lena gcomharsana béal dorais, muintir Sheáin Choilm Mhic Dhonnchadha. Bhí curach adhmaid acu le haghaidh na feamainne agus le beagán iascaigh a dhéanamh. Curacha adhmaid ar fad a bhí sa gceantar seo agus bhí an-ómós do na curacha céanna mar gheall ar an gcúnamh a thugadar le clann a thógáil. Tugadh an-aire dóibh freisin agus tá an churach sin coinnithe suas ó shin ag muintir Éinniú. Trí phunt déag a chosain sí nua; tá os cionn €4,000 ar churach adhmaid faoin am a bhfuil sé seo á scríobh i 2007.

Thug an fonnadóir Josie Sheáin Jeaic Mac Donncha, fear a bhfuil gaol aige le Seosamh Ó hÉanaí, cuntas dom ar ghnáthobair na bliana le linn óige Sheosaimh – saol nach raibh mórán athrú tagtha air le linn óige Josie féin:

> Bhí am áirithe den bhliain leagtha síos le chuile rud a dhéanamh. Bhaintí an fheamainn le haghaidh na bhfataí ar chupla rabharta i mí Eanáir agus i mí Feabhra. Scartaí ar na hiomairí í agus thosaídís ag cur na bhfataí sa Márta. Bhíodh scealláin nó fataí síl le gearradh agus le scaradh ar na hiomairí, agus na 'logáin' a bhíodh fágtha [an chuid den fhata nach mbíonn súil ann], d'ití iad nó thugtaí do na beithigh iad. Feamainn agus diuáin a chuirtí i gcónaí ar na fataí sna bólaí seo, agus ní hiondúil go gcuirtí aoileach ar bith orthu, mar a dhéantar i gceantair eile i gConamara. Bhíodh carn aoiligh ag chuile theach, ar ndóigh, ach choinnítí an t-aoileach sna bailte seo le haghaidh na nglasraí – turnapaí, meaingil, oinniúin agus meacain – nó chuirtí ina mhúirín ar na garranta féir é.
>
> Chuirtí an t-uafás fataí ag an am, mar is orthu is mó a bhí na daoine ag brath, agus ba mhinic breac úr nó breac saillte mar anlann leo. Bhíodh triúr nó ceathrar ag cur fhataí ar feadh a ceathair nó a cúig de sheachtainí, lena chinntiú go mbeadh dóthain fataí sa teach do dhuine agus do bheithíoch go haimsir bhaint na bhfataí sa bhfómhar. Nuair a thosaíodh na barranna ag briseadh na talún bhíodar le lánú, agus ina dhiaidh sin le spraeáil in aghaidh an dúchain. An áit a mbíodh na fataí anuraidh bhíodh sé curtha faoi choirce i mbliana. Theastaigh an coirce le haghaidh na gcearc agus le haghaidh an chapaill, agus theastaigh an tuí le díon a

choinneáil ar na tithe cónaithe agus ar na sciobóil. Tithe ceann tuí is mó a bhí ann fós an t-am sin, cé is moite de na tithe ceann slinne a thóg Bord na gCeantar Cúng anseo agus ansiúd. Cé go raibh deireadh tagtha le buailteachas, sheoltaí na beithígh amach ar an gCnoc Buí sa samhradh fós le seans a thabhairt do na móinéir fás.

Amach sa mBealtaine a bhaintí an mhóin, agus bhíodh sí le cur abhaile thart ar Lá Fhéile Ciarán, an naoú lá de Mheán Fómhair. Le carranna capaill nó le asail agus cléibh a chuirtí an mhóin abhaile, rud a d'fhág go rabhthas in ann í a thabhairt go tóin an tí; ní raibh na tarracóirí ná na leoraithe ar an bhfód fós. Bhí asal is cléibh i mórán chuile theach ar an mbaile agus capall is carr anseo agus ansiúd. Nuair a bhí an féar agus an coirce cruachta san iothlainn, an dúchán móna ag binn an tí agus na fataí bainte, d'fhéadfá a rá go raibh deireadh le príomhobair na bliana. Ach bhí obair de chineál éigin le déanamh i gcónaí, agus níor fágadh gasúir díomhaoin. Bhí ba le bleán, laonta le beathú, gabháil fhéir le tarraingt do na beithígh, sciobóil le cartadh agus beithígh le seoladh agus le fosaíocht. B'éigean dúnadh ar na cearca san oíche agus iad a choinneáil ón doras sa ló, a chuid a thabhairt don mhada agus sásar bainne don chat, agus míle rud fánach eile, gan trácht ar chor ar bith ar uisce a thabhairt ón tobar agus gnáthobair an tí.

Ach cé go raibh neart oibre le déanamh, bhí sé deacair aon phingin airgid a shaothrú, agus ba dheacair maireachtáil ar an ngabháltas beag talún, mar a mhínigh Seosamh féin do Mhaidhc P. Ó Conaola ar Raidió na Gaeltachta:

Bhí seachtar againn uilig ann. Agus, tá a fhios agat féin, leis an talamh atá siar ansin, nach bhfuil duine in ann maireachtáil ar an talamh amháin. Bhíodh daoine ag iarraidh a bheith amuigh ar an bhfarraige, ag saothrú cupla pingin, ag baint charraigín nó ag piocadh faochan. Ní raibh mórán ag gliomadóireacht an t-am sin, ach cupla bád. Suas go dtáinig Gael-Linn go Carna ní raibh aon phraghas ar thada. [Thosaigh Gael-Linn monarcha phróiseála glasraí ar an Aird Thoir i gCarna sna caogaidí, agus d'athraigh siad go próiseáil muiríní agus stóráil éisc reoite ina dhiaidh sin.] Thosaigh rudaí ag feabhsú as sin amach. Ach ag an am a raibh mise ag éirí suas – tá mise ag caint anois ar fhear an tí – bheadh an t-ádh air dá bhfaigheadh sé lá páighe, nó dá bhfaigheadh sé jab ar an mbóthar. Dá mbeadh duine ag fáil *dole,* chaithfeadh trí *inspector* a theacht i lár na hoíche ag féachaint an raibh bó sa scioból aige, agus má bhí ní bhfuair sé aon *dole.* Bhíodar uafásach géar!

Bhíodh muid ag plé le muiríní agus rudaí; sin é aimsir an chogaidh, an dtuigeann tú? Chaith muid iad a dhíol ar cheithre scilleacha leis an *Sea Fisheries,* mar ba iad an t-aon dream a bhí in ann *permit* a fháil. Ceithre scilleacha an dosaen a bhí ar mhuiríní an t-am sin. Agus sin é a bhíodh muid a dhéanamh. Bhíodh muid ag siúl go Cill Chiaráin as Carna blianta an chogaidh. Ní raibh tú in ann a ghabháil in aon áit. Dá dtéiteá go Sasana chaithfeá do mháthair mhór a thabhairt as an gcill le *passport* a fháil! Agus bhí sé chomh maith dhuit fanacht sa mbaile agus a dhul san arm – agus sin rud nach ndéanfainn. Ní raibh praghas ar thada, agus chaith formhór na ndaoine féachaint le lá páighe a fháil, ag obair do dhuine eicínt a raibh an t-airgead aige, siopadóir go mór mór. Bhí daoine ag obair ar son an ruda a bhíodar a fháil leis an bh*family* a bheathú.

'Bhí an dream i gceannas i gCarna a bhí riamh ann,' a dúirt Seosamh Ó Cuaig liom:

... dream a bhí ansin le céad bliain roimhe sin nó b'fhéidir níos faide. Bhí fear amháin ar leith ann – Loideán Mór a bhí air – agus is é an chaoi ar phós muintir Mhongáin agus muintir Mhalóid isteach sa gclann sin. Ba iníon le Loideán Mór máthair Josie Mongan, Teachta Dála agus óstlannaí, agus máthair Mhary Kate Mongan, deirfiúr Josie, a phós an chéad fhear de na Malóidigh a tháinig go Carna. Ba é Loideán Mór, mar sin, seanathair Josie Mongan agus Mhary Kate Mongan.

Agus roimhe sin arís, an bhean a bhí pósta ag Loideán féin, ba duine de mhuintir Mhic Dhonncha as an gCrapach i Leitir Mealláin í – McDonaghs na Gaillimhe ina dhiaidh sin, ar ndóigh. Ní raibh a muintir sise sásta nuair a phós sí Loideán agus ní bhfuair sé aon spré léi. Ach mura bhfuair, chuaigh sé féin agus muintir Fhínse anonn don Chrapach sna báid, go dtug siad anall an spré gan bhuíochas. Bhí Loideán Mór ina chónaí san áit a raibh an t-óstán, Óstán Mhongáin. Bhí oileáin agus taltaí go leor eile aige. Agus an mhuintir a tháinig roimhe, bhí postanna leis an stát acu.

Fear an-tréan a bhí i Loideán Mór. Bhí báid aige. Dódh bád leis in 1880, aimsir Chogadh na Talún, agus tá amhrán faoin mbád sin, 'Bád Dóite Loideáin'. [Tá 'Bád Dóite Loideáin' ar cheann de na hamhráin a thóg Séamus Ennis ó Sheosamh i gCarna i 1942.] Bhíodh ainm Loideáin luaite freisin san amhrán 'Púcán Mhicil Pháidín' – 'D'ordaigh Loideán Charna [in áit 'sagart' Charna] iad a chur timpeall Sceirde Mór'. Ach, dream cumhachtach a bhí iontu ar an gcaoi sin. Agus ó tharla go raibh gaol acu le clann Mhic Dhonnchadha bhí ceangal freisin acu le muintir Chonaire, Sean-Phádraic Ó Conaire agus muintir Chonaire i Ros Muc agus i gCill Chiaráin, a raibh siopaí agus tithe ósta acu.

Tá seanchas faoi Loideáin Mhaírois agus an 'tráchtáil le Geansa' (Oileán Guernsey) ag Seán Mac Giollarnáth in *Annála Beaga ó Iorrus Aithneach*. Máirtín a bhí ar Loideán Mór; níl an t-ainm baiste luaite ar chor ar bith sa scéal seo, faoin gcaoi a bhfuair Brandy Harbour i Leitir Calaidh a ainm:

Bhí dhá bhád mhóra ag fear de na Loideáin as Muigh-iorrus agus ag a n-a dhreiththeáireacha. An oidhche seo bhí sé ag teacht ó Gheansa le lucht branda. Idir Árainn agus Sgéirde chonnaic sé soitheach an Rí agus chonnaic muinntir an tsoithigh eisean. Leanadar é. Thug sé an cuan suas dó féin, Cuan Chille Ciaráin. Chas sé a bhád soir le tóin Leitir Caltha. Tháinig sé isteach le taobh aille Leitir Caltha. Chuir sé a lucht ar thaobh an bháid. Chuir sé a chuid táclaí ar an gcrann agus ar an gcarraig nó gur bhuail sé an crann anuas ar an gcarraig.

Ní raibh crann ar bith le feiceál annsin ag soitheach an Rí. Tháinig sí aníos Cuan Chille Ciaráin ar maidin dhá thóraíocht ach ní raibh blas le feiceál aice agus d'imthigh sí arís. Chuir an Loideánach an lucht branda amach ar an aill agus tá Branda Harbour riamh ó shoin ar an áit.[48]

Tá scéal níos spéisiúla fós sna *hAnnála Beaga* faoi fhear eile de Loideáin Mhaírois, a raibh Liam air:

Bhí Liam Ó Loideain ina chómhnaidhe i Muigh-iorrus. Bhí sé ina fhear fairrge. Bhí soitheach dhá chrann aige, sgúnaéra. Bhíodh sé a tráchtáil go Geansa agus do'n Spáinn as Conamara. Cheannuigheadh sé rum, plúirín, tobac, branda, is síoda. D'fhághaidís na hearraidhe sin saor ann. Dá n-éirigheadh sé leob a thigheacht le n-a lucht gan iad dá dtóigeail ag gardaí an Rí bheadh an-bhuntáiste dóibh nuair dhíolfaidís na hearraidhe.
. . . Bhí sé turas ag tigheacht ó Gheansa agus badh deacair a thigheacht as i ngan fhios do ghárdaí an Rí. Chonaic an cutter bád Liam agus bhí sí ag seoladh ina dhiaidh. Thug an Loideánach aghaidh ar Bhéalta Cheann Léime ag iarraidh an cutter a chur amú. Bhí sé féin ina phíolóitidhe agus bhí eolas na háite go maith aige. Tháinig sé aniar Bealach na hUilleann. Tá aill árd ar 'chaon taobh de Bhealach na hUilleann agus tá an áit domhain. Ghearr sé na crainnte de'n bhád i riocht nach raibh aon fheiceál orthab agus ní raibh fhios ag fuirinn an chutter cé raibh sé. D'imthigh an cutter soir os cionn Cheann Léime. Bhí bád eile ag seoladh roimpe agus lean sí an bád sin ag ceapadh gurbh é Liam Ó Loideain a bhí ann ach bhí seisean fágtha ina ndiaidh acab i mBealach na hUilleann. Rinne sé airgead mór de bharr an turais sin.[49]

Bhí bean de na Loideáin pósta ag duine de na Cuaig in Aill na Brón, soir ó Charna, in áit a dtugtaí Cooke's Point air, a dúirt Seosamh Ó Cuaig liom:

Arís, ba bhean de na Loideáin a bhí pósta sa gclann sin. Bhí jab ag beirt acu sin aimsir an Ghorta agus briseadh duine acu as a phost. Bhíodar ina gcineál seirbhísigh, agus bhí roinnt mhaith talún acu, cupla oileán agus píosaí sléibhe. Níl a fhios agam cá as a dtáinig siad ar dtús. Deirtear go bhfuil gaol againne leo. Bhí muide bocht agus bhí siadsan saibhir, de réir leagan amach na linne ar chuma ar bith.

Agus, lena rá i mbeagán focal, bhí smacht ag an dream sin ar Chonamara uilig aniar ón gClochán – bhí dreamanna thiar ansin acu freisin – aniar trí Charna, Aill na Brón, Cill Chiaráin, Ros Muc, isteach go Leitir Mealláin agus soir le cósta as sin go Gaillimh. Agus Gaillimh féin freisin!

Nuair a tháinig Óstán Mhongáin i gCarna chun cinn ansin, tabhair faoi deara gur ann a bhíodh Seán Mac Giollarnáth ag tógáil na n-amhrán agus na scéalta. Bhí an dream sin an-chumachtach ag an am. Agus, mar a tharla le go leor de na *families* láidre sin ar fud na tíre, chuadar le Cumann na nGaedheal. Ansin tá sé chomh maith dhuit a rá go raibh ceannas na tíre ag Cumann na nGaedheal. Bhí a shliocht orthu, ar ndóigh; bhí na daoine ab airde sa rialtas thiar i gCarna go fíormhinic. Bhí iascach locha agus farraige ann.

Bhí an t-óstán ansin le linn do Joe Éinniú a bheith ag teacht chun cinn. Ba é lár an bhaile é. Cuireann sé as do dhaoine a thagann abhaile as Meiriceá anois go bhfuil an áit rite síos. Cosúil le Cill Chais! Bhí sé ar ardchaighdeán is cosúil, agus ba é croí na háite é, é féin agus an iascach ar ndóigh.

Ina dhiaidh sin, nuair a thosaigh Fianna Fáil ag teacht chun cinn, bhíodh daoine ag rá go raibh daoine á gcoinneáil faoi chois ag an seanchóras. Bhíodh an chúirt thiar i gCarna gar don óstán agus bhí 'dlí Charna' ina leagan cainte ar fud Chonamara, is é sin go raibh rudaí á 'socrú'. Bhíodar cumhachtach, ach ag an am céanna bhí an-tuiscint acu ar an bpobal. Ba den phobal iad, mar a déarfá. Agus bhí togha na Gaeilge acu. Agus bheadh meas ar na hamhráin acu.

Sheas an pobal leis an gcóras áitiúil. Bhí go leor daoine a raibh sé deacair go leor acu gan a bheith isteach leis an gcóras cumhachta a bhí ann. Tóg muid féin, na Cuaig, cuir i gcás. Bhí m'athair ag obair ar an mbóthar agus bhí mo sheanathair roimhe sin ag obair ar an mbóthar. Níor chuala mé riamh cén chaoi ar tharla sé sin, ach is dóigh go bhfuil sé ag luí le réasún go raibh baint ag na Mongáin agus ag na Cuaig seo a raibh an chumhacht acu – ní muide anois é – le jab a bheith ar an mbóthar ag mo sheanathair chomh fada sin siar. Is éard atá i gceist agam, aimsir thoghcháin, bhíodh m'athair ag vótáil do na Mongáin. Ní fear é a raibh mórán suime aige i bpolaitíocht ar aon chaoi. Ach ansin nuair a phós sé mo mháthair, thug sí sin siar é gur vótáil sé don taobh eile. Agus ba chuma leis! D'athraigh sé. Vótáil sé d'Fhianna Fáil mar go raibh sise ag iarraidh air é a dhéanamh.

Bhí an pobal dílis do Chumann na nGaedheal. Agus is furasta a bheith ag caitheamh anuas orthu, ag breathnú siar, agus rinneadh é sin. Bhí an chúirt i gCarna, agus bhí sé ag luí le réasún, dream ar bith a mbeadh luí poblachtach acu nó luí Fianna Fáileach, go mbeidís ag rá go raibh na *Free Staters* ag socrú chuile rud. Bhí go leor achrainn ann idir an dá thaobh ar feadh píosa. D'athraigh daoine go mór thiar nuair a thug Fianna Fáil amach an *dole* i 1933. Cé nach raibh ann ach airgead beag thug sé beagáinín neamhspleáchais dóibh. Tá cuntas ann ar rudaí a bheith an-ghann i gCarna sna fichidí, agus bhí sé sách dona go dtí na tríochaidí, agus go dtí gur thosaigh daoine ag imeacht.

Dhún an bóthar iarainn ó Ghaillimh don Chlochán ansin i 1935. Bhí an *railway* ina chuid mhór de shaol na háite sin nuair a bhí Joe Éinniú ag teacht aníos. Ní raibh sé i bhfad amach go dtí an Sraith Salach, agus bhí tú ar an traein ar an bpointe. Nuair a chuaigh m'athair go hAlbain i 1922 is é an chaoi ar shiúil sé féin agus beirt eile amach go dtí an Teach Dóite, tar éis a bheith ag *time* i dteach eicínt agus gan aon néal codlata déanta acu. Agus stop na *Free Staters* iad ag droichead Inbhir [gar do Ros Muc]. Ag cuartú Choilm Uí Ghaora a bhíodar. Ní raibh m'athair ach dhá bhliain is fiche agus é ag dul go hAlbain. Ar éigean a bhí a fhios aige go raibh Cogadh Cathartha ar bith ar siúl! Joe Mhick Phat Watt a thugtaí go háitiúil ar m'athair, agus tharla sé gur iníon dearthár le Colm Ó Gaora a phós sé ina dhiaidh sin, Máire Ní Ghaora nó Méim Tom Uí Ghaora as Ros Muc. Ba é an Watt sin an Uáitéar Cúc atá sa seanamhrán ['Amhrán Bheairtlín Dhomhnaill' nó 'Lá a chuaigh mé ar fuaidreamh' le Colm de Bhailís]:

Ach d'inis Uáitéar Cúc ag gabháil aniar trí Aill na Brón dhom
Gur ag tóraíocht Bheairtlín Dhomhnaill a bhí sí.

Nuair a d'fhiafraigh Proinsias Mac Aonghusa de Sheosamh i Nua-Eabhrac céard a cheap sé faoi shiopadóirí Charna, dúirt Seosamh:

> B'fhearr liom gan mórán a rá faoi chuid acu, ach bhí cuid acu ceart go leor . . . Bhí daoine áirithe i gCarna agus níor thugadar tada maith riamh isteach ann . . . Bhí siad ag crúbáil dóibh féin i gcónaí . . . lucht an ghaimbín. Buíochas le Dia, níl mórán acu faoi láthair ann, mar anois tá chuile dhuine go maith as. Tá carr ag beagnach chuile dhuine. Tá luach maith ar ghliomaigh agus ar iasc, agus tá siad, mar a deir an Béarla, *independent*. Nuair a bhí mise ag éirí suas ní raibh tada ann; trí ghliomach déag, b'fhéidir go mbeadh an t-ádh ort leathchoróin a fháil orthu. Ní raibh aon charr san áit a raibh muide ach an ceann a bhí ag an máistir, agus an ceann a bhí ag Josie Mongan – fear maith a bhí ann: bhí togha na Gaeilge aige agus labhraíodh sé Gaeilge sa Dáil i gcónaí.

Bhí teach tábhairne i sráidbhaile Charna freisin ag deartháir le Seosamh Ó Mongáin, James Mongan, a thugadh cead corramhrán a rá ina theach, rud nach raibh coitianta ag an am, ná go dtí i bhfad ina dhiaidh sin. Dúirt Seosamh le Maidhc P. Ó Conaola ina agallamh ar Raidió na Gaeltachta:

> Nuair a bhí mise ag éirí suas i gCarna, an dtuigeann tú, ní raibh cead agat amhrán ná tada a rá, an dtuigeann tú. Ó, ní raibh! Bhuel, bhí Tigh James Mongan ceart go leor; bheifeá in ann . . . thabharfadh sé cead duit stéibh a rá. Is é an chaoi a raibh sé, an dtuigeann tú, na tithe ósta a bhí ann an t-am sin, bhí an siopa agus an teach ósta san áit chéanna, agus ní fheilfeadh sé ar aon nós, ar bhealach. Ach bhí Tigh James difearáilte mar ní raibh aige ach an t-ósta, an dtuigeann tú? Sna tithe eile, ní fheilfeadh sé a bheith ag gabháil fhoinn agus daoine ag teacht isteach ag ceannacht, an dtuigeann tú? Bhí an dá chuntar an-ghar dá chéile. An dtuigeann tú anois?

Scríobh Pádraic Ó Gaora sa nuachtán *Inniu* i 1984:

> D'fheicinn féin fios á chur ar na Gardaí nuair a shíleadh amhránaithe sean-nóis a mbéal a oscailt i dtithe óil agus iad ag

iarraidh cian a chur dá gcroí le cupla ceathrú de 'An Bonnán Buí', 'An Abhainn Mhór' nó 'Púcán Mhicil Pháidín'. Tá an bhróg ar an gcois eile inniu, buíochas le Seosamh Ó hÉanaí agus a leithéid nár thréig a ndúchas nuair ba faiseanta agus ba sochraí le déanamh é.[50]

Bhí an t-ádh ar mhuintir na nAirdeanna agus na mbailte taobh thiar de shráidbhaile Charna, go raibh Tigh Phádraig Rua i Maíros acu, teach tábhairne beag a bhí ag fear as an áit, a mbíodh Gaeilge i gcónaí ann agus amhráin go minic ann.

Bhí Riobard Mac Góráin i gcomhluadar Sheosaimh i gCarna go minic:

Sílim gur airigh sé go raibh muintir Charna míbhuíoch de. Ach is dócha gur rud éigin faoin bpósadh ba chúis leis sin. Agus d'airigh sé nach bhfuair sé cothrom na Féinne i gCarna agus nach bhfuair sé an t-aitheantas a bhí ag dul dó ina bhaile féin, agus ghoill sé sin air. B'fhéidir go raibh sé róghoilliúnach ar an gcaoi sin, mar nuair a bhí sé thiar liomsa níor léir dom go raibh easpa fáilte roimhe in áit ar bith, fiú amháin Tigh Mhóráin. Níl a fhios agam cén dearcadh a bhí ag an gcuid eile de mhuintir Mhóráin air ach caithfidh mé a rá go raibh Micheál i gcónaí an-ghnaíúil leis, dar liom. Thagadh Micheál ag caint leis i gcónaí. Níor léir dom go raibh aon easpa fáilte roimhe sa teach sin. Ach d'airigh sé go ginearálta nach raibh an t-aitheantas aige ina bhaile féin a shíl sé a bheith tuillte aige. Ghoill sé sin air. Murach sin déarfainn go dtiocfadh sé ar ais go Carna níos minicí, ach b'fhéidir go raibh fadhbanna eile ann.

Bhíodh Seosamh Ó Mongáin, T.D. (1880–1951), nó Josie Mongan mar ab fhearr aithne air, molta go haer ag Seosamh Ó hÉanaí, faoina dhílse is a bhí sé don Ghaeilge. Bhí sé de cháil ar Mhongán gur dhiúltaigh sé aon fhocal Béarla a labhairt i nDáil Éireann le linn dó a bheith ina Theachta Dála ag Cumann na nGaedheal. Ainm é Josie a bhí an-choitianta in Iorras Aintheach ag an am, agus atá fós – Josie Éinniú a thugtaí ar Sheosamh féin nuair a bhí sé óg, agus tá Josie ar roinnt mhaith daoine aithneadúla ansin i gcónaí. Thugtaí Mongán Mór freisin ar Josie Mongan agus bhíodh an nath toghchánaíochta aige 'Cuid den ghé a hiogán agus cuid díbhse Mongán!' Chuaigh Josie Mongan go Coláiste na Carraige Duibhe i mBaile Átha Cliath agus orthu sin a bhí ann lena linn bhí a chol seisir Pádraic Ó Conaire, John Francis d'Alton, a bhí ina chairdinéal ina dhiaidh sin, agus Éamon de Valera. Toghadh ina theachta do Chumann na nGaedheal é i Meán Fómhair 1927, tráth ar toghadh a chol ceathrair Máirtín Mór Mac Donnchadha i nGaillimh do Chumann na nGaedheal freisin. D'éirigh leis i chuile olltoghchán idir 1937 agus 1948.[51]

Chomh maith le bheith ina Theachta Dála, bhí siopa, teach tábhairne agus óstán aige i gCarna, Óstán Mhongáin, nó Mongan's Hotel, a bhunaigh a athair, Máirtín Ó Mongáin, agus a mháthair, Annaí Loideáin (Honoria Lydon), in 1895. Bhí sise pósta roimhe sin le Risteárd Ó hEidhin as Cill Chiaráin agus bhí mac acu a raibh Micheál air. Bhí Josie Mongan ar an gcéad uachtarán ar an Irish Hotel Federation ar feadh na gcéad deich mbliana den eagraíocht sin, 1937–47. Ina measc siúd a d'fhanadh san óstán bhí Micheál Mac Liammóir agus Hilton Edwards, Margaret Burke Sheridan, John McCormack agus go leor daoine cáiliúla eile. Bhí cuairteoirí chomh cáiliúil ag fanacht ann gur goideadh leabhar na gcuairteoirí as tráth, ach tá an leabhar sin anois ar chóir shábhála in Ollscoil na hÉireann, Gaillimh. Chaitheadh polaiteoirí ó Chumann na nGaedheal, agus ó Fhine Gael ina dhiaidh sin, laethanta saoire ann, agus is ann a casadh a bhean ar James Dillon, an fear a mhol sa Dáil (tar éis saoire a chaitheamh i gCarna, b'fhéidir!) gur cheart bóthar a dhéanamh go Meiriceá lena bhfuil de chlocha i gConamara. Ba mhinic a dhéanadh Seosamh Ó hÉanaí tagairt dó sin i Meiriceá níos deireanaí, cé nach luadh sé ainm James Dillon leis, ach 'a certain politician'. Bhíodh W. T. Cosgrave, an chéad phríomh-aire ar Shaorstát Éireann, go minic san óstán agus chuaigh a mhac, Liam Cosgrave, chuig an scoil náisiúnta i gCarna ar feadh tamaill. Bhíodh Earnán de Blaghd ann freisin. Bhí an méid seo le rá ag Seán Ó Faoláin faoin óstán in *An Irish Journey* sa mbliain 1940:

Josie Mongan's hotel at Carna is, in my opinion, for fare and company – a typical cross-section of Irish life – the best summer hotel in Ireland. It is not a Grand Hotel. It has no pretty name. There is nothing fanciful about it. It is plain and honest Mongan's Hotel.[52]

Ach ní mar gheall ar fheabhas an óstáin a bhí meas agus gean ag gnáthmhuintir Charna ar Sheosamh Ó Mongáin ach mar gheall ar a fheabhas is a chaith sé leo nuair a bhí lá oibre nó lá cairde ag teastáil uathu. Rinne an file agus an bádóir Seán Cheoinín as Leitreach Ard an cur síos seo ar Josie Mongan don iriseoir Seán Ó Conghaile ar Raidió na Gaeltachta i 1980:

B'fhurasta dul isteach agus amach ag Josie . . . Bhíodh cuimse beithíoch aige agus ag a dhearthár James. Bhíodh go leor daoine ag obair aige, agus ba fear maith a bhí ann. Is iomdha fear a bhí gearr a dtug sé riar a fhreastail dó go dtí gur íoc sé arís é; bhí an saol go dona ag an am.

Bhí na hoileáin acu, agus bhíodh beithígh ag dul isteach agus amach ar na hoileáin, agus daoine ag iomlacht acu. Bhíodh lá mór óil acu Tigh James nuair a bhíodh na beithigh curtha isteach. B'fhurasta lá oibre a dhéanamh dóibh. Bhíodh meitheal sa ngarraí ansin aige [ag Josie]; b'fhéidir go mbíodh scór fear ag obair, ag cur na bhfataí uilig aon lá amháin aige. Bhíodh sé féin ag comhrá leis na fir ar an iomaire, ach níor bhreathnaigh sé ina dhiaidh riamh nuair a d'imigh sé ón iomaire. Bhí sé féin ann, agus James an deartháir, agus bean Mhylotte ansin, Mary Kate, agus beirt bhan eile. Agnes agus Monica a bhí ar an mbeirt bhan eile, agus bhíodar sin sa *hotel* in éineacht leis nó gur phós sé. D'athraíodar ansin, amach i *hotel* amuigh ag Recess. Chuadar go Gaillimh ansin ach cailleadh i nGaillimh duine acu agus cailleadh an bhean eile thoir i Moylough; bhí sí ina dochtúir ann.

Bhí bád ag na Mongáin – ní bád a bhí acu ach báid. Bhíodh seoltóireacht mhór ar bun acu agus is iomdha fear a shaothraigh punt orthu. Bhí teach ósta tréan ag imeacht i gcónaí ann. Bhí 'Anna Uí Mhongáin' scríofa os cionn an dorais i bhfad tar éis bás

bhean Mhongáin féin, máthair Josie. Ar ndóigh is ann a bhíodh
chuile dhuine ag teacht. Níorbh fhiú dhuit a rá go raibh aon
teach ósta i gCarna ach é. Agus b'fhurasta dul isteach agus
amach ann. Is iomdha fear a chuireadar, agus níor híocadh
riamh iad, agus níor fhág sin ar deireadh aon am iad. Bhí mé
féin tamall beag ag obair ar cheann de na *hotel*anna sin nuair a
bí sé á dhéanamh, an ceann a bhfuil Éamonn [Ó Malóid] anois
ann; sin é an ceann deireanach a dearnadh. Bhí teach mór
millteach ansin roimhe sin ag Loideán, athair bhean
[shean]Mhongáin. Ba iad muintir Eidhin a bhí ar dtús ann; ba
leasdeartháir do Josie Mongan Dickín Ó hEidhin a bhí i gCill
Chiaráin; caithfidh tú a rá gur mhar a chéile uilig iad. Ach bhí
tithe móra eile ann [san áit a raibh an t-óstán] atá leagtha anois,
mar leagadh go leor nuair a dearnadh suas na tithe móra seo atá
anois ann, agus tá sé os cionn leathchéad bliain ó dearnadh an
chuid dheireanach acu . . .

Bhuail taom croí Josie Mongan ag an Teach Dóite agus é ar a
bhealach as Carna go Dáil Éireann ar an 12 Márta 1951 agus fuair sé
bás sular shroich sé ospidéal an Chlocháin. Dúnadh an t-óstán ar fad
nuair a fuair a bhean bás i 1956; ba í sin Máirín Ní Néill as Cluain
Meala, deirfiúr leis an gCornal Eoghan Ó Néill a bhí seal i gceannas
ar Chomhdháil Náisiúnta na Gaeilge. D'athoscail mac deirfíre le
Josie Mongan, an fear gnó áitiúil Meaic Moylette, agus a mhac
Séimín an áit arís mar theach tábhairne agus mar bhrú i 1978. Faoin
am a bhfuil an cuntas seo á scríobh tá an teach ósta faoi lán seoil
ansin arís ag muintir Chualáin, clann Phádraig Chóilín Sheáin
Dhúdara Ó Cualáin. Tá Josie Mongan agus a bhean curtha i Maíros,
sa reilig chéanna inar cuireadh Seosamh Ó hÉanaí i 1984.

Bhí togha na Gaeilge freisin ag Learaí Ó Clochartaigh as Máinis, a
raibh siopa agus oifig an phoist aige féin agus ag a chlann i
sráidbhaile Charna. Iníon le Learaí, Peig (Maggie) Ní Chlochartaigh,
a bhíodh ansin nuair a bhí Seosamh Ó hÉanaí ina fhear óg. Phós

iníon eile le Learaí Ó Clochartaigh oifigeach pinsin as Tuaisceart Éireann a raibh Maan air, agus phós iníon leosan, Norah Maan, John Mylotte, an siopadóir agus an t-adhlacóir a thug corp Sheosaimh Uí Éanaí ó Aerfort na Sionna go Reilig Mháirois i gCarna i 1984. Bhí Learaí Ó Clochartaigh, mar a bhí a athair roimhe, ina shaor báid sula ndeachaigh sé i mbun gnó i sráidbhaile Charna, agus bhí a dheartháir Seán ina shaor báid i nGaillimh. Ba é Seán a rinne an *Ave Maria*, a ndearna Richard Murphy an dán *'The Last Galway Hooker'* fúithi. Bhí deartháir eile leo, Darach (Dudley Cloherty), in áit na muintire i bPortach Mháinse, ar thóg an bailitheoir Séamus Ennis roinnt mhaith ceoil agus seanchais uaidh i gceathrachaidí an chéid seo caite agus ar scríobh Ennis faoi:

> Is é an rud is deise uilig faoi Dharach ... agus faoin spóirt atá aige as an gceol, go mbíonn sé ag casadh na bport dhó féin agus don tseanmhnaoi, a bhean chéile, sa chisteanach agus gan istigh ach iad féin. Tráthnóna dá dtáinig mise ag an teach acu siod í an ealaín a bhí air, go háithrid, agus an bheirt acu ag gáirí faoi chéile. Deir a bhean go mbíonn sé ag iarraidh í a mhealladh le port is damhsa i gcónaí mar a bhíodh shular phósadar ariamh fadó. Níl aon fhear grinn is mó a casadh orm ná é le sult agus spraoi folláin na nGael a bhí fadó ann.[53]

Bhí Learaí Ó Clochartaigh pósta le bean de Chlochartach as Cloch na Rón. Bhí Clochartaigh ina saortha báid i gCoch na Rón freisin, agus bhí nabaí (bád de dhéantús Oileán Mhanann) ag deartháir le bean Learaí. Bhí saor eile a raibh Martin Woods air i gCloch na Rón, a raibh cáil air ag déanamh curach adhmaid.

Mac le Learaí Ó Clochartaigh, Máirtín Learaí, a bhí sa siopa i gCarna i ndiaidh an athar agus bhí Máirtín pósta leis an mbanaltra a bhí i gCarna ag an am, Bríd Nic Lochlainn as Inis Eoghain i gContae Dhún na nGall. Cailleadh Máirtín go hóg i 1954 agus, faoin am a bhfuil an cuntas seo á scríobh, tá iníon leis, Nóra Ní Chlochartaigh, iarmhúinteoir tís, ina cónaí sa teach a mbíodh an siopa ann. Tá an siopa féin dúnta le roinnt blianta agus is ag muintir Bhéara (Berry) atá oifig an phoist ó thús na seachtóidí.

Bhí Clochartaigh eile ina saortha báid i Maínis freisin, ag tosú le mac deirfíre leis an saor báid Seán Ó Cathasaigh, Marcus Labhráis (Ó Clochartaigh), ar mhúin an Cathasach a cheird dó. Bhí mac le Marcus Labhráis, Peadar Mharcuis, ina shaor báid freisin, agus lean clann Pheadair Mharcuis, Marcus agus Joe, an cheird chéanna. Níor phós ceachtar den bheirt sin.

Bhí Clochartach eile fós i Maínis a bhí ina shaor báid, Pádraig Ó Clochartaigh, mac le saor báid as Leitir Mealláin, Beairtle Ó Clochartaigh, a bhí pósta in Inis Ní. Is é an Beairtle Ó Clochartaigh sin a rinne an chéad churach adhmaid, thart ar thús an chéid seo caite, éacht nach ndéantar dóthain cainte ar chor ar bith faoi, nuair a smaoinítear ar a bhfuil d'obair déanta ag na curacha adhmaid ar chóstaí Chonamara ó shin. Mac iníne leis an mBeairtle Ó Clochartaigh sin é Pádraig Dáibhis, an saor báid atá in Inis Ní. I gcruthúnas gur tugadh an-aire do na curacha adhmaid, tá an churach adhmaid a mbíodh Seosamh Ó hÉanaí agus a dhearthaíreacha ag iascach inti coinnithe suas fós ag clann Mháirtín Éinniú san Aird Thoir.

Tá cur síos ag Seán Mac Giollarnáth in *Annála Beaga ó Iorrus Aithneach* ar dhearthaír le Beairtle Ó Clochartaigh, Pádraig, a bhí ina chónaí i dteach na muintire i Leitir Mealláin:

> Tá teach an Chlochartaigh leith-mhíle ó dheas de'n bhóthar go Cuigéal Leitir Mealláin agus timcheall míle ó'n gCuigéal. Nuair a tháinigeamar go dtí an teach dubhradh linn go raibh Pádraig ar an bhfairrge . . .
> . . . Bhí an sgéalaidhe [Pádraig] teagtha i dtír romhainn ag an gcuainín agus an churach feistighthe. Curach ádhmaid atá aige a rinne mac drearthár dó, agus 'sé atá ríméadach as an gcurach ádhmaid mar badh é an dreathair an chéad fhear sa tír seo a rinne curach ádhmaid.[54]

Tigh Éinniú (ar chlé), seanteach Sheáin Choilm (sa lár) agus tigh Sheáin Choilm sa lá atá inniu ann (ar dheis), an Aird Thoir, Carna.

Tigh Phádraig Rua, Maíros, sa lá atá inniu ann.

19 14. Marriage solemnized at the Roman Catholic Church of Carna in the Union of Clifden in the Registrar's District of Roundstone No. 2 in the County of Galway

No. (1)	When Married (2)	Name and Surname (3)	Age (4)	Condition (5)	Rank or Profession (6)	Residence at the Time of Marriage (7)	Father's Name and Surname (8)	Rank or Profession of Father (9)
44	12th January 1914	Patrick Heanue	35	Bachelor	Farmer	Clifden Workhouse	Patrick Heanue	Farmer
		Barbara Mulkerrin	32	Spinster	Farmer's Daughter	Ard East	John Mulkerrin	Farmer

Married in the Roman Catholic Church of Carna according to the Rites and Ceremonies of the Roman Catholic Church by me,

Wm. McHugh P.P.

This Marriage was solemnized between us, { Patrick Heanue / Barbara Mulkerrin } in the Presence of us, { John Heane / Anne Canavan }

Marriage Registered No. 44
Registered by me, this 28th day of March 19 14.
Wm. E. Oc... Registrar.

19/3. Marriage solemnized at the Roman Catholic Chu...

Superintendent Registrar's District. Clifden   Registrar's District. Roundstone No. 2

BIRTHS Registered in the District of Roundstone No. 2 in the Union of Clifden in the County of Galway

No. (1)	Date and Place of Birth. (2)	Name (if any). (3)	Sex. (4)	Name and Surname and Dwelling-place of Father. (5)	Name and Surname and Maiden Surname of Mother. (6)	Rank or Profession of Father. (7)	Signature, Qualification, and Residence of Informant. (8)	When Registered. (9)	Signature of Registrar. (10)	Baptismal Name if added after Registration of Birth, and Date. (11)
19 19	Fifteenth October Ard East	Joseph	M	Patrick Heanue Ard East	Barbara Heanue formerly Mulkerrin	Farmer	Patrick Heanue Father Ard East	Twenty ninth December 1919	M. E. ... Registrar.	

Teastas breithe Sheosaimh agus teastas pósta a thuismitheoirí.

Scoil na hAirde, Carna (1994).

Tigh Mheaic i gCarna sa lá atá inniu ann.

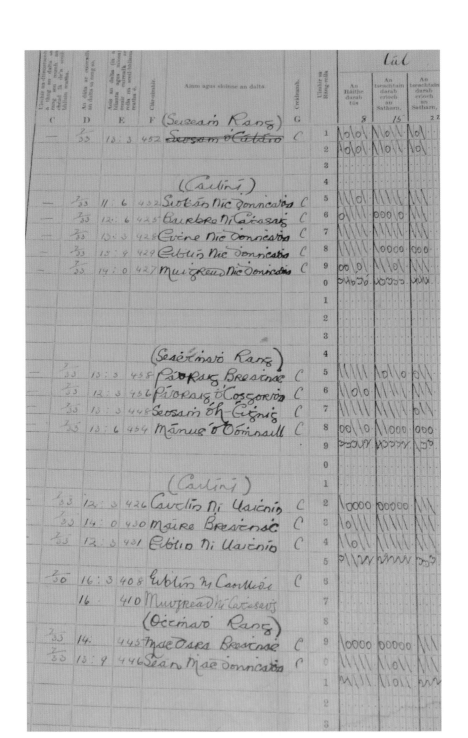

Rolla na scoile (1933).

An churach adhmaid atá coinnithe tigh Éinniú fós.

Sa mbaile i gCarna, é féin agus máthair a charad Mike Smyth.

Won at Oireachtas

Cait Ni Mhuimhneachain, Beal Atha'n Ghaorthaidh, Co. Chorcaighe, winner of three first prizes in the Traditional Irish Singing competition, and Seosamh O hEighnigh, Carna, a first prize winner in the same competitions, at the Oireachtas in the Mansion House, Dublin.—*Irish Independent* Photo (R.)

Cáit Ní Mhuimhneacháin agus Seosamh Ó hÉanaí, buaiteoirí Oireachtais 1942.

Seosamh in éineacht le Cití agus Áine Ní Ghallchóir (Áine Bean Uí Laoi) as Gaoth Dobhair, agus cara leo, i gCoimisiún Béaloideasa Éireann le linn Oireachtas 1955. (Leo Corduff)

Seosamh agus Piaras Ó Gaora i gCoimisiún Béaloideasa Éireann i 1955.
(Leo Corduff)

Seosamh Ó hÉanaí ag na hOícheanta Seanchais i 1957.

Ag na hOícheanta Seanchais i Halla Damer i mBaile Átha Cliath i 1957. An damhsóir Tomás Cheaite Breathnach ina sheasamh i lár an stáitse. Ó chlé: Mícheál Ó Gríofa (fear an tí); Tomáisín Ó Ceannabháin (boscadóir); Mícheál Ó Gaoithín (file, mac Pheig Sayers); Seán Ó Críomhthain (mac Thomáis Uí Chríomhthain); ní fios; Máirtín Ó Cosgardha (amhránaí, ina sheasamh); Diarmaid 'ac Coitir (scéalaí, ina shuí); Máire Áine Ní Dhonnchadha; Seosamh Ó hÉanaí, Beairtle Ó Conghaile; Máire Ní Dhochartaigh (scéalaí); Máire Ní Bhaoill (scéalaí); ní fios.

20 Empress Road,
Southampton
24 Samhain '57

A Riobaird a Chara,

Go raibh míle maith agat as ucht do litre agus an píosa as an "Irish Press". Tá súil agam go mbeidh toradh maith ar an obair atá sibh a dhéanamh.

Cinnte tá lán cead agat do rogha úsáid a dhéanamh de na hamhráin agus na focail. Mar a dúbhairt mé leat cheana sibh-se an t-aon dream atá dá-ríre faoin nGaedhealtacht agus rud ar bith is féidir liomsa a dhéanamh (ní mórán é faríor) déanfad daoibhse. Ní gá dhuit cead a iarraidh ormsa mar tá an onóir agam daoibh go léir.

Scríobhaim chugad "Caoine na dTrí Muire" is mar dúbhras focal amhráin ar bith eile dá dteastuígheann uait.

Arís go raibh maith agat is tá súil agam go bhfeicfead tú faoin Nodlaig. 1.C.Dé
Mise le mór meas,
Seosamh Ó h-------

Litir chuig Riobard Mac Góráin, a d'iarr air focla 'Caoineadh na dTrí Muire' a chur chuige i gcomhair ceirnín.

O'Donoghue's sna 1960idí. Seosamh, Ronnie Drew agus a iníon Cliodhna. (Nutan)

Seán 'ac Dhonncha, Máirtín Byrnes, Seosamh agus Liam Ó Murchú. (Nutan)

Seosamh agus Tom (Mór) Mulligan ag cóisir do Sheosamh in O'Donoghue's. (Nutan)

O'Donoghue's, Lúnasa 1969. (Nutan)

Seán Ó Conaire, Tom Munnelly agus Seosamh. (Nutan)

Ted Furey ag rá amhráin. (Nutan)

Ag éisteacht le Ted Furey. (Nutan)

Seosamh ar tí amhrán a rá agus Seán Ó Conaire ag éisteacht. (Nutan)

Frank Bryson (amhránaí), as Crois Mhic Lionáin, agus Hughie McCormack. (Nutan)

Seosamh agus bean óg in O'Donoghue's. (Nutan)

Ted Furey agus comhluadar i bhFaiche Stiabhna tar éis a bheith in O'Donoghue's.
(Nutan)

Seosamh i bhFaiche Stiabhna. (Desmond MacNamidhe)

Seosamh agus a sheanchara Seán 'ac Dhonncha in Áth Eascrach, Béal Átha na Sluaighe.
(Sinéad Nic Dhonncha)

CONNEMARA-born Seosamh
O hEanai left his New York
hotel job behind him to
become the toast of the
Irish music industry.

At 57 he has just released
his latest L.P. for Gael Linn
and the Co. Galway sean-
nos singer returned to
Ireland to see it introduced.

His new record, "Ó Mo
Dhuchas," is a collection of
rare and beautiful songs
learned from his father in
his townland of Aird Thoir
In Carna, and they include
an old version of Roisin
Dubh.

● Picture shows Seosamh
at a Gael Linn reception in
Dublin to mark the new
release.

Irish Independent, 15 Iúil 1976.

[litir lámhscríofa i nGaeilge]

Litir bhuíochais chuig Riobard Mac Góráin i nGael-Linn.

Seán 'ac Dhonncha, Seosamh Ó hÉanaí, Paddy O'Donoghue, Maureen O'Donoghue agus
Riobard Mac Góráin, ag seoladh an fhadcheirnín *Seosamh Ó hÉanaí* ó Ghael-Linn i 1971

Preas Eisiúint

D'eisigh Gael-Linn fadcheirnín nua d'amhráin Sheosaimh Uí Éanaí ag nuachtócáid 'tigh Sinnotts, Sráid an Rí Theas, i mBaile Átha Cliath, inné (13.7.76/6 p.m.).

'Ó Mo Dhúchas' is teideal don cheirnín. Ar an gceirnín seo canann Seosamh trí cinn déag d'amhráin as na hamhráin a thug sé leis óna mhuintir agus óna chomharsana féin. Cuid mhaith de na hamhráin atá ar an gceirnín is amhráin, nó leaganacha d'amhráin iad nach mbeidh ar eolas ag mórán. I gcásanna eile is é a leagan féin d'amhráin atá ar eolas cheana a chanann Seosamh.

Ar an Aird Thoir i gceantar Chárna a rugadh Seosamh Ó hÉanaí. Fear mór amhrán ab ea a athair. Agus, an uair sin, ní raibh baile ba mhó sa tír a raibh saibhreas amhrán ann ná an Aird Thoir. Ní hamháin sin, ach aithnítear anois go raibh pobal Chárna ar na pobail ba mhó san Eoraip a choinnigh oidhreacht fhairsing fhiúntach de sheanscéalta, de sheanamhráin agus de oideas béil, agus a shaothraigh í.

Ghnóthaigh Seosamh Ó hÉanaí Bonn Óir an Oireachtais le haghaidh amhránaíocht ar an sean-nós i 1955. I 1957 agus i 1958 ghlac sé páirt sna 'hOícheannta Seanchais' in Amharclainn an Damer. Idir an dá léiriú, d'eisigh Gael-Linn a chéad cheirníní. Ar na ceirníní sin chan sé 'Caoineadh na dTrí Muire','Bean a'Leanna', 'Tá na Páipéir á Saighneáil', 'Neainsín Bhán'. Ba bheag duine taobh amuigh de Chonamara a raibh na hamhráin sin ar eolas acu an uair úd. Ach cé d'admhódh go raibh sé aineolach orthu inniu?

Tá cuid mhór dá shaol caite thar sáile ag Seosamh Ó hÉanaí: sa Bhreatain ar dtúis, agus le tamall anuas, i Meiriceá. Sna tíortha sin bíonn fáilte roimhe, agus éileamh air, sna háiteacha ina gcruinníonn lucht an cheoil tíre. Ní lú a cháil ina measc siúd mar fhonnadóir a bhfuil amhráin as an gcoitiantacht agus stíl shean-nóis ar leith aige. Ach ina dhiaidh sin, is mór an feall é a bheith imeasc strainséirí; agus is fada leis féin go mbeidh deis aige filleadh abhaile agus cur faoi go buan imeasc a mhuintire. Tar éis an tsaoil, is uaigneach cás an fhir ceoil a mbíonn air na hamhráin mhóra, na hamhráin fhada atá ina cheann a ghabháil ós íseal dó féin ó lá go lá ar fhaitíos go n-éalódh na focail as a chuimhne.

Preaseisiúint ó Ghael-Linn tráth ar seoladh an fadcheirnín *Ó Mo Dhúchas*.

Paddy and Maureen O'Donoghue
15 Merrion Row, Dublin 2
Telephone 62807

2 p.m. Tuesday 13th July.

To Seosamh Ó hÉanaí:

We would like to wish you Joe every success with
your new record and regret very much not being
able to be present, due to the fact, as you know,
that Paddy is not well at the moment.

We would also like to take the opportunity of
thanking Riobard Mac Góráin and Gael-Linn for
promoting his work and getting his message across.
Our friendship with Joe is something we cherish
and our relationship with Gael-Linn we value very
much because of their continued respect and kindness
to him.

Although we are not able to be present Joe, we are
with you in heart and spirit.

Maureen & Paddy O'Donoghue.

Litir ó Phaddy agus Maureen O'Donoghue ag rá nach féidir leo a bheith i láthair ag
seoladh *Ó Mo Dhúchas.*

Seosamh agus Áine O'Connor as RTÉ i 1976. (Lensmen)

Seosamh agus Liam Clancy ag Féile Newport i 1965. (David Gahr)

Seosamh ag rá amhráin i Newport i 1965. (David Gahr)

135 Central Park West,
Nua-Eabhrac, ionad
oibre Sheosaimh
1966–76.

416, 54th St., Brooklyn, áit chónaithe Sheosaimh ar dtús.

Seosamh agus John Cage sa York Tavern i Norwich i Sasana,
Lá Bealtaine, 1979.

Seosamh ag cleachtadh do *Roaratorio* le John Cage i bPáras i mí Iúil, 1979.

THE IRISH AMERICAN CULTURAL INSTITUTE
and
REAL PEOPLE'S MUSIC
present
JOE HEANEY -- IRISH FOLKSINGER
IN CONCERT

Saturday, November 3rd, 8 P.M.
O'Shaughnessy Educational Center
College of St. Thomas, St. Paul

Joe Heaney seems filled with quiet dignity...undoubtedly one of the finest Irish ballad-singers alive...his voice can't hide behind a wall of instruments.

Mike Taylor
The Michigan Daily

How does one begin to describe the consummate artistry that a singer like Joe Heaney exhibits in his performances?.... a truly great <u>sean nós</u> singer.

Kenneth S. Goldstein

His Gaelic name is Seosamh Ó hÉanaí. He is an out-
standing Irish musician. The inherited ballads he sings
have provided entertainment for farmers and fishermen in
his home in Gaelic speaking Connemara, Ireland, for hun-
dreds of years. He has made a remarkable contribution
to the preservation of traditional Irish music. His work
is of such historical import that Wesleyan University is
recording his entire repertoire.

Partial list of Appearances
    Carnegie Hall
        Old Town School of Folk Music
            Harvard University
                Newport Folk Festival
                    Wesleyan Folk Festival

Joe has solo records on:
    Gael-Linn
      Philo

Each program, like Joe's music, comes from his heart.
He will interpret and explain as he performs. Joe
comments, "Most of the songs, I have had them before I
was ten years old. My father died when I was very young
and he took more songs to the grave than I'll ever know.
I never got one out of a book and I don't repeat anybody...
only myself."

Tonight's presentation of Joe Heaney is part of the work
of the Irish American Cultural Institute, established in
1963 in St. Paul. The Institute is dedicated to support-
ing the appreciation of Irish culture in the United States
among Americans of Irish descent and others interested in
preserving one of the European heritages that was so in-
fluential in the shaping of the U.S. The Irish American
Cultural Institute is a non-profit organization, with most
of its support coming from the membership. If you are
Irish, you'll find your kind of people at the Institute.
Are you a member?

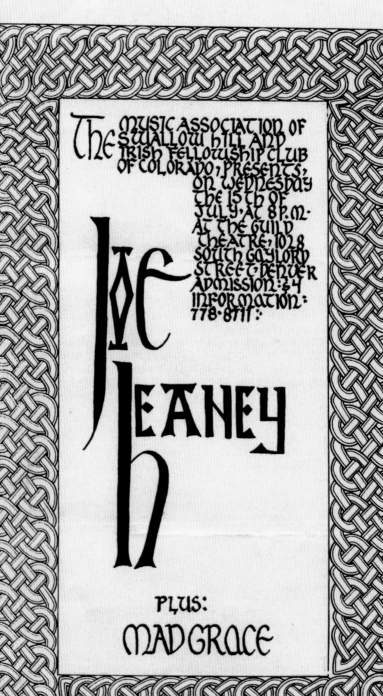

The MUSIC ASSOCIATION OF SWALLOW HILL AND IRISH FELLOWSHIP CLUB OF COLORADO, PRESENTS, ON WEDNESDAY THE 15th OF JULY, AT 8 P.M. AT THE GUILD THEATRE, 1028 SOUTH GAYLORD STREET, DENVER ADMISSION: $4 INFORMATION: 778·8711

Joe Heaney

PLUS:

MAD GRACE

The Heavenly Band Gains a Few New Members

Joe Heaney, 1920-1984

Joe Heaney, considered by many people to be our greatest living traditional singer, died on May 1 of congestive heart failure. The keeper of hundreds of ancient Irish songs and the greatest practitioner of the Sean Nos style of singing was 63.

Keeper of the songs

Joe Heaney was one of a kind: a great traditional singer and storyteller who inherited a vast repertoire; a personality who was clear and insistent about his mission as an agent of a grand tradition; and a performer whose wit and sense of audience could engage a large festival crowd of 5,000 or a too-thinly-attended concert audience of 20.

During his lifetime, which began in 1920 in Carna, a small fishing village on the west coast of Ireland, Joe Heaney was booed for singing in Irish in Dublin and honored as an outstanding contributor to United States culture by the National Endowment for the Arts, all the while being ignored, attacked, and loved by Irish-Americans. Joe Heaney was heard in Ewan MacColl's radio ballads, received international acclaim as the lead singer in John Cage's "Finnegan's Wake," and thrilled main-stage and workshop audiences at many folk festivals, including Newport, Philadelphia, Chicago, Winnipeg, and Vancouver.

Having known Joe well, first as a friend and then as an agent, I feel he would want people to remember—or begin to know him—as a man who was proud to make most of his living for most of his years as a construction worker and doorman. He would want you to know that his first language was Gaelic; to hear him at his best, a verse of "Rosin Do" would be a fine introduction. He also loved songs in English. (One of his favorites, "Skibereen," follows these pieces.)

He would also want to be thought of with anger in his eyes as he made life miserable, whenever he could, for anyone who changed the songs he loved for reasons of self-satisfaction or profit. With a finality that could be devastating, he would say, "That is not the way to sing that song." When Joe would give a young singer encouragement, which he did in just as conscious and direct a manner, the singer was given a rare strength.

Photo by Mark Mamalakis

Last, I feel Joe would want to share special thanks with those who showed kindness and encouragement to him over the years. These are a few I know of, although I am sure it is an incomplete list.

Ewan MacColl and Peggy Seeger, who in his years in England (1949-57) gave him a great stage in the Singer's Club and were warm and dear friends.

Ken Goldstein, who "always treated me right," in Joe's words, and brought Joe onto the main stage of the Philadelphia Folk Festival during its peak years.

Eoin McKiernan, who continues to carry all aspects of traditional Irish culture through the Irish-American Cultural Institute, who presented Joe in a national tour in the "Fortnight" series and who always sponsored Joe's best Midwest concert.

Lucy Simpson and her family, who learned much from Joe about singing, but gave much more, as Joe became a real part of their Brooklyn family life.

"Cuz" Teahan, who always opened for Joe at his Chicago concerts, and who raged and joked long into the night in and around and over "the crack," or gathering of friends.

Fred Lieberman and all the faculty, staff, and students and the Department of Ethnomusicology, who made Joe's last years as part of the University of Washington in Seattle his happiest. They treated him well, they paid him well, and, most of all, they fully appreciated who he was, so they used him well.

In our last conversation, he said, "This is the end. It was very good working with you. I could not have done it with anyone else." We agreed it would be great to have him for one last visit in Chicago on his way back to Ireland. Of course, that was not to happen.

Joe Heaney now lies buried in Ireland, the source of his life and his love.

****

Joe Heaney spoke best for himself. There are two excellent interviews that I recommend:

"Joe Heaney and the Songs of Ireland," an interview with Emily Friedman, in *Come for to Sing*, Vol. 6, No. 2, Summer 1980 (available for $2.50)

"A Song is Precious," an interview with Josh Dunson, in *SING OUT!*, Vol. 22, Nos. 1 and 2, 1973 (available for $3 for both from *SING OUT!*, Box 1071, Easton, PA 18042).

Joe once told me he had recorded many (perhaps 10) extended-play and '78 records. There were also four solo LPs and two more on which Joe was a major singer. Of the four available in this country, three are essential:

Seosamh O' hE'eani' (Gael-Linn CEF 028), which is by far Joe's finest recorded work, all in Gaelic and overpowering.

Irish Music in London Pubs (Folkways FG 3575), a classic, with Joe singing "Rocks of Bawn" and "Morissay" in top voice.

Joe & the Gabe (Green Linnet SIF 1018), with fine instrumentalist Gabe O'Sullivan playing his own tracks. Joe has a first-rate collection of short English songs and one Gaelic piece.

Josh Dunson

An intimate singer

It is difficult at any time to deal with the loss of a friend, but with

(Continued on next page)

3

Alt ón iris *Come for to Sing: Folk Music in Chicago and the Midwest*, 1984.

The Board of Directors of
The National Council for the Traditional Arts, Inc.
expresses its deep appreciation to

Joe Heaney

for contributing through outstanding performance
to the success of the
41st National Folk Festival
held July 28~29, 1979
at Wolf Trap Farm Park
Vienna, Virginia

Chairman of the Board   _Director of the Festival_

Teastas ó Fhéile Wolf Trap i Virginia, 1979.

500, W. 45 St
Seattle
Washington 98103

A Mháire is sibh uilig,

Litir chuig Máire Nic Fhinn Davitt faoin ngradam mór a bronnadh air i
Washington D.C., 1982.

Seosamh ar an ardán i Washington D.C. i mí Iúil 1982, tar éis don National Endowment for the Arts an National Heritage Award for Excellence in Folk Arts a bhronnadh air.

In Áras Bhord na Gaeilge i mBaile Átha Cliath, Meán Fómhair 1982, ag ceiliúradh an ghradaim mhóir a bronnadh ar Sheosamh i Meiriceá, bhí (ó chlé): an Dr Ronald Clifton, Stiúrthóir Preas agus Cursaí Cultúrtha Ambasáid Mheiriceá i mBaile Átha Cliath; Seosamh Ó hÉanaí; an Dr Eoin Mac Thiarnáin, Uachtarán an Fhorais Chultúir Ghael-Mheiriceánaigh; Riobard Mac Góráin, Bainisteoir Ghael-Linn; Micheál de Grae, Príomhfheidhmeannach Bhord na Gaeilge. (Lensmen)

Páirteach sa gcoirm cheoil sa gCeoláras Náisiúnta i 1982 bhí (ó chlé): Paddy Glackin, Seosamh Ó hÉanaí, Maighread Ní Dhomhnaill, Tony MacMahon agus Liam Óg O'Flynn.

Seosamh agus Máire Nic Fhinn Davitt. (Lensmen)

Seosamh, Máire Nic Fhinn Davitt agus a clann, Anna agus Joe.

Seosamh agus Máirtín Byrnes. (Féilim 'ac Dhonncha)

I 1936, tráth a raibh an Pádraig Ó Clochartaigh seo 74 bliain d'aois, dúirt sé le Seán Mac Giollarnáth:

> Bhí mo dhreatháir ina shaor báid agus tá a mhac na shaor báid i nInis Ní. 'Sé mo dhreatháir an chéad-tsaor a rinne na curacha ádhmaid agus tá cuid mhaith acab anois ann.
>
> . . . Nuair a bhí mise óg ní raibh aon droichead ó Bhéal an Daingin go dtéighidh tú go Ceann Gualaim. Badh é an droichead idir Leitir Mealláin agus Gorumna an chéad-droichead a rinneadh. Droichead an Daingin an chéad-droichead eile a déanadh idir Béal an Daingin agus Eanach Feadhan. Droichead na dTráchta idir Eanach Feadhan agus Leitir Mór an chéad-droichead eile, agus ina dhiaidh sin rinneadh droichead Charraig an Logáin idir Leitir Mór agus Gorumna.
>
> . . . 'Le linn m'athar,' a deir Pádraig . . . 'an teach pobail ba ghoire dúinn, teach pobail na Miona ar an Tulaigh, seacht míle dhéag uainn.[55]

Tá na Maoilchiaráin ina saortha báid i Maínis le píosa fada freisin. D'fhoghlaim siad an cheird ó Mharcus Labhráis (Ó Clochartaigh) agus tá an cheird sin tagtha anuas ó ghlúin go glúin go dtí an saor atá faoi láthair ann, Colm Ó Maoilchiaráin. Bhí saortha báid eile i Maínis freisin, muintir Uaithnín agus Muintir Eidhin, agus ba saor báid é an Seán Ó hEidhin atá luaite in 'Amhrán Mhaínse':

> Gearraidh amach mo chónra dhom as fíorscoth gheal na gclár;
> Má tá Seán Ó hEidhin i Maínis, bíodh sí déanta óna láimh.

Bhí gaol gar ag an Seán Ó hEidhin sin freisin leis an gcéad fhear a bhí pósta ag Annaí Loideáin sula ndearna sí an dara pósadh le hathair Sheosaimh Uí Mhongáin.

Ba iad Cathasaigh Mhaínse is mó a raibh a n-ainm in airde mar shaortha báid, ag tosú leis an Seán Ó Cathasaigh atá luaite thuas. Chuir an file agus an bádóir Seán Cheoinín mar seo é ar Raidió na Gaeltachta: 'Bhí an cheird acu uilig, ach bhí gifte ag na Cathasaigh'; agus dúirt bádóir eile, John William Seoighe, faoin mbád Cathasach an *Saint Patrick* nó 'Bád Chonroy': 'Ligfeá an taoille tuile ort féin ag breathnú uirthi.'

D'fhoghlaim Seán Ó Cathasaigh a cheird ó fhear as Leitir Mealláin a raibh Seán Ó Laidhe air, a thosaigh ag déanamh bád i Maínis sna 1840idí. Bhí ceathrar mac ag Seán Ó Cathasaigh agus bhí triúr acu sin ina saortha báid – Máirtín, Johnny agus Pádraig – agus an mac eile, Colm, ina shagart. Ní dheachaigh aon duine de chlann Johnny ná de chlann Phádraig leis an gceird, ach bhí mac Mháirtín, Cóilín Mháirtín Sheáin Uí Chathasaigh, ina shaor báid. Thug a mhac sin arís, Colm Ó Cathasaigh, an cheird leis freisin, agus dúirt an bádóir Pat Cheoinín faoi, ar Raidió na Gaeltachta: 'Tá sé ina shaor chomh maith is atá in Éirinn.' I mBré i gContae Chill Mhantáin atá cónaí ar Cholm Ó Cathasaigh agus, faoin am a bhfuil an cuntas seo á scríobh tá os cionn deich mbliana fichead caite aige ag múineadh ceardaíochta sa Roinn Dlí agus Cirt i mBaile Átha Cliath.[56]

Anuas as Craobhach in aice leis an Éill i gContae Mhaigh Eo a tháinig Máirtín Ó Malóid (Martin Mylotte) go Carna thart ar thús an chéid seo caite, an chéad fhear den chlann sin a chuaigh i mbun gnó i gCarna. Bhí deirfiúr leis, Mary Mylotte, pósta leis an siopadóir agus óstóir P. J. (Peter Joseph) Conroy i gCill Chiaráin, mac le Páidín Mharcuis Ó Conaire as an nGairfeanach i Ros Muc agus le Mary Grace O'Malley as Cill Mhilcín. Ba uncail é an P. J. Conroy seo le Sean-Phádraic Ó Conaire agus ba í a bhean Mary (Mylotte) a sheas le Sean-Phádraic nuair a baisteadh é. Deartháir le P. J. Conroy a bhí in athair Shean-Phádraic, Tomás, a raibh tithe ósta i nGaillimh aige agus a bhí pósta le Nóra McDonagh, duine de chlann Mhic Dhonnchadha as an gCrapach i Leitir Mealláin agus a bhí ina siopadóirí tréana i nGaillimh faoin am seo. Bhíodh an bád mór *An Stail* ag P. J. Conroy Chill Chiaráin, ag tarraingt stuif as Gaillimh, mar a bhíodh 'Bád Chonroy' ag a mhuintir i Ros Muc, ag tarraingt chuig an siopa mór a bhí acu féin ar an nGairfeanach.

Nuair a cailleadh P. J. Conroy Chill Chiaráin, tháinig Máirtín Ó Malóid (Martin Mylotte) anuas as an Éill ag cabhrú sa siopa lena dheirfiúr, a bhí ina baintreach agus clann uirthi. Ba duine den chlann sin é an P. J. Conroy eile a tháinig i gcomharbacht ar a athair i gCill Chiaráin agus a phós Delia McHugh, iníon dearthár le Fr McHugh, sagart paróiste Charna.

Phós Máirtín Ó Malóid Mary Kate Mongan, deirfiúr le Josie Mongan, agus thóg siad teach agus siopa ar an taobh thiar den séipéal i gCarna. Bhí cúigear clainne acu: Nóra; Michael (a cailleadh in aois a dhá bhliain déag); Máirtín, ar a dtugtaí Meaic Mylotte; John Mylotte, a bhí i siopa a athar gar don séipéal agus ina adhlacóir freisin; agus Agnes, a bhí ina dochtúir.

Bhí Meaic Mylotte, mar a bhí a athair roimhe, ina chomhairleoir contae le Fine Gael ag amanna éagsúla, agus thart ar 1950 cheannaigh sé an teach tábhairne a bhíodh ag a uncail, James Mongan, trasna an bhóthair ón óstán. 'B'iontach an áit é an *pub* beag sin, fiú amháin le mo linn féin,' a deir Seosamh Ó Cuaig:

> . . . Bhí an pub beag sin ag na Malóidigh le mo linnse; tá sé dúnta anois. Bhí an saol ag dul trína chéile ann. Bhíodar ag ceannach gliomach agus bhíodh na hiascairí isteach ann agus na cainteoirí maithe. B'iontach an áit é, dáiríre. Chaithinnse píosaí móra ann nuair a bhí mé i mo leaid óg. Chonaic mé Meaic Moylette san óstán – Tigh Mheaic – ag leagan uaidh na ngloiní a bhí sé a bhailiú, agus ag éisteacht le duine de na fonnadóirí móra a bhí ag rá amhráin. Ní hé chuile óstóir a d'fheicfeá á dhéanamh!

Is cuimhneach le Seán Ó hÉanaigh, mac dearthár Sheosaimh Uí Éanaí, a bheith istigh ann tráthnóna amháin i ndeireadh na seascaidí, i gcomhluadar a uncail Seosamh agus Liam Clancy a bhí sa mbaile ar saoire as Meiriceá:

Bhí an-seisiún go deo againn ann, Seosamh agus Liam ag rá gach re amhrán, ceann i ndiaidh an chinn eile, ar feadh cupla uair an chloig. Bhí atmaisféar iontach san áit agus fáilte roimh na hamhránaithe agus roimh na hamhráin.

Phós Meaic Mylotte Eileen Milne, iníon an Dochtúra Milne a bhíodh ag fiaclóireacht ar fud Chonamara. Protastúnaigh a bhí sna Milnes agus d'athraigh sise ina Caitliceach sular phós sí. Bhí triúr clainne acu: Máirtín, a d'fhan i mbun gnó a athar; Éamonn, a hoileadh ina bhainisteoir óstlainne agus atá ina fhear gnó ilghnéitheach i gCarna; agus Séamus (Séimín), a bhí i mbun an tábhairne go bhfuair sé bás go hóg i 1987. Bhí ceathrar iníon ag John Mylotte: Mary, atá ina dlíodóir i nGaillimh; Nóra, atá ina dlíodóir i mBéal Feirste; agus Ann agus Joan, atá i mbun shiopa na muintire i gCarna.

As Contae Mhaigh Eo freisin a tháinig muintir Bhéara go Carna. B'as Bun Abhann in aice le Cluain Cearbán a tháinig James Berry (1842–1914), fear a thóg scéalta ó na daoine agus a d'fhoilsigh sa *Mayo News* iad.[57] Ar cuairt chuig uncail leis, an tAthair Éamonn Ó Máille, a bhí ina shagart paróiste i gCarna, a tháinig James Berry go Carna i dtosach, agus ba chol ceathar lena mháthair, Bridget O'Malley, an tArdeaspag Mac an Mhílidh. Deir Diarmuid Breathnach agus Máire Ní Mhurchú faoi:

> Bhí sé ar cuairt ag an uncail seo i gCarna nuair a casadh Sarah Greene air. Phós siad agus shocraigh síos ar fheirm ann. Bhí seisear iníon agus cúigear mac acu. Phós duine díobh, Margaret, Henry Carey, pílear ó Ghlinnte Aontroma agus bhí mac leosan, Hugo Carey, ar fhoireann na Gaillimhe a bhuaigh Craobh na hÉireann sa pheil i 1934.[58]

Thóg Michael Berry an teach a bhfuil oifig an phoist anois ann, le taobh an tí ina mbíodh siopa Uí Chlochartaigh. Bhí mac aige a raibh Michael freisin air, agus phós seisean Bríd Ní Lábhara as Roisín na

Mainiach. Tá an Michael Berry sin caillte, ach tá Bríd Ní Lábhara, nó Biddy Berry mar is fearr aithne uirthi, i mbun oifig an phoist ansin ón mbliain 1971. Bhí ceathrar iníon acu agus aon mhac amháin, Máirtín Berry, a maraíodh i dtimpiste gluaisteáin i 1983 agus gan é ach ocht mbliana fichead. Bhíodh uncail leis an Máirtín Berry sin, Joe Berry, ag dreideáil mhuiríní in éineacht le Seosamh Ó hÉanaí i gCuan Chill Chiaráin aimsir an Dara Cogadh Mór.

As Contae an Chláir a tháinig Ned Mór Geraghty (Mac Oireachtaigh) go Carna thart ar 1850, agus is é a mhac, Pádraig, nó Peaits Ned Mór mar a thugtaí air, a d'oscail siopa ansin am eicínt roimh 1890. (Tá seanleabhar cuntais ag Micheál Mac Oireachtaigh atá sa siopa anois, a théann siar go dtí an bhliain 1889.) Thosaigh Peaits ag ceannach uibheacha ar dtús agus á dtabhairt le capall agus carr go Sraith Salach lena gcur ar an traein le seoladh go hAlbain le díol. (Níor dúnadh an t-iarnród idir Gaillimh agus an Clochán go dtí an bhliain 1935.) Bhí airgead le déanamh as a bheith ag tarraingt stuif chuig an traein agus ar ais, agus bhí airgead níos fearr fós le déanamh nuair a d'oscail sé siopa. Phós Peaits faoi dhó; phós sé bean a bhí ag múineadh sa scoil lása i gCarna, san áit a bhfuil tigh Jackie O'Dowd anois, bean de mhuintir Mhic Rabhartaigh (McRoarty) as Cill Riáin i gContae Dhún na nGall. Bhí aon mhac amháin acu, Edward, a fuair bás go hóg leis an eitinn. Nuair a cailleadh an chéad bhean, phós Peaits an dara huair, bean de mhuintir Ghiobúin (Gibbons) as Cathair na Mart i gContae Mhaigh Eo, agus bhí seisear clainne acu: Nellie Hoban (Cathair na Mart); Mary Bridget Herd (Pittsburgh); John (Pittsburgh); Michael (Carna); Paddy (Nua-Eabhrac); agus 'Baby' Hynes (Ann, máthair an amhránaí Risteárd Ó hEidhin as Cill Chiaráin). Phós Michael Eileen Wallace as Cathair na Mart agus bhí beirt iníon agus beirt mhac acu: Máire (Bean Uí Dhubhda); Rita (Bean Uí Ghaora); Pádraig, a chaith blianta fada i Meiriceá agus a fuair bás i 2006 go gairid tar éis dó filleadh abhaile; agus Micheál Mac Oireachtaigh, atá i siopa na muintire faoin am a bhfuil an cuntas seo á scríobh.

As Contae an Chláir freisin a tháinig muintir Mhóráin go Carna. Bhí Martin Moran (1872–1959) as Paradise i gContae an Chláir ag obair i siopa éadaigh agus bróg a uncail, Martin Brennan, i nGaillimh, agus bhíodh sé ag taisteal agus ag freastal ar shiopaí ar fud Chonamara. Bhíodh sé ag triall ar shiopa beag a bhí i gceann thiar shráidbhaile Charna ag bean as Leitir Geis a raibh Bridget O'Neill uirthi, san áit ar thóg Martin Mylotte teach nua agus siopa ina dhiaidh sin. Phós Bridget O'Neill agus Martin Moran. Nuair a cailleadh sagart paróiste Charna, Fr Flannery (a bhfuil Droichead Flannery i gCoill Sáile ainmnithe ina dhiaidh), díol deirfiúr an tsagairt i dTuaim teach agus talamh an tsagairt i gCarna le Bridget O'Neill, agus d'oscail Bridget agus Martin Moran teach tábhairne ann in 1896. Bhí triúr mac acu, agus iníon amháin a fuair bás go hóg. Bhí an mac ba shine, an tAthair Liam Ó Móráin (Fr Willie Moran) ina shagart paróiste i Ros Muc ar feadh na mblianta, sular haistríodh soir go hÓrán Mór é, áit a raibh sé go bhfuair sé bás i 1997. Bhí an dara mac, James Moran, ina dhochtúir i nDún na nGall, agus fágadh an gnó i gCarna ag an tríú mac, Mikey Moran. Phós seisean Nora O'Leary, oide scoile de bhunadh Chontae an Chláir agus Chiarraí, agus bhí aon mhac amháin acu, Micheál Ó Móráin, a bhí ina chomhairleoir contae le Fianna Fáil, agus ina thábhairneoir agus ina shiopadóir i gCarna go dtí gur cailleadh go tobann é i 1993. Bhí Micheál pósta le Margaret Cotter as Cnoc na gCaiseal i gContae Chiarraí agus bhí triúr mac agus iníon acu, Micheál, Doiminic, Máirtín agus Máire. Fear áitiúil, Peadar Mac Giolla Phádraig, atá i mbun gnó ansin faoi láthair, ach tá Margaret Bean Uí Mhóráin ina cónaí i gCarna fós agus tá a hiníon Máire agus a mac Doiminic i bhfeighil an Lough Inagh Lodge Hotel gar don Sraith Salach. Tá a mac Micheál i mbun gnó i nGaillimh, agus a mac Máirtín ag múineadh i gCathair na Mart.

D'fhág Seosamh Ó hÉanaí slán ag an gcurach adhmaid agus ag siopadóirí Charna agus thug sé a chéad chuairt ar Albain i 1939. In agallamh a rinne sé le Ewan MacColl i Londain blianta ina dhiaidh sin, d'fhiafraigh MacColl de Sheosamh céard a rinne sé tar éis Choláiste Éinde:

> JH: I went to Scotland, working as a labourer, and when the war broke out, I suppose I was too much of a coward to stay there, and I came home again.
> EM: You had too much sense, you mean. And what did you do when you came home to Ireland?
> JH: Oh, I went back to Carna. And I carried on fishing . . . Every year I used to go to Dublin to the Oireachtas, which is something like the *Mod* in Scotland . . .[59]

Bhí deartháireacha Sheosaimh, Michael agus Máirtín, imithe go hAlbain roimhe, agus is cosúil gur tháinig an triúr acu abhaile le chéile nuair a thosaigh an cogadh. Chaith Seosamh seal gairid roimhe sin ag obair ag feirmeoir in aice leis an gCreagán in oirthear na Gaillimhe, agus thagair Seán 'ac Dhonncha dó sin ar Raidió na Gaeltachta i 1985 nuair a dúirt sé: 'Chaith Joe seal ag obair soir faoin tír agus ansin thug sé a aghaidh ar Albain. Bhí uncail leis ansin, ar ndóigh, Micheál Ó hÉinniú.'

Dúirt an scéalaí agus an cainteoir breá, céad slán dó, Cóilín Mháirtín Sheáinín Ó Cualáin as Carna, in agallamh ar Raidió na Gaeltachta blianta ina dhiaidh sin:

> Bhí mé in Albain roimh an gcogadh i 1938 agus chuaigh mé ag obair ar na bildeáileachaí ann. Bhí deartháir le Seosamh Ó hÉinniú in éineacht liom, Michael. Tháinig muid i dtír i nGlasgow Dé Domhnaigh tuairim is a dó dhéag. Chuaigh muid as sin go ndeachaigh muid go Dumbarton, mar bhí uncail le Michael i Dumbarton, agus bhí a dheartháir ann, Máirtín, agus tháinig muid go dtí iad. Faoi cheann bliana nó mar sin tháinig [Michael] Éinniú abhaile agus chuaigh sé ar ais in arm na hÉireann arís, tar éis téarma a bheith déanta roimhe aige ann. Chuaigh sé isteach nuair a thosaigh an

cogadh. Chaith mise cupla bliain thall. Tháinig mé abhaile ansin. D'imigh mé as sin, go ndeachaigh mé ag obair ar Bhord na Móna go Contae Chill Dara.

Dúirt Séamus Ennis sa dialann taistil a choinnigh sé i gCarna sna ceathrachaidí go ndeachaigh Seosamh go Cill Dara ag obair 'ar an móin' i Meitheamh na bliana 1943, ach níor tháinig mé ar aon eolas eile faoi ach sin.

Rinne Michael Éinniú, deartháir Sheosaimh, an cur síos seo ar óige na clainne do Sheán Bán Breathnach ar Raidió na Gaeltachta i Meán Fómhair na bliana 1976:

Tháinig Joe i mo dhiaidh-sa . . . Is cuimhneach liom go maith. Bhí laethanta maithe ann. Bhí laethanta dona ann. Bhí an saol crua go maith nuair a bhí mise ag éirí suas. Seachtar clainne agus gan aon tsaothrú. Ní raibh mórán oibre ann. Ní raibh an *dole* féin ann ag an am údan. Agus bhí an pháighe beag. B'fhéidir go bhfaighfeá cupla lá [oibre] ar an mbóthar – seachtain, nó coicís an rud is faide. Agus ní raibh ann ach timpeall cúig scilling déag sa tseachtain do fhear oibre.

Bhíodh roinnt acu ag iascach, ag gliomadóireacht. Ní raibh ar dhosaen gliomach an t-am sin ach tuairim is seacht scilleacha, nó sé scilleacha; trí cinn déag de ghliomaigh – de réir an dosaein a bhíodh siad á ndíol an t-am sin. Agus ní raibh sé éasca margadh a fháil dóibh. Amanta dhíoltaí iad agus amanta chaithfeá iad a thabhairt abhaile agus iad a thabhairt chuig an margadh, agus nuair a thabharfá aníos as an rí-phota iad agus iad a chur i mbád agus iad a thabhairt ceithre mhíle chuig an margadh, siar go Roundstone nó áit eicínt, mar gheall ar a bheith tugtha aníos as an uisce bheidís caillte nuair a chuirfeá ar ais san uisce arís iad faoi cheann seachtaine.

Is é a bhí istigh i mo chloigeann an baile a fhágáil, mar ní fhaca mé tada le déanamh ann. Ní raibh aon áit le ghabháil an t-am sin ach san arm. Ní raibh Meiriceá oscailte ar chor ar bith. Ní raibh cead ag aon Éireannach dul go Meiriceá ag an am. Agus ansin ní raibh mórán ag dul go Sasana. Ní raibh aon áit fágtha anois ach an t-arm. Agus chuaigh go leor leor *lads* óga isteach san arm ag an am.

Dúirt iníon le Máirtín Éinniú, Máire Bean Uí Mhaoilchiaráin, liom go ndeachaigh Seosamh agus a dheartháir Michael go Baile Átha Cliath uair amháin, ar a mbealach go Sasana. Ach pé ar bith céard a tharla, fuair siad amach i mBaile Átha Cliath nach raibh dóthain airgid acu:

Bhíodar ag caint ar dhul go Sasana. Agus níor fhéadadar a dhul ann ar bhealach eicínt. Ní raibh acu ansin ach an méid a thabharfadh abhaile duine acu. Thug Michael an t-airgead do Joe le theacht abhaile ar an traein agus chuaigh sé féin ag siúl abhaile as Baile Átha Cliath. Bhí Michael ag rá go bhfuair sé marcaíocht amháin ó d'fhág sé Baile Átha Cliath go raibh sé i nGaillimh. Veain aráin a bhí ann agus dúirt sé gur thug fear an veain builín aráin dó.

Chuaigh Michael go Sasana tar éis an chogaidh agus chuaigh sé go Meiriceá i 1951, áit a raibh an dearthráir ba shine, Seán, le roinnt blianta roimhe sin. Nuair a d'fhiafraigh Seán Bán Breathnach de Mhichael cén fáth ar fhág sé Sasana, dúirt sé:

Deamhan mórán Éireannach riamh thart ar an gceantar sin againne nach raibh duine eicínt a bhain leis i Meiriceá, a sheanathair, a aint nó duine eicínt. Ní chloisfeá caint ar Shasana, ach Meiriceá. Cheap mé i gcónaí go ngabhfainn go Meiriceá nuair a fuair mé an seans. Agus leaindeáil mé ann san Aibreán 1951, i Long Island i Nua-Eabhrac. Bhí mo dhearthráir romham . . .

I gCuan Chill Chiaráin is mó a bhíodh Seosamh ag iascach i rith an chogaidh, ag plé le muiríní in éineacht le Joe Berry as Carna atá luaite thuas, agus bhíodh turas fada orthu sula dtosóidís ar obair an lae ar chor ar bith. Ar na maidí rámha agus ar spreac a lámh a bhíodar ag brath ag an am, sular tháinig na hinnill, agus rinne Seosamh a chion féin den obair sin. Dúirt sé le Mick Moloney i Meiriceá:

> During the war years we were fishing for scallops and – I'm not exaggerating – we used walk six miles in the morning and six miles back again, to go to the proper bank with the currach. They had no engine on the boats that time, and we had no bicycles. You couldn't get a tyre! When the scallops season was over there was nothing else there . . .

Cé go bhfuil cuimhne ag Josie Sheáin Jeaic ar Sheosamh Ó hÉanaí a fheiceáil sa teach acu féin nuair a bhí Josie an-óg, níor chuir sé aithne cheart air gur thosaigh Seosamh ag teacht abhaile as Albain agus as Sasana sna caogaidí. Ach bhí aithne mhaith ag Josie ar mháthair Sheosaimh, Béib Sheáin Mhichíl. Ba í a mhúin imirt chártaí dó. Teach mór imirt chártaí a bhí i tigh Éinniú, agus bhíodh an dá mhuintir isteach is amach chuig a chéile i gcaitheamh a saoil. Bhí aithne mhaith ag Josie ar Mháirtín Éinniú, an deartháir a d'fhan sa mbaile tar éis dó tamall a chaitheamh in Albain:

> Níl a fhios agam faoi Joe, ach bhí cleachtadh ar an bhfarraige ag Máirtín, deartháir a bhí níos sine ná Joe. Níl a fhios agam faoina athair, ach rinne Máirtín go leor iascaigh agus bhíodh sé ag plé le cladach, ag muirínteacht – ag dreideáil mhuiríní – sa mBeirtreach Bhuí thiar agus i gCill Chiaráin thoir. Bhí saol crua acu freisin aimsir an chogaidh. Cé go mbíodh seanrothair i dtithe, bhíodh sé deacair aon bhonn a fháil lena n-aghaidh. B'fhéidir go bhfaighidís an bus go Cill Chiaráin ó am go chéile, ach shiúil siad go minic é. Bhí Cill Chiaráin seacht nó ocht de mhílte soir. Agus shiúlaidís é, ag dul as Cill Chiaráin i ndiaidh muiríní. Bhí an Bheirtreach Bhuí níos gaire dóibh, trí mhíle nó mar sin. Triúr sa gcurach, beirt ag iomramh agus fear ag oibriú an dreidire.

Bhí praghas maith ar mhuiríní aimsir an chogaidh, cúig scilleacha an dosaen, agus ba mhór an t-airgead é sin. Bhíodh laethanta iontacha acu agus bhíodh drochlaethanta acu. Bhíodh bónas le fáil acu. Chuirtí go leor éisc go Sasana ar leoraí an *railway*. Bhíodh éileamh ar ghliomaigh. Agus bhíodh an dá shéasúr i gceist, séasúr na muiríní sa ngeimhreadh agus san earrach, agus séasúr na ngliomach sa samhradh agus tús an fhómhair. Ní bhíodh an séasúr gliomach chomh fada an t-am sin; ní bhíodh na báid chomh maith ná an giar chomh maith.

Bhí go leor bád iascaigh, *nobbies,* ann an t-am sin, ag iascach amach as Cloch na Rón – ba ann a bhí an margadh. Bhí an ráille traenach ag teacht chun an Chlocháin go dtí 1935, agus is é an chaoi a gcuirtí an t-iasc amach as Cloch na Rón ar charranna capall agus deis ar bith eile a bhí ann. Bhí pleananna ann an t-am sin brainse den ráille traenach a chur isteach chomh fada le Cloch na Rón as Béal an Átha Fada nó an ceantar sin. Ach níor tharla sé riamh agus tháinig deireadh leis an iascach ina dhiaidh sin.

Nuair a chríochnaigh an cogadh thit margadh an éisc, na ronnaigh agus na scadáin go mór mór, cé gur dearnadh roinnt de ina dhiaidh sin. Nuair a bhí an t-iascach ina bhuaic roimhe sin bhí £5 le fáil ag an gcéad bhád a chuireadh ronnach amháin i dtír i Roundstone aimsir an Chéad Chogaidh. B'in deireadh an Mhárta nó tús an Aibreáin. Bealach maith a bhí ann leis na báid a chur amach agus na hiascairí a ghríosadh. Cúig phunt ar aon ronnach amháin! Ní bheadh clann Éinniú sách sean le bheith amach sna báid sin . . .

Iomróir maith a bhí i Máirtín Éinniú. Is dóigh go raibh sé ar iomróir chomh maith agus a shuigh istigh i gcurach riamh. Na rásaí thart anseo, i gCill Chiaráin Lá Mhic Dara agus i gCloch na Rón, bhuaigh sé roinnt mhaith acu sin. Bhíodh fear as Maínis leis, Gaorach, Seáinín Sheáin Mhicil, agus Joe Mharcuisín (Ó Ceannabháin). Tá cuimhne agam iad sin a fheiceáil sách minic, ach bhíodh daoine eile in éineacht leo. Bhíodh an-phíosaí iomartha idir iad féin agus muintir na hAirde Móire; bhí an-iomróirí sa dá bhaile sin.

5. Fear agus Fonnadóir

SEACHAS AN SEAL GEARR A CHAITH SEOSAMH AG OBAIR AG feirmeoir in oirthear na Gaillimhe, agus seal gearr eile a chaith sé ag obair ar an móin i gCill Dara i samhradh na bliana 1943, is i dteach a mhuintire ar an Aird Thoir a chaith sé formhór na ndeich mbliana ó d'fhág sé Coláiste Éinde i 1937 go ndeachaigh sé ar imirce go hAlbain i 1947. Má bhí an saol crua féin, ní mórán áit eile in Éirinn a raibh an oiread caitheamh aimsire ann is a bhí sa gceantar áirithe seo. Bhí go leor tithe airneáin agus cuarta ar an dá bhaile, an Aird Thoir agus an Aird Thiar, tigh Éinniú féin ina measc, agus ba mhinic ceol, nó *time* mar a thugtaí air, tigh Mhaidhc Teamannaí, tigh Sheáin Choilm agus i dtithe nach iad. Dúirt Seosamh le Mick Moloney i Meiriceá i 1981:

> There was no radio or anything to distract you from listening to what the people were saying. There was always a song or two in our house every night, and a story or something like that. And all around, you could hear the man next door, Seán Choilm Mac Donnchadha. He had twelve or thirteen children, but after work every night he'd go out and sit on a big rock and start singing at the top of his voice, and the whole neighbourhood could hear him singing. Every single song I heard, I loved to pick it up and get them all into my head, and I have a lot of them in my head. But that was my ambition: to

get all these songs into my head, and some day to use them –
put them on record or something like that, and there are some
I haven't put on record yet but I'd like to do so, some day.

The old people would advise you: 'Don't sing it until you
know what you're doing. Just listen! Keep your ears open and
your mouth shut. Because a song is very precious and should
be sung properly, and these songs were kept alive by better
people than you. For that reason you must respect the song,
and at least try to sing it as good as they did. Because every
one of these songs carried a message, and unless you can put
the message before other people in the song you're singing,
the song is wrong.' And I did that!

Ba mhinic le Seosamh a chuid tuairimí féin a chur i mbéal na
seandaoine, le údarás níos mó a thabhairt dóibh, ach tugann a chuid
cainte léargas maith dúinn ar an rud ar chreid sé féin go láidir ann.
Níor ghá dó dul i bhfad ó bhaile ag an am le go bhfeicfeadh sé an
drochmheas a bhí tagtha ar na seanamhráin ag daoine a bhí tar éis
droim láimhe a thabhairt leis an nGaeilge agus iompú ar an mBéarla
ar fad. Chonaic sé daoine ag maslú a mhuintire agus a chomharsana
féin, mar a dúirt sé le Mick Moloney:

These people were often told, when they sang one of these
songs outside their native place: 'Go back to the bog and sing
that; we don't want that kind of a song here.' But that didn't
deter them from singing them. And I love to present them as
a gift that was handed down to me from people who could
sing them better than me [and] kept them alive in spite of all
the hardship they suffered.

Thart ar thús na gceathrachaidí a tosaíodh ag caint ar na hOireachtais.
Ní miste a mhíniú gurbh iad Conradh na Gaeilge, a bunaíodh in 1893,
a bhunaigh féile an Oireachtais agus tionóladh an chéad Oireachtas sa
Halla Cruinn sa Rotunda i mBaile Átha Cliath, i mBealtaine na bliana

1897. Féile aon lae a bhí ann an bhliain sin, ach mhéadaigh sí ó bhliain go bliain, go raibh sí ina féile deich lá. I mBaile Átha Cliath a bhí an tOireachtas i gcaitheamh na gcéad sé bliana déag; ansin bhí an fhéile i nGaillimh i 1913, i gCill Airne i 1914 agus i nDún Dealgan i 1915. B'éigean an fhéile a chur ar ceal i mbliain Éirí Amach 1916, ach leanadh léi arís i bPort Láirge i 1917, i gCill Airne i 1918, i gCorcaigh i 1919 agus i mBaile Átha Cliath arís i 1920. B'éigean éirí as an bhféile arís ansin go ceann trí bliana, ach bhí Oireachtas iomlán i gCorcaigh i 1924. Bhí cúrsaí polaitíochta agus sóisialta ina gcíor thuathail sa tír go fóill, agus éiríodh as an bhféile ar fad ar feadh ceithre bliana déag, go dtí gur athbhunaíodh an tOireachtas i 1939.

Ba ag Feis Charna, a d'eagraíodh Conradh na Gaeilge le daoine a roghnú don Oireachtas, a dúirt Seosamh an chéad amhrán Gaeilge go poiblí riamh, mar a d'inis sé do Phroinsias Mac Aonghusa, in agallamh ar Radio Éireann:

> I 1940 chuaigh mé chuig Feis Charna agus ba é duais na Feise a ghabháil suas go Baile Átha Cliath [chuig an Oireachtas]. Bhí an tOireachtas atosaithe ón mbliain roimhe sin agus ní raibh súil ar bith agam go bhfaighinn tada . . . Is é an t-amhrán a chas mé, amhrán a dtugtar 'Amhrán Rinn Mhaoile' air, nó tugann daoine 'Tá na Coiligh ag Glaoch' air.

Nuair a dúirt Proinsias: '[Sin é] an chéad amhrán a dúirt tú go poiblí! Chuaigh tú chuig an Oireachtas leis an amhrán sin, agus fuair tú an dara duais ag an Oireachtas?' d'fhreagair Seosamh, le greann:

> Ar éigean é! Mar bhí mo chuid cosa ag croitheadh! An chéad uair, tá a fhios agat féin! Na seanamhráin, níl siad ceaptha le hiad a chasadh ar stáitse. Tá siad ceaptha le hiad a chasadh i dteach tíre nó ar an leibhéal céanna leis na daoine atá ag éisteacht, agus bhí mo chosa ag croitheadh chomh mór sin gur shíl go leor daoine gur ag damhsa a bhí mé!

Dúirt sé in agallamh le Breandán Feiritéar ar Raidió na Gaeltachta:

> Go dtí gur thosaigh an tOireachtas arís i 1939 ní raibh mórán duine ar bith ón nGaeltacht a chas amhrán taobh amuigh den

Ghaeltacht, mar ní raibh tada lena thabhairt amach. An chéad uair riamh a dúirt mé amhrán, i 1940 ag Feis Charna, bhí an-iontas orm nuair a fuair mé an duais. Agus is é an duais a bhí ann, duais an Oireachtais, le ghabháil chuig an Oireachtas i mí Dheireadh Fómhair ina dhiaidh sin. Chuaigh mé chuig an Oireachtas. Fuair mé duais ansin agus fuair mé cupla ceann eile ó shin. Bhínn ag an Oireachtas ansin go dtí 1946, agus ansin chuaigh mé go Sasana. [Go hAlbain a chuaigh sé i dtosach, agus go Sasana roinnt blianta ina dhiaidh sin.]

Cé go bhfuil sé ráite arís agus arís eile ag Seosamh gur ag Feis Charna a dúirt sé a chéad amhrán go poiblí, chuir sé aguisín leis an ráiteas sin san agallamh i Meiriceá le Mick Moloney:

That was the first time I ever sang a song, that day in Carna at the Feis, in 1940. I was nearly twenty-one years of age at the time. That is true. That's the first time I sang in public for anybody. I did sing one song at a wedding before that; a cousin of mine was getting married, and I'll never forget the song I sang. It was an English song, 'O'Brien From Tipperary'.

Sáraíonn an seanchas an fhírinne go minic, agus tá sé sa seanchas in Iorras Aintheach gur lá pátrúin i gCloch na Rón a dúirt Seosamh an t-amhrán breá Béarla siúd. Sin é an leagan den scéal a fuair mé ó sheanchara Sheosaimh, Seán 'ac Dhonncha, agus is é an leagan é freisin a fuair mé ó chomharsa eile, an tAthair Eddie Ó Conghaile:

De réir mar a chuala mise, ba é an chéad uair a ndeachaigh ainm Joe i mbéal an phobail go mór, Lá Fhéile Peadar is Pól i Roundstone. Muintir Iorras Aintheach uilig, théidís siar go Cloch na Rón an lá sin. Muintir Iorrais Mhóir, thagaidís aniar. Is ann a bhíodh na daoine cruinnithe, ag ól agus ag spréachadh. Lá pátrúin a bhí ann. Bhíodh roinnt iomartha sna bailteacha seo againne agus bhíodh geallta bád freisin thiar i gCloch na Rón agus théidís siar sna báid.

San oíche ansin, bhíodh céilí ann. An seanbhealach a bhíodh ann. Déarfadh duine as pobal amháin amhrán agus déarfadh duine as pobal eicínt eile amhrán, agus cineál comórtais idir áiteacha a bhíodh ann. Agus bhí comórtas mór idir Iorras Bheag agus Iorras Mhór, agus Iorras Aintheach ar an taobh seo againne, ní hé amháin sa tseoltóireacht agus san iomramh, ach bhuailidís broisneáil dhiabhalta ar a chéile freisin. Ní ghabhfaidís abhaile gan píosa mór troda. Ach sin é an cineál Oireachtais a bhí ann an t-am sin! Bhí go leor Gaeilge i Roundstone an t-am sin, muintir Inis Ní uilig agus taobh thiar arís.

Bhí Joe imithe siar, agus d'iarr muintir na hAirde air amhrán a rá, mar bhí amhrán ráite ag fear eicínt as an taobh thiar agus bhí an-mholadh faighte aige. Ach chuaigh Joe chun foinn agus chuala mé gurb é an t-amhrán a dúirt sé – bhí sé an-óg ag an am sin – 'O'Brien from Tipperary', bailéad Béarla. Ach dúirt sé chomh maith é gur thug muintir Iorrais Mhóir – bhí Béarla go leor siar an bealach sin – an svae dhó, thaithin sé chomh mór leo.

Fuair Joe Éinniú an svae an oíche sin. Agus uaidh sin amach ní raibh i gceist ach Joe Éinniú. Bhí an t-amhrán breá Béarla aige agus bhí an t-amhrán Gaeilge aige. Bhí sé in ann dul i chuile chomhluadar agus bhí an guth breá aige. Bhí sé go maith! Agus bhí dúil aige sna hamhráin agus bhí dúil aige an fonn agus chuile shórt a bheith ceart, mar ba dual dó sin.

Ghnóthaigh Seosamh an chéad duais i gcomórtas na bhfear ag an Oireachtas i 1942, an bhliain chéanna ar ghnóthaigh Cáit Ní Mhuimhneacháin, deirfiúr le Aindrias Ó Muimhneacháin, an chéad duais i gcomórtas na mban, agus bhí pictiúr Cháit agus Sheosaimh le chéile ar *Scéala Éireann.*

'An fonnadóir mná is fearr a chuala mé, Cáit Ní Mhuimhneacháin,' a dúirt Seosamh le Maidhc P. Ó Conaola ar Raidió na Gaeltachta blianta fada ina dhiaidh sin. 'Agus tá mé ag ceapadh gurb é Seán Jeaic as an Aird an fonnadóir fir is fearr a chuala mé, agus Johnny McDonagh [Seán 'ac Dhonncha] as an Aird Thiar; an bheirt acu sin.'

Is ag an Oireachtas sin i 1942 a casadh Seosamh agus an píobaire

Séamus Ennis ar a chéile den chéad uair. In aiste faoi Sheosamh Ó hÉanaí a scríobh Tom Munnelly, dúirt sé:

> This was the beginning of a lifelong friendship with the collector Séamus Ennis. This was a comradeship which emitted more sparks than the blacksmith's forge. They sought each other and fought each other – continually.[60]

Is fíor go mbíodh go leor sáraíochta idir Seosamh agus Séamus ó am go ham ach níor thosaigh sé sin, sílim, go ceann blianta ina dhiaidh sin, go háirithe i dtús na seascaidí nuair a bhí an bheirt acu tagtha abhaile as Sasana agus ag caitheamh formhór a gcuid ama i dteach tábhairne O'Donoghue's i mBaile Átha Cliath. Bhí aithne acu ar a chéile le fada roimhe sin, mar chaith Ennis míonna as a chéile ag bailiú ceoil agus amhrán i gCarna chuile bhliain ó 1942 go dtí 1946, agus chastaí ar a chéile ag an Oireachtas i mBaile Átha Cliath iad. Ina dhiaidh sin arís bhídís i gcomhluadar a chéile sa Singers Club i Londain, tráth a raibh Ennis ag bailiú amhrán don BBC. Ní dheachaigh sé amú ar Sheosamh, ar ndóigh, go raibh Séamus Ennis ag saothrú airgid ar bhailiú na n-amhrán agus an cheoil, le linn do Sheosamh féin, a raibh an saibhreas seo ón gcliabhán aige, a bheith ag sclábhaíocht ar láithreacha tógála. Ach is é fírinne an scéil é gur fhoghlaim Ennis agus Ó hÉanaí go leor óna chéile, agus is minic nach mbíodh sa tsáraíocht eatarthu ach troid na mba maol. Má d'fhoghlaim Ennis na hamhráin mhóra ó Sheosamh agus óna leithéidí, d'fhoghlaim Seosamh amhráin ó Ennis freisin, agus creidim gur ó Ennis a d'fhoghlaim sé an bealach breá a bhí aige le scéal agus cúlra na n-amhrán a thabhairt sula dtosaíodh sé á gcasadh, nós a thug sé chun foirfeachta níos deireanaí i Meiriceá.

Ceoltóir, craoltóir, amhránaí agus bailitheoir ceoil agus béaloidis as Fionnghlas i mBaile Átha Cliath a bhí i Séamus Ennis, a fuair a chuid bunoideachais trí Ghaeilge i Scoil Choilm Cille agus a chuid meánoideachais trí Ghaeilge i gColáiste Mhuire i mBaile Átha Cliath. Chaith sé na blianta 1938–42 ag ceartú profaí do Cholm Ó Lochlainn ina chomhlacht clódóireachta agus foilsitheoireachta 'Faoi Chomhartha na dTrí gCoinneall' i mBaile Átha Cliath, áit a raibh baint aige le cóiriú an leabhair *Irish Street Ballads* a foilsíodh i 1939, agus *More Irish Street Ballads* nár foilsíodh go dtí 1965. Chuaigh sé ag obair le Coimisiún Béaloideasa Éireann i 1942 agus thaistil sé Conamara, Maigh Eo, Dún na nGall, Ciarraí, iarthar Chorcaí agus oileáin iarthar Alban, ag bailiú béaloidis agus amhrán.

Go gairid tar éis do Sheosamh an chéad áit a fháil ag an Oireachtas i 1942 chuaigh Ennis go Carna ag bailiú amhrán agus ceoil. Seo mar a chuir Séamus féin síos air, blianta fada ina dhiaidh sin, le linn dó féin agus do Sheosamh a bheith ar an gclár raidió *Aeriris* a bhíodh ag Proinsias Mac Aonghusa ar Radio Éireann sna seascaidí:

> An chéad uair ar lonnaigh mise i gCarna, déarfainn gur i 1942 a bhí ann. Chuir mé fúm ar an gCoillín in aice le Carna, agus an chéad duine a ndeachaigh mé ar a thóir, ba é Seosamh Ó hÉanaí é. Déarfainn gur mí na Samhna a bhí ann, agus bhí an tOireachtas caite agus bhí Seosamh Ó hÉanaí tar éis a bheith i mBaile Átha Cliath agus é tar éis an chéad duais in amhránaíocht ar an sean-nós i nGaeilge a bhuachaint. Agus chuaigh mé go dtí é agus d'iarr mé go dtí an lóistín é.
> … Agus an chéad amhrán a scríobh mé riamh uaidh – déarfainn gur leagan de 'Chaisleán Uí Néill' é, nó b'fhéidir nach ea – ach is é an t-ainm a thugann sé féin air 'Scríobhfainn agus Léifinn' ['Amhrán Rinn Mhaoile'].

Choinnigh Séamus Ennis dialann taistil le linn dó a bheith ag bailiú ceoil agus amhrán sna ceantair Ghaeltachta i lár an chéid seo caite, atá curtha in eagar ó shin ag Ríonach uí Ógáin. Tá roinnt sleachta anseo as an dialann a choinnigh sé i gCarna i rith na mblianta 1942-6, a bhfuil tagairtí iontu do Sheosamh Ó hÉanaí agus dá mhuintir, agus dá chol seisir Colm Ó Caodháin i nGlinsce, taobh ó thuaidh de Charna:

Céadaoin 2 Nollaig [1942]

Tháinig Seosamh Ó hÉanaí isteach sa teach timpeall a dó dhéag ag cuartaíocht. Thugas siar sa seomra é agus scríobhas uaidh (trí huaire an chloig).

Satharn 5 Nollaig [1942]

An mhaidin ag athscríobh ceoil agus ag scríobh cúpla litir abhaile.

Go Cill Chiaráin tráthnóna ag íoc mo bhille le [Eibhlín] Bean Chlancy. Abhaile chun tae agus siar go tigh Éanaí le Ciarán [Mac Con Iomaire]. Oíche cheoil agus amhrán. Bhí Seán Choilm [Mac Donncha] le bheith ann, ach ní raibh. Fuaireas amach cúpla ceann eile atá ag muintir Éanaí agus tá Seosamh [Ó hÉanaí] chun glaoch tar éis an aifrinn orm Dé Máirt go scríobhfad uaidh iad. Scríobhas ceann amháin uathu, leagan deas ceoil de 'Bhródach Uí Ghaora' – ráiméisín a fuaireas le gairid i bhFínis. Thángamar abhaile ar a dó ar maidin. Ní raibh aon chaoi agam bheith ag scríobh tuilleadh, le neart comhluadair a bhí istigh.

Déardaoin 10 Nollaig [1942]

Le Seán Geary (Aill na Brón), cuid mhór den lá.

Lá eile ag clagarnaí, i gcaitheamh an lae beagnach. Ach ainneoin doininne chuas siar go tigh hÉanaí agus bhí Seán Choilm [Mac Donncha] ann. B'fhiú dhom é. Thug sé dhom agus fáilte. Scríobhas cuid mhaith uaidh agus is suimiúil an mála amhrán atá aige. Roinnt seanstuife nár chuala mé cheana. Abhaile ar a 4.30 ar maidin.

Satharn 12 Nollaig [1942]

Lá báistí. Cúpla uair ag scríobh agus ag athléamh.

Go dtí an Aird Thoir (tigh Uí Éanaí) arís tar éis tae. Seán Choilm [Mac Donncha] ann. A lán scríofa. An-stoirm agus clagarnach ar a dó agus muid ag teacht abhaile – báite.

Luan 14 Nollaig [1942]

. . . Chuir Beairtle [Ó Conaola] scéala chugam go raibh sé ag teacht aniar chugam anocht. Chuireas dhá cheol ó Mhicheál Choilmín Mac Fhualáin, veidhleadóir, as Carna a bhí i láthair, agus dhá amhrán eile ó Joe hÉanaí ar an éideafón. Bus abhaile ar maidin agus deireadh.

Nóta:
Is ag Seán Choilm [Mac Donncha] agus muintir Uí Éanaí atá an ceol is fearr agus is údarásaí de chuid Chonamara a tháinig i mo threo go fóill, gan Fínis a áireamh. Thóigeas roinnt uathu atá an-aosta, táim cinnte, agus thairis sin is acu a fuaireas na ceolta ba chasta a fuaireas i gConamara – is mó atá siad cosúil le ceol maith na Mumhan mar tá ag Cáit Ní Mhuimhneacháin agus Labhrás Ó Cadhla.

Déardaoin 27 Bealtaine [1943]
Chuas amach ar a dó dhéag a chlog go dtí Colm [Ó Caodháin]. Bhí sé imithe ag iascach ó bhí an lá chomh breá. Chuas abhaile chun dinnéir.

Chuas isteach go Maínis go bhfágfainn slán ag Peaitín William Greene, fear go bhfuilim an-mhór leis. D'iarr sé ag fanacht leis mé nuair a thiocfainn arís agus dúirt mé go rachainn ann. Chuas go dtí Seán Choilm Mac Donncha ina dhiaidh sin agus d'fhágas slán aige sin agus ag muintir hÉanaí, comharsana béal dorais leis.

Aoine 25 Meitheamh [1943]
. . . Chuas siar agus amach go dtí an Aird Thoir ar ball ar thóir Sheáin Choilm Mhic Dhonncha. Ní raibh sé ann, ach imithe soir áit eicínt. D'fhanas tamall ann agus chonaic mé muintir Éanaí ann. Bhíodar an-chineálta liom cheana ann. Chaitheas tamall leo. Tá Joe [Ó hÉanaí], an fear a bhuaigh duaiseanna ar amhránaíocht ag Oireachtas 1942, imithe go Cill Dara ag obair ar mhóin. Níor tháinig Seán Choilm roimh a haon déag agus chuas abhaile.

Aoine 10 Nollaig [1943]
. . . Chuas siar san oíche ar cuairt go dtí Pádraig Mac Con Iomaire, Seán Jeaic Mac Donncha, Muintir Éanaí, Seán Choilm Mac Donncha agus an Máistir Seán Ó Conchúir. (*Tour of Goodwill!*) Sílim go bhfuil cuid mhaith fós ag Seán Choilm nach bhfuil scríofa agam, agus is é ba mhó ba mhian

liom a fheiceáil. Tá socraithe agam cuairt a thabhairt air ag scríobh uaidh nuair a bheas mé i gCarna aríst.

Aoine 9 Meitheamh [1944]
 Cuairt ar Thobar Cholm Cille ar maidin le Colm Ó Caodháin, cuairt ar dhá theach – Máire Ní Éanaí [aint le Seosamh] agus Peait Bhillí [Mac Donncha] ag scríobh amhrán agus Colm dhá bpiocadh dhom. Chaitheamar an lá leis an obair go dtí a sé tráthnóna. Daoine muinteartha do Cholm iad agus thug seisean leis mise.

Máirt 24 Iúil [1945]
Athscríobh tuairisce ar an Drochshaol agus litir go dtí an oifig ar maidin; an tráthnóna siar go Trá Mháirois ag snámh agus isteach don Aird Thoir gur chaitheas seáirse mór le Seán Choilm Mac Donncha ann ag scríobh uaidh is ag cardáil, agus an chuid eile den oíche tigh mhuintir Éanaí, comharsana leis, as ómós dóibh. Níor fhágas iadsan go dtína trí ar maidin agus faoin am go raibh mo 4 nó 5 de mhílte go Carna déanta agam bhí fonn codlata orm.

Máirt 18 Meitheamh [1946]
. . . Chuaigh muid ar ár gcuairt tigh Éanaí, tigh Sheáin Choilm Mhic Dhonncha agus tigh Sheáin Jeaic Mhic Dhonncha. Fuair muid gach uile dhuine go maith cé is moite de Sheosamh Ó hÉanaí, b'éigean an *collarbone* a bhaint as le gairid san ospidéal, agus tá a chuid amhrán uilig canta feasta, deir sé liom. Is mór an trua an fear bocht – níl ann ach buachaill óg gan mórán thar an scór caite aige.[61]

Deir an tAthair Eddie Bheairtle liom gur cuireadh Seosamh abhaile as ospidéal na Gaillimhe roinnt blianta roimhe sin agus a chás tugtha suas ag dochtúirí, ach gur thóg Micilín an Bhriartaigh as Leitir Calaidh cleithín aige agus gur tháinig biseach air. Sula bhfágfaidh muid Séamus Ennis agus a chuid oibre, is ceart a lua gur thóg Ennis ocht gcinn déag d'amhráin ó Sheosamh le linn na tréimhse seo, chomh maith le plátaí a thógáil uaidh le linn Oireachtas na bliana 1945.

Is ó chol seisir le Seosamh, Colm Ó Caodháin i nGlinsce (col cúigir le athair Sheosaimh), is mó a bhailigh Séamus Ennis amhráin agus seanchas i gceantar Charna i gcaitheamh na mblianta sin idir 1942 agus 1946. 'Dhá chéad agus dhá amhrán déag' a dúirt Séamus Ennis liom a thóg sé ó Cholm Ó Caodháin, agus bhí an t-amhrán 'Johnny Seoighe' ar cheann acu. Chasadh Ennis féin 'Johnny Seoighe', ach ní chasadh muintir na háite thiar go poiblí é, mar gheall ar scéal a bheith ag baint leis. Níor ghnách le Seosamh Ó hÉanaí é a chasadh, ainneoin an mhéid cainte a dhéanadh sé i Meiriceá faoin nGorta Mór, agus ainneoin gur bhailigh a dheartháir Seán leagan den amhrán óna n-athair, Pádraig Ó hÉighnigh i 1932.[62] Níl sé i measc na n-amhrán a thóg Séamus Ennis ó Sheosamh i gCarna ach an oiread, ná níl sé i measc na gcéadta amhrán uaidh atá sa Joe Heaney Collection in Ollscoil Seattle, áit ar chaith sé blianta deireanacha a shaoil ag múineadh na seanamhrán.

Tá an chuma ar 'Johnny Seoighe' gur amhrán cráite é, a deirtear a rinne an file áitiúil Tomás Shiúnach aimsir an Ghorta Mhóir, ag iarraidh rilífe ar Johnny Seoighe agus ag impí air áit a thabhairt dá bhean agus dá chlann i dTeach na mBocht. Ach tá seanchas i gCarna gur mar aoir, le searbhas, a cumadh an t-amhrán, mar gur buachaill báire a bhí i Johnny Seoighe, a thréig a bhean agus a chlann in Uachtar Ard agus a d'éalaigh le Peggy (Pegsy) Barry, iníon an bháille a bhí i gCarna ag an am agus a raibh cónaí orthu san áit a raibh Loideán Mór agus Óstán Mhongáin ina dhiaidh sin. Bhí sé ráite gur ghoid Johnny Seoighe an leabhar fóirthinte nó an *relief book* ón oifigeach fóirthinte oifigiúil agus gur thosaigh sé ag roinnt na mine buí de réir mar ba mhian leis é. Deir Tim Robinson ina leabhar *Connemara: Listening to the Wind*: '*This cannot be quite right, as Joyce was in fact a relieving officer for Roundstone, but it is probably not far from the truth, as he was eventually dismissed for corruption . . .*'[63]

Nuair a d'eisigh Cló Iar-Chonnachta an dlúthdhiosca *An Spailpín Fánach* (CICD 006) le Seán 'ac Dhonncha i 1994, bhí 'Johnny Seoighe' air, agus nuair a d'eisigh RTÉ an dlúthdhiosca *Amhráin ar an Sean-Nós* (RTÉ, 1995) roghnaigh an t-eagarthóir, Ian Lee, leagan Choilm Uí Chaodháin de 'Johnny Seoighe' mar cheann de na hamhráin as Conamara atá air. Thaifead John Beag Ó Flatharta é ar an gcaiséad *Tá an Workhouse Lán* (CICD 093) i 1993, agus thaifead Antaine Ó Faracháin é ar an dlúthdhiosca *Where Linnets Sing,* (Góilín CD 004) i 2001. Is é an toradh a bhí air sin go léir go ndeirtear agus go gcloistear an t-amhrán i bhfad níos minicí anois, agus go bhfuil dearmad déanta, beagnach, ar pé teir nó toirmeasc a bhí air tráth.[64]

Bhí seanchara Sheosaimh Uí Éanaí Seán 'ac Dhonncha ag múineadh scoile ar an gCaiseal taobh ó thuaidh de Charna idir 1943 agus 1947 agus d'éirigh sé féin agus Séamus Ennis an-chairdiúil le chéile i rith na mblianta sin. D'aistrigh Seán go Contae an Chabháin i 1947, áit ar bhuaigh sé craobh peile an chontae le Mullach Óráin i 1949. Chuaigh sé as sin go hÁth Eascrach in aice le Béal Átha na Sluaighe, áit ar chaith sé cúig bliana fichead ina phríomhoide, agus a bhean, Bríd (Ní Eidhin), ag múineadh in éineacht leis. Dúirt Seán liom go raibh sé féin agus Séamus Ennis ina ndlúthchairde:

> Ar an gCaiseal a bhí mé nuair a bhuail mé leis i dtosach, tar éis aifreann an Domhnaigh i gCarna, agus chaith mé dhá scór bliain ina dhiaidh sin 'ag saighdiúireacht' leis. Fear breá! Ceithre clocha déag go leith meáchain. É ina fhear chomh dathúil is a d'fheicfeá in do shiúl lae. Is é athair Ennis an chéad phíobaire a chuala mé riamh, thart ar 1927 nó 1928. Bhí Ennis féin in ann chuile shórt a dhéanamh, spealadóireacht fiú amháin.

Chaith Seán téarma ar lóistín i dteach deirfíre le Colm Ó Caodháin ar an gCaiseal, 'Colm an Bhlácaigh' mar a thugtaí air. Bhíodh Colm ag tógáil tithe freisin agus bhí púcán aige a mbíodh Ennis á gabháil, ag dul siar agus aniar go Cloch na Rón. Bhí gleoiteog ag Seán Jeaic agus bhíodh Seán Choilm ag gliomadóireacht in éineacht leis, agus ba mhinic Ennis sa mbád in éineacht leo. Nuair a bhíodh sé ina chalm chloistí isteach ón bhfarraige iad ag gabháil fhoinn agus Ennis ag casadh na bpíobaí.

Bhíodh amhráin go minic freisin Tigh Phádraig Rua in aice leis an Aird Thoir, agus bhíodh Seosamh Ó hÉanaí sa gcomhluadar ó am go chéile. Is cuimhneach le Peadar Ó Guairim as Roisín na Mainiach, nó Peadar Ghuairim mar is fearr aithne air, mac dearthár do Shorcha Ní Ghuairim, oíche a raibh sé féin, Seosamh, Colm Ó Caodháin, Seán 'ac Dhonncha agus Séamus Ennis ag casadh amhrán Tigh Phádraig Rua go raibh sé ina lá:

Ní dhearna Johnny [Seán 'ac Dhonncha] ach bualadh ar a rothar agus aghaidh a thabhairt ar an gCaiseal ag an cúig nó an sé ar maidin. Thug mé féin agus Séamus Ennis ár n-aghaidh ar Roisín na Mainiach ar dhá rothar; bhí Séamus ag fanacht tigh Chóilín Mhichíl Mhurcha Ó hIarnáin [muintir na gceoltóirí P. J. agus Marcus Ó hIarnáin]. Agus chuaigh Joe Éinniú ar a rothar isteach don Aird . . .

Nuair a hathbhunaíodh an t-Oireachtas i 1939 ní raibh mórán as Carna ag dul ann na chéad bhlianta. Ach de réir a chéile thosaigh daoine ag cur isteach ar na comórtais scéalaíochta agus agallamh beirte, amhráin saothair agus lúibíní: Beairtle Ó Conghaile, Seán Jeaic Mac Donncha, Máire an Ghabha Bean Uí Cheannabháin, Cóilín Mháirtín Sheáinín Ó Cualáin, Michael Éinniú agus daoine eile. Idir 1940 agus 1946 théadh Seosamh Ó hÉanaí chuig an Oireachtas go rialta, agus ní hiad na hamhráin amháin a thugadh ann é. Chuaigh Seán Jeaic chuig an Oireachtas a trí nó a ceathair d'uaireanta sna ceathrachaidí, agus chaith sé seachtain ag na hOícheanta Seanchais le linn an Tóstail sna caogaidí. Ach, am éigin i lár na gceathrachaidí, thosaigh sé féin agus Seosamh Ó hÉanaí ag déanamh agallamh beirte agus lúibíní. Is é géarchuimhne Josie Sheáin Jeaic, agus gan é ach ina ghasúr fíor-óg, a athair agus Seosamh Ó hÉanaí a fheiceáil ag cleachtadh amhrán saothair ar leic an teallaigh tigh Sheáin Jeaic. Ag ligean orthu féin gur ag déanamh snúdaí (i gcomhair iascaireachta) le cairt a bhíodar – cineál fráma adhmaid í an chairt a bhíodh an-choitianta ag tús an chéid seo caite, le snúdaí a dhéanamh:

> I 1946, sílim, cuimhním iad a bheith istigh sa teach s'againne ag déanamh amhrán saothair faoi bheith ag déanamh snúdaí. Bhíodh Joe Éinniú ann agus a dheartháir Michael. Agus bhíodh Máire Éinniú ansin, an deirfiúr is sine, agus bhíodh sí thar cionn ag cumadh na rannta. Bhíodh sí ag múineadh istigh in Inis Tuirc in aice le Boifinn [Inis Bó Finne], áit a dtéadh an Caiptín Ó Máille fadó. Bhí sí ag múineadh san Aird ina dhiaidh sin agus bhí sí ann nuair a bhí mise sna naíonáin. Seans go raibh daoine éirithe as a bheith ag déanamh snúdaí leis an gcairt an t-am sin, ach go dtugadar ar ais í le haghaidh an amhráin saothair. Ach bhíodh cairt i chuile theach roimhe sin, sna tithe a bhíodh ag plé leis an bhfarraige agus ag déanamh snúdaí. Agus ba mhaith an t-ábhar é don amhrán saothair. Agus chuireadar ag obair í agus fuaireadar an snáth agus araile.
>
> Bheadh Seán Jeaic cúig bliana déag níos sine ná Joe. I 1904 a rugadh Seán Jeaic agus i 1919 a rugadh Joe. Bhí Beairtle Ó Conghaile os cionn fiche bliain níos sine ná Joe. Ba comharsa béal dorais dóibh 'Beairtle Beag', mar a thugtaí air. B'iontach na fir oibre iad clann Éinniú, Michael agus Máirtín Éinniú, agus bhídís ag obair tigh Bheairtle nuair a bhí siad ina mbuachaillí óga.
>
> Bhí scéal ann, nuair a thosaigh Michael Éinniú ag dul chuig an Oireachtas i dtosach, gur fhiafraigh sé de Bheairtle cén scéal a bhí i gceist aige a inseacht ag an Oireachtas. Bhídís ag cuartaíocht tigh Bheairtle san oíche. Ach d'inis Beairtle an scéal dó agus nuair a tháinig an comórtas ag an Oireachtas, is é Michael an chéad duine ar an liosta a fuair glaoch, agus d'inis sé an scéal a bhí insithe ag Beairtle dó! Níl a fhios agamsa an bhfuair sé aon duais, ach bhí na scórtha scéal ag Beairtle ar aon chuma. Ach le diabhlaíocht a rinne Michael é. [Is eol dom go bhfuair Michael Éinniú an chéad áit sa scéalaíocht ceann de na blianta sin.]
>
> Bhí amhrán ag Michael Éinniú, agus ag Máirtín. Is minic a d'iarradh Máirtín orm féin 'An Draighneán Donn' a rá. Tá a

fhios agam uair eicínt a raibh mé ag *time* tigh Sheáin Choilm, sa teach nua, gur dhúirt sé: 'Cas "An Draighneán Donn".' Thaitin *'The Valley of Knockanure'* le Michael agus le Máirtín. Bhíodh an bheirt acu á chasadh.

Bhí cuimhne mhaith ag Seosamh féin ar laethanta breátha sin a óige agus ar an Oireachtas, nuair a labhair sé le Mick Moloney i Nua-Eabhrac i ndeireadh a shaoil:

It was nice coming back to Dublin. I appreciated it more when I came back then again in the forties and I met some of the fellows I used to go to school with. I won a lot of prizes with this McDonagh man from Ard, Seán Jack. We won a lot of prizes together with work-songs and *'Óra a Mhíle Grá'*, the two of us singing together. We often won first prize and we came second a couple of times. The prizes were usually divided so that one side wouldn't get them all the time, which is only fair.

Is cuimhneach leis an amhránaí mór as Cois Fharraige Máirtín Pheaits Ó Cualáin as an Teach Mór, Indreabhán, bualadh le Seosamh Ó hÉanaí den chéad uair ag Oireachtas na bliana 1942 i mBaile Átha Cliath agus a bheith i láthair nuair a dúirt Seosamh agus Seán Jeaic an t-amhrán saothair faoi 'ligean snúdaí'. Thaithin an t-amhrán chomh mór le Máirtín, dúirt sé liom, gur thug sé leis de ghlanmheabhair é:

In Amharclann na Mainistreach a bhí an comórtas amhrán saothair. Thug mé an-suntas do Sheán Jeaic agus do Joe Éinniú. Is é an 'saothar' a bhí acu sin, ag 'ligean' snúda. Chonaic mé an carnáinín cadáis caite fúthu agus iad á lansáil agus á fháil réidh le cur ar an gcairt. Bhí an chairt os a gcionn agus bhí sreang uirthi agus chuile shórt. Cuimhním gur thosaigh siad ag gabháil fhoinn mar seo ar chaoi ar bith, agus 'An Ceallacháin Fionn' an fonn a bhí acu leis.

Dúirt Joe:

Cuir snáth ar na coileáin,
Cuir snáth ar na coileáin,
Cuir snáth ar na coileáin
Is ar an bpiléar 'tá faoi.
Cuir snáth ar na coileáin,
Cuir snáth ar na coileáin,
Go ligfidh muid snúda
Le fuinneamh 's le brí.

Curfá:
Tí abh-dil í, abh-dil í,
Abh-dil í, abh-dil í,
Abh-dil í, abh-dil í,
     Cairtín Dheaideo;
Tí abh-dil í, abh-dil í,
Abh-dil í, abh-dil í,
Abh-dil í, abh-dil í,
     Cairtín Dheaideo.

Dúirt Seán Jeaic ansin:

Ó, lig trí do láimh é,
Lig trí do láimh é,
Lig trí do láimh é
Go bog is go mín.
Ó lig trí do láimh é,
Lig trí do láimh é
Go ndéana muid snúda
le fuinneamh 's le brí.

Agus ansin, dúirt Joe: 'Muise, meas tú cé fearr é seo anois ná
snúda an tsiopa?'
Agus dúirt Seán Jeaic:

Dá mbreathnófása in do thimpeall
Sul má dúirt tú an focal seafóideach,
Níl snúda as seo go Carna

Mar shnúda breá na cairte seo.
'S an túra lúra lá, 's an túra lúra la dí ó,
Túra lúra lá, bheifeá in ann an breac a mharú leis.'

Ach is iad a ghnóthaigh an duais an bhliain sin. Sílim go raibh véarsa eile ann freisin, ach níl mé cinnte.

Deir Seán Ó Morónaigh ina leabhar *Agallaimh na hÉigse*:

Fógraíodh comórtas do 'Amhrán Saothair' ar chlár an Oireachtais don chéad uair i 1942. Ní raibh ach iontráil amháin sa chomórtas – Seán Eoghain Ó Súilleabháin agus Diarmuid Ó Ríordáin, Cúil Aodha. Ní raibh ach an bheirt chéanna sa chomórtas sin an bhliain ina dhiaidh sin, ach i 1944 bhí trí iontráil do 'Amhrán Saothair' agus na trí iontráil chéanna do 'Amhrán Saothair (comórtas oscailte)'. B'iad a bhí páirteach: Seán Mac Donnchadha (Seán Jeaic) & Seosamh Ó hÉighnigh, Cárna; Máire Ní Cheocháin & Eibhlín Ní Loingsigh, Cúil Aodha; Seán Eoghan Ó Súilleabháin & Diarmuid Ó Ríordáin, Cúil Aodha.

Bhí dhá amhrán saothair ag gach beirt. Snúdaí a bhí á ndéanamh ag beirt Charna in amhrán saothair amháin ach níl tuairisc againn ar an ngnó a bhí ar bun acu sa cheann eile. Ach maidir leis na snúdaí, bhí an bheirt ag obair leo le fonn agus rithim an amhráin 'An Ceallaichín Fionn' . . . Agus bhí athrú foinn acu don véarsa deireanach seo:

Éistigí a dhaoine, má theastaíonn snúda feasta uaibh,
Ná téigí isteach sa siopa nó íocfaidh sibh luach bainbh air;
Ach téigí siar go Carna i measc na ndaoine geanúla
Agus ligfidh siad daoibh snúda a mhairfeas ar feadh
    marthan' daoibh.

. . . Ar na hamhráin saothair a bhíodh ag muintir Charna timpeall an ama sin bhí *Deasú Eangach* agus an fonn *Cailleach an Airgid* leis. Seo dhá véarsa as:

Nuair a bhí mo dheaideo 'na leaidín beag óg,
Cheannaigh sé an eangach seo thíos i gCois Fharraige;

Óra b'fhearr liom go mór mo leathlámh a dhó
Ná eangach dheaideo a bheith caite le balla againn.

Éirigh, a Sheáin, is beir ar do bhiorán
Agus féach a' ndeasófá píosa den eangach seo;
Mar tá sé i do láimh is bhí sé i do dhream,
Níor buaileadh ariamh thú ar talamh ná ar farraige.

. . . Ar ndóigh maireann traidisiún na n-amhrán saothair go
bríomhar fós i nGaeltacht Mhúscraí, agus ag Éigse na Féile, le
linn Fhéilte Náisiúnta Drámaíochta, cuirtear i láthair samplaí
seanbhunaithe agus saothair nuachumtha.[65]

Ach fillfidh mé ar Sheosamh Ó hÉanaí agus ar Mháirtín Pheaits Ó
Cualáin. Thóg sé tamall ar Mháirtín teanntás a dhéanamh ar
Sheosamh, cé go raibh siad ag fanacht in Óstán Belvedere le chéile ag
Oireachtas na bliana roimhe sin, nuair a ghnóthaigh Máirtín
comórtas na bhfear. D'airigh Máirtín go raibh Seosamh ina chineál
ceannaire ar an gcuid eile de na hiarrthóirí. Bhí sé ní ba shine ná iad
ar aon chuma, ach bhí údarás ag baint leis agus bhí sé i bhfad ní ba
chinnte de féin ná mar a bhí siadsan. Is cuimhneach leis go mbíodh
Seosamh ag sáraíocht ach nach n-éiríodh sé drochmhúinte. Thar
aon rud eile, is cuimhneach leis gur ag Seosamh a chuala sé 'Seachrán
Chearbhaill' den chéad uair riamh an bhliain sin, agus go raibh
draíocht ag baint leis an amhrán sin. (Is ceart dom a lua anseo nach
ndeachaigh Máirtín Pheaits Ó Cualáin san iomaíocht ag an
Oireachtas arís go ceann cúig bliana is caoga, agus ag Oireachtas na
bliana 2001 sa Daingean i gContae Chiarraí, gur ghnóthaigh sé
comórtas na bhfear an athuair).

Faoin am ar tháinig Oireachtas na bliana 1947 bhí Seosamh Ó
hÉanaí imithe ar imirce go hAlbain. As Albain a tháinig sé chuig cupla
Oireachtas i ndeireadh na gceathrachaidí agus tús na gcaogaidí, ach is
as Sasana a tháinig sé chuig na hOireachtais ón mbliain 1953 amach.
San agallamh úd le Mick Moloney i Nua-Eabhrac, dúirt Seosamh: *'As
you know, especially that time, there was room in the house for just one
person. If you wanted to give one person a chance to get married and
settle down, you had to go. People had to go and that's what we did.'*

Christ, a man is dogged from cradle to grave.
First it was my own steps
Behind me on the Carna road
Coming late from a dance.

Thrown out of college for a cigarette
I met my father's coffin on the way home,
Sunday shoes on the gravelly path.
I quickstepped back to Dublin.

Before the bog could suck me in
Or the sea swallow me I went
To plough the rocks of foreign cities
With unshed songs and my bare hands,

My cardboard suitcase
Tied with string, an address in Glasgow
On the back of a cigarette pack:
'Flow gently, sweet Afton, among thy green braes . . .'
                                        – Mary O'Malley

6. Ar Imirce

GO HALBAIN A CHUAIGH SEOSAMH I 1947, CÉ GO NDEIREADH SÉ go minic nuair a chuirtí agallamh air ina dhiaidh sin gur go Sasana a chuaigh sé. Go Dumbarton, taobh ó thuaidh de Ghlaschú a chuaigh sé ar dtús, áit a raibh a uncail Micheál (Madhcó) ina chónaí, agus go Clydebank i nGlaschú ina dhiaidh sin, áit a raibh gaolta agus daoine aitheantais as ceantar Charna. Chuir fear de bhunadh Rann na Feirste i dTír Chonaill, Conchúr Ó hArlaigh, aithne air i Dumbarton i 1947. Bhí Seosamh agus Conchúr ag roinnt seomra ar feadh tamaill i dteach lóistín le fear as Conamara, John Flaherty, i Kiel Crescent, Bruce Hill, Dumbarton. Ní raibh Conchúr ach ina bhuachaill an-óg agus bhí sé ag foghlaim siúinéireachta ag an am. Bhí Seosamh ag obair sna hoibreacha gáis i Dumbarton. Béarla a labhraíodar le chéile, agus níor chuala Conchúr Seosamh ag gabháil fhoinn ach aon uair amháin. Tá Conchúr ina chónaí ar an gClochán Liath faoin am a bhfuil an cuntas seo á scríobh.

Bhíodh athair Sheosaimh agus col cúigearacha lena athair (deirfiúracha le Colm Ó Caodháin) i gClydebank san am a bhí caite, agus chaith beirt dá chuid deirfiúracha féin, Cite agus Síle, seal ansin freisin. Is ann a casadh a fear céile, Willie Galloway, ar Chite ach d'aistríodar go Wolverhampton ina dhiaidh sin. Chuaigh roinnt mhaith den ghlúin a chuaigh rompu sin go Clydebank, agus leanadar féin a chéile. Chuaigh beirt dhearthár le Máire an Ghabha go hAlbain, agus chaith Meairc Pháidín, comharsa eile le muintir Éinniú, seal in Albain freisin.

Nuair a d'fhiafraigh Pádraig Ó Raghallaigh de Sheosamh, in agallamh ar Radio Éireann i 1957, an go Southampton a chuaigh sé i dtosach i 1947, d'fhreagair Seosamh:

> Ó, ní hea. Go Glasgow. Chuaigh mé go Glasgow agus bhí mé ag obair in áit a dtugann siad John Brown's air i gClydebank. Chuaigh mé as sin go Sasana. An fáth amháin a ndeachaigh mé ann [go Sasana], go bhfuil an pháighe níos fearr i Sasana. Ceapaimse go bhfuil, *anyway*.

Labhair Seosamh níos oscailte le Mick Moloney i Meiriceá:

> I went to Scotland first because I had an uncle there. I thought I'd better go somewhere where there was somebody I knew first, before I'd venture out into the open on my own. [I wanted] at least to have something in my pocket before I'd go somewhere else. I took a chance then, you see. Well, not a chance. I worked in Babcock & Wilcox in Renfrew for a while. In Scotland – I don't know about now – but at the time, to get a job that you could live off you had to be of a certain religion – something probably like the other place [Tuaisceart Éireann]. Then I decided to go to England, where you had freedom, and nobody would ask you what religion you had. They never did.

Níor labhair Seosamh mórán riamh faoi na blianta a chaith sé in Albain idir 1947 agus 1951. Le linn an ama seo a phós sé, agus theip ar an bpósadh. Bhí sé ar lóistín i gClydebank i nGlaschú ag Seán Ó Conghaile (Connolly) as Caladh Mháinse i gceantar Charna. Seán Phádraig Bhaibsín a thugtaí sa mbaile ar an bhfear seo, cé gur Seán Bhaibín is minicí a thugtaí air i ndiaidh a mháthar, nuair a cailleadh a athair go hóg. B'as Caladh Mhaínse an bhean a bhí pósta ag Seán freisin, bean mhuinteartha dó féin. Phós Seosamh Ó hÉanaí iníon an tí, Mary Connolly, i ndeireadh na gceathrachaidí, agus in imeacht ama bhí beirt bhuachaillí agus beirt chailíní acu, Jackie, Patricia, Barbara agus Michael.

Tá col ceathar le Mary Connolly, Máire Bean Uí Neachtain, ina cónaí i Roisín na Mainiach i gCarna anois, Máire Mhaidhc Phádraig Bhaibsín, nó Máire Mhaidhc Bhaibín i ndiaidh a seanmháthar:

> Bhí aithne mhaith agamsa ar Joe Éinniú sular fhág sé Carna riamh. Fear gnaíúil a bhí i Joe Éinniú. B'iontach an t-amhránaí a bhí ann. Le linn ár n-óige bhíodh muid ag dul chuig na damhsaí. Is cuimhneach liom é oíche i dteach m'aint agus é sínte siar ar an stól ag rá 'Púcán Mhicil Pháidín'. Tá píosa beag san amhrán sin faoi Phúcán Bhaibsín ['Bhí Pucán Bhaibsín stríoctha, is a cuid fear i dteach an óil.'] agus ba í Baibsín seanmháthair m'atharsa. Bhí mé an-mhór le Joe Éinniú agus bhí an-mheas agam air. Bhí sé ag dul in éineacht le col ceathar eile liom sula ndeachaigh sé go hAlbain. An bhean a phós Joe, bhí sí sa mbaile aon uair amháin, í féin agus a hathair. Duine de na Baibsíní a bhí ina máthair sise freisin, as Caladh Mhaínse, nó Trá na Leacrachaí mar a thugaidís air, baile beag deas a raibh chuile dhuine mar a chéile ann; bhí tú in ann dul isteach agus braon bainne a thabhairt leat nó tada mar sin, ach tá an saol sin imithe.

Nuair a thosaigh an pósadh ag titim as a chéile thosaigh Seosamh ag imeacht ón mbaile agus ag obair anseo agus ansiúd in Albain agus i Sasana. D'fhilleadh sé abhaile go Clydebank ó am go chéile ar dtús agus ansin d'fhan sé imithe ar fad. Chuaigh sé síos go Londain i 1951 agus níor thug sé aon chuairt abhaile go Clydebank arís go dtí 1955. D'imigh sé ar ais go Londain ansin agus níor thaobhaigh sé an baile arís go dtí 1961. Thug sé a chuairt dheireanach ar a bhean agus ar a chlann i gClydebank i 1964–5. Fuair a bhean Mary bás le pliúraisí ar an 20 Bealtaine 1966 agus tá sí curtha i nGlaschú.

Thug an mac ba shine, Jackie, a rugadh thart ar 1951, cuairt ar Charna i 1974, agus chuaigh beirt eile den chlann, Patricia agus

Michael, siar ar cuairt níos deireanaí. Bhí Barbara i gCarna i 2006 agus bhí Michael thiar cupla bliain roimhe sin. As Sasana a tháinig Jackie i 1974, áit a raibh sé ag obair ag an am. Bhí diaibéiteas ag cur as dó agus chaill sé amharc na súl níos deireanaí. Bhí sé ar ais i gClydebank agus é dall ar fad i 1995 nuair a labhair sé le Michael Davitt le linn do Davitt a bheith ag déanamh an chláir teilifíse *Joe Heaney: Sing the Dark Away*:

> You know, my family is from Connemara. In fact they're all from Carna, on my mother's and my father's side. My grandparents lived in Clydebank, and I'm told that my father and his brother Michael came to Clydebank after the war, in 1946 or 1947. And I guess that's how he met my mother.
>
> I was told, or felt, she didn't want to marry the guys that hung around in the corner. She wanted something a bit different, and I guess my father was different, you know. He was Irish – that wasn't new to her, obviously. She would have known many Irishmen. But being a folk-singer! And my mother herself, she was a good singer, and she used to like singing songs. So, I imagine that would have been a common interest from the start.
>
> The one thing I suppose that's lacking from my memory as a kid is memories of my father. Because he disappeared around about '54 or '55, by which stage I would be four years old, let's say. And he only reappeared when we moved to King Street in Whitecrook. That would be in early 1961.
>
> I'm sure the fact that he was a folk-singer had something to do with it. Because obviously from time to time it's inevitable that he would be making appearances, perhaps in Scotland, away from Clydebank. I know he was at the Edinburgh Festival, for example, and in England, Ireland and, in due course, we found out, in the United States as well.
>
> But the impression I got is that he wasn't a man who sat down and talked about his plans. He would more or less just go, at a moment's notice. And I think most of the time my mother wasn't sure where he was or when he would come back. I think the plain fact is that my mother loved him. And we're all used to wives who want men who, on the face of it, don't seem to treat them very well . . .

I was diagnosed a diabetic in 1968, when I was sixteen and a half. Diabetes can cause complications, often after about twenty years. That seems to be the timescale they tell you to watch for, and I got it almost on schedule. After about twenty years I started to get problems with my eyes and my kidneys. I was fortunate; I managed to get a kidney transplant. It so happened that just a matter of weeks before I had the kidney transplant the eye problems I had came to a head and my sight went completely. That was about mid-1988, so I've been blind ever since.

And I was a bit afraid of my father. I actually went to live in Fife for a few months in 1965, and when I came back, around the summer of 1965, he had gone again. And that was the last we saw of him. My mother died in May 1966, and to my knowledge he hadn't been in touch at all. He was certainly not in touch with us after that time. It just makes me wish we had had a normal life and I wish he had been there from the start and been a normal father. And I often wonder what my life would be like nowadays if he had been.

Dúirt deirfiúr bhean Sheosaimh, Kitty Ward, a raibh cónaí uirthi féin i gClydebank, le Michael Davitt:

Mary, my sister, was a very placid-natured person. A lovely nature Mary had. And I never heard them rowing, her and Joe, strangely enough. Considering the type of man he was, that was surprising. I never heard them rowing, unless of course they had done it behind closed doors. But, she wasn't one for ever raising her voice.

Joe was a terrible man for disappearing. I don't think there was anyone else involved. I think it was just that he had no sense of responsibility. I think that's what it was. When my sister Mary died, my mother took the four of them. I stayed with her. My sister took two of them, the two oldest, and we took the two younger. We never even got a Christmas card from him and, of course no money, from Joe.

I was at a Clancy Brothers concert, and I used to hear Joe talking about the Clancy Brothers. So I made it my point to meet one of them, which I did. And I asked him if they knew Joe. And he said: 'Oh yes, very much so. Actually he's in New York; we've just left him. We've come over here and we're going back there.' So, I said: 'Will you tell him his wife is dead and tell him to contact his children.' Which he didn't do. I mean [he had] a good family. Four lovely children!

Fuair Jackie bás le taom croí i nGlaschú i mbliain an dá mhíle. Ní raibh Jackie pósta. Fuair Patricia (Patsy) bás i 2006. Bhí sise pósta ar fhear as Dún na nGall a raibh Patsy air féin freisin agus ní raibh aon chlann orthu. Tá an mac is óige, Michael, atá beagán le cois an leathchéid faoin am a bhfuil an cuntas seo á scríobh, pósta agus triúr iníon acu agus iad ina gcónaí i nGlaschú. I nGlaschú atá Barbara freisin. Níor phós sise ariamh.

'I arrived in London in 1951 and it was a very cold February/March day, I think,' a dúirt Seosamh le Mick Moloney i Nua-Eabhrac i 1981:

> . . . I had sixpence in my pocket and an old suitcase, and I don't think the shoes were that good either . . . That's the time they were lifting the tram lines. There were different gangs, a mile apart, lifting the tram lines all along the road from Clapham Common to Clapham South, and from Tooting Broadway to Tooting Beck. And the first one I met was a big Corkman with a donkey-jacket on him. I'll never forget them: they were no good. I told them my plight and they shook the head: 'This is a bad place to start; there's no vacancy here. But there's another gang up the road and try that gang.' They never offered me a cup of tea or anything.
>
> And I went up. A Mayoman, a big man about seven feet tall with a big donkey-jacket, and three men working for him. He gave me a half-crown to get a cup of tea. And beggars can't be choosers in a strange place, you know; I took the half-crown. 'There's another gang up the road,' he said, and he laughed

when he said it, 'and whatever chance you have here you have no chance at all there.' And I'll never forget it! It was an Englishman, and Brown was his second name. I often wanted to meet him since and thank him again. He had three men working for him and one of them was a West Indian. I never asked for a job. 'You can start here tomorrow morning,' he said. 'But you look tired. I'll give you this address. My wife will put you up for tonight, and you can look for a place tomorrow. But you can start here tomorrow.' And he put his hand in his pocket and gave me a pound. And that's as true as I'm sitting here. I never forgot. That was my testament for London. That was my first introduction. And I stayed with that man for three solid years, moving from place to place.

I think I went to Southampton in 1955. They were building a big power station there – McAlpine's. And then I went over to the Oireachtas. I never lost my love for the old songs or anything. And I went over to the Oireachtas and I won first prize too, at the Oireachtas in 1955.

I gcaitheamh na gcaogaidí bhí os cionn 40,000 Éireannach in aghaidh na bliana ag dul ar imirce go Sasana agus shroich an líon sin buaicphointe 80,000 duine sa mbliain i 1956. Dúirt Éamon de Valera in óráid a thug sé i nGaillimh i 1951: *'There is no doubt that many of those who emigrate could find employment at home at as good, or better, wages – and with living conditions far better – than they find in Britain.'* Agus dúirt Easpag Lucey Chorcaí ag an am: *'rural Ireland [is] stricken and dying and the will to marry and live off the land is gone.'* Scríobh Breandán Ó hEithir níos deireanaí faoin gcaoi a raibh fir óga agus mná óga an iarthair ag tabhairt a n-aghaidh ar Shasana ar thóir oibre sna caogaidí, agus ar thóir saoirse ón gcliarlathas Caitliceach a bhí ag iarraidh iad a choinneáil sa mbaile agus a choinneáil faoi smacht:

With the words of the pastorals ringing in their ears the youth of the countryside went away. They had been well warned against Socialism, company-keeping, Sunday drinking, dancing after midnight and immodesty in dress, as well as more exotic depravities such as mixed marriages, reading filthy pagan literature – particularly by Irish authors – and what a religious pamphleteer of the day described as 'this violent spasm of pleasure', presumably outside of any kind of marriage at all. Indeed they were told they were better off staying at home than venturing out into what was a stormy ocean of vice and Communism. What they were to do at home, apart from loving Ireland, was not clear, but at least they would remain pure. Above all else, the Church demanded obedience. Everyone from the Taoiseach to the High Infant in the National School was expected to be obedient, do what they were told and ask no awkward questions. The great virtue was obedience and the great vice was impurity. It was even worse than Communism but they were not unrelated vices. Compared to what the emigrant would find in Crewe, Coventry and Cricklewood the decadence of Balla, Ballina, Ballinrobe and Bohola was only in its infancy . . .

The decade gave its name to yet another campaign to free Ireland by force. There were huge funerals, denunciations by leaders of Church and State; the internment camp at the Curragh was re-opened and those with long memories seemed to recollect that the gun had been taken out of Irish politics in 1949 with the passing of the Republic of Ireland Act. 'The motherland calls us and we should work for her until she is free from sea to sea': the speaker was a churchman, but he could have been a politician. The content of such speeches was not meant to be scrutinised. It would have been an act of unthinkable bad manners to ask: 'What is the motherland saying?', or 'Where is the work and we will do it?'[66]

I Southampton Shasana a bhí Seosamh ó 1955 go dtí gur aistrigh sé ar ais go Londain arís i 1958. Casadh fear as Contae Mhaigh Eo orm a chaith suas le bliain in aon lóistín leis i Southampton, Martin Byrne as Cnoc Mhuire, a bhfuil cónaí air i Chicago anois. In áit a dtugtar

Burlesden air, taobh amuigh de Southampton, a bhíodar ar lóistín ag an am, agus Éireannaigh ar fad beagnach a d'fhanadh sa teach. Shíl Martin Byrne gur le comhlacht tógála Walker and Slater a bhí Seosamh ag obair ag an am agus gur post mar chléireach ar láthair thógála a bhí aige leo:

It was in the mid-fifties. It was a place to stay and there weren't many places in the area. It was kind of crowded then, with all of the construction workers. The rooms were good. Burlesden was the name of the town, outside Southampton. You'd cross the ferry, and maybe it was four to five miles from Southampton itself, from the docks.

Joe was still there after I left. There were two Joyce brothers from Joyce Country, Steve and Mick Joyce, who were Irish speakers, and they and Joe would speak in Irish to one another.

Joe and I spoke in English, and Joe and myself would play darts. Joe would have a great laugh when we'd beat the others at darts, because they were better dart players than we were.

Joe's appearance would scare you at first, with the long jaws! But he was the mildest individual. Out of the whole bunch of them he was by far the mildest, especially after a few drinks. Joe would sing a song and there was no such thing as being violent. He'd tell a story and sing a song, and every time he'd sing there would be a little competition going. And he'd sing in both languages, in English and in Irish.

Our landlady was English, a widow in her eighties, and she ran the lodging house with her son. There was a little pub we used to go into, run by a man and his wife. She used to love to hear Joe sing in the pub and when he did, there would always be silence. And he'd sing in both languages in the pub too, in English and in Irish, and they appreciated both. And when Joe got the proper response something happened to him. His face would light up and he got so much pleasure out of seeing others getting pleasure. It was a kind of a gift, especially when he sang in Gaelic. He had that kind of voice. I was stunned and dumbfounded when I first heard Joe sing. I loved his singing even though I can't sing myself. And I think that helped our friendship.

But Joe was the landlady's favourite and she had to hear him sing 'A Mother's Love is a Blessing' before we'd go to bed. She'd make the tea for us when we came in from the pub and she had to hear that song from Joe every weekend when we'd come back from the pub. Some of them went to London every weekend but Joe rarely went.

Joe had his own way of going to work. He had a big woman's bicycle with the high handlebars. I don't know if it was the landlady's bike or not. But if you saw this bicycle coming down a country road, and the size of Joe, pedalling, with the jacket flying out behind! He was a big bony man with no flesh on him. By heck, if you saw that fellow coming at you, you'd be inclined to give him his head. But he was an awful nice individual, I found. I liked him. And I always speak that way about him. May the Lord have mercy on him!

I spoke to Joe on occasions about his singing. And he told me that people in Boston wanted him to go to the States to sing, long before he actually went to the States. But he showed me his chest, where he had a very severe operation at one time, for whatever it was I don't know now. But they had done something to his chest, and he felt it interfered with his singing. From my judgement, I couldn't find anything wrong with his singing. [Seo í an obráid a luaigh Séamus Ennis ina dhialann taistil i gCarna i 1946.]

As regards his marriage breaking up, in those days, out of respect to the man, you didn't go beyond saying 'Well, I'm sorry to hear it', and you didn't go back there any more. Because I had the height of respect for the man myself, irrespective of his personal affairs. I'm sure he had done the best he could, whatever the reasons.

Joe often sang in Chicago when I went to live there later, but I was never around when he came. And the only time I was around, the weather was so bad that I couldn't get to see him. I couldn't even get out of the house, the weather was so bad.

Why do we love men that are bad for us –
Are we that weak? Hardly the kisses,
Fruit in the mouth soon melts.
His Spaniard's eyes never settled on me right,
But the mouth music lured me.

There was something old about his voice
That took the city ground from under me
And brought little yellow shells
Scattering up the backstreets of Glasgow.
Oh, he was handsome, though, like a stag.

When I felt the fine sand
Between my toes I should have run
To the nearest forgettable city boy
And chanced the ordinary,
But he sang and I was caught.

I listened as the hook eased in,
Listened for the *blas* he put on my name
Until all I could hear was my own breath
Like the tide in a cave, echoing, going out
And the children crying.

A grey crow settled on my chest
And took his time.
A high price for a slow song:
'A Pheadair, a Aspail, an bhfaca tú mo ghrá bán?
Ochón agus ochón ó.'

– Mary O'Malley

7. An tOireachtas

Tháinig Seosamh chuig an Oireachtas cúig bliana as a chéile idir 1953 agus 1957 le linn dó a bheith i Sasana, agus ansin d'éirigh sé as. Sheachain sé an sclábhaíocht an chuid ba mhó den am agus fuair sé obair chléireachais ar láthair thógála le McAlpine i Southampton ar feadh bliana nó dhó, go dtí go ndeachaigh sé ar ais go Londain leis an gcomhlacht sin i 1958.

Fuair sé an chéad áit i gcomórtas amhránaíochta na bhfear ag Oireachtas na bliana 1953. Chaith sé tamall éigin i gCarna an fómhar sin, agus is cuimhneach le Pádraig Ó Maoilchiaráin as Camas gur tháinig sé isteach chuig rang oíche a bhíodh aige i Scoil na hAirde, agus Beairtle Ó Conghaile in éineacht leis. Dúirt Seosamh amhrán nó dhó agus d'inis Beairtle píosa de scéal. Bhí Pádraig ina mhúinteoir óg le Coiste Gairmoideachais Chontae na Gaillimhe ag an am, agus is cuimhneach leis Seosamh a fheiceáil ag casadh amhráin ag an gcéilí sa seanhalla i gCarna timpeall an ama sin.

Is é Peait Phádraig Tom Ó Conghaile as Leitir Péic, an Spidéal,[67] a fuair an dara háit i gcomórtas na bhfear ag an Oireachtas an bhliain chéanna sin, 1953. Ba é an chéad uair ag Peait é cur isteach ar an gcomórtas, agus ní hé amháin gur éirigh sé féin agus Seosamh an-chairdiúil le chéile ach chaith Seosamh seachtain saoire tigh Pheait i Leitir Péic an Nollaig dár gcionn:

In Óstán Barry's a bhí mé ag fanacht agus ar ndóigh bhí roinnt mhaith as Carna ansin. Bhí Joe Éinniú ann. Fuair Joe an chéad áit an bhliain sin. Chas sé 'Bean an Leanna' agus 'Neainsín Bhán', agus dúirt mise 'Cúirt Bhaile Nua', sílim, agus 'Neainsín Bhán' freisin. Thug Joe 'Bean an Leanna' dom; scríobh mé síos focla an amhráin uaidh. Bhí muid an-chairdiúil le chéile agus bhí muid cairdiúil le chéile ina dhiaidh sin.

Bhí máthair Joe ag fanacht i mBaile Átha Cliath an uair sin, in éineacht lena dheirfiúr, Máire Bean Uí Néill, a bhí ina cónaí i mBré, nó Brí Chualann mar a thugtaí air ag an am. Agus bhí deirfiúr eile le Joe, Síle, ann; banaltra a bhí inti. D'éirigh mé cineál cairdiúil le Síle, agus chaith mé lá le cois i mBaile Átha Cliath. Bhí mé singil an t-am sin ar ndóigh; níor phós mé go dtí 1959. Ansin tháinig sise go Gaillimh agus chaith sí deireadh seachtaine ann agus chaith muid oíche ag damhsa thíos sa Hangar [Ballroom] i mBóthar na Trá. Ansin chuaigh sí go Meiriceá agus chaith sí tamall thall ann.

Ach tháinig Joe anseo an Nollaig sin, 1953, agus chaith sé seachtain anseo. M'athair agus mo mháthair a bhí ann an uair sin, agus deirfiúr liom, Máire, a bhí ag múineadh i Scoil an Chnoic ar feadh blianta. Chas mise ar Joe i nGaillimh. Bhí sé tar éis teacht den traein. D'ól muid cupla deoch, ar ndóigh. Bhí teach ósta ansin, soir ó shéipéal na nÍosánach ar Sea Road, a dtugaidís Teach an Choirnéil air, san áit a bhfuil an Crane Bar anois. Bhíodh go leor daoine áitiúil isteach ann agus bhí Joe ag amhránaíocht ann an lá sin. Bhí daoine go leor bailithe timpeall air, mar b'fhiú éisteacht leis.

Ansin, tháinig muid amach anseo go Leitir Péic an oíche sin. Chuaigh muid síos chuig céilí an Spidéil agus chaith muid tamall ann. Bhí cupla deoch anseo againn agus chas muid roinnt amhrán. Thaithin amhráin le m'athair agus le mo mháthair. B'as an Doirín Glas i Leitir Móir mo mháthair, Siobhán Báille. Judeen Reilly a thugaidís uirthi, agus b'as Ros

Muc a máthair, as an nGairfeanach. Griallais a bhí ar a máthair. Bhíodh muid ag imirt chártaí sa teach, mé féin agus Joe agus cupla duine eile.

Bhí deartháir le Joe, Michael, le pósadh le bean as an Lochán Beag, Cáit Ní Chadhain, agus chuaigh muid siar ansin i lár na seachtaine agus cuireadh an-fháilte romhainn ann gan dabht. Chuaigh muid siar Tigh Chotter [An Poitín Still anois] agus thosaigh Joe ag amhránaíocht aríst. Chaith muid píosa maith ansin, go raibh sé amach go maith san oíche. Bhí carr ag mo dheirfiúr Máire, agus sin í a tháinig dár n-iarraidh agus a thug abhaile muid. Agus is í a thug go Gaillimh Joe an lá a raibh sé ag imeacht aríst ag deireadh na seachtaine. Chuaigh sé go Carna sula ndeachaigh sé ar ais; tháinig sé ar ais anseo aríst ansin agus d'imigh sé as seo ar ais go Sasana. Bhí an pósadh briste an t-am sin agus níor dhúirt sé mórán faoi. I Sasana a bhí sé ag an am agus níl a fhios agam an ndeachaigh sé ar ais go hAlbain ina dhiaidh sin aríst.

Duine breá a bhí ann. Cosúil linn uilig, b'fhéidir go n-ólfadh sé cupla deoch le cois anois agus aríst. Bhí mise agus é féin an-chairdiúil le chéile. D'fhéadfadh sé, cosúil le go leor eile, a bheith ag sáraíocht ort. Ach d'fhéadfá a bheith ag sáraíocht air freisin. Ní fhaca mé tada mícheart leis, mé féin. Ach tá a fhios agam gur an-amhránaí a bhí ann. B'fhéidir go raibh amhránaíthe chomh maith leis ann, mar tá a fhios agat féin gur áit bhreá a bhí i gCarna i gcomhair amhránaithe. Ní raibh amhránaithe ní b'fhearr in aon Ghaeltacht in Éirinn ná mar a bhí ann ag an am sin. Agus tá mé ag ceapadh go bhfuair siad deis níos fearr ná daoine eile. Fuair siad treoir, mar bhí daoine mar Shorcha Ní Ghuairim go maith, agus thug sí go leor eolais dóibh. Ní raibh a fhios ag aon duine anseo sa Spidéal – ní raibh a fhios agamsa ag an am sin agus mé bailithe scór blianta – céard é an tOireachtas, cé gur chuala mé caint air. Ach, maidir le Joe, níor tháinig sé anseo [chuig an teach] uaidh sin amach. Chuaigh mise chuig an Oireachtas an bhliain dár gcionn, 1954, agus fuair mé an chéad áit ann. Bhí Joe ann, ach ní raibh cead aige a bheith istigh ar an gcomórtas . . .

Magazine Lane, Southampton, an seoladh a bhí aige nuair a tháinig sé chuig an Oireachtas i mBaile Átha Cliath i 1955 agus a bhuaigh sé an bonn óir, an phríomhdhuais a bhí ann don fhonnadóireacht ag an am, go dtí gur cuireadh Corn Chomhlacht an Oideachais ina áit i 1960 agus Corn Uí Riada ina dhiaidh sin arís. Tá cuimhne ag neacht Sheosaimh, Máire Uí Mhaoilchiaráin, ar an ócáid cé go raibh sí an-óg ag an am:

> Cúig bliana a bhí mé an t-am sin. Ach cuimhním go raibh sé ar an raidió, agus ní raibh san Aird Thoir an t-am sin ach dhá raidió, ceann tigh Pheadair Uí Laidhe, athair Joe Pheadar Uí Laidhe, agus ceann tigh Joe King. Cuimhním go maith air. Chuaigh m'athair suas tigh Pheadair Uí Laidhe ag éisteacht leis an Oireachtas, agus chuaigh muide síos tigh Joe King. Níor tháinig Seosamh go Conamara ar chor ar bith an uair sin.

Ag Oireachtas na bliana 1956 a casadh Seosamh den chéad uair ar Johnny Chóil Mhaidhc Ó Coisdealbha, an file, drámadóir agus aisteoir, as Indreabhán i gConamara, ar thug Máirtín Ó Cadhain an moladh seo a leanas dó agus é ag caint ar na filí Gaeilge, ina léacht cháiliúil 'Páipéir Bhána agus Páipéir Bhreaca' ag an gcéad Scoil Gheimhridh a reáchtáil Cumann Merriman i nDúrlas Éile i 1969:

> Tá file amháin – má cheadaíonn sibh dhom ar chor ar bith an t-ainm a thabhairt air – a bhfuil pobal agus feidhm aige, Johnny Chóil Mhaidhc, nó Seán Ó Coistealbha. Tá, ar an gcaoi a raibh sé ag filí ariamh sa nGaeilge. Céad go leith bliain ó shoin báitheadh dhá fhear déag agus ochtar mná i Loch Coirib. Níorbh é an bá ba thubaistí a tharla ó shoin é. De dhéantús na fírinne, ní raibh ann ach fíormhion thubaiste le hais tubaistí ar feadh an achair sin. Tá cuimhne ar Eanach Cuain mar gheall ar go ndearna mionfhile a raibh a chluais le caoine an phobail amhrán faoi . . .[68]

Bhí an t-amhrán céanna sin ar cheann de na hamhráin is fearr a thaithin le Johnny a chloisteáil ó Sheosamh Ó hÉanaí, ach fágfaidh mé an scéal ag Johnny féin:

Sa mBelvedere Hotel, trasna ó Óstán an Chaisleáin i mBaile Átha Cliath, an chéad áit riamh ar chuir mise aithne ar Joe. Ní bhíodh aon ól á dhíol in Óstán an Chaisleáin, ach is ann a bhí lucht an Oireachtais ag fanacht. Bhí deirfiúr liom, Bríd, ag obair i gConradh na Gaeilge ag an am, agus bhí aithne mhaith aici ar Sheán 'ac Dhonncha. Ach dúirt sí liomsa go raibh amhrán cumasach ag an bhfear eile seo as Carna, ach ní raibh a fhios aici cén t-ainm a bhí air. Sin é 1956 chomh fada agus is cuimhneach liom, mar tá a fhios agam gur bhuaigh mise Duais an Oireachtais le drámaíocht an bhliain chéanna. Fuair mé an bonn óir don aisteoir is fearr agus don léiritheoir is fearr – fuair mé an dá dhuais.

Chuaigh muid isteach sa mBelvedere, Seán 'ac Dhonncha, Séamus Ennis agus mé féin, agus chaithfeá a ghabháil síos an staighre chuig an mbeár. Bhí cupla ceoltóir maith eile ann freisin. Ní raibh aon aithne agamsa ar Joe ar chor ar bith, ach tá a fhios agam cén t-amhrán a chas sé, 'John Mitchel'. Agus d'fhiafraigh mé de mo dheirfiúr Bríd: 'Cé hé sin?' 'As Carna é,' a deir Bríd, 'ach níl aon aithne agam air.' 'Well, pé ar bith cé hé féin,' a deirimse, 'is é an t-amhránaí is fearr é a d'airigh mise riamh.' Bíodh is nach é an oiread sin scile a bhí in amhráin agam ag an am.

As sin chuir muid aithne ar a chéile. Thaithin mé leis. Níl a fhios agam cén fáth, mar ní hé chuile dhuine a thaithneodh le Joe. Ní thaithneodh bréag ar bith leis. Chaithfeá seasamh ar an bhfírinne ar nós an tseandreama a bhí fadó ann, gan áibhéil ar bith a bheith ann. Ach bhínnse in ann ceart a bhaint de. Bhuailinn leis ag an Oireachtas chuile bhliain. Bhínnse ann le agallamh beirte nó le dráma. Agallamh beirte is mó a bhíodh agam. Ach ar aon nós, ghabhfainn ann. Ní chaillfinn an tOireachtas ar thada. Donncha Ó Súilleabháin a bhí ina rúnaí ar an Oireachtas an t-am sin, fear breá agus fear deas. Ní raibh mórán cuma ar an Oireachtas ó shin.

Bhíodh muintir Charna uilig ann agus muid istigh in Óstán

an Chaisleáin, inár suí síos ar an urlár mura mbeadh suíochán ann, mar bhíodh go leor daoine ann. Agus ní raibh aon ól ann, ach chuile dhuine ag casadh amhráin nó ag déanamh a ghiota féin. Ach bhíodh spraoi ann, agus bhíodh sé an trí a chlog ar maidin sa deireadh nuair a théadh muid suas an staighre. Bhíodh Beairtle Ó Conghaile ann, 'Beairtle na mBréag' mar a thugtaí i gCarna air. Thaithin an fear liom. Dúirt bean an óstáin ar chuma ar bith gurb iad an t-aon dá *gentleman* a chonaic sí ag teacht chuig an Oireachtas fós Beairtle Ó Conghaile agus mise! Ar ndóigh, d'fhéadfadh sí é a rá ar an gcaoi eile freisin!

Bhíodh Cóilín Mháirtín Sheáinín [Ó Cualáin] ann, agus Val Ó Donnchadha as Bánrach Ard. Ó, is cuimhneach liom fear amháin a bhíodh ag teacht ann agus bhí faitíos céadtach roimh thaibhsí aige. Agus bhíodh Cóilín Mháirtín Sheáinín agus Beairtle Beag Ó Conghaile ag inseacht scéalta faoi thaibhsí. Bhí a fhios agamsa cén seomra a raibh an fear seo ann agus cheannaigh mé ruaim nó *gut* mór láidir i siopa a raibh deis iascaigh ar díol ann. Cheangail mé an *gut* faoi na pluideanna ar fad agus amach faoin doras, agus d'fhág mé ansin é. Bhí an t-amharc go dona ag an bhfear seo ar aon chuma agus bhí spéacláirí air.

D'fhan mé go raibh sé istigh ina chodladh an oíche sin. Thug mé stracadh don *ghut*! Óra, lig sé béic! D'aireofá an bhéic míle uait! D'éist mé ansin leis. Shocraigh rudaí síos aríst; shocraigh sé na pluideanna, is dóigh. Thug mé ceathrú uaire go maith dhó. Tharraing mé aríst iad! *Well*, rith sé amach ina chraiceann, síos an staighre, agus dúirt sé le fear an óstáin, fear as Ciarraí, go raibh taibhse sa seomra – *haunted* a dúirt sé!

Ach d'fhéadfadh Joe a bheith cantalach. Chonaic mé ag tabhairt amach do dhaoine é, ach ní cheapfainn gur fear é a bhuailfeadh aon duine go brách. Is minic a thug sé amach dom féin beagán. Ach thugainnse ar ais dó é! Diabhal blas a bheadh ann ansin níos mó ach a ghabháil amach ag ól deoch. Ní bheadh focal faoi. Á, sin iad na laethanta, agus céad míle slán leo! Ba in iad na hOireachtais a bhfaighfeá sásamh orthu. Bhíodh Séamus Ennis é féin ann. 'Is gearr go dtosóidh sé ag múineadh Gaeilge dhom!' a deireadh Joe faoi Ennis. Ní ligfeadh sé orlach le duine ar bith. Ach ina dhiaidh sin féin thaithin sé liom. Á, ba *mate* mór a bhí ann. Bhí sé go deas! Bhí sé.

Nuair a thosaigh sé i dtosach, bhí mise tar éis bonn óir a fháil as aisteoireacht. Ní raibh a fhios aige céard a dhéanfadh sé lena lámha. Agus thíos ina ghabhal a bhíodh a lámha aige. Agus ar ndóigh is uafásach an *dose* é seasamh suas os comhair na gcéadta duine, agus cá gcuirfidh tú do dhá láimh? 'Faigh páipéar nuachta,' a deirimse, 'fill suas é agus coinnigh in do láimh é. Agus bíodh cathaoir ann agus cuir do chois ar ráille na cathaoireach agus an lámh eile ar a cúl.' Bhí a shliocht ar Joe: as sin amach rinne sé mo chomhairle agus bhí sé an-bhuíoch díom. Agus sin é an t-ómós is mó a bhí ag Joe domsa.

Ina dhiaidh sin chuir sé aithne ar na Clancy Brothers Tigh O'Donoghue i Merrion Row agus théidís ag ól trom, an-trom! Bhínnse ag fanacht in Óstán an Chaisleáin nuair a bhínn ag an Oireachtas. Agus thagadh Joe isteach ansin agus bhreathnaíodh sé ar an leabhar san óstán, go bhfeicfeadh sé cén seomra a raibh mise ann; bhí sé glic go leor. Dhéanadh sé an staighre ar éigean. Bhíodh fáilte agam i gcónaí roimhe. Bhí dhá leaba sa seomra, mar bhínnse i gcónaí ag iarraidh seomra dom féin. Bhíodh sé ag caitheamh go trom; ar ndóigh bhí mé féin ag caitheamh, ach gur cheap mé go raibh mé níos cúramaí ná Joe. Bhí sé ag iarraidh *match* orm agus dúirt mé leis nach raibh aon *mhatch* agam. Lig mé orm sa deireadh go raibh mé i mo chodladh.

'Johnny, tabhair dhom *match*!' Níor fhreagair mé é. 'Tá tú thall ansin anois, a bhastaird, agus codladh gé ort!' Sin é an chéad uair ar chuala mé caint ar an 'gcodladh gé'. Bhínn ag gáirí faoi!

Chuaigh na blianta thart ansin. Thagadh sé anuas ar cuairt chugainn tar éis Mheiriceá. Bhí Riobard Mac Góráin an-mhaith dó. Agus Proinsias Mac Aonghusa. Bhíodar sin ag coinneáil snáithe faoin bhfiacail aige. Nach aisteach an rud le rá é, d'fhear óil mar é, ní fhaca mé riamh ag iarraidh iasacht ar aon duine é. Bhí luach a dheoch i gcónaí aige. Agus d'fhéadfadh sé é a iarraidh chomh réidh céanna, mar diabhal duine ar bith nach mbíonn gann uair eicínt. Ach sin é an bealach a bhí le Joe.

Thagadh sé amach chuig an teach anseo [i gConamara] tar

éis Mheiriceá. Thagadh sé isteach sa gcisteanach anseo. Fear mór tae a bhí ann, agus diabhal blas ar bith a d'íosfadh an diabhal bocht. Ní raibh uaidh ach tae agus toitíní.

Bhíodh seancharr i gcónaí agamsa. 'An bhfuil tú ag dul amach?' a deireadh sé. Théadh muid isteach Tigh Dhurcáin, an siopa anseo thiar ag crosbhóthar na Tulaí, agus d'fhaigheadh sé an páipéar, an chéad rud chuile lá. Siar Tigh Pheadair Mhóir [teach ósta áitiúil] ansin. Thaithin Peadar leis agus thaithin seisean le Peadar, agus ní raibh sé an-éasca ceart a bhaint de cheachtar acu! Ag caint ar an seansaol ansin, an bheirt acu, agus ba iad a bhí in ann. Bhínn féin ag tabhairt súil ar an bpáipéar agus ag ól mo dheoch. Soir abhaile ansin aríst.

Agus nach aisteach an rud é, ba chuma cén mada a bheadh agam, mar ní hé an mada céanna a bhí chuile dhá bhliain agam, leanadh an mada an chéad lá é. D'éiríodh sé moch, le cleachtadh Mheiriceá, agus suas na garranta agus an mada in éineacht leis, ag fiach coiníní. Agus lena cheart a thabhairt dó, ní dhúiseodh sé mise go dtí an deich a chlog nó mar sin. Go deimhin ba dheacair mé a dhúiseacht. Agus sin é an uair a théadh an bheirt againn amach. Ní raibh aon chaint ar chodladh sa lá, ag aon duine. Cinnte ní raibh aon chaint ar chodladh sa lá ag Joe.

Ní raibh sé trom ar an ól an uair sin, ach bhí sé trom ar na toitíní. Bhí mé féin sách dona ach ní raibh mé chomh dona le Joe ag an am. Ach sin é mo chuimhnese ar Joe, ach go bhfuil mé ag rá go raibh sé olc, mura labhrófá díreach leis. Bhí sé taghdach, olc. Ach ní liomsa é.

D'fhan sé sa teach agam go minic. Bhí mo mhuintir básaithe agus ní raibh ann ach mé féin. Bhí seomra dó féin aige. Is cuimhneach liom go ndearna mé iarracht scéin a chur ann aon oíche amháin.

'Cá gcodlóidh mise?' a dúirt sé.

'Thiar sa seomra sin,' a deirimse. 'Is ann a cailleadh m'athair, ach ar ndóigh b'fhéidir nach bhfeicfeadh tusa tada ann!' Bhreathnaigh sé orm.

Nuair a d'éirigh sé ar maidin dúirt sé: 'M'anam muise go bhfaca mé é, agus is é do phictiúr díreach é!' Rinne mé iarracht scéin a chur ann ach chinn sé orm! Á, muise, an diabhal bocht. Go ndéana Dia trócaire air! D'airigh mé uaim é. Is é an t-amhránaí ab fhearr liom é a d'airigh mé riamh, i mBéarla ná i nGaeilge. Cheapfainn go mbeadh sé deacair a leithéid a fháil. Tá neart acu ann, ach níl siad in aon rang le Seosamh Ó hÉanaí. Bhí mothú eicínt ina ghlór nach raibh ag aon duine eile. Bhuel, bhí Seán 'ac Dhonncha, ag casadh 'An Bhuinneán Buí', chomh maith le haon duine dár chas riamh é.

Thug mé go Carna sa seancharr é. Théadh muid isteach go dtí Kate, bean Mhichael Éinniú, i Roisín na Mainiach agus bhíodh píosa gáirí againn. Agus théadh muid siar chomh fada le Tigh Mhóráin. Is aisteach an rud é, ach is mó ómós i bhfad a thaispeáin siad do Joe Heaney anseo i gCois Fharraige ná a thaispeáin siad i gCarna dó. Níl a fhios agam cén fáth é. Ar ndóigh, bhí amhránaithe eile i gCarna, ach ní raibh aon amhránaí mar Sheosamh Ó hÉanaí ann. Ach m'anam gur taispeánadh ómós mór i Ros Muc dó freisin.

Ach, lig mé síos é lá, ach ní raibh aon neart agam air. Bhí mé féin agus Michael agus é féin Tigh Johnny Sheáin [teach ósta áitiúil] agus ní raibh Michael go maith an t-am sin; bhí sé ag tosú ag tabhairt uaidh an t-am sin, an fear bocht. Ach dúirt sé go ngabhfadh muid go Carna tar éis an dinnéir. Ní raibh pingin i mo phóca féin ach níor dhúirt mé tada. An chéad rud eile, tháinig fear chuig an teach ag ceannacht dhá ghamhain uaim. 'Lucky go leor!' a deirim féin. Is dóigh go bhfuair sé saor iad mar gheall ar an socrú is eile. Thíos ag an gCaisleán a bhí na gamhna agus chuaigh muid síos. Dhíol mé iad; níl a fhios agam céard a fuair mé orthu. Ach ar aon nós, nuair a tháinig mé aníos, bhí Joe tagtha agus imithe. Cheapfainn nár mhaith sé riamh dhom é.

Well, bhí sé ag fanacht tigh Mhichael Davitt i Raghnallach an t-am sin agus níor chuala mé aon chaint ag Michael ná ag Máire ar an scéal, ach bhí an-aiféala ormsa. Agus ní raibh mé ag gabháil á ndíol ar chor ar bith ach amháin nach raibh aon ghnathaí go Carna agam gan airgead. Mar bhí a fhios agam go maith go mbeadh oíche thiar orainn ann, nó b'fhéidir dhá oíche dá mbeadh airgead againn. Ach níor inis mé do Joe é sin riamh.

Ach is mó i bhfad an tOireachtas a bhíodh sa bpub ná a bhíodh san RDS. 'I must learn the bloody language,' a deireadh

Bleá Cliathachaí nuair a d'airídís an gáirí! Á, muise, bhí Gaeilge an uair sin ann agus iad dáiríre fúithi. Níl sí anois ann, agus an méid atá ann di níl siad ag iarraidh í a labhairt.

Tá scéalta ag an amhránaí Tomás Mac Eoin as an gCeathrú Rua faoi Sheosamh Ó hÉanaí ag na hOireachtais:

Bhí muid sa gCastle Hotel oíche. Tháinig fear óg agus bean óg isteach a raibh Gaeilge mhaith ag an mbeirt acu, agus shuíodar i gcoirnéal. Thosaigh Joe ag casadh amhráin agus ba mhaith leis go n-éistfí leis an amhrán, ar ndóigh. Ach, nuair a bhreathnaigh sé anonn, bhí an bheirt ag cúirtéireacht, agus ní i ngan fhios a bhíodar á dhéanamh. Stop Joe agus dúirt sé: 'Más cúirtéireacht é bíodh sé ina chúirtéireacht, agus más amhránaíocht é bíodh sé ina amhránaíocht!'

Inseoidh mé scéal eile dhuit faoi. Ghnóthaigh Nioclás Tóibín an tOireachtas trí bliana i ndiaidh a chéile. Ach bhí muid sa Hibernian Hotel ag comórtas Chorn Uí Riada i 1964, an bhliain ar bhuaigh mo chol ceathar, Máire Nic Dhonnchadha, é. Agus ba é athair na gCasaideach, Seán Ó Casaide, a bhí ag moltóireacht, agus ní raibh seans ag fear ar bith in aghaidh bean, mar gur glór binn a bhí ag teastáil uaidh. Ach bhí Joe amuigh sa mbeár, agus bhí sé ag rá: 'Tá sé in am é sin a stopadh.' Pádraig Ua Maoileoin a bhí ina fhear an tí, sílim, agus d'fhógair sé go raibh duine eile nach raibh ar an gclár ag cur isteach ar an gcomórtas. Bhí Joe ag dul ag cur isteach ar an gcomórtas, murach gur stop a dheirfiúr Máire é. Agus, an bhfuil a fhios agat céard a tharlódh an oíche sin? Bhuailfeadh Máire Nic Dhonnchadha é, mar ceol binn ar fad a bhí Seán Ó Casaide a iarraidh.

Ach, nuair a bhíodh an t-amhrán 'An Damhán Alla' againne ar Raidió na Gaeltachta, bhíodh an ghráin ag Joe ar amhráin nuachumtha agus ceol *guitar*! Bhíodh clár ag Seán Bán Breathnach, *SBB ina Shuí*, agus bhí Joe Éinniú in éineacht leis oíche. D'fhiafraigh Seán Bán de: 'Céard a cheapann tú faoi na hamhráin nua seo?' 'Ó! Iad seo atá ag ceapadh go bhfuil siad in ann amhráin nua a chumadh agus ag cur ceol *guitar* leo,' a dúirt sé, agus bhí gangaid ina ghlór. Is cuimhneach liom ansin nuair a bhí Seán Chóilín Ó Conaire in uimhir a haon le 'Máire Mhór' ar Raidió na Gaeltachta, bhí Seán Chóilín ar an gclár le Seán Bán. 'Céard a cheapann tú den dream seo, Na Cloigne Folmha, a chuir "Máire Mhór" amach as uimhir a haon?' a dúirt Seán Bán. '*Fair play* dóibh!' a dúirt Seán Chóilín, 'má bhí siad in ann é a dhéanamh.' Nuair a casadh Seán Chóilín orm ina dhiaidh sin ag an Oireachtas, dúirt sé liom: 'Mhol mise sibh, ach m'anam nár mhol Joe Éinniú sibh!' Agus cupla bliain ina dhiaidh sin casadh Joe Éinniú orm thiar ag Rásaí Leitir Móir. 'Á, féach an áit a bhfuil an damháinín alla,' a dúirt sé agus gangaid ina ghlór . . .

Ní in Óstán an Chaisleáin amháin a bhíodh an gabhar á róstadh le linn Oireachtas na bliana 1956. Bhí oícheanta móra ar an taobh ó dheas den Life freisin, sa Swiss Chalet, óstán atá imithe le fada ach a bhí suite cupla doras ó theach tábhairne lucht na Gaeilge, O'Neill's ar Rae Mhuirfean, trasna an bhóthair ó O'Donoghue's, a raibh cáil na mbailéad Béarla air ina dhiaidh sin. Bhí roinnt de lucht an Oireachtais ag fanacht sa Swiss Chalet agus bhí seomra mór thuas staighre ansin a mbíodh amhráin agus spraoi go maidin ann. Bhí oíche mhór amháin ansin agus bhí Joe Éinniú ann. Bhí na scéalaithe Cóilín Ó Cualáin as Carna agus Séan Ó Donnchú nó '*Bold*' as Cois Fharraige ann. Bhí Tom Phaddy Mac Diarmada agus Nan ann – bhí Tom agus Nan ina gcónaí i Réadlann Dhún Sionca i mBaile Átha Cliath ag an am agus théadh go leor de lucht an Oireachtais amach chuig an teach chucu nuair a chríochnaíodh na himeachtaí oifigiúla. Bhí Máirtín Ó Cosgordha as Carna ann agus 'An Bromach' á ghabháil aige, agus comhluadar mór de mhuintir Chonamara a raibh cónaí orthu i mBaile Átha Cliath. Tá caitheamh ina dhiaidh agam nach raibh mé féin ann, ach casadh fear orm a bhí ann, an file Seán Mac Mathghamhna a bhí pósta leis an amhránaí as Cois Fharraige Máire

Áine Ní Dhonnchadha ina dhiaidh sin. Is de bharr na hoíche sin, go deimhin, a casadh Máire Áine ar Sheán:

Bhí Joe Éinniú ag gabháil fhoinn ar feadh na hoíche agus is é 'Seachrán Chearbhaill' an ceann a fhanann i mo chuimhnese go speisialta, Joe agus Cóilín Ó Cualáin, agus an bheirt acu ag rá 'Seachrán Chearbhaill'. 'Seachrán Chearbhalláin' a bhíodar a thabhairt air, ag meascadh an chruitire Ó Cearbhalláin leis an bhfile Cearbhall Ó Dálaigh. Bhí téipthaifeadán Grundig agamsa agus é plugáilte isteach agam, agus thaifead mé imeachtaí na hoíche. Bhí an-oíche againn agus thóg mé ar fad ar téip é.

Tá Cóilín Ó Cualáin le cloisteáil ar an téip ag labhairt go foirmeálta le Seosamh, mar seo:

'A Mhic Uí Éinniú, an gcuala tusa aon trácht ar an amhrán sin riamh, "Seachrán Chearbhalláin"?'

Agus d'fhreagair Seosamh, go foirmeálta: 'Chuala. Tá an t-amhrán sin agam, ach níl a fhios agam cén *scéal* atá faoi. An bhfuil an *scéal* agatsa?'

'Inseoidh mise sin dhuit: tá,' a dúirt Cóilín. Agus d'inis Cóilín an leagan giorraithe seo den scéal, mar gur thuig sé go raibh an leagan iomlán rófhada don ócáid a bhí ann:

'Is éard a bhí in Cearbhallán, maor. Agus lá – bhí sé amuigh ar an bhfeilm – dúirt sé lena mháistir: "Bhuel," arsa seisean, "tá bó strainséartha, tá sin, ar an bhfeilm. Agus anois, níl a fhios agam beo cén t-údar atá leis." "Á," arsa an máistir, "nuair a bheas lao aici sin anois inseoidh tú dhomsa é." Nuair a bhí lao ag an mbó chuaigh sé isteach agus d'inis sé dá mháistir: "Tá lao ag an mbó strainséartha inniu," arsa seisean. "Gabh amach," a deir sé, "agus bligh í, agus an chéad trí shruth bainne a bhainfeas tú as a sine, tabhair chugamsa le n-ól é." Chuaigh Cearbhallán amach, bhligh sé an bhó, bhain sé trí shruth bainne as a sine. "Á, bhuel," a deir sé, "má tá aon mhaith ann beidh a thús agam féin," agus d'ól sé é. Nuair a thug sé isteach chuig an máistir é: "Á," a deir an máistir, "níl maith ar bith dhomsa anois ann; bhí a thús agat," a deir sé, "agus bíodh a dheireadh agat." Agus anois níl aon bhua faoin domhan nach raibh ag Cearbhallán ina dhiaidh sin.

'Bhí Cearbhallán ag imeacht leis agus is gearr gur thit sé i ngrá le iníon rí. Agus bhí sé féin agus í féin ag dul ag imeacht le chéile an oíche seo. Agus nuair a bhí sé á mealladh leis, nó go n-imídís, d'éirigh gach a raibh sa teach, go bhfaighidís le marú é. Agus dúirt sé: "Ó," a dúirt sé, "ar seachrán atá mé," agus bhíodh sé ag titim ina chodladh, agus ag srannadh i gcónaí, agus ag déanamh an amhráin agus ag caint. Sin é an t-údar atá leis an amhrán sin. Ach abair é más é do thoil é.'

Dúirt Seosamh an t-amhrán, agus nuair a tháinig sé go dtí an chéad phíosa cainte nó an 'seachrán', thosaigh Veail Donnchú ag srannadh istigh faoin mbord, ag déanamh aithrise ar Chearbhall sa scéal. An nóiméad céanna sin, thosaigh doras an tseomra ag gíoscán, mar a bheadh cat ag meamhaíl, mar bhí freastalaí ag teacht isteach le last deochanna.

Is é an t-iontas is mó ar fad go raibh lán seomra daoine chomh ciúin agus chomh tuisceanach agus chomh huramach sin, ag éisteacht le searmanas a chuirfeadh an Chrosántacht ó na meánaoiseanna i gcuimhne duit, leis an meascán den phrós agus den fhilíocht agus den gheáitsíocht a bhíodh ag na crosáin fadó, agus a tháinig anuas chugainn ó ghlúin go glúin.

> He soaked it all in –
> The generations of dead and banished
> Had left words after them, chain-linked
> From Ros Muc to Barna.
> They waited to be voiced,
> Shivering in the folds of hills,
> Leaning against gables
> Like old men, or drowned
> At the mouth of every bay
> From Bertraboy to Carna:
> Famine grass, American wake, coffin-ship.
> He said them among half-sets and jigs
> And set Cearbhall's love-song
> Wandering down the centuries.
>
> – Mary O'Malley

8. Oícheanta Seanchais

As Southampton a tháinig Seosamh abhaile arís i 1957 le bheith páirteach sna hOícheanta Seanchais a d'eagraigh Gael-Linn in Amharclann an Damer i mBaile Átha Cliath. Sin é an uair ar chuir bainisteoir Ghael-Linn, Riobard Mac Góráin, aithne ar Sheosamh den chéad uair, agus bhí caidreamh agus comhoibriú mór idir an bheirt acu i gcaitheamh a saoil ina dhiaidh sin. Ba é Dónal Ó Móráin bunaitheoir agus an chéad stiúrthóir ar Ghael-Linn, cé nach ndeachaigh sé féin ag obair go lánaimseartha i nGael-Linn go dtí tús na seascaidí. Bhí Riobard Mac Góráin ina bhainisteoir lánaimseartha ar an eagraíocht ó bunaíodh í i 1953, agus bhí Máirtín Ó Cadhain ar dhuine de na caomhnóirí.

Nuair a bunaíodh an Tóstal i lár na gcaogaidí, le fad a chur le séasúr na turasóireachta, ceapadh an Ginearál Aodh Mac Néill ina stiúrthóir ar an bhféile nua. Ba seanchara le hathair Riobaird Mhic Góráin é an Ginearál Mac Néill agus bhí aithne mhaith ag Riobard air. Iarradh ar Ghael-Linn rud eicínt a eagrú a bheadh ina chuid den Tóstal agus bhíodar ag iarraidh smaoineamh ar an rud ab fhearr le déanamh. Bhí Amharclann an Damer ar Fhaiche Stiabhna i mBaile Átha Cliath ar cíos ag Gael-Linn ón Eaglais Úinitéireach ón mbliain 1956 agus bhíodh drámaí amaitéireacha Gaeilge á léiriú ann.

Ó Mháirtín Ó Cadhain a tháinig an smaoineamh Oícheanta Seanchais a chur ar stáitse ansin – amhránaithe, ceoltóirí agus scéalaithe a bhíodh ag teacht chuig an Oireachtas a thabhairt le chéile arís, le oíche bhreá amhrán, ceoil agus caitheamh aimsire a chur ar fáil. Roghnaíodh Séamus Ennis le bheith ina fhear an tí, agus bhí Máirtín Ó Cadhain sásta leis sin, cé nach n-aontaíodh sé le chuile shórt dá moladh Ennis. Tigh Tommy Moore, teach ósta i lár na cathrach a dtéadh muintir Radio Éireann ann ag an am, a dearnadh go leor den réamhphleanáil, agus bhíodh corr-easaontas idir Ennis agus an Cadhnach. Bhreathnaigh Ennis air féin – agus an ceart aige b'fhéidir – mar an duine ab eolaí sa tír ar na cúrsaí seo, agus shíl an Cadhnach – agus an ceart aigesean freisin b'fhéidir – go raibh sé féin chomh heolach le duine ar bith eile. Ba é dearcadh an Chadhnaigh, seans, má bhí Ennis fostaithe ag Gael-Linn agus má bhí an Cadhnach ar dhuine de chaomhnóirí Ghael-Linn, gur cheart do Ennis a bheith ag éisteacht leis an rud a déarfadh an Cadhnach. Ach bhíodh Riobard Mac Góráin ina shuí idir an bheirt acu agus socraíodh chuile shórt go ciúin, síochánta.

Roghnaíodh cúigear as ceantar Charna: Seán Jeaic Mac Dhonncha (amhránaí); Beairtle Ó Conghaile (scéalaí agus amhránaí); Tomás Ó Ceannabháin (boscadóir); Tomás Cheaite Breathnach (daimhseoir); agus Seán 'ac Dhonncha (amhránaí), a bhí ag múineadh i gContae an Chabháin ag an am. Roghnaíodh Diarmaid 'ac Coitir, scéalaí as Contae Chorcaí; Micí Sheáin Néill Ó Baoill, scéalaí as Rann na Feirste; agus, ar mholadh speisialta ó Shéamus Ennis, an scéalaí Béarla Paddy Sherlock, le go mbeadh an traidisiún iomlán scéalaíochta á léiriú. Thiomáin Riobard Mac Góráin agus Séamus Ennis ar fud na tíre ag déanamh socruithe leis an dream seo go léir ar dtús, agus ansin arís lena dtabhairt go Baile Átha Cliath nuair a tháinig an t-am. D'éirigh thar barr leis an gcéad iarracht sin i 1956 agus rinne Séamus Ennis jab iontach ag cur na nOícheanta Seanchais i láthair.

Bhí an Tóstal ann arís an bhliain dár gcionn agus socraíodh gurbh fhiú na hOícheanta Seanchais a eagrú arís freisin. Thuigeadar, cé go mb'fhiú cuid den seandream a thabhairt ar ais, nach bhféadfaidís an fhoireann chéanna díreach a chur ar stáitse arís, agus mhol an Cadhnach Seosamh Ó hÉanaí a iarraidh ann. I Southampton a bhí

Seosamh ag an am, agus bhí a sheoladh ag lucht an Oireachtais. Thoiligh Seosamh a bheith páirteach ann agus tháinig sé ar ais go hÉirinn.

Tháinig sé abhaile seachtain roimh an am agus thug sé cuairt ar a mhuintir ar an Aird Thoir nach raibh feicthe le tamall aige. Bhí beirt as an gceantar thiar iarrtha ar ais chuig na hOícheanta Seanchais arís an bhliain seo: an boscadóir Tomás Ó Ceannabháin agus an daimhseoir Tomás Cheaite Breathnach, a bhain cáil amach dó féin ag damhsa i Veinéis na hIodáile tamall roimhe sin.

Bhí Pádraig Ó Baoighill, an scríbhneoir as Rann na Feirste, ag obair le Gael-Linn ag an am:

> I 1957 d'iarr Riobard Mac Góráin ormsa a dhul go Carna agus Seosamh Ó hÉanaí as an Aird Thoir agus an boscadóir Tomás Ó Ceannabháin agus an damhsóir Tomás Cheaite Breathnach a thabhairt aniar. Sin iad an triúr a bhí le tógáil agam. Is cuimhneach liom go raibh mé i ndiaidh Volkswagen nua a fháil ag an am; bhí sean-Ford Prefect agam roimhe sin. Is dóigh liom gur sin an chéad uair riamh a raibh mé i gCarna. Fuair mé Joe ansin, agus ansin fuair sé sin an fear eile domh, agus tháinig muid aniar agus thóg muid Tomás Cheaite.

Stopadar i nGaillimh, gur óladar deoch agus gur itheadar béile in Óstán an Imperial, agus stopadar arís i Hayden's Hotel i mBéal Átha na Sluaighe. Stopadar arís i mbaile eicínt níos faide soir, agus bhí sé ag tarraingt ar an naoi a chlog nuair a shroicheadar ceann cúrsa in Óstán Powers i Sráid Chill Dara i ndeisceart Bhaile Átha Cliath. Bhí Riobard Mac Góráin agus Dónal Ó Móráin ansin rompu, mar aon le Mícheál Ó Gríofa as an gCeathrú Rua, a bhí ag múineadh i Scoil Lorcáin i mBaile Átha Cliath agus a bhí le bheith ina fhear an tí an bhliain sin. In Óstán Powers a d'fhan lucht na nOícheanta Seanchais go léir an bhliain seo arís, áit a rabhadar ar a sáimhín só chomh mór is dá mbeidís sa mbaile. Bhí aithne mhaith ag foireann an óstáin agus ag foireann Ghael-Linn ar a chéile mar bhí oifigí Ghael-Linn an t-am sin in Uimhir a 44, Sráid Chill Dara – foirgneamh nua-aimseartha atá ansin anois, ag an Confederation of Irish Industry.

Bhí an t-óstán lán thíos staighre an oíche áirithe sin, agus mhol duine eicínt go ngabhfaidís suas go dtí ceann de na seomraí codlata, agus is ansin a hiarradh ar Sheosamh Ó hÉanaí an chéad amhrán a chasadh. Seo é an chéad uair a raibh Seosamh feicthe nó cloiste ag Riobard Mac Góráin:

> Ní hé amháin go ndeachaigh treise a chuid amhránaíochta i gcion orm ach freisin treise a phearsantachta. Bhí mé an-chóngarach dó agus bhí a aghaidh cosúil le carraig, agus na hamhráin ag teacht amach agus iad chomh cumhachtach sin! Agus, ar ndóigh, bhí fonn air go dtuigfeadh daoine gur fonnadóir maith a bhí ann, agus chan sé ar bharr a dhíchill, mar a déarfá. Ar ndóigh, bhí fonn ormsa a fháil amach cén sórt amhránaí é an fear nua seo, agus ba léir dom anois gur fonnadóir cumhachtach a bhí ann. Ní rithfeadh focal ar bith leat ach 'cumhacht' – sa chiall is fearr den fhocal. Cumas agus cumhacht.

Dúirt Seosamh dhá amhrán ar stáitse an Damer an bhliain sin a tharraing go leor cainte, 'Seachrán Chearbhaill' agus 'Caoineadh na dTrí Muire'. Chuaigh go leor de phobal Chonamara i mBaile Átha Cliath go Halla an Damer ag éisteacht leis, agus d'éirigh níos fearr, fiú amháin, leis an ócáid ná mar a d'éirigh an chéad bhliain. Cistin tuaithe a bhí ann arís, suite ar an mBlascaod Mór an uair seo, agus Maidhc Pheig Sayers agus Seán (Thomáis) Criomhthain ag cur fáilte isteach roimh a gcomharsana as Corcaigh, Tír Chonaill agus Conamara. Bhí scéalta agus amhráin, ceol agus damhsa ann, ar bhealach breá nádúrtha. Bhí Maidhc Pheig Sayers faoi dhraíocht ag muintir Charna, ag beocht a bpearsantachta, ag a gcuid amhrán agus a gcuid ceoil, ag iontas a gcuid scéalta, agus ag damhsa Thomáis Cheaite. Duine iontach ann féin a bhí i dTomás Cheaite, ar ndóigh. Ach, thar aon rud eile, bhí chuile dhuine ag caint ar Sheosamh Ó hÉanaí agus 'Caoineadh na dTrí Muire'.

'*OÍCHEANTA SEANCHAIS*' an ceannteideal a bhí ar phríomhalt *Scéala Éireann* i lár na chéad seachtaine:

> Last year in the Damer Hall in St. Stephen's Green, Dublin, Gael-Linn inaugurated a new type of theatrical entertainment that paid tribute to the magic and colour of a night of story-telling, song and dance around the hearth-side in the Gaeltacht. The stage became the kitchen of a house in the Gaeltacht. The neighbours came in and, without any theatrical artifice, sang their songs and told their stories. The success of the new venture, and the fact that it attracted an appreciative audience, fully justified its repetition this year. On the stage of the Damer Hall at present people from the Great Blasket act as hosts to talented singers and story-tellers from all parts of the Gaeltacht. One of the Blasket people is the son of the great old Tomás Ó Criomhthain, who wrote *An tOileánach*; another is the son of Peig Sayers, who also wrote down in an invaluable autobiography a record of old ways and customs of a lost, admirable manner of life.
>
> These Oícheanta Seanchais, organised by Gael-Linn, are doing a very valuable task. In an age of mass-produced entertainment, the producers of which are forced to cater, whether they like it nor not, for all sorts of people and too often for the lowest level of taste, the Oícheanta Seanchais show simply what the people around country hearths could do on their own . . .

Sa nuachtán céanna, taobh istigh, bhí an tuairisc seo:

> Gael-Linn's second series of 'Oícheanta Seanchais' began on Monday night in the Damer Hall, Dublin. Produced by Mícheál Ó Gríofa in a setting by Tomás Mac Anna (by courtesy of the Abbey Theatre), it was a noticeable improvement on last year's production, sound though that was in conception. Introduced briefly in Irish, English, French and German by Tomás Tóibín, it quickly gathered momentum. Native speakers from Kerry, Galway, Cork and Donegal (a few of them back from England) joining on a

Dublin stage in a setting highly reminiscent of a country kitchen in the Gaeltacht, passed the evening with story, song, music and dance. And, informed by the simple dignity and rich humanity native to these un-professional folk-artists, it was all splendidly natural.

Tomás Cheaite Breathnach, the nimble septuagenarian who delighted visitors to the International Folk Dance Festival in Venice a few years ago, danced; Máire Ní Bhaoighill, Breandán Ó Cíobháin and Seosamh Ó hÉanaí sang some warm and living folk-songs; Tomás Ó Ceannabháin provided the music; and Seán Ó Criomhthain, Mícheál Ó Gaoithín, Beartla Ó Conghaile, Máire Ní Dhochartaigh and Diarmuid 'ac Coitir evoked a friendly, racy conversation, and formalised, yet individualised, tales of magic, horror and romance, a life which is unlikely to survive another generation in this century of radio and juke-box and over-engaged memories. One wonders how it was for the non-Irish speaker, who had to depend on the twitch of an eyebrow, a nuance, a raised hand, to suggest the humour and the drama of what was being said and sung. Enough to say, perhaps, that he will find nothing else quite like this in Dublin during the Tóstal. R. O G.[69] [Risteárd Ó Glaisne]

Faoi dheireadh na seachtaine, bhí an méid seo ar cheann de na nuachtáin tráthnóna:

The show was stolen by a traditional singer from Carna, Seosamh Ó hÉanaí, now resident in Southampton. His singing of 'Caoineadh na dTrí Muire' (The Lament of the Three Marys) drew round after round of applause from the capacity audience. Many other traditional singers, dancers and story-tellers took part, among them Tomás Cheaite Breathnach, who at seventy must surely be the sprightliest dancer in Ireland. The music was played by Tomás Ó Ceannabháin.[70]

Bhí daoine ag teacht ar ais an dara agus an tríú hoíche le 'Caoineadh na dTrí Muire' a chloisteáil ó Sheosamh. Ar dhuine díobh sin bhí sagart Carmailíteach, an tAthair Benedict as Sráid Clarendon, a bhíodh ag iarraidh ar Sheosamh an caoineadh a chasadh cupla uair san aon oíche amháin, go dtí go mb'éigean do Mháirtín Ó Cadhain, más fíor, a mheabhrú dó nach cúrsa spioradálta a bhí ar siúl! Ba mhór é meas Uí Chadhain féin ar 'Caoineadh na dTrí Muire', mar is léir ón bpíosa a scríobh sé san *Irish Times* ag an am, faoin teideal *'A Storyteller and a Singer'*:

Among the performers in 'Oícheanta Seanchais' in the Damer Hall this week are Máire Ní Dhochartaigh, of Donegal, and Joe Ó hÉinniú, of Galway – one should rather say of England. Máire is a native of South Donegal. Her husband, also from the same Gaeltacht, is employed in a steam works in Lincolnshire. Their child, although an Irish speaker, is not entitled to the Department of Education's grant for such children. Like 90% of the people of the Gaeltacht, Máire was condemned to be an emigrant before she was born.

But this gentle girl bears no bitterness against the system which so condemned her. Only one incident in her life brings a strong note of emphasis into her voice, a letter about her widowed mother, sent by her after emigrating, to a public representative, and left unanswered. There is fair play, she says, for everyone in England, no matter what his religion, race or politics may be. Something should be done to Radio Éireann so that we Irish in England could hear it. Why are there not more requests programmes in Irish? She passionately desires that the language should be kept alive. But it is not spoken in the Dáil, not spoken in Gaeltacht post offices . . .

No seanchaí I have seen, not even the venerable Peig Sayers, surpasses Máire. During the last five or six days I have attended great plays, operas and ballet in Dublin. I have not seen an audience as spell-bound as hers, as she told a long tale having for hero Cormac Mac Art but which was already ancient in Cormac's day. Like the best seanchaithe, Máire lives the stories in the telling. To a greater degree than any actress I have seen, her eyes, face and voice become full with the wonder of her own stories. These, learnt at the fireside in Sraith na Circe, won her first prize at the Oireachtas ten years ago. Nothing would delight this girl – she is still in her 20s – more than to have frequent opportunities of telling these stories. She hasn't visited Ireland now for three years. Máire, so good at describing the bondage of princesses and the wanderings of knights, has no words to describe the canker of homesickness in her own heart.

Joe Ó hÉinniú says it for her: 'I would return to Ireland for half the pay I am getting now. I was 27 years of age before leaving this country. Dredging scallops in Kilkerrin Bay for two years, I walked six miles to work and home again every day . . .' Then six years of Glasgow. Still in his thirties, he is now settled down in Southampton 'where there will be work for the next 20 years'.

He has sung in Irish through Scotland and England. 'A man hears me talk Irish in a Dublin pub and insults me. No use talking about Partition. A greater evil in Ireland is the language partition. There is more Irish beyond than here. Wherever there is a Connemara man there is Irish spoken and sung. Everyday in England I hear these same Connemara men saying: 'If the people in Ireland would only build a factory also, everywhere they build a church. If there were more Corduffs . . .'[71]

A native of that great centre of song and story – Ard, Carna – Joe's great-grandmother was the 'Cailleach an Airgid' of the rollicking song which he has made all Dublin sing by now. He has twice won the Oireachtas Gold Medal for singing. His brother, now in Boston, won it also, as well as the Oireachtas first prize for storytelling. He learned his many songs from his father. He sings them effortlessly, one after another, in a manner which strongly reminds one of Gitano singing in the caves of Granada.

In fact, his splendid figure and face is of the Southern Spanish type. There is a strong tradition that survivors of the Armada remained along the Connemara coast. His chanted

'Seachrán Chearbhaill', with its troubadour fancy, is strongly reminiscent of the oft-sung love of the poet Cearbhall Ó Dálaigh for Eileanóir Kavanagh, but with its alternating prose and verse, it is more reminiscent still of our ancient epics. In 'Caoine na dTrí Muire' he brings home to us the joys and sorrows of Mary with the intimacy and poignancy of a Fra Angelico painting. This tour de force forms between him and his audience a bond of sympathy which has scarcely been felt between any audience and actor in this city in our time.

These two exponents of an immemorial tradition return to England in a few days. Ireland cannot or will not give them their humble needs.[72]

Bhí údar maith ag Seosamh a bheith sásta leis féin tar éis moladh chomh hard sin a fháil ó phearsa chomh mór le Máirtín Ó Cadhain. Bhí Seosamh buíoch de Riobard Mac Góráin freisin, faoin gcuireadh a thabhairt dó agus faoi gach cóir a chur air i gcaitheamh na seachtaine, cé go raibh a fhios aige gurbh é Ó Cadhain a smaoinigh ar dtús air. In agallamh le Pádraig Ó Raghallaigh ar Radio Éireann ag deireadh na seachtaine sin, chuir Seosamh seachtain an Oireachtais agus seachtain na nOícheanta Seanchais i gcomparáid le chéile agus mhol sé iad araon go hard:

Is é an tOireachtas a choinníonn beo mé, is dóigh. Seachtain Ghaelach mar seo, coinníonn sí muide beo thall ansin. Sin é a bhfuil le feiceáil againn i gcaitheamh na bliana. Agus an duine uasal a chuir fios orm chuig na hOícheanta Seanchais, ní raibh súil ar bith agam leis an litir nuair a fuair mé í. Ach tá an-bhuíochas agam air faoi fios a chur orm. Tá seachtain caite agam chomh maith is a chaith mé riamh. Óstachas breá faighte againn, agus ní féidir leo níos mó a dhéanamh dhúinn ná tá siad a dhéanamh ... Agus caithfidh mé mo bhuíochas a ghabháil arís leis an duine uasal a chuir fios orm, Riobard Mac Góráin, an fear a chuir an litir chugam a theacht chuig na hOícheanta Seanchais ...

Nuair a d'fhiafraigh Pádraig Ó Raghallaigh de Sheosamh an raibh aon rún aige teacht ar ais go hÉirinn, dúirt Seosamh an rud díreach céanna a bhí ráite aige roimhe sin le Máirtín Ó Cadhain san *Irish Times*: 'Thiocfainn ar ais go hÉirinn amárach dá mbeadh súil agam le tada ann. Thiocfainn ar ais ar leath na páighe atá mé a fháil faoi láthair.' As sin go dtí go bhfuair Seosamh bás i Seattle i 1984 bhí caint faoi phost feiliúnach éigin a fháil dó sa tír seo, agus ba iad Riobard Mac Góráin agus Máire Nic Fhinn i nGael-Linn an bheirt is mó a rinne iarracht sin a dhéanamh. Má theip orthu, níorbh orthusan an milleán.

B'éigean na céadta a chur ó dhoras in Amharclann an Damer le linn na nOícheanta Seanchais i 1956 agus 1957, agus bhí pobal na Gaeilge i mBaile Átha Cliath ag tnúth go mór leis an mbliain dár gcionn. Níor loic Gael-Linn orthu, agus cé gur 'Cistin i nGaeltacht Thír Chonaill' a bhí ar an ardán sa Damer i 1958, bhí ainm Thomáis Cheaite Breathnach agus Sheosaimh Uí Éanaí ar an bhfoireann a chuaigh ar an ardán ar an Luan, an 12 Bealtaine 1958, in éineacht le: Micí Sheáin Ó Baoill agus Anna Nic Grianna (deirfiúr Sheosaimh agus Shéamuis), scéalaithe as Rann na Feirste; Micheál Ó Tiománaí, scéalaí as Gleann Fhinne; Donnchadh Mac Fhionnlaigh, scéalaí 13 bliana d'aois as Gaoth Dobhair, agus Teachta Dála le Fine Gael ina dhiaidh sin; Aodh Ó Duibheannaigh, amhránaí as Rann na Feirste; Áine Ní Ghallchobhair, as Gaoth Dobhair (Áine Bean Uí Laoi); Diarmuid 'ac Coitir, scéalaí as Baile Bhuirne; agus Seán Ó Gionáin, ceoltóir as Leitir Móir.

Don tseachtain dár gcionn bhí na daoine seo a leanas le bheith ar an ardán: Seán Bán Mac Grianna, as Rann na Feirste, deartháir Anna; Mícheál Ó Gaoithín, mac Pheig Sayers; Seán Ó Lorcáin, scéalaí 84 bliain d'aois as Leitir Móir; agus Mícheál Ó Conceanainn, as Anach Cuain.

Bhí an daimhseoir Máirtín Beag Ó Gríofa as Oileán an Rosa ar an gCeathrú Rua i gConamara ar an ardán an dara seachtain i 1958, agus an cuntas seo a leanas i gceann de na nuachtáin:

> For the second week of 'Oícheanta Seanchais', the traditional Irish night Entertainment being presented by Gael-Linn at the Damer Hall, there is a complete change of programme. Newcomers this week are two story-tellers from the West – Seán Ó Lorcáin of Lettermore and Mícheál Ó Conceanainn of Clare-Galway, who gives a vivid description of poteen making

and Seán Bán Mac Grianna of Rannafast, Co. Donegal . . .
There is also a lively dancer, Máirtín Ó Gríofa, and two
attractive cailíní – Pádraicín Ní Mhaoláin from Conamara
[recte Cill Rónáin, Árainn] and Máire Ní Niallghais from
Ulster. Many of those who took part last week still appear,
including 70-year old sprightly dancer Tomás Cheaite
Breathnach and singers Seosamh Ó hÉanaí and Áine Ní
Ghallchobhair. The slick presentation in a fine kitchen setting
of C. Mac Cafraidh is a credit to the producer, Mícheál Ó
Gríofa. P.F.B.[73]

Fuair Máirtín Beag Ó Gríofa bás go hóg ach d'fhan an ghifte a bhí
ina chosa ag a mhac Noel Ó Gríofa, agus gifte an cheoil ag a mhac
eile, Máirtín Ó Gríofa eile – an bairille a mbíonn an fíon ann, fanann
an braon sna cláir. Mar a dúirt an file Seán Mac Mathghamhna faoi
Mháirtín Beag Ó Gríofa:

Bhíodh an áit trí lasadh agus bhíodh leictreachas san aer nuair
a bhíodh Máirtín Beag Ó Gríofa ag damhsa. Chonaic mé ag
damhsa é sa teach tábhairne sin le taobh tigh Sheáin Uí Riada
in Galloping Green i Stigh Lorgan, Philip Byrne's, agus pionta
pórtair lán go béal ina láimh aige. Oiread is aon deoir amháin
níor dhóirt sé. Bhí Máire Áine [bean chéile Sheáin] agus
Seosamh Ó hÉanaí an-chairdiúil le chéile agus thagadh sé ar
cuairt chugainn nuair a bhíodh sé i mBaile Átha Cliath. Oíche
dá raibh sé sa teach bhí Meiriceánach mná ann a bhí in ann
aithris an-mhaith a dhéanamh ar an sean-nós. Teangeolaí a
bhí inti, sílim, Virginia Stephens. Bhí go leor daoine sa teach
an oíche chéanna ach, aisteach go leor, ní oíche mhór cheoil a
bhí inti agus níor dearnadh taifeadadh ar bith an oíche sin.
Ach rinne mé taifeadadh oíche eile a raibh deirfiúr Joe, Síle
Éinniú, i láthair. Dúirt sí 'An Cumann Gearr' ['An Sagairtín'].
Bhí guth deas ag Síle. Ach bhí an-mheas go deo ag Máire Áine
ar Joe agus an-mheas ag Joe ar Mháire Áine.
D'fhanadh Joe le Colm Kennedy go minic agus chaith sé
seachtain in éineacht leis uair amháin. B'as Albain Colm
Kennedy agus bhí siopa éadaigh ban aige ar Shráid Dhásain
agus áit chónaithe ós a chionn. Mionsciortaí an speisialtacht a

bhí sa siopa ag an am. Bhí Colm flaithiúil leis na mionsciortaí – *miniskirts* – agus thugadh sé cuid acu do Dolores Keane, mar bhí sé féin agus Seosamh an-chairdiúil lena haintíní, na deirfiúracha Sarah agus Rita Keane as Cathair Liostráin. Bhíodh Seosamh agus Johnny McDonagh agus Séamus Ennis ar cuairt ag Colm Kennedy agus bhíodh Colm go rialta sa gclub amhránaíochta an Tradition Club, a bhíodh thuas staighre i Slattery's i Sráid Chéipil; bhíodh Colm ar an doras ann go minic. Rinne Joe tagairt mholtach don chlub in áit éigin le linn dó a bheith i Meiriceá. Bhínn féin agus Máire Áine ann, agus Áine Bean Mhaitiú agus a fear, Nioclás Ó Maitiú. Bhíodh amhráin Ghaeilge ann agus bailéid Bhéarla, agus bhíodh an píobaire óg Néillidh Mulligan ag seinm cheoil go minic ann. Bhíodh Treasa Ní Mhiolláin as Árainn ann, Máirtín Ó Cosgordha as Carna, an píobaire Séamus Ennis, agus an t-amhránaí agus an ceoltóir Séamus Mac Mathúna.

Bhuail Diarmuid Breathnach, beathaisnéisí agus iarleabharlannaí in RTÉ, le Seosamh ar an gCeathrú Rua i gConamara i Lúnasa na bliana 1957. Seans go raibh sé fanta in Éirinn ó chríochnaigh na hOícheanta Seanchais i lár mhí na Bealtaine, mar is eol dom go gcaitheadh sé tamall saoire ó am go chéile lena dheirfiúr Máire a bhí ina cónaí i mBré i gContae Chill Mhantáin. Bhí Diarmuid Breathnach ina leabharlannaí i mBré ag an am, áit a raibh cónaí air, agus d'fheiceadh sé Seosamh thart ansin.

Bhí Comhdháil an Chomhchaidrimh ar an gCeathrú Rua i 1957 agus bhí Máirtín Ó Cadhain thiar ag tabhairt léachta ann agus Seosamh Ó hÉanaí in éineacht leis arís. Bhí siad féin agus Pádraig Ó Concheanainn as Árainn ar aon lóistín le Diarmuid, tigh Choisdealbha, le taobh tigh Charles Lamb ar an mBóthar Buí. Ar laethanta saoire a bhí Diarmuid agus cara leis:

Bhí Seosamh ag fanacht tigh Choisdealbha le linn domsa a bheith ann. Bhí eolas agam air, mar bhínn ag éisteacht leis ar an raidió agus is dócha gur chuala mé ag an Oireachtas é agus ag na hOícheanta Seanchais freisin. Bhí an-mheas agam air mar amhránaí. Ach b'fhacthas dom, ag an am sin ar an gCeathrú Rua, agus b'fhéidir gurb é an t-ól faoi ndear é, go raibh sé míshásta lena shaol agus go raibh trua aige dó féin. Agus bhí mé beagáinín faiteach roimhe ar an ábhar sin. Bhraith mé nár dhuine sona in aon chor é. B'in an rud is mó a chuaigh i bhfeidhm orm.

An chéad oíche, chuaigh mé féin agus mo chara Jimmy McNeill soir go Casla chuig an teach tábhairne ansin, agus bhí Máirtín Ó Cadhain agus Seosamh Ó hÉanaí ansin. Dúirt Seosamh roinnt amhrán, ach ní cuimhin liom cé na hamhráin. Bhí beirt as an mBreatain Bheag ansin agus bhí Máirtín ag caint leo. Agus dúirt mise amhrán Béarla le go dtuigfeadh na Breatnaigh an t-amhrán. Dúirt mé 'Seán Ó Duibhir an Ghleanna' – '*Oh, Seán Ó Duibhir an Ghleanna, you were worsted in the game*', agus nuair a bhí an t-amhrán ráite agam dúirt Ó Cadhain liom i nGaeilge nár cheart dom amhrán Béarla a rá sa nGaeltacht.

Bhí aithne agam ar Mháirtín, mar bhínn sa rang aige i gColáiste na Tríonóide timpeall an ama sin. Bhí mé ina rang ar feadh bliana. Bhí ceathrar againn ann, mé féin, Áine Ní Neachtain, Deasún Breatnach agus cigire scoile, Dónall Ó hUallacháin. Ní raibh sa rang ach an ceathrar againn mar ní thabharfadh Ard-Easpag Bhaile Átha Cliath, an Dr Mac Uaid, cead dul chuig an rang. D'iarr Breandán Breathnach cead, agus ní bhfuair sé é. Bhí aithne agam ar Mháirtín roimhe sin ar aon chuma.

Ach, maidir le Joe, ní hé go raibh deacracht ar bith ag baint leis, ach díreach nár éirigh mé cairdiúil leis. Ní raibh sé meanmnach agus bhí sé gearánach faoin tír, rud nach raibh glacadh ag daoine leis ag an am. Éinne a thabharfadh faoin tír ag an am sin, ní raibh aon ghlacadh leis. Bhíomar go léir ag cosaint an Stáit go fóill. Is dóigh liom gur cúpla bliain ina dhiaidh sin a tosaíodh ar a bheith níos oscailte. Tírghráthóirí ab ea sinn go léir ag an am sin, agus níor theastaigh uainn go mbeadh éinne ag fáil locht ar an tír.

Blianta ina dhiaidh sin, casadh Seosamh ar Dhiarmuid arís. Bhí sé ar saoire i dteach a dheirfíre i mBré agus bhí aithne ag Diarmuid uirthise, Máire Bean Uí Néill. Bhí sise ag múineadh i mBré agus bhí sí ina cónaí in Ardán Martello in aice leis an stáisiún traenach. D'fheiceadh Diarmuid Seosamh anseo agus ansiúd i mBré, agus lá amháin bhuail sé isteach chuig an leabharlann chuig Diarmuid agus d'iarr sé amach ag ól é. Níor fhéad Diarmuid dul amach mar ní raibh sa leabharlann ach foireann an-bheag, ach chomh maith leis sin níor theastaigh uaidh dul amach ag ól leis. Mar a dúirt Diarmuid féin:

An uair sin bhí ganntanas airgid orainn go léir. Agus thuig mé gur fear óil é siúd, agus thuig mé freisin nach raibh aon airgead aige. Agus ní raibh aon airgead agamsa. Agus is dócha gur shíl seisean go raibh post mór éigin agam. Ach, chomh maith leis sin, bhraitheas faiteach ina láthair ar chuma éigin. Bhraitheas nach mbainfinn aon taitneamh as a chomhluadar. Is trua é sin, ach is mar sin a bhí ag an am. Ní mar sin a bheinn anois. Dá dtagadh sé anois – ach cén mhaith a bheith ag caint air sin anois – rachainn sa seans agus bheadh go leor le rá agam. Ní bheinn faiteach ina láthair mar a bhí mé an uair sin, mar duine cáiliúil ab ea é ag an am, agus saol eile ar fad a bhí ann. Sílim gur chaith sé cúpla mí ina chónaí leis an deirfiúr sula ndeachaigh sé go Meiriceá. Ní cuimhin liom gur casadh orm riamh ina dhiaidh sin é.

Timpeall an ama seo freisin, rinne Máirtín Ó Cadhain seisiún taifeadta Tigh Chatháin (Réalt na Maidine anois) ar an gCeathrú Rua i gConamara agus bhí Seosamh Ó hÉanaí, nó Éinniú mar a thugadh an Cadhnach féin air, in éineacht leis. Cé go raibh an tábhairne lán agus neart gleo ina thimpeall, dúirt Seosamh 'An Buinneán Buí', amhrán nach raibh coitianta i gceantar na Ceathrún Rua ná i gCois Fharraige ag an am go dtí gur cluineadh ar fhadcheirnín ó Sheosamh é ina dhiaidh sin. Cé gur éist a raibh ina thimpeall i dteach an óil go haireach leis, bhí roinnt gleo sna coirnéil, agus fear é Seosamh nár thaithin gleo leis nuair a bhí amhrán á rá, ba chuma cé a bheadh á rá. Bhí sé ráite faoi go mbíodh sé ag iarraidh go dtaispeánfaí ómós dó féin go pearsanta, agus gur fhiafraigh fear an ósta, Pádraig Ó Catháin, de ar ócáid amháin: 'An deoch nó ómós atá tú a iarraidh, a Joe?' Níos minicí ná a mhalairt fuair sé an t-ómós gan é a iarraidh ar chor ar bith, agus bhí sé tuillte go maith aige.

Sular thosaigh sé ar an dara hamhrán an lá áirithe seo, 'Amhrán na hEascainne' ('An Tiarna Randal'), rinne sé píosa gearr cainte, le cúlra an amhráin a thabhairt agus le ciúnas agus aird an chomhluadair a fháil sula dtosódh sé. Bhí cinnteacht agus údarás ag baint lena chuid cainte agus, cé go raibh go leor dá raibh i láthair súgach go maith, chuireadar suim i gcúlra an amhráin, nuair a duirt Seosamh, gan cúthaileacht dá laghad:

> Seo fear a phós, an dtuigeann tú? Thug sé bean isteach i dteach a athar agus a mháthar. Agus ní raibh aon mheas ag an mbean air, tá faitíos orm a rá. Ba mhaith léi fáil réidh leis, an dtuigeann tú, agus thug sí nimh dó. Thug sí nimh dó ar iasc a thug sí ar a bhricfeasta ar maidin dó. Is é an bricfeasta a thug sí dó, eascann, agus bhí nimh curtha tríd an eascann aici. Agus thosaigh sé ag fáil bháis de réir a chéile, mar a déarfá, ach sula bhfuair sé bás tháinig a dheirfiúr go dtí é agus labhair sí mar seo leis: 'Cá raibh tú ó mhaidin, a dheartháirín ó?'

Agus dúirt sé an t-amhrán brónach sin amach óna chroí. Ba léir gur thaithin sé go mór le daoine. An triú hamhrán a dúirt sé, 'An Spailpín Fánach', d'ardaigh sé meanmna an chomhluadair láithreach leis, agus ba ghearr go raibh spleodar a chuid fonnadóireachta ag dul sa gcuircín ag a raibh i láthair, in éineacht leis an bpórtar. Gheiteadar le meidhir nuair a chualadar 'Mar is buachaillín tréitheach mé, múinte meanmnach, agus *d'iompróinn ceaig i mála'* – in áit 'bhréagfainn an bhruinneall mhánla', mar a bhí cloiste go minic cheana acu. Tá an taifeadadh ar fáil fós, a bhuíochas sin do Mháirtín Ó Cadhain, agus craoladh ar Raidió na Gaeltachta é sa tsraith *Bailiúchán Uí Chadhain*, a bhuíochas sin do Mháirtín Mac Donnchadha. Cé go bhfuil roinnt gleo air, tugann sé léiriú breá ar phearsantacht agus ar chumas fonnadóireachta Sheosaimh Uí Éanaí nuair a bhí sé ina fhear óg agus i mbarr a mhaitheasa. I dtaifeadadh eile a rinne Ó Cadhain Tigh Chatháin, tá Jimmy 'Cheoin, athair an amhránaí Tomás Mac Eoin, ag rá leagan de 'Caisleán Uí Néill', agus Seosamh ag rá 'Bean an Leanna'.

9. Ceirníní Ghael-Linn

D'FHÉADFAÍ A RÁ GUR Ó NA HOÍCHEANTA SEANCHAIS IN Amharclann an Damer a tháinig Ceirníní Gaeltachta Ghael-Linn i 1958. Chuir Gael-Linn amach ceirníní 78 rpm de bheirt amhránaithe as Conamara a bhí ag na hOícheanta Seanchais i 1956 agus i 1957; beirt as an gcomharsanacht chéanna taobh thiar de Charna, Seán 'ac Dhonncha agus Seosamh Ó hÉanaí. D'eisíodar ceirníní de chúigear amhránaithe Gaeltachta eile, as Gaeltacht Thír Chonaill agus as Gaeltacht Chiarraí, dhá bhliain ina dhiaidh sin.

Ceirnín le Seán 'ac Dhonncha an chéad cheann a chuireadar amach, ansin trí cheirnín le Seosamh Ó hÉanaí, agus ansin dhá cheirnín eile le Seán 'ac Dhonncha arís. Amhráin a raibh tóir ar leith ag an bpobal orthu le linn na nOícheanta Seanchais a bhí ar thaobh amháin de na ceirníní seo agus ceol traidisiúnta ó scoth na gceoltóirí ar an taobh eile.[74]

Scríobh Riobard Mac Góráin chuig Seosamh i Southampton, ag iarraidh focla 'Caoineadh na dTrí Muire' air le haghaidh chlúdach a chéad cheirnín, agus fuair sé an litir seo a leanas ar ais uaidh, ar iompú an phoist. Ba í an chéad cheann í de mhórán litreacha a fuair sé ó Sheosamh, as Londain, as Nua-Eabhrac agus as Seattle, as sin gur cailleadh Seosamh i Seattle i 1984:

A Riobaird, a chara,

Go raibh míle maith agat as ucht do litre agus an píosa as an *Irish Press*. Tá súil agam go mbeidh toradh maith ar an obair atá sibh a dhéanamh.

Cinnte tá lánchead agat do rogha úsáid a dhéanamh de na hamhráin agus na focail. Mar a dúirt mé leat cheana, sibhse an t-aon dream atá dáiríre faoin nGaeltacht, agus rud ar bith is féidir liomsa a dhéanamh (ní mórán é faraor) déanfad é daoibhse. Ní gá duit cead a iarraidh ormsa, mar tá an-ómós agam daoibh go léir.

Seolaim chugat 'Caoineadh na dTrí Muire' is, mar a dúras, focla amhrán ar bith eile a theastaíonn uait.

Arís, go raibh maith agat is tá súil agam go bhfeicfead tú faoin Nollaig, l. c. Dé.

Mise le mórmheas,
Seosamh Ó hÉanaidhe

Ócáid an-mhór ar fad a bhí i seoladh Cheirníní Ghael-Linn i saol na Gaeilge ar fud na tíre go léir, i saol na Gaeltachta go ginearálta agus i saol Chonamara go háirithe. Bhí a gcuid réaltaí amhránaíochta raidió féin anois acu den chéad uair riamh, agus bhí ábhar mórtais ar leith ag pobal Charna, agus ag baile fearainn beag na hAirde go speisialta, mar gurbh as an ngnáthóg bheag shaibhir sin an bheirt fhonnadóirí a roghnaigh Gael-Linn ina gcéad eisiúint ceirníní. Ba é Riobard Mac Góráin, thar aon duine eile, a chonaic an gá a bhí le fiontar mar seo agus a rinne formhór na hoibre leis an bhfiontar sin a chur i gcrích.

Ní raibh aon dream eile ag eisiúint ceirníní den tsórt sin ag an am. Ba iad EMI an t-aon chomhlacht idirnáisiúnta a bhí i mBaile Átha Cliath ach bannaí céilí den chuid ba mhó a bhíodar sin a chur amach, cé gur eisíodar amhráin le Denis Cox – cupla amhrán Gaeilge ina measc – agus chuireadar amach amhráin le Máire Ní Scolaí sna daicheadaí, a ndearna Gael-Linn atheisiúint orthu ar fhadcheirnín ina dhiaidh sin. Cé go raibh na fleánna ceoil ar siúl ó 1952, agus go rabhadar ag bailiú nirt de réir a chéile, ní raibh cuid mhaith den cheol a bhí ag teacht chun cinn acu ag teacht i láthair an phobal i bhfoirm ceirníní. Agus b'in ceann de na bunchuspóirí a chuir Gael-Linn rompu nuair a thugadar faoi cheirníní a chur ar fáil.

Tháinig Seosamh ar ais as Southampton go Baile Átha Cliath leis na taifeadtaí a dhéanamh; ní dhearna siad na taifeadtaí ag na hOícheanta Seanchais féin. Ní hé amháin go raibh sé sásta teacht anall ach bhí fonn fíochmhar air tosú ag taifeadadh. Bhí sé de nós aige teacht go Baile Átha Cliath sách minic ar aon chuma, ó tharla go raibh a dheirfiúr Máire ina cónaí i mBré.

Seo roinnt dá bhfuil le rá ag Nioclás Ó Cearbhalláin ó Thaisce Ceol Dúchais Éireann faoi na chéad cheirníní seo:

Is í an amhránaíocht a bhí chun tosaigh, amhránaíocht i nGaeilge ar thaobh A i gcónaí agus ceol traidisiúnta uirlise ar thaobh B. Ba as an nGaeltacht do na hamhránaithe agus ba as an nGalltacht do na ceoltóirí. Clúdach daite páipéir a bhí ar gach ceirnín, le dearadh suaithinseach neamhghnách de chuid Domas Advertising. Bhíodh grianghraif de na hamhránaithe ar na clúdaigh (ach ní bhíodh grianghraif na gceoltóirí le feiceáil in aon chor) chomh maith le focail na n-amhrán (ach gan iad ag réiteach i gcónaí leis na focail a canadh ar na ceirníní). Mar a tharlaíonn go coitianta le ceoltóirí, ní i gcónaí a bhíodh ainmneacha na bhfonn ar eolas acu, agus tá na lipéid lochtach dá réir. Eisíodh na ceirníní ó 44 Sráid Chill Dara, mar a raibh oifigí níos fairsinge anois ag Gael-Linn tar éis dóibh aistriú ó Shráid an Fheistí.

Is ar mhuintir na Gaeltachta go príomha a bhí na ceirníní dírithe, agus sin é an fáth gur cheirníní troma ar luas 78 cpn iad. Bhí ceirníní den saghas sin, a bhí ann ó chasadh an chéid, ag imeacht as go tiubh faoi dheireadh 1957, agus fadcheirníní éadroma ar luas 33.3 nó 45 cpn ag teacht i réim. Ach bhí na seanseinnteoirí meicniúla 78, ar tháinig go leor díobh anall ó na gaolta i Meiriceá, go flúirseach fós sna Gaeltachtaí, toisc a dhéanaí is a cuireadh an leictreachas ar fáil sna ceantair sin. 'Ceirníní Gaeltachta' a tugadh ar na ceirníní i gcomhfhreagras inmheánach Ghael-Linn. Ach bhí margadh ann i measc mhuintir na cathrach leis, rud a léiríodh ag na hOícheanta Seanchais nuair a bhíodh an oiread céanna daoine á gcur ó dhoras is a bhíodh istigh ag na coirmeacha.

'Amhráin na nDaoine' a bhí á gcur i láthair, de réir an fhógra, agus ba bheirt amhránaithe as Conamara a bhí le cloisint ar na sé cheirnín. Beirt ab ea iad a raibh duaiseanna buaite acu ag an bhféile chultúrtha bhliantúil An tOireachtas, thar na blianta, agus a bhí go mór chun tosaigh sna hOícheanta Seanchais: Seán 'ac Dhonncha i 1956 agus Seosamh Ó hÉanaí i 1957. Amhráin ghrá agus amhráin éadroma a chan siad. Ní léir anois cé a roghnaigh na hamhránaithe ná na ceoltóirí, ach bhí gnáthchúram na gceirníní ar Riobard Mac Góráin (agus Breandán Ó Dúill ó Chomhdháil Náisiúnta na Gaeilge ag cuidiú leis) agus is cinnte go raibh tionchar mór aige siúd ar an roghnú. Is dócha gur léir do Ghael-Linn cé ab ansa le lucht éisteachta na gclár raidió agus leis an lucht éisteachta sa Damer.

Maidir leis na ceoltóirí, ar ceoltóirí tuaithe iad go léir, beagnach, bhídís siúd ag seinm go rialta ag ceolchoirmeacha, ag céilithe ghluaiseacht na hathbheochana, agus ar Raidió Éireann. Bhíodh tóir orthu leis mar cheoltóirí den scoth ag lucht na bhfleadhanna ceoil. Níorbh fhir Ghaeltachta iad, ná níor Ghaeilgeoirí féin cuid acu; ach ní raibh ceoltóirí uirlise chomh cumasach leo le fáil sa Ghaeltacht féin ag an am. Bhí éagsúlacht stíle le cloisint uathu. Stíleanna Muimhneacha a bhí ag na fidléirí Denis Murphy agus Seán Ryan, agus stíl Ultach ag Joe Devlin. Maidir leis an bpíb uilleann, is stíl Laighneach a bhí ag Tommy Reck. Is iad na foinn a bhí i réim i 1957, idir shean is nua, a bhí á gcasadh acu. Sheinn siad roinnt díobh uair amháin, agus roinnt eile faoi dhó nó níos mó. Mhaígh poiblíocht Ghael-Linn go raibh na ceoltóirí ann chun an dlúthcheangal idir an amhránaíocht agus an ceol uirlise a léiriú; ach is dócha go rabhadar ann leis chun custaiméirí Galltachta a mhealladh. Ní gach duine a bhí oilte go fóill ar stíleanna aduain na hamhránaíochta.

D'éirigh go geal leis an eisiúint. Díoladh os cionn 1,000 cóip den chéad cheirnín laistigh de bhliain go leith, suim nár bheag ins na 1950í bochta, go háirithe nuair a chuimhnítear gur luach 5/9 a bhí ar gach ceann, mar b'in an gnáth-luach ar cheirnín ag an am. Rud nach rabhthas ag súil leis, is dócha, gur ceannaíodh go leor de na ceirníní thar sáile i Meiriceá. Seans gurb iad muintir Chonamara thall a cheannaigh iad.[75]

Cheannaigh muintir Chonamara abhus na ceirníní freisin, go háirithe gaolta agus comharsana san Aird i gCarna, agus bhí muintir Sheáin Jeaic ina measc, mar is cuimhneach le Josie:

> Tá a fhios agam go maith gur ceannaíodh iad. Bhíodh seanghramafón sa teach againne. Bhí mo mháthair i Meiriceá. Tháinig sí anall aimsir an *Depression* agus thug sí gramafón nua anall léi agus glac mhaith ceirníní. Bhí Michael Coleman agus [James] Morrison agus an Ballinakill [céilí band] agus mar sin ann – na seancheoltóirí ar dearnadh taifeadadh orthu i Meiriceá na blianta sin.
>
> Agus an chéad cheirnín a rinne Leo Rowsome, b'fhéidir, ceannaíodh é sin Tigh Gheraghty i gCarna freisin, agus is í mo mháthair a cheannaigh é. Ní raibh an t-am sin ann ach na seanrothair, agus nuair a bhí sí sa mbaile ón siopa bhí an ceirnín ina dhá phíosa, díreach trasna trína lár. Ach cuireadh dhá ruainnín beag bídeach *sticking plaster* air, amuigh ar an gcoirnéilín amuigh uilig de, agus píosa eile istigh ina lár. Bhí sé in ann casadh ach bhíodh tic-tic ag an tsnáthaid ag dul thar an scoilt. Ach go deimhin bhí an ceol go maith, agus seans go bhfuil an ceirnín sin thiar sa teach ag deartháir liom, Colm, i gcónaí.
>
> . . . Bhí siopa Mhic Oireachtaigh, Tigh Gheraghty i gCarna, ag díol ceirníní an t-am sin. B'iontach é freisin, mar bhíodh gramafón sa siopa. Chasaidís an ceirnín sa siopa agus ceannaíodh na ceirníní ar an gcaoi sin. Micheál atá ansin anois; athair agus máthair Mhichíl a bhí ann an uair sin.

Tráthúil go leor, an oíche a raibh mé ag caint le Josie faoi cheirníní Ghael-Linn, cé a chasfaí orainn agus muid ag teacht amach as Óstán Chuan Charna ach deartháir níos sine ná Micheál Mac Oireachtaigh,

Pádraig, a bhí thall i nDallas Texas le os cionn deich mbliana fichead. D'fhiafraigh mé de an raibh aon chuimhne aige ar cheirníní Ghael-Linn agus dúirt sé láithreach:

> Cuimhne mhaith! Bhídís ar siúl sa siopa agus thagadh mná an bhaile, mná na hAirde, isteach sa siopa Dé hAoine tar éis an phinsin, ag éisteacht leis na ceirníní, go mór mór 'Caoineadh na dTrí Muire'. Agus bhídís ag caoineadh iad féin, ina seasamh ag an gcuntar sa siopa ag éisteacht le Joe Éinniú ar an gceirnín. Agus dá mbeadh ceol ar bun, bheidís ag damhsa sa siopa, na seanmhná. Casadh Joe orm go minic agus Seán 'ac Dhonncha. Bhídís isteach is amach i gcónaí.

Bhí an tOireachtas ag cur na seanamhrán i láthair phobal beag Gaeilgeoirí i mBaile Átha Cliath uair sa mbliain, ach bhí Gael-Linn anois tar éis roinnt de sheanamhráin ár dtíre, nach mbíodh le cloisteáil roimhe sin ach sa nGaeltacht, a chur ar fáil do phobal éisteachta raidió na tíre go léir, agus an domhan mór go deimhin. B'iontach an spreagadh agus an t-ardú meanman é do phobal na Gaeltachta féin, agus deir Josie Sheáin Jeaic go raibh tionchar mór acu air féin ag an am:

> Ó, bhí! Beirt iad seo nach raibh mórán aithne agam orthu. Ní fheicinn Johnny [Seán 'ac Dhonncha] ach uair sa gcéad agus ní go minic a thagadh sé thart. Ach cheap mé go mb'iontach an rud beirt mar seo agus na hamhráin a bhí acu. Bhí mé féin sé bliana déag i 1959. Agus aisteach go leor, sin é an uair ar thosaigh mise ag cur suime in amhráin, nuair a bhí mé a cúig déag nó a sé déag, agus cheap mé go mba bhreá an rud é seo. Nár bhreá an rud castáil leo! Agus ar ndóigh, chas!
>
> Is dóigh gur thosaigh mé ansin ag cur níos mó suime in amhráin. Bhí roinnt amhrán tógtha suas agam, agus seans ar bith a fuair mé bhí mé ag éisteacht le amhráin. Bhíodh feis i gCarna. Is dóigh gurb in é an chéad áit ar chas mé amhrán go poiblí, ach an oiread le Joe. Bhíodh feis iontach ann an t-am sin. Bhí mé thart ar cheithre bliana fichead nuair a chas mé ann le dhul chuig an Oireachtas.

Ghnóthaigh Josie Corn Uí Riada trí huaire, agus tá cuasnóg bhreá dá chuid amhrán curtha ar dhlúthdhiosca dar teideal *Josie Sheáin Jeaic* (CP 03426), ag an gcomhlacht Francach Cinq Planètes.

Ar Radio Éireann a chuala an file agus an fonnadóir Micheál Ó Cuaig as Aill na Brón i gCill Chiaráin, Seosamh Ó hÉanaí den chéad uair:

Ní mórán amhrán ar an sean-nós a chuala mise go dtí gur chuala mé iad ar cheirníní Ghael-Linn, agus ní chloisfeá iad sin féin ar an raidió ach fíor-chorruair; ar chlár Ghael-Linn b'fhéidir, nó ar chlár áithrid. Faoi Cháisc, b'fhéidir go n-aireofaí 'Amhrán na Páise'. Agus ba rud an-speisialta é nuair a chloisfeá Johnny Joe Pheaitsín nó Joe Éinniú. Ach ní fhaca mé Joe Éinniú riamh go raibh mé sna fichidí, nuair a chonaic mé i mBaile Átha Cliath é i 1971, ag an gcoirm cheoil a thug sé i Halla na Saoirse an samhradh sin. B'iontach an oíche í sin, agus bhí slua aisteach ann agus é ar an stáitse leis féin, gan ann ach cathaoir agus gloine uisce. Ba oíche dhraíochta í sin domsa, an chéad oíche a bhfaca mé Joe Éinniú. Bhí sé ina bhuaic an t-am sin. Sin é an chéad uair a d'airigh mé 'Eileanór na Rún' – bhí mé faoi dhraíocht! Ní raibh sé cloiste riamh agam; níor chuala mé ag aon duine thart é.

Agus ní raibh mé ag caint leis riamh ansin go dtí oíche a raibh mé féin agus Maggie, mo bhean chéile anois, thíos Tigh Pheadair Mhóir [teach tábhairne] ar an mBánrainn i Ros an Mhíl. Bhí muid ag cúirtéireacht an t-am sin, agus tá mé ag ceapadh gur beag nár imigh Maggie uaim mar gheall ar an méid ama a chaith mé ag caint le Joe Éinniú! Bhí an oíche an-mheirbh, is cuimhneach liom; ba mhór an spóirt an oíche í. Bhí grúpa ceoil Tigh Pheadair Mhóir an oíche chéanna, ach ní hé an ceol a bhí do mo thabhairt-sa ann! Bhí muid ag ól linn, agus ansin chonaic mé Johnny Chóil Mhaidhc ag teacht isteach. Chuir mé suim ansin, mar b'in laoch eile a bhí agam. Agus cé a bheadh in éineacht le Johnny ach Joe Éinniú! Agus dúirt mé: 'Tá Joe Éinniú anseo!' Bhí sé cosúil le Mac Dé a bheith tagtha ar ais, go raibh Joe Éinniú istigh anseo, gan rabhadh gan fógra a bheith faighte againn faoi. Agus bhí an banna ag casadh agus an giotár chomh hard!

Chuaigh mé ag caint leis. Rinne mé mo bhealach suas chuige ar bhealach eicínt. Is dóigh go ngabhfainn ag caint le Johnny ar aon chaoi. Chuir mé mé féin in aithne do Joe. D'fhiafraigh sé: 'Cé thú féin thiar?' D'inis mé dó. Bhí a fhios aige cé hiad mo mhuintir. Dúirt sé: 'Bhínn ag muiírinteacht amach ansin ó Aill na Brón.' Ach bheinn sách cuthaileach timpeall air. Ní dhéanfainn aon teanntás mór air. Ach, nuair a bhí mé ag imeacht, dúirt mé: 'B'fhéidir go gcasfá amhrán ar ball dúinn, "Baile Uí Lí" b'fhéidir?' Agus níor bhreathnaigh an áit go gcasfaí aon amhrán ann! Shuigh mé síos, agus tar éis píosa maith den oíche, is dóigh gurb é Johnny a d'iarr ciúnas. Sheas Joe amach agus dúirt sé: 'D'iarr fear ansin thíos orm "Baile Uí Lí" a chasadh; tá mé ag gabháil á chasadh anois.' Níor chas sé ach an t-aon amhrán amháin, ach go deimhin b'fhiú éisteacht leis, an oíche sin.

Bhí Maggie ansin, agus bhí sé ag cinnt uirthi a thuiscint cén chaoi a raibh mise chomh tógtha le Joe Éinniú. Níor thuig sí gur i Meiriceá a bhí sé. Bhí a fhios aici gur as Carna é, agus níor thuig sí cén fáth go mbeinnse chomh tógtha sin le fear as Carna a chasfaí orm thíos i Ros an Mhíl!

As Aill na Brón i gCill Chiaráin freisin an fonnadóir Peadar Ó Ceannabháin agus is ar Radio Éireann a chuala seisean Seosamh Ó hÉanaí den chéad uair:

Chaithfeadh chuile dhuine againn fanacht socair nuair a thagadh Joe Éinniú nó Johnny Joe Pheaitsín ar an raidió. Bhí naonúr againn ann agus níl mé ag rá go mbíodh muid uilig in éineacht, ach bhíodh go leor gleo agus pléaráca ann. Ach chuirtí deireadh leis an ngleo! Bhí m'athair agus mo mháthair ceanúil ar an mbeirt acu, agus tá mé ag ceapadh, nuair a bhí mise an-óg, go rabhadar beagán níos ceanúla ar Johnny. Tá a fhios agam gur cheannaigh mo mháthair ceirnín le Johnny, agus ceirnín eile de chuid Ghael-Linn, agus bhí sé ina spraoi thuas ar an lota sa seanteach ag éisteacht leo ar ghramafón a tháinig as Meiriceá! Ach bhí an-tóir acu ar Joe freisin.

Tá a fhios agam, nuair a bhí mé i gColáiste Éinde, gur cheannaigh mé féin an ceirnín sin, *Seosamh Ó hÉanaí*, an ceann a bhfuil 'Curachaí na Trá Báine' air agus 'Eileanór na Rún.' Bhí an-chumha orm i ndiaidh an bhaile an bhliain sin. Ba é an chéad uair agam é an baile a fhágáil, mar is ag freastal ar an meánscoil i gCarna a bhí mé roimhe sin, agus chaith mé an dá bhliain dheireanacha roimh an Ardteistiméireacht i gColáiste Éinde i nGaillimh. Bhí Néillidh Mulligan in aon rang liom; tháinig seisean ann as Baile Átha Cliath an bhliain dheiridh roimh an Ardteist. Bhí na píobaí ag Néillidh agus bhí mé féin fiáin i ndiaidh na bpíobaí. Bhínn ag éisteacht leis chuile lá. Tá mé ag ceapadh gur mé an t-aon éisteoir a bhí aige! Bhíodh sé ag cleachtadh go minic agus bhínn suite istigh ag breathnú air agus ag éisteacht leis, agus mé féin santaithe ag iarraidh píobaí!

Bhí Néillidh ag rá go raibh aithne aige ar Joe Éinniú, agus bhí muid istigh sa mbaile mór an lá seo. Agus chonaic mé an ceirnín istigh Tigh Phowell, agus dúirt Néillidh: 'Tá an ceirnín sin thar cionn!' Agus cheannaigh mé é, pé ar bith cén chaoi ar éirigh liom an t-airgead a bheith agam. Agus d'éirigh liom seinnteoir ceirníní a fháil ón Athair Tarpey agus chuaigh mé isteach i seomra ranga agus chuir mé air an chéad amhrán, 'Curachaí na Trá Báine'. Ó, bhain sé craitheadh asam! Bhain sé na deora as mo shúile! Cheap mé go raibh sé cumasach uilig! Mar gheall ar go raibh cumha orm i ndiaidh an bhaile freisin, mheabhraigh an t-amhrán dom a bheith thiar sa mbaile! Ach bhí cineál sinsearachta eicínt ina ghlór, agus bhí an dúchas sin aige. Bhí sé uilig ceaptha chomh cumasach aige. Rug sé greim uilig orm, ó bhun go barr. Bhínn ag éisteacht leis an gceirnín sin chuile lá dá bhfaighinn deis ar bith. Agus an t-am sin, ní raibh orm ach amhrán a chloisteáil uair nó dhó, ní hionann is anois. Tá a fhios agam gur thug mé an ceirnín sin mar bhronntanas do mo mhuintir nuair nach raibh fanta ag baile ach iad féin, agus bhí an-tóir acu féin air. Tá mé ag ceapadh gur tháinig siad ar thuiscint eicínt eile ar Joe, ó bheith ag éisteacht leis an gceirnín sin.

Nuair a bhíodh Joe ag gabháil fhoinn i dtosach bhí sé cineál garbh. Bhí glór an-bhreá aige, an-láidir! Ach ó chuaigh sé go Meiriceá, leis an taisteal agus chuile shórt, chuir sé níos mó slachta agus snas ar a chuid fonnadóireachta. Leis an taisteal uilig a rinne sé, idir Bhaile Átha Cliath, Albain, Sasana, agus ansin Meiriceá, sílim go ndeachaigh an méid a chonaic sé agus a chuala sé i gcion air, i bhfios nó i ngan fhios dó.

Bhí an stíl a bhí aige i dtosach níos simplí, sílim. Bhí sé níos cosúla leis an seandream thiar, níos cosúla le Dara Bán agus le Michael Mháire an Ghabha. Bhí sé i bhfad níos cosúla leo sin. Agus ansin, le dhul i gcion ar lucht éisteachta, is dóigh, nuair a d'fheiceadh sé daoine eile ag dul i gcion ar lucht éisteachta, thosaigh sé ag déanamh rudaí eile freisin. Nuair a théann tú ar stáitse, is cur i láthair eile atá i gceist agus bheadh sé sin pioctha suas aige. Cheapfainn go mbeadh sé ag iarraidh níos mó a chur isteach ann. Agus amanta mhoillíodh sé an t-amhrán ag a dheireadh, agus bhíodh níos mó ornáidíochta aige. Sílim, aisteach go leor, go raibh a ghlór ag éirí níos binne. Agus, go dtí deireanach go maith ina shaol, ní fear é a bhíodh ag múinteoireacht ná ag déanamh go leor cainte, mar a bhí Johnny Joe Pheaitsín [Seán 'ac Dhonncha]. Bhí Johnny thar a bheith binn ina óige. Is cinnte nár chuidigh an mhúinteoireacht leis mar amhránaí, mar bíonn ort an oiread sin cainte a dhéanamh agus cuireann sé as go fisiciúil do do ghlór agus don scornach, agus téann an glór ar gcúl. Bhí glór an-láidir agus an-chumasach ag Joe, agus fiú nuair a chuaigh sé amach sna blianta sílim gur éirigh leis an neart sin a choinneáil ina ghlór.

Chuaigh sé i bhfeidhm go mór orm i dtosach, cinnte. Ba é mo dhia fonnadóireachta é nuair a bhí mé sna déaga agus go dtí go raibh mé amach sna ficheadaí. Ach ní raibh mórán eile le cloisteáil ach é. Dá mbeadh Colm Ó Caodháin le cloisteáil ag an am sin, nó Dara Bán, nó Michael Mháire an Ghabha – níor chuala mé Michael ceart, mar ní bhínn ag dul isteach sna tithe tábhairne an t-am sin. Bhí Pádraig Tom Phaits cloiste agam, ceart go leor, ach ní bhínn ag éisteacht mórán an uair sin. Ach ón am ar chuala mé an ceirnín sin le Joe Éinniú, chuaigh mé isteach sna hamhráin, agus bhínn ag éisteacht le fonnadóirí eile.

An chaoi a mbreathnóinn anois air, déarfainn go raibh fonnadóirí chomh maith le Joe Éinniú thiar agus in áiteacha eile, ach ní cheapfainn go raibh mórán fonnadóirí a bhí chomh tugtha don fhonnadóireacht, daoine arbh í an fhonnadóireacht a saol iomlán beagnach; a bhí faoi dhraíocht go hiomlán ag an bhfonnadóireacht; a bhí ag iarraidh an amhránaíocht sin a chur chun cinn agus os comhair an phobail agus ag iarraidh borradh a chur fúithi. Ní mórán daoine dá leithéid sin a bhí ann, thiar ar chaoi ar bith. Tá mé ag ceapadh dá gcloisfinn Colm Ó Caodháin nuair a bhí mé sna déaga gurb in é an cineál stíle a mbeadh suim agam inti. Ó Cholm Ó Caodháin a fuair Joe Éinniú 'Eileanór na Rún', ar ndóigh – thóg Séamus Ennis ó Cholm é agus tá sé i Roinn Bhéaloideas Éireann. Tá an fonn eile ag Ó Caodháin leis. Bhí Colm Ó Caodháin fíoráithrid uilig, fíorchumasach. Ní cheapaim go dtugtar mórán airde anois air, mar níl aon chleachtadh ag daoine ar an gcineál sin fonnadóireachta. Bhí Éinniú níos snasta ná Ó Caodháin, ach bhí fiántas iontach agus ceol iontach ag Ó Caodháin nach raibh ag mórán fonnadóirí eile.

Ach bhí saol sách crua ag Éinniú, ar bhealach. B'éigean dó imeacht. Agus cé go gceapann daoine gur éirigh go maith leis – chuaigh sé go Meiriceá agus tugadh aitheantas dhó ann agus mar sin de – braithim ó bheith ag féachaint air cupla uair, agus ag breathnú ar na físeáin, go raibh uaigneas an-mhór ansin. Bhí sé ag plé le pobal nach raibh aon tuiscint acu air i ndáiríre, mura raibh corrdhuine ann. Tá sé amhlaidh in Éirinn anois dúinn féin go leor den am, ar ndóigh. Is é Joe is mó a chuaigh i gcion orm siúráilte, agus is é is mó a d'fhág a lorg orm. Ach, mar a deirim, ba é ba mhó a bhí le cloisteáil freisin, mar is é is mó a chuir ceirníní amach. Ag an am céanna, nuair a chloisim amhráin leis fós, is cuma cé mhéad uair a éistim leis, tá an cumas ansin i gcónaí. Ghabhfadh amhránaithe maithe eile i bhfeidhm ort ar ócáidí áirithe ach, i gcás Éinniú, mura bhfuil tú i ndrochghiúmar uilig, tá a fhios agat go bhfuil cumas iontach ann. Tá bua eicínt aige, tá draíocht eicínt aige, ní hé amháin ina ghlór ach sa gcaoi a gcuireann sé trasna an t-amhrán. Tá doimhneacht ann.

Bhí Nioclás Ó Cearbhalláin ar dhuine díobh sin taobh amuigh den Ghaeltacht a tháinig faoi thionchar na gceirníní nua seo, agus bhí sé ag labhairt thar ceann go leor daoine, taobh istigh agus taobh amuigh den Ghaeltacht, nuair a dúirt sé i léacht a thug sé sa tsraith Thomas Davis Lectures ar an raidió i 2001:

> As is the common experience, my own early memories of life and music – in Drogheda, County Louth, in the 1950s – are mixed in with memories of radio. Like most people then, we didn't take a daily newspaper, and the only people we knew were the people we met every day. My parents acquired a Pye valve radio sometime around 1950, and radio was our one window, so to speak, on the outside contemporary world. Delia Murphy was a great favourite then and my mother sang her songs around the house – I still know the 'Boston Burglar' and 'If I were a Blackbird', and more, since those days. My father, who was a good stepdancer, often danced to céilí music when it came on the radio, just as, a few decades earlier, his family had danced halfsets in their kitchen to the music of the gramophone. Early personal memories of running back to school after dinner because I'd stayed too long listening to the Gallowglass Céilí Band on the Mitchelstown Cheese sponsored programme, or of not doing my Latin exercise in the front room because I was actually listening to Willie Clancy on 'Ceolta Tíre' there, or of the Sunday-night school-is-imminent depression brought on by 'Music of the Nation', these memories merge with the high excitement of traditional music on radio in the 1960s and 1970s; electrifying moments with Ceoltóirí Chualann and Seán Ó Sé, or with the Dubliners and Luke Kelly, or with Planxty or the Bothy Band, and hundreds more. And the puzzlement, which would eventually

mature into a better understanding and liking, of hearing sean-nós singers like Seosamh Ó hÉanaí on the Gael-Linn sponsored programme, or regional musicians such as the Kerry fidddle player Denis Murphy on the Comhaltas Ceoltóirí Éireann sponsored programme . . .[76]

10. Ar Ais i Londain

D'FHÁG SEOSAMH COMHLACHT TÓGÁLA MCALPINE I Southampton am eicínt i samhradh na bliana 1958 agus fuair sé obair leis an gcomhlacht céanna i Londain. Is i Londain, an fómhar sin, a bhuail sé den chéad uair leis an bhfidléir agus fliúiteadóir Gaillimheach Gabriel O'Sullivan, nó Gabe Sullivan mar a thugadh a chairde air, agus a ndearna sé an ceirnín *Joe and the Gabe* in éineacht leis ina dhiaidh sin. Ach bhí Seosamh feicthe agus cloiste ag Gabe Sullivan níos túisce an samhradh sin in Éirinn:

> I was home for six months. I had been working with McAlpine down in a place called Bradwell where they were building a big power station. And I got a big tax rebate of £200 as well as all the money I had gathered, so 'Here goes,' said I at Easter, 'Galway for me!' I went to the Fleadh Cheoil in Longford, about the beginning of June 1958, and there was currach racing in Galway on the following Sunday. I met Willie Clancy at the Fleadh and we spent a few days there together. We met Ciarán Mac Mathúna, and he said he was going back to Galway that night if anyone wanted a lift with him. So we all went to Galway with Ciarán and we all booked in to the Warwick Hotel. And on the way to Galway Ciarán said: 'There's a great singer I'd love both of you to hear', and who was it but Joe!

Mar a tharla, bhí Seosamh é féin ag an bhFleadh Cheoil i Longfort an tseachtain chéanna sin ach ní fhaca siad é. Riobard Mac Góráin a thug ann é; chaitheadar a dó nó a trí de laethanta ann, agus chuadar as sin go Conamara, chomh fada siar le Tigh Mharcuis, teach tábhairne i gCois Fharraige a thaithin go mór le Seosamh, mar go mbíodh an-éileamh ar a chuid amhrán ann.

Cé go ndeachaigh Gabe Sullivan agus Willie Clancy chuig Óstán Banba i nGaillimh ag éisteacht le Seosamh an oíche a raibh sé ann, níor éirigh le Gabe labhairt leis an oíche sin, agus bhí sé ar ais i Londain tar éis na saoire nuair a casadh air é:

> I went back to London in October, and a few of us were playing in The Stores in Camden Town, run by a man from Gaoth Sáile in County Mayo called Tommy Mangan. And, lo and behold, who came in one day but Joe Heaney. And someone asked him would he sing 'The Rocks of Bawn'. And he did. This was October 1958. He came up on the stage and got the microphone. And I asked him would he sing a verse of '*Neainsín Bhán*' for me. And he did.
>
> Joe was staying with Donegal people called Séamus and Maureen O'Boyle. She was from Dublin but Séamus was born here [i Londain] of Donegal parents, and he was a fluent Irish speaker. He spoke mostly Donegal Irish. So the evening he came into The Stores with the O'Boyles, they brought me up to the house and we just formed a firm friendship after that. And it was that way till the day he died. Joe had just come up from Southampton, and McAlpine was building the big Shell Building on the south bank of the Thames.

Bhí an oiread sin cáile ar McAlpine in iarthar na hÉireann i lár an chéid seo caite go n-insítí scéilín grinn faoi: nuair a chuir an múinteoir ceist as an Teagasc Críostaí ar a rang: 'Cé a rinne an domhan?' gur fhreagair buachaill beag éigin: 'McAlpine, a Mháistir, agus bhí mo Dheaide ar chúl an *mhixer*.' Ba mhór i gceist freisin Taylor Woodrow, Laing, Murphy agus Pincher Mac, gan trácht ar Wimpey, a ndeirtí faoi gur sheas na litreacha W-I-M-P-E-Y do '*We Import More Paddies Every Year*'.

Más fíor an seanfhocal 'ní heolas go haontíos', ba cheart go mbeadh eolas maith ag Gabe Sullivan ar Sheosamh Ó hÉanaí, mar bhíodar in aon lóistín le chéile ar feadh tamaill, agus ag roinnt árasáin le chéile tamall eile ina dhiaidh sin. Is cosúil go n-imíodh Seosamh ar feadh tréimhsí fada agus nach mbíodh a fhios ag Gabe cá mbíodh sé, ach é ag ceapadh gur imithe go hÉirinn nó go hAlbain a bhí sé:

> Joe came to London in 1958, but then there were big gaps. He was back and over home, to Scotland and to Glasgow. Often, you wouldn't hear of Joe for nearly six months. And then he'd ring me out of the blue and say: 'I'm down here, and will you give me a "lie down" for the night?' And I had a lovely little flat in Hampstead at the time, and I'd say: 'Come along.' I didn't get married till 1967. Joe used to share my flat and before that we lived in a house in Hampstead near Kilburn, in Maida Vale. Joe had a lovely room upstairs and I had one in the bottom.

Bhíodh Gabe agus Seosamh sna tábhairní céanna thart ar Chamden Town, Gabe ag casadh ceoil ar an bhfidil agus ar an bhfeadóg mhór, agus Seosamh ag casadh na n-amhrán, idir Ghaeilge agus Bhéarla:

> At that time there was a great pub called The Laurel Tree in Camden Town, run by a man called Johnny Beasley from Roscommon. We used to play there on Friday nights. And we used to play in Tommy Mangan's pub, The Stores, in Camden Town on Sunday mornings. Then, I was out of the game on Saturday and Sunday nights as I had to play in the Galtymore. There was a céilí-dancing hall, and a modern dance hall next door but we called anyone who went in there a *Sasanach*! We went into The Bedford too. Michael Gorman played there, a fiddle player, and the great singer Margaret Barry used to be there. They were an item, even in them days. That was a mostly Sligo enclave and a very good one. Roger Sherlock played the flute. Roger was a great friend of mine, and a good player. Actually, it was Roger got me into the Galtymore when they formed the céilí band. They opened a new dance hall in

Fulham around 1956 and Roger was one of the players they got to open it. And Raymond Roland, the great accordion player from Craughwell in County Galway, was playing with them too.

Trí bliana a chaith Seosamh i Londain an uair seo, ó 1958 go dtí 1961, agus rinne sé cur síos do Mhick Moloney i Nua-Eabhrac ar na ceoltóirí a mbíodh aithne aige orthu ansin:

There were the best of musicians. There was Roger Sherlock, and Bobby Casey was there at the time, and Willie Clancy used to play the pipes sitting at the top of the stairs in The Laurel Tree. Séamus Ennis was there too. There used to be great crack. There was always somebody singing in The Black Cap. You knew the songs were there, but you knew there was going to be a fight at the end of the night! Then there was The Bedford Arms, with Michael Gorman and Maggie Barry. Maggie used to be very fond of me singing a song. 'Sing us a song, Jaysus!' she'd say to me. And I thought I was so well in with Maggie that I said one night: 'Are you really married to Michael?' She hit me with the banjo and nearly broke my skull. The banjo she had was never in tune, and my head wasn't in tune for a month after that!

Bhíodh Pádraicín Phaddy Ó Máille as an gCeathrú Rua isteach sa mBedford Arms freisin i ndeireadh na gcaogaidí, agus bhí aithne mhaith aige ar Sheosamh Ó hÉanaí:

Is iomdha deoch a d'ól mé in éineacht leis sa mBedford – níl an áit ann ar chor ar bith anois. Bhí mé ina chomhluadar ann tráthnóna amháin nuair a tháinig fear eicínt aniar [as Conamara] isteach agus thosaigh sé ag caint linn i mBéarla. Níor aithin muide eisean agus níor aithin seisean muide, agus bhí muid ag Béarlóireacht le chéile ar feadh tamaill go dtí gur dhúirt Joe leis: 'Aithním ar do chuid Béarla go bhfuil togha na Gaeilge agat'! Thosaigh mo dhuine ag gáirí agus d'iompaigh muid ar fad ar an nGaeilge agus bhí an-tráthnóna againn. Tháinig Margaret Barry isteach agus de réir a chéile thosaigh na hamhráin. D'iarr duine eicínt ar Mhargaret Barry '*The Valley of Knockanure*' a rá agus dúirt sí nach gcasann sí an t-amhrán sin go mbíonn an dara buidéal déag Guinness ólta aici. Ar ndóigh, mo léan, ba ghearr go raibh, agus gur chas sí '*The Valley of Knockanure*'. Rinne sí an-oíche!

Dúirt Mairéad Bhreathnach i Ros an Mhíl liom gur thaifead a hathair, Joe Bheairtle Ó Curraoin as an Trá Bháin, agus Seosamh Ó hÉanaí amhrán an duine ar 'phláta sráide' timpeall an ama seo i Londain; dúirt Seosamh 'Bean an Leanna' agus dúirt Joe Bheairtle 'Brídín Vesey'.

Bhíodh bailitheoir Meiriceánach a raibh Ralph Rinzler air sa mBedford Arms go minic agus thaifead sé Seosamh agus Séamus Ennis, Michael Gorman, Margaret Barry agus amhránaithe eile. Tá an taifeadadh sin le fáil ar cheirnín dar teideal *Irish Music in London Pubs*, a chuir Folkways amach i 1965, agus Seosamh ag rá '*The Rocks of Bawn*', An Spailpín Fánach' agus '*Morrissey and the Russian Sailor*' air. Bhí Ralph Rinzler ina dhiaidh sin ina Stiúrthóir ar an Festival of American Folklife sa Smithsonian Institute i Washington, an institiúid chultúrtha is mó gradam i Stáit Aontaithe Mheiriceá. Bhí ardmheas aige ar Sheosamh agus thugadh sé cuireadh chuig an bhféile dó go bliantúil nuair a chuaigh Seosamh go Meiriceá i lár na seascaidí. Nuair a d'fhiafraigh Mick Moloney de Sheosamh cén glacadh a bhí lena chuid amhrán i dtithe tábhairne i gCamden Town, dúirt Seosamh:

> If you sang a good song in a bar in Camden Town then, you'd get silence. Because the people who came, although they were drinking, they came for the love of the music too. And I used to see people putting down the darts while somebody was singing. They would throw the darts during the music, but when somebody was singing, the darts were put down. Even a song in Irish would go down well, and even people in the public bar would listen to people in the saloon bar singing. 'The Rocks

of Bawn' was their favourite, and '*Curachaí na Trá Báine*' was the favourite of the fellows from Conamara, the song that was composed by Bríd Ní Mháille in Boston years ago.

I was there when the folk revival started and I eventually ended up as resident Irish singer in The Singers Club with Ewan MacColl and Peggy Seeger and Bert Lloyd ... Of course, there wasn't any money to be made in the clubs at the time. The groups took over and clubs started letting everything happen. They allowed everything to be sung, and people didn't come any more. People wanted something solid, something better than what they were getting. But the ones that stayed faithful to what they were doing are still thriving, like The Singers Club.

I 1953 a bhunaigh Ewan MacColl, Alan Lomax, Bert Lloyd agus Séamus Ennis an Ballads and Blues Club i Londain, a raibh aithne mhór ina dhiaidh sin air mar The Singers Club agus a luaitear le Kilburn, cé go raibh sé in áiteanna éagsúla ar fud na cathrach. Go deimhin bhí an club lonnaithe san oiread sin ionad éagsúil gur shíl daoine go raibh go leor clubanna amhránaíochta den ainm céanna ann. D'aistrigh an club chomh minic sin go bhfuil bailéad fada cumtha faoi, dar teideal '*The Ballad of the Travels*'. Cuireadh cupla véarsa breise leis chuile uair ar aistrigh sé, agus bhí caoga sé véarsa ann nuair a dhún an club ar fad i 1991, dhá bhliain tar éis do Ewan MacColl bás a fháil. Seo iad an dá véarsa dheireanacha:

London toon is fu' o' rooms,
Some guid and some richt stinkers;
But if we want to keep this place,
We need some heavy drinkers.

So, for God's sake, keep yur glasses filled,
Spend a' that's in your purses;
Let's settle doon and keep this room,
And write nae mair daft verses.[77]

Ón mbliain 1958 bhí an cumadóir agus an t-amhránaí Meiriceánach Peggy Seeger i mbun an chlub in éineacht lena páirtí Ewan MacColl, agus mhínigh sise dom go raibh Ewan lándáiríre nuair a chum sé an dá vearsa sin:

Our members didn't drink much and they [landlords] kicked us out! They would buy a pint and they would nurse it upstairs all evening, and that doesn't pay for renting a room out. Weddings and funerals would make more sense, where people drink themselves stocious. The club started out as The Ballads and Blues Club in 1953 in the Princess Louise pub in High Holborn and we seemed to spend most of the next three decades looking for a pub to sing in and adding verses to the song. The club's last address was somewhere in King's Cross, and it's a place I don't particularly want to remember. It was falling down around us. But pubs were the best place to meet, because there is an atmosphere in the room.

Joe used to come out to the house a lot after we got to know him. But most likely I met him first at The Singers Club, more likely at The Bull and Mouth, but it could have been later on. Nobody was like Joe. I loved Paddy Tunney's singing but that touched a different part of you. Paddy Tunney was a light singer. For some reason Joe brought in all the poverty. Ewan was brought up extremely poor, and every now and then that would surface in Ewan's talk. But Ewan had a way of braving it out and moving his rage onto a different point, in theatre and in talking about politics.

But Joe was like a tight ball of rage. He was very controlled on stage, extremely so. But you had a feeling when he was singing he was thinking about a lot of griefs other than his own. I really had that feeling, that I was listening to an almost elemental voice. An almost animal voice, in the best term animal. That's why I felt he almost looked like a wolf or a hawk. He looked well on stage. He sat straight and often as not with his hands on his knees.

The residents [sa Singers Club] were Bert Lloyd, Ewan, myself and, in the early days, Séamus Ennis. That would be 1956, '57, '58, '59, around then. Séamus, I think, stopped being a member in 1961 or 1962. Alan Lomax was a member of that club too. This was in the late 1950s. Alan Lomax was the one who brought me over to England from Denmark where I was youth-hostelling, trying to stay dirty!

Christy Moore was in The Singers Club. Tim Lyons was there. Dick Gaughan came. All the members of the Critics School were there, people like Sarah Kerr, Terry Arnell, Jim O'Connor, Denis Turner, John Faulkner – a whole lot of them came. Bob Dylan came once. Maimie Ferina came once. A lot of people came. We had guests. Kevin Mitchell was there.

Thugadh Ewan MacColl le tuiscint i gcónaí gur Albanach a bhí ann, ach is i Salford i Lancashire a rugadh é, de bhunadh Albanach. B'as Falkirk na hAlban a mhuintir, agus comhluadar Albanach ar fad a bhí ina thimpeall i Salford ina óige, lán le scéalta agus amhráin Albanacha. Jimmy Miller an t-ainm ceart a bhí air, ach d'athraigh sé a ainm go Ewan MacColl sna 1940idí. D'fhág sé an scoil nuair a bhí sé ceithre bliana déag agus, ó tharla nach raibh aon obair le fáil le linn an *Depression*, chaith sé go leor ama sa leabharlann phoiblí i Manchester. Thosaigh sé go hóg ag plé le drámaíocht agus ag cumadh agus ag casadh amhrán, amhráin agóide go háirithe. Sin é an chaoi ar casadh a chéad bhean, Joan Littlewood, air.

Bhunaíodar beirt an Theatre of Action i Manchester agus ina dhiaidh sin an Theatre Union, amharclann pobail. Cuireadh scaipeadh na mionéan ar an amharclann nuair a thosaigh an Dara Cogadh Domhanda i 1939, ach tháinig siad le chéile arís i 1945, gur bhunaíodar amharclann taistil, Theatre Workshop, inar scríobh agus inar léirigh sé féin na drámaí, chomh maith le bheith ag aisteoireacht iontu. Dhealaigh sé féin agus Joan Littlewood ó chéile sna ceathrachaidí. Phós sé Jean Newlove i 1949 agus thosaigh Theatre Workshop ag díriú ar cheol agus ar amhráin na ndaoine, *the folk song revival* mar a tugadh air.

I Washington, D.C. a rugadh agus a tógadh Peggy Seeger. Ollamh le ceol a bhí ina hathair agus cumadóir ceoil a bhí ina máthair. Ba é an dara pósadh aigesean é; bhí an ceoltóir Pete Seeger ar dhuine den chéad chlann, agus bhí Mike agus Peggy Seeger ar an dara clann. Bhí an dá chlann báite i ngach cineál ceoil agus bhí Peggy ina pianadóir den scoth. De réir a chéile d'iompaíodar go léir ar an gceol dúchais agus ar na hamhráin dúchais, agus ina measc siúd a bhíodh isteach is amach as an teach acu i Washington bhí ceoltóirí agus bailitheoirí cáiliúla mar Alan Lomax agus a athair John Lomax, Woodie Guthrie, Leadbelly, John Jacob Niles, Bess Hawes, Lee Hayes, agus Henry agus Sidney Cowell. Nuair a bhí máthair Pheggy ag fáil bháis i 1953 is é 'Barbara Allen' an t-amhrán a d'iarr sí ar Pheggy a rá di, rud a rinne sí. D'eisigh Peggy a céad cheirnín le linn di a bheith fós ar an ollscoil, Radcliffe College i gCambridge Massachusetts. I 1955 thóg sí bliain saor ón staidéar, thug sí léi a bainseó agus thug a haghaidh ar an Eoraip. Mar a dúirt sí féin:

> I travelled, sightsaw, and hitchhiked for a year. I was sitting in a Danish youth hostel when the folklorist Alan Lomax put a call through from England. Granada Television needed a female singer-cum-banjo player for a production of *Dark of the Moon*. So at the age of nearly twenty-one, on March 25, 1956, at 10.30 in the morning, I entered a basement room in Chelsea, London and sealed my fate. Ewan MacColl was sitting on the other side of the room. Twenty years my senior, he was a singer and songwriter par excellence and it is to him that I owe the basis of my political education and commitment. He said that he fell hopelessly in love the first moment he saw me. Ewan was a married man with a child . . .

Thit Peggy Seeger i ngrá le Ewan MacColl freisin agus is dise a chum sé an t-amhrán 'The First Time Ever I Saw Your Face'. Bhí triúr páistí acu le chéile agus d'oibríodar as lámha a chéile go dtí go gairid sula bhfuair MacColl bás i 1989 in aois a cheithre bliana is seachtó. Thugaidís grúpaí agus amhránaithe aonair, idir óg agus aosta, Seosamh Ó hÉanaí ina measc, chuig an gclub agus bhíodh Ewan MacColl féin ag casadh ansin go rialta go dtí seachtain sular cailleadh é.

In Austin, Texas, a rugadh Alan Lomax i 1915, rud a d'fhág go raibh sé ceithre bliana nó mar sin níos sine ná Seosamh; bhí sé seacht mbliana is ochtó nuair a fuair sé bás i 2002. Bailitheoir ceoil a bhí ina athair, John Lomax, roimhe agus nuair nach raibh Alan ach seacht mbliana déag chaith an t-athair agus é féin ceithre mhí mhóra fhada ag taisteal ar fud Stáit Aontaithe Mheiriceá, amach faoin tuath agus isteach i gcathracha, isteach agus amach as príosúin fiú amháin, ag bailiú an cheoil agus na n-amhrán dúchais, ar na chéad taifeadáin sorcóirí Edison. Ba iad a shábháil 'On Top Of Old Smokey', mar sampla, a mbeidh cuimhne ag daoine in Éirinn fós air, agus a thaifead 'Irene, Goodnight' ón bpríosúnach Huddie Ledbetter, amhrán a bhí go mór i mbéal na ndaoine i dtús na gcaogaidí.

Tháinig Alan Lomax ag bailiú go hÉirinn i 1951, é féin agus an t-amhránaí Robin Roberts, agus Séamus Ennis ina threoraí acu. Is acu a facthas na chéad téipthaifeadáin in Éirinn, agus ina measc sin ar thógadar ábhar uathu bhí Colm Ó Caodháin i gCarna agus Elizabeth Cronin i gCorcaigh, mar aon leis na fidléirí Conallacha Néillidh Boyle agus Mickey Doherty.

Bhí an t-ábhar a bhailíodar in Éirinn agus i Sasana le cloisteáil ina dhiaidh sin sa tsraith cláracha raidió As I Roved Out a chuir Ennis agus Lomax i láthair ar an mBBC, agus a spreag Radio Éireann le tabhairt faoin gcineál sin cláir iad féin. Le linn don Singers Club a bheith i mbarr a réime i Londain, d'fhostaigh Lomax an t-amhránaí sráide as Corcaigh Margaret Barry mar bhean tí; thaifead sé a cuid amhrán agus scéal a beatha, agus chuir sé ar chláracha raidió í den chéad uair.

Thaifead Lomax amhráin ó Sheosamh i gCarna, i Londain, agus arís i Meiriceá, agus is ceart a lua anseo freisin, ó tharla go mbíodh Seosamh go síoraí ag clamhsán faoi lucht na ngiotár, gur sheinn Lomax an giotár mar thionlacan le amhráin thraidisiúnta, mar a rinne Ewan MacColl agus Peggy Seeger. Go deimhin, d'fhéadfaí a rá go raibh tionchar áirithe ag an triúr acu ar an gcaoi ar scaip an nós sa tír seo. Tháinig bailitheoirí eile as Meiriceá ag bailiú ceol dúchais in Éirinn ina dhiaidh sin, leithéidí Jean Ritchie agus a fear céile, George Pickow, agus ina dhiaidh sin arís Diane Hamilton. Tá roinnt den ábhar a bhailigh Jean Ritchie in Éirinn sna caogaidí ó leithéidí Mháire Áine Ní Dhonnchadha, Elizabeth Cronin, Sarah Makem agus Séamus Ennis le fáil ar an bhfadcheirnín *As I Roved Out*, agus tá an t-ábhar ar fad a bhailigh sí in Éirinn bronnta aici ar chartlann Ollscoil na hÉireann, Gaillimh.

Tá an cur síos seo a leanas ag Peggy Seeger:

> The Singers Club, London, where Joe was resident for years: I don't mind any particular evening – what remains in my mind is the extraordinary dignity that Joe had on stage, even when he had several, or many – too many – drinks. He was never incapable of singing – or indeed remaining upright – under such circumstances. The songs in the Gaelic were his favourites and he would sink into them as into the arms of a lover. He would absent himself into this realm of comfort, tradition, memory – wherever it was he went. The audience was very aware of the nature of his absorption, for few of our singers had it. Ewan had it when he sang the long ballads. I hope I had it sometimes. But Joe would fix his eyes somewhere in the far distance and his face would go almost stony, his hands on his knees and his mouth set, like a singing statue. When he sang in English, he was sociable, almost puckish. He and Ewan had an excellent relationship on stage, two cronies who just enjoyed each other's singing to the full . . .[78]

San agallamh a rinne sí liomsa i 2004 dúirt sí:

> I didn't know Joe very well. I don't think he was very comfortable with me; he was very comfortable with Ewan. They had a common language, and maybe it's the common language of people who've been brought up poor. He was always very gentlemanly towards me. I think he regarded me as a comrade singer. I don't know if he liked my singing; I would reckon that possibly he didn't. My singing would have been quite facile compared to his. Because of my background I hadn't very much experience of what to do with a song. I

would have been in my thirties then. I was born in 1935, so I was about thirty years old, with three small children.

But he was a big man. Big, big, big! In himself. You had the impression of this major man. Some people carry their experience on their faces. He was very much what they call 'a private man'. He didn't talk much about where he came from when he was on stage. He didn't talk about having learned this song or that song from anybody in particular. He would never say 'I learned this from this person', or 'So and so sings like this'. He would just give a translation and sing.

I know that when Sam Lardner, a Norfolk fisherman, turned up at the club, he turned up as an old man in this folk club where all the young girls were sitting with their short skirts, and he was fascinated with all this. He hardly could sing with it all. And he played to the audience. When the Stewarts of Blairgowrie came to the club they immediately retracted to their most simplistic, in that they wouldn't sing the big ballads, because they didn't think that these English young people would understand them. But what Joe would do, he would not give you his simplest stuff. He would just launch in, in Irish and in English, and if you didn't like it, too bad! And often he'd sing an Irish song and not tell you what it was about till you would ask him.

D'éirigh Seosamh cairdiúil, timpeall an ama seo, le amhránaí darbh ainm Mike Smyth, a rugadh agus a tógadh i mBaile Átha Cliath agus a bhí i Londain ón mbliain 1954. Fear díolta teilifíseán a bhí i Mike, agus bhailíodh sé amhráin anseo agus ansiúd in Éirinn nuair a thagadh sé abhaile ar saoire. Bhíodh sé ag casadh i dteach tábhairne an Brighton i gCamden Town go minic, i gcomhluadar Bhobby Casey, an fidléir as Contae an Chláir, agus chasadh sé amhrán sa Singers Club, go háirithe 'Bold Dinny Burns the Piper'. Thaifead sé dhá albam i Londain, a heisíodh i Meiriceá ina dhiaidh sin, agus chuaigh Seosamh Ó hÉanaí agus Séamus Ennis i bhfeidhm go mór air. Théadh Seosamh ar cuairt chuige féin agus a mháthair go minic i Londain, agus thug sé an bheirt acu go Carna ar saoire in éineacht leis samhradh amháin.

Bhí cáil Sheosaimh mar amhránaí ag scaipeadh ar fud London agus bhí éileamh air sna Folk Clubs a bhí ag dul i líonmhaire ar fud na Breataine. Chuir sé aithne mhaith i Seattle ina dhiaidh sin ar Louis Killen, amhránaí as Newcastle upon Tyne in oirthuaisceart Shasana, ach casadh air i Newcastle ar dtús é nuair a fuair Seosamh cuireadh a bheith ina aoi-amhránaí ansin i ndeireadh na bliana 1962. Tá an cuntas seo fágtha ina dhiaidh ag Louis Killen ar an ócáid áirithe sin:

1962: Joe at the 'Folksong & Ballad – Newcastle'. The club is packed with 170 people in a room that is full to capacity at 125. He is the first guest the club has had that sings completely unaccompanied. He sits on the raised platform with the rest of the resident singers, Laurie Charlton – the Chairman, Johnny Handle, Colin Ross, Rae Fisher, and John Connely. He drinks big pints of Guinness stout with an occasional John J. Jameson sent up by the landlord, another Irish emigré. The room is not only packed, it is smoke-filled. Beer is being consumed with steady determination though the audience is quiet and polite, rising from their chairs only between songs to go to the bar at the side of the room. After all, this audience has come here to listen, maybe to learn, and certainly to enjoy traditional music. If anyone gets noisy he is likely to be asked by the listeners surrounding him to leave.

The resident singers open the evening. Some rants from Colin Ross's fiddle, a border ballad from Laurie, a Scots song from Rae, and a new dialect song from Johnny Handle. John Connely, with his totally Irish repertoire, defers to the club's guest. A couple of singers from the audience give of their favourite or newest piece. Then it's time for the main guest's first spot.

A hush falls over the audience as the chairman calls for order, and then introduces Joe. He starts straight in, without an introduction, on 'The Bonny Bunch of Roses', a majestic retelling of the Napoleonic saga. The audience roars its approval, with cries of 'Good on ya!' scattered among the long applause. He has them in the palm of his hand now. He relaxes visibly, takes a swallow of his Guinness and then begins to introduce the next song, 'Connla'. He does so mainly by telling the story of the song, and this is the manner in which he introduces most of his material. He doesn't lay out the cultural background from which the songs come – he just tells the audience what the song says. And that is all the audience needs. Even though most of them are unfamiliar with this style of singing, they respond as if to some deep racial union with this man from Connemara. And many of them have that union, being the children or great grandchildren of those who fled the poverty of Ireland during the previous hundred and twenty years.

For close to an hour and a half, that evening in late 1962, Joe Heaney had that audience mesmerized. I stood at the back of the room filled with wonder at his incredible vocalization, the deep resonant voice, the baroque complexity of his ornamentation, and the centredness of his performing. Every one of us was drawn into the ancient culture Joe represented. We were drawn by the passion and commitment Joe had to that culture, of which he was a part – just as every song was a part of Joe Heaney. That evening, Joe had found that place of perfect balance within himself, that centre where he was one with the past, present and future, within and without. From there, through his songs, he was able to transmit his feelings to us all as though we were in perfect communion with him. I have seen Joe create that same state of communion in many other circumstances – in front parlours, motel rooms, concert halls, and pub rooms – but that evening in the Bridge Hotel, Newcastle-upon-Tyne, was the first time for me, and it remains a treasured memory.[79]

Ní bhíodh Seosamh i bhfad in aon teach tábhairne i Londain go n-iarrtaí air 'The Rocks of Bawn' a rá. Go deimhin b'in é an leasainm a bhí air thart ar Chamden Town, agus bhí sé féin breá bródúil as 'Here comes The Rocks of Bawn' a chloisteáil ar dhul isteach i dteach ósta dó, go díreach mar a bhí Máirtín Ó Cadhain sásta nuair a chuala sé ag dul thairis i bPáirc an Chrócaigh lá Cluiche Ceannais: 'There goes Cré na Cille':

That's the name I was known by in Camden Town! And when Ralph Rinzler came over to do *Irish Music in London Pubs*, that's the song I did with Maggie Barry and Michael Gorman, and all these in the pub. And we had great fun around there that time.[80]

Bhíodh Gabe Sullivan ina chomhluadar go minic i rith na mblianta sin, agus bhí aithne mhór ar Ghabe ó bheith ag seinm sa nGaltymore i gCricklewood, an halla damhsa Éireannach ba cháiliúla i Londain agus an t-aon halla a mbíodh céilí ar siúl ann gach tráthnóna Domhnaigh. Bhailíodh go leor Éireannach isteach go Londain ag an deireadh seachtaine sna blianta sin; d'fhanaidís ag cairde nó gaolta leo, agus théidís chuig an gcéilí sa nGaltymore nó ag éisteacht le ceol Gaelach agus amhráin i dtithe tábhairne Chamden Town.

Is minic a d'iarr Gabe Sullivan ar Sheosamh amhrán a rá sa nGaltymore. Bhí dóthain Gaeilge ag Gabe leis na hamhráin Ghaeilge go léir a bhí ag Seosamh a thuiscint, agus dóthain suime aige iontu le cúlra na n-amhrán a fháil uaidh. Thaithin na seanamhráin Ghaeilge go léir le Gabe ar aon chuma, agus ba mhaith an sampla é d'Éireannaigh eile i Londain nuair a d'iarradh sé ar Sheosamh na hamhráin sin a rá agus nuair a d'éisteadh sé go haireach le chuile fhocal agus le chuile nóta díobh:

Of course, don't forget his style of singing was completely foreign to a lot of people, to a lot of Irish people, I mean. I'm not talking about English people now, but Irish people from other parts of Ireland, except the west coast. On the west coast it was accepted; everyone sort of understood. Other people didn't seem to be able to grasp this very intricate style of singing and all those grace notes and things like that he was getting in his voice. It was above them. You had to be really fond of singing before Joe would even sing for you. If this world goes on for another ten thousand years there won't be a singer like Joe Heaney. Of that I'm quite convinced.

Joe could be sharp enough. He didn't suffer fools gladly. If you had music or if you had singing, you got in with a small chance. Otherwise, keep away! But we clicked from day one and we remained firm friends. I appreciated very much what he did, and he appreciated my music as well. I knew Johnny McDonagh very well and stayed in his house several nights. Sarah and Rita Keane knew Joe and Johnny well, and I practically lived with the Keanes in Caherlistrane near Headford, Co. Galway before leaving Ireland.

In uimhir a 35, Stanley Avenue, Beckenham i Londain a bhí cónaí ar Ewan MacColl agus ar Pheggy Seeger sna seascaidí, agus cé gur aistrigh Seosamh go Baile Átha Cliath i 1961, bhíodh sé anonn is anall go Londain sách minic, go ndeachaigh sé go Meiriceá go buan i 1966. Chuaigh sé ar ais go Beckenham ar feadh tamaill i 1964, agus tá an cur síos seo a leanas ag Peggy Seeger ar an tréimhse sin:

> Shortly before Joe left for the USA we invited him to stay for several weeks so that we could record him in depth. He would sit, glass or teacup in hand, and sing, talk, tell stories and jokes for hours. His face was extraordinary, as if it had been hewn of granite. His eyes were piercing and his manner, to me, quite courtly, almost cautious. I ran the machines and Ewan ran the interview. It was at these sessions that I began to really appreciate the intellectual status of the man, how purposeful and planned was his singing, how careful was his choice of repertoire, pitch, pace and decoration. He had learned from the masters and knew that he was a master himself. He appreciated the hospitality and the food and was a good house guest – played with the children, kept his room, person and effects in order and really enjoyed having a chance to talk about the craft of singing as opposed to just singing the songs. He was completely articulate even with enough as-it-comes whiskey down him to fell an ox.[81]

Nuair a cheistigh mé Peggy Seeger go pearsanta i 2004 faoi Sheosamh agus a chuid óil, agus nuair a d'fhiafraigh mé di an raibh sé ag ól go trom nuair a bhí sé ag fanacht sa teach acu, dúirt sí:

Yes, but he didn't drink at our house. As far as I remember he had an occasional beer, and Ewan was one for the Scotch. But Joe could hold it. I never saw him incapable or maudlin or anything like that. The main thing I remember is that he was extremely clean. He did not overeat. He did not overdrink. And he and Ewan sat around all the time, talking. I came in when he was talking about songs. If there was anything else, man to man, they wanted to talk about, I was probably somewhere else . . .

Beckenham is just a suburb of London, a Victorian suburb, near Bromley and Croydon, and it was the kind of milieu that probably he wouldn't have been brought up in anything like that. We had the second and third storey of an old Victorian house; somebody else had the first storey. And there wasn't much room in our house, so Joe probably got the little boxroom upstairs.

Ewan invited him because he wanted to interview him extensively, and I think we made about ten or fifteen hours of recording of him. We had a point of recording as many musicians as we could at that time. We recorded Paddy Tunney the same way. Most of the ones that we recorded were young people who came to the club, because we wanted a record of these people. And those tapes are still in the archives in Oxford University, The Ewan MacColl and Peggy Seeger Archives. When Ewan died I put all our tapes into archives. I didn't even look at them.

I remember that Joe was very dignified sitting there with his hands on his knees and just singing. He had a way of commanding. You saw him. He had hawk eyes. And hawk face. And he would just look around and immediately everybody would go quiet. I don't know if people thought they were going to be hexed if they they didn't go quiet.

His singing made me vibrate! And he sang with such joy in singing, even when he was singing miserable songs. He just disappeared into his songs. He did not sing for the audience. He sang for himself. And he sang with a grief too. I don't know much about his background, but I was always aware that he was poor. In England he was poor. I know he had a wife and three or four children. He didn't speak to us about it. I found that out from somebody else. I arranged a tour for him once. He asked me to do it, because I used to occasionally do that and I knew all the clubs, because I arranged dates for us. Something happened, something perfectly valid, and two days before the tour was supposed to start he said: 'I can't do it!' And I felt really bad about that, because I was trying to get him out of all the wrong places where he normally wouldn't sing. He was always late. Wherever he went he was always late. But he and Ewan got along like a house on fire . . .

I had trouble in understanding a lot of Joe's songs. First of all, a lot of them were in Irish, in Gaelic, and second of all, he had a way of singing, the *sean-nós* way of singing, and it was sometimes very difficult to understand the words. His teeth were not good when he was in England. He had his teeth fixed in America and he was very proud of that. The first time we saw him after going to America, he was working as a doorman in a hotel in New York, and I remember he turned up with this gorgeous young woman, absolutely lovely woman. And the first thing he did was tap me on the arm and say: 'Look, the teeth!' And he looked beautiful. He looked transformed. That would be in 1969, or 1970, or 1971.

Ar na hamhráin a thaifead Ewan MacColl agus Peggy Seeger uaidh i mBeckenham i 1964, agus a bhfuil focail na n-amhrán agus an t-agallamh fúthu le fáil ar an idirlíon,[82] tá 'Bean Pháidín', 'Cailleach an Airgid', '*The Jug of Punch*', 'Connla', '*Barb'ry Ellen*', '*The Old Woman of Wexford*', '*The Two Greyhounds*' ('*The Bogs of Shanaheever*'), 'Amhrán na hEascainne' ('*Lord Randall*'), '*One Morning in June* agus mé ag dul ag Spaisteoireacht', agus '*The Glen of Aherlow*'. Nuair a d'fhiafraigh Peggy Seeger de an ndearna sé aon idirdhealú idir amhrán mar '*Lord Randall*' agus '*The Glen of Aherlow*', mar shampla, d'fhreagair Seosamh:

I do, but what I am trying to say is – I put the same feeling – 'Lord Randall' and 'Patrick Sheehan' ['The Glen of Aherlow'] to me, they both have a very deep feeling. I know 'Lord

Randall' is much older than 'Patrick Sheehan', but they have the same sad feeling. I think they've both got to be sung with a bit of feeling because there are some songs, as you know yourself, you've got to, well the feeling is in the song. They are both sad songs and they both must have a feeling . . .

Nuair a bhí MacColl á cheistiú faoi chomh minic is a labhair sé Gaeilge, dúirt Seosamh:

Any time I go home to Carna, which is seldom nowadays, I never speak a word of English 'till I come back . . . the last time I was back was five years this Christmas.

Nuair a fiafraíodh de ar fhill mórán daoine abhaile go Carna ina seanaois, dúirt sé:

Oh, they do, most of them come back in their old age . . . They work forty or forty-five years and then come back and live their old days at home . . . they never forget. Even now, I'd like to go back there and end my days too. I would. I don't know why, there's probably the – I don't know how it is.[83]

Rinne Ewan MacColl agus Peggy Seeger sraith cláracha raidió dar teideal Radio-Ballads ar an mBBC idir 1957 agus 1966, ina raibh meascán de cheol agus d'amhráin agus de ghlórtha na ngnáthdhaoine. Bhí sé seo nua ar fad ag an am, fiú amháin ag an mBBC, ach tá sé an-choitianta ar chláracha raidió ó shin. D'iarr Ewan ar Sheosamh, le linn dó a bheith ag fanacht acu i 1964, a bheith páirteach i gclár acu seo, clár uair an chloig dar teideal *The Travelling People*, faoin lucht siúil sa mBreatain. Bhí na hamhráin seo a leanas, arbh é MacColl féin a chum iad ar fad, ar an gclár áirithe sin: '*Moving On Song*', '*There's No Place for Me*', '*Gypsy Jack of All Trades*', '*The Gypsy Is a Gentleman*', '*The Gypsy's Answer*', '*The Terror Time*', '*Thirty-Foot Trailer*', '*The Winds of Change*' agus '*Freeborn Man*'. Chas

Seosamh an '*Gypsy Jack of All Trades*' in éineacht le John Faulkner agus Belle Stewart, leagan a rinne MacColl den '*Dublin Jack of All Trades*', agus chas sé '*The Terror Time*' in éineacht le Elisabeth agus Jane Stewart, amhrán nua a rinne MacColl féin.[84]

Chuir Seosamh aithne sa Singers Club ar amhránaí de bhunadh na hÉireann a rugadh agus a tógadh i Londain, John Faulkner, a bhfuil cónaí air i gCinn Mhara i ndeisceart Chontae na Gaillimhe anois:

> As well as being a regular visitor to the Singers Club, Joe would have been a fairly regular visitor to the club that myself and my partner at the time, Sandra Kerr, were running in Stratford East; the Railway Tavern Folk Club it was called, as far as I remember. There was a lot going on in London in different folk clubs and Joe would have been a regular guest at quite a lot of them. There was a club in a pub called The Scot's House in Oxford Street, and some of the people who sang there included Gordon McCulloch and Enoch Kent, who would have probably known Joe in Glasgow – Enoch Kent would have been a famous songwriter from Glasgow at the time.
>
> My best memory of Joe is that he would always stand when he was singing. He was very interesting in the way he introduced songs. He would introduce them, not at great length, but whatever he said it would be very succinct and to the point. I don't ever remember people having difficulty in understanding what he was saying. He had quite slow and deliberate speech but was very articulate. To the best of my memory, his typical set would be probably half the songs in English and the other half in Irish. And probably a number of people in the audience would be from different parts of Ireland and wouldn't know any Irish. But they were always mesmerised by the big Connemara songs and laments and so on. And I loved them. I absolutely loved them. I think it is possible to appreciate singing without really knowing the story. Obviously, it would be much better if you did, but I can

listen to singing in Arabic or Bulgarian or any language, really. If you have a little understanding through an introduction, of what the song is about, you can get into it.

He always commanded great respect from the audience. He would stand there with one hand in one pocket and he would be pretty still, just a little gyration of the head to capture certain decorations. But, as soon as he started he would be mesmerising and people would be completely transfixed by the whole persona. And of course the singing was brilliant. He sang a lot of English songs as well, and a lot of them were humorous. That was my earliest recollection of Joe.

Chuir John Faulkner aithne níos fearr ar Sheosamh nuair a bhíodar araon ag obair ar na Radio-Ballads in éineacht le Ewan MacColl:

I think it was the first time that Ewan MacColl used *sean-nós* singers in one of those programmes. Ewan MacColl wrote all the songs, some of which became very famous afterwards. And I remember Joe singing a song of a somewhat darker nature, called 'The Terror Time'. One of the great things about Ewan MacColl as a songwriter is that he would interview people – in this particular case, travellers – and he would pick up phrases from them, and he would build a song around the phrase. The inspiration really came from them, and he always acknowledged that. And somebody said at one stage: 'That was the terror time, the winter.' And then he wrote the song – a beautiful way of working!

The great BBC radio producer who did all these programmes was Charles Parker. They were a great series of programmes and Joe was fantastic. The hierarchy of the BBC did not like these programmes because they were giving the ordinary people far too much voice over the airwaves. There was one day where, I remember, Joe was doing one take of a song, and somebody in the control room where Charles Parker was, had made some adverse comment about the whole project. Charles Parker went absolutely ballistic and started shouting and screaming. And what came over the earphones was something like: 'Well, fuck you, I'm off to the bar!' And poor Joe thought Parker was having a go at *him.* And of course he wasn't; he was having a go in *defence* of him! And Joe stormed out of the studio and into the bar. There was a bar! It was a big BBC building. And it was my job as a diplomat to go and convince him. And I went into the bar and Joe said: 'I'm not taking that from anybody!' It took me a long time to convince him but eventually I did and he came back and they all got sorted out! But, for a while, it looked as though we were going to lose Joe!

Ar cheann de na cuairteanna anonn is anall go Londain, chaith sé cupla seachtain ina chónaí in éineacht le John Faulkner agus lena pháirtí Sandra Kerr, in árasán beag a bhí acu i Wanstead in oirthear Londan:

It could have been 1962. I think he was at a loose end, and he could have stayed here for as long as he'd want. I think he stayed for two or three weeks and we used to go out to the local pub and have a few pints. If we were going out to play somewhere he'd come with us, and if he had a gig somewhere we'd come with him. I had a small car at the time. He didn't drink heavily when I knew him. None of us drank heavily, for the simple reason that we couldn't afford to! In fact, I never saw him drunk at any stage.

He told us a number of stories. I remember one of them, and he swore it was true. He had a pet rabbit when he was a child. And the pet rabbit would come into the house and hop up onto the chair where his father would have left the *dúidín.* And the rabbit would take the pipe up in his mouth and smoke away at it! He didn't like the fact that I laughed at that. 'That's absolutely true!' he said. That was some time before we did *The Travelling People.* I didn't see him again for a long time, and then I met him in O'Donoghue's in Dublin one of the times he was home from America. I didn't see him again then until I went to the States, myself and Dolores – myself and Dolores Keane went to the States in 1975 or 1976. I got this job of going to Canada to do some research on songs for

a series of two films, made by a man called Philip Donnellan,
a BBC documentary maker who made a film called *The
Irishmen*, about the Irish navvies in England in the nineteen
sixties . . .

D'iarr Ewan MacColl ar Sheosamh, le linn dó a bheith ag fanacht sa
teach acu i mBeckenham i 1964, páirt a ghlacadh sa scannán faisnéise
The Irishmen: An Impression of Exile, faoin líon mór Éireannach a bhí
ag tochailt agus ag leagan cáblaí ar fud na Breataine ag an am. Philip
Donnellan a stiúraigh agus a léirigh an scannán agus bhí Séamus Ennis
ina chomhairleoir aige. Mhol Seosamh do Shéamus Ennis fear óg as
an Aird i gCarna, Josie Sheáin Jeaic Mac Donncha, a roghnú le bheith
i bpáirt an fhir óig as iarthar na hÉireann a raibh air a aghaidh a
thabhairt ar Londain Shasana ar thóir oibre, agus tá a thuras anonn, ar
an traein agus ar an mbád bán, ina shnáithín tríd an scéal ar fad. Cé
gur ar láithreacha tógála i Sasana atá an ceamara dírithe formhór an
ama, thug an fhoireann scannánaíochta cuairt ar Charna freisin, áit a
bhfuil an t-amhránaí Meairc Pháidín le feiceáil ag siúl an bhóthair agus
Seosamh Ó hÉanaí le cloisteáil ag casadh 'The Rocks of Bawn' – amhrán
atá ina chnámh droma tríd an scannán ar fad. Tá Seosamh le feiceáil i
dteach tábhairne i Londain ag casadh leagan na scoile de 'Róisín Dubh',
agus an fonnadóir Seán Jeaic Mac Donncha le feiceáil ina theach féin
san Aird, ag casadh seanleagan Charna den amhrán céanna. Is iad
Ewan MacColl agus Peggy Seeger a chum agus a chóirigh go leor de na
hamhráin sa scannán, agus is léiriú iontach é ar shaol na bhfear
Éireannach i Sasana ag an am – is faoi na fir amháin atá sé. Cé go
mbíodh Seosamh ag obair ar láithreacha tógála, ba leis an gcuid ba
ghlaine den obair sin a bhíodh sé ag plé an chuid ba mhó den am, agus
de réir a chéile sheachain sé chuile chineál sclábhaíochta agus dhírigh
sé a aird ar fad ar an bhfonnadóireacht.

Thug Seosamh a chuairt dheiridh ar a bhean agus ar a chlann i nGlaschú i 1964–5 agus is ag an am seo a casadh den chéad uair é ar an amhránaí Albanach Geordie McIntyre:

> As far as I remember, Joe came up from London in 1964 and he had obviously been singing down in the London Singers Club. He had already recorded one or two songs for Ewan MacColl for his Radio-Ballad *The Travelling People*, and the person who alerted us to Joe's presence and importance was Gordon McCulloch from Glasgow. Now Gordon McCulloch had moved back up to Scotland slightly before that period. He was a member of Ewan MacColl's Critics Group and he also appeared in some of the Radio-Ballads himself as singer. It was he who alerted us to Joe's significance and importance. This was about mid-1964 and at this particular time a new folk club was formed in Scotland which was quite unique in many ways. It was exclusively modelled on London's Singers Club, which had the emphasis on unaccompanied song and people singing songs native to their own district or country. The Folk-Song Workshop it became known as, in Cleveden Lane in Glasgow, and it met every Saturday night. It was run by Gordon McCulloch, Bobby Campbell, Jim Waugh and myself. The point is, at that particular time we had people coming up to the club from Gordon's connections in London; people like Luke Kelly from the Dubliners and Louis Killen and Johnny Reevey of Newcastle.
>
> At the same time, Joe had moved to the Whitecrook district of Clydebank, into a modest council house there with his wife and family. Joe became a member of our club and a regular contributor. And another notable Irish presence in the club was Pat McNulty, who at that time was the only Irish piper in Scotland. It is extraordinary to say that, but he was the only uilleann piper in Scotland as far as I know. Now, Joe was a member and he sang regularly and I immediately struck up a very strong rapport with Joe. He was a big influence on me, and of course, being massively enthusiastic and extremely innocent, I ended up for a wee while singing Joe's songs – not at the same time as Joe of course! But I learned 'The Rocks of

Bawn' and I learned this and I learned that – Joe Heaney's repertoire, I had them all! And I got on extremely well with Joe. And it happened at that time, even though I didn't actually record him in the club in Glasgow, I recorded him out in Whitecrook, and I recorded various songs from him, and other material.

When I went out to his house I was treated royally. All I was focused on was song. Mary, his wife, was very much in the background. I did meet her but it was very fleeting. I was with Joe in the kitchen and there was a bit of chat and rapport and general hospitality. But my focus was really on the songs. I've absolutely no knowledge whatsoever of the social situation. But, as I said, I recorded Joe, and then he suddenly disappeared, and the Folk-Song Workshop itself folded. I only remember him for a year or a year and a half in Glasgow, in 1964–5. But he made a huge impact on me. He seemed to me to be very focused and appeared to me to be a very confident individual. He always had great respect for the songs. He was self-effacing as well. He had no ego problem. He was never deferential in any sense, but he had a sense of humility and a respect for the songs. He was highly respected in the club. He got on extremely well with people. He was very affable. I went out to Clydebank on at least four occasions and I recorded him out there, and sent copies of the recordings to Seattle later, and also to Nicholas Carolan in the Irish Traditional Music Archive in Dublin . . .

Ag an Folk-Song Workshop i Cleveden Lane i nGlaschú a bhuail Cy Laurie, tábhairneoir i nGlaschú, le Seosamh Ó hÉanaí freisin:

The first time Sam Ramsay and myself bumped into Joe was around 1964. We were not close friends or anything; we were all admirers of his singing and had a mutual interest in traditional music. We met Heaney through an appreciation of his singing, and I've been to Carna four or five times. I have a place called the Riverside Club in Glasgow, an entertainment space where we feature céilí dancing every Friday night and have done so for twenty-one years.

Maidir leis an taifeadadh a rinne Geordie McIntyre i dteach cónaithe mhuintir Heaney i Whitecrook i gClydebank i 1964–5, tá údarás le cloisteáil i nglór Sheosaimh ann agus é ag roinnt a chuid eolais le fear a bhí ní b'óige ná é féin. Chas Seosamh 'The Bonny Bunch of Roses' go hálainn mar aon le leagan na nDéise de 'Róisín Dubh' – leagan a thaithin go mór leis féin agus lena leathbhádóir Seán 'ac Dhonncha ón am ar fhoghlaim siad ar an meánscoil é. Ar na hamhráin eile a dúirt sé tá 'Rocking a Baby that's None of My Own', 'Who Are You, My Pretty Fair Maid?', 'The Bold Tenant Farmer', 'The Bonny Boy is Young But He is Growing', agus dúirt sé féin agus Geordie McIntyre gach aon dara véarsa den amhrán magúil cogaidh 'Mrs McGrath, the Sergeant Said'. Labhair Seosamh faoi chaoineadh an choirp os cionn cláir; faoi na daoine maithe nó na síoga; faoi dhaoine a bhíodh á dtabhairt as; faoi anamnacha a bhíodh ar seachrán nuair a d'fhaigheadh daoine bás anabaí; faoin gcaoi a mbíodh na rónta ag caoineadh agus gur daoine faoi dhraíocht a bhí iontu; agus faoin gcaoi, dá dtiocfadh frog isteach i dteach, go gcaithfí breith air agus é a chaitheamh sa tine, mar dá bhfaigheadh sé cead a chos amach arís go bhfaigheadh duine eicínt sa teach bás. Cé nár luaigh sé é, is cinnte go raibh an t-amhrán a chum fear as a cheantar féin, Maidhcil Bheairtle Dhonnchú, 'An Frog', i 1942 cloiste aige. Labhair Seosamh faoi sheanchas Mhuintir Laidhe agus faoin gcaoi a bhfuair siad bua an leighis; agus chuir sé na hiontais a bhí sa seanchas agus sna seanscéalta i gcomparáid le hiontais na scairdeitleán agus na mbád faoi thoinn sa lá atá inniu ann, ar bhealach a chuirfeadh Máirtín Ó Cadhain i gcuimhne dhuit in 'Páipéir Bhána agus Páipéir Bhreaca' nuair a dúirt sé:

> B'as saol an bhéaloidis, saol nach raibh aon athrú air le míle bliain anuas a fáisceadh mé . . . As an gcineál sin saoil, saol an tseanscéil, an tsean-amhráin, an tsean-ghnáis, na pisreoige más áil leat, a múnlaíodh na céadta glúin Gael . . . Blianta i ndiaidh dhom Cois Fharraige a fhágáil bhí mé in Aerfort Mhoscó, ag breathnú ar dhaoine ag dul ar na heitealláin agus ag teacht díobh, chuile ghné feistis agus chuile ghné craicinn mórán . . . Ar scéalta m'óige a bhí mé ag cuimhniú. Ba sheo é an Domhan

Thoir a bhí iontu. Ba sheo é mo thuras go dtí tobar dheire an domhain, ar chois faoi chrios an scairdeitleáin. Na capaill seo a raibh an casúr agus an corrán thiar ar cheathrú chuile cheann acu ba iad eachra Emir Bhokhara, an Gholden Horde iad, capaill airm Genghis Khan. Ba iad na heachannaí caol donn freisin iad i scéalta m'athar agus mo sheanathar. Agus cá bhfios dháiríre nárbh iad? *For no one knows through what wild centuries roams back the rose?. . .* Bhí mé féin in ann na scéalta sin a inseacht ag éirí suas dhom . . .[85]

Bhí Seosamh Ó hÉanaí tosaithe anois ag déanamh athinsint i mBéarla, do dhaoine mar Ewan MacColl agus Geordie McIntyre, ar an saibhreas seanchais agus scéalta a chuala sé ina óige i gCarna. D'inseodh sé do lucht éisteachta níos iomadúla iad amach anseo, i Meiriceá.

11. I mBaile Átha Cliath

NUAIR A THÁINIG RABHARTA MÓR NA MBAILÉAD NÓ AN *BALLAD boom* i dtús na seascaidí, d'imigh an tír fiáin i ndiaidh na gClancy Brothers, a bhí tagtha abhaile as Meiriceá. Bhí na Dubliners agus Luke Kelly ag bailiú nirt agus ag casadh bailéad i dteach tábhairne O'Donoghue's i Rae Mhuirfean i mBaile Átha Cliath agus ba mhinic na Clancys ansin freisin. Tháinig Seosamh ar ais go hÉirinn i 1961 agus chuir sé faoi in O'Donoghue's, d'fhéadfaí a rá, ag coinneáil chocaireachta lena sheanchara Séamus Ennis a bhí tagtha abhaile freisin. Bhíodh Séamus agus Seosamh go síoraí ag sáraíocht ar a chéile, ach ní raibh ann ach troid na mbó maol. Dar leis an iriseoir Joe Kennedy:

> There is no doubt there was a rivalry between Ó hÉanaí and Ennis. I saw them compete for attention with spoken and sung material. It was an old Gaelic business. Ennis the more academic Easterner with the absorbed folk tradition; Ó hÉanaí the highly intelligent 'natural' Gael, clever enough to realise what Ennis might be plotting. They were the best of friends fundamentally, though they had their squabbles.[86]

Ní hé amháin go mbídís in O'Donoghue's le chéile ach bhíodar san aon lóistín ar feadh tamaill freisin, tigh Pheggy Jordan i Ráth Garbh, bean a bhíodh ag eagrú seisiún bailéad in áiteacha éagsúla ar fud na cathrach ag an am. D'fhanadh Liam Clancy sa teach céanna ó am go chéile, mar aon le go leor ceoltóirí eile ó chian is ó chóngar.

Ní bhíodh ceol de chineál ar bith ceadaithe in O'Donoghue's go dtí tús na seascaidí, tráth ar tháinig Ronnie Drew ar ais ón Spáinn lena ghiotár Spáinneach agus ar thosaigh sé ag cur aithne ar roinnt de na mic léinn a bhíodh isteach agus amach sa tábhairne, ar a dtugtaí go dtí sin The Widow Donoghue's: Joe Dolan, a bhí ina mhac léinn ealaíne agus ag seinm giotáir leis na Swingtime Aces; na mic léinn ailtireachta Éamonn O'Doherty agus Johnny Moynihan, a bhí tar éis athnuachan a dhéanamh ar an University Folk Club; agus an mac léinn talmhaíochta Ciarán Bourke. Thart ar Ronnie Drew agus ar Chiarán Bourke a bhailigh Barney McKenna agus an chuid eile de na Dubliners, agus is iad an triúr eile sin thuas, in éineacht le Andy Irvine, a bhunaigh Sweeney's Men. Bhíodh Luke Kelly in O'Donoghue's ó tháinig sé abhaile as Sasana i 1961 mar aon le Liam Weldon, John Molloy, Joe Pilkington, agus Ted Fury agus a chlann mhac Finbar agus Eddie. Mar a deir an t-amhránaí agus an ceoltóir Éamonn Ó Bróithe:

> The mood of the pub was further invigorated by many from literary and theatrical Dublin who came to enjoy the music. The general mood of '60s' optimism prevailed, and one notable effect was the breaking down of social barriers and differences between town and country engendered by a common appreciation of the music.[87]

Tá go leor díobh sin a bhíodh in O'Donoghue's i dtús na seascaidí buanaithe ag Andy Irvine ina amhrán 'The Ballad of O'Donoghue's', Seosamh Ó hÉanaí ina measc, gan amhras.

Chuir Tony MacMahon aithne ar Sheosamh in O'Donoghue's sna seascaidí agus ba mhinic an bheirt acu ar aon ardán le chéile ina dhiaidh sin:

Nuair a thosaigh an *folk revival* thosaigh an ceol Tigh Donoghue. Áit iontach a bhí ann sna seascaidí. Do chonac Joe ansin den chéad uair i 1964. Agus chuireas aithne air, mar bhí Séamus Ennis ann ag an am céanna, agus bhí fear iontach as Contae Liatroma ann darbh ainm Peter Mulligan, agus ceoltóir iontach eile as Contae Liatroma darbh ainm Jack Dolan. Bhí Peter Mulligan gaolta le Big Tom Mulligan agus le Néillidh. Sheinneadh Peter ar an bhfeadóg stáin. Ba chainteoir iontach ar fad é agus bhí sé an-chairdiúil le Joe Éinniú. Bhí Joe sórt uaigneach ann féin agus is minic a d'fheicfeá é ina shuí leis féin ag an gcuntar. Bhí sé cairdiúil le muintir an tí, Maureen agus Paddy O'Donoghue, agus bhí sórt stádais aige ansin ag an am. Agus bhí rud éigin aige nár thuig mise ag an am.

Cúpla bliain ina dhiaidh sin chuir mé aithne ar mo bhean chéile, Kantha, cailín Indiach a rugadh san Afraic Theas. Agus an chéad oíche ar thug mé isteach Tigh Donoghue í, fuaireas amach go raibh aithne aici ar Joe. Mar bhí sí siúd ina mac léinn i Londain i 1961, agus tháinig sí anseo [go hÉirinn] chun dochtúireacht a dhéanamh sa College of Surgeons. Ach dúirt sí gur minic a chuaigh sí chun éisteacht le Joe i Londain, agus go mbíodh tost iomlán ann nuair a bhíodh Joe ag canadh amhrán Gaeilge, cé nár thuig aon duine dá raibh i láthair Gaeilge. Ach leis an gcumhacht a bhí aige mar phearsa, chuir sé draíocht ar an lucht éisteachta ar fad, dar léi.

Ach bhínn féin in Donoghue's ag caint le daoine mar Shéamus Ennis, agus Séamus Mac Craith ón Rinn. Bhí Séamus Mac Craith ag múineadh i Sandymount High School ag an am. Bhíodh sé Tigh Donoghue go minic tar éis am scoile agus chaitheadh sé féin agus Séamus Ennis uaireanta fada ag caint agus ag comhrá faoi na seanamhráin agus faoi na foinn a bhí leo. Ní raibh Joe cloiste agam riamh roimhe sin, agus nuair a chuala mé den chéad uair é do cheapas go raibh na hamhráin ag teacht amach as carraigreacha Chonamara. Nuair a chloisfeá Joe ag canadh, cheapfá go raibh tú ag féachaint amach ar dhúiche uaigneach dhorcha Chonamara; go díreach mar a cheapfá go raibh tú ag féachaint ar thuaisceart an Chláir nuair a chloisfeá Micho Russell ar an bhfeadóg stáin.

Is léir gur thaithin Seosamh, mar fhonnadóir agus mar phearsa, le Tony MacMahon, ach ní hé chuile dhuine ar thaithin pearsantacht Sheosaimh leis. Bhíodh an bailitheoir Tom Munnelly ó Roinn Bhéaloideas Éireann in O'Donoghue's go rialta i dtús na seascaidí freisin. Sa léirmheas a rinne sé ar *The Road from Connemara* i mbliain an dá mhíle, dúirt Tom go neamhleithscéalach nár thaithin Seosamh Ó hÉanaí mar dhuine riamh leis, cé go raibh ardmheas aige air mar amhránaí, rud is léir ó theideal a léirmheasa, 'A Mastersinger from Carna':

> For years we met almost every night in O'Donoghue's pub in Merrion Row, Dublin. We often shared the same stretch of bar for the night but contiguity did not lead to companionship. There was a peppery arrogance about Joe Heaney's behaviour which I never cared for, and I am sure my presence never impinged much on his consciousness. A picture taken by Nutan in Donoghue's in 1969 and reproduced in Fintan Vallely and Charlie Pigott's *Blooming Meadows* shows the singer Seán Ó Conaire looking perplexed, Joe scowling (at what, God knows) and me behind him looking apprehensive. It sums up well the atmosphere of those days as I recall them.
>
> I was not the only one who stepped gingerly around Joe. Those of you who saw Michael Davitt's excellent television documentary *Joe Heaney: Sing the Dark Away* (made for RTÉ One in 1996) were made aware of the perplexity and abrasiveness of Joe's persona. He seemed utterly incapable of familial loyalty. His family he abandoned utterly and left them to fend for themselves in Scotland. When informed that his wife had died and his son who had had a kidney transplant had developed diabetes and was going blind, he never even made contact with his now parentless family. Indeed, the dignity and lack of rancour of his son, Jackie Heaney of Clydebank, was one of the most uplifting sequences of the programme.

Although he is remembered by many for his biting tongue, Joe could also be charming, particularly in the presence of the rich and famous. This I witnessed often enough when he was lionised by visiting and local celebrities. But he was always aware of the transience of such superficial acclaim and frequently poured acid on the heads of these luminaries before he had finished the pint they had just bought him and their barstool was still warm after their departure. The American playwright Patrick Carroll knew Joe well in Dublin. I asked him if his radio play *The Scattering* was based on Joe's life. (The main character is an Irish traditional singer who cannot maintain relationships and even though he achieves considerable fame he continues on a course of inevitable self destruction.) Pat replied, 'No, the character is not Joe Heaney'. Then he added, 'But if I hadn't known Joe I never could have written the part!'

It is an unfortunate fact that many great artists were and are unlovely people. And Joe Heaney was a great artist. It was his very justified belief in his outstanding ability as interpreter and as a conduit of a magnificent tradition which gave him an air of superiority which he handled badly with unfortunate social results. If he was truculent and resentful, he had much to be resentful for, and he seems to have been his own worst enemy. But far more important is the certainty that his legacy to the tradition for which he cared so deeply is munificent and will override whatever foibles the fact of being human inflicted upon him.[88]

D'éirigh Seosamh an-chairdiúil le Ronnie Drew in O'Donoghue's luath go maith tar éis dó teacht go Baile Átha Cliath. D'iarr Ronnie air teacht ar an stáitse in éineacht leis na Dubliners in Amharclann an Gheata, rud a rinne, agus is tigh Dheirdre agus Ronnie Drew a bhí Seosamh ag cur faoi ar feadh dhá bhliain nó mar sin sula ndeachaigh sé go Meiriceá. Cuimhne cheanúil atá ag Ronnie Drew ar Sheosamh:

I first met him as Joe Heaney in O'Donoghue's, because we were going in and out of O'Donoghue's at the time. A lot of people were going in there: Séamus Ennis, Donagh McDonagh, Ciarán Mac Mathúna – and the Clancy boys were home from America. This would be 1961–2. Joe actually stayed with me for a couple of years later on. Joe was no trouble as long as you had strong tea for him. He was welcome to stay with us. He was very sensitive, and so he wouldn't interrupt. He had his room and he had his own key. He used to come in at night after having his few jars and he'd make his tea. And then in the morning he used to make his tea and be gone. Not that we wanted to be rid of him, but that was Joe's way of going.

And I would then meet him down in O'Donoghue's. It was a kind of a local, and at that stage too Ciarán Bourke, who was studying agriculture, and a lot of the architects from UCD used to call down, and we got to know Joe. He would come in and Séamus Ennis used to come in, and all the other boys. We got to know Joe as a singer very well. There was great rivalry between Joe and Séamus Ennis. We had Ennis staying with us also, but that was later. They'd be giving out about one another, but it was a friendly thing. Of course Séamus had done an awful lot with his programme *As I Roved Out* in England, and so on. But Joe had a magnificent *sean-nós* voice. He could do things with his mouth. He could bend notes. I thought he was a great exponent of *sean-nós.*

Nuair a tháinig an tseirbhís náisiúnta teilifíse RTÉ ar an bhfód i 1961–2 thosaigh daoine ag fanacht sa mbaile ag breathnú air, in áit dul amach. Thit an tinreamh go tubaisteach i bpictiúrlanna agus in amharclanna i mBaile Átha Cliath dá bharr seo agus b'éigean do chuid acu dúnadh. D'iarr Micheál Mac Liammóir agus Hilton Edwards in Amharclann an Gheata ar Ronnie Drew agus ar na Dubliners seó a chur ar siúl san amharclann a tharraingeodh an pobal ar ais, agus d'iarr Ronnie ar Sheosamh teacht in éineacht leo. Jim Fitzgerald a chuir an seó le chéile – meascán ceoil, amhráin agus filíochta – agus píosaí dealbhadóireachta le Eddie Delaney a bhí ag maisiú an stáitse. Ba é seo an chéad uair ag go leor den lucht éisteachta amhránaíocht thraidisiúnta na Gaeilge a chloisteáil agus dúirt Ronnie go raibh an-éileamh ar amhráin Sheosaimh:

> While Joe was always a great singer, I think this brought him to the forefront of an audience which was more general. Before that, sean-nós had its own audience, but when it was presented to a general audience, you got a few out of each audience who said: 'Oh, my God, I didn't realize that *sean-nós* singing was as good as this!'
>
> And so Joe got a very good following then. He sang in English and Irish. And any bit of Irish that I speak I learned it from Joe. I understand an awful lot of Irish and I'd speak more of it only I'm a bit shy about it. We had other guests like Paddy Moloney, Tommy Reck, Martin Fay and others. But Joe got a really good reception in the Gate, and I think he began to feel a bit bitter against the Gaelic establishment. We were saying at the time that he was due a pension or something. The amount of work Joe and Séamus Ennis did, and there was nothing done for them! It's an awful pity all this interest wasn't in him before he went to America.
>
> Then he gave me a song called 'Seven Drunken Nights', one of these songs that go all over the world. The funny thing about it, Joe had it in Irish as '*Peigín is Peadar*', and when he gave it to me he had a kind of a laugh up his sleeve, because Radio Éireann banned it. But Joe had previously sung it on some programme in Irish and got away with it. In fact we thought 'Seven Drunken Nights' was just a whimsical song, just like '*Connla*', that you'd sing for a bit of crack. And it went up to number one in the charts. That was the business machine, because to get to the top twenty is not necessarily a reflection of your talent: it's a reflection of how good the people selling it are.
>
> He was a bit cranky at times. About me, he reckoned I was from Dublin anyway, so what I did in Dublinese was quite acceptable to him. He had a good affinity with me; just because we were from two different parts of the same island we had different traditions in different things. But there was

a sort of a tie-up at the same time. To say that he took offence easily would not be really true, but that would be a perception that people had of him.

I always felt about Joe that he just had it; he didn't have to work at it. Joe was more of a friend to me. I was very fond of Joe. I remember feeling at the time that the Government and the Folklore Commission and all the people who publicly announced great interest in Irish culture ignored Joe, who was this culture living, while they would make a fuss of somebody less. I think that's why he went to America.

Bhíodh Seosamh go síoraí ag clamhsán faoi lucht na ngiotár, ach ní bhfuair sé locht riamh ar Ronnie faoin ngiotár. Nuair a bhí Michael Davitt ag taifeadadh píosa den scannán *Joe Heaney: Sing The Dark Away,* in O'Donoghue's i lár na nóchaidí, dúirt Ronnie:

> I remember one day coming in here – I was very friendly with Joe – and Joe was saying: 'These bloody fellows going around with their guitars, I'm sick and tired listening to them!' And then I walked in the door and said: 'How are you, Joe?' And he said: 'I didn't mean you at all, Ronnie!'

Is cuimhneach le Ronnie gur chas Seosamh 'Eanach Cuain' agus 'Connla' in Amharclann an Gheata, agus an t-amhrán ab ansa le Ronnie féin, 'Eileanór na Rún'. Dúirt Seosamh féin in agallamh le Maidhc P. Ó Conaola ar Raidió na Gaeltachta blianta ina dhiaidh sin:

> Bhí ocht seachtainí acu ann, chuile oíche. Bhí ormsa trí amhrán a rá, sin an méid. Bhí chuile dhuine ag déanamh a rud féin. Bhí daoine aonair ann agus bhí an grúpa ann. Ní raibh mise sa ngrúpa. Bhíodh Ronnie Drew ag rá a cheann féin, bhí Barney McKenna ag seinm a phoirt féin. Agus John Shehan. Bhí Ciarán Bourke an t-am sin leo, agus Luke Kelly. Bhí mise asam féin leis na hamhráin.

Thart ar an am seo freisin, agus chun daoine a bhí fanta sa mbaile ag féachaint ar an teilifís nua a mhealladh ar ais go dtí na pictiúrlanna agus na hamharclanna, thapaigh an t-iriseoir Peggy Jordan a seans agus d'eagraigh sí coirmeacha ceoil agus bailéad i bpictiúrlanna an Green agus an Grafton. *'Joe was always a thorough gentleman,'* a dúirt Peggy Jordan liom, nuair a labhair mé léi blianta fada ina dhiaidh sin – tá sí féin ar shlí na fírinne ón mbliain 2000. Thug sí Peggy Seeger agus Ewan MacColl anall as Londain, agus tá an chuimhne seo a leanas ag Peggy Seeger:

> A Saturday afternoon at the Grafton Theatre, Dublin (probably during the 1960s). The line-up was The Dubliners, Peggy Seeger/Ewan MacColl and Joe Heaney. I have no idea whose cockeyed idea it was to book anyone but The Dubliners for such an occasion but the experience haunted me, as I am sure it must have haunted Joe for years afterward. Half the audience was sleeping drunk. The other half was rowdy drunk. The concert was broken into two halves and each of the three acts was to appear in each half. Joe, being the less well known, was to open. He was booed off by this despicable crowd after the first two lines of his first song. It is to our eternal disgrace that we other artists went on after he was forced off almost in tears.
>
> The Dubliners came on and you couldn't hear them for the cheering and raucous cries. Ewan and I came on and gave what must have been a most inappropriate programme for the occasion. Only boycotting would have been suitable. It's the only time I have ever given a concert with police patrolling the aisle and removing sick drunks. The officers congratulated us, Ewan and me, for 'reaching the interval'. The show was closed down after the intermission. I am sure that the lack of appreciation in Ireland for Joe Heaney at that time was one of the reasons that he emigrated.[89]

Bhí náire agus fearg fós ar Pheggy Seeger faoin oíche sin, nuair a labhair mé léi i 2004:

The memory of the Grafton Cinema makes me feel so bad, because Joe did not know how to cope with that. If he had done a Tommy Makem on it, with 'The Shoemaker's Song' – you know what Tommy Makem used to do – he probably would have caught their attention. But they were all coming in with beer. I don't know how you allow that kind of thing! And then there were the ones who wanted to hear Joe and who really wanted to hear me and Luke and Ewan. And they put Joe on first. I think it was 1964. But Joe came on, and I forget what he started to sing. But they booed him off! They booed him off! And he just left. I don't remember in what state he left. For we were sitting over on the side, the three of us, Luke and me and Ewan. And Joe walked off over that way.

And then Luke got up to sing. I think Luke lasted the course, and then it was Ewan and me singing. And Ewan said: 'Open with something quiet'. So I opened with 'The First Time Ever I Saw Your Face'. And that did quiet them down. And then they started talking, and we sang through the talking. But at least they didn't boo us! And they didn't boo Luke. But Luke had his banjo, I think, and he could silence anybody with his banjo!

Aontaíonn Tom Munnelly le Peggy Seeger faoinar tharla, ach amháin go meabhraíonn sé di gur tar éis am dúnta na dtithe ósta a bhí an choirm ar siúl, agus go bhfuil dul amú uirthi faoin dá phictiúrlann – an Grafton agus an Green:

The folk music revival proved both a blessing and a curse to Joe. He began to be fêted by the 'stars' of this revival. Some, like MacColl and Seeger, Lloyd and Hamish Henderson were earnestly trying to gain a knowledge and appreciation of his art. And at a more popular level, groups like the Clancy Brothers and the Dubliners were genuinely attracted to him and respected him for what he stood for. However, well-meant attempts by such groups to introduce him to popular audiences often came to grief. It has got to be remembered that such audiences were there only because the current fad was 'the ballads'. Their comprehension of *sean-nós*, or any other form of traditional singing, was zilch. When faced with anything which was outside their sphere of comprehension, they did as mobs anywhere do, they attacked. I have written elsewhere of the humiliation suffered by Joe at the hands of these yahoos.[90]

Tagairt atá san abairt dheiridh sin ag Tom Munnelly don alt fíormholtach a scríobh sé san iris *Dal gCais*, nuair a fuair Seosamh bás i 1984, ina dtráchtann sé ar an oíche náireach úd i bpictiúrlann an Ghrafton, cé nach ionann a chuntas go baileach agus cuntas Pheggy Seeger:

> With the rise in popularity of groups like the Clancy Brothers, Seosamh began making guest appearances on Dublin stages. He was now appearing before audiences who were far more mixed than the small band of traditional song afficianados for whom he had performed up to now. In some shows, such as those run by John Molloy, he found willing listeners. In other venues he was less fortunate. The Clancy Brothers and Tommy Makem recall with sadness the night when Seosamh was on the receiving end of booing and cat-calls when he appeared with them as a guest. I too recall a late-night concert in the Grafton Cinema in Dublin when Seosamh shared the bill with the Dubliners. The after-pub crowd had no patience with this quiet and dignified form of singing, and the jeering and whistling soon began. There were cries of 'Ger off! We want the ballads'. A furious Ronnie Drew got down from the stage and offered to 'burst the next man that slags Joe'. His offer was not taken up, but it had the desired effect, for an attentive silence soon descended on the auditorium.[91]

An bhean a d'eagraigh na coirmeacha seo go léir, Peggy Jordan, is cosúil go raibh seachrán iomlán uirthi, sin nó gur ag cur síos ar choirm eile ar fad a bhí sí nuair a dúirt sí le Michael Davitt ar an gclár *Joe Heaney: Sing the Dark Away*:

And I put him [Joe] on in the Stephen's Green Cinema which held eleven hundred people. And I had Ewan MacColl and Peggy Seeger over from England then, at great cost to myself. And they were the main thing. And Liam Clancy was staying in the house too. And Liam and Joe got sort of singing together, each one taking turns singing the one song. And they went down so well that MacColl and Seeger nearly walked out. They were furious!

Is cinnte go raibh siad *furious* nuair a chuala siad an méid sin, agus údar acu!

Rinne Liam Clancy cur síos dom ar oíche a raibh sé féin agus Seosamh ar aon ardán ag ceann de na seisiúin seo agus a bhfuair siad bualadh bos iontach ón slua, ach is tar éis na hoíche a raibh Ewan MacColl agus Peggy Seeger ann a tharla sé:

I met Joe Heaney in a pub across from Radio Éireann, when it was upstairs in the GPO. He was leaving for England and he had his suitcase. He must have done an interview with Ciarán Mac Mathúna in Radio Éireann and was having a drink across the street in the Tower Bar with Ciarán and Dolly [MacMahon]. Joe was very upset about going back to England and he was very down. And we had just finished a tour and were ready for anything. I'm not sure if the brothers were there. And I thought he was a most extraordinary looking man. He looked to me like an American Indian. And his speech was so different. I was frightened of him, to begin with.

And then somebody said: 'The boat is not for so many hours; why don't we go up to O'Donoghue's for a drink?' We went up to O'Donoghue's for a drink, and somehow Joe got singing. And I realized that I was in the presence of somebody extraordinary, out of an extraordinary tradition. I got a few drinks into Joe and I persuaded him that England wasn't the place for him. And I remember we were trying to get Proinsias

Mac Aonghusa to try and get him a job or something. I told him that we were going on a skite down to Ballyferriter for a few days. I think he was very discouraged about the singing gigs, because he was booed in the Grafton Cinema.

We went off to Ballyferriter, Joe Heaney, Séamus Ennis, my wife Kim, Barney McKenna and, I think, Ciarán Bourke. I have recordings from these nights and I have some wonderful stuff with Joe. He was very sad about something. There was always this pervasive mood of sadness and insecurity about him. That's what I remember most about Joe at that time. He had no self-confidence or self-esteem. And when he had enough drink the other side of him came out, the chip on the shoulder: 'You're making fun of me because I talk Irish, because I'm a Connemara man.' And that anger would come out. And he was as prickly as a thornbush when he was in that mood.

Peggy Jordan had Joe and Séamus Ennis booked to play in the Grafton Cinema this particular night, and we left Ballyferriter that morning. The lads had a bottle of whiskey in the back, and I had the tape recorder going as they tried to outdo one another. And Séamus Ennis would get under Joe's skin by singing a verse of some obscure Colm Keane [Colm Ó Caodháin] song, a verse he'd think Joe wouldn't know. And Joe would say: 'Jesus Christ Almighty, you stole that from my uncle Colm Keane!'

Then we got back to the Grafton Cinema and we got up and we sang a few songs. I introduced Joe as being one of the greatest singers of Ireland that I have ever heard. And there was dead silence and Joe got rapturous applause. 'Now,' Joe said, when it was over, 'you listened to me tonight because Liam Clancy told you to listen to me. But ye booed me before! Ye booed me before!' He wasn't going to let them get away with it.

When I met him first I didn't know what to make of him. I remember, at O'Donoghue's, asking him to write out the words of a song, '*An Draighneán Donn*', and it was only after I left his company that I wondered – can he read and write? And the following day I came in for lunch and he had written it in the most beautiful copperplate.

But we had wonderful times together. We used to go to

great parties up at Peggy Jordan's. At closing time, everybody would buy something and go up to Peggy Jordan's. You'd never know who was going to be there. Peggy was recruiting people to play in her folk venues, like the Abbey Tavern and the Grafton Cinema.

Blianta fada ina dhiaidh sin, nuair a d'fhiafraigh Mick Moloney de céard a thug ar ais go hÉirinn ar chor ar bith é i dtús na seascaidí, dúirt Seosamh:

I came back because I felt I wanted to do something in Ireland that I couldn't do where I was. And a sort of dread came over me and I didn't seem to be able to move. I think I lost confidence in myself or something. There was always somebody telling me to do this and to do that. And, of course, when the Clancy Brothers came over [to Ireland] I got in with them, and the real [ballad] fad started. Things began to move in Dublin at that time.

And Joe Kennedy, who used to write for the *Evening Herald* at the time, was in the Grafton the night I tried to sing an Irish song and I was booed. And I said to Joe it wasn't me they were booing but what I stood for. But I never blamed anybody. I'm not saying now a Dublin man did it; it could be anybody who was drunk. But it wasn't nice. I don't think it would happen today.

Tá focal Sheosaimh féin ansin againn gur sa nGrafton a tharla an eachtra náireach úd, agus is eol dúinn freisin gur i 1964 a tharla sé agus gurb é an t-amhrán álainn sin 'Róisín Dubh' a bhí sé a rá.

Bhí Joe Kennedy in O'Donoghue's freisin an tráthnóna úd ar bhuail Liam Clancy agus Seosamh le chéile den chéad uair:

I knew nothing about *sean-nós* singing. And I was fascinated by this man. He was incredible. And I said: 'This man is like the old blues singers in the Mississippi Delta. He has got the real thing, and you fellows are the white singers learning the stuff from him.

Thug an Joe Kennedy céanna an-tacaíocht agus an-phoiblíocht do Sheosamh ar feadh blianta fada ina dhiaidh sin, san *Evening Herald,* san *Irish Independent,* san *Evening Press* agus ina dhiaidh sin sa *Sunday World* le linn dó a bheith ina eagarthóir air. Bhí na nuachtáin ar fad ceanúil ar Sheosamh, a bhuíochas sin cuid mhaith do Mháire Nic Fhinn Davitt a choinníodh an t-eolas leo, ach ba iad Joe Kennedy agus Bill Stewart sa *Sunday World* is mó a thug poiblíocht dó.

12. Cuairt ar Charna

B HÍ Seosamh an-chairdiúil le Tom Clancy ag an am seo freisin. Thug sé Tom agus bean as Chicago a raibh Tom mór léi ag an am, siar ar cuairt leis go teach na muintire i gCarna. Síleann Seán Ó hÉanaigh, mac dearthár le Seosamh, gurbh í an bhliain 1964 a bhí ann:

> Sa mbaile ar saoire as Meiriceá a bhí mise agus mé i mo ghasúr. I mBoston a rugadh muide, an ceathrar mac againn. I Meiriceá a casadh ar a chéile mo mháthair agus m'athair, Michael Éinniú. Is é m'athair a sheas le Joe nuair a phós sé, agus bhí siad an-mhór le chéile i gcónaí. Bhí mé sa mbaile ar saoire i gConamara ceithre huaire nuair a bhí mé i mo ghasúr, sular aistrigh muid abhaile ar fad i 1966. Bhínn ag fanacht le muintir mo mháthar, Kate Johnny Mhaidhc (Ó Cadhain), ar an Lochán Beag i gCois Fharraige, agus théinn siar tigh Mháirtín Éinniú ar feadh seachtaine anois agus arís.
>
> Tá a fhios agam, seachtain amháin a raibh mé thiar ann, gur *land*áil Joe agus Tom Clancy agus bean a raibh Tom mór léi. Bhíodh pictiúr díobh Tigh Chit i gCasla, a tógadh ansin ar an mbealach siar. Bhí mise a seacht nó a hocht de bhlianta ag an am, agus tá cuimhne an-mhaith agam air. Chaith siad roinnt laethanta thiar. Agus an chéad oíche, bhí daoine ag rá amhráin agus dúirt mé féin 'Óró Sé Do Bheatha Abhaile'

dóibh, agus bhí iontas orthu go raibh an *Yank* beag seo in ann cupla amhrán Gaeilge a rá. Agus bhí Joe an-tógtha leis seo, agus Tom Clancy freisin.

Tá a fhios agam go ndeachaigh muid ag piocadh faochan agus sceana mara agus rud ar bith a bhí le fáil. Agus ní hé an rud a fuair muid a bhí tábhachtach ach a ghabháil síos ar an trá agus é a dhéanamh. Bhí Tom Clancy an-tógtha leis seo. Bhí trá mhór ann an lá céanna agus bhí siad ag siúl thart. Tá a fhios agam gur tharraing cuid acu suas cosa a dtreabhsair agus go ndeachaigh siad amach sa bhfarraige. Agus tá a fhios agam gur dhúirt an bhean a bhí le Tom liom féin mo threabhsar a bhaint díom, ó tharla go raibh *boxer shorts* orm faoi. Tá mé ag ceapadh nach raibh mé ach a seacht nó a hocht de bhlianta ag an am agus bhí mé i bhfad róchúthaileach le mo threabhsar a bhaint díom do bhean ar bith!

Chuaigh muid ar ais chuig an teach agus cuireadh síos lán an phota de na faochain agus bhíodar ag ithe leo. Agus is cuimhneach liom go raibh Tom Clancy ag breathnú ar na faochain, agus snáthaid aige ag baint an bhia astu, mar a bheadh obráid chroí ar siúil aige, agus é ag rá: *'Amazing!'* Bhí Seán Choilm Mac Donnchadha agus a bheirt mhac, Dara Bán agus Cólaí, ansin freisin, istigh tigh Mháirtín Éinniú, agus Nan, bean Mháirtín, agus an chlann. Bhí siad ar fad ag gabháil fhoinn agus ag seanchas, agus b'fhacthas dom go mba é an rud ba nádúrtha é dá bhfaca mé riamh. Bhí an-fháilte rompu agus ar bhealach b'ócáid chultúrtha fíorspéisiúil í. Cheap mé go raibh rud speisialta eicínt ag tarlú agus iad seo ar fad chomh compordach le chéile. Bhí Tom Clancy ar a chompord ar fad, agus Seán Choilm agus Dara agus Cólaí ag casadh amhráin. Bhí Tom Clancy ag casadh an bhodhráin freisin.

Cuimhníonn Dara Bán go maith ar an lá:

Dúirt Joe liom amhrán a rá do na Clancys. Amuigh tigh Éinniú a bhí muid. Chas mé amhrán. M'anam gur chas. Agus dúirt sé nuair a bhí an t-amhrán ráite agamsa: 'Tá sé seo níos fearr ná mé féin!' Sin é a dúirt Joe an lá sin. I mBéarla a labhair sé: *'This man is better than myself!'* Chuaigh muid an oíche sin amach Tigh Phádraig Rua [teach ósta áitiúil] nó Tigh Christy mar a bhí air an t-am sin. Dúirt sé go raibh mé níos fearr ná é féin, ach ní raibh go deimhin! Bhí Joe go maith!

Bhíodh amhráin Tigh Phádraig Rua nuair nach mbíodh amhráin in aon teach ósta eile timpeall. Bhíodh Colm Ó Caodháin ag tarraingt ann agus Seán Jeaic Mac Donncha, Michael Mháire an Ghabha Ó Ceannabháin agus go leor fonnadóirí móra eile. Is ann a casadh Seosamh Ó hÉanaí den chéad uair ar an bhfonnadóir breá eile sin Johnny Mháirtín Learaí, agus Johnny ina bhuachaill óg:

Ní bheinn ach thart ar sheacht mbliana déag, agus cuimhním gur tháinig Joe Éinniú thart agus Tom Clancy in éineacht leis. Agus a Mhaighdean! Ní ligfeadh an náire dhomsa dul ag casadh in áit a mbeadh Joe Éinniú. Ach cuireadh iallach orm amhrán a chasadh. Cuimhním go maith air, agus níl mé ag déanamh gaisce anois ná tada. 'An raibh tú ag an Oireachtas riamh?' a dúirt sé liom. 'Ní rabhas,' a dúirt mé. '*Well*, téigh chuig an Oireachtas,' a dúirt sé, 'mar tá tú in ann amhrán a chasadh go maith.' Agus d'éirigh mé féin agus é féin an-chairdiúil ina dhiaidh sin nuair a bhíodh sé thart.

Agus is cuimhneach liom, uair eile, gur tháinig sé féin agus a dheartháir Michael ann. Bhí Michael ina chónaí i Roisín na Mainiach an t-am sin agus bhí buachaill á dtiomáint thart. Ach casadh mé féin isteach ann. Tá a fhios agam gurbh é an chaoi a raibh mé ag tabhairt bó chuig an tarbh ann – Tigh Christy a bhí ar an teach faoin am seo, agus bhí tarbh ag Christy.

Ach, an buachaill seo a bhí ag tiomáint Mhichael agus Joe, is é an chaoi a raibh sé ag iarraidh an chraic a thosú, agus dúirt sé liomsa: 'Caithfidh tú cur díot [tosú ag casadh amhráin] anois. Tá fear anseo a chuirfeas *challenge* ort!' Spréach Joe. 'Níor chuir muide *challenge* ar a chéile riamh thart anseo,' a dúirt sé. 'Chas muid amhráin le chéile ach níor chuir muid *challenge* ar a chéile!' Ní raibh an buachaill bocht ach ag iarraidh tús a chur leis na hamhráin. Ach bhíodar mór le chéile ina dhiaidh sin arís. Tá a fhios agam gur choinnigh Joe mé féin ansin ag gabháil fhoinn, agus gur chas mé a sé nó a seacht de cheanna amhráin. Ní chasfadh sé féin ceann ar bith ach chuir sé iallach ormsa iad a chasadh. Agus tá a fhios agam go rabhadar ag ceannacht fuisce an lá sin, é féin agus Michael. D'éirigh mé féin agus Joe an-chairdiúil ina dhiaidh sin, agus d'éirigh mé an-chairdiúil le Tom Clancy freisin.

Bhí sé dhá bhliain déag ina dhiaidh sin sular ghlac Johnny Mháirtín Learaí comhairle Sheosaimh cur isteach ar an Oireachtas. Bhuaigh sé Corn Uí Riada ag an Oireachtas i gCorcaigh i 1985.

Tigh Phádraig Rua freisin a casadh Seosamh ar Josie Sheáin Jeaic den chéad uair, agus is ann a d'ól Josie a chéad bhuidéal beorach:

An chéad uair ar casadh orm é, bliain ar tháinig beirt de na Clancy Brothers thart anseo, agus chaitheadar píosa maith de sheachtain ann, am eicínt sna seascaidí. Tom agus Liam a bhí ann, sílim – tá Tom básaithe. Ar aon nós, bhídís thiar – níl sé ann ar chor ar bith anois – Tigh Phádraig Rua. O'Donnell a bhí air. B'as an áit é. Bhí sé i Meiriceá. Mac leis a bhí ann le mo linnse, Pat Phádraig Rua. Is ann a d'ól mé féin mo chéad bhuidéal beorach riamh, Time beer. Ní bhíodh aon *draught* ann, ach buidéil i gcónaí. Pub beag bídeach.

Ach ag an am ba é an t-aon áit thart sa bpobal é a mbíodh cead amhrán a chasadh. Sna pubanna i gCarna, dá n-ardófá do ghlór déarfaí leat stopadh nó a ghabháil abhaile. Ach ba é Tigh Phádraig Rua *mecca* na n-amhrán. Bhíodh daoine ag teacht as chuile cheard ann, anoir as Cill Chiaráin agus as an Aird Mhóir agus Roisín na Mainiach. Thagaidís ann le amhráin a chloisteáil, chomh maith leis an deoch. Bhí rud eile faoi: bhí sé beagán as láthair seachas na tithe ósta sa sráidbhaile féin agus bhí seans ar dheoch deireanach.

Bhíodh an-oícheanta ann, go mór mór Lá Mhic Dara. Chruinníodh na bailteacha agus bheadh níos mó taobh amuigh ar an tsráid ná a bheadh istigh. Agus bhíodh amhráin an t-am sin ann!

Dhíol Pat Phádraig Rua é agus d'imigh sé go Sasana, é féin agus an comhluadar uilig. Cailleadh i Sasana é. Tá an teach ina fhothrach anois. Le dream as an Aird Mhóir anois é, cuid de na Flathartaigh. An fear deireanach ansin a bhí ann, Christy Prendergast, cheannaigh sé é agus choinnigh sé an pub, agus rinne sé píosa beag eile soir as agus bhí siopa aige ann. B'as Contae Mhaigh Eo ó thús é, ach tá siopaí bearbóireachta acu i nGaillimh. Bhíodh sé seo ag bearradh na n-othar san ospidéal. Choinnigh an chlann an bhearbóireacht ag imeacht i nGaillimh. Cheannaigh Christy an beár agus an talamh agus bhain sé roinnt blianta as. Dhíol sé ansin é agus cheannaigh an Flathartach seo é, ach ní dhearna sé tada leis. Is é Christy Prendergast an fear deireanach a raibh pub aige ann. Ba mhór i gceist é Tigh Phádraig Rua. Bhí sé ansin nuair a bhí Joe ag éirí suas.

Bhí glór neamhghnách ag Joe. Bhí glór álainn aige, glór thar cionn uilig. Ar ndóigh, scoth an amhránaí. Agus bhí réimse maith aige. Agus fear é a bhí in ann an t-amhrán a chur trasna ar dhaoine. Chaithfeá éisteacht leis. Mura n-éistfeá ní bheadh Joe róshásta, tá a fhios ag an saol é sin! Bhí an-mheas aige ar na hamhráin, agus bhí sé ag ceapadh gur cheart éisteacht leis an amhrán, pé ar bith cé a bheadh á chasadh. Ní hé féin amháin ar cheart éisteacht leis. Rud eile, bhí na scórtha de na cinn Bhéarla aige agus gifte ar leith aige ag casadh go leor de na cinn Bhéarla sin. Is dóigh nach bhfuil aon duine a chasfadh 'Skibbereen' chomh maith leis, nó 'Glens of Sweet Mayo' nó 'Flowery Sweet Mayo'. Is aige a d'airigh mé féin den chéad uair 'The Dear Little Isle'. Phioc mé féin suas é; taithníonn sé liom agus casaim é. Chloisinn é ag casadh 'The Bonny Bunch of Roses O'. Déanann sé fíor-jab de sin. Chuaigh cuid de na hamhráin Bhéarla sin i gcion go mór orm féin: mar a deir siad, sheasfá sa sneachta ag éisteacht leo.

Agus ansin, na cinn Ghaeilge ar fad a bhí sa gceantar. Ní hé amháin sa gceantar, ach phioc sé suas cinn eile ar fud na tíre. Bhí an-ghifte aige le amhráin a phiocadh suas. Ní raibh air ach é a chloisteáil uair nó dhó agus bheadh sé aige. Nuair a chuirtí agallamh air, bhíodh an-mheas aige ar Sheán Choilm ag casadh, agus ar Sheán Jeaic. Dúirt sé gurbh iad an bheirt ab fhearr iad a d'airigh sé riamh. Bhí an-mheas aige ar a dhúchas agus thuig sé go raibh rud ag a mhuintir, agus muintir an cheantair inar rugadh agus ar tógadh é, nach raibh ag mórán dream ar bith eile in Éirinn. Níor mhaith leis go ndéarfaí tada fúthu. Thaithin 'Baile Uí Lí' thar cionn liom, agus thaithin 'Eanach Cuain' liom, agus 'Currachaí na Trá Báine'. Bhíodar uilig aige. Níor chuala mé Seán Jeaic riamh ag casadh 'Caoineadh na dTrí Muire', ach bhíodh sé ag Máire an Ghabha.

Ach, b'fhurasta Joe a chorraí; b'fhurasta cantal a chur air . . .

Théadh Seosamh go Carraig na Siúire in éineacht leis na Clancys ó am go chéile freisin agus is cuimhneach le Tomás Ó Nialláin, múinteoir agus moltóir drámaíochta, bualadh leis ansin i lár na seascaidí:

Thagadh sé anseo go réasúnta minic, in éineacht le Liam Clancy go háirithe, agus bhaineamar an-taitneamh as na hamhráin a bhí aige. Bhíodh sé thuas i Mount Richard, teach ósta nach bhfuil ann a thuilleadh, tuairim is míle amach as Carraig na Siúire ar an mbealach go dtí an stáisiún traenach. Bhíodh seisiún bailéad ansin go minic agus bhí an-suim ag a lán daoine sna hamhráin ar an sean-nós a bhíodh á gcasadh ag Joe; ba é an chéad uair ag cuid mhaith acu a leithéid a chloisteáil. Bhíodh amhráin Bhéarla aige freisin ar ndóigh. Is cuimhin liom 'Morrissey and the Russian Sailor' agus chomh fada is a bhí sé, agus an chaoi a mbíodh an slua ag liúirigh nuair a bhíodh Morrissey thíos agus d'éiríodh sé arís! Agus 'he fought till the twenty second round' agus mar sin de! Agus d'insíodh sé scéalta. Bhí scéal aige faoin am ar thit an ceapaire amach as an gcurach uaidh nuair a bhí sé ag iascach, agus d'ith gliomach an ceapaire, agus ansin mharaigh sé an gliomach, agus chríochnaigh an scéal le 'Didn't I eat the lobster that ate my sandwich!'

Bhí sé ag bainis Bhobby Clancy, agus tar éis na bainse bhí Luke Kelly ansin agus nuair a thosaigh sé ag canadh thosaigh Joe ag rá: 'You don't have to use the guitar! Can't you use the voice?' Ach thaitin a chuid amhrán go mór liom.

Fuair Seosamh cuireadh ó choiste an Newport Folk Festival i Meiriceá chuig féile na bliana 1965. Bhí beirt a raibh aithne mhaith acu air i Londain – an bailitheoir Alan Lomax agus an fear a rinne an ceirnín *Irish Music in London Pubs*, Ralph Rinzler ón Smithsonian Institute i Washington, ar choiste stiúrthóirí na féile. Bhí bailitheoir Meiriceánach eile, Jean Ritchie, ina ball d'fhondúireacht na féile, agus bhí na deartháireacha Tom agus Liam Clancy ar fhoireann na fondúireachta freisin agus iad ag plé le stáitsiú agus le stiúradh, an bhliain áirithe sin.

Deir Liam Clancy gur iarr George Wein air féin agus ar Tom dul i gcomhairle le Alan Lomax agus le Peter Yarrow (ón ngrúpa Peter, Paul and Mary), féachaint an bhféadfaí feabhas a chur ar an bhféile ceoil dúchais i Newport. I bhfocla Liam Clancy féin:

> I was telling George Wein that he was getting people from all over the world, and there wasn't a fair representation of the Irish tradition. George Wein and his wife Joyce came over here and I was determined to get the people I liked out to Newport. That's when I got Joe Heaney over.

Ag obair ar na ceamaraí a bhí Liam Clancy an bhliain sin:

> I wasn't appearing that year, but I got up and did a set with Joe. I was assistant cameraman on a documentary about the festival and I was up on a twelve-foot platform at the back with a big telephoto lens. I have a picture of Joe and myself singing, trading verses of 'Connla', and it's in T*he Irish Songbook*, a close-up of the two of us on stage at Newport. [92]
>
> The Newport Folk Festival was a very eclectic kind of gathering. There were blues singers from the South Georgia Sea Islands; Pete Seeger would have been whipping up the crowd of maybe fifteen to twenty thousand people. Bob Dylan went electric that year. Joe Heaney came on the scene and I don't think people knew what to make of him . . .
>
> When Joe would start singing, he would rivet you with his eyes. His head would move from side to side but his eyes never left you. And you daren't make a sound or a move while

Joe was singing, because it was absolutely riveting. It was like snake charming. He was hypnotic.

Tharraing féile na bliana sin i Newport aird an domhain mhóir, nuair a thug Bob Dylan giotár leictreach ar an stáitse leis agus an Paul Butterfield Rythm and Blues Band á thionlacan, rud a chuir Alan Lomax, agus daoine nach é, le buile. Nuair a mhaslaigh bainisteoir Dylan, Albert Grossman, Lomax faoin mbealach drogallach a bhí aige Dylan a chur i láthair ar an stáitse, ba ghearr gur thosaíodar ag gleáradh a chéile.[93]

Bhí Seosamh Ó hÉanaí ar an ardán i Newport ar feadh fiche nóiméad chaon lá de thrí lá na féile agus, i bhfocla Liam Clancy:

> Joe really bowled them over . . . When he got immersed in a
> song he became possessed by that song. And it was like he was
> a medium. It wasn't an individual that was singing. It came
> out of everything that had gone before him. And anybody
> who ever watched him singing got that sense of not just the
> individual, but the importance of what he had come from.

Thug Alan Lomax Seosamh agus Liam Clancy amach chuig na hailltreacha cois na farraige i Newport agus rinne sé scannán dubh agus bán díobh, ag malartú amhrán le chéile.

D'fhan Seosamh i Meiriceá ó mhí Iúil go mí Dheireadh Fómhair 1965, agus ghlac sé páirt sa Philadelphia Folk Festival, áit ar casadh Kenneth S. Goldstein air den chéad uair. Bhí Goldstein ina chathaoirleach ar an Roinn Béaloidis in Ollscoil Pennsylvania agus ba é croí agus anam an Philadelphia Folk Festival é. Bhí sé ina chathaoirleach ar an American Folklore Society agus é an-ghníomhach in athnuachan an cheoil dúchais i Meiriceá. Ba é a thug cuireadh do Sheosamh go Philadelphia tar éis dó é a chloisteáil i Newport, agus tá go leor den chreidiúint ag dul dó faoin gcaoi ar éirigh le Seosamh i Meiriceá ina dhiaidh sin. Thaifead sé roinnt amhrán ó Sheosamh an lá deiridh den fhéile i 1965 agus cuireadh amach ar lipéad Philo iad roinnt blianta ina dhiaidh sin. Dúirt Mick Moloney:

Joe, Kenny, and myself wrote the notes for that recording. Kenny Goldstein would have been a part of that Jewish infrastructure that would have supported Joe in the early years, and would have been one of his champions long before anybody else.

D'fhill Seosamh ar Bhaile Átha Cliath agus ar O'Donoghue's an fómhar sin agus é buíoch beannachtach de na Clancys agus de Mheiriceá. Bhí neart scéalta abhaile leis chuig Ronnie Drew agus na Dubliners, agus neart ábhar díospóireachta agus argóna le Séamus Ennis. Bhí poiblíocht mhór faighte ag a chuairt ar Mheiriceá agus bhí a stádas mar amhránaí imithe in airde. Bhí níos mó ómóis dó cois an chuntair anois freisin, agus thaithin sé sin leis.

Ní raibh sé i bhfad sa mbaile nuair a d'eagraigh Séamus Mac Mathúna ó Chomhaltas Ceoltóirí Éireann camchuairt do Sheosamh in iarthar Chontae an Chláir. Níorbh é an chéad uair ag Seosamh i gContae an Chláir é, áit a raibh agus a bhfuil ómós mór do na seanamhráin Ghaeilge. Bhí sé feicthe ag Séamus ag Fleadh Cheoil an Chláir ar an Scairbh an bhliain roimhe sin, agus chuaigh an ócáid i bhfeidhm go mór air. Tháinig Séamus chuig doras teach tábhairne a bhí plódaithe go doras i lár an lae ghléigil, agus chloisfeá biorán ag titim taobh istigh. Bhí Seosamh i lár '*The Bonny Bunch of Roses*' agus bhí mónóga allais leis. Thóg duine de na Clancys naipcín geal as a phóca agus thriomaigh sé éadan Sheosaimh leis, gan cur as don amhránaí ná don amhrán. 'Bhí urraim agus uaisleacht agus áilleacht ag baint leis an ócáid,' a dúirt Séamus liom, 'agus is pictiúr é atá fanta i mo chuimhne riamh ó shin de Joe ag casadh "*The Bonny Bunch of Roses*" agus é féin agus an lucht éisteachta faoi dhraíocht ag an amhrán.'

Cúigear ceoltóirí, as áiteacha éagsúla ar fud an chontae, a bhí in éineacht le Seosamh ar chamchuairt iarthar an Chláir i bhfómhar na bliana 1965: Willie Clancy ar an bpíb uilleann, fear a raibh aithne mhaith aige air ó Chamden Town; Peadar O'Loughlin ar an bhfeadóg mhór; Paddy Murphy ar an gconsairtín; Seán Keane ar an bhfidil; agus Séamus Mac Mathúna féin ar an bhfeadóg agus ag canadh, mar aon leis an amhránaí breá eile sin Mick Flynn as Sráid na Cathrach. Ba é seo an chéad iarracht ag an gComhaltas na seanamhráin Ghaeilge a chur os comhair an phobail i mbailte agus i sráidbhailte an réigiúin. Roghnaigh Séamus Sráid na Cathrach, Cill Bheathach, Cill Mhichíl, Lios Dhún Bhearna agus Dúlainn, agus bhí oícheanta Gaelacha ar leith eagraithe i roinnt áiteacha eile freisin. Bhí Séamus féin ag obair in Inis ag an am, ach bhí aithne curtha aige ar Sheosamh in O'Donoghue's i mBaile Átha Cliath:

Bhínn ag bualadh le Tony MacMahon agus le John Kelly agus le ceoltóirí eile mar sin in O'Donoghue's, agus bhíodh Joe ina shuí ansin agus thosaigh mé ag caint leis lá. Bhí sé go deas do *lad* óg mar mé féin a bheith ag caint lena leithéid. Bhí saghas aithne agam ar Johnny McDonagh mar bhíodh sé i Sráid na Cathrach.

Is nuair a fuair mé na chéad cheirníní a chuir Gael-Linn amach a rinne mé mo chéad iarracht amhrán a chanadh ar an sean-nós. Thit mé i ngrá leis an sean-nós ansin, agus thuig mé go raibh rud ar leith ag Johnny agus ag Joe. Bhí mé tosaithe ar na hamhráin ar an sean-nós ó 1961 nó mar sin, mar bhíodh Johnny in éineacht le Martin Talty agus le Willie Clancy i Sráid na Cathrach, agus d'iarr mé air casadh ag an gceolchoirm ag an bhFleadh i 1961. Bhíodh ceolchoirm againn in Inis agus bhíodh Johnny agus Joe Burke ann. Agus bhíodh Cabaret Charna – Stiofán Ó Cualáin agus a chairde – go rialta againn thart ar 1963 agus 1964.

Bhí amhráin taifeadta ó Sheosamh ag Séamus: 'Úna Bhán', 'Dónall Óg' agus 'Amhrán Rinn Mhaoile'. Tharraing an bheirt acu go maith le chéile, cé nach é chuile dhuine a dtarraingíodh Seosamh leis go O'Donoghue's. Is cuimhneach le Séamus féin argóint bhuile a bheith ag Seosamh le duine éigin ansin lá faoi mharú John F. Kennedy, agus Seosamh ag rá go raibh scil aige féin i ngunnaí agus nach bhféadfaí trí urchar a scaoileadh chomh tapa sin as an aon ghunna amháin. Agus lá eile, ag am lóin ansin, nuair a d'fhiafraigh státseirbhíseach eicínt go béasach de Sheosamh: '*I wonder what the soup is like today*,' d'fhreagair

Seosamh go giorraisc: '*When I come in to a pub I come in for a drink, not for soup!*' Is minic ina dhiaidh sin a bhíodh Seosamh féin ag ól *soup* ansin, mar chinntigh bean an tí, Maureen O'Donoghue, go n-íosfadh sé rud éigin substaintiúil chuile lá.

An oíche a raibh réamhléiriú de chamchuairt an Chláir in Inis, bhí roinnt cruachainte idir Seosamh agus Tadhg Mac Conmara, múinteoir scoile, a bhí ag caitheamh anuas ar an amhrán '*Seven Drunken Nights*', a bhí go hard i gcairteanna na Breataine ag an am. Bhí Seosamh ag fiafraí cén fáth a raibh sé ceart go leor ag na Dubliners nó ag na Clancy Brothers an t-amhrán sin a chasadh agus nach raibh sé ceart go leor aige féin é a chasadh. Cainteoir breá Gaeilge ba ea Tadhg Mac Conmara, agus bhí sé ag rá le Seosamh níos deireanaí gur fada ó bhí comhrá Gaeilge chomh bríomhar aige!

An oíche a raibh an choirm san óstán i Sráid na Cathrach bhí Seosamh i lár amhráin nuair a tháinig cupla duine isteach as an mbeár agus thosaíodar ag caint. Stop sé i lár an amhráin agus dúirt sé: '*There are people down there who think that I should listen to them instead of them listening to me!*' Fuair sé ciúnas, ach bhí teannas ann an chuid eile den oíche. Bhí Peadar O'Loughlin, duine de na ceoltóirí a bhí ar an ardán leis, ag inseacht dom go raibh Seosamh i lár 'Eanach Cuain' an oíche chéanna, nuair a chuala sé duine éigin ag cúl an halla ag sciotaíl gháirí. '*Where I come from,*' a dúirt Seosamh, '*we don't laugh at tragedies!*', agus ní raibh an gáirí i bhfad ag stopadh. '*He was right!*' a dúirt Peadar O'Loughlin liom:

> . . . It took courage to do it, and Joe had the courage! I used to enjoy him because he was a bit bold. Another man might cave in and think: 'What am I doing here?' But Heaney didn't. He more or less said: What the hell are you doing here, if you don't want to listen?' I spent one full week with him, a week of nights! There was thirteen of us altogether, but only about five or six of us on stage on any one night. But Joe Heaney was

the king! Milltown was the only place he didn't go down too well. Apart from that, he was appreciated everywhere we went. We went back to Cross near Loop Head and an tAthair Séamus Ó Deá, who was a great Irishman, received him big, and said all the right things about him. Heaney went down very well there. Fr O'Dea talked with Joe on stage, and Joe might have sung ten songs that night, and nine out of the ten were in Irish. The rest of us went on stage in ones and twos or whatever.

But it was great knowing Heaney, even if it was only for that length. He was drinking but he never went on stage drunk. He was always in top gear and in great shape. Willie Clancy knew him from Camden Town, of course, and Willie was all into *sean-nós*. He used to say that he'd give up the piping for the Irish language and for being able to sing the old songs in Irish . . . Willie was thrilled to be around with him.

But Joe was a bit distant. I suppose we didn't have the Irish to meet him and fit in. I'd make freer on Johnny Joe Pheaitsín or Josie Sheáin Jeaic or Johnny Mháirtín Learaí. They were easier to approach. But I have all Joe's tapes there. I like him. He's very high in my estimation. He's up at the top, even though I don't like putting anybody at the top, because I love the others too.

Bhí oíche mhór eile ag Seosamh i gCill Bheathach, nuair a bhí Anraí de Bláca i láthair, an cainteoir dúchais Gaeilge deireanach a bhí sa gceantar. Thug Seosamh an-ómós ar fad do Ghaeilge an Chláir agus don seanfhear deireanach seo a raibh an teanga ón gcliabhán aige, agus thíolaic sé a chuid seanamhrán ar fad don Bhlácach an oíche sin. 'Colm an Bhlácaigh' a thugtaí ar Cholm Ó Caodháin, col seisir Sheosaimh i nGlinsce, ar thóg Séamus Ennis na hamhráin uaidh, agus b'fhéidir gur mheabhraigh Anraí de Bláca a dhuine muinteartha féin do Sheosamh.

Ach má fuair Seosamh ómós an fómhar sin in iarthar an Chláir, níor taispeánadh mórán ómóis dó an bhliain dár gcionn i bpáirt eile den chontae céanna sin. Tar éis na Cásca 1966 a bhí ann, tráth a raibh rabharta mór comórtha déanta ar Éirí Amach 1916. Bhí seisiún mór bailéad ar siúl in Óstán an Lakeside i gCill Dalua, agus bhí Séamus Mac Mathúna ina measc siúd a bhí páirteach ann:

Is dóigh liom gurbh iad na Dubliners an grúpa mór a bhí ann, agus bhí mé féin ann in éineacht le Willie Clancy. Áit anmhór a bhí ann, agus suas le sé chéad duine i láthair. Agus bhí Seosamh Ó hÉanaí ann. Bhí na Dubliners ar siúl ar feadh uair an chloig nó mar sin agus nuair a d'imíodar den stáitse cuireadh Joe Heaney i láthair.

Tháinig Joe amach agus thosaigh sé ar 'Róisín Dubh'. Agus i lár an chéad líne d'éirigh suas le cúpla céad duine agus thug siad aghaidh ar an mbeár. Sula raibh an chéad véarsa ráite aige bhí níos mó ná leath an tslua ag an mbeár nó imithe chuig an leithreas. Stop Joe, agus d'fhéach sé orthu agus é ar buile, agus dúirt sé: *'There was a lot of talk last week about the men of Easter Week and about Patrick Pearse. Patrick Pearse was the man who said: "The fools, the fools, the fools, they have left us our Fenian dead". But he should have said: "The fools, the fools, they have left us the fools!"'* Agus d'imigh sé den stáitse . . .

Nuair a leanadh leis an gcoirm, tháinig Jesse Owens agus Anne Byrne amach agus bhí ciúnas ann. Dúirt Jesse leis an slua go raibh siad ag dul ag casadh leagan Béarla de 'Eanach Cuain', ceann d'amhráin mhóra Sheosaimh. Bhí Seosamh thíos sa halla faoi seo agus a chluasa bioraithe aige. Nuair a thosaigh Jesse Owens ag tabhairt cúlra an amhráin agus líon na ndaoine a bádh, cheartaigh Seosamh arís agus arís eile é, go dtí gurbh éigean do Jesse éirí as an gcaint agus tosú ar an amhrán –

If my health is spared I'll be long relating
Of the boat that sailed out of Eanach Cuain

– aistriúchán breá an Athar Pádraig de Brún ar amhrán breá Raiftearaí.

An chéad uair eile ar thug Jesse Owens faoi chúlra 'Eanach Cuain' a thabhairt, déarfainn gur chinntigh sé ar dtús nach raibh Seosamh Ó hÉanaí i láthair!

Má rinneadh comóradh ar Éirí Amach 1916 le linn na Cásca 1966, ní hé chuile dhuine a chreid go raibh aon ábhar comórtha ann. Shocraigh Máirtín Ó Cadhain agus trí dhuine dhéag dá chuid deisceabal as an eagraíocht Misneach dul ar stailc ocrais i mBaile Átha Cliath, mar agóid faoin gcur i gcéill a chreid siad a bhí ag baint le comóradh oifigiúil an Rialtais. Ba iad sin Cian Ó hÉigeartaigh, Fiachra S. Ó Dubhthaigh, Déaglán Ó Muimhneacháin, Conchubhar Ó Riain, Séamas Ó Tuathail, Seán Ó Laighin, Peadar Ó Briain, Eoin Ó Murchú, Séamas Ruiséal, Deasún Breatnach, Proinsias Nic Uait, Mícheál Mac Aonghusa agus Seán Ó Beacháin. I bhforógra na stailce ocrais, a scríobh an Cadhnach, dúradh:

> An easair fhalamh atá muid a chomóradh, Éire roinnte, faoi chrann smola ag flaitheas geilleagair agus sóisialta Londain. Éire a dhíol í féin i mbliana go deireanach ar mhéisín bheag phraisce. Éire a ndiúltódh a bunreacht, fiú i saol seo an Eiciúiméineachais, comhcheart creidimh do thromlach mhuintir an Tuaiscirt. Éire imirceach. Éire a bhfuil a cuid curaíocht ag laghdú as compás, agus gan é de chúitiú aici go bhfuil a cuid eallaigh, an ghné ceathair-chrúbach, ag méadú dá réir. Na daoine a chuir na focla 'to cherish the children of the nation equally' i bhforógra na Cásca, an gceapfaidís go raibh mórán le comóradh nuair a léifidís Tuarascáil Oideachais an Loingsigh (O.E.C.D.), ar léiriú dearbh fhollasach é ar an éagóir atá dhá dhéanamh i dtaobh oideachais ar choismhuintir na hÉireann i 1966? Ní comhionannas go comhionannas oideachais . . .[94]

Bhí na Dubliners agus Seosamh Ó hÉanaí ar an aon stáitse sa bpríomhchathair oíche eicínt i rith na seachtaine sin, agus ó tharla

aithne chomh maith sin a bheith ag Máirtín Ó Cadhain agus ag
Seosamh ar a chéile, thug bean a bhí ag an gcoirm cheoil suas go dtí
an seanteach i Little Denmark Street i lár na cathrach iad, san áit a
raibh an stailc ocrais ar siúl – bhí ceangal ag an teach seo le Éirí
Amach 1916. Dúirt Ó Cadhain le Seosamh amhrán a rá, ach nuair a
thosaigh na Dubliners ag ceol chuir an Cadhnach an ruaig orthu. 'Ní
fleá cheoil atá anseo,' a dúirt sé leo, 'ach céalacan agus stailc ocrais in
aghaidh na n-ocastóirí!'

Lá Bealtaine 1966, Lá Idirnáisiúnta na nOibrithe, bhí na Dubliners
agus Seosamh ar an aon ardán arís, ag coirm cheoil in ómós do
Shéamus Ó Conghaile i Halla na Saoirse, a d'eagraigh Des Geraghty,
a bhí ina rúnaí ar Scéim na gCeardchumann ag an am. Ar an ardán
i Halla na Saoirse an oíche chéanna bhí an ceoltóir feadóige Feistí Ó
Conluain as an Spidéal i gConamara, a bhí ag obair i mBaile Átha
Cliath ag an am, agus Proinsias Mac Aonghusa, cara mór le Seosamh,
a léigh sleachta as scríbhinní Uí Chonghaile.

Bhíodh Scéim na gCeardchumann ag cur ranganna Gaeilge ar fáil
ag an am, agus bhí Luke Kelly ar dhuine díobh sin a d'fhreastail ar
cheann de na ranganna. Dúirt sé le Des Geraghty gur theastaigh
uaidh Gaeilge a fhoghlaim *because I want to understand Joe Heaney's
songs*. Nuair a scríobh Des Geraghty beathaisnéis Luke Kelly, dúirt
sé faoi Sheosamh:

> We were also extremely lucky to have, during that period,
> talented experts who were readily available – the likes of
> Séamus Ennis, and Seosamh Ó hÉanaí, who was a rich
> resource for The Dubliners, and Darach Ó Catháin and of
> course Seán Ó Riada, who broke new territory with his
> Ceoltóirí Chualann . . .
> Luke, talking in 1975 about the immediate success The
> Dubliners met with across continental Europe, pointed out
> that Swedish, German and Dutch audiences saw Ireland as

still vibrant musically. 'They saw us as being representative of something that they had lost. Since then we've got Planxty going and The Chieftains going, and they give the real expressions, much more in-depth expressions I would say, of what really is representative. But we actually made the break for them,' he told Frank Harte. And while agreeing that the credit for popularising Irish music went to such groups as the Clancys and The Dubliners, he said that the responsibility for keeping it alive had to go to 'the people who held on to it; the people who played fiddles and kept on playing them, no matter what intrusions the showbands made.' Like the vast majority of Dubliners, he said, his attitude had been that 'it was culchie music' but he had learned that far from being crude, Irish traditional music was in fact ingenious and subtle. 'Joe Heaney's singing may sound to the unitiated ear maybe a bit crude and a bit hoarse, but Joe Heaney is a marvellously subtle singer. His phrasing, the way he states what he has to state; it's beautiful. . .'[95]

13. Go Meiriceá Siar

Ní RAIBH AON OBAIR SHEASTA NÁ AON TEACHT ISTEACH RIALTA ag Seosamh ó tháinig sé abhaile as Londain i 1961 ach, mar a dúirt sé féin ar Raidió na Gaeltachta le Maidhc P. Ó Conaola, 'ag *smooch*áil thart'; agus le Breandán Feiritéar, 'ón láimh go dtí an béal. Bhí mé ag dul thart ann [i mBaile Átha Cliath] agus thugadh Proinsias Mac Aonghusa corrchlár dom.'

Bhíodh an clár Gaeilge *Aeriris* ag Proinsias Mac Aonghusa ar Radio Éireann ag an am, ina mbíodh 'ceol, cainteanna, cur síos agus cur trí chéile, ag daoine éagsúla faoi nithe éagsúla.' Thaifeadadh Proinsias amhráin agus a gcúlra ó Sheosamh agus d'íocadh sé láithreach é, gan fanacht go gcraoltaí na cláracha. Bhí Proinsias molta go haer i gcónaí aige; dúirt sé ar Raidió na Gaeltachta gurb é 'Proinsias Mac Aonghusa ceann de na fir is fearr a casadh orm riamh'. Agus nuair a d'fhiafraigh Maidhc P. de an mbíodh sé ag casadh aon amhrán ar Radio Éireann, dúirt Seosamh:

> D'fhaighinn corr-ruidín uathu, corr-rud; cuid Pháidín den mheacan a fuair mé ó Radio Éireann. Agus murach Proinsias Mac Aonghusa ní bhfaighinn an méid sin féin. Thug sé sin mo chliú féin domsa ar an gclár sin *Aeriris*. Thug sé obair le déanamh dom. Am ar bith ar tháinig mé as Sasana agus a ndeachaigh mé go dtí é, thug sé jab dom. Agus Ciarán [Mac Mathúna].

Nuair a d'fhiafraigh Mick Moloney de i Nua-Eabhrac blianta fada ina dhiaidh sin cén cineál oibre a bhí air i mBaile Átha Cliath sula ndeachaigh sé go Meiriceá, dúirt Seosamh: *'To tell you the truth, I wasn't doing much of anything. I was dossing around. You could call it that!'* Agus ní hé nach raibh sé ag iarraidh oibre. Scríobh Tom Munnelly:

> Before making the decision to emigrate to the United States Seosamh came up with the very sound idea of approaching the Department of Education and suggested a plan in which he would visit primary and secondary schools and talk to the pupils about the traditions of his area. Through the medium of story and song he wanted to demonstrate that the Irish language was not just something that had to be suffered from 9 a.m. to 4 p.m. He hoped to show them that Gaelic culture was not merely living, it could actually be enjoyable! The wage he was seeking at the time, I recall, was £18 a week. He sought in vain, for his suggestion fell on deaf ears. And so he joined the ranks of many other distinguished Irish artists who had to seek a livelihood and appreciation – on other shores.[96]

Bhí fáth eile, b'fhéidir, gur mhaith le Seosamh imeacht i bhfad ó bhaile. Fuair a bhean chéile Mary bás le pliúraisí i nGlaschú ar an 20 Bealtaine 1966. Ní heol dom cén chaoi ar shroich scéala a báis Seosamh i mBaile Átha Cliath, mar thug deirfiúr na mná, Kitty Ward, le tuiscint do Mhichael Davitt nuair a bhí sé ag déanamh an chláir teilifíse *Sing the Dark Away*, nach raibh a fhios acu cá raibh Seosamh ag an am. Bhíodh Mairéad Ní Eithir agus cairde léi isteach is amach in O'Donoghues timpeall an ama seo agus is uaithi a chuala mé an scéal seo:

> An Domhnach seo bhí an áit an-chiúin. Chuaigh muid isteach agus bhí Joe thuas ag an gcuntar ar stól leis féin ag ól, rud nach raibh aon iontas againn ann, mar bhí Joe an-chantalach ar aon chuma. Shuigh muid síos agus dúirt duine

eicínt linn: 'Cailleadh a bhean, agus níl sé ag dul abhaile chuig an tsochraid agus tá sé trína chéile.' Agus thuig muid uilig gur cheart ligean dó. Thuig muid uilig dó; ó tharla nach raibh sé ag dul chuig an tsochraid go raibh sé níos cantalaí ná dá ndéanfadh sé an rud ba cheart dó a dhéanamh.

Agus bhí sé ina shuí ansin agus bhí sé ag ól, agus bhí muide inár suí ansiúd. Agus tháinig bean Mheiriceánach isteach, a bhíodh ag teacht Tigh Donoghue – ní chuimhním anois cérbh í féin. Agus chuaigh sí suas chuig Joe agus dúirt sí: '*Hi Joe! How are you doing?*' Agus níor thug Joe freagra ar bith uirthi, agus dúirt sí: '*What's wrong with you these days, Joe? You're like a bear with a sore head. You won't talk to anyone.*' Agus rinne Joe glam uirthi agus d'imigh sí léi. Agus bhí fear ina shuí le mo thaobh agus dúirt sé*: 'Oh, don't tell her, Joe, for Jesus' sake!*' Mar thuigfeá, dá n-inseodh Joe céard a bhí air, go dtosódh sí ag caint – tá a fhios agat Meiriceánach – ag fiafraí seo agus siúd, agus cén fáth nach raibh sé ag an tsochraid, agus na rudaí sin nach mbeadh aon Éireannach ag dul a rá, mar gur thuig siad an scéal. Agus sin é an fáth gur fhan sé i mo chloigeann, mar gheall ar an mbean bhocht dheas, lách sin a tháinig isteach agus a bhí chomh haerach agus chomh spraíúil sin, agus a mbíodh Joe ag caint léi go minic roimhe sin, is dóigh . . .

Ní raibh mórán aithne agamsa ar Joe, ach amháin i gcomhluadar. Casadh orm é ag Rásaí na gCurachaí i nGaillimh. Sin é an chéad uair ar casadh orm é. Chuir Breandán [Ó hEithir] in aithne dom é, agus dúirt mé: 'Ó, Seosamh Ó hÉanaí!' Agus dúirt Breandán: 'Tá a fhios ag daoine cé thú féin!' Mar bhíodh Joe, is dóigh, ag rá: 'Níl a fhios ag aon duine cé mé féin, agus ní bhíonn aon duine ag éisteacht liom.' Seans gur ag an ollscoil i nGaillimh a bhí mise an uair sin, mar d'fhág mé an ollscoil i 1961. Agus bhí muid uilig san Castle Hotel i nGaillimh an oíche sin agus bhí amhráin agus ól agus pléaráca ann. Agus bhí Joe sa gCastle an oíche sin agus bhí aithne ag go leor daoine air, mar bhí muintir Chonamara uilig istigh.

Bhíodh sé in Donoghue's ansin go minic agus bhíodh sé féin agus Séamus Ennis go síoraí ag argóint – nó bhíodh Joe go síoraí ag argóint le Ennis – ní bhíodh Séamus ag argóint le haon duine, mar bhí sé chomh sibhialta. Bhíodh Joe ag déanamh amach gurbh é an t-amhrán a tháinig ar dtús roimh chuile cheol eile. Agus bhíodh Séamus ag rá dairteacha móra as *Palgrave's Golden Treasury*, agus chuireadh sé sin Joe as a mheabhair! Bhíodh an oiread spraoi ag Séamus Ennis gurbh fhearr le chuile dhuine é. Bhí a fhios ag Joe é seo, is dóigh, agus chuireadh sé cantal air. Agus dá dheise dá mbíodh Séamus Ennis is amhlaidh is mó an cantal a bhíodh ar Joe.

Ach chuimhnigh mé, nuair a chonaic mé i nGaillimh é, go raibh sé feicthe cheana agam in Amharclann an Damer, nuair a bhí mé ar meánscoil i mBaile Átha Cliath. Bhí Oícheanta [Seanchais] sa Damer agus ligeadh cuid againn amach oíche amháin ann, agus iarscoláire éigin ag tabhairt aire dúinn; ní bhíodh na mná rialta ag dul amach an t-am sin. Is cuimhneach liom go raibh coinnle lasta ar an stáitse ann agus daoine ag gabháil fhoinn, agus bhí sé go hálainn. Bhí sé sin i 1957 b'fhéidir, an bhliain a ndearna mé an Ardteist, agus sin é an chaoi ar aithin mé i nGaillimh é i 1961.

Bhí an píosa seo a leanas san *Evening Herald* i Lúnasa 1966 ag Joe Kennedy, fear a bhí an-tógtha le fonnadóireacht Sheosaimh:

So Joe Heaney, the father of the folksong revival movement in Ireland, some of whose songs have been made famous all over the world by The Clancys and Tommy Makem and The Dubliners, is pulling up his roots. His loss to Ireland will be inestimable. By every right he should be a wealthy man in his own country by virtue of his phenomenal knowledge of folksongs, whereas in fact the opposite is the case.

He spent long periods in England and Scotland on the folk club circuit where he is a much sought-after performer, 'but when I went to the Newport Festival last year for the first time I found an audience for my songs and stories such as I have never had before. I did not like to make the decision to leave Ireland permanently but there just is not a living for me as a folk singer here.'

How does he feel about The Dubliners' success with his song 'Seven Drunken Nights'? 'I think it's great for them. Ronnie and the boys are great friends of mine. I suppose it's strange now that I should be emigrating but I made arrangements to go to America some time ago.' There is no doubt that he will be a tremendous loss to the folk scene here but, as I have written before, he could not get enough work here to keep the wolf from the door.

D'íoc Tom Clancy a bhealach go Nua-Eabhrac i Lúnasa na bliana 1966, agus fuair bainisteoir na gClancys, Jerry Campbell, jab dó mar dhoirseoir i mbloc mór árasán in uimhir a 135 Central Park West. Bhíodh Jerry Campbell anonn is anall go hÉirinn in éineacht leis na Clancys agus bhí an-mheas aige ar Sheosamh mar amhránaí. Fuair cara le Jerry Campbell, Jack Deasy, iriseoir de bhunadh Mhaigh Eo, árasán do Sheosamh i dteach a bhí ag a mháthair in Bay Ridge, Brooklyn. B'as Both Chomhla i gContae Mhaigh Eo máthair Jack Deasy agus bhí roinnt tithe lóistín i Nua-Eabhrac aici a ligeadh sí le hÉireannaigh.

Níl a fhios agam an bhfuil fírinne ar bith sa scéal a bhíodh ag dul thart faoin gcaoi ar éirigh le Seosamh víosa oibre a fháil i gcomhair Mheiriceá, agus a d'inis Proinsias Mac Aonghusa mar chuid dá aitheasc oifigiúil ag Féile Chomórtha Joe Éinniú i 1986:

Tá bealach le dhul isteach go Meiriceá má tá ceird ar leith agat nach bhfuil ag duine ar bith eile sa domhan. Agus bhí fear a raibh Kay-Si air – ní Ó Cathasaigh a bhí air, ach Síneach a bhí ann – agus bhí teach itheacháin aige sa Village i New York. Bhí sé cairdiúil le Tommy Makem agus chuadar chun cainte le chéile. Agus bhíodar ag caint faoi cheol, oíche. Agus dúirt an fear seo leis: 'Bheadh an-cheol san áit seo dá mbeadh a leithéid seo de cheoltóir againn; ceol áithrid é.' Agus dúirt Tommy Makem: 'Ó, tá fear in Éirinn a bhfuil an ceol sin aige.' 'Ó, an bhfuil?' a dúirt an Síneach. Agus sin é an chaoi ar tháinig Joe Éinniú go Meiriceá agus víosa oibre aige: dearnadh amach go raibh sé in ann an ceol Síneach áithrid seo a chasadh agus nach raibh duine ar bith eile ar domhan in ann é a dhéanamh![97]

Bloc árasán an-áirgiúil ar fad a bhí, agus atá fós, in uimhir a 135 Central Park West, nó The Langham mar a thugtar air, díreach le taobh an Dakota, an bloc árasán ar feallmharaíodh John Lennon taobh amuigh de blianta ina dhiaidh sin. Is in uimhir a 135 a bhí Jerry Campbell ina chónaí é féin ag an am agus níor thagair seisean ar chor ar bith do víosa ná do cheol Síneach nuair a labhair sé le Michael Davitt ar an gclár *Sing the Dark Away*:

> I was instrumental, together with Liam and Tom Clancy and others, in getting Joe to the Newport Festival 1965. I sponsored him into the country and I got him the job at 135 Central Park West; I'm the one who got him the job there as a doorman. When I was living here, Merv Griffin was one of my downstairs neighbours, Basil Rathbone was on one of the upper floors and Maureen O'Sullivan and her brood, including Mia Farrow, lived on my side of the building.

Fear de bhunadh Chontae an Chláir a bhí i Merv Griffin, a raibh seó teilifíse dá chuid féin aige, *The Merv Griffin Show*. Aisteoir a bhí i mBasil Rathbone a mbeadh cuimhne ag daoine air ó na seanscannáin foghlaithe mara agus scannáin Sherlock Holmes. Fuair Basil Rathbone bás le taom croí le linn do Sheosamh a bheith ina dhoirseoir ansin, agus deir Liam Clancy liom gur i mbaclainn Sheosaimh a bhásaigh sé nuair a bhíodar ag fanacht le hotharcharr lena thabhairt chuig an ospidéal. Aisteoir cáiliúil Éireannach a bhí i Maureen O'Sullivan, a rugadh i Mainistir na Búille i gContae Ros Comáin i 1911. Bheadh cuimhne ag daoine uirthise i *Song o' My Heart* in éineacht le John McCormack, agus mar Jane in éineacht le Johnny Weissmuller sna scannáin *Tarzan*. Mhair sise go dtí 1998, agus cé go raibh sí aistrithe siar go hArizona leis na blianta bhí cuimhne mhaith fós aici ar Sheosamh i Central Park West, mar a léirigh sí in *Sing the Dark Away*:

> We were all so fond of Joe. My eldest daughter christened him the 'Guardian Angel of the doorway'. Joe kept strictly to his work. He was very correct in what he did. We didn't know what a wonderful singer he was, and I was taking singing

lessons at the time. And he'd say: 'Where are you going?' and I'd say: 'I'm going to my singing lessons, Joe.' And he'd say: 'I sing a little, too.' But he never made much of what he really was. He was a very valuable, wonderful friend. And when I'd come in I'd see this tall good-looking man. A doorman dressed well. He dressed very well. He had a nice figure, a navy-blue uniform, patent leather belt and a cap. He was a fine-looking man.

Dúirt Seosamh féin le Mick Moloney blianta ina dhiaidh sin i Nua-Eabhrac:

I went to America . . . There was a couple from home in Long Island, Flahertys, and they asked me would I come out for good. They thought it would do me good and that the climate might be good for me. So, eventually, in May 1966, I landed here. And Joe Kennedy had a piece in the paper [*Evening Herald*] the day I was leaving Shannon. Pádhraic Óg Ó Conaire had given me a hawthorn stick and I had it in my hand when I was leaving. And Joe Kennedy had that picture of me.

Then I started working as a doorman in Central Park West and I was there for ten years. I was lucky in a way. I was down in Greenwich Village. I knew the Clancys – Tom Clancy was a great help. He gave me a couple of hundred dollars when I came over, and Jerry Campbell, their manager, told me they were looking for a doorman up at Central Park West . . . So I took the subway and I walked from 59th to 72nd Street. I went in and told them I was after the job, and they said: 'O.K. Start now!' And I said: 'I must get my –' and they said: 'No! Start right now!' And five minutes later somebody else came in the door looking for the job.

Bhuaileadh sé leis na Clancys go minic i dteach tábhairne an Lion's Head i nGreenwich Village agus bhíodh cur síos aige dóibh ar rudaí neamhghnácha a tharlaíodh in uimhir a 135 Central Park West, más fíor do Liam Clancy é:

He was the best man at the wedding of two poodles! He didn't know that it was dogs that were getting married. He thought it was people, because the woman said: 'Joe, I need you to hire a tuxedo. Here's the money, and I want you to go out and get a nice tuxedo, as I want you to be the best man at this wedding.' He went out and he got the tuxedo. He went up to the apartment, and there were these poodles, all dressed up! One of them was in a wedding gown! 'And you wouldn't believe the food that these poodles were eating! And what did she give me? A sausage!'

Tá cur síos ag Jack Deasy ar an atmaisféar i Nua-Eabhrac ag an am:

In the Lion's Head in 1966, New York city was full of rage, consumed with the Vietnam War going on, death in jungles . . . And there was Woodstock, and there was free love. The society seemed to be in an upheaval and everybody in the Lion's Head cheering as this went on. And in the midst of all of this total chaos, in off the street walks Joe Heaney, the wild Atlantic man . . . When I first met him, the Clancy Brothers would hang out here regularly, and they were very close to Joe. And they brought him in. And I think Tommy came over to me, Tommy or Paddy, and said: 'Jack, there's somebody very special here I want you to meet.' So over I go, and there was Joe. And they introduced me. And Joe takes one look at me, and says: 'I suppose you're a communist like the rest of these buds!' So, apparently, we were all lumped in as Communists – that was his favourite phrase for whatever he wasn't approving of.

Deir Liam Clancy faoi na chéad bhlianta sin:

I used to get a great kick out of the sayings Joe had. We were always getting into arguments, friendly arguments, in the Lion's Head, of an afternoon. When he'd get off work he'd come down and meet us. And there were always writers there, and an argument would arise. And when it was getting a bit heated and when someone was getting the better of Joe, he'd suddenly blind him with a saying in Irish! And it was the equivalent of when W. B. Yeats was being bested in an argument: he [Yeats] used to put up his finger and say loudly: 'Ah, but that was before the peacock screamed!' and walk off!

Bhí deirfiúr le Seosamh, Síle, ina cónaí i Nua-Eabhrac i rith an ama seo go léir, cé nach mórán tagairt a dhéanadh sé di. Bhí Síle pósta le Frank Newman, Meiriceánach de bhunadh Chontae an Chabháin, a bhí ag obair le American Airways i Nua-Eabhrac, agus d'aistrigh sí féin agus Frank agus a n-iníon Barbara abhaile go hInis i gContae an Chláir i 1975 nuair a fuair Frank post in Aerfort na Sionna.

Bhí deartháir le Seosamh, Michael, a bhean Kate agus a gceathrar mac ina gcónaí i mBoston ag an am freisin, ach d'aistrigh siadsan ar ais go Conamara i 1966, an bhliain chéanna a ndeachaigh Seosamh go Nua-Eabhrac. Thug Seosamh cuairt orthu i mBoston go gairid tar éis dó dul anonn, agus casadh den chéad uair é ar bhean Mhichael, Kate:

Níor chuir mise aon aithne ar Joe go dtí timpeall mhí Lúnasa 1966, nuair à tháinig sé go South Boston ar cuairt chugainn. Agus ansin chuaigh muide abhaile go Conamara i Meán Fómhair 1966, agus ní fhaca mé aríst é go dtáinig sé abhaile ar cuairt am éigin. Cé nár casadh riamh roimhe sin orm é thaithin a chuid amhrán thar cionn liom. Chuir mé fios ar chuid dá chuid ceirníní, agus chuir Gael-Linn go Meiriceá chugam iad. Ní raibh idir Michael agus Joe ach bliain nó mar sin agus bhíodar an-mhór le chéile.

Nuair a bhí Seosamh ag filleadh go Nua-Eabhrac as Boston chuaigh Michael go Nua-Eabhrac in éineacht leis, é féin agus a mhac Seán Ó hÉanaigh, atá i Raidió na Gaeltachta anois:

Tá cuimhne fíorshoiléir agam air mar ní raibh mé ach thart ar dheich mbliana ag an am, agus ba é mo chéad turas ar thraein é. Seans gur ar cuairt chuig m'aint Síle i Nua-Eabhrac a bhí muid ag dul, ach tá a fhios agam gur turas fíorthaitneamhach a bhí ann, agus bhí an-chomhrá go deo ag m'athair agus ag Joe le chéile.

Ní raibh an Green Isle Tavern, nach bhfuil ann níos mó, ach cupla sráid ón árasán a bhí ag Seosamh i mBay Ridge, Brooklyn. Bhí an tábhairne ar choirnéal 57th Street agus Fifth Avenue, agus Michael Mc Donagh as Cloch na Rón ina bhun. Bhí Seosamh féin ina chónaí ar 54th Street, idir Fourth Avenue agus Fifth Avenue. Tá an teach sin ansin fós, ach tá an Green Isle Tavern imithe. Is as an gceantar seo an tOllamh Kenneth E. Nilsen atá i gceannas ar an Roinn Cheilteach in Ollscoil Francis Xavier in Antigonish i dTalamh an Éisc, Ceanada, faoin am a bhfuil an tuairisc seo á scríobh. Fear é Ken Nilsen a bhí in ann Gaeilge Chonamara a labhairt le Seosamh, rud a chabhraigh go mór leis an gcaidreamh eatarthu:

Bay Ridge, Brooklyn – sin é an áit ar rugadh mé féin. Ní raibh mo mhuintir ina gcónaí ann ag an am, ach ansin d'athraíodar ar ais go dtí an ceantar sin. Bhí mé istigh sa tábhairne sin, an Green Isle Tavern, go minic. Níl an teach ósta sin ann anois. Tá an áit ar fad athraithe. Ag an am sin bhíodh Éireannaigh, Ioruaigh agus Polannaigh ann. Agus bhíodar mór le Joe, agus eisean mór leosan. Sin é an áit arb as mo mhuintir féin. Ioruaigh a bhí in Bay Ridge. Bhí muintir Thír Chonaill ann freisin. Agus bhí ceirnín le Joe ar an *jukebox* ann. Ní chasadh Joe é, ach dá mbeadh sé istigh ann b'fhéidir go gcuirfeadh duine eicínt ar siúl é le diabhlaíocht. Ní raibh aon rud eile i nGaeilge ann, cé go raibh go leor amhráin Éireannacha i mBéarla, agus amhráin Iorruaise freisin ar an *jukebox* ann.
        Casadh John Éinniú orm ansin cúpla uair, agus a dheartháir eile as Boston. Is dóigh go raibh sé ar cuairt chuige. Níl aon eolas agam ar an gclann ná ar rudaí pearsanta a bhaineas le Joe. Níl mise ag rá go raibh mé an-mhór le Joe, ach bhí aithne agam air. Uair eile bhí beirt bhan óg as Carna ag iarraidh é a thabhairt chuig áit eicínt. Is dóigh go raibh sé tagtha abhaile ó Mhanhattan, agus is dóigh go raibh a fhios ag daoine gur ann a bheadh sé. D'fhéadfadh Joe a bheith crosta ach ní raibh sé an-chantalach liomsa. Bhí mé ag caint faoi dhuine eicínt leis agus dúirt mé go raibh sé 'óltach'. 'Caithfidh sé go raibh tú thiar,' a dúirt sé nuair a chuala sé 'óltach', in áit 'ar meisce'.

Bhí Ken Nilsen i gCumann na Gaeilge ag an am, agus i bhfómhar na bliana 1967 thug siad cuireadh do Sheosamh teacht agus roinnt amhrán a chasadh dóibh, rud a rinne. Séamus de Bláca nó James Blake, a mbíodh clár raidió aige i Nua-Eabhrac gach maidin Shathairn, a dúirt le Ken go raibh Seosamh thart, agus is é Ken a rinne an socrú leis ar an bhfón. Bhí suim ag Ken ina chuid fonnadóireachta mar bhí 'Caoineadh na dTrí Muire' cloiste aige agus bhí a fhios aige go raibh sé go maith:

Pé scéal é, tháinig sé go Cumann na Gaeilge i Manhattan, leathuair an chloig mall, agus cé a bhí in éineacht leis ach Liam Clancy! Bhí sé go hiontach. Bhí suas le seasca duine i láthair. Oíche Dé hAoine a bhí ann, níl a fhios agam cén mhí. Ach bhíodh ranganna Gaeilge againn ar feadh b'fhéidir dhá uair an chloig, ón seacht a chlog go dtí an naoi a chlog. Ansin go hiondúil bhíodh ranganna damhsa againn, ach an oíche sin bhí Joe againn in áit na ranganna damhsa. Bhí gach re amhrán idir é féin agus Liam Clancy. Pé scéal é, na daoine a bhí i gceannas ar an gcumann, is dóigh gur thugadar cúig dollar fichead dó. Ní drochairgead a bhí ann ag an am, ach d'fhéadfaidís cúpla pingin eile a thabhairt dó. Níor thuigeadar. Ach seachtain ina dhiaidh sin, bhí mise ag múineadh bunrang Gaeilge agus tháinig daoine isteach nach raibh ann an tseachtain roimhe sin agus dúradar liom: 'Ó, chuala muid gur chailleamar Liam Clancy!' Bhí mo chroí briste faoi sin, ach sin é an chaoi.

Níorbh é an t-airgead is mó a ghoill ar Sheosamh, is cosúil, ach gur dúradh leis nár cheart dó Liam Clancy a thabhairt leis, ó tharla nach raibh dóthain Gaeilge aige. Dúirt sé le Mick Moloney blianta ina dhiaidh sin:

One Irish place asked me to come and give something to the Gaelic League, and I took Liam Clancy with me. I brought Liam up with me to sing and the fellow told me afterwards: 'You shouldn't have done that! You came here to speak Irish,' 'Give me my twenty-five dollars,' I said, 'and let me go home out of here.' And I never went back to that place.

Ní ar Ken Nilsen a bhí milleán ar bith faoinar tharla, agus cé nach ndeachaigh Seosamh ar ais go Cumann na Gaeilge i Manhattan, chastaí é féin agus Ken ar a chéile go minic ina dhiaidh sin, agus is iomaí ócáid mhór a d'eagraigh Ken do Sheosamh níos deireanaí:

> Sna blianta sin, chasainn ar Joe ó uair go chéile, thíos staighre sa Lion's Head i nGreenwich Village agus Liam Clancy in éindí leis. Chuaigh mé chuig a árasán faoi dhó. Uair amháin bhí sé an-tinn. Bhí fliú air nó rud eicínt agus thug mé sú oráiste nó rud eicínt mar sin chuige. Agus an dara huair, bhí mé ag iarraidh taifeadadh a dhéanamh leis. Ní raibh mé ag iarraidh amhráin, ach beagán seanchais. Agus rinne sé sin agus d'inis sé an scéal 'Lá Breá do do Phósadh, Lá Mór do do Chur', faoin bhfear ar cuireadh a athair drochlá báistí agus ar cuireadh a mháthair lá breá aoibhinn. Tá aistriúchán de in *Folktales of Ireland*.[98] Agus bhí písín aige faoi Chailleach na Luibhe sa gClochán. Agus an rud a bhí mé a thóraíocht, na hamhráiníní beaga. D'inis sé an scéilín sin 'Éadrom Deas' [faoi spáráil an ime]. Facthas dom nár theastaigh uaidh mórán den chineál sin a thabhairt uaidh go furasta.

I gcaitheamh na gcéad bhlianta i Nua-Eabhrac is annamh a fuair Seosamh cuireadh ó aon chumann Éireannach ansin. Níor theastaigh na seanamhráin Ghaeilge uathu agus níor theastaigh a chuid seanamhrán Béarla uathu ach an oiread, ó tharla, mar a deireadh sé féin, nach raibh dóthain '*Mother Machree*' nó '*Danny Boy*' ag baint leo. Dúirt sé le Mick Moloney: '*I used to do a concert here and there, in places like Pinewood Folk Club and E. C. Young's Folk Club in Manhattan.*' Nuair a mheabhraigh Moloney dó nach áiteacha Éireannacha iad sin ar chor ar bith, dúirt Seosamh: '*I wasn't invited to any of the Irish clubs.*'

I ndeireadh na seascaidí bhunaigh Brian Heron, mac le Archie Heron agus le Ina Connolly (iníon le Séamus Ó Conghaile Éirí Amach 1916) an Irish Arts Center sa mBronx i Nua-Eabhrac. D'eagraíodh sé coirmeacha agus seisiúin cheoil i Nua-Eabhrac agus is ag ceann acu seo a casadh Seosamh Ó hÉanaí ar dtús ar an amhránaí Gerry Shannon as Dúlainn i gContae an Chláir:

This was at a concert in New York around 1969. Joe came up the aisle and he sang 'The Rocks of Bawn' and 'Johnny Morrissey and the Russian Sailor'. And he told the story of the two songs. 'Oliver Cromwell,' he said, 'sent the people from the east of Ireland across the Shannon. Now, if that hadn't happened I wouldn't be here tonight. That's how my people came from east of the Shannon and landed in Connemara hundreds of years ago.' I was talking to him that night and he told me he was against the violence in the North of Ireland. 'The violence is wrong and the bombing is wrong and the killing of people is wrong; nobody wants a united Ireland more than I do, but you have to unite the people before you unite the country,' he said.

A year or two later I was in a pub I used to go to regularly for a session, The Monk's Park in midtown Manhattan, again organised by Brian Heron, who is big into *sean-nós* singing and Irish music. And Joe Heaney was brought down from where he was working in Central Park West, at about one o'clock in the morning, and he sat at the counter and he sang 'The Lonely Woods of Upton'. I was as near to him now as I am to you, and I could feel the music that was in his voice. I never heard 'The Lonely Woods of Upton' sung the way he sang it, with such tradition and with such feeling and emotion. That's when I said: I'll have to see more and hear more of Joe Heaney. And he realized that I loved his songs and we began to chat. 'I don't like guitars accompanying me,' he told me, 'because I don't know who is accompanying who! They could be trying to be following me and I'd be trying to follow them!'

About a year later again there was a concert in a church in Manhattan and Joe Heaney did the whole concert for an hour and a half. He sang both in Gaelic and in English. He sang '*Eanach Cuain*', and told the story of how a group of men and women were drowned in a boat on the Corrib; how a sheep put her foot through the floor of the boat, and how some man took off his *báinín* to stuff the hole, and how the hole got bigger and the boat sank, and how the people were pulling at one another and trying to save one another. He sang it in Gaelic, and it was very emotional. That's how I remember Joe. And there were other concerts and he'd do the same thing again. He sang 'The Galway Shawl'. I had always heard the waltz version, but he sang it slowly and I never heard anything like it. I heard him one night singing '*Peigín is Peadar*' and you could hear a pin drop. And he told the story of that song . . .

D'inis Gerry an scéal ó thús go deireadh dom, a chuala sé ó Sheosamh Ó hÉanaí i Nua-Eabhrac beagnach dhá scór bliain ó shin. Ní hé amháin sin, ach chas sé cupla amhrán a d'fhoghlaim sé ó Sheosamh, agus is maith uaidh:

From there on I'd try to find out where he would be. I actually wrote to him one time. I sent him a card and I asked him afterwards when I met him: 'Did you get my card, Joe? I sent it to your address in Brooklyn.' 'I did not,' he said. 'How could I get it? Wasn't the mailman over in Brooklyn so fed up of delivering letters to people that he was caught throwing a big bag of mail in over the bridge!' That's the kind of man Joe was!

Chastaí Seosamh ar Liam Clancy freisin ó am go chéile, ag coirmeacha anseo agus ansiúd ar fud Nua-Eabhrac:

I remember him showing up at clubs where Tommy Makem and I were playing out in Brooklyn and actually inviting him up on stage to sing, and introducing him as Ireland's greatest singer and having to explain to the audience. The audience were just getting used to the fact that here the Clancy Brothers had come along and turned their concept of Irish songs on its head. Now here was a real Irishman from a different tradition coming along and turning the thing on its head again! To keep their interest, Joe used to intersperse some verses, and I know he used to sing 'Red is the Rose'.

Ach, go ginearálta, ní i measc na nÉireannach a rinne Seosamh a chuid fonnadóireachta i Nua-Eabhrac. Mar a dúirt Mick Moloney:

Joe represented, at one level, a link with the past that most Irish people wanted to forget. And it was a past associated with poverty, and with backwardness perhaps, a past associated with a lack of self-esteem. And at one level and it could be at a psychological level and maybe not directly at an overt level – Joe represented something that was uncomfortable for a lot of people to think about. And when people would say: 'Ah, shut up those old come-all-yes', they were basically saying at the same time: We don't want to be connected with that kind of life and that situation any more. We're in America, and we're getting on in life.

Ba iad na scoláirí Meiriceánacha, ar casadh cuid acu air sa Singers Club i Londain roimhe sin, a chuaigh ar a thóir arís i Nua-Eabhrac. Thug Kenneth Goldstein cuireadh dó chuig an Philadelphia Folk Festival bliain i ndiaidh bliana, agus thug Ralph Rinzler cuireadh dó chuig an Smithsonian Institute i Washington. Ba ghearr go raibh píosaí moltacha á bhfoilsiú sna nuachtáin faoi, ar nós an phíosa seo a scríobh Joseph C. Hickerson san *Evening Star* i Washington i nDeireadh Fómhair 1968:

The Folklore Society of Greater Washington opened its fifth season last night with one of the finest folksong programs in its career. The excellence of the presentation was entirely due to one man, singer Joe Heaney from County Galway, Ireland. This should not give the impression of maudlin 'Oirish' songs, like 'Galway Bay'. Rather, Heaney represented all that was classical in Irish folk music, with its extremely ancient songs and elaborate and expressive vocal style.

His prowess as a purveyor of authentic Irish singing has long since won him renown in national contests in Ireland.

But last night's program may well have been unique for Heaney and his audience, for the Washington Ethical Society hall proved an ideal setting for immediate and intimate rapport. Heaney gave his audience the true Irish traditional songs – their reflection of ancient myth; their description of historical events and patriotic endeavours; this unabashed look at the bitterness of famine and emigration.

His best songs were those most rare – a ballad empathetic to Napoleon, calling him 'The Green Linnet'; a classic blow-by-blow description of a 34-round bout between 'Morrissey and the Russian Sailor'; a father's sad recollections on why he left Skibbereen; a mother's lament over the loss of her baby to the fairy people . . . Heaney came by bus from New York City where he is presently employed as a doorman at a swank Central Park apartment house.[99]

Chuir RTÉ sraith cláracha bailéad, *Ballad Sheet*, ar siúl i 1969 agus is cosúil gur dhúirt Liam Clancy ar an gcéad chlár den tsraith gur mhór an náire gur thall i Meiriceá a bhí an fonnadóir ab fhearr dá raibh againn, mar nach raibh aon tslí mhaireachtála le fáil aige ina thír féin. Tharraing sé seo roinnt litreacha chuig an *Evening Herald*, an chéad cheann acu faoin teideal '*New Ballad Show Praised*':

Sir – I would like to thank RTÉ for the new ballad feature last week. The groups were really good, but Liam Clancy is 'King' and stands out as the greatest, in his selection and portrayal of Irish and Scottish culture in verse.

His reference to Joe Heaney made me sad to think of such as he having to leave his native land to earn a living when there is such scope for his kind in the medieval castles at the present time. What about it, Bord Fáilte?
Ballad Fan, Ennis.

Bhí an ceannteideal seo ar litir eile go gairid ina dhiaidh sin*: 'It's a great pity about Joe Heaney'*:

Sir – In reference to the letter from 'Ballad Fan' Ennis, about the first programme in the new RTÉ series *Ballad Sheet* and

Liam Clancy's reference to Joe Heaney, the great pity of it is that someone such as Heaney should have to leave Ireland to make a living.

But by all accounts he is not bitter about it though he could be gainfully employed at his art teaching schoolchildren *Sean-nós* songs. In fact he is in fine form, I believe, and is looking forward to meeting old friends soon as he hopes to have a holiday in Ireland this year.

Heaney Fan, Dublin 14.

14. Fáilte Abhaile!

THUG SEOSAMH A CHÉAD CHUAIRT ABHAILE GO HÉIRINN I Lúnasa na bliana 1969. Bhí an scéal sna páipéir agus eagraíodh ócáid mhór in O'Donoghue's le fáilte a chur roimhe. B'as an ócáid chéanna sin a fuair an grianghrafadóir Beilgeach Nutan an smaoineamh leis an leabhar *Blooming Meadows* a chur le chéile, i gcomhar le Fintan Vallely agus Charlie Piggott. Sceitseanna pinn agus ceamara de chúig dhuine dhéag is fiche de scothcheoltóirí na tíre atá sa leabhar seo. Mar seo a thosaíonn Nutan a scéal:

Summer 1969, a budding photographer full of youth and wonder, I arrived in Dublin on my first ever international assignment. I soon met up with Galway man Joe Dolan. Our usual meeting place was O'Donoghue's of Merrion Row, where Hughie McCormack, Frank Bryson, Luke [Kelly], John Kelly, Barney McKenna, Clive Collins and Tommy had a daily competition for seats in the back room where the best craic was. Paddy [O'Donoghue] kept a watchful eye on his drinking patrons. Himself and Maureen, his wife, were great supporters of the music and very kind to us all.

One Sunday morning early, they organised a welcome home party for Joe Heaney. He worked as a lift-man in the States and half of Connemara was waiting for him. A banner had been hung across the alley: '*Fáilte Romhat Joe*' . . .

Joe had a face carved in granite and I had never heard anyone singing like that. The breakfast over, everyone sang for Joe. I took that picture of himself, Seán [Chóilín] Ó Conaire – alias 007 – and Tom Munnelly listening to old Ted Furey singing. . .

Ar stóilín ard as O'Donoghue's atá gach duine de na ceoltóirí sa leabhar suite, agus míníonn Nutan:

One Sunday morning after a welcome-home party for Joe Heaney in O'Donoghue's of Merrion Row somebody 'borrowed' a bar stool from the pub and took it to the Green, where we were all singing and drinking and lying in the sun. As the stool was left in the park when the light grew dim, I took it home to my bed-and-breakfast in Ormond Quay that night. I have somehow managed to keep it for the last 31 years and, when Charlie Piggott and I were discussing the idea for this book, I took a notion to photograph everyone on the stool . . .[100]

Bhí píosa mór san *Irish Independent* ar an 20 Lúnasa faoi Sheosamh a bheith sa mbaile, ag a sheanchara Joe Kennedy:

For the past couple of weeks Ó hÉanaí has been back in Ireland from the United States, to where he emigrated after years of drifting and wandering with a priceless gift which no official or educational organisation in his native land wanted to know about, apparently.

Now he is a different man, physically and psychologically! He has a well-paid regular job in the superintendent's department of a Central Park West apartment building . . . He gets invitations to sing at all the top folklore festivals in the U.S. – he will appear at the Philadelphia Festival next Friday, and has sung and spoken to prestigious gatherings such as the Smithsonian Institute in Washington. He has also been recording for the U.S. Library of Congress. He speaks about how he sees himself today as a traditional singer:

'What I really want to do is bring people together in

traditional singing. Here in this city [Baile Átha Cliath] there are many people who love traditional music and know some songs but, because they do not come from a Gaelic-speaking area, are afraid to get up and sing. These people must be encouraged. I'm very disappointed at the atmosphere in some clubs which seem to be run for the select few only, and there is no encouragement for the person on the fringe, the city-born person. As far as I am concerned everyone in the world can have my songs. I will sing them for everyone to learn, and I love to be able to bring people to the stage, to encourage people to love the songs but have not the tradition since birth. I have no time for the people who make holy places out of clubs and who have no time for a singer who is not a born traditional singer . . . People such as The Clancy Brothers, because of their great popularity, started off all these people in folk music.' Since his brief return, radio and TV producers, club promoters and folk music record labels have been seeking out Ó hÉanaí.

Bhí oíche speisialta dó sa Tradition Club i dteach tábhairne Phaddy Slattery i Sráid Chéipil i mBaile Átha Cliath, áit a raibh slua mór bailithe ó ardtráthnóna ar fhaitíos nach scaoilfí isteach iad. Is dóigh gur ar Slattery's a bhí sé ag trácht san agallamh sin thuas leis an *Irish Independent*, ach is cóir a thuiscint go raibh an oiread sin fonnadóirí agus ceoltóirí den scoth bailithe i Slattery's an oíche sin nárbh fhéidir freastal orthu go léir. Bhí Seosamh féin in ardghiúmar fonnadóireachta an oíche sin agus tá daoine ag caint fós faoina fheabhas is a bhí an oíche. Ar ndóigh, ba nós le Seosamh locht éigin a fháil ar rud eicínt nuair a chuirtí faoi agallamh é, ach is cóir a rá freisin gur mhol sé Slattery's go hard agus go minic ina dhiaidh sin.

Bhí páirt mhór ag an amhránaí agus an scríbhneoir Finbar Boyle as Dún Dealgan i reachtáil an Tradition Club i Sráid Chéipil ar feadh breis agus scór bliain:

Tháinig mise go Baile Átha Cliath i 1969 agus iarradh orm lámh a thabhairt ina eagrú. Bunaíodh an club i 1967. Seán Corcoran agus Kevin Coneff [agus Tom Crean] a bhunaigh é. Bhí an club ar siúl gach oíche Chéadaoin ó 1967 go dtí 1988, uirlisí agus amhránaíocht, agus an bhéim ar cheoltóirí aonair seachas ar na grúpaí. Gach aon uair dá dtagadh Joe abhaile, cheoladh sé ann. Bhíodh sé ag ól Tigh Donoghue, agus thagadh an scéala ó Donoghue's go raibh sé sa bhaile. Bhí sé de nós aige bualadh isteach aon uair a bhíodh sé sa chathair.

Bhíodh club amhránaíochta, An Tobar Glé, thíos sa siléar i Slattery's freisin i ndeireadh na seascaidí agus Séamus Ennis ina bhun. Chuaigh Finbar Boyle síos ann aon oíche amháin, agus tugadh jab le déanamh dó láithreach:

Ní raibh mé ach díreach tar éis teacht ón bhaile go dtí an coláiste. Bhí Ennis thíos ansin agus bhí galar éigin ar a lámha agus ní raibh sé in ann na píobaí a sheinm, ach do sheinn sé ar an fhidil, agus chas sé cúpla amhrán. Agus bhí seanbhean ina suí ansin agus tháinig Séamus chugamsa agus dúirt sé: 'This is my mother. Will you look after her for the rest of the night?' Bhí mé an-óg ag an am, b'fhéidir seacht mbliana déag, agus bhí mé ann ar feadh na hoíche in éineacht le máthair Shéamuis Ennis. Ar na daoine eile a bhí ann an oíche chéanna bhí Máirtín Byrnes, Siney Crotty agus Seán 'ac Dhonncha, agus iad uilig súgach go leor. Sin i 1969.

Bhíodh go leor fonnadóirí ag tarraingt ar Slattery's, ina measc Maighread Ní Dhomhnaill, Treasa Ní Mhiolláin, Máire Áine Ní Dhonnchadha, Áine Bean Mhaitiú, Caitlín Maude, Sarah agus Rita Keane, Sarah Anne O'Neill, Darach Ó Catháin, Seán Ó Conaire, Seán 'ac Dhonncha, Paddy Tunney agus Nioclás Tóibín. Bhíodh Joe Holmes, Kevin Mitchell agus Geordie Hanna ansin go minic, agus thug Peggy Seeger agus Ewan MacColl, mar aon le A. L. (Bert) Lloyd, cuairt ar an gclub ó am go chéile. D'éirigh Seán Corcoran as i lár na seachtóidí agus d'imigh Tom Crean i 1985, ach choinnigh Frankie Kennedy agus Mairéad Ní Mhaonaigh ag imeacht tamall eile é go dtí gur chríochnaigh sé ar fad i 1988, i bhfocla Fintan Vallely, *'undermined by the commercial music scene which it had been instrumental in building'*.[101]

Ó bunaíodh Gael-Linn i 1953, faoi cheannródaíocht Dhónail Uí Mhóráin agus faoi bhainistíocht stuama, thionscnamhach Riobaird Mhic Góráin, bhí an eagraíocht ag bailiú tábhachta agus stádais mar eagraíocht chultúrtha Gaeilge. Bhí a gcuid oifigí aistrithe faoin am seo acu ó 44 Sráid Chill Dara go barr Shráid Ghrafton ar choirnéal Fhaiche Stiabhna. Bhí comhluadar Gaeilge le fáil timpeall na faiche sin de shíor: in oifigí Ghael-Linn, in oifigí na hirise *Comhar* agus in oifigí Chonradh na Gaeilge i rith an lae; agus in Amharclann an Damer agus i gClub Chonradh na Gaeilge san oíche, gan trácht ar thithe tábhairne mar Sinnott's, O'Neill's agus O'Donoghue's. Istigh ina lár sin ar fad a bhí stiúideo Pheter Hunt, inar taifeadadh ceirníní Ghael-Linn faoi stiúir Gene Martin.

Thosaigh Máire Nic Fhinn ag obair i nGael-Linn i 1968 mar rúnaí pearsanta ag Riobard Mac Góráin. Bhí sí an-cheanúil ar cheol agus ar dhamhsa agus cé nach raibh sé luaite mar cháilíocht don phost, níorbh fhada gur thug Riobard Mac Góráin faoi deara é. Ba í an Ghaeilge gnáth-theanga oibre Ghael-Linn, rud a bhí neamhghnách ag an am. Cuireadh cúram ar Mháire a bheith ag faire amach do thallann nua ar bith a bhí ag teacht chun cinn sa gceol traidisiúnta, agus a bheith san airdeall ar ábhar a bheadh feiliúnach le taifeadadh ar cheirníní Ghael-Linn. Bhíodh clár raidió dá gcuid féin ag Gael-Linn ag an am agus ba an-deis é sin le poiblíocht a fháil do na ceirníní ar Radio Éireann.

Scríobhadh Riobard Mac Góráin chuig Seosamh i Nua-Eabhrac go rialta agus scríobhadh Seosamh ar ais gan teip. Bhí socrú déanta ag Riobard leis ábhar fadcheirnín a thaifeadadh nuair a thiocfadh sé abhaile i 1969 agus b'in é an gnó a bhí ag Máire le Seosamh in O'Donoghue's:

Chuaigh mise chuige ar aon nós agus bhí seisean ag súil le Riobard. Is cuimhin liom é sin go maith. Bhí sé ina shuí ansin ag an gcuntar ar stól ard agus b'eisean an Rí. Agus bhí ómós dó! Agus déarfainn, ar a lán slite, go raibh faitíos ar a lán daoine roimhe freisin. Bhí bealach aige le daoine a chur ina dtost go breá sciobtha, mar a fuair mé amach go minic ina dhiaidh sin. Ach óna chuid údaráis agus ón tslí a labhraíodh sé bhraithfeá go raibh an t-ómós sin tuillte aige.

D'fhanadh sé in áit i Sráid Pembroke in aice le Sráid Hatch, i dteach darbh ainm The Golden Vale, díreach suas an bóthar ó O'Donoghue's. Bhí teach aíochta ag seanchúpla ansin, agus b'in é an áit a bhfanadh sé nuair a chuir mise aithne air. Shiúladh sé anuas as sin go dtí O'Donoghue's, an fíorbhaile a bhí aige! Bhí lánúin an Golden Vale an-deas ar fad agus thugaidís sin aire dó chomh maith.

Thaithin sé liom mar dhuine ón gcéad lá sin. Tharraing-íomar go maith le chéile. Agus is as sin a thosaigh an caidreamh, leis an Damer agus an Ceoláras Náisiúnta agus na hoícheanta do Sheosamh a cuireadh ar siúl níos deireanaí. Agus, ar ndóigh, an dá fhadcheirnín le Gael-Linn. Is é O'Donoghue's an bhunáit a bhíodh aige agus bhailíodh a chomhluadar timpeall air. Ar ndóigh bhíodh Séamus Ennis ann, agus tá a fhios agat go mbíodh coimhlint uafásach idir é féin agus Séamus Ennis. Bhíodh duine amháin i gclúid amháin agus an duine eile sa gcúinne eile, agus bhídís ag spochadh as a chéile go síoraí. Ach ba rud nádúrtha é sin a bhain le Seosamh. Bhí sé an-deisbhéalach agus bhí an-acmhainn grinn aige. Agus bhíodh sé i gcónaí ag sárú agus ag piocadh as daoine in O'Donoghue's. Gan dabht, bhí Maureen agus Paddy O'Donoghue ann, beannacht Dé lena n-anam. Fuaireadar bás i bhfoisceacht bliain dá chéile tar éis dóibh an tábhairne a dhíol agus aistriú amach chun cónaí i nDún Laoghaire. Bhíodar sin an-chineálta le Seosamh. Thugaidís bia dó, thugaidís anraith agus arán agus tae dó chuile lá, agus dhéanaidís deimhin de go mbeadh na rudaí bunúsacha aige. Sna blianta tosaigh, bhí sé ag ól níos troime ná mar a bhí sé ina dhiaidh sin.

Nuair a chas mise le Seosamh ar dtús thug sé le fios dom go

raibh 'stair' aige, mar a chuir sé féin é. Agus cé nár phléigh sé an scéal amach is amach liom, thug sé imlíne an scéil dom faoina bhean a bheith caillte agus go raibh muirín air nach bhfaca sé le fada. Níor luaigh sé cé mhéad duine. Dúirt sé freisin go raibh mise 'i bhfad ró-óg' le bheith ag éisteacht le scéalta mar sin agus d'impigh sé orm gan labhairt faoi. Níor labhair mé riamh faoi go dtí anois. Istigh in O'Donoghue's a bhí muid i lár an lae agus mé ag plé gnóthaí faoi cheirnín leis le linn an *holy hour*. Ní raibh ach corrdhuine fágtha istigh agus bhí fear an bheáir ag iarraidh iad a ruaigeadh amach. D'fhanadh Seosamh istigh. B'in an t-am ab fhearr a bhféadfá gnó a phlé leis, toisc go mbíodh an oiread sin daoine thart air. Ní raibh aon eolas agamsa faoi chúlra Sheosaimh agus ní raibh aon chúis agam le fiafraí.

Tharla an comhrá seo ar fad nuair a d'inis Máire dó go raibh sí féin díreach tar éis teacht ar ais as Londain ó chuairt a thug sí ar a hathair, nach raibh feicthe aici ó bhí sí cúig bliana d'aois go raibh sí ocht mbliana déag. Mhínigh sí a cúlra féin dó, cúlra a raibh baint aige le Gaeltacht Mhaigh Eo agus le Sasana. Dúirt sí leis go raibh faoiseamh aigne aici ó rinne sí athchaidreamh lena hathair agus mhol sí do Sheosamh teagmháil a dhéanamh lena chlann. Cheap seisean go raibh sé fágtha rófhada aige, ach creideann Máire dá mairfeadh sé ní b'fhaide go mbeadh athaontas eicínt tarlaithe go nádúrtha. Thuig sí láithreach go ndeachaigh a scéal i bhfeidhm go mór air:

I Shepherd's Bush i Londain a rugadh mise. D'fhág m'athair agus mo mháthair Ceapaigh na Creiche i gCoill an tSiáin i dTuar Mhic Éadaigh, agus chuadar go Londain agus phósadar. Cainteoirí dúchais agus comharsana béal dorais a bhí iontu. Bhí mé féin ar scoil thall agus bhí mé beagnach cúig bliana d'aois nuair a cailleadh mo mháthair go tobann le meiningíteas. Ní raibh sí ach 26 bliain d'aois. Ní raibh mo dheartháir, an t-aon duine eile sa chlann, ach ceithre mhí d'aois. Is cuimhneach liom gur tugadh mé féin agus mo dheartháir Johnny, a bhí ina leanbh beag bídeach, abhaile. Tháinig an corp agus mé féin agus an leanbh agus m'athair agus na gaolta ar fad abhaile ar an mbád, agus as sin go Tuar Mhic Éadaigh. D'fhan muide le tuismitheoirí mo mháthar agus chuaigh m'athair ar ais go Sasana ina aonar. Ní fhaca mé m'athair arís go raibh mé ocht mbliana déag d'aois, nuair a chnag mé ar a dhoras i Londain. Bhí sé pósta arís. Dúirt sé liom: '*I always knew you'd find me! I always knew you'd turn up some day!*' Ar ndóigh bhí mé an-suaite. Chuir sé féin agus a bhean an-fháilte romham agus thapaigh mé an deis le aithne a chur air, agus le aithne a chur ar mo leasdeirfiúr ón lá sin amach. Chasadh m'athair an fhidil agus níor shantaigh sé comhluadar i dtithe ósta mórán riamh. Nuair a bhí mise ag fás suas theastaigh uaim bualadh leis arís agus chuidigh mo sheanmháthair liom an méid sin a chur i gcrích nuair a bhí mé ocht mbliana déag.

Tógadh mé i dteach mo sheanmhuintire, a bhí i gcónaí lán de cheol agus damhsa. Mhúin mo shin-seanmháthair, a bhí ina cónaí sa teach linn freisin, go leor seanamhrán dúinn, a chuala mé ag Seosamh níos deireanaí, amhráin ar nós '*The Rocks of Bawn*', '*Skibbereen*', '*The Close of an Irish Day*', '*Galway Bay*', '*Eanach Cuain*' agus mar sin de. Chuaigh clann mo mhuintire go léir ar imirce go Sasana agus go Meiriceá agus is iomaí *American wake* a bhí timpeall mo bhaile dúchais agus mé ag fás suas. Bhí cupla bosca ceoil agus *melodeon* sa teach agus bhí muintir mo sheanmháthar, na Cadhain, uilig in ann ceol a chasadh. Thagadh ceirníní 78 le Paddy O'Brien agus le Michael Coleman chugainn as Meiriceá don ghramafón, agus bhíodh an tsnáthaid caite againn ag éisteacht leis an gceol. Níos deireanaí, ar ndóigh, bhíodh muid ag éisteacht le Ciarán Mac Mathúna ar *Job of Journeywork* ar Radio Éireann. Bhí go leor comónta idir mé féin agus Seosamh nuair a chas muid le chéile, ach go raibh muid ag teacht ó dhá thaobh dhifriúla! Ón lá ar chuir mé aithne ar Sheosamh Ó hÉanaí Tigh O'Donoghue's lean caradas buan agus comhfhreagras go lá a bháis.

Faoin am ar chuir Máire aithne ar Sheosamh i 1969 bhí sé éirithe searbh faoi Éirinn. Shíl sé nach raibh aon rud i ndán dó in Éirinn, agus go raibh air dul go Meiriceá agus fanacht ann. Shocraigh sise féachaint chuige go bhfuair sé an t-aitheantas in Éirinn a bhí tuillte aige, agus chinntigh sí féin agus Riobard Mac Góráin go bhfuair sé sin. Thaifead sé a chéad fhadcheirín do Ghael-Linn le linn dó a bheith sa mbaile an bhliain sin agus bhíodh Máire Nic Fhinn sa stiúideo leis chuile lá:

> Is cuimhin liom an chéad cheirnín a rinne mé leis, an samhradh sin i 1969. Bhíodh sé ag ól is ag ragairne ag an am, ach is cuimhneach liom gur éirigh sé as na toitíní timpeall seachtain roimh ré ionas go mbeadh an guth in oiriúint. Mheas mé gurbh iontach go deo an smacht é sin. I stiúideo Pheter Hunt a dhéanadh muid an taifeadadh, agus Gene Martin a bhíodh ag obair linn, go ndéana Dia grásta air!
> Ba dhuine é Seosamh a gceapfá faoi nár fhág sé Conamara riamh ar a lán slite. Bhí sé coinbhinsiúnach agus seanfhaiseanta ina chuid nósanna pearsanta. Ach nuair a chuaigh sé ar stáitse nó isteach i stiúideo bhí sé an-sofaisticiúil agus an-eagraithe. Bhí a fhios aige go díreach céard a bhí le déanamh aige agus cén fhad a ghlacfadh sé. Bheadh a liosta réidh aige agus bheadh tuairim mhaith aige den am agus mar sin de. Ní thógadh sé air ach aon iarracht amháin amhrán a thaifeadadh, nó dhá iarracht ar a mhéid. Bhí sé thar barr mar sin. Chuireadh sé iontas orainn chomh proifisiúnta is a bhí sé.

Thaifead Seosamh trí cinn déag d'amhráin in achar an-ghearr i stiúideo Pheter Hunt ar Fhaiche Stiabhna i mBaile Átha Cliath i samhradh na bliana 1969 agus bhíodar sin ag fanacht leis ar a chéad fhadcheirnín ó Ghael-Linn nuair a thug sé a chéad chuairt eile abhaile i 1971. Seo é an fadcheirnín ar hiarradh ormsa focla na n-amhrán a scríobh agus nár facthas ina dhiaidh sin.

Nuair a tháinig deireadh le saoire Sheosaimh, i bhfómhar na bliana 1969, bhí cóisir in O'Donoghue's dó agus chuaigh go leor dá raibh ag an gcóisir chuig an aerfort le slán a fhágáil aige. Orthu sin bhí an t-amhránaí Frank Bryson, (nach maireann) as deisceart Ard Mhacha agus an fliúiteadóir Mick Hand as tuaisceart Bhaile Átha Cliath. Casadh Mick Hand orm arís i 2006 sa Cobblestone, teach tábhairne Tom Óg Mulligan i Margadh na Feirme i lár na príomhchathrach, áit a bhfuil pictiúr mór de shochraid Sheosaimh Uí Éanaí crochta ar an mballa ann:

> I used to be in O'Donoghue's four or five nights a week; we were young and carefree then! I was friendly with Frank Bryson for years, and we were going over there on a fairly regular basis. Joe was always in O'Donoghue's, having his pint. Not that I got to know him very well. Séamus Ennis was also around that time. Whenever Joe was called to sing he'd sing a song, and Joe Ryan would come in, and John Kelly came in on a Friday night and a Saturday night.
>
> But we escorted Joe to the airport when he was going back to America that year. There was a convoy of four or five cars that went out to the airport when Joe was going away. There was Ronnie Drew, Barney McKenna, Ciarán Bourke, Luke [Kelly], Frank Bryson and myself, Siney Crotty, Mick McGuane and two or three others. And we waved him off. It was a sad parting!
>
> But there was this particular individual who used to come into O'Donoghue's at that time and played a whistle, and it turned out he was the pilot of the 747. Joe said that he was afraid of flying and that he would not fly with anybody else but this particular pilot. At the airport, we got down to the ground floor where you went out onto the tarmac, and this particular chap who was piloting the plane, and who always looked very smart, strolled out very confidently across the apron and got into the big aircraft. But I always remember Joe's comment: 'I will not fly with anybody but . . .' whatever your man's name was!

Deir Liam Clancy liom gurbh é Dick Quinn an píolóta a raibh ardmhuinín ag Seosamh as, an fear céanna a bhí ina phíolóta ar an eitleán a thug Seosamh go Meiriceá den chéad uair i 1965:

When we were going out to Newport we made sure we were on the flight with Dick Quinn to New York. Joe had great trepidation about getting on an aircraft, but he had great trust in Dick Quinn, the pilot. When we got out to the airport Joe was very nervous. We were met by a stewardess who brought us out early to the plane and gave us the VIP treatment. We were put up in first class, with an ice bucket and a big champagne bottle in it, to be replenished when it was finished. Dick Quinn was from Enniskerry, and even though he was twelve years older than me we became soulmates. We sang in the pubs together; when he'd arrive in New York he got out of the uniform and off we'd go, out on the town, singing.

Idir an dá linn, d'eisigh Topic Records i Londain fadcheirnín le Seosamh dar teideal *Joe Heaney: Irish Traditional Songs in Irish and English* i ndeireadh na bliana 1969. San iris *Treoir* Márta–Aibreán 1970 deir an léirmheastóir 'Dónal Óg':

Really good sean-nós singers are so few that most enthusiasts can reel off the names of all records of sean-nós singing published in recent years, the names of the singers and the songs; they can even tell you the songs that our leading singers should have recorded – i.e. many would love to have a record of Mac Donncha singing 'Bean an Fhir Rua', or Tóibín's 'Iníon an Fhaoit' ón nGleann', or S. Ó hÉanaí's 'Dónal Óg'. A full L.P. of sean-nós singing by one artist is indeed a daring venture, but Topic's record of Seosamh Ó hÉanaí has, I believe, been a success in every way. Of course, Ó hÉanaí is one of the few singers who sings very well and traditionally in English and in Irish. On this L.P. he sings six songs in Irish, four in English, and also the great macaronic 'One Morning in June'. The songs in Irish (I list them according to my own personal preference) are 'Caoineadh na dTrí Muire', 'An Tighearna Randal', 'Bean an Leanna', 'Casadh an tSúgáin', 'Peigín is Peadar', and 'Connla'. The version of 'Caoineadh na dTrí

Muire' is somewhat longer than that recorded by Gael-Linn ten years ago. 'An Tighearna Randal' is sung to the same air as that to which Seán 'ac Dhonncha sings 'Liam Ó Raghallaigh'. 'Bean an Leanna', that most cherished of Irish ladies, is taken at a slower tempo than usual, but under the Ó hÉanaí treatment it emerges as a mighty song indeed. *Bullaí fir, a Sheosaimh! An cur síos, ins na nótaí ar chúl an chlúdaigh, ar stair agus cúlra na n-amhrán, tá sé thar a bheith suimiúil. I mBéarla atá na nótaí, ach is fiú go mór iad a bheith agat.*

Of the songs in English, 'The Wife of the Bold Tenant Farmer' gets a new lease of life here. The 'Rocks of Bawn' is well sung, but I think that a second song, 'John Mitchel', to the same air need not have been included. An uncommon version of 'The Bonny Boy' (The title here is 'The Trees They Grow Tall') completes the collection. A reference to Ó hÉanaí's style of singing, from A. L. Lloyd's detailed and informative notes on the sleeve, is worth including here. 'Heaney,' he says, 'is a remarkably discreet singer, not given to dramatic or comic effect, with an uneventful surface to his songs but a world of secrets underneath.'

Topic Records are to be complimented on this fine L.P. which has been on the market for some time now. I would, however, like to see Ó hÉanaí referred to by his Irish, and proper, name, if not in the title at least in the notes. But this does not detract one whit from my enjoyment of the magnificent singing on this record. (Class – A.1.)[102]

Chuaigh Proinsias Mac Aonghusa, ón gclár *Féach* in RTÉ, go Nua-Eabhrac in Eanáir na bliana 1970 agus rinne sé agallamh le Seosamh i Central Park. D'admhaigh Seosamh do Phroinsias go mbíodh sé uaigneach amanta i Nua-Eabhrac:

Amanta bíonn, agus amanta ní bhíonn. Tá sé an-deacair imeacht as d'áit dhúchais agus dearmad a dhéanamh air, ar an spraoi agus ar na daoine, ar an gceol agus ar na siamsaí a bhíodh ann, ar na rásaí agus rudaí mar sin. Bhíodh spraoi ann. Bhíodh ceol agus damhsa ann, ceol agus cúirtéireacht; chuile dhuine ag déanamh leithscéil le dhul amach, an dtuigeann tú, agus tá a fhios agat féin! Fanacht amuigh scaitheamh, agus leithscéal ansin, go raibh tú i dteach duine eicínt eile, ach san am céanna bheifeá ag an gcrosbhóthar, in do shuí síos, agus do lámh thart ar bhean agat agus tú ag casadh amhráin di . . .

Nuair a d'fhiafraigh Proinsias de an mbeadh aon spéis aige cónaí arís san áit ar rugadh é, in Aird an Chaisleáin, dúirt Seosamh:

Níl mé ag rá gur mhaith liom dul ar ais go hAird an Chaisleáin, ach ba mhaith liom a bheith in Éirinn, dá bhfaighinn an rud atá mé a iarraidh . . . Tá mé ag iarraidh slí mhaireachtála, sin an méid. Faoi láthair, tá mé á fháil anseo, agus caithfidh mé ómós a bheith don áit seo agam, mar go bhfuil siad ag cur pingin i mo phóca. Tá sé an-dona ag duine a bheith ag imeacht thart agus gan é in ann an rud atá sé a iarraidh a fháil. Níl aon ghraithe ag duine ag iarraidh jab in Éirinn mura bhfuil aithne aige ar an diabhal is a mháthair.

Ag na fleánna ceoil anseo, na *festivals*, caithfidh mé a rá go dtug na Clancy Brothers an-chúnamh dom leis na rudaí seo a fháil nuair a thosaigh mé ar dtús. Is iad na Clancys a chuir ar an mbóthar ceart anseo mé, Tom go mór mhór, ach an chuid eile, dhéanfaidís an rud céanna . . .

Ag an staid seo sa gcomhrá chuaigh Seosamh agus Proinsias trasna an bhóthair as Central Park agus isteach sa teach tábhairne The Lion's Head i nGreenwich Village, áit ar bhuaileadar le Tom agus Paddy Clancy agus le Finbar Furey, agus áit ar tháinig deireadh leis an eagrán áirithe sin den chlár teilifíse *Féach* as Nua-Eabhrac.

Ó thús na seachtóidí ar aghaidh bhíodh an t-ainm Joe Heaney le feiceáil níos minicí i nuachtáin Mheiriceá, agus é molta go hard ag daoine a raibh ardchéimíocht acu i saol an cheoil dúchais. Bhí an tuairisc seo a leanas ag Linda Morley, ollamh le béaloideas i New England College, New Hampshire, i Márta 1971, faoin gceannteideal 'IRISH BALLADEER':

> There was something for everyone at Maggie Pierce's Third Annual Try Works Concert in New Bedford a week ago Saturday night. On the all-folk program were Paul Geremia, Tony Barrand and John Roberts, two young Englishmen whose popularity among folk music fans is becoming out of hand, and Nan and Chuck Perdue, a winsome couple from Virginia who sing gospel music.
>
> But the performer who drew the crowds was Joe Heaney, one of Ireland's most talented traditional singers and tellers of tales. His straightforward stage presence and his sensitivity to the ballads, songs and stories he brought with him endeared him to his listeners. His repertoire consisted of the finest of Irish folk music – both Gaelic, which is his first language, and Anglo-Irish – each selection learned, so to speak, by his home hearth on the West coast of Ireland.[103]

Bheadh léirmheasanna moltacha den chineál sin ag dul i méid agus i líonmhaire feasta.

15. Ceiliúradh Mór

BHÍODH MAC DARA Ó FATHARTA, AISTEOIR LE HAMHARCLANN na Mainistreach, agus le *Ros na Rún* ar TG4 ina dhiaidh sin, isteach in O'Donoghue's i mBaile Átha Cliath go minic i dtús na seachtóidí. Fear é a bhí, agus atá, an-cheanúil ar amhráin Sheosaimh Uí Éanaí agus bhíodar cloiste ar an raidió agus ar na ceirníní aige, cé nach raibh an fear féin feicthe fós aige ach a phictiúr a fheiceáil sna páipéir:

> Sílim gur 1971 a bhí ann. Bhí mé ag dul chuig Scoil Aisteoireachta na Mainistreach ag an am agus bhí mé i mo chónaí thart ar Waterloo Road agus Baggot Street. Bhínn isteach Tigh Donoghue, agus an chéad rud eile chuaigh an scéala thart go raibh Joe Éinniú ag teacht abhaile. Bhíodh grúpa beag againn ag ól Tigh Donoghue ag an am: Pádraig Ó Neachtain, Pádraigín Ní Uallacháin, Dara Ó Conaola as Inis Oírr. Bhíodh cúinne Tigh Donoghue an t-am sin agus ba gheall le Gaeltacht bheag é. Agus ag an deireadh seachtaine bhíodh John Kelly agus Joe Ryan ag casadh ceoil ansiúd sa seomra tosaigh. D'fheicinn Liam O'Flynn, Paul Brady, Tony MacMahon, Matt Molloy – daoine a rinne gairm den cheol ina dhiaidh sin – thagaidís sin ar fad ag an deireadh seachtaine ag seinm cheoil ann.
>
> Dúirt Paddy O'Donoghue oíche amháin: 'Beidh Joe Heaney

anseo faoi cheann míosa.' Ara, a dheartháir, scaip an focal!
Thosaigh daoine ag súil leis. Coicís eile agus beidh sé ann!
Seachtain eile agus beidh sé ann! Ba gheall leis an *Messiah* a
bheith ag teacht é! Sin é an uair a thuig mé cén tóir a bhí ar
an bhfear seo, cé chomh tábhachtach is a bhí sé, cé chomh
maith is a bhí sé, cén chaoi ar bhreathnaigh daoine air, go mór
mór ceoltóirí eile.

Agus ansin, is cuimhneach liom go ndeachaigh mé isteach
ann tráthnóna amháin agus gan mé ag smaoineamh ar thada,
agus d'aithin mé láithreach é. Bhí slua mór daoine thart air,
Paddy agus Maureen ina measc. Bhí sé mar a thiocfadh fear
abhaile agus corn an domhain buaite aige. Tá mé ag ceapadh
go bhfaca mé Willie Clancy ann agus Séamus Ennis. Bhí mé
ag iarraidh na ceoltóirí móra seo a fheiceáil le fada. Agus bhí
máta ag Joe freisin, Colm Kennedy, Albanach. Ba é Colm an
'bainisteoir' a bhíodh aige, á thabhairt ó áit go háit. Bhíodh
Colm in éineacht linne go minic freisin. Bhí siopa éadaigh
ban aige i Sráid Dawson, thuas staighre. Sílim go raibh na
Dubliners ann agus Liam Clancy. Tháinig siad ar fad le fáilte
a chur roimh Joe. Agus bhí Johnny McDonagh ann! Bheadh
a fhios agat go raibh tú i láthair rud iontach eicínt. Ach nuair
a chiúinigh an áit chas Joe amhrán agus is cuimhneach liom
gurb é an chéad amhrán a chas sé, '*Johnny is the Fairest Man*'.

Ní duine é a bhí an-sona leis féin, shíl mé. Chaith mé písín
ina chomhluadar tráthnóna amháin. Agus tá a fhios agam –
ach an oiread le Caitríona Pháidín i g*Cré na Cille* – go mbíodh
an teanga géaraithe go minic aige. Agus bhí sé in ann liobairt.
Murar thaithin tú leis bhí sé in ann tú a sceanadh lena
theanga. *He didn't suffer fools gladly*, mar a deir an Béarla. Ach
níor fhág Nua-Eabhrac aon rian ar a chuid Béarla. Déarfainn
gur in aon turas a choinnigh sé blas Chonamara ar a chuid
Béarla. Bhí sé raibiléiseach freisin agus bhí acmhainn grinn
aige. Is aige a chuala mé 'ribe an tseabhráin' i dtosach!

Thagadh fear guail a mbíodh Wallie Kelly air isteach Tigh
Donoghue agus é chomh dubh leis an bpic. '*A pint for Wallie!*'
a deireadh Joe, agus cheannaíodh sé pionta dó. Agus chuir sé
an oiread suime sa bhfear seo is a chuir sé sna móruaisle a bhí
thart air, mar bhí sé féin agus Wallie an-mhór le chéile sula

ndeachaigh Joe sall. Agus bhíodh greann agus gáirí aige féin agus ag Wallie. B'in rud álainn faoi: ní raibh aon éirí in airde ag baint leis. Agus ní mórán truailliú a tháinig ar a chuid Gaeilge, ná ar Bhéarla Chonamara.

Bhíodh an píobaire óg Néillidh Mulligan isteach agus amach in O'Donoghue's ag an am seo freisin, agus bhí aithne mhaith aigesean ar Wallie chomh maith. Bhí canúint bhreá Bhaile Átha Cliath ar Wallie agus 'Jaysus, Joe!' aige le gach dara focal. Bhíodh Seosamh sách trom ar na toitíní ag an am ach bhí Wallie níos troime fós orthu, agus bhíodh nuta toitín go síoraí ina bhéal. Chuir Seosamh cárta poist as Meiriceá chuige uair amháin agus nuta toitín greamaithe de, agus 'Have a smoke on me, Wallie!' scríofa thíos faoi. Bhí Wallie á thaispeáint do chuile dhuine in O'Donoghue's go ceann míosa.

Is ó Sheosamh Ó hÉanaí a d'ól Néillidh Mulligan a chéad phionta i 1971, i gcomhluadar a athar, Tom Mulligan, an fidléir as Barr na Cúile in aice le Dromad i gContae Liatroma:

> Bhí coinne déanta ag Seosamh bualadh le m'athair agus liom féin Tigh Sinnott roimh an gcoirm cheoil in Amharclann an Damer. Bhí m'athair an-chairdiúil le Seosamh Ó hÉanaí agus le Seán 'ac Dhonncha, agus an-cheanúil ar an amhránaíocht ar an sean-nós mar aon leis an gceol. Nuair a bhíomar réidh le dhul suas as Tigh Sinnott chuig an Damer, d'iarr Seosamh ar dhuine de na freastalaithe *jug* mór bán lán de phórtar a líonadh amach dó agus a thabhairt suas chuig an Damer, rud a rinne sé. Bhí an *jug* á chur thart ar na ceoltóirí ar an stáitse sa Damer le linn na coirme, rud a chuir go mór leis an atmaisféar agus leis an ngiúmar. Is cuimhneach liom go raibh Johnny Chóil Mhaidhc agus Tom Phaddy ar an ardán freisin, agus níor mhair an *jug* pórtair i bhfad! Is cuimhneach liom freisin an chaoi a raibh Seosamh i ngreim i ndroim cathaoireach le linn dó a bheith ag rá na n-amhrán, a shúile sáite sa lucht éisteachta aige agus ciúnas iomlán sa halla.

Bhí an nós bunaithe faoi seo go mbíodh seisiún mór do Sheosamh agus dá chairde in O'Donoghue's maidin Shathairn nó maidin Domhnaigh, agus go mbíodh béile mór bagúin agus cabáiste réitithe ag Maureen agus ag Paddy O'Donoghue dóibh nuair a dhúntaí na doirse ar an bpobal i lár an lae. Nuair a d'osclaíodh na doirse arís leantaí leis an gceiliúradh, agus bhíodh amhráin agus ceol ag dul go farra bachall as sin go dtína hocht a chlog nó mar sin, tráth a mbíodh ceoltóirí agus custaiméirí na hoíche ag líonadh isteach. Ba ghnách le Seosamh agus leis na Mulligans faoin am sin bualadh síos go Hartigan's i Sráid Líosáin, teach tábhairne le Alfie Mulligan, deartháir Tom. Bhíodh Seosamh ag tnúth le bualadh le Peter Mulligan, col ceathar le Tom agus le Alfie, a bhí ceanúil ar an ól agus ar na caiple agus a bhí an-tráthúil ina chuid cainte. Nuair a d'fhiafraigh Seosamh de: *'How are you Peter?'* dúirt Peter: *'As long as the wife and the television are working, I'm fine, Joe!'* Bhíodh an-spraoi aige féin agus ag Seosamh, agus nuair a bhídís tuirseach ag gáirí bhíodh ar Sheosamh cupla amhrán a thaithin le Peter a chasadh dó.

Níor thúisce Seosamh sa mbaile i 1971 ná thug sé cuairt ar a chairde móra i nGael-Linn, Máire Nic Fhinn agus Riobard Mac Góráin. Bhí dhá ócáid mhóra eagraithe acusan dó an uair seo: coirm cheoil in Amharclann an Damer, agus an chéad fhadcheirnín leis, dar teideal *Seosamh Ó hÉanaí*, a bhí le seoladh go poiblí i dteach tábhairne Sinnott's, trasna an bhóthair ó Ghael-Linn. Bhíodh na socruithe go léir déanta i bhfad roimh ré, a dúirt Riobard Mac Góráin liom:

> Bhíodh teagmháil agam leis i rith an ama mar, ní hionann agus go leor eile, dá scríobhfá chuig Seosamh d'fhreagródh sé thú. Ba mhó d'fhear scríbhneoireachta é ná cuid mhaith daoine dá chineál. Agus mar sin, dá scríobhfá chuige ag cur ceiste faoi rud éigin, gheobhfá nóta ar ais uaidh ag freagairt na ceiste. Bhí sé an-mhaith ar an gcaoi sin. Agus go hiondúil nuair a bhíodh sé ag teacht abhaile chuireadh sé nóta chugam, ag rá go mbeadh sé i mBaile Átha Cliath i gceann roinnt seachtainí, agus mar sin de.
>
> Mar sin, bhíodh a fhios agam roimh ré nuair a bhíodh sé ag teacht. Agus, ar ndóigh, nuair a bhunaíomar an nós go

gcuirfimis coirm cheoil ar bun le linn dó a bheith in Éirinn bhíodh cúis bhreise aige le scríobh níos faide roimh ré agus a rá go mbeadh sé ag teacht faoi cheann trí mhí nó mar sin, a leithéid seo de sheachtain agus mar sin de. Ní iarradh sé orainn coirm cheoil a chur ar bun dó ach bhí a fhios aige go ndéanfaimis a leithéid sin. Sin í an aithne is mó a bhí agam air.

Agus ní Tigh Donoghue is mó a bhuailinnse leis ach Tigh Sinnott. Bhí muid [Gael-Linn] i Sráid Chill Dara nuair a bhí na chéad Oícheanta Seanchais ann ach, i 1959 is dóigh liom, bhogamar anonn go barr Shráid Ghrafton agus ba é Sinnott's an áit ba ghnaíúla agus ba ghaire dúinn. Dá mbeadh muid tar éis coirm cheoil a chur ar bun dó sa Damer is go dtí Tigh Sinnott a théimis i gcónaí. Bhí seanteach tábhairne thuas ar chúinne Shráid Fhearchair agus Sráid Cuffe, an Winter Garden, agus sin é an áit a dtéadh muintir an Damer ar dtús, ach nuair a bhí atógáil ar bun thart ar an gceantar sin dúnadh an seanteach tábhairne sin, agus as sin ar aghaidh is go Tigh Sinnott a théadh muid.

Tar éis dúinn na ceirníní sean-nóis 78 a chur amach, ar ndóigh bhí an saol ag teacht chun cinn ó thaobh ceirníní de, agus bhí fadcheirníní ag teacht isteach faoi mar a tháinig na dlúthdhioscaí isteach ina dhiaidh sin. Is dóigh gur chuireamar an chéad fhadcheirnín leis amach i 1971. Ansin chuireamar an dara ceann amach i lár na seachtóidí [1976].

Trí amhrán déag a bhí ar an bhfadcheirnín nua, *Seosamh Ó hÉanaí,* mar aon le nótaí eolais faoin amhránaí féin agus faoi chúlra na n-amhrán ó Sheán Mac Réamoinn, a scríobh:

Má chreideann tú gur rud aonta iomlán ann féin é amhrán, aiste cheart ealaíne nach féidir a bhriseadh ina dhá leath idir caint agus ceol: agus má chreideann tú, thairis sin, gurb éard is fíor-amhránaí ann fear a sheolfaidh an t-aontas iomlán úd chugat gan fabht gan easnamh, ealaíontóir a bhfuil de chumhacht mhíorúilteach ann an bhunaiste ealaíne úd a shlánú arís agus arís as an nua – má shiúlann tú Éire, ní bhfaighidh tú sárú Sheosaimh Uí Éanaí.

Ba í Máire Nic Fhinn a dhéanadh na socruithe agus an phoiblíocht go léir a scaipeadh do na coirmeacha ceoil, agus tá cuimhne mhaith aici ar go leor dá mbíodh in Amharclann an Damer ag ócáidí Sheosaimh:

Bhíodh Mícheál Ó Gríofa á gcur i láthair, mar a dhéanadh sé leis na hOícheanta Seanchais. Bhíodh Tom Mulligan agus a mhac Néillidh Mulligan ann. Bhíodh Tony MacMahon ann, Johnny Chóil Mhaidhc Ó Coisdealbha agus Tom Phaddy Mac Diarmada, Paidí Bán Ó Broin agus Maighread Ní Dhomhnaill. Bhíodh an-tóir ar na hoícheanta sin agus bhíodh an áit pacáilte. Ní bhíodh gá mórán fógraíochta a dhéanamh in aon chor. Dar ndóigh, bhíodh drámaíocht ar siúl in Amhraclann an Damer ag an am, ach chuirimis na hoícheanta áirithe seo ar siúl do Sheosamh féin nuair a bhíodh sé sa mbaile. Shocraínnse ócáidí eile dó freisin, i Slattery's mar shampla, agus socraíodh cupla ceolchoirm dó i gConamara agus in Árainn freisin i 1971.

Bhíodh Maighread Ní Dhomhnaill iarrtha i gcónaí ag Seosamh le roinnt amhrán a rá ar an stáitse in Amharclan an Damer in éineacht leis. Go deimhin, ba í an t-aon fhonnadóir eile í seachas é féin a bhíodh ar an stáitse, agus ba mhór an gradam é sin d'fhonnadóir nach raibh fós ach ina cailín óg. Dúirt Maighread le Michael Davitt sa gclár *Sing the Dark Away*:

When I came to Dublin first when I was about seventeen or eighteen I started training as a nurse. I used to come down to Slattery's in Capel Street and various places, and at that point my only exposure to *sean-nós* singing was the kind of singing that I was doing myself, which was the Donegal style. And I remember the first time I heard this man, I thought: 'My

God!' He was like a guru! There was so much music in his voice. I think that was the main thing. That was the first thing that grabbed me about his voice, it was so full of music; and to this day, when I listen to him!

Dúirt Maighread liom blianta fada ina dhiaidh sin:

Gach aon uair a dtáinig sé abhaile thug sé cuireadh domh a bheith páirteach ina chuid coirmeacha. Agus nuair a deireadh sé liom go raibh a chroí istigh i mo chuid ceoil, níor thuig mise i gceart ag an aois sin cén moladh mór a bhí ann. Tá cuimhne agam go raibh sé chomh deas liom i gcónaí, agus gur dhuine iontach múinte é. Níor thuig mise an oiread sin faoi cheol Chonamara ag an am. Ní raibh mé riamh i nGaillimh, fiú amháin, ag an am sin. Agus nuair a smaoiním ar ais air anois, chuala mé an Máistir!

Bhíodh tuismitheoirí Néillidh Mulligan ar saoire i gCois Fharraige na blianta sin, agus bhíodh Néillidh féin ag freastal ar chúrsaí Gaeilge a bhíodh Pól Ó Foighil a reachtáil i gColáiste Lurgan. Thug Tom Mulligan cuireadh do Shéamus Ennis agus do Sheosamh Ó hÉanaí siar chuig an gcoláiste i samhradh na bliana 1971 le ceol agus amhráin a chasadh do na foghlaimeoirí óga, agus go gairid ina dhiaidh sin, eagraíodh coirm cheoil ollmhór in onóir Sheosaimh i gColáiste Lurgan freisin. Len Ó Cluamháin, a bhí ag obair do Ghael-Linn ag an am, a d'eagraigh an choirm cheoil agus fuair sé Seán Bán Breathnach, fear óg as an áit a bhí go mór i mbéal an phobail ag an am agus ó shin, le bheith ina fhear an tí. Cé nár tharraing Seán Bán agus Seosamh Ó hÉanaí go rómhaith le chéile, d'éirigh go maith leis an gcoirm cheoil. Fágfaidh mé an scéal ag Seán Bán féin:

Bhí Pól Ó Foighil ag rá ag an am go raibh 1,300 duine taobh istigh [i gColáiste Lurgan], agus thart ar 500 eile taobh amuigh, an oíche sin. Bhí Joe Éinniú tagtha abhaile agus ní raibh caint ar aon duine an t-am sin ach ar Joe Éinniú. Bhí na scéalta tagtha abhaile roimhe as Meiriceá agus bhí an-phoiblíocht faighte ag an gcoirm cheoil. Bhí mé féin díreach ag tosú ar an teilifís ag an am agus cuimhneoidh mé go deo gur thairg Len Clifford deich bpunt dom le bheith i m'fhear an tí – b'aisteach an t-airgead é sin ag an am.

Anuas den phortach a tháinig mé, agus bhí Len Clifford ag cur suas an stáitse i gColáiste Lurgan ón haon a chlog an lá sin. Bhí an choirm cheoil le tosú ag a hocht. An chéad seachtain de mhí Mheithimh a bhí ann. Tháinig fear eicínt amach as Gaillimh leis an gcóras fuaime, agus is é an chéad uair riamh é a bhfaca mé micreafón crochta anuas as an áiléar.

Ach, ar aon nós, thosaigh na daoine ag teacht isteach, agus an chéad rud eile bhí an áit pacáilte. Tráthnóna breá samhraidh. Dúirt Len Clifford go raibh Joe agus a *entourage* thoir sa bpub, Tigh Mharcuis. Bhí Feistí Ó Conluain ann agus bhí Johnny Chóil Mhaidhc ann agus bhí roinnt mhaith daoine in éindí leo. Bhí Pól Ó Foighil ag rá: 'Caithfidh sibh an choirm cheoil seo a thosú. Ní haon mhaith an choirm cheoil a bheith thoir Tigh Mharcuis. Anseo atá an choirm cheoil!' Thug Len mise soir Tigh Mharcuis agus bhí sé sách ciallmhar fanacht sa gcarr é féin agus mise a chur isteach. 'Abair leo go gcaithfidh siad dul siar ar an bpointe, go bhfuil Foyle ag fanacht leo!' a dúirt sé.

Chuaigh mé isteach. Agus is dóigh go raibh an oiread furú orm agus an oiread cúraim orm is gur dhúirt mé: 'Tá Foyle thiar! Tá sé ag cailleadh an *bhlock*! Tá sé in am a ghabháil siar!' Agus bhí Joe i lár amhráin. Ó, a mhac go deo ar maidin! D'ith sé agus d'fheann sé mé. Dúirt sé liom nach raibh fios mo ghraithe agam, nach raibh a fhios agam tada, nach raibh múineadh ná béasa orm.

Agus, ó thaobh an amhráin a stopadh, glacaim leis sin. Ach dúirt sé rud liom a ghortaigh go mór mé: 'Níl aon chall dúinne,' a dúirt sé, 'ceoláinín mar thusa a bheith ag insint dúinne, *professionals*, cén chaoi le é a dhéanamh. Gabhfaidh muid siar nuair is mian linn féin é!' Agus ní dheachaigh siad siar sa gcarr linn.

Ach, nuair a chuaigh siad siar bhí coirm cheoil mhaith ann.

Bhí Joe go maith ach, cosúil le go leor *stars* eile, d'fhéadfadh sé a bheith seacht n-uaire níos fearr. Bhí an iomarca ólta aige, i bhfad an iomarca. Agus is cuimhin liom go ndeachaigh sé amú i lár amhráin, agus dúirt mé i m'intinn féin: Tuilleadh diabhail anois agat. Ní mórán scéil thú!

Sílim nár chreid sé go mbeadh mo leithéid d'ainmhí sa nGaeltacht, le gruaig fhada bhán agus *curls* air, ar thaithin ceol na ndaoine dubha leis! Agus sílim gur dúshlán beag a bhí ionam dó. Thug mé faoi deara ar aon nós gurbh é an sórt duine é Joe – is cuma liom céard a déarfas aon duine, agus b'fhéidir go bhfuil mé mícheart – go raibh sé beagáinín mór ann féin agus gur bhraith sé go raibh sé i bhfad níos fearr ná aon duine eile. Sílim go raibh faitíos air go ndéanfadh an leaid óg seo as Cois Fharraige *upstaging* air, agus ní thaitneodh sé sin leis. B'fhearr leis go mór go mba duine cultúrtha, a bheadh tite in aghaidh an chuntair, a chuirfeadh i láthair ar an stáitse é. Níorbh in mise riamh. Cuma céard a dhéanfainn bhí mé ag iarraidh é a dhéanamh go maith agus go proifisiúnta. Ach is cinnte glan go raibh cloch sa mhuinchille aige dom riamh ina dhiaidh sin, agus aon uair a raibh braon sa gcuircín ag Joe agus mise thart air, níor dhúirt sé aon cheo maith riamh fúm.

Ach, chuaigh muid soir Tigh Mharcuis ina dhiaidh sin, tar éis na coirme, agus bhí an seomra mór ó thuaidh leagtha amach agus bhí cóisir ann. Bhí na Dubliners ag casadh i dTeach Furbo an oíche sin agus tá a fhios agam gur *land*eáil siad Tigh Mharcuis ag leathuair tar éis a dó ar maidin, agus sin é an uair ar thosaigh an chóisir i ndáiríre. Amhráin agus ceol go maidin. Ach leaindeáil Pól Ó Foighil ag cúig nóiméad fhichead tar éis a hocht ar maidin. 'Tá rang anseo ag an naoi a chlog,' a dúirt sé, 'glanaigí libh i dtigh diabhail!'

Bhí Seán Ó hÉanaigh, mac dearthár le Seosaimh, ag an gcoirm cheoil i gColáiste Lurgan an oíche sin, ach ní raibh sé ach cúig bliana déag agus níor tugadh Tigh Mharcuis é:

Chuaigh mé féin agus m'athair [Michael Éinniú] agus Johnny Simon [Seán Ó Ceoinín] soir go Coláiste Lurgan. Bhí muid inár gcónaí i Roisín na Mainiach i gCarna fós ag an am. Bhí mise fós ar an meánscoil agus ba rud iontach domsa dul chuig mo chéad cheolchoirm mhór in éineacht le daoine fásta. Phioc muid suas Tommy Molloy as Cill Chiaráin, a bhí san arm ag an am, ar an mbealach soir.

Tá a fhios agam, an oíche chéanna, go raibh beagán de shlócht ar Joe, agus níl a fhios agam an bhfuil aon fhírinne ann nó nach bhfuil, ach bhí Joe ag rá gurbh é an fáth go raibh an slócht air ná gur fhan sé glan ar ól agus ar thoitíní ar feadh seachtaine roimh an gceolchoirm, le go mbeadh sé chomh maith agus ab fhéidir leis. Bhraith Joe nach raibh sé sách maith ag gabháil fhoinn an oíche sin, cé gur cheap daoine eile go raibh sé thar cionn. Nuair a bhí an cheolchoirm thart chuaigh mise siar tigh mo Mhamó agus mo Dheaideo ar an Lochán Beag.

Ach, i lár na coirme, b'fhacthas domsa gur stop chuile shórt nuair a shiúil Cóilín Sheáinín Choilmín as Fínis i gCarna suas tríd an halla agus chroith sé lámh le Joe thuas ar an stáitse. Fear an-spéisiúil a bhí sa bhfear seo, a raibh seanphaidreacha agus seanamhráin aige ar nós 'Bruach na Carra Léithe'. Agus is é a chum 'Amhrán an *Flowerín*' faoin gcurach den ainm sin a bhí aige agus a bádh air. Tá go leor imeachtaí eile luaite san amhrán céanna agus tá véarsa ar leith ann atá tiomnaithe do Joe Éinniú:

Casadh Éinniú dhom agus é théis na Stataí,
Bhí croitheadh láimhe againn agus fáilte mhór;
Is éard dúirt an *landlady*, 'Céad míle fáilte,
Tá svae na háite agaibh gan troid ná gleo:'

Dúirt Cóilín le mo mháthair ina dhiaidh sin gurb í féin an *landlady* a bhí i gceist, mar gheall ar an gcóisir a bhíodh sa teach s'againne do Joe nuair a thagadh sé abhaile as Meiriceá, agus go mb'fhéidir gur cheart dó a hainm dílis 'Kathleen' a chur ann in áit '*landlady*'. Ach bhí an ócáid sin i gColáiste Lurgan draíochtúil. Bhí an áit ag cur thar maoil. Thuig mé i gcónaí go raibh amhrán maith ag Joe agus cheap mé go raibh an-teacht i láthair aige. Ach níor thuig mé go dtí an oíche sin go raibh sé ina phearsa chomh mór. Ócáid an-mhór ar fad a bhí san oíche do Joe féin. Bhí sé an-bhródúil as féin! Agus bhí sé níos bródúla fós as an gcultúr as ar fáisceadh é. Bhí sé bródúil gurbh é ionadaí an chultúir sin é. Ambasadóir iontach don sean-nós a bhí ann.

Bhí Gluaiseacht Chearta Sibhialta na Gaeltachta ar an bhfód i gConamara ón mbliain 1969 agus iriseoir óg as Aill na Brón i gCill Chiaráin darb ainm Seosamh Ó Cuaig ina cheann feadhain. Bhí Seosamh i measc an tslua i gColáiste Lurgan an oíche úd:

Ní fhaca mé Joe Éinniú ceart go dtí an t-am sin a dtáinig sé ar cuairt agus a raibh sé i gColáiste Lurgan i 1971. A mhac go deo! Bhí sé i mbarr a mhaitheasa ceart! Agus shiúil sé amach agus chas sé 'Eileanór na Rún'. Á, stop! Cheap mé go raibh sé iontach uilig! Bhí teacht i láthair aisteach ann freisin, agus bhí a fhios aige é! Ní hé an chaoi a mbeadh sé ag teacht i láthair go cúthaileach, ná ag gabháil a leithscéil ná tada. Bhí slua mór ann. Bhí mé ag ceapadh go raibh sé iontach. Ba ionann domsa é agus Ó Cadhain teacht thart. Bhí muid ag plé le Cearta Sibhialta an uair sin; ní bheinnse ach dhá bhliain is fiche nó mar sin. Tháinig Ó Cadhain thart in éineacht linn i 1969 le haghaidh an toghcháin. Ghabhfadh sé i bhfeidhm go han-mhór ort. Bhí Éinniú ina laoch mar sin freisin. Diabhal mórán laoch eile a bhí againn.

Eagraíodh coirm cheoil mhór eile do Sheosamh i Halla Chill Rónáin in Árainn an samhradh céanna sin, agus ba mhó go mór an tóir a bhí ag an slua ar Thomás Mac Eoin agus ar a chuid amhrán ná mar a bhí acu ar Sheosamh Ó hÉanaí. Thug Tomás féin an cuntas seo dom ar an ócáid:

Isteach as Ros an Mhíl a chuaigh muid. As an áit seo, bhí mé féin ann, mar a deir an mada beag, agus bhí Máire Nic Dhonnchadha, Peadar Tommy Mac Donncha, Colm Chóilín Bheairtlín Ó Conghaile as Ros an Mhíl, Kevin Coyne as Corr na Móna agus a bhean Anne – ní rabhadar i bhfad pósta agus bhí páiste óg fágtha sa mbaile acu, mar is cuimhneach liom go raibh imní ar Anne faoi. Ar an *Queen of Aran* a chuaigh muid isteach as Ros an Mhíl, agus ba le John Mullen as Árainn í, fear breá láidir agus fear a raibh go leor feicthe aige, déarfainn. Satharn a bhí ann, agus is san oíche Dé Sathairn a bhí an choirm cheoil ar siúl sa halla i gCill Rónáin.

Bhí an choirm cheoil ag dul ar aghaidh, agus breathnaíonn sé nach raibh ag éirí go rómhaith léi. Is é Dónall Ó Lubhlaí a bhí ina fhear an tí, agus d'airigh mé ag rá le Joe Éinniú é: 'Níl rudaí go maith. Níl muid ag fáil mórán éisteachta.' Agus dúirt Joe: 'Fág agamsa é! Socróidh mise iad sin!' Agus amach leis ar an stáitse agus dúirt sé: 'An bhfuil sibh in ann muid a chloisteáil?' 'Tá,' a dúirt siad. '*Well,* tá faitíos orm go bhfuil mise in ann sibhse a chloisteáil freisin!' Mhill sé sin an oíche ar fad. Thosaigh siad ag búireach agus ag feadaíl air.

Amhráin fhada mhalla ar an sean-nós a bhí an chuid eile a chasadh, agus shocraigh mé féin cupla amhrán éadrom, meidhreach a chasadh agus fuair mé éisteacht – ní ag déanamh gaisce ná tada atá mé. Rinne Johnny Chóil Mhaidhc agus Tom Sally roinnt agallamh beirte: 'Raiftearaí agus an File' agus roinnt agallamh beirte eile. Bhí an halla lán ar chuma ar bith.

Dúirt Johnny Chóil Mhaidhc ansin go ngabhfadh muid soir go hInis Meáin lá arna mhárach, agus cuireadh scéala soir le go bhfógródh an sagart ón altóir ar maidin é. John Mullen a thug soir muid arís agus b'álainn an t-amharc é ag déanamh isteach ar Inis Meáin. D'fheicfeá na mná agus na cótaí dearga orthu, agus d'fhógraíodh duine acu ar an mbean a bhí ina diaidh: 'Tá siad ag teacht!' Bhí coirm cheoil sa halla ansin i lár an lae, agus níl a fhios agam cén t-am ar chríochnaigh sé. Ach fuair na hamhránaithe eile éisteacht níos fearr ansin ná mar a fuair siad i gCill Rónáin, chomh fada agus is cuimhneach liom.

Bhí Peadar Tommy Mac Donncha, an t-amhránaí as an gCeathrú Rua, ar an turas agus Mairéad Ní Chuilinn, an bhean a phós sé ina dhiaidh sin, in éineacht leis:

Ní dhéanfaidh mé dearmad go brách ar na laethanta sin in Árainn. Iarradh orm féin amhrán a chasadh agus bhí drogall na gcéadta orm aon amhrán a rá os comhair Sheáin 'ac Dhonncha agus Sheosaimh Uí Éanaí, ach tá mé ag ceapadh gur chas mé amhrán nó dhó. Bhí deireadh seachtaine iontach againn. Sin é an chéad uair a bhfaca mé Seosamh Ó hÉanaí ceart, agus is dóigh gurb in é an chéad uair ar casadh Seán 'ac Dhonncha ceart orm. Agus chuir mé aithne mhór ina dhiaidh sin ar Sheán 'ac Dhonncha agus ar a bhean Bríd.

Ar Inis Meáin, bhí Seosamh agus Seán ag ól, agus ní thabharfadh tada amach as an teach ósta iad, bhíodar ag baint an oiread sin spóirt as. Ach bhí John Mullen amuigh sa sunda agus é ag fanacht leo, ag dul anonn is anall leis an mbád, go dtí gur chaill sé foighid leo. Sa deireadh tugadh Séan agus Seosamh amach chuig an mbád i gcurach agus chuaigh muid ar ais go Cill Rónáin. Agus nuair a bhí muid i gCill Rónáin dúirt John Mullen: 'Fanaigí ansin anois. Níl mise do bhur dtabhairt níos faide!'

Bhí muid i dteannta ansin ach, ar ámharaí an tsaoil, bhí bean as Inis Meáin tinn agus bhí ar an mbád tarrthála a ghabháil amach go Ros an Mhíl léi. Agus thug an *coxwain* a bhí ar an mbád, Cóilí Hernon, amach go Ros an Mhíl muid – fear fíoruasal. Chuir sé chuile chóir orainn. Agus ní dhéanfaidh mé dearmad go deo ar na fir a bhí ar an mbád tarrthála: fir oilte, fir mhúinte, scoth na bhfear. Chuir siad chuile chóir orainn agus d'fhág siad i Ros an Mhíl muid.

Ní fhaca mé aon fhear riamh ba spóirtiúla agus ba ceolmhaire ná Seán 'ac Dhonncha. Cheap mé gurbh é ba binne ar fad. Ó hÉanaí é féin, ní raibh sé chomh lách le Seán 'ac Dhonncha, cheap mé. Bhí sé beagán cantalach agus beagán deacair a shásamh. Bhí tú cineál cúramach timpeall air.

Fágfaidh mé an focal deireanach faoin turas go hÁrainn ag fear Árann é féin, Máirtín Jaimsie Ó Flaithbheartaigh:

Is mó an solamóir agus an meas a bhí ar Thomás Mac Eoin an oíche siúd i gCill Rónáin ná mar a bhí ar Joe Éinniú, mar bhí Tomás ag baint gháirí astu. An chuid againn a bhí ag iarraidh éisteacht le Joe Éinniú, níorbh fhéidir linn éisteacht leis. Sin é an chéad uair a chonaic mise Joe. Ba bhreá an fear an t-am sin é. Ba slachtmhar an píosa fir é agus an-teacht i láthair ann. Bhí sé ceart go dtí gur dhúirt sé an abairt sin: 'Tá mise in ann sibhse a chloisteáil!' Ach, nuair a dúirt, níor thaithin sé leis na hÁrannaigh ar chor ar bith.

B'iontach go deo an tógáil croí do Sheosamh na coirmeacha ceoil a bhíodh eagraithe ag Gael-Linn agus ag Máire Nic Fhinn chuile uair dá dtagadh sé abhaile. Mar a dúirt Riobard Mac Góráin:

Bhíodh Seosamh ag tnúth go mór leo sin, ní hé amháin de bharr beagán airgid a bheith le saothrú aige de bharr lucht éisteachta a bheith ann ach, chomh maith leis sin bhíodh deis ag a chairde bailiú le chéile ag an gcoirm cheoil agus fáilte a chur roimhe. Ba mhór aige a chairde agus thaitníodh sé sin go mór leis, agus d'fhéadfá a rá go dtugadh sé misneach dó le bliain nó dhó eile a thabhairt thar lear. Mar bhíodh uaignas air, is dóigh liom.

Bhí slua mór ag an gcoirm cheoil a bhí ag Seosamh i Halla na Saoirse i mBaile Átha Cliath a raibh Micheál Ó Cuaig ag trácht uirthi níos túisce, ach is í an oíche dheireanach a bhí aige in O'Donoghue's an samhradh sin i 1971, agus atá luaite agam sa réamhrá, is mó a fhanann i mo chuimhne féin.

Dúirt an t-amhránaí Pádraigín Ní Uallacháin liom blianta fada ina dhiaidh sin go raibh Seosamh thar a bheith uaigneach nuair a casadh uirthi féin in O'Donoghue's é an mhaidin dár gcionn:

Bhíodh Seosamh fán chathair agus chaitheadh sé go leor dá chuid ama thíos i Merrion Row, Tigh Donoghue. Agus i dtrátha an ama sin ní raibh post buan agamsa agus bhí mé saor le beith ag ól ó mhaidin go hoíche ins an phub sin fosta. Bhí ceathrar nó cúigear againn a bhíodh ina chomhluadar an chuid is mó den am nuair a bhí sé fán chathair: Mac Dara Ó Fatharta, Pádraig Ó Neachtain, Colm Kennedy as Albain, a bhíodh á thiomáint thart agus ag coinneáil súile air, agus cúpla duine eile. Bhíodh an dúrud amhránaíochta ar siúl sa phub agus is cuimhin liom go ndeachaigh Seosamh go mór i gcion orm, an cur i láthair a bhí aige ó thaobh na n-amhrán, an chroíúlacht agus an mothú a bhí ina cheol; chuaigh sin i bhfeidhm orm. Ní raibh mé féin ag ceol amach ag an am; bhínn ag éisteacht.

Ach an chuimhne is soiléire atá agam ná an lá a raibh sé ag dul ar ais go Meiriceá. Bhí gach duine eile ag obair agus bhí mise in éineacht leis. Agus bhí sé ag fanacht leis an síob – sílim gurb é Colm Kennedy a bhí lena thabhairt chuig an aerfort. Agus chaoin sé uisce a chinn. Chaoin sé! Ní raibh dúil ar bith aige dul ar ais. Ba mhaith leis fanacht, agus dúirt sé gurb é an rud ab ansa leis ag an am sin ná bheith ina chónaí in Éirinn. Agus ní raibh sé ar meisce. Ar maidin a bhí ann. Chaith mise na cúpla uair an chloig deireanach leis i Donoghue's. Agus is cuimhin liom gur chaoin sé gan náire. Seasann sé sin amach i mo chuimhne. Agus is cuimhin liom mothú gur pribhléid a bhí ann dom go raibh mé leis, agus go raibh sé chomh hionraic faoina chuid mothúchán ag an am. Ní raibh ach carr amháin ag dul chuig an aerfort, sílim. Mhothaigh mise go raibh sé ait go raibh fear chomh mór, a raibh an oiread measa air, ansin leis féin. Bhí sé cineál aisteach, mhothaigh mé, gur mise a bhí leis, strainséir ón taobh eile den tír, ar bhealach. Ach is cuimhin liom go raibh sé leis féin ansin, agus go raibh sé ag caoineadh.

Chuir Mac Dara Ó Fatharta iasc saillte go Nua-Eabhrac chuige go gairid tar éis dó dul ar ais:

Bhí sé ag caint faoi bhallacha buí. Agus níl a fhios agam ar iarr sé orm é nó ar thairg mé dó é, ach dúirt mé leis: 'Má tá ballacha buí uait cuirfidh mise chugat iad.' Agus chuir. Sin mí nó dhó roimh an Nollaig. Agus m'anam gur tháinig cárta Nollag chugam uaidh agus scór *dollar*. Is cuimhneach liom gur thaispeáin mé do Phaddy O'Donoghue é. Scór *dollar* ó Joe Heaney! Agus shínseáil Paddy é agus óladh deoch Nollag air. Ba mhór an lán airgid é ag an am. Bhí mé ag cuimhneamh go minic cén chaoi a ndeachaigh na ballacha buí go Meiriceá, mar bíonn boladh láidir uathu.

Ní bhfuair Mac Dara amach riamh arbh iad ballacha buí Inis Meáin an t-iasc lofa, mar a cheap an bhean ghlantacháin i mBrooklyn, a chaith sí san *garbage bin*, agus a raibh ar Sheosamh rith i ndiaidh an leoraí bruscair lena bhfáil ar ais! Ar ndóigh, ní taobh le haon uair amháin a fuair Seosamh iasc saillte tríd an bpost i Meiriceá.

16. Abhaile go Minic

THUG SEOSAMH CUAIRT GHEARR EILE ABHAILE I 1972, AGUS NÍ oíche amháin a bhí i Halla Damer dó ach trí oíche. Bhí an tuairisc seo i *Scéala Éireann* ar an 29 Meitheamh:

'*Seosamh Ó hÉanaí Better Than Ever*': The Gaeltacht entertainment at the Damer Hall last night in which the audience had the inestimable privilege of hearing Seosamh Ó hÉanaí sing, pointed up the dichotomy between the two cultural traditions of our island. Personally, I found Ó hÉanaí's singing more satisfying than ever (he will sing twice more this week), and the reason appeared to be that he was set in the correct frame . . .

Patrick McGee an t-ainm a bhí leis an tuairisc, agus thrácht sé ar:

. . . such delicious performances as those by Aoileann Ní Éigeartaigh on the flute, the brilliant dancing of Paidí Bán Ó Broin, and Tom Mulligan and Niall [Néillidh]. Mairéad Bean Mhic Dhonncha and Máire Áine Ní Dhonnchadha sang. Caitlín Maude sang and recited a poem of her own and they all made a fitting framework for the superb voice of Seosamh, who sang 'Amhrán na Trá Báine' as an opener (it was the song with which he began his programme on his first Dublin appearance 15 years ago in the same theatre), and later gave 'Eanach Cuain' in full, 'Cailleach an Airgid' and the inevitable 'Connla', as well as 'Caoineadh na dTrí Muire'.

Tá ainm Merv Griffin luaite cheana agam agus ba mhinic Seosamh ag trácht ar an gcaoi ar tharla go raibh sé féin ina aoi ar chlár teilifíse Mherv Griffin, Oíche Fhéile Pádraig 1973. Fágfaidh mé an scéal ag Seosamh féin, mar a d'inis sé do Douglas Sealy é san iris *Soundpost*:

> Nuair a chuaigh mé anonn ar dtús bhí mé i mo *doorman,* mar a déarfá, i Central Park West i New York. Sin é an áit ar casadh Merv Griffin orm, fear mór *television* de bhunadh na hÉireann. Dúirt sé liom lá go raibh sé ag gabháil go hÉirinn taca na Féile Pádraig 1973, agus d'fhiafraigh sé díom an raibh áit ar bith a bhfaigheadh sé ceol maith, agus dúirt mé, 'Má théann tú go Baile Átha Cliath téigh Tigh Donoghue. Má tá tú i gContae an Chláir ina dhiaidh sin tá níos fearr de cheol i gContae an Chláir.' Mar is as [Contae an Chláir] dá mhuintir, an dtuigeann tú?
>
> Agus ar aon nós, nuair a tháinig sé ar ais dúirt sé liom: 'Níor dhúirt tú liom go mbíonn tú ag rá amhrán.'
>
> 'Bhuel,' a dúirt mé, 'cé a dúirt leat é?'
>
> 'Chuaigh mé isteach Tigh Donoghue,' a deir sé, 'agus chonaic mé do phictiúr ar an mballa agus d'fhiafraigh mé de Phaddy O'Donoghue cérbh é, agus go bhfaca mé an fear sin, thall. D'inis sé dom. "Cá bhfuil sé, nó céard atá sé a dhéanamh?" a dúirt Paddy. "Tá sé ina *doorman* i Manhattan. Sin é an fear atá ag an doras a bhfuil mise i mo chónaí ann, sa teach."'
>
> Agus ansin, d'iarr sé ar an seó mé Lá Fhéile Pádraig agus fuair mé fiche nóiméad ar an *Merv Griffin Coast to Coast Show* – an t-aon duine a labhair Gaeilge riamh ar an seó sin.[104]

I dteach tábhairne ar Third Avenue a bhí Liam Clancy an oíche chéanna sin, nuair a tháinig Seosamh ar an teilifís:

.

I'll never forget seeing him on *The Merv Griffin Show* on a St. Patrick's Night. We never worked on a St. Patrick's Night because people used to go berserk, and we always took that night off. But I was in a pub over on Third Avenue and it was absolutely packed: revellers, everybody singing and drinking and so on. And, as always happens in America, and as happens here now, they had several televisions going, and nobody was watching and nobody was listening.

The Merv Griffin Show was on, and they had all these Hollywood stars. And in the midst of all this glitterati Joe Heaney was supposed to come on and sing a song, because he was Merv Griffin's doorman. Merv Griffin made the mistake of asking him a question. And Joe answered him, and told him what he thought of all the plastic shamrocks, and the green beer, and the green mash potatoes: 'We don't have anything like that in Ireland!' But he started talking, and everybody in the pub started listening, and instead of doing his three minutes he must have done fifteen or twenty minutes. And they cut to shots of the stars who were taking part in the show, and they were looking in amazement at this incredible man, as if they were watching stone-age man come to life in their midst. Silence travelled through the entire pub that I was in. Drunks stopped and watched. And when Joe finished his song, the entire pub stood up and gave the television a standing ovation.

Bhí scéal cosúil leis, agus beagán den áibhéil ann freisin, ag Oscar Brand, duine de bhord stiúrtha Fhéile Newport, a mbíodh clár teilifíse aige ar WNYC:

I put him on my programme, even though it was a terrible thing to do, because you didn't put unaccompanied music on the programme. Joe would not stand for any accompaniment. He sang a song twenty verses long, or twenty-two, twenty-five verses long on the programme, and in Gaelic, which nobody understood. But I put him on because I thought, whether you like it or not, you've got to hear this man.[105]

Nuair a tháinig an iris cheoil dúchais *Sing Out!* amach i Meiriceá níos deireanaí i 1973, bhí pictiúr de Sheosaimh a tógadh ar an ardán ag Féile Newport i 1965 ar an gclúdach, agus bhí agallamh fada ag Josh Dunson le Seosamh san iris, mar aon le hagallamh a rinne Patrick Carroll le Séamus Ennis, seanchomrádaí Sheosaimh. Bhíodh Josh Dunson ag eagrú roinnt oibre do Sheosamh, agus bhí Seosamh sásta go maith leis an socrú. Dúirt sé le Mick Moloney:

> I met this fellow at the Philadelphia Folk Festival in 1967, Josh Dunson, and he told me I should put what I was doing before a wider audience. And he sort of convinced me that I should do it. 'You'll never be a millionaire,' he said, 'but you should do it'. And I took his word, and I'm doing it since.

Thug Tony MacMahon cuairt ar Sheosamh ina árasán i mBrooklyn timpeall an ama seo:

> Dheineas *tour* beag timpeall Nua-Eabhrac, agus chuireas aithne oíche amháin, trí thionóisc, ar fhear darb ainm Jack Deasy. Chomh luath is a luaigh mé Joe Heaney dúirt sé: 'Tá sé siúd i mo theachsa; tá íoslach mo thí ar cíos aige.' Cúpla lá ina dhiaidh sin thug sé anonn mé chuig an árasán beag a bhíodh ag Joe agus shuíomar síos le chéile ag caint agus ag cadráil. Ní raibh aon cheol ann, ach chaitheamar cúpla uair le chéile. Agus dheineamar coirm cheoil amháin le chéile i Nua-Eabhrac i ndeireadh na seachtóidí, san East Avenue Tavern sílim.

D'eagraíodh Seosamh féin roinnt oibre do Liam Clancy i Nua-Eabhrac le linn do Liam a bheith ina chónaí i gCeanada, agus d'fhanadh Liam in árasán Sheosaimh nuair a thagadh sé chun na cathrach:

> I stayed quite a lot with Joe, in Bay Ridge, Brooklyn. He had a hip problem all the time that I knew him. And then, of course, the lungs were bad. Sometimes in the morning, he'd get out onto the side of the bed, and get on his knees, and it would take him anything up to an hour to get into a standing

position, to try and get his breath, when the emphysema attack would come on. But he could still sing!

After I left the Clancy Brothers I started singing solo. We had a monstrous tax bill . . . and we were hit with a quarter-million dollars. By the time I paid it off I was broke. And then I emigrated to western Canada. I'm not sure if Joe came to visit us there. He came to visit us just about everywhere.

Then we got an arrangement going, where Joe got to know a lot of people in the music business in New York. And I said: 'If you can get me any gigs, I'll either pay you a commission or pay your flights back to Ireland.' And we worked out a deal. And sure enough, he got me a lot of contacts. Rosie O'Grady's had a chain of restaurant clubs around the city. I worked several of those, and I stayed in Joe's apartment.

Bhíodh faitíos ar Sheosamh go mbíodh Liam ag iarraidh an iomarca airgid, nuair a deireadh sé leis an oiread seo a iarraidh dó i Rosie O'Grady's. Ní hé amháin sin, ach carr a chur ar fáil leis an mbeirt acu a bhailiú agus a thabhairt abhaile, mar aon le bia agus deoch in aisce. Ansin, d'éiríodh a chroí nuair a d'aontaíodh an bainisteoir leis an socrú, agus ghlaodh sé ar Liam leis an dea-scéala.

I used to fly into New York from western Canada; we'd meet in the Lion's Head, and I used to stay out with Joe. We'd come in to Rosie O'Grady's like lords every night. The limousine would pick us up, and all food and drink was on the house. We did a half a dozen of these gigs at least, in two different Rosie O'Grady's. The young ones used to go absolutely mad about Joe! I used to get him up on stage and we used to do a couple of songs together. We would do verse for verse of 'Eanach Cuain', 'Dónall Óg' and 'The Rocks of Bawn', and we developed a kind of a repertoire together. And another one we used to do was 'An Buinneán Buí', with the translation. I recorded that later.

I owe a great debt to Joe. I got 'Eanach Cuain' from him, of course, and on the trip back from Carna, on his first visit home from America, that melody was haunting me. The tragedy of Eanach Cuain! I was thinking of Pádraig de Brún's brilliant translation, and I married the two. I was the first to put those two together. And I put together the translation of 'An Buinneán Buí' and 'Dónall Óg'. They're all brilliant songs. I think 'Dónall Óg' is probably one of the greatest love songs ever written. The imagery in that is so unlike modern love songs. I used Frank O'Connor's translation:

> I saw you first on a Sunday evening,
> Before the Easter as I was kneeling,
> It was about Christ's Passion that I was reading,
> My eyes were on you and my own heart bleeding.

Thug Seosamh cuairt eile abhaile i samhradh 1973 agus bhí sé in Éirinn ón 9 Meitheamh go dtí an 20 Iúil. Thug sé a chéad chuairt ar an Trá Bháin, tar éis an méid uaireanta a dúirt sé 'Amhrán na Trá Báine'. Bhí tuairiscí sna páipéir ag an am go raibh daoine le feachtas a chur ar siúl le é a choinneáil sa mbaile ar fad, agus nuair a luaigh Breandán Feiritéar é seo leis, in agallamh ar Raidió na Gaeltachta i gCasla, dúirt Seosamh:

Chuala mé caint air agus chonaic mé ruainne beag faoi. Ach níl a fhios agam céard atá ar bun. Ba mhaith liom fanacht sa mbaile. Faoi cheann bliana nó dhó eile fanfaidh mé ar aon nós. D'fhéadfainn fanacht ceart go leor, ach san áit a bhfuil mé, caithfidh mé cupla bliain eile a chur isteach le go mbeidh rud eicínt agam nuair a bheas mé níos sine.

Tá mé ansin [i Nua-Eabhrac] le seacht mbliana, ach téim thart chuig *folk festivals* agus rudaí mar sin. An choicís chultúrtha a bhí Eoin McKiernan a chur ar bun, chuaigh mé thart leis sin freisin, go dtí áiteacha mar Cleveland agus Minnesota agus mar sin . . .

Bhí mé thiar sa Trá Bháin inniu. Ní raibh mé ann cheana riamh agus dúirt mé le Proinsias Mac Aonghusa: 'B'fhearr dúinn a ghabháil siar, mar seo áit nach bhfaca mé riamh, an áit a dtáinig Bríd Ní Mháille as. Ba mhaith liom an áit a fheiceáil mar tá mé ag ceapadh gurb é "Amhrán na Trá Báine" ceann de na hamhráin is fearr as Conamara a dúradh riamh . . .'

agus dúirt sé cupla véarsa den amhrán le deireadh a chur leis an gclár raidió.

Bhí nós ag Seosamh 'Bádh Seán agus Peadar orm' a rá in áit 'Bádh Peaits is Tom orm'. Is dóigh gur chuala sé an leagan mícheart an chéad uair riamh agus gur phioc sé suas mar sin é, agus is dóigh freisin nár chuir aon duine ar an eolas é, cé go mbíodh sé féin go síoraí ag comhairliú do dhaoine gan aon fhocal a athrú in amhrán. In aiste ina bpléann sé 'Amhráin na Trá Báine', deir Máirtín Mac Donnchadha:

> Níl agam ach meas ar Sheosamh Ó hÉanaí agus ar a shaothar, ach ní fhéadaim gan an cheist a chur: an bhfuil dualgas orainne mar fhonnadóirí na focla a thabhairt linn go cruinn, go mór mór nuair atá an t-amhrán bunaithe ar an bhfírinne? Agus ar fhírinne chomh crua cráite sa gcás seo.[106]

I 1973 agus arís i 1974, chomh maith le bheith páirteach sna féilte móra i Meiriceá, bhí Seosamh páirteach sa gCoicís Ghaelach a d'eagraíodh Eoin McKiernan ón bhForas Cultúir Gael-Mheiriceánach (Irish American Cultural Institute). Camchuairt ar na hollscoileanna a bhí i gceist leis seo: go Washington, Cleveland, Boston, Toledo, Michigan agus coláistí eile. Dúirt sé le Douglas Sealy:

> Ag an am sin, bhí mé ag dul thart chuig *festivals* – Wesleyan, Wolf Trap, Vancouver, Winnipeg, chuile áit mar sin – agus bhí mé ag taisteal thart ar na hollscoileanna. Déanaim na *workshops* sa gcoláiste, agus ansin déanaim uair an chloig sna scoileanna náisiúnta in aice an choláiste áit ar bith a dtéim, agus *concert* beag san oíche – cupla uair an chloig – idir Ghaeilge agus Bhéarla agus scéalta agus poirt béil agus mar sin de. Ní raibh mé ag múineadh sa *university* fós ag an am sin . . .[107]

Bhí aithne ag an mboscadóir Joe Burke ar Sheosamh Ó hÉanaí ó bheith ag taifeadadh do Ghael-Linn i mBaile Átha Cliath, i gcomhair cheirníní Ghael-Linn i dtosach agus ina dhiaidh sin i gcomhair chláracha Ghael-Linn ar Radio Éireann. Bhuaileadh an dá Joe le chéile ag coirmeacha ceoil freisin, agus chuireadar aithne ar a chéile arís i Nua-Eabhrac i dtús na seachtóidí, a dúirt Joe Burke liom:

I was playing at a big high-powered concert for Radio Éireann in the Gaeity Theatre in Dublin in the late fifties, a St. Patrick's Day Concert called Coirm Cheoil na Féile. I remember very well rehearsing all day long, and Séamus Breathnach was the producer. We had to rehearse the pieces, and I had to play for a dancer a very precise kind of music. Then I had to choose and play the very best tunes I thought I could play for my own solo, and I had them picked and everything, and nothing could be changed. Then before I went out onto the stage Joe came in and he wanted me to play 'The Sally Gardens'. He wouldn't accept that everything had gone into the system, as they say, and he wouldn't understand why I wouldn't play 'The Sally Gardens'. After finishing up that night Joe had a few drinks on him, and he was not a bit pleased that I refused to play 'The Sally Gardens'! He gave me a hard time about it, and that didn't endear him to me at all at that point! Of course, he had forgotten all about it the next day.

But from the minute I first heard Joe Heaney singing, I'd be waiting for someone to get him to sing. I wouldn't ask him myself; he wasn't that approachable. I thought he was a great singer! Even when he was singing a bad English song, he would do something with it.

Then, I ended up in New York in 1973, and I stayed in New York for four or five years. At that time I was in and out of New York, playing a lot on different tours. But I would meet Joe in the Green Isle Tavern in Brooklyn mainly. And he would come up to the Bronx once in a while. There was a pub there called Dirty Nelly's and another pub around the corner, and Andy McGann and myself played music there – Andy died in 2004. And then there was the Bunratty pub down further. Andy and I played a lot around the Bronx that time.

Johnny Cronin was there too, a brother of Paddy Cronin who was in Boston. Johnny Cronin died about ten years ago; Paddy is living in Killarney now. Paddy and Johnny were brothers from Gneevgullia in Kerry; they were great fiddlers. Johnny Cronin and Joe Heaney got on great. A lot of people thought that Joe was very serious, but he was full of fun, and between himself and Johnny Cronin we used to have a great time.

Mainly what Joe and myself used to do in the Green Isle Tavern was to sit and talk about music and about Galway; he was very loyal to Galway and Galway musicians. He loved Paddy Carty, the flute player. Joe wasn't a great judge of dance music but he had his favourites. And of course he would talk forever about Séamus Ennis and Willie Clancy. I know that Joe and Ennis used to argue, but of course Clancy and Ennis used to argue as well. Clancy would get Ennis going in an argument, and then he'd start laughing and back off, and he'd make Ennis mad! That's the way they were. And then there was Máirtín Byrnes, who was another member of that whole scene. Joe Heaney of course was a great friend of Máirtín Byrnes. There was Ennis and Clancy and Máirtín Byrnes and Johnny McDonagh.

There was a sort of competitive thing there of course between Joe and Johnny, but they had great respect for one another. Johnny had great time for Ennis and for Joe Heaney. I knew Johnny terribly well too. I travelled with him a lot. But most of my memories of Joe in New York are centred around the Green Isle, sitting down with Joe and he drinking tea. Joe would sit up at the bar and sometimes we'd get him to sing a song, maybe two songs some nights. A record of his was on the jukebox in the pub, and we'd go over and fill the jukebox with money, which used to antagonize a young barman there no end!

I remember playing a gig with Joe in a place they called City Corp., an elaborate open-air lunchtime concert. We were booked by the city authorities, the Mayor, and it payed very well. It was a courtyard type of place, and admission was free. They had folk music from various countries, once a week, all summer long. And they had an Irish Day, of course, and Joe and I did the Irish Day. Joe sang *sean-nós* songs and I played the tin whistle as well as the box. It was a cultural event, and that's what we were asked to do.

New York then became a base for me to come back to, sometimes. But I was mainly playing out the country, Minnesota, Saint Paul, San Francisco, Los Angeles, New Orleans, St. Louis, Chicago, and other places. And I did different tours, sometimes with other people like Kevin Burke and Micheál Ó Domhnaill. And I did a lot of tours with Michael Cooney, the piper. Then I took up a residency in St. Louis and I lived there for about five years. I used to manage the music in a big pub there called John D. McGurk's, and I'd play there myself at certain times. I would book all the musicians for them and bring the musicians out from Ireland. I had all the contacts, of course. It was a pub that was known all over America. I came back to Ireland then in 1994 or 1995.

But I don't remember much more about Joe since I used to meet him in New York till he moved to Seattle and he got some great honour there.

I samhradh na bliana 1975 tháinig Seosamh abhaile ar saoire arís. D'iarr Tony MacMahon air clár ceoil dá rogha féin a chur i láthair i mBéarla ar Radio Éireann, agus bhí sé ar a sháimhín só sa stiúideo á dhéanamh sin. Chas sé féin '*Johnny is the Fairest Man*' agus 'Péarla Deas an Chúil Bháin', agus roghnaigh sé ceol ar an bhfeadóg mhór ó Phaddy Carty, a bhíodh ag seinm in éineacht le Joe Burke sa Leitrim Céilí Band. Roghnaigh sé Séamus Ennis agus Willie Clancy ar na píobaí, agus roghnaigh sé Joe Burke ar an mbosca ceoil. Seo mar a chuir sé Joe Burke i láthair:

> I hope nobody accuses me of being a Yank when I keep talking about America, but when the unexpected happens you've got to talk about it. I was up in the Bronx one time – in the Bunratty, as they call it – and I heard this music coming out

of the pub. And I walked in, and there was himself, sitting on a stool, letting the air out of it to his heart's content. And the man was the one and only Joe Burke. Here again, I'm talking about unique players; I think he has a unique style. And then I personally got him to play in Brooklyn where I live, and he brought the house down! They loved him, and they want him back any time he can go.

Agus bhí scéilín aige ar an aer freisin faoi Shéamus Ennis agus Willie Clancy:

The first time I ever met Séamus Ennis was at the Oireachtas in 1940, and he was with his father and they were playing on the pipes together . . . But I happened to be down in Miltown Malbay one day, in a pub. And Willie Clancy was at one end of the bar and Séamus was at the other end, and they were swapping tunes. Willie played a selection of slow airs on the pipes, and Séamus turned around and he said: 'That's the best pupil I ever had!' And the day wore on, and Séamus played a selection, and the minute Séamus finished playing Willie turned around and said: 'Séamus, you're a credit to me!'

Ní raibh Seosamh i bhfad sa mbaile i 1975 nuair a bhuail Peadar Ó Ceannabháin leis den chéad uair:

Casadh orm é an chéad bhliain a raibh mé ag an ollscoil. Tá mé ag ceapadh gurbh é Tom Óg Mulligan a ghlaoigh orm. Bhí a fhios aige go maith go raibh an-tóir agam air. 'Má tá tú ag iarraidh Joe Éinniú a fheiceáil,' a dúirt sé, 'tá sé thíos Tigh Donoghue faoi láthair.' I lár an lae a bhí ann agus dhúnadh tithe tábhairne idir a dó agus a trí nó mar sin. Bhí mé i mo chónaí i Ráth Garbh ag an am, ach chuaigh mé isteach ar mo *bhicycle* chomh tréan in Éirinn is a bhí mé in ann. Bhí na doirse dúnta ach ligeadh isteach mé. Ní raibh fanta ann ach é féin – é féin agus Máirín agus Paddy O'Donoghue. Agus bhí dinnéar fágtha ar an gcúntar acu dó, bagún agus cabáiste agus fataí. Agus bhí cat ansin.

Chuir mé mé féin in aithne dó, agus ar ndóigh bhí aithne

aige ar mo mhuintir. Bhí sé ag fiafraí faoi mo mháthair, mar b'as Dumhaigh Ithir í. Bhí mé scaitheamh ag caint leis – bhí mé ocht mbliana déag ag an am, agus ba é an dia beag a bhí agam é! Ach chaith muid píosa ag caint is ag comhrá faoin áit thiar. Agus bhí sé ag caitheamh corrphíosa ag an gcat: 'D'íosfadh an cat sin an diabhal!' a deir sé. Tar éis scaithimh ansin dúirt sé liom – agus thug mé suntas dó ina dhiaidh sin nuair a chuimhnigh mé air – dúirt sé: 'Caithfidh mise a ghabháil abhaile anois go lige mé scíth, go ndéana mé beagán codlata. Tá mé ag casadh anocht sa Damer.' Bhí a cheird foghlamtha aige agus bhí a fhios aige céard a bhí ag teastáil le bheith os cionn do bhuille ar stáitse; le haghaidh cupla uair an chloig a dhéanamh mar sin, go gcaithfidh tú thú féin a spáráil.

Níor éirigh liom féin a ghabháil chuig an Damer an oíche sin, ach chonaic mé ar stáitse ina dhiaidh sin é. Chonaic mé sa mBurlington é, an bhliain dár gcionn, sílim. Bhí oíche mhór ann agus bhí sé féin agus Tom Phaddy ann agus tá a fhios agam go raibh ceol ann. Bhí mé faoi dhraíocht ag an mbeirt acu. Bhíodar féin óigeanta go maith an t-am sin agus bhíodar cumasach. Bhí an-teacht i láthair iontu. Bhí Tom Phaddy ag scéalaíocht agus bhí an áit lán. Bhí seomra mór millteach ann agus bhí sé pacáilte. Chonaic mé ina dhiaidh sin ansin é sa Focus Theatre, a bhíodh Deirdre Kelly a rith. Bhíodh drámaí agus ceolchoirmeacha aici ann agus bhíodar an-deas. Bhí Joe agus Tom Mulligan agus Néillidh Mulligan agus Máirtín Byrnes ar an stáitse, agus bhí an-spraoi acu. Bhí sé an-nádúrtha. Cairde móra a bhí sa gceathrar acu.

Casadh orm thiar uair eile é, lá a raibh mé fein is mo dhearthair Micheál ag rásaí curachaí i Leitir Móir i ndeireadh na seachtóidí nó i dtús na n-ochtóidí. Bhí Joe sa mbaile as Meiriceá agus bhí sé ag fanacht thoir tigh Johnny Chóil Mhaidhc . . . sin é an uair dheireanach a raibh mé ag caint leis . . .

Thug Seosamh na deartháireacha Paddy agus Liam Clancy go Carna leis i 1975 agus chuir Joe Kennedy, a bhí ina eagarthóir an *Sunday World* ag an am, iriseoir óg rua darb ainm Bill Stuart siar le scéal a scríobh fúthu. Itheadh gliomaigh agus óladh pórtar in Óstán Charna agus dúradh amhráin i nGaeilge agus i mBéarla. Bhí Cóilín Sheáinín Choilmín Mac Donnchadha as Fínis, an fear a raibh Seán Ó hÉanaigh ag trácht air roimhe seo, i lár an chomhluadair ann agus é in aois a chúig bliana is seachtó. Fear é Cóilín a raibh dhá amhrán ar a laghad cumtha aige féin, agus a raibh go leor seanamhrán agus seanphaidreacha aige – is uaidh a thóg Peadar Ó Ceannabháin an t-amhrán 'Bruach na Carra Léith', agus bhí an dánphaidir ar a dtugtar 'An Díbirt go Connachta' aige. Fear mór comhluadair a bhí i gCóilín, agus thug sé achoimre gearr gonta den amhrán spraíúil 'Páidín Ó Raifeartaigh' do chuairteoirí an Bhéarla a bhí i gcomhluadar Sheosaimh. Bhí an scéal go léir ar an *Sunday World* ar an 25 Bealtaine 1975:

> It was one of the most nostalgic scenes witnessed in Ireland for a long time. There they were, two of the Clancy Brothers who had taken the country by storm 15 years ago and traditional singer Seosamh Ó hÉanaí singing their hearts out in the lounge of a hotel in Connemara. And joining them was a local song-poet known as 'Scuffle' [leagan den sloinne Schoefield, a thugtaí mar leasainm ar Chóilín Sheáinín Choilmín agus ar a athair roimhe, i ndiaidh ceannaitheoir gliomach den sloinne sin a bhíodh i gCill Chiaráin], a man with a face as creviced as any of the Twelve Pins and a fond eye for the women – even at 75 years.
>
> Seosamh had returned to Carna, the heart of his agriculturally barren but musically rich homeland, from the skyscrapers of New York and he was delighting locals with melodious renderings of Eanach Cuain and many another traditional air. Liam Clancy, the youngest of the Tipperary boys and still far from over the hill at 39, stood with eyes afire as he listened in the hush to Joe singing . . .
>
> His elder brother Paddy, elaborated: 'Down in Tipperary we have a sort of Anglo-Irish tradition. When we meet Joe here . . . I feel terribly inadequate. I feel as if I'm missing a limb from my body not being able to speak Irish . . .' 'Scuffle' broke in: 'Did you ever hear this one:

I went to the fair with Paddy O'Rafferty,
Who should I meet but Biddy O'Doherty,
Biddy fell down and Paddy fell after her,
Biddy kept shouting and Paddy kept after her.
Fall diddle a, fall diddle addydy,
Fall diddle a, said Páidín Ó Rafartaigh.'

Earlier everyone sat down to fresh lobster . . . An argument then developed over the difference between a crayfish and a lobster. 'These Tipperarymen reckon that a crayfish has no claws,' Joe said. At this Paddy decided to tell a story about John Barrymore, the actor. 'He went into a restaurant for lobster. He was a very heavy drinker and about a bottle of whiskey later the waiter finally brought out the lobster. But he called back the waiter and said: "Tell me, my good man, why has my lobster only got one claw?" The waiter explained that lobsters fight and that this one had most likely lost its claw in the fight. And Barrymore said: "Well, take this thing away and bring me the winner."'

Nuair a chuaigh Seosamh ar ais go Meiriceá i 1975 bhí ócáid mhór eile ag fanacht leis, mar bhí fadcheirnín nua leis dar teideal *Come All Ye Gallant Irishmen* le seoladh ar an lipéad Philo i Philadelphia. Seo é an taifeadadh a rinne Kenneth Goldstein de Sheosamh ar an lá deireanach den Philadelphia Folk Festival i 1973. Dúirt an *Washington Star* faoin bhfadcheirnín:

Through his voice, his songs, and his centuries-old yet extremely viable traditions, he presents himself as a rare artist, a performer so accomplished with his material – and what superb material it is – that the audience is elevated and held from beginning to end. All this was without instruments, stage gimmicks, or the conventional accoutrements of show business.[108]

Deir Josh Dunson, an fear a léirigh an ceirnín, nár díoladh mórán cóipeanna de, agus cé gur thaifead Seosamh díol ceirnín eile do lipéad Philo, nár híocadh riamh air é agus nár foilsíodh an ceirnín riamh ach an oiread:

> Joe was never paid for that recording, as his first record on Philo, which I produced, unfortunately did not do very well in terms of their needs . . . but I do think Rounder Records has picked up the Philo catalogue, and owns the rights to that particular recording session . . . I can tell you the names of the songs: 'The Queen of Connemara', 'A Stór mo Chroí', 'The Wife of the Bold Tenant Farmer', 'The Bonny Bunch of Roses', 'Captain Wedderburn's Courtship', 'Cailleach an Airgid', 'The Mountain Dew', 'Skibbereen', 'Five Drunken Nights', 'The Story of Purgatory', 'Turtle Dove', 'Casadh an tSugáin', 'Bhí mé lá i bPort Láirge'.
> We miss him greatly over here. As Pete Seeger said to me when we talked about his death, he was one of a kind, someone who kept very true to tradition, was a great improvisor within the tradition, and knew how to get the tradition over to people who had absolutely no connection at all with Irish music or Gaelic as a language. Perhaps one of my warmest memories of Joe is being astounded at seeing him go in front of the Philadelphia Folk Festival at night in the early 70s and hold 6,000–7,000 together and get a major ovation for his performance.

Bhí an t-éileamh a bhí ar Sheosamh ag méadú an t-am ar fad agus de réir a chéile bhí a chumas inste scéil ag fáil an oiread poiblíochta lena chumas fonnadóireachta. Mhínigh Seosamh féin do Mhick Moloney cén chaoi a láimhseáladh sé lucht éisteachta nach raibh cúlra Éireannach ar bith acu agus nach raibh eolas dá laghad acu ar chultúr na hÉireann:

> I explain to them that I'm going to take them around a country fire, maybe a hundred or a hundred and fifty years or two hundred years ago; what used to happen around a turf fire before there was any radio or television, of course. And

then I ask them to give me a chance to explain in every detail little bits of everything that happened around that fire on a winter's evening, between stories and songs, and a bit of lilting for people who didn't have musical instruments; they lilted for somebody to dance.

And then I tell them the stories of these songs and the way they related to that period of Irish history, especially the emigration songs and how they came about, say something like the American Wake [agus an t-amhrán 'A Stór Mo Chroí'], how it came about. I would explain that to them. I try to mix it by giving them a bit of the serious stuff and the not-so-serious stuff, without ever having to do any 'popular' song. And a nice story that would have a punchline ending, thinking in Irish while I'm telling the story in English, and more or less translating the story. The Irish stories I tell in English. I explain to them in English the song in Irish I'm going to sing, so that they can follow it, but I don't do the translations. I tell them the whole theme of the song, the whole story of the song, verse by verse, and then I sing it for them. And eventually I bring them in with me on something nice, maybe some song that we can all sing together before the end of the evening. And I usually find them very attentive and very nice audiences, most of the them anyway . . .

I never make out a list of what I'm going to do when I'm going on a stage. I just go up there. Now, I take in the audience, what I think this type of audience would want, you know. If I have a very young audience, I try to sort of acclimatize them to the serious stuff I'm going to do. If I have an audience that understands a bit of what I'm doing, then I give them very good stuff, although I never do anything bad, you know, even to a young audience. I try to educate them on what it's all about, how it all started, and going back to – because some of these people were never told anything by other people. They were used to songs like 'Finnegan's Wake', 'Fine Girl You Are' . . . There's nothing wrong with them songs, but you want to let people know there are other songs, that there was another side to Irish history besides that. We weren't all drinking all the time. To tell you the truth I very seldom do any drinking song, because if you do people will look at you and say: 'There it is again! The Irish drinking again!' I'm trying to kill that image too, of the Irishman with the drink on the stage. I don't like that image and I never have. A drink of water or a drink of tea, but that's all.

Thug John Faulkner agus a bhean chéile ag an am, Dolores Keane, cuairt gan choinne ar Sheosamh i Nua-Eabhrac i lár na seachtóidí. Bhí Philip Donnellan, an stiúrthóir ón mBBC a rinne an scannán *The Irishmen: An Impression of Exile* i 1965, ag déanamh scannáin dar teideal *Passage West*, faoin imirce as Éirinn, Albain agus Sasana go Meiriceá Thuaidh sa naoú céad déag, agus bhí John agus Dolores ag déanamh taighde ar amhráin faoin imirce i bPrince Edward Island i gCeanada. Chuadar as sin go Montreal, áit ar thaifead siad roinnt de na hamhráin, agus ansin shocraíodar cuairt a thabhairt ar Sheosamh Ó hÉanaí i Nua-Eabhrac:

We were not that far from New York and we hired a car. We drove down to New York; I had already been on the phone to Joe who was living in Brooklyn at the time. And he said: 'Come to the house!', and he gave me the address. Driving down into New York to get to Brooklyn, having never driven in America before, is some experience! And I remember we arrived at about two o'clock in the day, after hair-raising driving, finding the last exit to Brooklyn, so to speak. And we eventually found the house, where Joe had an apartment in the basement. We knocked at the door and there was no answer. The landlady came out and told us: 'He's not here yet. He'll be home later.' We came back later and eventually met Joe. He brought us in and he said: 'O.K., we'll get something to eat.' And I remember him coming back with three huge steaks and frying up the steaks and onions on a huge frying pan. That was the first time Dolores met Joe, even though he knew her aunts, Sarah and Rita Keane, in Caherlistrane.

He was very hospitable, in a quiet kind of way. And then he said: 'We'll go to the pub.' We went to his local bar, which was a typical Brooklyn Irish bar. And we sat up at the bar and he introduced us to the barman, who obviously knew Joe. And we were sitting there, having our beers and chatting away, and the next thing I heard a recording of Joe singing in Irish on the jukebox! And I looked at Joe and I said: 'That's you!' And a big smile came over his face! And we all laughed. The barman must have put it on, because I didn't see Joe put it on. We just stayed with him one night.

We had a really lovely night and the next day we left. It might have been after that I met Joe in O'Donoghue's. And the next I heard was that he'd gone to Seattle. Dolores and I travelled in America in 1981 for about six months. We were on a big long tour there but we never got to meet him there after that. I think that was the last time I saw him. But I thought he was a great guy and a fantastic singer. Not only did I get along absolutely well with him, but so did most English people. All the people I knew in the folk scene at the time in England, people like Martin Carthy and Louis Killen, they were all huge devotees of Joe.

Cé go raibh Ken Nilsen i mBoston faoi seo, ní dhearna Seosamh Ó hÉanaí mórán i ngan fhios dó:

Bhí mise i Harvard ar feadh blianta. Bhí mé i mo scoláire ann, ag déanamh iarchéime, agus bhí mé ag múineadh ansin ina dhiaidh sin. Agus bhí fear ann, Peter Johnson, a bhíodh ag eagrú ceolchoirmeacha. *Folkie* a bhí ann, agus bhí ceann de na coirmeacha i Halla Naomh Pól i gCambridge. Bhí Joe ansin agus bhí sé go maith, cé nach iad muintir Chonamara a bhí ann. Bhí cúpla céad duine ann, daoine a raibh suim acu sa gceol tíre.

Ach an bhliain chéanna, 1975 tá mé a cheapadh, bhí ceolchoirm ag Seosamh; ceapaim gur san Bradford Hotel a bhí sé, agus bhí 400 nó 500 duine ann, muintir Chonamara trí chéile. Bhí sé sin iontach ar fad, agus ní fhaca mé Joe riamh chomh maith. Nuair a dúirt sé '*Skibbereen*' d'imíodar fiáin ar fad. Bhí siad ina ghlaic aige. Bhí an oíche sin iontach. Chonaic mise in go leor áiteacha é, sa Museum of American Folk Life i Nua-Eabhrac – mar bhí muintir an cheoil tíre ag iarraidh go mbeadh sé acu – ach níorbh é an rud céanna é agus a bheith os comhair a mhuintire féin.

In earrach na bliana 1976, bhí mise i Harvard agus bhí mé ag múineadh ar an *faculty* ann, ag bun an dréimire mar a déarfá. Chuile bhliain bhíodh léacht acu ó scoláire mór eicínt, an Vernam Hull Lecture – scoláire Ceilteach a bhí in Vernam Hull. Agus d'fhiafraigh mé de Cheann na Roinne – The Department of Celtic Languages and Literatures – Charles Dunn, an bhféadfadh muid Joe a bheith againn. Agus dúirt sé: 'Más féidir leat é a fháil, faigh é.' Agus tháinig sé chugainn agus bhí sé go hiontach. Bhí scoláirí ann agus *folkies* agus chuile chineál, b'fhéidir roinnt de mhuintir Chonamara agus beagán de mhuintir Chumann na Gaeilge i mBoston. Bhí cúpla céad duine ann, is dóigh, agus bhí sé go han-mhaith ar fad. Rinne sé píosaí cainte agus is é a bhí in ann. Faoin am seo, bhí sé in ann é sin a dhéanamh.

D'eisigh Gael-Linn an dara fadcheirnín leis, *Ó Mo Dhúchas*, i mí Iúil 1976. Tháinig Seosamh abhaile i gcomhair na hócáide agus bhí pictiúr de féin agus den cheirnín san *Irish Independent*, agus scríofa thíos faoi:

Connemara-born Seosamh Ó hÉanaí left his New York hotel job behind him to become the toast of the Irish music industry. At 57 he has just released his latest L.P. for Gael-Linn, and the Co. Galway sean-nós singer returned to Ireland to see it introduced. His new record, *Ó Mo Dhúchas*, is a collection of rare and beautiful songs learned from his father in his townland of Aird Thoir in Carna, and they include an old version of 'Róisín Dubh'.

Bhí pictiúr de Sheosamh ag caint le Garech de Brún ag Terry O'Sullivan ina 'Dubliner's Diary' san *Evening Press*, agus an méid seo:

Another trump for Gael-Linn: After the non-formalities of the release of the newest Gael-Linn L.P., that by Seosamh Ó hÉanaí from Carna, in Sinnott's in South King Street last night, there was a whale of a party. The Gael-Linn collection of native music and musicians will be honoured for all time. Seosamh Ó hÉanaí from Carna is now working in New York. There was a time when things were difficult . . . but Paddy O'Donoghue of Merrion Row always had a roof to put over his head. The new L.P. is, I hope, not definitive, but it contains some songs which are quite extraordinary. Máire Davitt, our hostess from Gael-Linn, was thoughtful as usual.[109]

Níor fhéad Maureen O'Donoghue ná Paddy a bheith ag an ócáid mhór i Sinnott's ach chuireadar litir chuig Seosamh, ag míniú an cháis agus ag tréaslú a cheirnín nua leis:

2 p.m. Tuesday 13th July.
To Seosamh Ó hÉanaí:

We would like to wish you, Joe, every success with your new record and regret very much not being able to be present, due to the fact, as you know, that Paddy is not well at the moment. We would also like to take the opportunity of thanking Riobard Mac Góráin and Gael-Linn for promoting his work and getting his message across. Our friendship with Joe is something we cherish and our relationship with Gael-Linn we value very much because of their continued respect and kindness to him.

Although we are not able to be present Joe, we are with you in heart and spirit.

Maureen & Paddy O'Donoghue.

P.S. We hope the Master and Johnny Chóil Mhaidhc make it in time!!

Seachtain sular seoladh an fadcheirnín nua bhí Seosamh ina aoi ag Áine O'Connor ar an gclár *Last House* ar RTÉ agus é ag insint cúlra an amhráin 'Seachrán Chearbhaill' i mBéarla, agus ag rá an amhráin féin. Píosa fíorbhreá teilifíse a bhí ann. Ba léir gur thug sé féin agus Áine gean dá chéile agus ba gheall le beirt iad a bhí ar tí éalú iad féin, mar a bheidís faoi gheasa agus faoi dhraíocht ag an amhrán. Ba léir freisin go raibh Seosamh ina bhuaic, ní hé amháin mar fhonnadóir ach mar reacaire ach mar aisteoir freisin.

Fuair an fadcheirnín nua, agus cuairt Sheosaimh abhaile as Meiriceá, poiblíocht mhór sna nuachtáin. Bhí a phictiúr in 'An Irishman's Diary' san *Irish Times* agus an t-ainm cleite 'Pro-Quidnunc' leis, agus déanaim amach ón tagairt atá ann do na '*softer melodies of Munster*' gurb é Dónal Foley a scríobh:

Seosamh Ó hÉanaí is a great singer, with a face as strong and craggy as his own native Connemara, and a voice to match. His voice has won him international renown as a sean-nós singer, and much of his material is drawn from his own townland, Aird Thoir at Carna, where his father before him was well known for his wealth of song.

Seosamh now lives in America, but comes home for three weeks every year, and for the last number of visits Gael-Linn have been kidnapping him and shutting him into a recording studio. Over the years they have assembled the material for two L.P.s, and they have just released the second of these, *Ó Mo Dhúchas*, and the songs on it are all fine examples of the Connemara style of sean-nós singing. The ear trained on the softer melodies of Munster needs a while to adjust itself to this less yielding style, but his powerful local versions of 'Róisín Dubh' and 'Úna Bhán' are a revelation.

His own favourite on the record is 'Amhrán na Páise', the song about the Passion, because 'it is completely unique, a song you wouldn't find anywhere in the world outside Carna'.

Bhí coirm cheoil eagraithe ag Máire Nic Fhinn dó in Amharclann an Damer mar ba ghnách, rud a thaithníodh thar cionn le Seosamh; Máire Davitt a bhí anois uirthi, óir bhí sí pósta leis an bhfile Michael

Davitt ón mbliain 1975. Is minic a d'fhan Seosamh sa teach acu ina dhiaidh sin, agus bhíodh sé ag spochadh as Michael i gcónaí faoi 'Ghaolainn' na Mumhan a bheith aige. Bhí ardmheas ag Michael Davitt ar Sheosamh agus ar a chuid fonnadóireachta. Bhí Seosamh ag feabhsú mar ealaíontóir ó bhliain go bliain, agus bhí Riobard Mac Góráin ar dhuine díobh sin a bhí ag coinneáil súil ghéar air:

> Nuair a chuaigh sé go Meiriceá d'fhoghlaim sé na scileanna a bhain leis an stáitse. Cuir i gcás, na daoine a bhí sna hOícheanta Seanchais, muintir Chonamara agus muintir na nGaeltachtaí eile, bhíodar go hiontach ar an stáitse sa mhéid is go rabhadar nádúrtha. Bhíodar in ann iad féin a chur i láthair agus, cé go raibh an spraoi ar fad eatarthu féin, thuigeadar go raibh an lucht éisteachta amuigh ansin, go raibh an diminsean eile seo amuigh ansin freisin. Ach nuair a chuaigh Joe go Meiriceá sílim gur fhoghlaim sé an cheird sin i bhfad níos fearr, díreach ó chleachtadh a bheith ar an ardán, agus b'fhéidir ó bheith ag breathnú ar dhaoine eile. Ach is fearr a thuig sé cén chaoi leis an rud a láithriú.
>
> Agus chomh maith leis sin, ó thaobh cúrsaí cainte, ba dhuine é a bhí ina chainteoir iontach i gcónaí. Is dóigh go bhfuair sé amach nár ghá a bheith buartha dá mbeadh ort stopadh agus beagán smaoinimh a dhéanamh sula ndéarfá a thuilleadh. Thuig sé gur féidir le sos beag den tsórt sin an lucht éisteachta a chur ar bior le go gcloisfidís tuilleadh, agus mar sin go raibh an-chumas ann a chuid cainte a chur i láthair, chomh maith lena chuid amhrán, sa tslí is go gcoinníodh sé an lucht éisteachta ag fanacht leis an gcéad rud eile a deireadh sé. Agus fiú amháin dá stopfadh sé ar feadh cúpla soicind, nó níos faide ná sin, go raibh sé in ann an lucht éisteachta a choinneáil. Níor ghá dó a bheith ag brostú, agus d'fhan sé gur smaoinigh sé i gceart ar an rud a theastaigh uaidh a rá. D'fhoghlaim sé na rudaí sin agus, cé go raibh sé go maith riamh, tháinig feabhas iontach ar a chumas láithrithe. Bhí an-cheardaíocht ag baint leis ón taobh sin de, sa gcuid dheireanach dá shaol.

17. Post Ollscoile

B HÍ FÁTH MAITH EILE AG Seosamh a bheith sásta leis féin in
Éirinn i samhradh na bliana 1976. Bhí post nua ag fanacht
leis i Meiriceá nuair a ghabhfadh sé ar ais, i Roinn an Cheoil
in Ollscoil Wesleyan i Middletown, Connecticut. Tairgeadh an post
seo dó bliain roimhe sin agus níor ghlac sé leis, ach bhí a intinn
déanta suas anois aige glacadh leis. Seo mar a d'inis sé féin an scéal
do Mhick Moloney:

> A professor from Wesleyan University, Professor Neilly Bruce,
> asked me would I consider going to Wesleyan, and teaching a
> private course in Irish songs and stories, and mythical and
> cultural things. And I said: 'I don't think I can, because I'm
> working as a doorman and it wouldn't suit me to do it.' That's
> the truth now! The year after, he asked me again and this time
> I was thinking that maybe I should do this, in my 'golden
> years', while I had something left, before I got too old.
> So I did go. And the students I had there, there wasn't one
> of them of Irish descent – maybe very far back. But they were
> beautiful students and I even taught them Irish songs – in the
> Irish language. And in six months' time I had them up on the
> stage, singing the song that I had taught them in Irish, as well
> as the songs in English. I wrote out the Irish on the
> blackboard phonetically for them and I taught them how to

speak Irish and pronounce the words and sing the songs. Now, I'm talking about old songs, very old songs like '*An Buinneán Buí*' and '*Dónall Óg*'; I taught them these songs. First of all, I started off with an easy song like '*Connla*' where there's only one line to learn. I went into deeper songs then, and so on. Well, I found out they wanted me back . . .

Dúirt sé le Douglas Sealy blianta ina dhiaidh sin:

D'iarr Neilly Bruce, Professor of Music at Wesleyan University, Connecticut: 'Tar,' a deir sé, 'agus múin na *students* – mar tá siad ag iarraidh orm tú a thabhairt anseo leis an sean-nós a mhúineadh dóibh.' Agus bhí drogall orm, mar ní raibh a fhios a'm – bheadh sé an-deacair aige aon duine in Éirinn [a fháil] a dhéanfadh ansiúd é. Ach rinne mé é. Theastaigh uathu é a fhoghlaim. Bhí daoine ann nach raibh [baint] ar bith le Éirinn acu mar níor tháinig a muintir as Éirinn fiú amháin. B'fhéidir go dtáinigeadar i bhfad, i bhfad ó shin, ach níor tháinig a ndlúthmhuintir as Éirinn. Bhí mé ansin cúig bliana . . .[110]

Scríobh sé chuig a chara mór, Máire Nic Fhinn Davitt:

A Mháire, 'chroí,
    Go raibh maith agat ar son do litre. Is deas an rud cloisteáil uait is go bhfuil tú féin is do chomhluadar go maith . . .
    Bím ag múineadh na seanamhrán – Gaeilge is Béarla – i Wesleyan University, Connecticut. Tá an-suim acu sa nGaeilge, daoine nach bhfuil baint ar bith acu le Éirinn ach go bhfuil dúil acu sa gcultúr. Mo léan nach ndéanann cuid de na hÉireannaigh a leathiarracht sin . . .
    Rinne mé go leor *universities* le sean-nós, amhráin agus scéalta. Níor inis mé riamh duit – an chéad duais riamh a fuair mé: 'Ag Inseacht Scéil' fadó nuair a bhí mé beag. Ach d'fhág mé na scéalta ag daoine eile. Anois tá mé dá gcur os comhair an phobail Mheiriceánach agus taithníonn siad thar barr leo. Ba é uncail mo mháthar an scéalaí ba mhó a bhí i gConamara riamh, Pat Mór Mhichíl Shéamais Ó Maoilchiaráin. Seanscéalta Gaeilge ar chuir mé féin

aistriúchán orthu. Míním é sin dóibh. Idir amhráin, scéalta, port béil is mar sin – baineann na daoine an-taitneamh as gach rud.

Ach mo léan, na *stars* eile a thagann go dtí an tír seo, caithfidh siad *show-off* a dhéanamh. Shílfeá nach as Éirinn ar chor ar bith cuid acu. Ach sin é mo dhóthain. Chonaic mé an ceirnín le Treasa Ní Dhrioscaill. Níl a fhios agam céard a déarfainn faoi ach rud amháin go bhfuil sí ag déanamh a díchill.

Is deas an rud labhairt leat. Maith dhom nár scríobh mé. Abair *hello* le Michael agus le Riobard is Máire. Go gcuire Dia an t-ádh oraibh. Ag súil sibh a fheiceáil lá éigin agus go raibh maith agat as ucht an chuireadh go dtí do theach.

Grá ó Sheosamh

Ceachtanna príobháideacha a bhíodh sé a theagasc in Ollscoil Wesleyan. Suas agus anuas ar an mbus as Nua-Eabhrac a théadh sé go dtí an coláiste, aistear a thógadh dhá uair go leith, faoi dhó sa ló, trí lá sa tseachtain de ghnáth. D'fhág sin nach raibh air a árasán i mBrooklyn a fhágáil, ná na gnáthóga eile a bhí déanta aige dó féin i Nua-Eabhrac faoi seo. Cé go raibh an t-aistear beagán fada, ba faoiseamh é ó bheith ar a chosa go síoraí in uimhir a 135 Central Park West, mar a bhí sé le deich mbliana. Agus níorbh é an turas go Middletown agus ar ais ba mheasa dó ach na turais fhada eile chuig na féilte éagsúla, a bhí ag dul i líonmhaire ó bhliain go bliain. Ach, ina ainneoin sin go léir, bhí Seosamh breá sásta leis féin. Dúirt sé le Mick Moloney, faoi na ceardlanna agus na féilte:

I like what I do, and that helps me to convince myself that I should put it [na hamhráin agus na scéalta] before other people – some aspect of Irish life they haven't seen yet. I'm giving them something that I grew up with myself. And different audiences, different places. I just go up there to tell them something. I get so involved in what I'm doing that I get lost. And I'm on my own. There isn't a soul there, only myself, and I get so involved that I'm there talking and singing and telling epic stories about Cúchulainn or Fionn Mac

Cumhail and all that. And I find out that the audiences –
most of them any way – really love it.

But travelling beats me. I mean, when you get old, travelling
beats you. But when I reach the end of my journey I'm very
satisfied if I do a good night's work. I'm really happy. It is
something I am glad to do, and [that] the people who gave it
to me didn't have a chance to do.

Tháinig Seosamh abhaile ar saoire arís i 1977 agus chinntigh Máire
Nic Fhinn Davitt i nGael-Linn gur cuireadh fáilte roimhe, in
Amharclann an Damer, i Slattery's Shráid Chéipil agus in áiteacha
nach iad. Bhí iarracht ar leith ar siúl ag Máire faoin am seo le post
feiliúnach eicínt a fháil dó in Éirinn:

An rún mór a bhí ag Seosamh ná teacht abhaile go hÉirinn.
Chreid sé go gcaithfeadh sé an chuid dheiridh dá shaol in
Éirinn. Rinne sé dianiarracht ar é sin a chur i gcrích agus go
deimhin rinne mise mo sháriarracht freisin an bhrionglóid
sin a chur i gcrích. Ach is baolach nár tharla sé sin, ar
chúiseanna áirithe a bhain le cúrsaí eacnamaíochta sa tír ag an
am, b'fhéidir.

Is dóigh liom féin gur mór an feall é; is mór an náire é agus
is mór an trua é nár tharla a leithéid; nach bhféadfadh ollscoil
éigin, nach bhféadfadh an Chomhairle Ealaíon, nach
bhféadfadh dream eicínt áis éigin a chur ar fáil a d'fhéadfadh
a leithéid sin a dhéanamh.

Ní heol domsa aon amhránaí a bhí ábalta an sean-nós a
thabhairt go dtí an stáitse idirnáisiúnta agus an oiread sin
ómóis a bhaint amach. Bhí an bua aige go raibh sé ábalta
seasamh suas ar stáitse agus an scéal a insint agus aird an lucht
éisteachta a tharraingt chuige, ba chuma an raibh sé sa
Fhrainc nó i gCeanada nó i Nua-Eabhrac nó istigh in
Amharclann an Damer. Ba é an rud céanna é.

Agus is dóigh liom, níos déanaí ina shaol, gur thuig daoine
an fiúntas a bhain leis sin, agus chomh neamhghnách is a bhí

sé, ar shlí; go raibh sé ábalta an cur i láthair sin a dhéanamh. Nílim ag caitheamh anuas ar amhránaithe sean-nóis eile; tá an-mheas agamsa ar an sean-nós agus tá meas agam ar amhránaithe sean-nóis, agus tá a bhua féin ag gach amhránaí. Ach sílim go raibh Seosamh Ó hÉanaí speisialta agus gurbh eisceacht é. Agus ní le drochmheas ar éinne eile a deirim é sin. Agus déarfainn éinne a dhéanfadh aon taighde air go dtuigfidís é sin chomh maith.

Bhí toradh ar obair stocaireachta Mháire agus Sheosaimh sa deireadh, agus tairgeadh post dó i nGaeltarra Éireann sna Forbacha i gConamara le linn dó a bheith sa mbaile i 1977. Shocraigh Riobard Mac Góráin cruinniú le Tomás Ó Domhnaill, a bhí ina Aire Gaeltachta ag an am, agus chuaigh Máire agus Seosamh isteach chuige. Mhíníodar an cás dó. Mhínigh seisean an cás do Chathal Mac Gabhann, a bhí i gceannas ar Ghaeltarra Éireann ag an am, agus d'iarr seisean ar Bhrian Ó Baoill, a bhí ina bhainisteoir pearsanra i nGaeltarra, breathnú ina dhiaidh. Nuair a scríobh mise chuig Brian Ó Baoill i 1994, le linn dom a bheith ag cur píosa cainte faoi Sheosamh Ó hÉanaí le chéile i gcomhair Scoil Samhraidh Willie Clancy na bliana sin, fuair mé litir ar ais uaidh ar iompú an phoist, ag míniú an ruda go léir:

Bhí Seosamh Ó hÉanaí in Éirinn sa bhliain 1977, ar saoire as Nua-Eabhrac tá mé ag ceapadh. Is cosúil gur iarr duine éigin ar Chathal Mac Gabhann féachaint an bhféadfadh Gaeltarra post a thairiscint dó le deis a thabhairt dó fanacht sa tír . . . Bhí mise ag feidhmiú mar bhainisteoir pearsanra i nGaeltarra agus d'iarr Cathal orm an cás a láimhseáil.

Scríobh mé litir go dtí Seosamh i gCarna, ag fiafraí cén cineál oibre a bheadh feiliúnach dó. Faoin am seo bhí Seosamh i mBaile Átha Cliath agus socraíodh go labharfainn leis ar an teileafón. Rinne mé é sin agus dúirt sé go mbeadh sé sásta le post ar bith agus thug sé a sheoladh i Nua-Eabhrac dom le go mbeinn in ann scríobh chuige: 416 54th Street, Bay Ridge, Brooklyn, New York 11220.

Chuir mé litir chuige ag tairiscint poist dó mar 'Fear

Cothabhála agus Tírdhreachú' ar 28.6.77. Scríobh mé litir chuige ar 12.8.77 ag iarraidh air cáipéis a bhí fágtha ar lár aige a chur chugam. Rinne sé sin agus chuir mé litir chuige ar 30.8.77 ag rá go mbeimis ag súil leis i mí Eanáir 1978. Scríobh sé ar ais ag moladh go dtosódh sé 'amach i mí Eanáir' mar b'fhéidir nach mbeadh sé ar ais roimh an chéad seachtain. Scríobh mé chuige ag moladh an 9ú nó an 16ú Eanáir 1978.

Ansin, i mí Eanáir, fuair mé an litir dheireanach uaidh ag gabháil leithscéil as an mhoill agus ag rá 'buaileadh síos mé le pianta cnámh, *arthritis* nó mar sin' agus, i measc rudaí eile, ag glacadh 'buidheachas mo chroidhe' as na hiarrachtaí a rinne mé.

Scríobh mé ar ais chuige ar 11 Eanáir 1978 ag rá leis go mbeadh áthas orm castáil leis nuair a d'fheabhsódh a shláinte agus ag deimhniú go raibh mé cinnte go mbeimis in ann post eicínt a thairiscint dó dá mbeadh sé fós ag iarraidh filleadh ag an am sin.

Dob shin é deireadh na teagmhála.

Casadh Pádraig Ó Baoighill ar Sheosamh i dteach tábhairne i mBrooklyn, go gairid tar éis do Sheosamh filleadh óna chuid saoire in Éirinn i 1977. Níor casadh ar a chéile cheana iad ó thiomáin Pádraig é féin agus Tomás Cheaite agus Tomáisín Pheaits Pháidín Ó Ceannabháin as an Aird Mhóir go Baile Átha Cliath chuig Oícheanta Seanchais Ghael-Linn in Amharclann an Damer i 1957. 'Bhí uncail domh i Meiriceá, Condaí Phaidí Shorcha,' a dúirt fear Rann na Feirste liom:

Bhí sé i mBrooklyn agus chaith mé sé nó seacht seachtainí thall aige i ngeimhreadh na bliana 1977. Bhíodh sé i gcónaí ag caint ar an tábhairne seo, Phil Boyle's, agus sílim gur ar Fourth Avenue, Brooklyn a bhí sé. B'as Port Nua, taobh amuigh de na Gleanntaí, Phil Boyle agus ba ghnách le cuid mhór de na hÉireannaigh dul isteach ann. Thug Condaí síos mé agus bhuail mé le Phil Boyle lá amháin; fear mór peile a bhí ann agus bhí comhrá mór fada agam leis.

Agus ansin, tráthnóna eile, chuaigh mé féin agus fear a bhí gaolmhar do bhean Chondaí, Hiúidí Gallagher as Gaoth Dobhair, chuaigh muid síos agus bhí muid inár seasamh cois an chuntair ansin, agus dúirt mise le Hiúidí: 'Tá fear thall insa choirnéal ansin agus tá sé iontach cosúil le fear a raibh aithne mhaith agamsa air blianta fada ó shin.' Agus d'amharc sé anonn agus dúirt sé: *'Aye! Sure that's a great singer from Connemara; that's Joe Heaney!'*

Chuaigh mé anonn ansin agus bhuail mé leis; bhí sé ag ól pionta leis féin thall sa choirnéal. 'Fan nóiméad,' a dúirt sé, 'níl mé in ann smaoineamh ar d'ainm, ach – Dún na nGall!' Agus luaigh mé Gael-Linn agus bhí sé leis go breá ansin.

Bhí cúpla deoch againn an oíche sin agus d'iarr sé orm bualadh leis deireadh na seachtaine sin, mar bhí sé ag múineadh ceoil in ollscoil éiginteach ag an am sin. Bhuail mé leis i Phil Boyle's ar an Satharn agus thug sé thart mé go dtí trí tábhairní eile nach raibh i bhfad ar shiúil as sin. Chaith muid an lá ar fad in éindí . . . An chéad teagmháil eile a bhí agam le Joe is ar a shochraid a bhí mé.

Bronnadh Gradam an Eisteddfod 1977 ar Sheosamh, an gradam mór ceoil dúchais a bhronnann Southeast Massachusetts University go bliantúil, agus a bhí bronnta roimhe sin ar an scoláire Kenneth S. Goldstein, fear a raibh an-mheas aige ar Sheosamh agus ag Seosamh air. Scríobh Linda Morley, ollamh le béaloideas i New England College, New Hampshire, faoin ngradam i 1977:

Given the special nature of the Eisteddfod Award, it may surprise some that a man whose fame as a traditional singer and story-teller obscures the fact that he has had an additional far-reaching influence on the folk music revival on both sides of the Atlantic. First of all, Joe Heaney has introduced to the folk revival a rich repertory of material from an obscure tradition – that of his home area in the West of Ireland to our great fortune. Joe is a masterful performer of his tradition. An equally important contribution to folk music, moreover, is Joe's influence on the performance of traditional Irish music. The dignity of his material and his performance of it has helped considerably to maintain the integrity of traditional Irish music during the period of its greatest popularization outside of Ireland. The many performers who admire and learn from him aspire to the high standards set by his artistry. We are all the richer for it.[111]

Fuair Gradam an Eisteddfod poiblíocht mhór. Bhí ainm agus pictiúr Joe Heaney ar nuachtáin ar fud na Stát Aontaithe. Bhí fógra mór agus pictiúr de i nuachtlitir an Baltimore Folk Music Society ar an 18 Samhain, mar shampla:

> Kenneth S. Goldstein says of Joe Heaney, 'How does one begin to describe the consummate artistry that a singer like Joe Heaney exhibits in his performances? From his father he learned that 'in folk music there is no beat, it has only got a pulse.' And Joe's singing could then be described as 'pulse singing.' 'Ornamentation,' he says, 'is what my grandfather used to call nature's accompaniment . . . when I'm singing a song, I don't really think of ornamentation at all. When I come to a certain verse I know this line must have something. I just do it then and there, you know, to carry out the full meaning of that particular line.' Joe also produces at key points the melodic and rhythmic variations which are the hallmark of the truly great sean-nós singer – involving as they do a process of instant composition which may never be repeated in a future performance.
>
> Joe Heaney is considered one of the finest Irish balladeers and songsters, as well as being a great storyteller . . . Baltimore Folk Music Society is very pleased that Joe Heaney will be the November performer for the monthly concert series. This special program will take place on Friday, November 18th at 8.30 p.m., at the Lovely Lane Church at 2200 St. Paul Street. It is advised that members arrive early, as the program was sold out when Joe appeared in Washington last spring.[112]

Chuaigh an scéala thart i Nua-Eabhrac go raibh Seosamh Ó hÉanaí ag filleadh ar Éirinn, agus scaip an scéala i measc lucht an cheoil dúchais ar fud na Stát Aontaithe. Bhí an tuairisc seo a leanas sa *Chicago Irish American News* i dtús mhí na Nollag 1977, faoin teideal *'Joe Heaney In Farewell to Chicago'*:

> Ireland's greatest storyteller and folk singer is leaving America after 11 years and returning to his native Connemara. When Chicago bids Joe Heaney farewell on December 10, it will be giving up a large segment of Irish cultural enrichment such as has been embodied in no other comtemporary person. An outspoken traditionalist who always performs unaccompanied, he introduced to the folk music revival a rich repertory of material from an obscure tradition – that of his Gaelic-speaking home area in the west of Ireland. Joe Heaney has made remarkable contributions to the preservation of traditional Irish music. He has enriched the lives of countless Irish musicians in America, just as he has put special meaning into Irish song and storytelling. No amount of farewells to Joe can ever take away the impact he has made on America. Farewell to 'The Master.'[113]

An tseachtain chéanna, scríobh Mike Taylor sa *Michigan Daily*, faoin teideal *'Heaney wins crowd with Gaelic Ballads'*:

> With his strong handsome face and grey hair, Joe Heaney seems filled with quiet dignity. His Sunday night performance at the Ark had an almost religious quality to it. After the show, most folks couldn't wait to shake his hand and thank him for a wonderful evening, just as church-goers thank the minister for his sermon on the way out.
> Heaney is undoubtedly one of the finest Irish ballad-singers alive. Since he sings unaccompanied, his voice can't hide behind a wall of instruments. Rather, it stands, in its naked intensity, as a marvelous instrument itself. Heaney's startling range is more than sufficient to convey the emotions and humor in the old Irish tales he sings. When he sings in Gaelic, however, his voice seems even more impressive. Now he offers

a wide spectrum of abstract sounds (at least to those of us in the crowd who did not understand Gaelic), and suggests different feelings.

Heaney might better be considered a storyteller than a singer, for all the songs he sings tell stories. Besides inserting spoken tales into the vocal mixture, he summarized the plots of the Gaelic numbers before he sang them.

Or, perhaps, he might better be considered an actor than a singer. As he stands up-front, he seems to be reenacting the stories he is singing about. His facial expressions reveal emotional characteristics of the tales. Using these techniques along with his magnificent voice, Heaney is able to establish a mood and hold it for as long as the song goes on.

Some of Heaney's tales are genuinely comic, bringing gushes of laughter from the crowd. His stories about a parish priest near his home were the most successful in this respect . . .

Heaney was as happy with his audience as they were with him. Besides frequent 'Thank you for having me' comments, he admitted that we have better audiences here than 'back home'. 'It's because they listen,' he said. 'It's like a jury during a trial.'

Sometime after Christmas, Heaney plans to return to Ireland. When he'll be back is uncertain; his last appearance at the Ark was four years ago. But when he does return, he'll be sure to bring along the captivating voice that made Sunday evening so special.[114]

Ach níor tháinig Seosamh ar ais go hÉirinn, ag súil i gcónaí le tairiscint ar phost múinteoireachta mar a bhí thall aige, creidim. Bhí sé ag baint sásaimh as a chuid múinteoireachta in Ollscoil Wesleyan agus as na scoláirí meabhracha a bhí ag freastal ar a chuid ranganna. Orthu sin bhí fear óg a raibh James R. Cowdery air, an fear a scríobh an leabhar *The Melodic Tradition of Ireland* blianta ina dhiaidh sin, ina bhfuil caibidil iomlán faoi Sheosamh féin, dar teideal 'Putting It Over':

I met with Joe Heaney once a week during the academic terms in 1979–80 and 1980–81, when he was commuting by bus from New York City to teach private lessons at Wesleyan University in Middletown, Connecticut. Our meetings were officially designated 'lessons' (and paid for accordingly), but I mostly used the opportunity to probe his memory for old songs, stories, and words about style. Sometimes I simply asked questions such as, 'How did the old people talk about singing?' His responses varied with his moods, some notably less transcribable than others, but at the time I just let my tape recorder take it all in, and tried not to ask too many questions.

Like most conversations, ours tended to meander from one subject to the next without any specific plan. In order to give some shape to the discussion below, I have to an extent knitted together different instances when the same subject came up in converstion . . .[115]

Pléadh an rud ar a dtugtar an 'nea' san amhránaíocht thraidisiúnta; agus, ó tharla gur tharraing an t-ábhar seo roinnt cainte ar Raidió na Gaeltachta roinnt blianta ó shin, ní miste blas a raibh le rá ag Seosamh agus é ag comhrá le Cowdery faoi, a thabhairt:

Well of course the pipes . . . the drone of the pipes . . . is similar to the human voice – 'nature's accompaniment' they call it. This is the way they handed it down, this is the way they used to do it – through their nose mostly, and humming . . . If I was starting a song for you, especially a Gaelic song. [Sings on one pitch] Nnnnnnnn. Then I get my own pitch from there. I know exactly now where to start, what note to take and start . . . That's your background music. It's very hard to explain, but you start off with that [sings] neaaa . . . I still have that note there [points to the head]. I base myself on that note, and I can't go wrong when that note is still there. It's very hard to pitch wrong if you do that . . . you'll pitch right, more or less, all the time. Every time I sing a song I can hear that in my head. I follow that. I accompany that. I've been doing that for years . . . You can't go above or below the nea; it's out on its own. It's the style of a song. The nea is a whole multitude covered in one word. It's a multitude of everything – stories, grace-notes, everything – a multitude of everything in one word: nea. You have the nea, that means you have the right way of doing it . . .

I've been accused of having it, you know. It's a compliment, really, to have that. I was singing at the Edinburgh Folk Festival in 1963, and the paper said the next day I sang like an Indian. That was a high compliment. I was telling [Ewan] MacColl about it. 'Well,' he said, 'that's it, the same style,' he said, 'they have in parts of India, same style of singing.' Russia. I was talking to a Russian one time in London and he said, 'That's the way, exactly, my own people used to sing a song,' he said . . .[116]

Chuir sé Cowdery ar an eolas faoin 'gcóiriú catha' nó 'an chulaith ghaisce' a chuirtí ar na seanscéalta, agus thug sé an sampla spéisiúil seo a leanas i mBéarla:

There was here long ago, and long ago it was; if I was there at that time I wouldn't be here now, and if I was there and here now, I would have a long story, big story, short story, bad story, good story, or no story at all. But whatever way I tell it tonight, I hope you don't tell it half as good tomorrow night. I'm talking about the time that the roofs of the houses were thatched with buttermilk, and little pigs went down the street with knives and forks stuck in them, saying 'pig me, pig me, pig me.' Something like this, you know. Now this is only – the story hasn't started yet. Know what I mean? That's what I call the 'battle dress', or the 'embellishment.'[117]

Mhínigh sé do Cowdery freisin gurb ionann, ar bhealach, amhrán a rá agus scéal a insint, agus gurb in é an fáth go ndeirtear 'abair amhrán' – 'say a song' in áit 'sing a song':

In conversation, Heaney often compared singing to storytelling, and the two performance arts seemed quite intertwined in his mind. Certainly he was able to fill delightful hours alternating between the two whenever the appropriate situation arose.[118]

Thuig Seosamh go maith nach raibh an t-airgead a bhí sé a shaothrú ar a chuid múinteoireachta san ollscoil thar mholadh beirte, ach ba mhór an sásamh aigne dó an tsuim agus an meas a bhí ag Cowdery agus ag a leithéidí ar a raibh ar siúl aige. Blianta fada tar éis a bháis, nuair a heisíodh dlúthdhiosca dá chuid amhrán as cartlann eitneacheoleolaíochta Ollscoil Washington i Seattle i 1996, *Say a Song*, scríobh Cowdery ar chlúdach an dlúthdhiosca:

> By the time I met him in 1979, he had moved to New York city and was working as a doorman at a posh apartment building. It was not until the last years of his life that he would find a position worthy of his art, as a teacher of Irish Traditional Singing at the University of Washington in Seattle . . . many Irish Music lovers considered him the finest living exponent of *sean-nós* singing, and even people who preferred a different local style invariably acknowledged him as one of the greatest masters of traditional song. No one could surpass his genius for giving a song just the right mixture of dignified elegance and emotional expression to create an artistic communication of extraordinary depth. His intricate vocal ornamentations were never gratuitous . . .

I 1978 a casadh Seosamh ar dtús ar Lucy Simpson, múinteoir as Nua-Eabhrac a raibh suim aici san amhránaíocht. D'éirigh sí féin agus a fear, Barry, agus a n-iníon, Shelley, an-chairdiúil le Seosamh agus thugadar cuairt ar Charna tar éis a bháis:

> I met Joe Heaney in September of 1978 at the Eisteddfod festival at Southeast Massachusetts University, in North Dartmouth, Massachusetts. I had heard of him and been told that I would like his singing. When he began to sing at one of

the evening concerts, I was immediately moved by the simple beauty of his presentation and style. I turned to a friend after the first few lines to say, 'He's amazing.'

The next day we spied him sitting in the cafeteria with mutual friends and nervously joined them. Joe and I discovered that we lived ten minutes away from each other in Brooklyn. After visiting him once or twice with my friend and sharing a few auto-rides (we'd swap a few songs on the way home), he decided I could sing and offered to teach me songs. We had a wonderful rapport right away, and the song sessions are high on the list of blessings I've enjoyed in my life.

We met once a week, usually on Tuesday nights. He said he would 'give' me only one song a week because that meant I'd have to come back many times. He always had good bread, real butter, jam and plenty of McGrath's Irish Tea. On my tapes, the bread, the tea and the clinking teaspoons play a major role ('More tea, dear?'). I taped one song per week, with his comments about the person he'd heard sing it and other bits of information. I kept a running list of every song he mentioned, and he usually let me pick one from the list each week. I think there are about 200 songs listed on the bedraggled paper and about 100 on my tapes.

De réir a chéile, thosaigh Seosamh ag teacht ag béile tigh na Simpsons agus ba ghearr go raibh sé ar nós duine den chlann. Níor lig sé air féin go ceann tamaill nár thaitin spaigití leis, ach nuair a d'admhaigh sé sa deireadh é, ní hé amháin gur athraigh siadsan go bia eicínt eile, ach d'athraigh siad go huile agus go hiomlán ó chaifé go tae, nuair a thaispeáin Seosamh dóibh an chaoi le 'proper tea' a dhéanamh:

To this day, we still drink tea instead of coffee, morning, noon and night, and it's still McGrath's, purchased wholesale at the tiny Irish-family-owned import place he took us to. He started to cook suppers for me (boiled bacon and cabbage and potatoes, or fish or scallops baked in the oven in inches of butter). We felt very special the first time he invited us all to his house for supper. He said he had never done such a thing before, but one could not be sure about such statements – Joe

Scoil an Cheoil, Ollscoil Washington, Seattle.

Sean Williams agus a hiníon Morgan.

Laurel Sercombe, an Chartlann Eitneacheoleolaíochta.

Bailiúchán Sheosaimh Uí Éanaí sa gCartlann Eitneacheoleolaíochta.

An siopa Galway Traders i Seattle.

Steve Coleman.

Seosamh agus Jill Linzee.

Seosamh taobh amuigh d'Ollscoil
Washington i Seattle.

Seosamh sa seomra ranga.

Seosamh sa léachtlann.

Cárta poist chuig Máire agus Michael Davitt, 1 Meitheamh 1983.

The Irishman

November 1983   Volume 5 Number 11   Published in San Francisco   P.O. Box 11278   San Francisco, CA. 94101   415 221 2842

THE LAST HURRAH

> "Decorating a song is like courting a girl you know. You want to be nice to her. You want to go around every sentence you put out and treat it as you would a child."

Joe Heaney, King of the Sean Nos (old style) Irish singing makes his final appearance in the U.S., on

'*The Last Hurrah*', San Francisco, Samhain 1983.

An taephota a bhíodh ag Seosamh, in Ollscoil Washington, ar taispeáint ansin.

Cáit Trainor Callen agus a mac Cormac Callen i 2004.

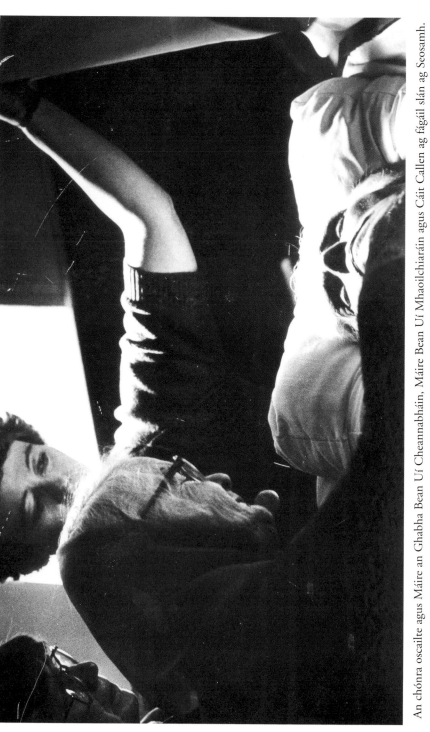

An chónra oscailte agus Máire an Ghabha Bean Uí Cheannabháin, Máire Bean Uí Mhaoilchiaráin agus Cáit Callen ag fágáil slán ag Seosamh.

Aifreann na sochraide i séipéal Charna.

Taobh amuigh den séipéal tar éis an aifrinn.

Reilig Mhaírois.

An slua cois na huaighe. I measc an tslua, (ó chlé): John Mylotte (adhlacóir), Breandán Joe Mharcaisín Ó Ceannabháin, Peadar Ó Ceannabháin, Seán Ó hÉanaigh (mac Mhichael), Bríd Bean (Sheáin) Mhic Dhonncha, Colm Sheáin Jeaic Mac Donncha, Ciarán Ó Maoláin, Diarmuid Mac an Adhastair, Maidhcil Éinniú (mac Mháirtín), Joe Joe Mac an Iomaire, Donncha Ó Gallchóir, T.D., Micheál Ó hÉanaigh (mac Mhichael), Máirtín Éinniú (deartháir Sheosaimh), Éamon Mac Con Rí, an tAthair Liam Ó Raghallaigh, Paddy Glackin, Dónal Ó Móráin, Tom Glackin, Néillidh Mulligan (ar an bpíb), Máirtín Byrnes, Tom Mulligan, Marc Mac Cormaic, Máire Nic Fhinn Davitt. (Pádraig Ó Flannbhara)

Chun tosaigh: Máirtín Éinniú (deartháir Sheosaimh) agus an tAthair Liam Ó Raghallaigh. Ó chlé: Micheál Ó hÉanaigh (mac Mhichael), Maidhcil Éinniú (mac Mháirtín), Donncha Ó Gallchóir, T.D., Pádraic Ó Gaora, Liam Mac Cana, Paddy Glackin, Dónal Ó Móráin.

Seán 'ac Dhonncha ag rá 'Táimse i mo chodladh'.

Néillidh Mulligan ag seinm 'Cuaichín Ghleann Néifinn'.

An pictiúr deireanach a tógadh tar éis na sochraide i Maíros de Tom Mulligan, in éineacht lena mhac Néillidh agus a bhuanchara Seán 'ac Dhonncha. (Pádraig Ó Flannabhra.)

Lia os a leacht: Dara Bán Mac Donnchadha, Seán 'ac Dhonncha agus Máire Nic Fhinn Davitt.

AN CEOLÁRAS NÁISIÚNTA
THE NATIONAL CONCERT HALL
(THE JOHN FIELD ROOM)
Ardán Phort an Iarla, Baile Átha Cliath 2.

Dé Luain 6 Meán Fómhair 8pm

SEOSAMH Ó hÉANAÍ
(Joe Heaney)

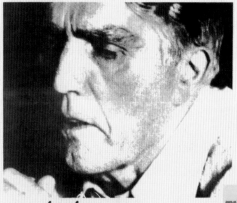

LIAM Óg Ó FLOINN
TONY Mac MAHON
PADDY GLACKIN
MÁIRÉAD Ní DHOMHNAILL

Fear a'tí: Máirtín (Jamsie) Ó Flaitheartaigh

Ticéid/Áirithíntí (Booking)   £ 2.50 ón gCeoláras amháin, Tel 711888

The Contemporary Arts Commission
&
The N.D. Irish Society

present

Irish singer & storyteller

JOE HEANEY

LIBRARY AUDITORIUM
Friday November 21
7:30pm
FREE ADMISSION

The Songs a Stories of Ireland

with

Joe Heaney
Sean nos Singer &
Shanachie (storyteller)

SUNDAY 8:00pm OCTOBER 18

at the IRISH CENTER
1300 Spring Street NW (over Harper's Flowers)

admission **$3.**   advance tickets at: HARPER'S FLOWERS

concert information: 876-5766
876-1586

seating will be limited

AN CEOLÁRAS NÁISIÚNTA
THE NATIONAL CONCERT HALL

JOE HEANEY
MEMORIAL
CONCERT

PAIDÍ BÁN Ó BROIN

LIAM CLANCY
SEÁN 'AC DHONNCHADHA

THE DUBLINERS
MAIRÉAD NÍ DHOMHNAILL

LIAM O'FLYNN
PADDY GLACKIN

CEOLCHOIRM
CUIMHNEACHÁIN
SHEOSAIMH
UÍ ÉANAÍ

FEAR A ' TÍ: CIARÁN MAC MATHÚNA

Domhnach 6 May 8pm

BOOKING NOW: 711533
Ticéidí : £6.50, £7.50, £8.50

was known to stretch the truth a bit now and then ('Now that's a true story!'). The first time was during the Christmas holidays, and Joe had bought and decorated a small Christmas tree and put decorations all around his two rooms. My mother was with us, visiting from the Midwest. Once or twice he slept at our house on Christmas eve so that he could be with us when we opened our presents first thing in the morning.

D'iarradh Seosamh cúnamh ar Lucy leis an gcrosfhocal nuachtáin a mbíodh sé an-cheanúil ar a dhéanamh, agus thosaigh an chlann ar fad ag freastal ar a chuid coirmeacha ceoil, i Nua-Eabhrac féin ar dtús, agus ansin i gConnecticut, New Jersey, Pennsylvania, Vermont agus Massachusetts:

I have two favourites. One was in Connecticut for an Irish-American Club, in a big carpeted room with a fire roaring in a huge fireplace behind Joe and an atmosphere something like a living room; the audience was very comfortable and mesmerized. The best was around a bonfire on a beach in Sandy Hook, New Jersey, on a balmy summer evening. The audience was made up of schoolteachers. We sat or stretched out on blankets on the sand. Joe propped a log on end as a seat for himself, put his elbows on his knees and fists under his chin and said that's how his grandfather sat when he told stories. He began to sing and tell stories, welcoming questions. The sun went down, the moon came up over the water, and the sound of the ocean waves created a magical, timeless place for us.

I 1980 chuaigh sé in éineacht leo ar thuras fada gluaisteáin 1,000 míle go hIndiana, áit a raibh cónaí ar mháthair Lucy, 1,000 míle eile suas go Ceanada chuig an Winnipeg Folk Festival, agus ansin 1,000 míle eile arís, ar ais go Nua-Eabhrac:

There was a lot of fun-loving teasing of my mother, and much exasperation on my part because he kept sharing his desserts with her (she had diabetes). He went to our daughter Shelley's ballet and piano recitals. We laugh every time we remember him squirming and frowning in his seat at the piano recital, using a big black magic marker to check off with a grand flourish each young performer's name on the programme as they finished playing.

Thosaigh Seosamh ag dul in éineacht leo chuig an gclub amhránaíochta a raibh Lucy ina ball de, an New York Pinewoods Folk Music Club. Bhí a cháil imithe roimhe agus cuireadh na múrtha fáilte roimhe, ar ndóigh. Ní hé amháin sin, ach thagadh grúpa acu ar ais tigh Lucy Simpson agus bhíodh seisiún breá amhrán ansin acu:

'Well, how about a go-around?' Joe would say. We'd all be crowded at our round kitchen table. One small group came over after the ballet recital – fellow schoolteachers and neighbours on the block. They were not, we knew, singers. But after they found out that Joe was, they asked him to sing something. He did, and then he said it was their turn. After much protest, his persistence won out. Everyone came up with something – a poem learned as a child, a ditty learned at summer camp. One woman my husband Barry had known for years at school, who swore she didn't know any songs, finally sang an Italian aria learned long ago when she was studying to be a professional singer. That evening was typical of any time spent with Joe – sure to be a 'happening' of some sort.

Joe got quite involved in the club. He attended concerts with us, went to a club weekend as a special guest, taught a six-week singing class, and eventually was on the performing staff of Folk Music Week at Pinewoods Camp. My husband Barry, a public school teacher and actor, had little knowledge of traditional storytelling before meeting Joe. It is now a major interest of his. Joe didn't know that Barry had applied for a six-month sabbatical to collect stories in the British Isles. We were planning to surprise him if the sabbatical was approved, but Joe died just before the approval came through. Barry did go. Shelley and I joined him for a week in December in Carna, where we met Joe's relatives and visited his grave.

My daughter was ten years old when I met Joe. She knew him better than she did her grandparents, who lived 1,000 miles away. On trips, she always sat in the back seat of the car with him – so many, many hours learning songs and being teased.

Tar éis domsa bualadh le Lucy Simpson i gCarna i 1993 chuir sí cóip de roinnt de na téipeanna a rinne sí de na ranganna a bhí aici le Seosamh chugam agus an litir seo a leanas:

The recordings are technically minimal. We had an inexpensive small home recorder, portable. No fancy mikes. We never talked about other people listening to them. It seems strange now that it didn't occur to us that these were important tapes, in a long-range sense. We were just enjoying the visits and the process. So you get to hear dogs barking, an electric fan buzzing, traffic, sirens, water running and refrigerator humming, and lots of teaspoons clinking in endless, countless cups of tea. We were in his small kitchen in Brooklyn. There was always tea, bread, butter and jam.

In the later tapes, the intervals are longer than a week, because he spent more time away from Brooklyn – in Connecticut at Wesleyan, and then in Seattle. But we still considered them weekly – every Tuesday he was in Brooklyn, whether it was Tuesday or not! As time passes I seem to be more interested than I was originally in the stories and in his comments about the songs and life in general. One of my favourite sessions now is his long description of the 'American Wake' on tape #7. If I try to take it literally, as his memory of one he actually went to and remembers, there are details that don't make sense. But it's a powerful and remarkably vivid account, I think, and a tribute to his strong connection to the events and the life of the people he is talking about – and his natural storytelling gifts . . .

By the way, the list reached 237 songs mentioned. I suspect he didn't know them all completely. He put about a 100 on my eleven tapes. The last time he was in Brooklyn, we met as usual. He recorded some verses to songs he'd given me long before – verses he had not sung the first time!

Mar shampla den saibhreas scéalta agus seanchais a bhí ag Seosamh, agus chomh héasca is a tháinig siad leis, bhí an t-ábhar seo a leanas ar aon taobh amháin de cheann amháin de na caiséid a thug Lucy Simpson dom: Laethanta na Bó Riabhaí; An Coileach Márta; Iasacht an Roilligh don Fhaoileán; an t-im á ghoid den mhaistreadh – 'Come Butter, Come Butter, im an dá bhaile seo'; scéilíní faoi Chríost agus an Dreoilín, faoi Chríost agus an Spideoigín, faoi Chríost agus an Leathóg, faoi Chríost agus an Damhán Alla; scéal faoi Chríost agus Naomh Peadar ag Muir Ghailílí, agus an fáth go bhfuil na sagairt ceanúil ar airgead; an scéal faoi 'Éadrom deas, Éadrom deas, Éadrom deas, Gabh timpeall'(faoi spáráil an ime nuair a bhíodh strainséir ag an mbord); míniú ar an gcaointeoireacht; píosa portaireachta béil; agus istigh ina lár sin go léir tá cur síos ceanúil ag Seosamh ar Chóilín Sheáinín Choilmín a bhí ina chónaí leis féin ar oileán Fhínse: *"I'm like Robinison Crusoe," he used to say, "living alone on Feenish." He has so many songs, and he goes everywhere! You'd love to meet him!'* Ansin bhí na hamhráin 'Cailleach an Airgid' (*'She was my grandmother's mother; that's true!'*); 'An Cat is a Mháthair'; 'Éamonn an Chnoic'; 'Seóithín Seóthó'; 'Úna Bhán' agus an scéal atá ag gabháil leis – *'You could base an opera on that song!'*; agus *'I Wish I had Someone to Love Me'*, amhrán a fuair sé ó Lucy Simpson féin – *'This is your song!'*

Bhí fear céile Lucy, Barry, ag rá liom gur chabhraigh scéalta Sheosaimh go mór leis féin mar mhúinteoir nuair a thosaigh sé á n-insint dá chuid scoláirí sa seomra ranga. Ba rud nua ar fad dóibh an scéalaíocht, agus b'fhada leo go n-inseodh Barry ceann de scéalta Sheosaimh dóibh.

Bhí na blianta seo ar na blianta ba shona ina shaol, sílim. Bhí saol teaghlaigh agus comhluadar na hóige aige, a d'airigh sé uaidh le fada, ní foláir, agus bhí daoine tuisceanacha ina thimpeall a bhí ag iarraidh a bhféadfaidís a fháil de dhraíocht a chuid amhrán agus a chuid scéalta.

Thug Seosamh cuairt ar San Francisco i bhfómhar na bliana 1978 agus i measc na n-ionad sa gcathair sin ar chas sé amhráin agus ar inis sé scéalta iontu bhí Cumann Rince Fort Mason, áit a mbíodh rincí céilí agus seiteanna á mhúineadh ag fear de bhunadh Chathair Saidhbhín a bhfuil Larry Lynch air, agus a bhíonn ag múineadh seiteanna ag Scoil Samhraidh Willie Clancy i Sráid na Cathrach:

> I was delighted to have Joe there, as I always try to bring in a singer or another musician to be part of the function, and we had other singers from Ireland come by periodically. For Joe to be available was good fortune! He came and he sang for about twenty or thirty minutes and the audience loved his singing. He sang several songs in Irish and, as I recall, he sang 'The Rocks of Bawn'. He was very well received and I remember him being a gentleman. A very nice man. I remember also that he was not drinking. At that time we used to do mostly couple-dances: the 'Stack of Barley', barn dances, waltzes, and a few of the céilí dances, and I was only beginning to teach the sets. I came to the Willie Clancy School first in 1980 and I met Muiris Ó Rócháin. I was already at that time researching set-dancing and looking for sets. They started teaching sets at the Willie Clancy School in 1982, and Muiris asked me to come and teach them.

I Márta 1979 thug sé cuairt abhaile go Carna agus d'fhan sé tigh Mháire Bean Uí Mhaoilchiaráin, iníon a dhearthár Máirtín, i Leitir Deiscirt:

> D'fhan sé go minic sa teach seo. Bhí sé trí seachtainí ann an bhliain sin, ach timpeall mí nó sé seachtainí is minicí a chaitheadh sé sa mbaile. Bhí sé le dhul go Sasana ag déanamh ceirnín le Gabe Sullivan, agus bhí stailc phoist ann i 1979.

Bhí iarrtha ag comhlacht taifeadta Green Linnet air ábhar ceirnín a thaifeadadh dóibh i Londain in éineacht lena sheanchomrádaí

Gabe Sullivan, ach sula ndeachaigh sé go Londain rinne sé agallamh fada le Maidhc P. Ó Conaola ar Raidió na Gaeltachta, sa tsraith *Blianta Faoi Bhláth.* D'fhiafraigh Maidhc P. de cé na hamhránaithe ab fhearr a bhí cloiste aige agus d'fhreagair Seosamh:

An fonnadóir mná is fearr a chuala mé, Cáit Ní Mhuimhneacháin as Béal Átha an Ghaorthaidh, agus tá mé ag ceapadh gurb é Seán Jeaic [Mac Donncha] an fonnadóir fir is fearr a chuala mé, agus Johnny McDonagh – an bheirt acu sin. Níor chuala mise leath na bhfonnadóirí óga, agus an chuid acu a chuala mé ní bheidís chomh maith leis an seandream go deo. Níl an *mothú* acu. Tá a fhios agat féin, caithfidh tú *mothú* a chur in amhrán. Tá amhrán ar nós scéil. Déarfaidh siad '*Abair* amhrán'. Ní dhéarfaidh aon duine '*Seinn* amhrán'. Tá tú ag inseacht scéil san amhrán.

Ach is nuair a tarraingíodh anuas Raidió na Gaeltachta féin a tháinig fonn cainte ceart ar Sheosamh:

Shíl mise gurbh é an chéad rud a dhéanfadh Raidió na Gaeltachta nuair a thosaíodar, go mbeadh áit acu, sórt *exhibition room,* le taispeáint do strainséirí: bean agus tuirne aici, agus fear ag cur cruithe ar chapall, agus fear ag déanamh cléibh, nó fíodóir, nó rud eicínt – seomra le daoine a thabhairt thart ann le cultúr Chonamara a spáint dóibh . . . Déanfaidh mé an fhírinne ghlan leat: ní thabharfainnse pingin ar an slabar atá ar an teilifís anseo, cé is moite de *Féach* nó *Trom agus Éadrom* féin. Agus tá an raidió ciontach freisin. An bhfuil a fhios agat go gcloisfidh tú níos mó cultúir ar an raidió agus ar an teilifís thall ná mar a chloisfeas tú anseo? Anois, déanfaidh mé an fhírinne leat, níl mé ag tabhairt marcanna an-mhór do Raidió na Gaeltachta ach an oiread. Tá súil agam go gcuimhneoidh siad gurb é Raidió na Gaeltachta é, an dtuigeann tú? Má chuimhníonn, beidh chuile shórt ceart. Ach anois, ní miste leat mé é seo a rá, tá daoine áirithe ag iarraidh a bheith ag tabhairt isteach *pop*, tá mé ag ceapadh. Agus níor bunaíodh Raidió na Gaeltachta [lena aghaidh sin].
Má tá tú ag dul ag tabhairt rud eicínt isteach, agus má tá tú ag

dul ag tabhairt gasúir suas le rud mar sin a thaispeáint dóibh, cén fáth go mbíonn siad ag *preach*áil go mba cheart do dhaoine a dteanga féin agus a gcuid amhrán féin a rá? Caithfidh tú iad a chur os comhair na ngasúr. Agus feicimse anois go bhfuil gasúir ag ceannacht *pop records.* Níl a fhios agam cén fáth . . . go bhfuil siad á dhéanamh sin? Níl mé ag dul ag rá tada faoi aon duine anois. Ní fhaighimse mórán as na rudaí seo, ach tá mé ag dul ag rá rud amháin – gurb í teanga Mháirtín Uí Chadhain ba cheart a bheith á labhairt, agus teanga lucht na gCearta Sibhialta; marach iadsan seans nach mbeadh Raidió na Gaeltachta ar chor ar bith ann. Níor cheart dóibh rudaí a thabhairt isteach agus a chur os comhair gasúir nár chualadar riamh sa nGaeltacht. Ba cheart dóibh na rudaí atá i nGaeltacht Chiarraí, Gaeltacht na Rinne, Dhún na nGall agus na Mí a chur os comhair an phobail agus a rá leis an bpobal breithiúnas a thabhairt air. Mar tá a ndóthain den stuf eile ann. Níl ort ach an cnaipe a chasadh agus cloisfidh tú duine eicínt ag corraí a thóna agus ag déanamh torainn – ag déanamh torainn! Tá sé go dona ag na cluasa freisin. Ní fhaca mise a leithéid riamh, déanfaidh mé an fhírinne ghlan leat, agus tá sé éasca mé a shásamh, an dtuigeann tú, ach feictear dom gur cheart dóibh a bheith níos Gaelaí. Cén fáth sa diabhal nach mbeadh Éirinn chomh Gaelach is atá an Spáinn chomh Spáinneach? Tuigeann tú céard tá i gceist agam. Sin é atá mé a rá . . .

Tá a fhios agat féin anois, agus tá a fhios ag an saol é, gur fearr le daoine óga rud a bhfuil siad in ann a gcuid cosa a chroitheadh leis. Tá sé ceart go leor amhrán a chumadh, má cumtar é mar a bhí Val Dhonnchú á chumadh, nó daoine mar sin, ach tá daoine ag cumadh amhrán anois faoi láthair, agus tá siad ag tabhairt *guitars* isteach agus dá chasadh – nach in *pop*? Má tá tú ag iarraidh *pop* a thabhairt isteach sa nGaeilge, nach bhfuil sé chomh maith dóibh fáil réidh le Raidio na Gaeltachta. Abraídís na seanamhráin. Nach lena n-aghaidh sin a dearnadh é: leis na seanamhráin a chur os comhair an phobail. Dá dtagadh strainséir thart anseo amárach, céard a déarfadh sé? Caithfidh tú cuimhneamh air sin.

Tá Radio Éireann thuas ansin. Tá Raidio na Gaeltachta le haghaidh jab áirithe a dhéanamh; fágaidís an jab eile ag Radio

Éireann. Anois, chuala mise daoine ag rá go mb'fhearr leo Radió Éireann a chur air ná Raidió na Gaeltachta. Ó tháinig mé abhaile chuala mé daoine á rá sin. Sin í an fhírinne ghlan . . . Agus tá an oiread stuif acu; tá stuf iontach acu, idir na Gaeltachtaí uilig, le cur os comhair an phobail. Ach b'fhéidir go gceapann duine eicínt go bhfuil sé féin cliste má thugann sé rud eicínt isteach; ceapann daoine go bhfuil a fhios acu rud eicínt . . . rud eicínt a déanadh inné. Níl aon mhaith i rud eicínt a déanadh inné. Is é an chaoi ar mhair na daoine . . . chuadar trí shaol uafásach le rudaí a choinneáil beo, agus ba cheart creidiúint a thabhairt dóibh ar a shon . . .

Cé nár luaigh Seosamh aon ainm, bhí a fhios ag fear amháin gur chuige féin a bhí sé ag caitheamh, agus sin é Seán Bán Breathnach:

Nuair a thosaigh an díospóireacht ar Raidió na Gaeltachta, bhínnse ag rá i gcónaí gur cheart bailéid agus amhráin Bhéarla a bheith ar Raidió na Gaeltachta agus gur cheart clár *pop*, curtha i láthair i nGaeilge, a bheith ar Raidió na Gaeltachta. Agus nuair a tháinig Joe abhaile ar saoire arís, thug sé fúm go minic. Thug sé fúm i gClub an Chonartha agus i gcupla áit eile. Bhí muid san Arts Club oíche, agus bhí Breandán Ó hEithir agus Máirtín Ó Cadhain ann, agus thug sé fúm. Is dóigh liom gurbh é an Cadhnach a thug cuireadh domsa chuig an Arts Club. Ní raibh an Cadhnach é féin an-gheal orm, mar bhíodh sé ag rá go mbíodh 'mac Tom Jude ag casadh an chaca sin oíche Dé Máirt ar an raidió', nuair a thosaigh *Pop Show* na Máirte i 1969. Ach ar a laghad bhí mé in ann argóint a dhéanamh leis an gCadhnach. Ach ní éistfeadh Joe Éinniú liomsa ar chúis ar bith. Thug sé fúm i Sinnott's nuair a bhí Dónal Ó Móráin agus Riobard Mac Góráin i láthair agus Áine O'Connor in éineacht liom. Nuair a bheadh duine mór eicínt i láthair ba mhaith leis thú a chur síos agus damhsa ort nuair a bheifeá thíos . . . Tá a fhios agam go dtug sé go damanta fúm ar an raidió, in agallamh le Proinsias Mac Aonghusa. Níor thug sé amach m'ainm, ach níl aon cheist faoi nach mé a bhí i gceist aige. 'Ní raibh sé rómhór leat!' a dúirt Proinsias liom, tar éis do Joe a bheith ag tabhairt amach fúm ar a chlár.

Bhí iarrtha ag Peter Bellamy i Londain ar Sheosamh ábhar ceirnín nua a thaifeadadh in éineacht leis an bhfidléir agus fliúiteadóir Gabe Sullivan i Londain, ar lipéad Green Linnet. D'eagraigh Bellamy agus Ewan MacColl oíche mhór do Sheosamh sa Singers Club le fáilte a chur ar ais roimhe, agus shocraigh siad camchuairt ar chlubanna ceoil dúchais ar fud thuaisceart Shasana dó. *'Legendary singer Joe Heaney back from U.S. "exile"'* an ceannteideal a bhí san iris *Folk* i Londain:

On a Saturday night in Kilburn recently, just over 100 assorted Irishmen, folk fans and others, had a rare treat: the first opportunity to hear a concert of music by a singer who hasn't been heard in London for something like 15 years . . . Joe Heaney from Carna, a resident at the Singers Club, whose contribution was so valued that when he left the British Isles to live and work in the States in 1966 they kept his seat open for him and he is still on their official list of residents.

Níor taifeadadh aon ábhar ceirnín riamh chomh sciobtha is a taifeadadh *Joe and the Gabe.* Bhí an stiúideo i Londain curtha in áirithe i gcomhair seachtaine ag Peter Bellamy, ach níor thóg an taifeadadh ach dhá uair an chloig, a dúirt Gabe Sullivan liom:

It was I who suggested to Joe all the songs he sang. 'Put "*Bádóirín Thír an Fhia*" on it, and put "The Bogs of Shanaheever" on it,' I said. He fell in with everything. Then we met the next day in the recording studio and we were out of it again in two hours. Joe started singing and he never stopped till he had all these songs sung, and I started playing and did the same thing. We went in there at nine o'clock and we were going into a pub outside Southgate at eleven o'clock when it was just opening. And Peter Bellamy had booked the studio for Green Linnet for seven days!

Chomh maith lena thaifeadadh in achar gearr, tháinig an ceirnín féin amach in achar an-ghearr freisin, agus foilsíodh an léirmheas seo a leanas air in iris cheoil i Meiriceá, i mí Mheán Fómhair 1979:

Joe Heaney needs no introduction to our readers, having received an Eisteddfod award as well as enthusiastic receptions by Eisteddfod audiences, but many will be pleased at the opportunity to hear The Gabe, a player of flute, whistle, and fiddle from County Galway. Gabe's flute has much of the same character as Joe's singing, with a wonderful breathiness that makes you almost feel the texture of the wooden flute, and their selections compliment each other very well. Lisa Null is to be congratulated for bringing this record, produced in England by Peter Bellamy, to American audiences. Fans of Joe's should be reminded that although there are enough tapes of Joe to make more records than he has released, sales of his existing records have not been great enough to encourage the manufacturers. Play your records to your friends and get them to buy copies themselves: it is one of the most direct ways you can show your appreciation and support for musicians whose work you admire.[119]

Bhí an t-amhránaí agus an ceoltóir Dessie O'Halloran as Inis Bó Finne ag obair i Sasana ó 1959 go dtí 1982 agus bhí sé ina chónaí i Leeds ar feadh roinnt de na blianta sin, áit ar chuir sé aithne mhaith ar Dharach Ó Catháin. I Londain a bhí sé ag obair nuair a casadh Seosamh Ó hÉanaí air den chéad uair i 1979:

I met him along with Gabe Sullivan. It was the time they made that album, himself and the Gabe, and Joe was back from America. I wanted him to sing in the Irish Club in Wimbledon and nearly all my Connemara friends were there, but he wouldn't sing! He was his own man! He said to me: 'If you ask me to sing one more time I'll walk out the door!' And it was full of Connemara people who came specially to hear him, because I had told them that Joe was going to be here.

He would have been in London the first few years that I was there, but I lived out in Surrey and didn't go to Camden Town at the time. But I had a few drinks with him on another occasion in a folk club in Doncaster. I was living in Leeds at the time, which was twenty miles away. He was back from America that time as well. He used to do the English Folk Club scene and they used to bring him back. But he had a great audience, a mainly English audience as well, and he had their total attention. He could tell the story of the song so well, before he would sing it. I wanted him to come back with me to Leeds but he was tied up and going to some other club the next day. I wanted him to meet Darach Ó Catháin – I don't think they ever met! I was in Leeds for two years and Darach and I were great friends. I met him every weekend and I was in his house several times. But that was the last time I saw Joe. He was doing a tour of the English folk clubs. He was a great singer! Himself and Johnny Joe Pheaitsín. And, of course the men who are in Carna now are fine singers too: Johnny Mháirtín Learaí and Josie Sheáin Jeaic and Dara Bán and Micheál Ó Cuaig and Michael Mháire an Ghabha and the others.

18. Roaratorio

TIMPEALL AN AMA SEO, BHÍ AN CUMADÓIR CEOIL NUA-AIMSEARTHA
John Cage as Los Angeles ag cur seó le chéile, bunaithe ar
Finnegans Wake le James Joyce. I Nua-Eabhrac a bhí Cage
ina chónaí ag an am, agus nuair a chuala sé faoin amhránaí seo, Joe
Heaney, ní shásódh tada é go mbeadh sé páirteach sa seó. Nuair a
chuir sé a thuairisc i Nua-Eabhrac, dúradh leis go raibh sé ar
camchuairt i dtuaisceart Shasana agus, le scéal fada a dhéanamh
gearr, níor chónaigh Cage nó gur tháinig sé suas le Seosamh i
Norwich. Lá Bealtaine 1979, cúig bliana go díreach sular bhásaigh sé,
bhí pictiúr san *Eastern Daily Press* de Sheosamh Ó hÉanaí agus John
Cage le chéile sa York Tavern i Norwich, agus an tuairisc seo:

> Two internationally-famous masters of music met for the first
> time in a Norwich pub last night. John Cage, the Los Angeles-
> born composer, flew to England to hear in Norwich Joe
> Heaney, one of the leading Irish traditional singers, on the last
> night of his English tour. 'In fact, Mr. Heaney is my
> neighbour – he lives in Brooklyn and I live in New York,' Mr.
> Cage told the EDP. 'When I tried go get hold of him, I found
> out that he was on tour in England, so I flew here on my way
> to France, to hear him.'
>
> Joe Heaney is taking part in performances of Cage's new
> work, based on James Joyce's novel *Finnegans Wake*, to be

presented in Paris this summer. Mr. Cage will record sounds of places mentioned in the work over the next month, and record Irish music which he hears on tour.

A text based on *Finnegans Wake* will be read throughout the piece, which Mr. Cage calls *Roaratorio*. Returning to Norwich after 15 years, Mr. Heaney said he had not yet heard any of Mr. Cage's work, but he was looking forward to the concert in Paris later this year. He is in England to record songs, flute and fiddle music with Gabriel O'Sullivan for a record called *Joe and the Gabe*. Norwich folksinger Peter Bellamy arranged the singing tour to finance the expenses of getting Joe Heaney and the Gabe together again after many years. 'They had never recorded together, and when I met up with him in America Joe said why don't we do a record with the Gabe – the name by which flute player Gabriel O'Sullivan has always been known,' said Peter Bellamy. 'The only way to finance it was to have a tour as well, and tonight is the last evening.' The result last night was the meeting of two noted masters from totally different fields of music in the York pub, Norwich.

It was a rare treat for lovers of traditional music to see Joe Heaney again after he went to live in America, where his reputation has been firmly established in folk festivals and university tours. 'I had to meet him,' said Mr. Cage. 'They said he was the king of Irish music.'[120]

Chuaigh Seosamh as Londain go Paris le John Cage i mí Iúil 1979 le breathnú ar an stáitse i Lárionad Georges Pompidou, agus socraíodh go léireofaí *Roaratorio* ansin tús na bliana 1980. Idir an dá linn chuaigh Seosamh ar ais go Nua-Eabhrac agus bhí sé gnóthach go deireadh na bliana, ag taisteal ar fud na stát, ag cur seó aonair dhá uair an chloig ar fáil in áit amháin, agus ceardlanna deireadh seachtaine in áiteanna eile.

I mí Eanáir na bliana 1980, chuaigh sé féin agus John Cage ar ais go Páras i gcomhair an chéad léiriú de *Roaratorio* ansin. Ar na ceoltóirí Éireannacha eile a bhí páirteach ann bhí Peadar Mercier agus a mhac, Mel Mercier. Cé go raibh liosta amhrán roghnaithe ag John Cage do Sheosamh ar dtús, d'athraigh Cage a intinn nuair a chuala sé ag casadh i Sasana é, agus thug sé cead dó a chuid amhrán féin a roghnú. Chuir Seosamh an lucht féachana faoi dhraíocht leis an gcur síos a rinne sé ar bhainis Mheiriceá in Éirinn agus lena leagan cráite den amhrán imirce 'A Stór Mo Chroí'.

Léiríodh *Roaratorio* an athuair i dToronto i gCeanada i mí Eanáir 1981. De réir na dtuairiscí sna nuachtáin ag an am bhí Seosamh ar fheabhas arís an uair sin; bhí an cuntas seo ag Liam Lacey i gceann de phríomhnuachtáin Cheanada:

To be accurate, last night's soiree at Convocation Hall was entitled Lots of Fun at Finnegan's Wake. The music was supposed to have something to do with music that fellow writers said Joyce himself enjoyed (he also liked Mozart, most opera and Mantovani, but they missed out). To make sure Joyce had his part, Treasa O'Driscoll – a talented Irish singer who has lived in Canada for the past sixteen years, and who put the show together – offered some dramatic readings from 'The Dead', *Ulysses* (yes, Molly Bloom's soliloquy) and *Finnegans Wake* (Anna Livia Plurabelle – the end of the book where the feminine river rushes to her father the sea).

As for the musical side of things, you could have called the evening Here Comes Everybody. From Ireland came fiddler Paddy Glackin, flautist Séamus Tansey, Peadar Mercier agus his son, Mel, both on the bodhrán and bones, and Liam Óg O'Flynn as – the program notes assure us – Ireland's uncontested champion of the Uilleann Pipes. This was the same group that provided John Cage's Irish Circus on Friday and Sunday nights.

If there was a problem with these musicians, it's the same one The Chieftains suffer from. The level of musicianship is so advanced that it's no longer a question of what they can do, but how well the audience can grasp their virtuosity. As these songs build, layer upon layer, with the ascending and descending rhythms of the bodhrán, they create a complete magical and time-suspended universe of their own; foot-stomping and whoops hardly seem adequate as expressions of appreciation . . .

From the Canadian-Celtic side came Mrs O'Driscoll and Na Caberféidh, a kind of pan-Celtic pipe group, originally from Scotland. For good measure there was a pair of French Canadian dance songs from fiddler Chris Crilly, a member of the French-Canadian group Barde. Crilly's sister helped out on flute and penny whistle, and the Crillys got the loudest applause of the evening, causing Mrs O'Driscoll to suggest that she detected 'a bit of chauvinism' in the applause.

For me, the star of the show was another Irishman by the name of Joe Heaney, born in Connemara, where there is a strong and very old story-telling tradition. At home, Heaney is apparently known as 'the king of song', because of his amazing singing repertoire. His wonderfully childlike and elaborate story, 'The Good Day and the Bad Day', was the one thing that kept a somewhat stiff and academic crowd from turning the evening, against everyone's wishes, into something a little too reverential.

The story: a young man sets off on a quest to find out why it was a bad (rainy) day when his good father died, but a good (sunny) day when his evil mother died. By the time he gets his answer, we have a little theology, a little Ovid and a lot of good jokes thrown in.

Heaney told the story in a deadpan fashion, loaded with asides and peculiar details that made it as vivid as the movies. He also sang some wonderful ballads. In short, he was just the sort of fellow you'd love to have around at a slow party. Or an Irish wake.

Taifeadadh leagan gearr den seó an oíche dár gcionn, agus tá sé sin ar fáil ar cheirnín dár teideal *Bloomsday, James Joyce and Nora Barnacle: A Tribute* (1982). Faoin teideal 'American Wake' ar chlúdach an cheirnín tá an nóta:

On the night before our concert was recorded Joe Heaney represented the character of Earwicker in John Cage's *Roaratorio*, an epic recreation in sound of Joyce's *Finnegans Wake*. Joyce of course left the apostrophe off the title of his last book as an admonishment to all of us, Finnegans, to wake up. Joe Heaney thought it was time to remind people of another kind of wake, recalled by Joe with a certain glee out of the richness of his own Connemara experience. A death-in-life event for the people of the time, Joe as *seanachaidhe* gives his story a characteristic humorous twist.

Bhí an fidléir Paddy Glackin páirteach i *Roaratorio* i Toronto:

An chéad uair riamh a raibh mise mar chomhcheoltóir le Joe ba i Toronto a tharla sé. Tá a fhios agam go raibh an chéad léiriú de *Roaratorio* sa Georges Pompidou Centre i bPáras, ach ní raibh mé ansin. Ach fuair mé féin agus Liam O'Flynn cuireadh dul go dtí an ócáid i Toronto, agus bhí Joe ansin arís. Mí Eanáir a bhí ann agus tá cuimhne agam go raibh sé fiche céim faoin reophointe. D'éirigh mise iontach tinn agus d'éirigh Liam iontach tinn. Bhí *bronchitis* ormsa agus bhí *pneumonia* ar Liam. Agus Bob O'Driscoll bhí i mbun an ruda. Bhí muid ag stopadh ins an choláiste agus ní raibh na seomraí a bhí againn ródheas. Bhí Joe ag tabhairt aire do Liam agus dom féin agus bhíodh sé i gcónaí ag déanamh tae dúinn.

Ach ní raibh biseach ar bith ag teacht orainn agus, sa deireadh, tá cuimhne agam gur phioc Joe suas an fón i mo sheomrasa agus gur dhúirt sé le Bob O'Driscoll: '*Bob, if you don't get those lads a decent room there will be no concert tomorrow night!*' Agus tháinig Bob anall agus d'aistrigh sé muid isteach in óstán, áit a raibh seirbhís ar fáil dúinn, mar bhí muid tinn dáiríre. Tá cuimhne mhaith agam air sin, an dóigh ar ordaigh Joe lóistín ceart a chur ar fáil dúinn. Ní hé go raibh Bob ag déanamh rud ar bith as bealach, mar is é an córas a bhí ann gur fhan tú sa choláiste.

Is cuimhneach le Paddy go raibh an-suim ag Seosamh i John Cage agus ina chuid oibre, agus an-suim ar fad ag John Cage i Seosamh. Bhí tuiscint eicínt ag Cage ar an gcineál duine a bhí i Seosamh. Thuig sé an t-uaigneas a bhí ann, mar is fear uaigneach a bhí i John Cage féin. Tharraing an bheirt acu go hiontach le chéile agus bhíodh Cage ag caint le Seosamh i gcónaí i ndiaidh na coirme. Mura raibh Seosamh sásta ní raibh John Cage sásta, agus mura raibh Cage sásta ní raibh Seosamh sásta. Ba chosúil gur thuig Seosamh céard a bhí Cage ag iarraidh a dhéanamh, níos fearr ná go leor eile dá raibh páirteach ann, agus cé go ndeir Paddy Glackin nár thuig sé féin i gceart céard a bhí ar siúl ag Cage, is é is fearr a bhí in ann cuntas a thabhairt domsa ar ar tharla ar an ardán:

Píosa ceoil in ómós do James Joyce a bhí i *Roaratorio*, mar is eol duit, bunaithe ar *Finnegans Wake*. Léigh John Cage an leabhar agus chuaigh sé thart ar fud an domhain ag bailiú fuaimeanna a bhí luaite sa leabhar. Fite fuaite fríd seo bhí script scríofa aige agus ainm James Joyce ag imeacht fríd an rud go léir. Anois, ní thuigimse go fóill an rud a bhí i gceist aige. Agus ansin, bhí muidinne, na ceoltóirí, mé féin, Joe, Liam O'Flynn, Peadar agus Mel Mercier, agus Séamus Tansey. Mhair an píosa ceoil uair an chloig díreach. Agus as an uair an chloig sin bhí orainne seinm ar feadh fiche bomaite díreach. Bheinnse ag seinm 'Paddy Ryan's Reel' ar an fhidil ag an taobh seo den stáitse, agus bheadh Liam ag seinm 'Gol na mBan san Ár' ar an taobh eile ag an am céanna, agus bheadh Joe ag ceol amhrán éigin agus bheadh Tansey ag ceol rud éigin eile.

Cineál comhcheoil a bhí ann, bunaithe ar *chance operations*, agus an rud *atonal* seo ag dul ar aghaidh. Ansin, gan choinne, thiocfadh an comhcheol seo le chéile. Bhí draíocht ag baint leis; mhairfeadh sé cúig shoicind ar a mhéid, agus ansin bhí sé ar shiúl arís. Agus measctha fríd sin bhí na fuaimeanna seo uilig! An chéad uair a ndeachaigh muidinne isteach san amharclann sin i Toronto, d'amharc mise ar Liam O'Flynn agus d'amharc seisean ormsa! Bhí sé dochreidte! Níor chuala muid a leithéid roimhe sin. Bhí Cage féin ann agus bhí seisean ag gáirí fúinn, mar thuig sé cé mar a d'airigh muid. Ach ghlac Joe an rud iontach dáiríre. Bhí an chosúlacht air gur thuig sé an rud a bhí ag dul ar aghaidh. An rud is mó ar chuir mise iontas ann, thuig sé John Cage, ar bhealach nár thuig muidinne!

Rinne an fhoireann chéanna an seó arís i Lille na Fraince agus i bhFrankfurt – chaitheadar cúig oíche sa teach ceoldrámaí i bhFrankfurt. Rinne siad oíche amháin i Londain, san Almeida Centre, seanteach pobail in Islington, agus is ansin a rinneadh an clár teilifíse de *Roaratorio*. Fuair Seosamh bás i 1984 agus bhí siad ag úsáid téipeanna dá ghlór nuair a rinneadar an seó in Avignon. Agus sa seó deireanach a rinneadar, i Huddersfield i Sasana, tháinig Nóirín Ní Riain isteach in áit Sheosaimh.

'Agus bhí tuairimí iontach láidir ag Joe faoi na cúrsaí seo,' a deir Paddy Glackin:

I ndiaidh na coirme oíche amháin chuaigh sé amach agus dúirt sé: 'Ní raibh sé sin ceart anocht!' Bhí cineál tuiscint spioradálta aige ar na rudaí a bhí ag dul ar aghaidh, sílim.

Mar amhránaí, ar ndóigh, bhí sé go hiontach! An chéad uair riamh ar chuala mise Joe Heaney, bhí mé ag obair i Walton's, agus fuair mé téip *reel-to-reel* ó dhuine éigin. Agus chuaigh mé chun an bhaile agus d'éist mé leis an rud seo. Cé nár thuig mé an rud a bhí ag dul ar aghaidh, bhí *bass* ansin agus bhí sé cosúil leis na píobaí, cosúil leis an *bass drone* ar na píobaí. Thug mé suntas mór dó. Agus de réir a chéile chuir mé aithne ar Joe. Bhíodh sé ag caint ar an cheol agus ag caint ar a shaol i Londain go speisialta, ag cur síos ar Willie Clancy agus Michael Gorman agus an dream sin. Fear iontach suimiúil a bhí ann, agus chuir sé suim mhór i mo cheolsa fosta.

Timpeall an ama seo freisin, rinne sé féin agus Mick Moloney agus Tony MacMahon camchuairt timpeall chósta thiar Mheiriceá. Mick Moloney a d'eagraigh an turas:

It was just festivals and concerts, with a listening audience. There was nothing Irish about it. This was a totally non-Irish crowd and it was part of the general folk scene. By that stage in America I had been involved a lot in various folk festivals and concert series, so I was able to have access to places that wouldn't be Irish-American at all. In fact if you were invited by the Irish-American community at that time, they'd stick you in the corner of a bar and that would be the end of it. Things have improved since. This was when Joe was still living in Brooklyn. I got to be very good friends with Joe then. We had a very good relationship.

I did a tour with him; myself and Tony MacMahon and Joe. That was some caper! We toured in the West Coast. We were in California mostly. I was with Tony in El Paso, Texas, and then we went up to San Francisco and then northern California. It was a fascinating odyssey.

Ní mórán cuimhne atá ag Tony MacMahon ar an gcamchuairt, ach fanann beagán de ina chuimhne:

Níl a fhios agam conas a tharla sé, ach bhí coirm cheoil amháin i dtuaisceart Chalifornia agus bhí Joe chun páirt a ghlacadh inti liom. Maidin lá na coirme bhí coinne agam bualadh le Joe ag a seacht a chlog ar maidin i *downtown* San Francisco ag stáisiún bus áirithe. Fuair mise síob ann i gcarr, agus ag druidim leis an stáisiún chonaic mé Joe. Bhí culaith liath air, léine bhán agus carabhat dearg, *Financial Chronicle* nó *Financial Times* San Francisco ina phóca aige agus é ina sheasamh ansin ag a seacht a chlog ar maidin, i San Francisco. Chuamar isteach ar an Greyhound bus, Joe agus mé féin, agus bhíomar ar an mbus ó thuaidh ar feadh ceithre nó cúig uaire an chloig. Agus dheineamar an choirm cheoil an oíche sin.

Agus is cuimhin liom nuair a tháinig an sos ag leathuair tar éis a naoi nó mar sin, go raibh tuirse ar an mbeirt againn tar éis a bheith druidte isteach sa bhus. Labhair mise le cailín óg in aice linn, cailín a bhí ag éisteacht leis an gceol, agus dúirt mé léi: '*Joe and myself are in bad need of a back massage.*' '*All right,*' a dúirt sí. Sheas mé féin agus Joe cúpla coiscéim siar ón gcuntar agus chuireamar ár lámha ar an gcuntar. Thosaigh sí ar Joe agus dhein sí thart ar fiche nóiméad ar an muineál agus ar an droim. Agus nuair a bhí Joe críochnaithe thosaigh sí ormsa. Agus chuir sé sin giodam maith ar an mbeirt againn don dara leath.

Ach is cuimhin liom an oíche sin, bhí lóistín againn i dteach beag éigin amuigh faoin tuath. Agus an cailín a thug an *massage* don bheirt againn, tháinig sí ar ais chun an rud a chríochnú. Ní raibh i gceist ach an *massage* a chríochnú. Ach bhí sí pósta agus thug a fear céile faoi deara í ag tabhairt *massage* don bheirt againne, agus ní raibh sé sásta.

Agus i lár na hoíche, bhí sí siúd imithe abhaile agus bhí mise i mo chodladh i seomra cúil. Bhí Joe ina chodladh i seomra chun tosaigh. Timpeall a dó a chlog ar maidin, tháinig an fear céile agus bhris sé an fhuinneog thosaigh, chun breith ormsa, mar a cheap sé. Ach bhí mise sa seomra cúil agus tháinig an ghloine bhriste anuas i mullach Joe sa leaba. Níor gortaíodh é ná tada. Cheap mise go raibh sé an-ghreannmhar, ach níor cheap Seosamh go raibh, agus ní róshásta a bhí sé liomsa.

Ní cuimhin le Tony cén baile beag nó mór a raibh an choirm cheoil úd ann, ach tháinig mé ar thuairisc a scríobh Harry Farrar ar ócáid eile timpeall an ama chéanna sin, agus pictiúr de Sheosamh, sa *Denver Post*, Colorado, 7 Samhain 1979:

Joe Heaney, a 59-year-old man of stoic demeanor, sat in a chair on the tiny stage with a porcelain pot of tea and saucer of 'biscuits' handy. On a wall at his back was an Irish flag. On another wall was a map of Ireland.

Leaning slightly toward a microphone, he spoke in conversational tones, tantalizing his audience with questions testing knowledge of Irish history. He switched back and forth, from Gaelic to English. He told Irish tales and garnished them with ancient ballads.

Heaney is a seanachie, a Gaelic word meaning [teller of] 'old epics'. He was performing Sunday afternoon at the Swiss House, just off Interstate 70 near Wadsworth Boulevard. His appearance was sponsored by the Irish Fellowship Club of Colorado.

Part troubadour and part storyteller, Heaney travels around the United States in a role that was performed hundreds of years ago, mixing songs and stories handed down from generation to generation in Ireland.

'The poor people of Ireland kept their sanity with music,' Heaney said. 'We couldn't afford musical instuments, but we could sing. Seanachies provide a kind of spoken history of Ireland. I tour and sing for the love of it, not for money.'

In addition to modest performance fees, Heaney is paid for teaching the Gaelic language and Irish folklore at Wesleyan College in Middletown, Conn.

Heaney has performed in concerts in New York's Carnegie Hall and at universities, including Harvard, Pennsylvania and Chicago. He is a perennial favourite at major folk festivals in the United States.

A widower and childless, [bhí ceathrar clainne air] Heaney lives alone in an apartment in Brooklyn, N.Y. Although he reveres Ireland and his hometown, Carna in Western Connemara, he 'has no intention' of moving back to Ireland. A former construction worker and commercial fisherman, he has been in the United States 11 [recte 13] years and has been an American citizen since 1977.

Heaney's stories and songs tell of Ireland's 'thin times' of poverty, devastating famines, British oppression, Irish heroes and heroines and the migrations of Irish to the United States.

In a deep, sombre voice, Heaney sings: 'Lay me down and treat me decent,' the final words of a man dying of starvation in an Irish famine.

Heaney tells about the horrible times when Oliver Cromwell carefully and callously planned the starvation of the Irish by uprooting them from fertile land and sending them to areas where only rocks would thrive.

'Ploughing the rocks' is part of another song. Farming in his native area, according to Heaney, 'was like trying to collect seaweed from the Sahara.'

'Why was there two acres of land and 25 acres of rocks?'

Heaney wrote in a brief biography. 'Why was there 1,000 acres on which to run hounds and horses?' He referred to the profligacy of British landlords and the impoverished Irish who had no decent farm land.

'Once,' Heaney told his audience, 'an Irish politician promised to use rocks to build a road from Ireland to Boston. The rocks are still lying there.'

Just before his performance, Heaney was reminded that he was running late. 'The man that made time had plenty of time,' Heaney said. 'I never run for a bus or a woman. Anyway, I'm tired. These tours leave me very tired.'

Heaney enlivens his concerts with Irish proverbs. One of them, describing a gabby woman: 'Her mouth was at about quarter past eight all day'. Another: 'Love is blind but marriage is an eye-opener'.

'I gave up drinking, smoking and women', Heaney said. 'In other words, I gave up living.'

That's an Irishman's exaggeration, of course.

'I love what I'm doing,' he said. 'I like to tell the Gaelic history.'

As a boy, Heaney helped his father, a lobster fisherman, and he learned many songs and stories from the elder Heaney.

'In the winter months,' Heaney said, 'we'd sit around the turf (peat) fire in our homes and listen to old stories. The only light we had came from the fire. Some of the stories were very long. It took my grandfather six months to tell one story, telling part of it every night.'

In his concerts, Heaney explains to his audience that he capsulizes some of his stories. Otherwise, an entire concert would consist of a single story.

'But that's another story,' Heaney will say then. With the dramatic sense of a Barrymore, he tells another tale.

Heaney captivates his listeners with his wit, commentaries on the joys and sorrows of people and a singing voice that has a haunting quality.

Heaney's descriptions of the land and people of his homeland are so vivid one can almost see the Irish 'ploughing the rocks' and enduring in a land where it is like 'trying to collect seaweed from the Sahara'.[121]

19. An Scéalaí

BHÍ CÁIL SHEOSAIMH MAR AMHRÁNAÍ AGUS MAR SCÉALAÍ scaipthe ar fud na Stát Aontaithe faoi seo. Bhíodh a phictiúr sna nuachtáin go minic agus b'annamh a d'fheictí tagairt dó mar amhránaí feasta gan *storyteller* nó *seanachie* a bheith luaite leis feisin. Tháinig mé ar chuntas ó Kay Sinclair, ar cheann de na ceardlanna deireadh seachtaine a thugadh sé:

> The Irishman sits at the edge of the platform, his feet resting solidly on the ground. He sits solidly, too, each hand holding the edge.
>
> 'Now what would you like to hear?' he asks, looking around unsmiling, at the small, cozy audience. Tape recorders, floor mikes, and yards of wires are scattered here and there as we try to make the most of this workshop. We hope to hear Joe Heaney tell us about the old days of Connemara through his stories and his songs.
>
> He is most interesting to see. I am captured by his wavy, grey and silver hair, his large boned face, his full eyebrows and his eyes, blue as ice. He rarely smiles, but the wit of his comments tells me of the smile inside. His voice is deep, his accent true – I cannot understand every word. He wears brown trousers, shoes and socks and a fisherman's-knit sweater. The pale blue collar of his shirt underscores the color of his eyes.

Liam Mac Con Iomaire −343−

There is an air of reverence in the room. All the joking of last night's roustabouts fades as Joe begins. He tells us about the banshee, the fairies, and the wren. He sings children's songs, interrupting the Gaelic from time to time with an explanation in English. He tells of his childhood days, of the time he almost buried his sister, of the day he saw a leprechaun – 'Only this high, he was' – hand about two feet above the platform – 'but with shoes as big as those canoes out there' – waving toward the lake. This Irishman can almost make you believe anything.

He sings a lament – and casts his spell. He does not rush it. He lets its woe fall around us. And he helps me see how a song can offer comfort at the death of a child – a time when no other comfort can be found.

As I listen to Joe Heaney, I feel guilt and I feel fraudulent. I am romanticizing him and his life in the old country. It was a time of hardship, of scarcity, perhaps of want. But there was much more – made all the sweeter by the harshness of life.

Done! I'll indulge myself. I'll take only the sweet and I'll capture on tape and in memory the ways of Joe Heaney, the man from Connemara who tells us about the fairies, the banshees, and the wren.[122]

Ní raibh mí na Samhna 1979 caite go raibh Seosamh ar ais ar an stáitse in Ollscoil Toronto i gCeanada, agus chuir Michael Quigley agallamh air roimh ré, don nuachtán *The Spectator*:

Joe Heaney has some Irish stories to tell – about 1,000 years of stories. He sings a lot of his stories and tells a lot of his songs. He makes 'mouth music', vocal accompaniment for old-time fireside dances. He is a repository of Irish oral history, for 'there is more history in the songs than in all the books'.

Joe Heaney will be in Toronto Saturday, Nov. 22, at Brennan Hall in St. Michael's College at the University of Toronto. The Celtic Arts Society will be presenting Heaney in an afternoon workshop, focussing on the art of story-telling, followed by an evening concert.

Fans of traditional Irish or Celtic music who only know of

The Chieftains or the younger bands of the modern revival will discover another, older, tradition in the music and story-telling of Joe Heaney . . .

In a conversation last week, Heaney explained that his stories and songs are old in both senses. The stories themselves are a thousand years old or more. They reach back into the pre-Christian epoch, telling the exploits of the legendary chiefs and heroes.

In Heaney's presentation, Fionn Mac Cumhail and his Fenian warriors, Oisín who travelled to the Land of Youth, and Cuchulainn, Ulster's champion in the great Cattle Raid, become living presences across the centuries.

He tells the stories in the old way too. Heaney embodies a tradition as old as his stories. He is like the storyteller-jester who sat in a favoured position at the foot of the chieftain's table in the pagan Gaelic courts, passing on the collective folk wisdom.

He absorbed the tradition as a boy in the Gaeltacht or Irish-speaking area of Connemara, that desolate and beautiful wilderness on Ireland's Atlantic coast. Storytelling and singing was the only pastime.

Heaney counts it a blessing that 'there was no radio in those days. I was lucky to grow up with the folklore on my own hearth. I've known the songs and stories since I was ten years old.'

He recalls with affection the skill of the master storyteller, an old man in his native village of Carna, who 'would start a story in October, after the harvest, and it would only be half finished by Christmas.' 'The art,' he explains, 'is in the decoration; it's all in the telling, not in getting to the end.' The good shanachie will stray off the main path, into by-ways of tradition and lyrical description.

Heaney says that he is presently writing out his vast store of traditional stories, in both Irish and English. But he admits that he is having difficulty getting them right in English, 'because the style and the ways of expression are so different from Gaelic to English.' The lilting, decorative patterns of the Irish accent are the skeleton of the difference.[123]

Nuair a tháinig an oíche mhór i mBrennan Hall, bhí Seosamh chomh maith lena thuairisc, de réir an léirmheasa a bhí ag Jane Coffey i nuachtán eile ar an 4 Nollaig 1979:

On the evening of November 22, Joe Heaney, 'Ireland's greatest Shanachie and traditional singer', told the capacity audience in Brennan Hall that he wished to 'bring ye back to a hearth in front of a turf fire about two or three hundred years ago'. Considering the stark contrast between Brennan Hall and homey fire, one would have deemed his attempt to create such an atmosphere an unlikely feat. Judging from the audience's enthusiastic reception, however, Mr. Heaney's effort was successful.

In traditional Celtic culture, a Shanachie was an oral historian, one who held the history and legends of Ireland within his memory. The ancient Shanachie preserved the national heritage. Since the late nineteenth century, preserving Celtic traditions and Irish culture has been carried out by poets, musicians and playwrights, such as W. B. Yeats and J. M. Synge. Joe Heaney, however, is a descendent of the ancient Shanachie. He sings songs and tells legends in their original forms: a vocation to which he has devoted his life.

Throughout his performance, Joe Heaney recounted Irish history in a manner which transformed it into living art. By combining tall tales with poignant and beautiful ballads, Mr. Heaney gave the impression that Irish culture and history were centered within him. He animated and personified history, turning it into an art form which transcended an academic understanding of history. His songs illustrated the diverse and emotionally complex character of the Irish people and conveyed a sense one cannot get from reading a history text.

The variety of Mr. Heaney's repertoire fully expressed the range of Irish experience: incorporating themes of despair, frustration, pride and joy. Performing songs in Gaelic and English, Mr. Heaney created a Celtic mood without the aid of any instrument except his voice – a clear, rich bass. The eerie low notes of his laments and love ballads were contrasted by joyous, even raucous, lilts, which were fast-paced counterpoints of melodies. Interspersed among songs were stories of heroes, such as mythic Cuchulainn, and the boxer Jim Morrissey, or humorous stories about faeries and village fools. This mixture of stories and song captured the spirit of the Irish people.

Mr. Heaney was at his best when he performed laments. Whether the laments were about the death of loved ones, or about an illfated love, he vividly portrayed the anguish of the singer. In the 'Lament of the Three Marys' and the 'Lament of Liam O'Reilly,' Mr. Heaney thrilled the audience with his wail-like delivery. Sorrow inspired many songs in Heaney's performance, reflecting the extent to which Irish music is dominated with grief.

Frustration often accompanies sorrow in Irish music. At Mr. Heaney's performance, frustration was indicated in songs protesting English oppression. In 'Revenge for Skibbereen' and 'The Rocks of Bawn' he conveyed the desperation of each singer who proudly proclaimed the glory which would be Ireland's, once it was freed from English rule. The tragic frustration that the Irish experienced as a result of widespread emigration was expressed in the song 'American Wake' ['A Stór Mo Chroí']. Mr. Heaney explained that leaving the mother country was considered a type of death, for it was recognized that once the native son settled in a foreign land, he would never return to Ireland. Prior to departing, the emigrant would be treated to a celebration, complete with dancing and singing, an ironic reaction to a pathetic reality. The melancholy refrain in 'American Wake' suggested the sad possibility that emigration from Ireland in many ways constituted the death of Ireland.

Mr. Heaney, himself an immigrant, (he now lives in Bay Ridge, Brooklyn), has spent a lifetime preserving the Irish heritage. Born in Gaelic-speaking Connemara, he learned his stories and songs from his father and grandmother and has passed these on to countless others through his recordings. His performance exhibited the power of the Gaelic tradition, which has developed from the soul of a nation. To a great extent, Mr. Heaney's performance reminds the audience that art, indeed, springs from life.[124]

Bhí a phictiúr ar an *Courier-Post* an lá roimh Lá Fhéile Pádraig 1980. Bhí ainm Lucy Simpson leis an ngrianghraf, agus seans maith gurbh í a scríobh an píosa seo:

Heaney doesn't know how many stories he has learned since he first started listening to the storytellers of his native Connemara in Ireland nearly 60 years ago. But he says he could start talking in October and be only halfway through the first story by Christmas. The bare kitchen in which the seanachie sat was nothing like the hall of a great king or even a white-washed, thatched-roofed cottage on the rocky Atlantic coast of Ireland. It was in a basement apartment on a cold, snow-blocked street in the Bay Ridge section af Brooklyn.

Heaney is believed to be the only authentic seanachie in the United States and one of the last practitioners of an art that is dying even in Ireland. The Brooklyn apartment is a lot more comfortable than a cottage in Connacht, but it's still easy to see that seanachies don't grow rich anymore.

'I'll never be a millionaire, but I don't need much, anyway,' the seanachie said. 'I don't want any medals. I'm only doing what I was brought up to do.'

Heaney was educated to be a school teacher and worked as a lobsterman and a construction worker. But what he was born to do was carry the legends of Ireland within him, giving them to the present and hoping they survive into the future. And he will carry those legends into this area today, when he performs at 2 p.m. at the Hagley Museum in Wilmington, Del., and at 8 p.m. at the Devon Ballroom, 28 Lehigh Ave., Devon, Pa.

Bhí a phictiúr ar an dara leathanach den *Quad-City Times* (Iowa/Illinois) ar an 20 Iúil 1980:

Irish folk singer Joe Heaney told stories and sang in Gaelic Saturday as part of the third annual Rock Island Summer Festival on the Great River Plaza. Originally from Galway, Ireland, Heaney first came to the United States in 1966 and now teaches at Wesleyan University, Middletown, Conn.

Bhí sé in Iowa arís i ngeimhreadh na bliana 1980 agus é ag meascadh na n-amhrán agus na scéalta, de réir Dan Nierling sa *Northern Iowan*, 21 Samhain, 1980:

His weathered face looks like a craggy stretch of shore along the Ireland coastline: his hair is the damp cold grey wind, the furrows of the brow the waves of the dark ominous ocean, his wrinkles the jagged recks of the shore against which the crest breaks.

He is Joe Heaney, traditional Irish folksinger and story teller who appeared Tuesday night in the Hemisphere Lounge of the Union, sponsored by the Union Policy Board.

Heaney, playing no instruments, told the stories and sang the songs he learned as a boy growing up in Ireland. Heaney also included explanations of what that life was like, saying that he was lucky enough to be 'born, bred and buttered in a house where there was always singing, dancing and story telling going on . . .'

Heaney went right into an old Irish tale of love and religion. The story told of a man who would change his religion for no woman and consequently could never gain the companionship of the female he dreamt of. Finally, after hearing a bit of folklore that said if he found a four-leaf clover and put it under his pillow and dreamt of that girl for three succeeding nights, and if each night a leaf fell off, leaving only one leaf, that girl would marry him, he went out and found the best four-leaf clover he could, and put it under his pillow.

That night he dreamt of Mary, his neighbor and the object of his desire. Sure enough, the next morning one leaf was gone, and so it went for three days. After waking the third day and findinig the one remaining leaf, he rushed to the girl's house and after telling her father he would change from Protestant to Catholic, asked Mary if she 'would want to be buried with my people', the popular form of marriage proposal under the circumstances.

They were married the next Monday and after the novelty of the marriage wore off, the following Friday the man went to the parish priest to explain his problem. He said that upon waking that particular morning he had craved a Protestant breakfast, one including meat, that is. The priest told him that every time he felt like going back to the Protestant religion to say, 'I'm a Catholic, not a Protestant.'

The following Friday, as the priest bicycled by the couple's house, he smelled the aroma of beef coming from the smokestack. He entered the house only to find the man, spatula and frying pan in hand, frying one of the nicest steaks you'll ever see, and saying 'I'm a Catholic, not a Protestant, you're a fish, not a steak.'

The tale was typical of the wit Heaney displayed in both song and story to the audience which ran the gamut of ages and interests as well, I'm sure, thereby proving that Heaney's talents and stories are well beyond the bounds inflicted upon us by time and civilization.

Tionóladh an chéad New York Story-Telling Conference in Ollscoil Columbia i Nua-Eabhrac i mí Feabhra 1981 agus bhí Seosamh ar bharr an liosta díobh siúd a bhí páirteach ann, é féin agus scéalaithe cáiliúla eile mar Laura Simms agus Pura Belpre. Bhí pictiúr den triúr acu agus an tuairisc seo a leanas sa *New York Times* ag Jennifer Dunning ar an Aoine, 27 Feabhra, 1981:

'Once upon a time . . .' The words have a magic that cuts through the noise of the surrounding world. Telling a story can be as simple as passing on a bit of news – which may be how the first story got told – or as complicated a thing as the creation of another world. A story may be told in a whisper to the only other person in a moonlit room, or roared out in a rich accent to great crowds. The storyteller – a parent, a friend, or an entertainer – draws his listener in, in simple, age-old fashion.

Today, storytelling is being cultivated as an art form in a groundswell of attention that began in the early 1970s, according to the National Storytelling Center in Jonesborough,

Tenn., a major national storytelling organisation. And marking the renaissance this weekend will be the first New York Story-Telling Conference, a two-day convocation of professional storytellers sponsored by Columbia University's Maison Francaise in the university's East Hall on College Walk, at Broadway and 116th Street.

For Joe Heaney, a Connemara-born *seanchaidhe*, or traditional teller and singer, storytelling is a way to bring back for an hour or two the rich oral traditions of another place or time. 'There are stories that last an hour, some even seven hours,' Mr. Heaney says. 'Once my grandfather took three months. On winter evenings people would come from work and gather by the fire from 8 to midnight. You could hear a pin drop. By December he said, 'Come back again after Christmas and I'll tell you the rest of the story.' The Irish language can embellish a story in a way you can never repeat in English . . .

'A yarn is not a good story,' he adds firmly; 'it doesn't educate anybody. Some believe that if you are buried on a wet day you go straight to heaven and if it's a fine day you go the other way. If you tell the story of the boy who set out to discover why his father, an easygoing, mild person like myself, was buried on a wet day, and his mother, a vicious woman, was buried on a fine day then that's what I call a story. It relates to the past, to the time when people used to walk miles and miles to get to where they had to go. You don't see anything from a cab.'

Mr Heaney expects to tell the story of 'Fairy Rock' at the conference. 'It's about two miserable-looking hunchbacks and how the first plough was invented. The fairy rock is the biggest rock around, where the fairies hold seminars once a month and make their plans on how to treat people.'

'What is the best way to tell a story?' It probably depends on whether you ask a traditionalist storyteller, who learned his tales from his grandfather, the folklorist who spends long years investigating the ways of his own and other cultures, or the originalist, who makes up his own stories . . .

Chuaigh Seosamh chun na hAstráile i 1981 le bheith páirteach sa bhFéile Ceoil Dúchais The Shamrock and Thistle, a bhí ina cuid den Festival of Sydney 1981. Deir fógraíocht na linne: *'Festival of Folk: including renowned Irish traditional singer Joe Heaney and exciting Celtic singer and instrumentalist Robin Williamson, Opera House Concert Hall'* agus *'Joe Heaney, the Irish storyteller, spins such a good yarn that they're putting him on this evening as a special Sydney Festival treat in the Hyde Park dome theatre. Mr. Heaney, 63, pulled 1500 blarney-lovers to his one-off Opera House appearance on Tuesday night'.*

Tháinig mé ar an gcuntas seo ó Kevin Dooley as Contae na hIarmhí a chuaigh go Ceanada sna caogaidí:

'This is a huge shiny place and ye are all out there sitting all over the place. What I'd like to do is to bring ye all into an Irish setting, a kitchen in a country cottage, and we'll have a Céilidh, and listen to the songs and stories of Ireland and its people; songs and stories that come from mother earth and our Gaelic language and nowhere else.' These were Joe Heaney's opening remarks to a packed audience in the Sydney Opera House in January 1981.

That was the first time I heard Joe in concert, and I was eager to do so. Joe is a legend to Irish people who support their culture. I first heard him on the radio in the 50s . . . I joined that Irish tradition of emigration, a necessity then as now to find work. I began some wanderings, always trying to keep in touch with Irish communities, and thus gradually began to appreciate my own language and culture more and more, especially after I was brought in contact with other cultures. I arrived in B.C. [British Columbia] and met with Uileann Piper and Gaelic Scholar Thomas Standevan, of Blaine, Washington. In our early meetings, Joe's name came into conversation and, behold, Thomas was a personal friend of Joe's, having known him since he arrived in the States. Out came some tapes and records of Joe's, and several articles in different magazines. We sat and listened to those recordings, and that style that captured me as a child in County Westmeath was there again. This was a revelation, Joe was still here, keeping the culture alive this side of the Atlantic.

How I ended up at the Opera House in Sydney is something else, but my wife Anogh and daughter Eileen and I joined Joe in the 3,500 seat very ornate 'kitchen'. He had us in tears of laughter one minute and tears of sadness the next. His rendition of 'Eanach Cuain' (the story of a boat disaster in Galway) will never be surpassed by anyone. At the end of that song there was a deafening silence before the audience broke into loud applause. Needless to say, we hung around and met Joe afterwards. I passed regards from his friend Thomas Standevan and Joe answered 'An bhfuil an teanga agat?' I answered, 'Tá, beagán'. We spoke in Gaelic from then on. Joe's love and mastery of Gaelic Irish language are legendary too . . . Joe and I ended that meeting on the promise to meet again at the 5th Annual Vancouver Folk Music Festival.

Joe moved out to Seattle in 1982 and took up a position in the Seattle University. It was our fortune to be near him again. We met at the 5th Annual Folk Music Festival, and many will recall Joe's performance – especially of that beautiful ballad 'Green Grow the Rushes O'. We are fortunate in Vancouver to have also had Joe on several occasions sponsored by the Vancouver branch of Comhaltas Ceoltóirí Éireann and the Vancouver Folk Song Society. In my opinion Joe was at his very best in smaller workshops. There Joe could entertain as well as be a teacher and inspiration to the Gaelic culture . . .

Joe reminisced about his early upbringing in Connemara, and about learning all he knew from his parents and the older folk. At those times one could clearly see that Irish tradition going back to the mists of time. He was very supportive of learners, but always stated that one must appreciate the Irish language and Irish traditions in order to know the music and song of Ireland.

He had great respect for other peoples' songs and cultures. I remember a gathering after one of the workshops. One person was asked to sing and replied that he only knew a Liverpool folk song. Joe replied in a way that showed wonderful love and understanding of British ballads. He later sang a Northumberland ballad . . .[125]

An píobaire Thomas Standevan atá luaite ansin thuas ag Kevin Dooley, bhuail Seán 'ac Dhonncha leis nuair a thug sé cuairt ar Seattle, agus mhol sé go haer é ar Raidió na Gaeltachta i gclár comórtha ar Sheosamh Ó hÉanaí i 1985:

> Tá píobaire thall ansin in áit a dtugann siad Blaine air, gar don teorainn le Ceanada, agus is é an t-ainm atá air Tomás Standevan. Bhí an-mheas aige siúd ar Joe, agus ag Joe air. Gaeilgeoir líofa é seo, de Ghaeilge Thír Chonaill, cé gur i Meiriceá a rugadh agus a tógadh é agus a mhuintir roimhe. Ach tuigeann sé chuile chanúint. Fear uasal go deimhin, má tá fear uasal sa domhan.

> Aithníonn fear uasal fear uasal eile.

Choinnigh Ken Nilsen teagmháil le Seosamh i gcaitheamh na mblianta seo go léir. D'eagraigh Cumann na Gaeilge an chéad Fheis i nGaeilge a bhí riamh i mBoston i 1979 agus fuair Ken Nilsen Seosamh le bheith ina mholtóir ar an gcomórtas amhránaíochta traidisiúnta:

> Tháinig sé. Theastaigh uainn dóthain airgid a thabhairt dó agus d'eagraigh muid ceolchoirm an oíche sin. Bhí sé féin ann, agus roinnt eile de mhuintir Chonamara ag cabhrú leis. Tionóladh é sin san Canadian–American Club i Watertown, Massachusetts, taobh amuigh de Bhoston. Is ann a bhíonn Comhaltas, agus bíonn go leor rudaí Éireannacha ar siúl ansin. Thuig mo chara sa gCumann sin, John McGrath, tábhacht na hócáide, agus chuaigh sé amach agus fuair sé gléas fístéipe dubh agus bán *reel-to-reel* ar cíos agus tá sé sin aige. Ach thosaigh an téip ag lobhadh tar éis cúpla bliain, agus rinne sé cóip di. Níl sí chomh foirfe agus a d'fhéadfadh sí a bheith, ach tá sí ann.
> Ansin, i 1981 nó 1982, bhínnse ag tiomáint amach céad míle go Westfield State College, ag múineadh Gaeilge agus béaloideas na hÉireann agus rudaí mar sin. Agus an bhean a

bhí os cionn rudaí ansin, Katherine Shannon, dúirt mé léi go mbeadh sé go deas dá bhfaigheadh muid Joe, agus chuaigh sé amach ansin. Bhí sise i gceannas ar an tae an uair seo! Agus sin é an t-am ar inis Joe an scéal 'Dé Luain Dé Máirt, Dé Luain Dé Máirt' ['Na Cruiteacháin']. Agus an fonn a bhí leis aige: 'Beidh ríl againn, beidh ríl againn, beidh ríl againn Dé Domhnaigh'. Ní chloisfeá an fonn rómhinic leis an scéal sin. Agus ba cheart go gcloisfí. Bhí mise ag iarraidh go ndéarfadh sé i nGaeilge uilig é, ach d'inis sé ina phíosaí é. Bhí sé á aistriú, mar bhí a fhios aige go raibh daoine á théipeáil, is dóigh. Sin é a bhraith mé. Faoin am seo, sna seachtóidí deireanacha agus sna hochtóidí, ní raibh sé ag ól. D'fhaigheadh sé deoch – fuisce agus uisce – ach ní óladh sé é, nó chaitheadh sé uair an chloig leis. Ní raibh sé ag ól agus níor theastaigh sé uaidh.

Fuair Máire Nic Fhinn litir gan dáta uaidh i ndeireadh na bliana 1981. Bhí pleananna móra ag Seosamh don bhliain dár gcionn:

Go mbeannaí Dia dhaoibh,
  Is minic a bhí fúm scríobh ach bhí rud eicínt i gcónaí a stop mé. Tá súil agam go bhfuil sibh féin is na gasúir go maith. Go raibh maith agaibh as ucht na gceirníní. Ós ag caint ar cheirnín é, ba mhaith liom ceirnín eile a dhéanamh d'amhráin nach bhfuil ar cheirnín agam go fóill. Tá mé ag éirí sean is ba mhaith liom iad a dhéanamh mar a rinne muid cheana. Freisin ba dheas an rud cupla oíche nó seachtain sa Damer arís.
  Tá fúm dul siar in July '82. B'fhéidir go mbeifeá in ann dáta nó mar sin a leagan amach. Ní bheidh aon deifir ar ais orm go ceann míosa nó dhó.
  Mar tá a fhios agat, bím ag múineadh na n-amhrán seo in Wesleyan University (Connecticut) le cupla bliain. Tá mé le bheith i Seattle (University of Washington) ó Jan. '82 ag déanamh an rud céanna. Tá siad lán-tsásta leis an *result*. Níl an t-airgead rómhór ach is fiú é a dhéanamh ar son na teangan is an chultúir.
  Ar aon nós, scríobh is inis dom do bharúil.

  Grá ó Sheosamh

20. Post agus Gradam

NUAIR A CHRÍOCHNAIGH A THÉARMA IN OLLSCOIL WESLEYAN
i Middletown, Connecticut i 1981, thairg an tOllamh
Fred Lieberman i Roinn na hEitneacheoleolaíochta in
Ollscoil Washington i Seattle conradh dhá bhliain do Sheosamh mar
Ealaíontóir Cuarda, ag déanamh na hoibre céanna a bhí sé a
dhéanamh i Wesleyan. Bhí roinnt seachtainí caite cheana aige in
Ollscoil Washington i Seattle i dtús na bliana 1978, ar cuireadh ón Dr
Lieberman, agus is faoi sin atá an tagairt sa litir aige do iad a bheith
'an-tsásta leis an *result*'.

Díreach sular thug sé a aghaidh siar ar Seattle in Eanáir 1982 fuair
sé dea-scéala eile: go raibh an gradam ab airde ar fad i saol an cheoil
dúchais i Meiriceá le bronnadh air i mí Iúil na bliana sin – an
National Heritage Award for Excellence in Folk Arts, a bhronn an
National Endowment for the Arts den chéad uair an bhliain áirithe
sin. Ag ócáid mhór an bhronnta i Washington, D.C. dúirt
Cathaoirleach an National Endowment for the Arts, Frank Hodsoll:
'In honoring Joe Heaney, we are celebrating the quality of his art and
paying tribute to the enormous contribution he has made to the
fabric of American life'.[126]

Chuir Seosamh gearrthán nuachtáin faoin ócáid mhór sa gcéad litir
eile chuig muintir Davitt, rud nach ndearna sé le haon phoiblíocht eile
dá bhfuair sé go dtí sin, agus rud a thaispeánann cé chomh sásta is a
bhí sé. As Seattle a tháinig litreacha Sheosaimh feasta:

A Mháire is sibh uilig,
Go mbeannaí Dia dhaoibh. Go raibh maith agat as ucht do litir, is tá súil agam thú a fheiceáil timpeall an 20ú lá August [1982]. Cuirfidh mé glaoch ort. Nó b'fhéidir cupla lá roimhe. Níl a fhios agam. Is breá liom thú a fheiceáil arís. Inseoidh mé scéal an cheirnín is rudaí eile.

Tharla rud mór dom féin, don Ghaeilge agus don sean-nós uilig. Fuair mé an National Heritage Award ó Rialtas na Státaí Aontaithe. Tharla sé sin cupla seachtain ó shin. Bhí sé thar barr an bealach ar chaith siad liom. Seo é an chéad uair riamh a bronnadh an 'Fellowship' mar a thugann siad air. *Plaque* deas agus 5000 *dollar*. Tá sé *handy* le haghaidh cupla seachtain saoire. Bhí iontas orthu nach raibh sé ar pháipéir na hÉireann. Níl a fhios agam an raibh. Ar aon nós seo é an *review* [thíos] agus ainm na ndaoine. Is mé féin an t-aon *European*.

Slán – grá – is feicfidh mé tú.
Seosamh

Seo é an cuntas a bhí ag Richard Harrington ar an ócáid, sa *Washington Post* ar an 5 Iúil 1982, faoin gceannteideal '*HONORING AMERICA'S FOLK HERITAGE*:

Fifteen men and women – shapers, movers, founders and protectors of varied folk traditions – accepted the thanks of a nation Saturday evening as the national Endowment for the Arts unveiled its first National Heritage Fellowship at the Departmental Auditorium. The ceremony had been moved inside from the Festival of American Folklife because of intermittent rain, but not a single spirit was dampened. On stage, much of the hair was white or grey, and the faces were tough with experience, but the eyes were bright and expectant.

The 15 ranged from craftspeople who made sermons in wood or preserved history in ribbon and ironwork to musicians who had inspired or fine-tuned styles as disparate as bluegrass, blues and cajun. These are 'the people who have given this country a spiritual signature,' said folklorist Alan Lomax. 'This is the first time America has turned around and given proper credit where credit was due to the folk tradition for having made America a wonderful place to live in.

'In the last 50 years, we have moved with giant strides toward something we think of as social and economic justice. Tonight we move to an important new idea – cultural equity, cultural democracy, where we recognize that America's most precious possession is its diverse cultural heritage.'

The fellowships, which carry a $5,000 cash honorarium, and are the first such honors at a national level, were handed out by Frank Hodsoll, chairman of the National Endowment for the Arts, and Bess Lomax Hawes, director of NEA's Folk Arts Program. 'These awards are of the people and by the people and for the people from the people to the people,' said Hawes. 'I don't think Mr. Lincoln would mind my messing up his beautiful quotation on this occasion.'

The recipients seemed embarassed as well as proud, as if they would be more comfortable building a stage than sitting on one. Following the awards, each winner gave a brief performance, with several of the craftspeople making short speeches. In their directness, one sensed a creative tradition that had never been geared to reward. Most of the honorees have labored unrecognized and unrewarded for decades.

For Bill Monroe, who had jubilantly accepted his reward as if it were a championship fight belt, it was vindication of his founder's role. 'Bluegrass is a music I originated,' he said simply. 'I wanted a music of my own, and I'd get out in the field by myself and sing and wonder if I could ever do anything with it. I know you think I'm a braggin', but I'm just a tellin' you the truth.'

Other truths were made self-evident in each acceptance and performance. Monroe tapped his feet when North Carolina fiddler Tommy Jarrell explored the repetitions and subtle variations of his sprightly mountain music; it was part of the fertile ground that bluegrass grew from, and everyone was sure to point to teachers and to family, to those who had sown the seeeds of tradition and inspired the passion in their own work.

When Bessie Jones, the charismatic Georgia Sea Island singer who revived the intense black vocal traditions, was helped by

Douglas and Frankie Quimby on the amen song popularized in 'Lilies of the Field,' the Quimbys looked at her lovingly. 'Bessie Jones is where we come from,' Douglas Quimby said.

Woodcarver George Lopez, a New Mexican carver of santos or religious figures, spoke in impassioned Spanish with an eloquent emotion that eliminated any need for translation.

Ballad singer Joe Heaney stood like a Prussian and sang about an ancient battle, a round-by-round description of the boxing match between 'Morrissey and the Roosian Sailor.' He also gave a hilarious and tongue-twisted history of one particular Irish tune that led emcee Theodore Bikel to suggest that 'history should be taught by folk singers, not historians'.

The rugged individuality of each honoree shone through: the dramatic delivery of Lydia Mendoza; the insistent syncopations of Adam Popovich's tamburitza music; the lonesome human wail of Sonny Terry's harmonica; Dewey Balfa's rhythm-crazy cajun dance tunes; the timeless faith inherent in Hugh McGraw's fa-sol-la singers. Osage ribbon-worker Georgeann Robinson, carver-painter Elijah Pierce, ornamental iron-worker Philip Simmons and blues guitarist Brownie McGhee also received fellowships. They were all, as Frank Hodsoll said, 'brilliant jewels.'

Oregonian Duff Severe, a wonderfully thin figure right out of a Western, remembered learning rawhide work from his father and grandfather 'out of necessity. There wasn't a town you could go to and buy things. I remember old bloody, hairy hides and they'd take the hair off them and clean 'em up and soon they'd have something beautiful braided out of them.' It was an uncannily vivid description of the folk process in general.

Like all those honored by the NEA, Severe has been making his saddles and bridles and bits for decades, a master craftsman living out the quality of his work, teaching bright secrets and ensuring the continuity of his particular tradition. Yet he also spoke to a central inspiration and strength that courses through the life and work of each honored artist and artisan when he said, 'A man who loves his work never gets through serving his apprenticeship. I don't think I'm a master, but I'm hoping in another 30 years I will be.'

Bhí Mick Moloney i láthair ag an ócáid mhór:

His finest hour of all came in July 1982 when he was awarded
by The National Endowment for the Arts the National
Heritage Award for Excellence in Folk Arts, the highest award
that the United States can confer on a traditional artist. On
that unforgettable occasion in the nation's capital, surrounded
by some of the finest artists and craftspersons in the land, Joe
was at his greatest. He paid eloquent tribute to the old men of
Connemara who had taught him so much about art and life.
He sang his all time favourites, the stirring tale of 'Morrissey
and the Russian Sailor', 'Casadh an tSúgáin', and his favourite
of all, 'The Rocks of Bawn'.[127]

Nuair a d'fhiafraigh Moloney de Sheosamh, i gceann de na
hagallaimh a rinne sé leis i dtus na n-ochtóidí, ar smaoinigh sé riamh
ar dhul ar ais go hÉirinn, d'fhreagair Seosamh:

I'll tell you the truth, there were lots of people – Joe Kennedy
was one of them and Proinsias Mac Aonghusa was another –
trying to get me back there. What I'm doing now, I love it. I
have a problem with asthma. I'm afraid if I went there, with the
dampness or something – the last time I went there I was really
bad with it. That's the thing I'm most afraid of, although I
thank them for what they have done to get me back. But I'm
doing now what I want to do. Now, if I was doing this in
Ireland, this is what I'd like to do! I don't know if I would be
accepted or not. I don't know. But what I'm doing now I love
to do it and that's what I'm going to do while I'm here. I'll go
home – I hope so anyway – I'll go home very soon, maybe in a
year or two. This is something I have to do before I do that.

Ansin, chuir Mick Moloney an cheist air a theastaigh uaidh a chur
air ó chuir sé aithne ar dtús air:

It seems to be somehow ironic that in Ireland the Government recognizes people of artistic merit with creative power, to the extent that they are given a tax-free status and an honoured place in society, particularly those who come from outside the society, and that here are you, having to come 3,000 miles to America to get the kind of acclaim that is your due; to get the recognition as being, to my mind, the finest living exponent of *sean-nós* singing that there is; to get that recognized and to be accepted and admired and loved by audiences in this country, and that somehow there wasn't a niche in Irish society for a man like yourself; that seems to be very ironic; have you ever let yourself dwell upon that?

D'fhreagair Seosamh:

I often did. And I often wonder, if I was somebody else or if I came from another country maybe they would let me do it. But I'll be honest with you, I don't understand it. I think myself there's room for half an hour at least, once a week, to put this before the kids. I think it's a shame that nobody is doing it, before it's too late, before it dies out completely. There's room there for it. You can't expect a kid to have something he doesn't see very much of or is not taught. They don't hear much of this on radio and television. You can teach more by doing half an hour in an attentive school while the kids are disciplined. You can do an awful lot of work there in half an hour. Half an hour a week, even! I'm not saying half an hour a day. If somebody was doing, say, an area of schools, half an hour a day in each school, six different schools a week, I think that would be good. I think eventually it would yield results.

But I just don't see it happening. They do it here. I do schools here too, when I go around. In March now I'm going to Tennessee and I'm going to do schools before I do the universities. I talk to the children for maybe three quarters of an hour and teach them a song, maybe. That's my aim . . .
MOLONEY: Do you ever meet audiences that are puzzled by the songs you do, audiences that perhaps might be expecting something a little different, say 'Danny Boy' or 'Mother Machree'?

Ó hÉANAÍ: I do. Now I'm getting to know audiences better; some of them are getting to know me too. When I started out first somebody came up to me and said: 'Will you sing my favourite song, Danny Boy?' 'Well,' I said, 'it's not on my list. I don't sing Danny Boy,' I said, 'because I came here to sing Irish songs and that's what I'm going to do. And if you bear with me long enough, you're going to hear me singing something probably you never heard before, but I assure you it's going to be something authentic.' And I think in most of the places I go now, especially if I've been before, they know what to expect. I'm doing the same stuff as I grew up with in Carna. I'm not doing anything different. I'm just putting the stuff before them that I think is good. They really like it.

MOLONEY: In the context of the last five years or so, people of Irish extraction in particular, are expecting all people who are involved in traditional music and song to sing rebel songs and to sing songs in particular that are very anti-English. How do you deal with that?

Ó hÉANAÍ: A couple of times someone asked me: 'Why do you never sing a rebel song?', and I said: 'To my mind, we never had many rebels; we had patriots. A rebel,' I said, 'is someone who stands out against a Government elected by his own people. I have patriotic songs.' If you listen closely to my songs, they are all steeped in Irish history, like 'Skibbereen' and 'Rocks of Bawn' . . . They don't refer to one particular person, while it tells the story of the reason these people had to go . . . It is better to do a song like 'Skibbereen', which I think is one of the daddies of all these emigration songs . . . You're singing to an audience; you're not there to insult anybody in that audience. And I worked in England for years and I never found a bad Englishman. I'm not saying the laws were good but I found the English very nice people and I sang in English folk-clubs all around the country and I was treated as something authentic . . . I like to respect an audience; without them you wouldn't be there. Next week I'm going to Seattle, Washington, to do the same thing. I was there before, three years ago, and they want me to do exactly what I was doing then, teaching the songs the same way as I grew up learning them at home.

Cosúil le go leor eile, thóg sé tamall ar Mhick Moloney aithne a chur ar Sheosamh, cé go raibh sé faoi dhraíocht aige ó chonaic sé ar an ardán ar dtús é ag ceann de na féilte i Nua-Eabhrac i lár na seachtóidí:

> I was stunned. I had heard of him before, of course, before going to America. Everybody in the folk scene would have heard of Seosamh Ó hÉanaí, but that's the first time that I actually met him. He didn't like me at all, I think. I played a guitar, and he was on a kind of a crusade at the time. And when he presented himself he would sometimes, in a fairly oblique way, almost criticize what people were doing with the music and with the singing. In a way, he felt it almost necessary to point that out, to show that he was doing the real thing. He was very self-conscious about that. When I met him first I found that he was very awkward to deal with.

Chastaí ar a chéile ag féilte éagsúla iad agus, de réir a chéile, chuireadar aithne ar a chéile. Ag an National Folk Festival i Wolf Trap i ndeireadh na seachtóidí – ceann de na féilte móra faoin aer gar do Washington D.C. – bhí an bheirt acu san aon charr le chéile cuid mhaith, ag dul ó ionad go hionad:

> I think when he realized how much I admired him, I got chatting with him. I think a lot of Joe's awkwardness, and maybe sometimes unpleasantness at that point, came from frustration at not being appreciated. Every great artist, himself included, needs to be appreciated. And I think he realized that I appreciated him. I thought he was an incredible, amazing artist, and that broke the ice a bit. We wouldn't give each other compliments! Even when I was talking to Joe and telling him how I admired his singing, it would be fairly oblique, which would be fairly appropriate then. But we were on first-name terms, and from that moment onwards things started to soften. And every time I met him after that things were better. And because we had both spent time in London, I knew a lot of people he knew in Ireland and we were finding things in common.

I was in awe of Joe. In awe of his singing, but also of his integrity. He was like a prophet. He really was like a man with a vocation. He had a calling, and the calling was to follow his art and to present his art and to elevate his art and to make people aware of how important it was. He was a driven man.

Joe's support system was completely outside the Irish American circle. The Irish Americans ignored him completely. They didn't realize that they had a genius in their midst. And it was in the Irish language too, which made it inaccessible to most of them. But it was a source of fascination to a lot of people in America, people involved in folk music in America, in the urban folk scene, folk revival. They would have been middle-class people, educated liberals, but they wouldn't have come from a traditional community. To them Joe Heaney was the real deal. He was the man from the mountains. He was the man from the past. And he represented the gold nugget, the thing they all were looking for. And they knew it instantly because they were savants.

They were people who really had heard a lot of music. They would have been multicultural through education and they would have been exposed to lots of different cultures. And they knew when Joe Heaney sang that this was the real thing. They had a sense of how important he was, that the Irish Americans never did. It was very clear to me that his support system, his whole audience, was a non-Irish audience almost exclusively. And it was an American white middle-class or upper middle-class educated audience. And Joe represented to them absolutely the real thing. He was the authentic bearer of tradition. And I don't know of any performer in any tradition in America who could go on stage and sing unaccompanied and talk unaccompanied in a style that was really arcane, and singing for the most part in a foreign language, and hold an audience absolutely mesmerized and enthralled for the whole time. And Joe did it every single time I ever saw him.

There was a dignity about him. I think it was his carriage, his deportment, his appearance, plus the way he represented himself. And people saw him almost in a priestly way. I would always call what he was doing a vocation, because it was almost a priestly function. He saw the sacred – priestly is probably not the word – sacred would definitely be the word. I never saw anything like it. He was a complex man and a great, great artist. And passionate beyond belief in what he did. A prophet, almost!

An raibh Seosamh uaigneach i Nua-Eabhrac, ina chónaí leis féin ina árasán i mBrooklyn?

I couldn't say. He certainly didn't say anything to that effect. I would think that anybody in that situation would be lonely, but he didn't discuss his feelings or his personal life very much. He would talk about his feelings in a way that was oblique. He would say things like 'I'm happy with what I'm doing', or 'I love what I'm doing'.

I knew he was leaving his post and going to his new job in Seattle and I went up and I interviewed him. I had a kind of a premonition that I should talk to him. At this point we were very comfortable with one another, which certainly took ten years. I made two visits to him. He had stopped drinking and he had stopped smoking. He had emphysema and he knew that was incurable. He knew he had deteriorating health. And the reason he stopped drinking, he told me, was because if he drank he would smoke.

I went to his house twice and we sat there and we drank cups of tea incessantly; I remember on both occasions I couldn't sleep for hours afterwards. And we sat in his bare kitchen. It was a very spartan sort of a flat. A typical elderly bachelor's kind of a flat, spartan and, I'd say, very cheerless. And we sat there in the kitchen over a plastic table, drinking cups of tea under a naked light.

Nuair a d'fhiafraigh mé de Mhick Moloney cén ghifte ar leith a shíl sé a bhí ag Seosamh Ó hÉanaí, dúirt sé:

He had this connection to the wellspring of Gaelic culture, to the oldest aspects of it. But that's iconic. Beyond that, he was a great artist. He was an incredible performer, and I think people sensed that this was great art. And they never cared really that it was Irish or anything else. It was great art. It is very important to remember that that's the primary thing that's going on here – great art. I mean, a lot of people will use it as a kind of a badge of ethnicity or something and say: 'This is important culturally', and maybe it is, in a deeper way than we can even describe. But it was great art.

He was a great singer. He had a sonorous voice. A lot of singers, when they sing unaccompanied, they have to find their pitch, to root around for the key. Joe Heaney never had to do that. He always knew exactly what key he was in. And you'd say: 'He can't get the low note!', but he always did. And it was that gravelly low tone. It was like the drones of the pipes. It settled you. It hit your body in a certain way. It's like when the piper turns on the drones.

Ó tharla nach raibh i gceist ag Seosamh ar dtús ach leathbhliain a chaitheamh i Seattle, féachaint an dtaithneodh an áit leis, shocraigh sé an t-árasán i Nua-Eabhrac a choinneáil, go ceann tamaill ar aon chuma. Bhí a cháil agus a ghradam imithe roimhe go Seattle agus bhí éileamh níos mó ná riamh air ag lucht coirme agus ag iriseoirí. *'JOE HEANEY TO HONOR IRISH TRADITION IN CONCERT ON THURSDAY'* an ceannteideal a bhí sa *Chattanooga Times*, ar alt le Kaki Mahoney, ag fógairt coirme a bhí Seosamh a thabhairt an lá tar éis Lá Fhéile Pádraig, 1982:

> The wild, rock-strewn Irish countryside of Connemara, his childhood home in western County Galway bounded by the North Atlantic and Lough Corrib, is what the Ireland singer and storyteller Joe Heaney will celebrate in a performance Thursday at Hunter Museum of the traditional ballads, ditties, jokes and tales of his homeland . . . He is religiously dedicated to the preservation of the purity of his cultural heritage. 'It's very important to keep the traditions intact. It is a part of our culture that has kept us entertained and that has preserved our sanity through hard times.'

Heaney said that his concerts, beginning with his first appearance in this country at the Newport Folk Festval in 1965, are well-received by Americans. 'Often there aren't five Irish in the place, but they are enthusiastic and want to know more about Ireland. They take the message very seriously.' In Heaney's view, a return to the simple forms of communication which united Irishmen gathered about the turf fires, might have some relevance to those seeking an end to the bitter strife in Northern Ireland. 'The only way to solve that problem,' he said, 'is through peaceful means – sitting down, talking with one another and singing with one another.'[128]

Thug Seosamh a chuairt dheiridh abhaile i samhradh na bliana 1982, ach ar dtús thug sé cuairt ghairid ar Londain Shasana, áit ar léiríodh *Roaratorio* John Cage den tríú huair. Bhí an méid seo le rá ag Finbar Boyle in aiste chuimsitheach faoi Sheosamh san iris *In Dublin*:

One of the most intriguing activities Joe has involved himself in has been his foray into avant-garde music. John Cage, the American composer, *'an duine is uaisle dár casadh orm riamh'*, asked him to perform in 'Roaratorio', a theatre production based on *Finnegans Wake*, which has been produced in Toronto, London and Paris with such musicians as Paddy Glackin, Liam Óg O'Flynn and Séamus Tansey. 'I was on the stage and Glackin might be playing a hornpipe. O'Flynn might be playing a reel at the same time. I was told to start singing whenever I wanted, and to sing the first traditional song that came into my head'. The piece has never been performed here [in Éirinn], despite John Cage's offer to waive his fee if 'Roaratorio' could have been put on in Dublin on Bloomsday this year.[129]

Bhí an tagairt seo a leanas do *Finnegans Wake* ar nuachtán Gaeilge na linne *Inniu*:

Ceann de na rudaí is mó a thug sásamh dó le trí bliana nó mar sin anuas ná an obair a rinne sé le John Cage as Los Angeles, duine de na cumadóirí 'avant garde' is nótáilte i Meiriceá. Thug seisean cuireadh dó a bheith páirteach i léiriú amharclainne a bhí á bheartú aige – léiriú a bhí le bunú ar *Finnegans Wake* le James Joyce. Cuireadh an léiriú seo i láthair an phobail den chéad uair i mí Eanáir 1980, in Áras Georges Pompidou i bPáras. Ghlac beirt cheoltóirí Éireannacha eile páirt sa léiriú sin – Peadar Mercier (a bhí ina bhall de na Chieftains tráth) agus a mhac Mel. Léiríodh an seó den dara huair i dToronto mar ghné den chlár cuimhneacháin ar Joyce a d'eagraigh Celtic Arts. B'shin i mí Eanáir 1981. Agus bhí an tríú léiriú ann – i Londain i mí an Mheithimh seo caite. Bhí Liam O'Flynn agus Séamus Tansey (Feadóg Mhór) [agus Paddy Glackin ar an bhfidil] páirteach sa seó ar an ócáid sin.[130]

'SEOSAMH Ó hÉANAÍ AS CARNA AR AIS AGUS GRADAIM AIGE AS AN DOMHAN THIAR' an ceannteideal a bhí ar alt in *Inniu* ar an 3 Meán Fómhair 1982:

Tá an mór-amhránaí sean-nóis sin as Carna, Seosamh Ó hÉanaí, tar éis teacht abhaile ó Mheiriceá ar saoire ghearr agus tá socrú déanta go mbeidh ceolchoirm ann sa Cheoláras Náisiúnta le linn dó bheith abhus anseo. Beidh an cheolchoirm ar bun ar a 8 p.m. Dé Luain, 6 Meán Fómhair, i Seomra John Field sa Cheoláras agus is féidir ticéidí a chur in áirithe sa Cheoláras féin. Beidh roinnt ceoltóirí traidisiúnta mórchlú in éineacht le Seosamh sa cheolchoirm seo. Orthu sin beidh Liam Óg O'Flynn, píobaire uilleann, Tony MacMahon, ceoltóir bosca, Paddy Glackin, fidléir, agus Mairéad Ní Dhomhnaill, amhránaí. Beidh in éineacht leis chomh maith Seán Ó Coisdealbha (Johnny Chóil Mhaidhc) agus Máirtín Jamesy Ó Flaitheartaigh.

Faoin gceannteideal *'Gradam sna Stáit'*, dúirt *Inniu*:

Is ábhar lúcháire agus comhghairdis ag a chairde agus ag lucht an cheoil traidisiúnta an onóir mhór a tugadh do Sheosamh Ó hÉanaí i Meiriceá i dtús mhí an Mheithimh seo caite. Is amhlaidh a bhronn an National Endowment of the Arts Comhaltacht air as ucht a bhfuil déanta aige chun cur le éagsúlacht agus le ilghnéitheacht an tsaoil chultúrtha i Meiriceá.

D'aithin an fhondúireacht sin go mba amhránaí cumasach ar an sean-nós é, amhránaí mór i réimse an cheoil tíre, agus thagair siad go speisialta do 'réim fhairsing agus doimhneacht' a chuid amhrán agus a chuid amhránaíochta. Ba é seo an chéad uair a thug an dream seo aitheantas do na healaíona tíre, agus bhí Seosamh ina dhuine de chúigear déag a roghnaíodh as na Stáit Aontaithe ar fad chun go mbronnfaí na Comhaltachtaí seo orthu.

Fuair cuairt Sheosaimh abhaile poiblíocht mhór sna nuachtáin Bhéarla go léir freisin, a bhuíochas sin do Riobard Mac Góráin agus do Mháire Nic Fhinn Davitt i nGael-Linn, a chuir litir chuig na heagarthóirí go léir agus chuig gach meán cumarsáide agus áis phoiblíochta, ag tabhairt cuiridh dóibh chuig nuachtócáid i gceannáras Bhord na Gaeilge Dé Luain, 30 Lúnasa, 'tráth a bhfógrófar na socruithe faoi choirm cheoil in ómós do Sheosamh Ó hÉanaí, an mór-amhránaí sean-nóis, atá le reachtáil sa Cheoláras Náisiúnta'.

Baineadh leas as an nuachtócáid go héifeachtach leis an gcomhaltacht a bhronn an National Endowment of the Arts i Meiriceá ar Sheosamh go gairid roimhe sin a fhógairt do na meáin agus do phobal na hÉireann. Bhí beirt Mheiriceánach i láthair, an Dr Ronald Clifton a bhí ina Stiúrthóir Preas agus Cúrsaí Cultúrtha in Ambasáid Mheiriceá i mBaile Átha Cliath ag an am, agus an Dr Eoin Mac Thighearnáin, a bhí ina Uachtarán ar an bhForas Cultúir Gael-Mheiriceánach. Riobard Mac Góráin, Ceannasaí Cúnta Ghael-Linn faoin am seo, agus Micheál Grae, Príomhfheidhmeanach Bhord na Gaeilge, a bhí i gceannas na hócáide, agus bhí toradh céadtach ar an oíche.

Thug seanchara le Seosamh, Joe Kennedy, a bhí ina eagarthóir ar an *Sunday World* ag an am, trí leathanach as a chéile do Sheosamh an lá roimh an gcoirm cheoil sa gCeoláras Náisiúnta. Tom McElroy a thóg na pictiúir agus Bill Stuart, an fear rua a bhí in Óstán Charna oíche na ngliomach fadó, a scríobh an tuairisc:

> Slowly last week the news percolated from the clued-in Dublin folk grapevine that sprouts from the environs of O'Donoghue's pub in Merrion Row. And it spread outwards in circles concentric as Saturn's rings. The word was whispered across rival Party benches in Dáil Éireann's dormant corridors of power, in the Liffeyside anchorages of the national dailies; outward to RTÉ Radio headquarters in Donnybrook and across the land, westward in particular, to the edge of the Atlantic Ocean. The message got through to story-telling guru Máirtín Jamesy Ó Flaithearta; to music guru Ciarán Mac Mathúna; to newspaper guru Joe Kennedy. And the man in the street told the same story to everyone he knew and many he didn't: Joe Heaney is home from New York . . .
>
> Joe Heaney, or Seosamh Ó hÉanaí, as he is called in his native Connemara, is the greatest living sean-nós singer in or out of Ireland. Through a rapidly-changing quarter of a century, he has held fast to an almost-lost tradition of unaccompanied singing that is uniquely and culturally Irish in origin and style and development, and won acclaim for it and himself across the world. Now 63, he lectures on the the sean-nós tradition at the University of Washington in Seattle.
>
> 'I don't know how long I'll stay there but this is the best move I have ever made. They pay me 1,600 dollars a month and the students are very receptive. Not one of them is of Irish descent. Most of them are women. I surely hope that they make it part of their thesis and teach it and pass it on. I wouldn't have a hope in hell of doing that here. I can go out to the schools in Seattle and teach the kids for an hour. The teachers welcome you. I couldn't do it here.
>
> 'They'd laugh at you here if you asked for a television programme. I think they're trying to do away with the language. It's a bloody shame. In every country in the world, the first thing they do is play their own music and speak their

own language, and they then go on to something else. Once the language is gone in any culture that's the beginning of the end. The language is the mainstay of it. I think the language will be gone here in 15 years . . . I think the Government has a lot to answer for.'

He admits he will be nervous when he takes the stage in the National Concert Hall tomorrow night. But it's a sure bet that a wiser and more mature Ireland will be very appreciative of a native son whose gifts were nurtured in exile with a zealousness denied him at home. And Joe will walk tall onstage. The way he does off.[131]

Fuair Johnny Chóil Mhaidhc Ó Coisdealbha litir ó Mháire Nic Fhinn Davitt, ag iarraidh air a bheith páirteach sa gceolchoirm i mBaile Átha Cliath, agus chuir Johnny litir ar ais chuici le hiompú an phoist:

A Mháire, a Mhichael agus a Joe Heaney,
Tá sibh beo *anyway* agus nach breá an rud é sin fhéin. Is fadó ba cheart dom scríobh, ach oiread agus focal de litir ná tada eile níor scríobh mé ó Nollaig seo caite. Ní raibh an tsláinte ach réasúnta le cheithre mhí, ach tá feabhas uirthi le seachtain. Tá mé ag déanamh níos mó oibre anois ná a rinne mé nuair a bhí mé in ann é a dhéanamh. Is dóigh go bhfuil a fhios ag Joe cén fáth é sin.

Bhuel, a Joe, cén chaoi a bhfuil tusa? Chuala mé go raibh tú i nGaillimh i dtús an tsamhraidh agus rinne mé iontas nár tháinig tú anoir. Ná bíodh sin le rá an geábh seo fút. Tar anuas. Beidh fáilte romhat, ach bíodh do *wallet* agat, nó déanfaidh *cheque book* thú. Tá aithne mhaith anseo ort!

Is ort a bhí mé ag cuimhneamh an oíche cheana. Bhí S. Cashin sa bpub agus é caochta, ach bhí bean an tí dá ordú amach faoi bheith ag caint ar chraiceann. Sheas sé sa doras: 'Ach cén dochar é?' a deir sé. 'Nach mbuailfeadh dhá chuileog *fire* craicinn thuas ar chaipín an Phápa.' Caithfidh tú a rá nár athraigh an áit.

Beidh mé ag an gceolchoirm sin má bhíonn beos ar bith ionam, agus feicfidh mé sibh uilig agus beidh caint ann.

Beidh mé suas ar an Satharn. Is féidir liom fanacht i *flat* Bhríd [deirfiúr Johnny].

Go dtí sin, beannacht,
Johnny

Ar an Luan, an 6 Meán Fómhair, a bhí an choirm cheoil sa John Field Room sa gCeoláras Náisiúnta agus bhí cur síos ag na nuachtáin go léir ar an ócáid ar maidin Dé Máirt. *'BIG NIGHT FOR "AN MÁISTIR"'* an ceannteideal a bhí ag Tomás Mac Ruairí ar a thuairisc i *Scéala Éireann*:

Seosamh Ó hÉanaí, the exiled master sean-nós singer from Carna, who is on holiday among us right now, was paid fair homage last night when Gael-Linn presented him in concert in An Ceoláras Náisiúnta. In a way the supporting team of Maighread Ní Dhomhnaill, Liam O'Flynn, Paddy Glackin and Tony MacMahon – none of whom should need any introduction – emphasised and counterpointed his special status. There are few if any better at their trades than this quartet and Seosamh deserved no less.

As with all the best occasions, it is the unexpected that adds the extra spice. Last night's unscripted piece was Paddy Bán Ó Broin answering popular calls to step it out on the platform at the foot of the main stairway, in the John Field Room . . .

It was impossible last night, considering the former use of the Ceoláras building, [An Coláiste Ollscoile, Baile Átha Cliath] not to think back to the aims of the 1909 Conradh na Gaeilge university campaign. In 1982 could we imagine the Irish universities similarly recognising sean-nós singing? Johnny Chóil Mhaidhc's rendition last night of his 'An Dá Phádraig' probably summed it all up.

Seosamh's songs last night were 'Curachaí na Trá Báine'; 'Skibbereen'; 'Connla'; 'Sadhbh Ní Bhruinneallaigh'; 'Eileanór na Rún'; 'I Wish I had Someone To Love Me'; 'Eanach Cuain'; 'Johnny Is The Fairest Man'; 'An Tiarna Randall'; 'Amhrán Mhaínse'; 'Cailleach An Airgid' (specially for fear-a'-tí Máirtín Jamesie Ó Flaithearta); 'Peigín is Peadar' and, finally, his own version of 'Beidh Aonach Amárach i gContae An Chláir' which puts that much-massacred ditty in a new light. Last night's concert was given without benefit of public address equipment. It was the better for it.[132]

Is í Máire Nic Fhinn Davitt a d'iarr ar Mháirtín Jaimsie Ó Flaithbheartaigh, a bhí go mór i mbéal an phobail mar chraoltóir ar Raidió na Gaeltachta ag an am, a bheith ina fhear an tí ag an gcoirm cheoil, agus ní raibh Seosamh Ó hÉanaí feicthe ag Máirtín ón oíche fadó i gCill Rónáin a raibh Seosamh míshásta leis an lucht éisteachta:

Chuaigh mé suas [go Baile Átha Cliath] an oíche roimh ré agus rinne muid cleachtadh i gcaitheamh an lae. Casadh Joe orm. Bhí sé istigh ag an gcleachtadh, nó bhí sé timpeall ann, agus bhí muid ag leagan amach cá mbeadh daoine ina suí agus ag tástáil na miocrafón. Rinne sé cupla clár teilifíse chomh maith céanna. Rinne sé agallamh le Pádraig Ó Catháin san ardtráthnóna, roimh an gcoirm cheoil, i gcomhair an chláir [teilifíse] *Cúrsaí.* Rinne sé píosa deas leis.

Ach, an mhaidin sin . . . bhí muid ag fanacht tigh Mháire Nic Fhinn agus Michael Davitt . . . agus chuaigh muid isteach sa bpub seo, agus chuaigh mé féin suas agus fuair mé deoch. Ní raibh Joe ag ól. Bhí pionta ag Michael agus tá a fhios agam go bhfuair mé pionta agus leathghloine dom féin, mar bhí mé ag ól an oíche roimhe sin agus theastaigh siad.

Agus thug Joe aon dearcadh amháin orm agus dúirt sé: 'Bíodh a fhios agatsa,' a dúirt sé, 'go bhfuil tusa ar an stáitse anocht!' Ní raibh deoir ar bith bainte fós agam as ceachtar acu! 'Bhuel, ar ndóigh, i dtigh diabhail é, mura bhfuil mé in ann pionta agus leathghloine a ól,' a deirimse, 'níl aon ghraithe ar an stáitse ar chor ar bith agam. Go siúráilte, beidh sé fuaraithe orm ag a hocht a chlog anocht!' Ach, m'anam gurb in é an parúl a chuir sé orm!

Níor thaithin sé sin rómhaith liomsa. Chuir mise mé féin 'mabhaitín' orm féin, agus tháinig sé i mo chuimhne go raibh a dhóthain go binn ólta aige féin nuair a bhí sé ar an stáitse in Árainn! Ach níor dhúirt mé tada. Thóg mé é, mar a déarfá, ach rinne mé siúráilte má d'ól mé aon deoir eile i gcaitheamh an lae sin nach raibh Joe Éinniú ag breathnú orm! Ní fhaca Joe Éinniú mé má d'ól!

Nuair a tháinig an ócáid bhí sí iontach. Tá an clár raidió a rinne mise as anseo sa stáisiún agam – thaifead Seán Breathnach é. Ceol a bhí sa gcéad leath den choirm agus daoine ag caint ar Joe. Labhair Tony MacMahon agus labhair Paddy Glackin agus mar sin, agus chas siad ceol. Agus labhair Johnny Chóil Mhaidhc agus dúirt sé cupla dán, agus d'inis sé cupla scéal grinn faoi féin agus faoi Joe agus faoi rudaí a tharla dóibh.

Ach níor thuig mé riamh cé chomh maith is a bhí Joe Éinniú go dtí gur sheas sé suas agus gur chas sé 'Skibbereen'. Á, a mhac go deo! Bhí sé iontach uilig. Bheadh a fhios agat an t-am sin cén fáth a raibh tú ann! An sclaimhín a bhain sé asamsa an mhaidin sin faoin bpionta agus an leathghloine, mhaith mé láithreach dó é. D'fhéadfadh sé mé a ithe agus tosú do mo chiceáil agus ainm ar bith faoin domhan a thabhairt orm, agus mhaithfinn dó é! Sin é an uair a thuig mé. Agus chas sé 'Amhrán na Trá Báine' freisin agus rinne sé an-jab de.

Ba liom uilig ansin é, an oíche sin. Bhí sé an-mhór ansin liom. Bhí duine cineál aerach ag an am agus bhí Joe ag ceapadh go ndéanfaí cac uilig den oíche. Bhí an faitíos sin air. Ach chuir sé iontas orm chomh dáiríre is a thóg sé é. Bhí sé an-phroifisiúnta go deo faoi. Ní raibh ann, tar éis an tsaoil, ach coirm cheoil . . .

Ach é féin – bhí sé an-neirbhíseach go deo. Chuir sé sin an-iontas orm, d'fhear a raibh an oiread de déanta aige. Ach aríst, nuair atá fear proifisiúnta ceart is maith leis chuile shórt a bheith ceart, agus bíonn imní ar dhuine. Is maith an comhartha é nuair atá imní ar dhuine! Ach d'imigh mise maidin lá arna mhárach agus ní fhaca mé é ní ba mhó nó go ndeachaigh mé síos ar a shochraid.

Uaigneas a chuir an choirm cheoil ar Tony MacMahon:

Bhí rud éigin uaigneach ag baint leis an ócáid. Bhí críoch nó *finality* éigin ag baint leis an oíche. Bhí sórt braistint agam gurb é an rud deireanach é a bheadh le déanamh agam féin agus ag Joe le chéile, cé go raibh an-ghiúmar ar Joe an oíche sin. Bhí rud amháin ag baint le Joe ó chuir mé aithne air ó thús: bhí uaigneas ag baint leis. Cuireann sé an líne sin as 'Dán do Joe' ag Michael Davitt i gcuimhne dom: 'Do shúile uaigneacha teallach-oscailte'. Thuigfeá go raibh rud éigin uaigneach ag baint leis; gur iompaigh cúrsaí an tsaoil ina choinne. Aon duine a bhfuil fiúntas ann bíonn uaigneas air, agus bhí Seosamh in ann an t-uaigneas sin a bhaint asat. Is maith an rud é sin. Agus chuaigh sé i gcion ormsa go mór, mar nuair a d'fhéachfá isteach sna súile, nuair a chloisfeá an guth cainte nó an guth amhránaíochta, bhí aontacht ag baint leis. Bhí gach rud ar an líne chéanna. Ní raibh aon deighilt idir na focla, na hamhráin, an chulaith éadaigh, na lámha, an ceann, an ghruaig, agus an aghaidh bhriste, charraigreach.

Oireann an focal 'uaigneach' do Joe Éinniú. Agus bhí sé sna hamhráin freisin, an t-uaigneas sin, i ngach nóta, i ngach líne de na hamhráin. Tá mise ag ceapadh go ndearna sé an-chuid maitheasa do dhaoine. Mar nuair a chuireann duine mar Joe amhrán amach, tugann sé le fios don éisteoir go bhfuil an t-uaigneas céanna sin san éisteoir. Is teiripe iontach é. Bhí an-chur amach aige ó thaobh cúrsaí ealaíne. Deireann daoine gur amhránaí ar an sean-nós a bhí ann; bhí i bhfad níos mó ag baint leis ná sin. Tá gearrscéal ag scríbhneoir Meiriceánach, Carson McCullers, ag cur síos ar Casper: '*He made an immediate and powerful impression on anybody who ever looked at him.*' Sin rud a dhein Joe. Chomh luath is a d'fhéachfá air bhí rud éigin thar a bheith láidir ag baint leis an bpearsa iomlán. Líonfadh sé an seomra.

Bhí an cheolchoirm féin ag cur thar maoil agus bhí Máire Nic Fhinn Davitt sásta go raibh toradh ar a cuid oibre. Mar a dúirt sí féin liom i 2005: 'B'fhéidir go bhfuil muintir na hÉireann ag tabhairt na creidiúna agus an mheasa a bhí tuillte aige dó sa deireadh.' Scríobh Máire litir phearsanta chuig chuile dhuine dá raibh páirteach sa gcoirm cheoil nó páirteach ina heagrú, agus ní hé amháin sin ach chuir sí féin agus Michael Davitt a dteach ar fáil mar 'bhaile' do Sheosamh agus dá chairde:

Sna blianta deireanacha d'fhanadh sé linne sa teach i gCluain Dolcáin – i Palmerstown Woods i gCluain Dolcáin a bhí muide inár gcónaí ag an am. Thagadh sé chuig an doras agus bhíodh an sean-*suitcase* aige, sean-chás buí agus róipín thart air! Agus díocas uafásach air le dúil i ronnachaí, agus scadáin, agus tae – ní fhágadh an pota tae an sorn ar chor ar bith – agus arán donn agus im. Ní raibh sé ag ól faoin am seo, agus ba é an cupán tae an máistir. Agus d'óladh sé an-chuid de. Dá bhfeicfeadh sé ag teacht thú le 'máilíní' tae gheobhfá píosa den teanga. Tae ceart láidir a bhí uaidh. Thugainnse síos é, agus thugadh Michael síos é, go Moore Street, go dtí na seanmhná, agus bhíodh sé ag dul ó stalla go stalla agus bhíodh sé ag déanamh margaidh leis an mbean seo agus leis an mbean siúd. Agus sa deireadh bhí aithne acu air agus bhídís á leanacht timpeall ag iarraidh rudaí a dhíol leis. Ba mhór an spórt iad.

Chasadh sé amhráin sa teach, agus is cuimhneach liom go speisialta é ag múineadh amhrán do na leanaí, Joe agus Anna Davitt: 'Beidh Aonach Amárach i gContae an Chláir'. Agus théadh sé síos íseal ar an bhfocal deireanach sa dara líne. Agus bhíodh an t-amhrán eile sin aige: 'Breacadh Liom, Teannadh Liom, Breacadh Liom Suan'. Bhíodh rithim iontach aige leis. Ní raibh sé leadránach mar a d'fhoghlaim muide ag an scoil é. Agus bhíodh na leanaí ag féachaint air agus iontas orthu. Agus bhí siad seo ar eolas acu uaidh. Bhí sé go síoraí ag múineadh rudaí dóibh agus ag portaireacht béil timpeall an tí.

Bhíodh lucht na nuachtán go síoraí ar thóir Sheosaimh anois. Bhíodh an oiread iriseoirí ag iarraidh agallamh a chur air go raibh ar Mháire sceideal a dhéanamh amach dó, ionas nach dtuirseofaí rómhór é. Bhí an-bhealach aige le lucht nuachtán agus bhí a shliocht air; fuair sé neart poiblíochta agus fuair siadsan neart scéalta. Bhí slócht agus beagán giorranála ag cur as dó faoin am seo, agus cé go raibh sé éirithe as na toitíní le blianta fada, ba léir go raibh dochar déanta acu dá scamhóga. Bhíodh comhráití fada aige le Máire, faoina sláinte, faoi theacht abhaile go buan, agus faoi mhíle rud eile:

D'fhiafraigh mé dhe uair amháin: 'Cén chaoi a gcuimhníonn tú ar an oiread sin véarsaí?' Agus dúirt sé: 'Nuair a bhímse ag dul a chodladh san oíche, deirim na véarsaí sin ar mo mhéaracha, faoi mar a bheinn ag rá an phaidrín.' Mheas mé go raibh sé sin ar cheann de na rudaí ba dheise dár chuala mé uaidh! Samhlaigh é sin: é thall i Meiriceá, i mBrooklyn, istigh in árasán in íoslach tí, *basement flat*, agus an stór amhrán seo ina cheann agus é ag iarraidh cuimhneamh orthu! Thuig sé féin, is dóigh liom, ag an staid sin, go gcaithfeadh sé iad a thabhairt uaidh, agus sin é an rud is mó a thug air cinneadh a dhéanamh, nuair a fuair sé an deis, dul go Seattle.

Nuair nach bhféadfadh éinne in Éirinn an áis a chur ar fáil dó, ar a laghad bhí sé á dhéanamh i Seattle. Agus feiceann tú féin an lear mór ábhair a tháinig uaidh, agus an bealach a raibh sé ábalta a chuid ranganna a riaradh ó sheachtain go seachtain agus ó lá go lá, agus ó mhí go mí; go raibh an smacht sin aige air féin. Idir na hamhráin agus na scéalta, bhí sé ábalta cuid d'Éirinn agus dá dhúchas a thabhairt do na daoine sin. Is mór an náire dúinne nach anseo a bhí sé á dhéanamh sin, go háirithe nuair a bhí sé ag iarraidh é sin a dhéanamh.

Chaith Seosamh an chuid ba mhó de na sé seachtainí a chaith sé in Éirinn i 1982 le Máire Nic Fhinn agus le Michael Davitt agus a gclann. Is beag a cheapadar nach bhfeicfidís beo arís é, nuair a chuireadar ar thraein na Gaillimhe é, ar a bhealach siar go dtína sheanchairde Seán 'ac Dhonncha agus a bhean Bríd in Áth Eascrach, Béal Átha na Sluaighe, agus an fidléir féasógach Máirtín Byrnes ag taisteal in éineacht leis siar go dtína cheantar dúchais féin. Chaith Seosamh agus Máirtín an oíche sin go meanmnach in Áth Eascrach le Seán agus le Bríd, sular fhág siadsan ag Aerfort na Sionna an lá dár gcionn é. Ba í an oíche dheireanach í a chodail Seosamh Ó hÉanaí in Éirinn, agus dúirt Seán liom:

Nuair a d'fhág sé slán againn le dhul ar bord, shiúil sé amach díreach chuig an eitleán, gan breathnú siar oiread agus aon uair amháin. Déarfainn go raibh uaigneas air.

Dúirt Máirtín Byrnes le Peadar Ó Ceannabháin ina dhiaidh sin gur chuir Seosamh nóta chúig phunt isteach ina ghlaic sular iompaigh sé a chúl leo.

Look, I am the custodian of our song.
I know the highest note permitted,
The longest line, the way the voice
Should settle in the throat.
– Mary O'Malley

21. An Saol i Seattle

N UAIR A D'AISTRIGH SEOSAMH SIAR GO SEATTLE IN EANÁIR NA
bliana 1982 d'aimsigh sé árasán dó féin in íoslach tí in
uimhir a 520 North 45th Street, gar don choláiste agus
don bhus a thabharfadh isteach is amach ann é. Bhuail sé, an athuair,
leis an Ollamh Fred Lieberman, le ceann na roinne an Dr Daniel
Neuman, agus leis an Dr Lorraine Sakata – bheadh an bhean seo ar
dhuine díobh siúd a thiocfadh i gcabhair ar Sheosamh nuair a
buaileadh tinn é níos deireanaí. Cé gurbh ise a bhí go díreach i
gceannas ar Sheosamh bhí sé ar a sháimhín só ar fad léi, agus bhain
sise an-sásamh as a chomhluadar siúd.

Bhí cáil cheana féin ar an mbailiúchán fairsing amhrán agus
scéalta a thaifead bean óg darb ainm Esther Warkov uaidh le linn na
tréimhse a chaith sé san ollscoil ansin i 1978 agus atá anois ina chuid
luachmhar den Joe Heaney Collection sa gcartlann ansin. Ach ba é
an gradam mór a bhronn an National Endowment for the Arts air an
t-ábhar cainte mór anois, agus ba mhór an onóir don ollscoil duine
ar bith ar bronnadh an gradam sin air a bheith ar an bhfoireann acu.

Thug Ewan MacColl agus Peggy Seeger cuairt air i Seattle i 1982.
Dúirt Peggy faoi:

Joe became, I would reckon, just a different person when he went to America. He got a pride in himself and he felt that people were really interested. Because I think, and I don't know if this is true, but I think in Ireland they don't like you to rise too far above them, whereas Joe was idolised in Seattle. He was the only person like him. He was the only person singing those songs and who could talk about them and could translate them from one language to another and who could charm you on stage while he was doing it. I think he learned how to stand up straighter, he dressed better, he walked better, and he did give up the drinking. Because he did drink a *humendous* amount.

I know that the couple of times that I saw him in the United States before that, he always was with beautiful young women, and I think he made a point of turning up with them. Joe was very happy with his work in Seattle. It was as if at last he was getting the attention that he deserved as a singer and as a repository of so much knowledge of his area of Ireland.

I bhfómhar na bliana 1982, nuair a d'fhill Seosamh ar Seattle tar éis na coirme sa gCeoláras Náisiúnta, tháinig triúr scoláirí óga isteach ina rang san ollscoil ansin a mbeadh tionchar an-mhór aige ar a saol ina dhiaidh sin. Rinne beirt acu céim an mháistir ar amhránaíocht Sheosaimh féin: bean óg rua as Berkeley California darb ainm Sean Williams, atá anois ina hOllamh in The Evergreen State College in Olympia, Washington, agus atá ag múineadh amhráin Sheosaimh dá cuid mac léinn ansin; agus bean óg eile as New England darb ainm Jill Linzee, a chuaigh le béaloideas poiblí agus atá anois i gceannas ar Public Outreach don Northwest Folklife Association i Seattle. Tháinig Jill Linzee go hÉirinn agus go Sasana tar éis a bháis, ag bailiú eolais óna ghaolta agus óna chairde, le leabhar a scríobh faoi. Steve Coleman is ainm don tríú duine, nó Stiofán Ó Colmáin mar is fearr aithne air i Ráth Cairn, i nGaeltacht na Mí, áit ar chuir sé barr feabhais ar a chuid Gaeilge le linn dó a bheith ag múineadh Antraipeolaíochta in Ollscoil na hÉireann Maigh Nuad, áit a bhfuil sé ina léachtóir faoin am a bhfuil an cuntas seo á scríobh. Cé nach ó Sheosamh a d'fhoghlaim Steve a chuid Gaeilge, is de bharr an tionchair a bhí ag Seosamh air a d'fhoghlaim sé í.

Bhí eolas ar an nGaeilge ag Sean Williams nuair a tháinig sí go hOllscoil Washington i Seattle i bhfómhar na bliana 1982, cé nach raibh sí in ann í a labhairt. Bhí sí tar éis freastal ar bhunrang Gaeilge uair sa tseachtain i gcaitheamh na gceithre bliana a chaith sí in Ollscoil Berkeley i gCalifornia, áit ar cháiligh sí le mórchéim i Seinm an Ghiotáir Chlasaicigh agus mionchéim sa Léann Ceilteach. Theastaigh uaithi éisteacht le amhráin i dteangacha éagsúla i dtíortha éagsúla, agus chaith sí samhradh na bliana 1982 ag taisteal na hEorpa, an Ghar-Oirthir, thuaisceart na hAfraice agus iarthar na hÉireann, áit ar chuala sí go raibh an t-amhránaí traidisiúnta ba cháiliúla ar fad ag an am, Seosamh Ó hÉanaí, ag múineadh san ollscoil chéanna a mbeadh sí féin ag freastal uirthi:

I came back to Seattle and Joe Heaney was already living there and teaching in the university. Lucky me! I was there from the fall of 1982 onward. The first time I met him I was actually signed up to take private lessons with him. He was in a relatively small classroom in the sub-basement of the Music Building. And he kind of glared at me and he said: 'Now, I suppose you like the Clancy Brothers with their guitars, knocking hell out of the songs?' And of course I did have a few recordings of the Clancy Brothers; there wasn't that much available on the West Coast at the time. There were recordings of The Bothy Band and Planxty and The Dubliners and the Clancy Brothers, and that was very much it. And I said: 'I really like unaccompanied singing.' I told him I'd been to Ireland, and so he was testing me constantly. And I said: 'I studied Irish for four years and I studied Old Irish. And no, I can't speak it, because it was just translation.'
And so he gave me several beginning songs. The first Irish one that he gave me was 'Seóithín Seóthó'. And he wrote it out

for me in Irish, in the old Gaelic script. And sometimes when he put the dot above the consonant it was so light that I couldn't see it, and I didn't realize there was supposed to be an 'h' there. My Irish was so based on grammar that I got completely confused, and after two weeks he had me write it out myself, because he knew that I could do that. And he gave me mostly Irish songs – songs in Irish. I think I was the only one of his students at the University of Washington who had that many Irish songs; I was certainly the only one who knew any Irish at all. But virtually all of his students – there were twenty or more – learned '*Beidh Aonach Amárach i gContae an Chláir*' and some of the very easy ones in Irish like '*An bhfaca tú mo Shéamaisín?*' and so on.

He gave me some of the longer ones in English like 'The Rocks of Bawn', 'Lord Gregory', and that sort of thing. And we spent a lot of time on 'Lord Randal'. ['Amhrán na hEascainne' /'Cá raibh tú ó mhaidin?'] One of the reasons that he spent a long time on that is because he tried to teach me about varying ornamentation and he used that song as an example. And that's the one I did on the Joe Heaney video. There's that terribly long ornamentation at the end of the first line, on '*a dhriotháirín ó*'. And he heard me do that in two verses in a row and he said: 'Aw, Jaysus, you've burned out the bog on that one!' And I felt so terrible! He asked me was I going to take a cookie stamp and just stamp each verse with the exact same ornament, or whether I was going to give the song life by changing the ornaments by every single verse. And that song has seven verses and I had to sing that again and again to practise variation. He said the only way to make a song burst into life was to have that variation. And so that's a song I have a lot of familiarity with!

Another one of the first songs in Irish he gave me was '*Dónall Óg*'. I think he was testing me as he always did. He started with '*Dónall Óg*' and continued until '*An raibh tú ar an gCarraig*', which was the last one I got from him, and he was in hospital at that point. But he taught me '*Dónall Óg*', '*Eanach Cuain*', '*Caoineadh na dTrí Muire*', '*Bean an Leanna*', '*Curachaí na Trá Báine*', '*Úna Bhán*', '*An Buinneán Buí*', '*An*

Draighneán Donn' and many more – well, of the really big ones in Irish, not that many more. But I got lots and lots of broadside ballads, songs in English, from him. The songs in English are big songs. I'm a lucky girl!

I think he was one of the visiting artists that everyone adopted into their hearts. There are visiting artists every year and they are from all over the world. Sometimes they speak English and sometimes they don't. There are certain ones that find their way into people's hearts and Joe was absolutely one of those. Part of it was that he always had a kind word, especially for the people he didn't know well. And for those of us, like myself and Jill and Laurel Sercombe, whom he did know well, he would also add a little teasing or cutting remark that was intended as a joke, which made him absolutely irresistible. People just loved him. He always gave everybody a rough time once they were his students; he would give people a rough time but we all adopted him and I think it was a great relationship.

Nuair a labhair mé le Jill Linzee, mhínigh sí ar dtús dom an chaoi a raibh béaloideas agus antraipeolaíocht á múineadh sa Roinn Eitneacheoleolaíochta, agus cén bhaint go díreach a bhí ag Seosamh Ó hÉanaí leis na hábhair sin. Labhair sí liom freisin faoin stádas a bhí ag Seosamh sa saol acadúil:

Joe was connected to the Ethnomusicology Department, in Wesleyan and here in Seattle, which in this country is a sort of an anthropological approach to the study of music. Folklore is its own discipline but they're all related disciplines, especially here in the United States. Folklore has a somewhat different practice in Europe than here. It's very tied into anthropology here, as is ethnomusicology. The people who established the Society for Ethnomusicology were all anthropologists, as it happens. And so ethnomusicology has ended up in different departments in universities. Here [in

Seattle] it happens to be in the Music Department. But there were a lot of people coming into the programmes. I came in with a stronger music background, but others came in with anthropology. But our study requirements were more anthropology than folklore.

Both Sean Williams and I got involved in taking at least one folklore seminar, and it happened to be offered at the university at the time. I got into the public folklore work and have done music as part of that folklore work, largely because folklorists, unlike their academic counterparts in ethnomusicology, were much more interested in public service work. And there are people who are very highly educated, Ph.D.'s, doing public folklore. They are committed to this idea that the work is in the service of the community rather than in the confines of academia which some people feel somewhat self-serving. I wanted to pursue a kind of public service career.

Joe was formally recognized within the context of these public folklore agencies. He received the National Heritage Award, and that award comes from the National Endowment for the Arts, which is a public agency and which had a public folklore provision. That's where the award came from. Fred Lieberman, who was on the faculty here at the time and who was responsible for inviting Joe to come to the University of Washington, may have initiated Joe's nomination for the award, but there were many other connections on the East Coast.

I know that Joe went to Kenny Goldstein's classes at Penn. and would do presentations there, and that would have been folklore rather than ethnomusicology. That's where one of the graduate programmes in folklore is, at the University of Pennsylvania, which is where Kenny Goldstein taught. There were students of Kenny Goldstein who went to work with Joe in New York and one of them, Marjory Hunt, became a public folklorist working in D.C. And Marjory worked for a period of time at the Smithsonian Folklore Office and more recently has been at the American Folklore Center. So this is another connection with public folklore.

Joe was recognized within the context of that arena, the

political arena if you like. And the award Joe got is a very prestigious award. It's a big deal. You go to Washington and there's a big ceremony and there may be at most a dozen people in any given year that receive the recognition. It was quite a thing for Joe to have received that award. And he was given the award because of his recognition by the academic community in this country. There were Ph.D.'s in folklore and ethnomusicology who were saying that this man is worthy of our attention and our recognition as a man who is a fine example of this tradition and also as someone who is investing time and energy in passing that tradition on to others.

Rinne Jill Linzee céim an mháistir ar amhránaíocht Sheosaimh freisin, mar a rinne Sean Williams. De na mic léinn go léir, ba í Jill ba chairdiúla a bhí le Seosamh, agus bhí seisean an-cheanúil uirthise chomh maith:

I was a student that elected to study Joe's *sean-nós* singing tradition. I had an interest in music from that area of the world, but I also developed an affection for Joe as a person. Joe was a very engaging guy. He was a very warm person, very giving. I think he really very much enjoyed his stay here at the university, teaching young students his tradition. He had a great reverence for that tradition himself and really I think he communicated that to his students, and also instilled in them some of that same kind of understanding and respect for the tradition that he represented.

To Joe, those songs and that whole world were his wealth in life. And from what I know of Joe's life I think they also became his wealth in very real terms too, because he was recognized for his ability as a singer at a young age and his own reverence and love for the songs fuelled his ability to sing them. But it also brought him a lot of attention, in England when working with Ewan MacColl and Peggy Seeger, where he was part of the whole Singers Club circuit and all that, and later here in America, where he was recognized for his ability and artistry. So they gave something back to him in terms of the recognition that he received for carrying on the tradition.

I can remember Joe saying to me 'There's no shame in being poor', and a lot of things like that. That had a real impact on me and on how I looked at the world. He was a man who had very little in his life. He had very little money, very little in the way of posessions. He had his teapot and a couple of changes of clothes. And that was it! And what he had were those songs and stories. That was really the richness in his life, and what that had brought him in his connections with people.

In addition to his singing, he gave very many presentations here of which there are recordings at the archive, and he would mix his singing presentations with not just the stories of the songs but stories of themselves. He had a real love for telling some of these stories, so he would really mix a performance. For some people who were unaccustomed to hearing *a capella* singing it made for a really successful concert. I think putting *sean-nós* on a concert stage is already taking it out of context, but mixing it up with something made it a successful large stage performance.

Actually, when I went back to Ireland and talked to some of the people who went to school with Joe they said: 'What's this about Joe being a storyteller? You Americans are talking about him as a storyteller. He was never that here!' Storytelling certainly was a successful part of his presentations and performances here. I think he was gifted and really enjoyed it. He had a very playful side to his personality and developed some nice connections with people here through that.

Léachtóir le hAntraipeolaíocht in Ollscoil na hÉireann, Maigh Nuad é Steve Coleman, a bhfuil roinnt altanna scríofa aige faoi Sheosamh Ó hÉanaí. I gceann de na haltanna sin, deir sé:

I was a student of Joe Heaney's at the University of Washington in Seattle, making the weekly trek to my lessons, which took place in an instrument storage room in the basement of U.W.'s music building. At an absurdly early hour of the day Joe would teach me songs, along with giving detailed descriptions of life in Connemara, his philosophy of singing, and other 'lessons' about life and love. Joe's understanding of love songs impressed me the most – his explanation of why they were 'lamentable', and the darkness and depth of emotion in the songs themselves. Then he would sing the songs for the tape recorder as various large gongs resonated quietly in the corners of the room. Unfortunately I recorded only the songs, and it took me quite a while to realize the value and interest of the talk. My decision to rectify the situation came, alas, too late, leaving me only with memories, some notes, and the archived tapes of those who had the presence of mind not to turn off the recorder when the song was finished, and who generously contributed copies of their tapes to U.W.'s archives.

... I am interested in Joe's university career, in which he was required to explain and interpret his singing style to audiences of professional musicologists. Since his death in Seattle in 1984 the Music Department of the University of Washington has maintained a public archive of his songs and interviews. The interviews are most instructive. Asked formalist questions (such as 'How do you know where to put grace notes in a song?'), Joe argued passionately and consistently for a radically different understanding of his tradition, in which musical form is only one aspect of a much wider act of orientation. He mobilized all available resources to articulate and defend this vision, including technical musicological terms, non-sequitur, and a few otherwise dubious recollections and interpretations. In doing so he wasn't being scientific, but was, arguably, articulating his insights as best he could to people who came with quite different presuppositions about music, song, and much more.[133]

Ar cheirníní Ghael-Linn a chuala Steve Coleman glór Sheosaimh Uí Éanaí den chéad uair. Le linn dó a bheith ar an ollscoil i Chicago, a chathair dhúchais, bhíodh clár raidió dá chuid féin ag Steve agus chuir sé spéis ar leith sa gceol Gaelach, cé nach bhfuil fuil Éireannach ar bith ann féin. Bhí ceirníní le The Chieftains agus le The Bothy Band aige agus cupla ceirnín le Seosamh Ó hÉanaí. B'éigean dó éirí as a chúrsa ollscoile nuair a 'thit an tóin as an teaghlach' mar a chuir sé féin é, agus i 1978 chuaigh sé siar go Seattle, áit a raibh cónaí ar dheartháir leis. Fuair sé clár raidió dá chuid féin ar an stáisiún neamhspleách KRAB FM i Seattle, ag craoladh amhráin gan tionlacan, as Éirinn, as Albain agus as tuaisceart na Breataine:

> Bhí mé an-tógtha ag an am le Paddy Tunney, le Joe Heaney agus le cúpla amhránaí eile. Agus oíche amháin bhí mé ag casadh amhráin as ceantar Newcastle nó Gateshead i Sasana ar an raidió agus ghlaoigh fear a raibh Louis Killen air agus: '*You just played me on the radio*,' a dúirt sé. B'as an gceantar sin i Sasana é féin agus bhí sé aistrithe go Seattle. Cineál amhránaí athbheochanna a bhí i Louis. Bhí club amhránaíochta traidisiúnta aige i nGateshead nó i Newcastle i Sasana roimhe sin, agus bhíodh Joe Heaney ansin go minic.
>
> Ansin chuala mé go raibh Joe Heaney féin ag teacht go Seattle, agus faoin am sin bhí mé ag smaoineamh ar mo chéim ollscoile a chríochnú, mar caithfidh tú maireachtáil i stát áirithe ar feadh cúpla bliain sula mbeidh tú in ann an ráta íseal táillí ollscoile a fháil. Ansin rinne mé socrú le Louis Killen go ndéanfadh seisean cuid de na cláir raidió agus go ndéanfainnse an chuid eile, agus rinne muid clár ar leith le Joe. Tháinig sé isteach sa stiúideo in éineacht le Joan Rabinivitz a bhí ag obair leis san ollscoil, agus chuir mise aithne ar na daoine sin ar fad a bhí sa Roinn Eitneacheoleolaíochta ar an gcaoi sin. Bhí mé mór le duine acu, Jill Linzee.
>
> Faoin am seo, bhí mo shaol féin tite isteach le cúrsaí Éireannacha. Bhí mé ag roinnt tí le hÉireannaigh, agus is ar an gcaoi sin a thosaigh mé ag foghlaim na píbe ó phíobaire darb ainm Denis Brooks, atá ina chónaí i gCorcaigh anois. Bhí ráchairt mhór ar an iascaireacht i Seattle ag an am. Bhí an-éileamh ar dhaoine a raibh scil ar bith san iascaireacht acu agus bhí pá iontach le fáil acu. Tháinig go leor as Gaillimh go Seattle na blianta sin agus thugtaí *The Galway Fishing Fleet* orthu. Bhí fear as an Spidéal ann agus duine nó beirt as Árainn. Eugene Dillon a bhí ar fhear an Spidéil agus Johnny a bhí ar dhuine de

na hÁrannaigh. Ní cuimhin liom go raibh aon aithne mhaith ag Eugene Dillon ar Joe ach bheadh a fhios aige cérbh é féin. Bhí cara liom a bhíodh i gcomhluadar na bhfear óg seo as Gaillimh agus bhíodh sí ag fiafraí díomsa: 'Who's this guy Chuck Forbow?', mar chloiseadh sí an oiread sin cainte faoi 'Teach Forbo' [teach ósta sna Forbacha, idir an Spidéal agus Gaillimh, an Connemara Coast Hotel anois, a mbíodh go leor seisiún bailéad ann ag an am, nuair ba le Bill Fuller é].

Thart ar an am sin, i dtús na n-ochtóidí, a thosaigh mise ar an ollscoil i Seattle agus bhí aithne agam ar Joe ar feadh dhá bhliain go leith ina dhiaidh sin, go bhfuair sé bás. Nuair a chláraigh mé san ollscoil rinne mé ranganna leis agus bhí mé ag foghlaim amhránaíochta uaidh. Bhí tú in ann clárú le 'Sean-Nós, with Visiting Artist Joe Heaney' nó rud éigin mar sin. 'Sean-Nós' a thug muid ar an rud a bhí Joe a mhúineadh, ach níor úsáid sé féin an focal sin rómhinic. Scríobh mé faoi sin: faoin tuiscint léannta a bhí aige ar an gceol a bhí timpeall air. Tá mise ag ceapadh go raibh sé ag foghlaim an t-am ar fad, ón am a raibh sé i Sasana le Ewan MacColl, ag iarraidh aon rud a chabhródh leis tuiscint níos mó a fháil ar an rud a bhí aige féin.

Maidir leis na ranganna, bhíodh sé leis féin i seomra. I dtosach bhí sé i seomra mór agus uirlisí ceoil de gach saghas as gach ceard den domhan ann. Ach bhí deasc sa gcúinne agus bhíodh sé ansin ag léamh an pháipéir nó ag déanamh crosfhocail. Ní raibh aon Ghaeilge agamsa ag an am sin agus d'iarr mé air gan aon amhrán Gaeilge a thabhairt dom, mar cheap mé go mbeadh sé níos fearr go mbeadh tuiscint agam ar céard a bhí ar siúl. Ach bhí sé sásta amhráin Ghaeilge a mhúineadh do dhaoine nach raibh Gaeilge ar bith acu. Agus an rud a dhéanadh sé, thugadh sé na focla dóibh agus dhéanaidís taifeadadh den amhrán, agus ansin thugadh sé míniú ar an amhrán. Ní aistriúchán a bhí i gceist ach 'an scéal' mar a thugadh sé air. I ndáiríre, is é an modh oibre céanna a bhí aige le hamhráin Ghaeilge agus amhráin Bhéarla. Agus nuair a bhíodh sé ar stáitse dhéanadh sé rud a bhí an-chosúil le bheith ag múineadh na n-amhrán, agus ní raibh mórán difríochta idir an modh stáitse a bhí aige agus an modh oibre a bhíodh aige le duine amháin sa seomra ranga; an t-amhrán agus an scéal, agus caint faoi chomh tábhachtach is atá scéal an amhráin. Agus bhí sé i gcónaí ag díriú ar an gcineál amhráin a dtugadh sé féin *laments* orthu. Bhíodh an-suim aige ansin.

Uair an chloig amháin sa tseachtain a bhíodh ag an mac léinn leis. Bhí idir scór agus tríocha mac léinn ag freastal ar a rang, duine amháin ag an am. Thosaíodh sé le amhrán éasca, ar nós '*The Dawning of the Day*' (an leagan Béarla) agus ansin '*The Rocks of Bawn*', '*Dark is the Colour*', agus ba bhreá leis na hamhráin Bhéarla faoi Napoleon, '*The Bonny Bunch of Roses*' agus mar sin. Nuair a fuair sé bás bhí na hamhráin sin ar fad ar téip agam agus níor éist mé leis an téip sin ó shin. Thug sé *group performances* istigh san ollscoil freisin. Bhíodh a dó nó a trí de cheolchoirmeacha foirmeálta ann sa bhliain, agus ócáidí eile mar *folk festivals*. Bhíodh sé ar an stáitse sách minic.

Níor cheap mise go raibh sé chomh cinnte de féin is a cheap daoine eile. Cheap mé féin go raibh sé céasta, agus go raibh sé ag smaoineamh ar an saol agus ar na rudaí a tharla dó. Bhí sé ag maireachtáil leis féin agus bhí cuma uaigneach air. Bhí sé an-sásta le cuairteoirí ach chaithfeadh misneach a bheith agat chun dul chuige. Bhí Jill ag ceapadh ag an am go raibh a fhios aige nach raibh i bhfad le maireachtáil aige.

Níor ól sé tada nuair a bhí aithne agamsa air, ach bhí *emphysema* air. Bhí a fhios ag chuile dhuine é sin mar bhí *inhaler* aige an t-am ar fad agus thugadh sé '*the quare fella*' air. Ní úsáideadh sé go minic é, b'fhéidir uair sa ló nó mar sin. Bhí sé cairdiúil, ach ag an am céanna bhí sé cantalach. B'fhéidir go n-iompódh sé ort gan mórán údair a bheith aige, agus an chéad rud eile bheadh sé an-mhór leat arís. Bhí mise cineál scanraithe roimhe ar dtús mar bhí sé *larger than life* ar bhealach. Ach nuair a thosaigh mé ag dul amach le Jill Linzee chuir mé aithne i bhfad níos fearr air, mar bhíodh sise ag dul ar cuairt chuige agus chuile shórt, mar bhí sí ag obair leis, í féin agus Sean Williams.

Is nuair a thug mé cuairt ar an gcartlann i Roinn na hEitneacheoleolaíochta san ollscoil féin, agus a labhair mé leis an gcartlannaí, Laurel Sercombe, a thuig mé i gceart cé chomh ceanúil is a bhí an fhoireann ar fad ar Sheosamh, agus cé chomh maith is a chaitheadar leis. Fiche bliain tar éis a bháis, bhí meascán den chumha agus den chion a bhí aici ar Sheosamh le brath ina glór nuair a mhínigh sí dom go mbíodh Seosamh isteach is amach chuici idir ranganna agus go ndearna sé a bhaile den áit ar go leor bealaí:

I don't remember my first meeting with him but I do remember he was such a constant fixture here in the basement that first year. I believe he came in five days a week although our visiting artists teach four days a week and get one day off. But, as I recall, he didn't have that much to do outside of the school and he got quite attached to the students.

Initially, he would come in here between lessons and just wanted to chat. And I can't remember if I made him cups of tea or not. I'd like to think that I did but I'm not sure I did. I often had a sense that he was lonely and needy. I'm ashamed of this, but I remember a few times that he was on his way here and I made it clear that I couldn't stay long to talk, because there were times I got trapped. But he was a very sweet man and it was a pleasure for all of us to have him around. It really was. And this was when he was in pretty good health still.

Now that I'm older I can see that he was not an old man. But he walked like an old man and he looked ten years older than he was. And of course he had that craggy face. He had a beautiful face and his eyes were really haunting. In fact, from the pictures I've seen of him as a young man I must say that he got much better looking as he aged. There was something about those beautiful eyes and that kind of a look of somebody who had suffered and struggled. And all that beautiful silvery-white hair. There was something about his stature, the way he carried himself. And he was certainly an attractive man. He somehow reminded me of my English grandmother who lived with us when we grew up. My grandmother hated the Irish, by the way!

I remember now feeling that comfort and fondness when Joe was around. And it was that expectation of somebody walking slowly, coming in and out of the room. I did have that feeling with Joe. And for me, my first month on the job here, to have somebody like that around was a real joy. Otherwise I felt that he was a man of the world, who was still participating in the world and still fully engaged with everything and everybody.

I was certainly hooked on his singing immediately, like everybody else. I did not study with him but dozens of our students did, and we have tapes of the lessons that are really fascinating. A lot of students would tape their lessons so that they could go back and practise. I overheard lessons from the hall, but the first opportunity I had to hear him formally was at an afternoon tea concert in the Students' Union Building. I can't remember now what Joe performed but he did both stories and songs. And I just remember the one feeling from that evening: I think that he felt loved and appreciated here.

Our other visiting artist that year was Ephat Mujuru from Zimbabwe, a much younger man and also a storyteller and singer, accompanying himself on the mbila. I don't remember that Ephat and Joe had any particular interaction, but for us to have them on the same programme, telling stories from two such different cultures, it was just fantastic. For us, that was one of the experiences where the world seems very small. We all tell stories, we all sing songs. And having the both of them here was a cosy feeling. They were both from traditions where performances were small and intimate. That's how it felt that year and I think we felt like we were a family. And it was the sum total of having both Ephat and Joe here that contributed to that feeling. Joe occasionally used phrases I didn't understand. One of my favourites was – he was crazy about Jill Linzee and Sean Williams – and he described one of them as 'a fine lump of a girl'. And I've used that phrase ever since!

Dúirt Sean Williams liom gur thóg sé tamall uirthi féin dóthain teanntáis a dhéanamh air le go ngabhfadh sí ar cuairt chuige, ach de réir a chéile ba gheall le rang neamhfhoirmeálta an chuairt chéanna:

Yes, we did visit him in his apartment, but not right away. I think I was too shy. But sometimes in summer I would go over and visit him and drink tea with him. There was always some kind of lesson to it, although very often we'd talk for a long time and then there would be a song. Then we'd talk more. And so his lessons involved quite a lot of socialising, chit-chat and things. And then there were times when he'd make me do five songs quickly. He would give me five English-language ballads just as fast as he could sing them, and I'd write them down and I'd have to produce them right back. It really varied, depending on his mood and what he felt like doing that day. And sometimes we'd spend the whole formal lesson-time chatting, because that would be what his mood would dictate. But I studied with him several times a week, two or three hours a week, because he couldn't go for longer than an hour at a time. And we would have tea and I would walk with him around the campus.

He was so quiet about his marriage. I think most of us didn't know that he was married. And I asked him once: 'What about the family at home?' And he had a stock answer to that question, which was: 'I gave up three things twenty years ago, and I'm never going back!' And one had to assume 'cigarettes, alcohol and women'. But that was the stock answer when anybody asked him anything about relationships, even though he had classic ways of flirting with his female students, because half the graduate students were women. And he would ask us questions like 'Do you have a boyfriend?' or 'Do you have a husband?' He'd look at somebody like me, and I'm twenty or thirty pounds overweight, and he would say: 'Well, you're a fine lump of a girl!' and make some comment about my hair or body or something like that. And for a lot of the women students he wanted to know if their hair colour was real: 'Did you get that from a bottle?' And so a lot of us spent a lot of time defending our relationships, our hair colour, our preferences in music; and I think that was his way of both flirting and challenging. And I think for him flirting and challenging was just blended exactly. That was one of the ways he operated at comfort level. I think he needed to see vulnerability to feel like he had something to offer.

And there were statements that he would repeat quite frequently like 'All the old people where I come from do this' or 'Everybody where I come from does this', or 'Nobody speaks English; it's all in Irish'. And if somebody said: 'But I was in Connemara two years ago and everybody was speaking English', he'd say: 'No, they weren't!', or 'You thought it sounded like English because your ears weren't sharp enough!' So it seemed to be very important to him to reserve an image of, if not the rest of Ireland, at least of Connemara, that was the Connemara of his grandparents' time.

Shíl Jill Linzee nach dtagadh mórán daoine ar cuairt chuige:

Joe didn't share information about who came to visit him. My guess is he spent a fair amount of time alone. It was largely Sean and myself. We continued having lessons with him throughout, but our work with him became more involved. We were students who stuck with him over a period of time and also had made the determination that we were not only interested in Joe and what he did, but were interested enough to make it a focus of some of our studies. Both of us wrote our Masters thesis about Joe and his tradition. We had perhaps a closer and more involved connection with him than some of the other students. There was another woman, Sandy Salstrom, who was an undergraduate and she was very interested in Joe and very friendly with him. But I'd say it was Sean and I for the most part. A number of us that he had developed more of a rapport with, beyond having lessons with them, would meet with him at his place. It was generally easier for us to meet him at his place because most of us had cars and our travel was easier than his.

Socially, I don't think there was a tremendous amount of that here for him. He certainly made connections with other people in the community, but I think he largely kept to himself. Besides his university connections, there were other people who came out of the woodwork like Louis Killen who was living here then. He'd go and visit Joe. Louis Killen was an English traditional singer who sang with the Clancy

Brothers for years and was known as their 'captive Englishman'. But I wouldn't say he knew Joe well, not like the Clancy Brothers.

Dúirt Sean Williams liom:

I think there were a lot of first-generation Irish people in the northwest who were ashamed of anyone who spoke Irish. Because in the eighties the economic boom hadn't happened yet in Ireland, *Riverdance* hadn't happened yet, and people who left Ireland felt that they had reason to be ashamed of anyone like Joe. A lot of the Irish community wouldn't come out to hear Joe. He reminded them of things they would prefer to forget. Anyhow, Joe would probably scold the likes of them for not speaking Irish, and I don't think they cared to be scolded. They probably had enough scolding when they were younger and still living in Ireland. But nowadays, in the post-economic boom and post-*Riverdance* era, in America it is different. You have no idea how huge *Riverdance* was here. Suddenly everybody was proud to be Irish, but this didn't happen till the latter part of the nineties. If I'm giving a presentation or a class now, there's a big waiting list, and everybody wants to know something about Joe Heaney, twenty years after he passed away.

Those who came to Joe's adult classes were Irish Americans who came out west from Boston or New York, whose grandparents refused to speak Irish in the home and who wanted to get something back. They were people who wanted to connect to a sense of homeland somewhere in the world.

D'athraigh Seosamh saol daoine i gceantar Seattle, a dúirt Sean Williams, agus ní hí féin amháin a bhí i gceist aici:

If there was one thing that was very important about his visit to the northwest, it was the impact he had on the personal lives of many people. And, giving myself as an example, he was the first person with whom I worked who was a master of his tradition. I had always been interested in Irish music and Irish song and language, and it was a tremendous honour to work with someone who was a master. And of course I ended up afterward working with many other people, but as my first person, he had a tremendous impact on me. Just before he passed away he said that he wanted me to keep teaching other people, and so I've taught hundreds of people to sing his songs and told them about his life and story. And that has had an impact on other people's lives, people that were born after he passed away. And so he continues to have an enormous impact on people interested in Irish culture, especially the traditional songs and stories from the west.

In terms of my then boss, Laurel Sercombe, the Joe Heaney Collection forms the largest set of tapes and recordings and films of the University of Washington Ethnomusicology Archives. And so there are many people who ended up touching Laurel's life, just trying to get in contact with Joe through the recordings.

In terms of Jill Linzee, Joe certainly inspired her in many ways to go into folklore. And again, I believe he was the first master of a tradition that she worked with as well. And so, for all the people that she has touched through her work and public service as a folklorist, I think Joe really started all of us, in many ways, on the path that we ultimately took. I would say now, since Joe's passing, there are thousands of people who have experienced something of what he had to offer, because of the people he has touched when he was in the northwest.

Déarfainn gur ar Jill Linzee is mó a bhí tionchar ag Seosamh, agus is cinnte gur uirthi is ceanúla a bhí sé:

My relationship with Joe had a profound effect on my life and my work in many ways, and I am often going back and looking at what I learned from him. I became immersed in a specific tradition where there was a possibility of having a real relationship and friendship with a person as well. The fact that I could speak with him in English meant that there wasn't a language barrier, where other people in my field were going out and working with people of radically different cultures. It was a very rich experience.

My relationship with him certainly opened a lot of other doors down the road. Because he was so well known to many people, other people are interested to know about your work with him. It's a door into the world of Irish music, traditional music in general, or it led to connections with many other people in the field that I worked with in subsequent years. It is being able to get inside the material and working with it in some ways that, for Sean and I, our scholarly work was training us to do.

I certainly don't regard myself as a *sean-nós* singer, but I certainly learned many of the songs and could sing them. But I had been very interested in the stories, and I was learning about ethnopoetics at the time, which was a whole new area within linguistics study, and used some techniques from ethnopoetics to transcribe his stories, in poetic form versus prose. So I got into this whole period where I was transcribing some of the stories in adddition to the songs, and played around with that a little bit.

I was interested enough in Joe himself as a person, and in his tradition, that I invested a lot of time while Joe was alive, but also after he passed away, in learning more about who he was. I invested a lot of time and my own funds in travelling to Ireland and England and talking to people and getting the chance to interview people who had known Joe. Sean and I, at one point, applied for a Fulbright grant to work on a book about his songs and his tradition. Our model for the book was a book that had been written by Roger Abrahams who was a famous folklorist in this country. He wrote a book on Almeida Riddle, *A Singer And Her Songs*. Almeida Riddle was an Appalachian singer, and the idea was that Sean and I were going to take that model and apply it to Joe. Sean is working on a book now and she is collaborating with someone in Ireland as I understand it. And for me, my worklife is pretty consuming and I haven't had the time to go back and do what I would like to do with the project.

Dúirt Steve Coleman freisin:

Is cinnte go raibh sé tábhachtach i mo shaolsa. Is é a d'oscail doras dom ar an nGaeilge, cé nár labhair mé Gaeilge le Joe féin riamh. Ach is uaidh a fuair mé amach go raibh a leithéid ann. Bhí a fhios agam go raibh an teanga ann ach ní raibh a fhios agam cén saibhreas a bhí sa teanga, agus i gConamara, agus chuile shórt mar sin. Ó na scéalta a bhí aige bhí a fhios agam go raibh i bhfad níos mó taobh thiar díobh. An rud is mó a thaithin liomsa agus ar chuir mé spéis ann, go raibh an ceol ceangailte le rudaí eile ar nós teanga agus an stair agus chuile shórt mar sin. Agus bhí suim agamsa sa gceol.

Bhí tionchar mór ag Joe orm. Murach é ní bheadh an doimhneas céanna le feiceáil sa traidisiún agam. Bhí buntáiste mór amháin aige – go raibh sé i Meiriceá, mar tá sé i bhfad níos fusa a bheith ag caint faoin tír nuair nach bhfuil tú sa tír. Tá a fhios agam féin an nós atá ag daoine óga na hÉireann: níl an chuid is mó acu ag iarraidh mórán a chloisteáil faoi rudaí mar sin. Sin deacracht nach raibh ag Joe i Meiriceá. Na daoine a tháinig chuige bhíodar *self-selecting* ar bhealach, daoine a mbeadh spéis ar leith acu ann, nó daoine a mbeadh eolas nó tuiscint acu ar go leor traidisiún eile sa domhan.

Maidir leis an dearcadh polaitiúil a bhí aige, tá sé an-deacair é sin a mhíniú, dáiríre. Ní poblachtach a bhí ann ar bhealach amháin agus ba ea ar bhealach eile. Ach bhain sé leis an bhfealsúnacht sin a bhí aige ar Chonamara. Bhíodh sé ag cur síos an t-am ar fad ar an gcos ar bolg a bhíodh ar siúl i gConamara. Dúirt sé uair amháin gur tháinig sagart nua san áit. Agus bhí nós ann go dtí sin go mbíodh na daoine 'uaisle' ina suí thuas ag barr an tséipéil agus an chosmhuintir ag cúl an tséipéil. An chéad rud a rinne an sagart nua seo, d'ordaigh sé do na daoine a bhí thuas dul síos agus do na daoine a bhí thíos dul suas! Ach sin é an t-aon rud maith a chuala mé é a rá faoi shagairt. Bhíodh sé ag caitheamh anuas ar shagairt, ach ní hin le rá nach raibh creideamh aige. Níl a fhios agam an dtéadh sé chuig an aifreann nó nach dtéadh.

Bhí scéal aige faoi bheith ag seisiún ceoil i dteach a raibh Sorcha Ní Ghuairim i láthair ann, agus gur tháinig an sagart isteach agus gur bhris sé an bosca ceoil agus gur scaip sé na daoine. Aisteach go leor, nuair a tháinig mé ar ais go Chicago as Seattle, bhí mé i rang Gaeilge san ionad Éireannach a bhí ansin. Ó Guairim a bhí ar an bhfear a bhí ag múineadh agus b'as an teach céanna é a mbíodh Aingeal de Búrca ag fanacht ann. Bhí an-áthas orm go raibh fear as Carna ag múineadh Gaeilge dom.

Ach bhí go leor comhráití agam le Joe. Dúirt sé na rudaí céanna arís agus arís eile, mar a bheadh fealsúnacht déanta amach aige a bhí bunaithe ar thuiscint a fuair sé air féin agus ar an traidisiún.

Bhí sé i gceist agam Gaeilge a fhoghlaim, agus tar éis bhás Joe thosaigh mé ag dul chuig ranganna i Seattle, ach ní raibh aon ranganna cearta ann ach daoine agus *Buntús Cainte* acu. Bhí mé ag críochnú mo chéime san antraipeolaíocht, agus ba é Valentine Daniel as Sri Lanka an stiúrthóir a bhí agam. Bhí aithne aigesean ar Joe Éinniú agus ar Ewan MacColl agus bhí an-mheas aige ar thraidisiún amhránaíochta na hÉireann. Cheap sé go raibh sé an-chosúil le ceol traidisiúnta na hIndia, ach amháin san India go gcaithfeá blianta ag foghlaim an stuif sin agus anseo [in Éirinn] gur phioc daoine suas é.

Dúirt mé le Valentine Daniel uair amháin go raibh mé ag smaoineamh ar Ph.D. a dhéanamh agus gur mhaith liom dul chuig an India. 'Cén fáth nach dtéann tú go hÉirinn?' a dúirt sé, 'ó tharla go bhfuil an oiread sin aithne agat ar an traidisiún sin agus tú ag foghlaim an cheoil freisin.' Is eisean dáiríre a spreag mé. Scríobh sé litreacha dom agus fuair mé isteach in Ollscoil Chicago i 1986 agus bhí mé in ann an samhradh a chaitheamh in Áras Mháirtín Uí Chadhain ar an gCeathrú Rua, áit a raibh Máire Ní Fhinneadha do mo mhúineadh i 1987 agus fear a fuair bás go hóg, Máirtín Ó Briain, do mo mhúineadh i 1989.

Ach tháinig mé go hÉirinn roimhe sin i 1985 agus chuaigh mé go Carna. Chuaigh mé ar an traein go Gaillimh agus ar rothar go Carna agus d'fhan mé Tigh Mheaic, mar bhí *hostel* ann ag an am. Bhuail mé le daoine i gCarna nach raibh focal maith le rá acu faoi Joe agus a dúirt go raibh sé tiarnúil. Bhí sé cineál mar sin linne freisin, ach níor thuig mé cén fáth go mbeadh sé mar sin ina cheantar féin, agus chuir sé sin cúpla dabht i mo chloigeann.

Tháinig mé go Ráth Cairn i 1992 chun taighde Ph.D. a dhéanamh agus bhí mé ann go dtí 1996. Scríobh mé chuig an Dr Eileen Kane [scoláire Meiriceánach agus Ollamh le hAntraipeolaíocht ag an am] i gColáiste Mhaigh Nuad agus fuair mé uair sa tseachtain ag múineadh ansin ar feadh bliana. Bhí dóthain Gaeilge agam ó Áras Mháirtín Uí Chadhain nach raibh orm aon Bhéarla a labhairt i Ráth Cairn.

Chuaigh Sean Williams chun na hIndinéise tar éis di céim an mháistir a bhaint amach ar amhránaíocht Sheosaimh Uí Éanaí i Seattle. Rinne sí céim an dochtúra ar cheol na hÁise agus d'fhoilsigh sí toradh a cuid staidéir i leabhar dar teideal *The Sound of the Ancestral Ship* sa mbliain 2001. Ach bhí sé i gceist i gcónaí aici filleadh ar cheol na hÉireann agus ar amhráin Sheosaimh, rud a rinne sí nuair a thosaigh sí ag múineadh in Evergreen State College in Olympia, taobh ó dheas de Seattle. Ó thús na nóchaidí, tugann sí grúpa mac léinn go hOideas Gael i nGleann Cholm Cille i dTír Chonaill agus bíonn roinnt de na hamhráin a fuair sí féin ó Sheosamh foghlamtha acu sula dtagann siad:

Every third year I teach a year-long full-time class in Irish Studies. It's the largest programme in the world from what I've heard. We take our students to Glencolumbkille, and by the time they arrive they have a bunch of Joe Heaney's songs, and some other songs that don't come from Joe. We try to hook them up with some singers from Donegal, like Gearóidín Bhreathnach and Lillis Ó Laoire. That has proved to be wonderfully fruitful, because they have something to compare. They don't really try to do the big songs in Irish, but they hear them anyway, and I give them longer songs and easier songs in English. So, by the time they get there, they can at least do a few songs.

I bring thirty or forty students at a time, at their own expense, for a period of five weeks, and the university pays for me. This is my fourth time since the early nineties doing this Irish Studies class. We have almost eighty people signed up this year again, and every single one of them has asked if they can go to Ireland in the spring. I won't take eighty because it's just a logistical nightmare, but there will certainly be thirty or forty. There is really a growing interest in Irish culture, especially as people try to search for a sense of self-identity and heritage. I don't think this would be happening were it not for Joe Heaney. My colleague Patrick Hill teaches Irish Studies in one form or another, but if it wasn't for my work with Joe I might have focused on Indonesian music and not so much on Irish music. And the Irish Studies Programme, as it is growing at the Evergreen College, is certainly a large part because of Joe.

And every time I take students to Ireland, I leave a few there who fall in love with an Irishman, get married and have children. So, you have Irish-American children in Ireland because of the work of Joe Heaney! And since my plan is to continue teaching this class every third year, I think that Joe's influence will continue to spread. And I have two students now who have made recordings, and have included Joe's songs, that they got from me. So, more people are hearing 'A Stór Mo Chroí', for example.

Here in the northwest, the impact continues to be enormous. I have been teaching songs to my daughter Morgan and her classmates, and they have all gone home and taught their parents. And in fact, not a month ago, one of the parents came and said something in Irish to me that her daughter had taught her, from me, which came to me from Joe. And Cáit Callen, in the class that she teaches, there are children of every race and ethnicity who are learning 'Óró Mo Bháidín' and other songs, and just delighting in songs that are in a different language and of a very different culture from their own. And who knows what those songs may do in these children's lives?

I ndeireadh na bliana 1983 a casadh Katherine Trainor Callen ar Sheosamh, nó Cáit Callen, mar a thosaigh sí a thabhairt uirthi féin go gairid ina dhiaidh sin. Chuaigh seanmháthair Cháit, bean de Phriondargás as Contae Mhaigh Eo, go Meiriceá in 1891 in aois a sé bliana déag, phós sí Fennelly de bhunadh Ghlaschú i mBridgeport Connecticut, agus bhí máthair Cháit ar dhuine den chúigear clainne a bhí acu. Rugadh Cáit féin i Massachusetts agus b'as Milwaukee a fear céile, Liam Callen:

Liam was an ex-Jesuit and I met him at a halfway house for priests in Washington D.C. We were both Catholics and I consider myself a Catholic today. [Maraíodh Liam Callen i dtimpiste gluaisteáin sula ndearna mise an t-agallamh seo le Cáit i 2003.] Our son, Conall, was born in Washington and we came to Seattle around 1970. I first met Joe at a storytelling session at the Good Shepherd Centre here in Seattle. I do recall there was a long line of young ladies with cakes afterward, and he looked like a very distant professorial-type person.

I was very ignorant of my heritage and culture and I really was interested. And I had my sons with me, one of whom was asleep, and I was hauling him along. And one of the stories, I think, was 'The Bailiff and the *Amadán*'. That night I came home, and oh did we have the nightmares! And I said: 'Is this it? Is this my heritage?' And that was the beginning. That was my first connection with anyone who was born in Ireland and spoke the Irish language.

Not much happened after that first experience. I believe Liam, who was with the medics project at the University of Washington at the time, might have run into him. And I do remember Joe being at our house, and on a tape that I have from when we both were learning songs, I believe he was doing a song with Liam and then he started teaching me that night. And I think my first song was '*Beidh Aonach Amárach i gContae an Chláir*'.

And then I remember going to the University of Washington where he had some students that he was doing a presentation with. And '*A Stór Mo Chroí*' was one of the songs that were sung, and I remember telling him afterwards that I couldn't stop crying. And he said: 'When you learn the song yourself you won't cry any more', which was true. I actually learned that song and I never cried any more when I sang it.

I was very interested in learning the songs in Irish and he taught me a number of songs. He would give me the song and I would write the phonetics down. Then he gave me the English, and I'd take it home and work on it and come back and sing it again. He would also sing it on a tape which I would have. And that was the oral tradition. That's how I learned the songs before I had studied much Irish myself. Joe was here at our home socially a couple of times and I went to his apartment and took my sessions with him there. We also did some walks together, and that was one of the things that was much fun.

Níl aon lárionad Éireannach i Seattle mar atá i mBoston, i Chicago, i Nua-Eabhrac agus i gcathracha eile i Meiriceá, agus is i dteach ósta Murphy's ar 45th Street i Wallingford, gar go maith don áit a raibh Seosamh ina chónaí, is mó a thagadh comhluadar óil na hÉireann le chéile. Chaith mise oíche Shathairn amháin ann; Éireannaigh is mó a bhí ag ól ann agus a bhí ag freastal ann agus ba Éireannaigh formhór na gceoltóirí. Is ann a thagadh Cumann Píobairí Seattle le chéile, agus thug an cumann sin cuireadh anonn do Sheán 'ac Dhonncha an bhliain tar éis do Sheosamh bás a fháil, thaithin sé chomh mór sin leo nuair a bhí sé ar cuairt ag Seosamh i 1983.

'*It's very difficult to measure the Irish community in Seattle,*' a dúirt Cáit Callen:

but there's a strong group here, especially on St. Patrick's Day, although Joe didn't care too much for that function. One of the big things was the parade, and then the activities in the Seattle Centre. And then there was a lot of drinking in the pubs, but Joe wasn't going out to the pubs because he had emphysema and he couldn't be around smoking.

But he was a fairly private person. I don't know how famous

he was around here. I remember being at some Irish function with him one time, and I would say the feeling between the people and himself was not too compatible. In fact, there was this terrible argument with this lady about whether she went to school without shoes. That's the most I could get out of it. She was Irish but I don't remember what part she was from. But, in his opinion, she wasn't presenting herself to her true self. He could be very cutting to the people who were born in Ireland and didn't speak Irish . . .

The thing that struck me the most about him was his character. There was something that he had inside himself that was his, that nobody could take away and that didn't depend on money or fame or any other material posessions that we see around us. And that was so attractive, that quality of personal integrity. It just attracted me to this person who carried this tradition and this strong sense of who he was and where he was from. And he also seemed to know who we were too! He was unusual in that he could connect with people in such a deep way that they would want to get in touch with who they were and be able to express themselves in a way that could be profound and meaningful and soul-sustaining.

Ach thit Cáit agus Seosamh amach le chéile, mar nárbh ionann a ndearcadh ar Thuaisceart Éireann:

I remember one time I had my *Brits Out!* button on. And he said: 'Get rid of it! Take it off! It's not my way!' He never minced his words. He definitely had no love for the oppressor or the oppression of the Irish people, but he had his own way of trying to deal with that. I remember him saying to me one time: 'You know, Cáit, Ireland is a vey small country and it's not very important to the United States, but people here need to learn to love Ireland.' And that's what he was about.

Chuaigh Cáit agus Liam Callen ar thuras go hÉirinn i samhradh na bliana 1983, mar chuid de ghrúpa Meiriceánach a bhí ag tabhairt cuairt ar an Tuaisceart. Ní hé amháin sin, ach thugadar an grúpa go Carna go speisialta le go bhfeicfidís ceantar dúchais Sheosaimh:

We were one of the first group of people by invitation of Sinn Féin to visit the occupied Six Counties. We were with a group of seventy people from across the United States, and many people were quite older than I was. [Bhí Cáit thart ar an leathchéad ag an am.] I think they were quite surprised; they thought these people would be young people born in Ireland, but it was mostly older Americans, professors and people like that among them. Actually, one man was a state representative from Boston. Martin Galvin was in charge of the group, I believe.

For the first two weeks we toured the Republic and we actually drove the exact same route from Shannon to Carna as the funeral did later, and sat in Mac's pub in Carna. I think Joe was terribly jealous that we were going without him. I think he really wanted to go, but he gave us directions from Shannon.

Tháinig cúrsaí Thuaisceart Éireann eatarthu níos deireanaí freisin:

I had a terrible experience with him myself personally. I took a young lady to one of his classes. I went to the first set of his community education classes myself and taped them. My husband Liam was going to the second set of classes, but he was out of town. And I had a young lady staying here from Belfast whose father had been an officer in the IRA. And I took her over there to the class and gave her Liam's tape recorder and said it would be a nice experience for her as a teenager. She could tape the class. When I arrived at the door with her he looked at me, and if eyes could kill! That was my first experience of 'the evil eye'! I sat for a while and I'd say I shook for about ten minutes. I had never had anybody look at me like that before!

And he was very friendly to her later on, to the point where she asked afterwards: 'Do you think I can maybe take some lessons with him?' I said: 'You can take that up with your Dad.' I don't think it ever happened. He respected her father but he had a mission and he was smart enough politically that he was concerned about how he was being taken. And he was sensitive to that issue. He definitely respected her father. I know he did, from conversations we had, but at the same time he was worried about his political situation.

But I was totally enriched by the experience of knowing Joe. I remember saying to myself, looking in the mirror, that I actually saw somebody looking back at me. I don't think you can underestimate the importance of people knowing where they come from. I think it deepened me and gave me a broader appreciation of my own people – things that I had no understanding of when growing up. I wished it could have happened earlier.

I have been deeply enriched, and continue to be enriched. I have something to live for, which is to improve my share of Irish. Everybody needs something to continue, and the songs to me, especially the songs in Irish, are a form of meditation. And 'Caoineadh na dTrí Muire' became my song, because of the tragedies and because I get a chance to sing it once a year at the Irish Mass here. But I have some other songs that I never let go of. Last year I was able to share them with children in my school. We did 'Beidh Aonach Amárach i gContae an Chláir' and 'Óró Mo Bháidín', and I remember taking the toast that Joe taught me, and giving that at my son's wedding: 'Sláinte agus saol agat; bean ar do mhian agat; talamh gan cíos agat; cuid agus maoin agat, agus bás in Éirinn!' Every now and again you get a chance to share your heritage in some way.

The school where I'm at now does recognize and encourage that kind of thing. Last year they invited me to sing at the holiday celebrations – it's a public school and we don't call it Christmas. And also in March I was asked to sing at the Chamber of Commerce Luncheon, which happened in our building, by somebody who works with the school.

And when we were talking about heroes, I brought in a picture of Joe, my hero! I had a Celtic calendar on the wall, and I had a commercial picture of Ireland and the Irish countryside; I had that book *Ireland of the Proverb*, and the *First Hundred Verbs in Beginner's Irish*. So, I taught the children how to greet me and how to count from one to ten. And so it was an opportunity to go back on what I learned and share it. And I love it when I'm given that chance.

While Joe would not talk publicly about his former private life while he was with us in Seattle, he came across to people here as a kind and open-hearted man who wanted to leave behind him a love and respect for Ireland, the ancient language, *sean-nós* song tradition and traditional culture. He was uncompromising regarding the primacy of the Irish language with respect to the identity of the Irish people and was prepared to argue the point with anyone that language was first in importance in any culture. He wanted the old songs 'sung the way they were sung.' He supported a United Ireland and used to say 'One word in Irish is worth two bullets.' He questioned the value of just putting a larger fence around an English-speaking Ireland. He wanted people in the United States to learn to love Ireland. I think it can be said that, in those of us who were privileged to be gifted with his presence here, he was eminently successful in passing on that love.

Ní i Seattle amháin a chuaigh Seosamh i bhfeidhm ar dhaoine lena chuid amhrán agus scéalta, mar a mhínigh Lucy Simpson as Nua-Eabhrac:

I have tried countless times since Joe died to come to an understanding of what knowing him meant to me. The songs and stories were only part of it. Some people say it was the voice, the singing skill, the respect for the songs, his love of the 'old ways', his integrity, etc. I treasure them all, but there was still something beyond all those things. I think that what I shared with him was some common feeling, maybe unconscious on both our parts, about why we do this, why we learn songs and sing them for and with other people.

At heart, it's not about performing or preserving the tunes and texts. It's about preserving the kind of contact that takes place through the songs and stories, between people when they simply open their mouths and sing, without rehearsal, songbooks, props, costumes, arrangements. I've heard people say that he didn't like to see people using instrumental accompaniments with the old songs; that he disapproved of altering lyrics, or that he was critical of some performers for other reasons, but I saw him make many exceptions to those 'rules' he seemed to have.

I think he instinctively recognized people who know, consciously or not, that real folk music is not about being a good singer or entertainear, having a good memory, or never changing a word. I think the songs and stories were for him a link to some ancient way of being together on this earth, connecting person to person in a most simple, universal way, directly, with a 'naked' song or story. There was something very earthy and rooted about him.

22. Tnúthán an Dúchais

I GCAITHEAMH AN DÁ BHLIAIN SIN I SEATTLE, CHOINNIGH SEOSAMH suas an caidreamh poist le Máire Nic Fhinn agus Michael Davitt i mBaile Átha Cliath, agus níorbh fhada ar ais i Seattle é ón tsaoire mhór úd in Éirinn i 1982, go bhfuair siad litir uaidh a bhain gáirí astu. Bhí bronntanas curtha ag Michael Davitt i mála Sheosaimh, a tharraing caint ag na custaim thall:

Hello, Máire – is sibh uilig,
Ba bhreá an rud bheith ag déanamh rudaí beaga leat nuair a bhí mé thiar. Mar a dúirt mé, tá tú 'an-éifeachtach'. Tá na gasúir go hálainn agus níl Michael an-dona – beidh sé níos fearr nuair a fhoghlaimeoidh sé Gaeilge!
D'oscail an *Custom* an *suitcase* a raibh an 'Bosca' ann.
Q. *What's in the box?*
A. *I don't know!*
Q. *You don't know? OPEN IT!*
A. *My friend told me not to open it till I reached home.*
Q. *Some friend! Open it.*
So I did, and found the mug.
B'éigean dó féin gáire a dhéanamh. Shíl sé gur *bomb* a bhí ann. Anois céard a deir tú le Davitt!
Ar aon nós, a Mháire, a stór – is maith liom thú bheith *happy*. Le cúnamh Dé beidh mé siar mar a dúirt mé (má

bhím beo). Téirigh ar aghaidh le rudaí. Tá sé in am rudaí a thógáil ó na 'Gúraí'.

Ba mhaith liom freisin maireachtáil thiar agus bheadh muid in ann go leor a dhéanamh. Ar aon nós beidh mé ag súil le litir, is mar a dúirt mé, béidh mé ar ais an t-am a dúirt mé. *Meanwhile keep eating the rannicks and the skods* [ronnachaí buí agus scadáin a cheannaíodh sé i Sráid Uí Mhórdha].

Grá ó Sheosamh

Nuair a scríobh Máire ar ais chuige, ag moladh an chláir raidió a rinne Máirtín Jaimsie den choirm cheoil sa gCeoláras Náisiúnta, d'fhreagair Seosamh gan mórán moille:

Go mbeannaí Dia dhaoibh,
Is maith liom go bhfuil sibh go maith . . . Faoi rud an *radio*, tá áthas orm gur thaithnigh sé libh. Agus rud eile, faoin íocaíocht. Tá mé ag cur an *envelope* chugat le *proof.* An litir ba cheart a dhul ag an mbanc i nGaillimh, seoladh chugamsa í. *Postmark* 'Casla' 15.10.82. [Bhí cuntas bainc i nGaillimh ag Seosamh.] Tháinig sí go Seattle Nov. 12th mar a fheiceas tú. Bhí sí ag dul ó áit go háit, ach cupla lá ó shin fuair mé glaoch ón P.O. a dhul agus 45 *cents* a thabhairt liom leis an litir a fháil. Is fearr go deireanach ná go brách. Níl fhios agam beo cén chaoi a ritheann an dream sin an *radio* sin. Ag 'dul ar a chéile' a bhíonn siad an t-am ar fad. A *collector's item* an *envelope* seo. Sin é an méid a bhí sa litir. Bhí sí *sealed* go maith. Is maith liom go gcuireann sibhse m'ainm i mBéarla. Tá sé níos siúráilte an litir a fháil.

Tá cuireadh faighte agam dul go Washington D.C., an 4ú Feabhra [1983]. Teastaíonn uathu go labhróinn os comhair an 'Council of National Heritage' faoin *award* a fuair mé. An t-ómós mór atá tuillte ag na daoine a choinnigh beo an rud seo thrí na céadta bliain. Tá áthas orm labhairt faoi seo – creidiúint a thabhairt do na seandaoine nach raibh meas mada orthu faoi bheith ag labhairt teanga ár sinsear. Déarfaidh mé sin. *By the way,* ní bheidh ach mé féin de na daoine a fuair an *award* seo ag dul go Washington. Inseoidh mé dhaoibh faoi.

Scríobhaigí go minic. Is deas an rud litir a fháil uaibh, go mór mhór dá mbeinn in ann cur ina luí ar Mhichael Gaeilge cheart a fhoghlaim . . .
Míle beannacht dhaoibh féin is do na páistí . . .

Grá ó Joe

Is cosúil ó litir eile a fuair sí ó Sheosamh seachtain roimh an Nollaig 1982 go raibh rud éigin a bhí ag déanamh imní do Mháire luaite aici sa litir roimhe sin. Is cosúil freisin nach raibh aon dlús á chur leis an gcéad cheirnín eile ó Sheosamh:

18.12.82

A Mháire, a stór,
Fuair mé do litir is tá brón orm go raibh rudaí ag cur isteach ort. Tá súil agam go bhfuil tú *all right* anois. Is maith an aghaidh ort é.
Is dócha go bhfuil *Government* nua agaibh anois. Is mór an náire iad, chuile dhuine ag caint orthu. Shílfeá go mbeidís uilig le chéile in ann an tír a chur ar shlí maireachtála. *Election* nua chuile lá.
Maidir leis an gceirnín, tá mé cinnte nach ndéanfar tada faoi nó go mbeidh ceann Mhary O'Hara ar fáil. Shíl mé go mbeinn in ann ceann le leath Béarla agus leath Gaeilge, nár chuir mé ar aon cheirnín fós, a dhéanamh, ach is baolach nach mbeidh an t-am acu. Nó ceann as Gaeilge uilig.
Ní bhfuair mé *repeat!* Ní bhfuair mé tada ó Radio na Gaeltachta. Ní raibh fhios agam riamh go rabhadar chomh mímheasúil sin. Ní mórán é £50 i láthair na huaire ach ag an am gcéanna is mór an náire dhóibh gan é a thabhairt. *Enough said.*
Le grá dhuit fhéin, na gasúir agus an Fear Mór.

Mise
Seosamh

Bhí an ceirnín nua a bhí beartaithe aige ag cur as dó arís sa gcéad litir eile, mar aon leis an 'jab sa mbaile' a bhíodh Máire go síoraí a lua leis ina cuid litreacha féin. Agus bí sé diomúch de Raidió na Gaeltachta fós:

Go mbeannaí Dia dhaoibh,
Thanks as ucht na litreacha. Tá sé ruainne beag deacair an 'Ghaolainn' Mhuimhneach a thuigsint ach mar sin fhéin is breá an rud saothraíocht a dhéanamh. Tá an tOireachtas imithe ar shlí na fírinne. Bhíodh coimhlint iontach ansin suim blianta ó shin ach tá *too many skods* ag dul ann anois.

Fuair mé an táille ó RTÉ fadó ó shin ach ní bhfuair mé fiú amháin is focal ó Radio na Gaeltachta. Go deimhin ní raibh sé an oiread sin, ach ba fiúntach an rud dóibh é a íoc liom. Níl mé in ann é seo a chruthú, ach is iomaí uair a chuimhním go gceapann siad gur ag plé le amadán atá siad ... Ba cheart dóibh Radio 'Chonamara taobh thall de Chuan' a thabhairt air. Tá súil agam lá éigin go bhfaighidh mé seans cupla focal a rá leo siúd.

Meas tú an bhfuil Riobard ag cur an cheirnín amach – an ceann Béarla – a dúirt sé. San aois a bhfuil mise ní bheinn ag súil le *job*, ach dhá mbeadh áit dheas [agam thiar] – bheinn in ann rudaí a dhéanamh – is bheinn in ann corr-*trip* a thabhairt go Meiriceá uair sa bhliain, le coirmeacha beaga ceoil agus na *universities* srl. Is é Proinsias Mac Aonghusa ab fhearr a mbeadh seans uaidh. Ar aon nós, *no charity!*

Tá mé ag cur amhráin le chéile le ceirnín maith a dhéanamh an chéad bhliain eile. Tá mé cinnte nach mbeidh na hamhráin go dona. Níl siad ar cheirnín fós. *But keep this to yourself.* Réiteoidh tusa, Máire nó Michael, é. *Any port in a storm.*

Comhghairdeachas leat as ucht an duais a fuair tú, a Mhichael. Taithníonn sé liom chomh *modest* is atá tú – sin fíor. Tá daoine eile agus ní féidir seasamh leo má fhaigheann siad tada. Go n-éirí leat go geal! Tá áthas orm sibh a bheith go maith, ach tá mé an-díomúch do lucht Radio na Gaeltachta. Tá mé cinnte gur le mímheas é, mar ní maith leo siúd duine ar bith – go mór mhór as Carna – tada a fháil.

Tabhair mo ghrá do na gasúir.
Grádh is beannacht,
ó Joe

Phléigh Máire láithreach an 'áit dheas' do Sheosamh in Éirinn le triúr ar leith: le Riobard Mac Góráin Ghael-Linn, le Proinsias Mac Aonghusa a bhí ag obair ar an gclár teilifíse *Féach* in RTÉ agus a bhí ina bhall den Chomhairle Ealaíon, agus le Colm Ó Briain, a bhí ina chathaoirleach ar an gComhairle Ealaíon. Faoin am seo bhí Máire éirithe as Gael-Linn agus comhlacht dá cuid féin, Vermilion – Clóchur agus Dearadh, bunaithe aici. Thug sí seans don triúr a machnamh a dhéanamh ar an gceist agus ansin chuir sí an litir seo a leanas chuig chaon duine den triúr acu, ag tosú le Riobard Mac Góráin:

8 Aibreán 1983

A Riobaird, a chara,
B'fhéidir gur cuimhin leat roinnt míosa ó shin gur phléamar cúrsaí maidir le Seosamh Ó hÉanaí agus an fonn atá air filleadh ar an tír seo le maireachtáil.
Tá Seosamh tar éis a bheith i dteagmháil liom arís le déanaí ag fiafraí an bhfuil aon dul chun cinn á dhéanamh agus is chuige sin atá mé ar ais chugat, féachaint an bhfuil aon dul chun cinn déanta agat faoin scéal. Más cuimhin leat nuair a phléamar ar dtús é, theastaigh uait go bhfágfainn leat an scéal chun roinnt machnaimh a dhéanamh air.
Má tá aon dul chun cinn déanta agat bheinn faoi chomaoin agat ach scéala a chur chugam.
Beir beannacht,
Máire Davitt

P.S. Riobard . . . bhí sé ag fiosrú chomh maith faoin gceirnín. Céard is fearr a rá leis?

D'fhreagair Riobard Mac Góráin an litir láithreach, mar ba ghnách leis:

11.4.1983

A Mháire, a chara,

Go raibh maith agat as ucht na litre a fuaireas uait ar maidin. Nuair a labhair tú liom ar dtúis faoi Sheosamh ba é an rud a bhí id cheann an uair sin labhairt an chéad uair le Colm Ó Briain, agus ina dhiaidh sin le Proinsias Mac Aonghusa agus le Paddy Glackin. Sílim go raibh dhá rud i gceist (a) an seans go bhféadfaí é a thabhairt faoi Aos Dána agus (b) an seans go dtabharfadh an Chomhairle Ealaíon faoi scéim éigin a bhainfeadh leis an sean-nós agus go mbeadh ionad éigin do Sheosamh sa scéim sin.

Nuair a luaigh tú an scéal liom roinnt seachtainí ó shin ní raibh aon toradh tagtha fós as na teagmhála sin. Mholas duit iarracht amháin eile a dhéanamh le Proinsias Mac Aonghusa – ós rud é gur ball den Chomhairle Ealaíon é – agus dúras go ndéanfainn roinnt machnaimh faoi cad eile dob fhéidir a dhéanamh.

Tá ceangal na gcúig gcaol ar na heagrais Stáit faoi láthair mar is eol duit, chomh fada is a bhaineann le postanna nua a chruthú nó fostaíocht bhreise ar bith a dhéanamh. Tá na hinstitiúidí oideachais a gheibheann a gcuid airgid ón Stát sa chás céanna. Agus tá fhios agat féin an chaoi a bhfuil an 'réimse príobháideach'.

Tá mise sásta an scéal a thógáil, áfach, le cúigear nó seisear atá i gceannas ar institiúidí nó ar chomhlachtaí móra, féachaint an mbeadh ar a gcumas ceapachán de shaghas ar bith a bheadh oiriúnach do Sheosamh a thairiscint dó. Inseoidh mé duit ar ball cé an toradh a bhíonn air sin.

Bhí an chuma ar an scéal tamall ó shin go mb'fhéidir go gcuirfí deireadh leis an bpost ollscoile atá ag Seosamh de bharr na géarchéime eacnamaíochta. An ndúirt sé tada faoi sin le tamall?

Beannacht
ó
Riobard Mac Góráin

Fuair Máire agus Michael Davitt litir eile ó Sheosamh go gairid ina dhiaidh seo agus, rud ab annamh leis, bhí dáta aige uirthi: Lá Bealtaine, bliain go díreach sular bhásaigh sé:

1/5/83

Hello, Máire is Michael,
Go raibh maith as ucht do litir/litre is bhí an-áthas orm go bhfuair Michael an duais. Tá súil agam go ndéanfaidh sé go leor airgid as. Tá sé in ann torann a dhéanamh in áiteacha seachas an leaba!

Níl fhios agam beo céard a dhéanfas mé sa samhradh. Má théim go hÉirinn, beidh sé July–August agus b'fhéidir tús September.

Chuala mé bean a bhí thiar le gairid ag rá go raibh sí ar an traein go Gaillimh le beirt ghasúr. Baineadh ós cionn £6.40 díobh ar bhricfeasta. Nach mór an náire é sin. Ní raibh acu ach *bacon-egg-toast* agus tae.

Tá súil agam na páistí a bheith go maith. Tá dúil i gcónaí agam sna *rannicks agus skods* . . .

Maidir le 'daoine áirithe' déan dearmad orthu, ach má fheicimse iad fiafróidh mé cupla ceist díobh. Bíonn siad an-*handy* dá mbeadh poiblíocht ag teastáil. Caithfidh muid smaoineamh air sin agus b'fhéidir gur fearr gan tada a rá níos mó. B'fhéidir go mbeidís ag teastáil fós. Is dóigh go bhfuil rudaí go dona sa chuile áit.

Ar aon nós tá súil agam sibh a fheiceáil is cuirfidh mé scéala chugaibh roimhe sin. Béidh muid in ann cupla oíche a dhéanamh l. c. Dé.

Grá is beannacht,
ó Mé Féin

Bhí dáta curtha aige ar an gcéad litir eile freisin chuig muintir Davitt:

Go mbeannaí Dia dhaoibh,

Is deas uait nó uaibh litir a scríobh. Dá mbeadh 'Gaolainn' mhaith ag muinntir Chorcaí bheidís réasúnta – dá mbeadh.

Ar aon nós tá áthas mór orm faoi do chumas ag scríobh filíochta. I ndáiríre píre déanaim comhghairdeachas leat arís. Maidir le 'daoine áirithe', shílfeá go gcoinneodh siad a bhfocal. Tuigim go rímhaith é. Ná bac leo níos mó.

Níl mé cinnte [faoi] dhul ar ais go hÉirinn go ceann tamaill eile. Inseoidh mé dhuit é. Ní hé an samhradh seo é. B'fhéidir thart ar an Nollaig. Níl a fhios agam fhéin fós.

Ar aon nós, grá is beannacht libh agus leis na páistí. Abair le fear an *Irish Press*, é sin a raibh tú ag caint leis, agus le muintir an *Sunday paper* úd, go bhfuilim á bhfiafraí.

Grá ó Joe

Ní haon ionadh nach raibh Seosamh cinnte céard a dhéanfadh sé an samhradh sin, mar bhí deireadh ag teacht lena chonradh san ollscoil ag deireadh na scoilbhliana sin. Conradh dhá bhliain a bhí aige, ó fhómhar 1981 go fómhar 1983, (cé nár thosaigh sé go dtí Eanáir 1982) agus ní dheachaigh conradh ar bith dá leithéid thar an dá bhliain. Údar imní gan amhras a bhí ann dó, agus údar imní a bhí ann freisin do lucht bainistíochta na Roinne Eitneacheoleolaíochta. Dúirt an cartlannaí Laurel Sercombe liom gur scanraigh rúnaí na roinne nuair a thuig sí céard a bhí ag tarlú:

> It was really our secretary, Elicia Palacio, who totally freaked out when she realized that Joe was going to be staying in Seattle. He didn't have anywhere else to go and he didn't really have anything else to do. He was going to be staying here without any livelihood and she basically said: 'We must do something for Joe!' She was appalled that we would just let him go back out into the street. That's one of the problems about the Visiting Artists Program. We bring in artists for a year or two

and they know that. But, nonetheless, you change people's lives when you do that. And Joe of course was older and all that.

And I hadn't realized how closely linked you get to people in a small department like this. And you got artists coming in who you're trying to give emotional support to as well as making sure that they are housed and fed. And then you got somebody who apparently was ailing and ageing.

The secretary really raised the alarm on Joe. She really saw that we had a responsibility. At this point he wasn't really sick, or we didn't realize he was really sick. Mainly, we needed some income for him. He wasn't the Visiting Artist any more. Not only did he not have any income, he didn't have any medical coverage. Now if we hadn't stepped in and done something I don't know what would have happened. Perhaps he would have gone back to New York. Perhaps he would have himself put together enough gigs to be able to keep going. I don't really know. But as it turned out he was going to need our help any way, because he got sick shortly thereafter.

Le scéal fada a dhéanamh gearr, tháinig grúpa beag sa Roinn Eitneacheoleolaíochta – Sean Williams, Jill Linzee, Laurel Sercombe, Lorraine Sakata, a bhí ina hollamh sa roinn faoi seo, mar aon le cara mór eile le Seosamh, Mary Wilson, agus grúpa beag ón taobh amuigh den ollscoil, le chéile agus fuaireadar airgead agus stádas do Sheosamh ón Inter-Cultural Media Communication, eagraíocht gan bhrabach a bhunaigh an tOllamh Fred Lieberman roinnt blianta roimhe sin. Bhí Fred Lieberman féin imithe go UCLA faoin am seo agus Lorraine Sakata tagtha ina hollamh ina áit – chuaigh sise go UCLA ina dhiaidh sin freisin. Tríd an eagraíocht sin frítheadh airgead ó choimisiúin ealaíne éagsúla timpeall Seattle a chuireann airgead ar fáil chun ealaíontóirí a thabhairt isteach sna scoileanna poiblí agus sna leabharlanna. Ní hé amháin sin, ach chuir an coiste foireann tiománaithe deonacha le chéile le Seosamh a thiomáint thart ar na scoileanna agus ar na leabharlanna, agus bhí a chara agus a chomrádaí mór, Jill Linzee, ar dhuine de na tiománaithe sin. 'We now had grant money to keep Joe here,' a dúirt Jill:

He was very happy in Seattle and he wanted to stay on and continue with his work here. A grant was written, so that in addition to his teaching here at the University he was also doing a lot of public programmes. He was teaching these classes through Continuing Education, doing programmes in public libraries and going out into public schools.

And so I sat down with Joe and talked with him about material in his life that would have been more from his childhood: the kind of songs and games and things that would be from that period. And we put together some recordings and music that was sent out to those schools in advance, so that they could learn those songs. And Joe would come out and sing them with the kids and tell them stories.

He developed this whole little routine around the leprechaun with the kids that was a lot of fun. This one particular incident was quite humorous, where he had invested a good twenty minutes in building up this whole illusion of the leprechaun, and was trying to get them to sense that the leprechaun was there in the room with them. And at one point he said: 'Oh, didn't you see that? There's two little green feet just ran by up there!' This was a young group of kids. And this little girl was probably in first grade and she said: 'Oh, that's the custodian' – the fellow who does the cleaning of the school building. And the whole illusion was just destroyed in a moment. And I have to say that was one of the few times that I saw Joe speechless. He didn't have a come-back for that one!

I was actually hired on to be the co-ordinator for the grant project that involved Joe. And Sean worked a lot on this too. She put together the index to the recordings in the archive and I did a lot of the work in facilitating these library and school programmes. She and I worked together on the Continuing Education classes, putting the material together. There was a fair amount of work involved with that.

Thart ar an am seo a bunaíodh an Joe Heaney Collection sa Roinn Eitneacheoleolaíochta in Ollscoil Washington i Seattle, agus thug an National Endowment for the Arts, an eagraíocht a bhronn an gradam mór ar Sheosamh beagnach dhá bhliain roimhe sin, cúnamh fial don chartlannaí Laurel Sercombe:

> In the fall of 1983 the Folk Arts Division of the National Endowment for the Arts funded a nine-month residency to bring Joe's songs and stories to a variety of audiences in the Puget Sound region [i Seattle]. The residency included presentations in public school classes and libraries as well as a series of adult education courses on Irish traditional music and culture. The grant also provided funds to continue and expand the documentation of Joe's work. At this time the Ethnomusicology Archives formalized the Joe Heaney Collection and began soliciting additional tapes of performances by Joe, formal and informal, in a variety of performance settings. The purpose of the collection is to provide a centre for the organization and preservation of Joe Heaney's songs, stories, and anecdotes in order to make them more accessible to researchers, musicians and students of the *sean-nós* tradition. In addition to the audio tapes, the collection includes a complete catalog of archival holdings and a file of song lyrics, concert programmes, newspaper articles, photographs, and other documentation pertaining to Joe's life and work. Following Joe's death in May of 1984, the Joe Heaney Memorial Fund was established. Along with continued support from the National Endowment for the Arts, the Memorial Fund has enabled the Archives to continue the development of the Joe Heaney Collection.[134]

Nuair a foilsíodh an chéad innéacs i 1985, an bhliain tar éis bhás Sheosaimh, bhí suas le 250 amhrán agus 100 scéal nó scéilín ó Sheosaimh, idir Ghaeilge agus Bhéarla, sa mbailiúchán. Tá an líon sin méadaithe ó shin, agus ag méadú fós féin, de réir mar tá daoine ó chuile cheard den domhan ag seoladh cóipeanna de thaifeadtaí príobháideacha chuig Roinn na hEitneacheoleolaíochta in Ollscoil Seattle.

Chomh maith le bheith ag dul thart ar na leabharlanna agus ar na scoileanna poiblí, bhíodh rang do dhaoine fásta ar siúl ag Seosamh san ollscoil freisin, a mbíodh daoine ag triall air ó chian is ó chóngar an bhliain dheireanach dá shaol. Mar a dúirt Sean Williams, a bhíodh ag taifeadadh na ranganna seo go léir i gcomhair na cartlainne:

He was clearly the only game in town. People came up from Olympia and down from Bellingham. People would travel for over an hour just to attend a weekly class and hear him talk and sing. Seventy people or more every week, and it lasted something like twenty weeks. All age-groups, but primarily older age-groups. And even though he himself did not travel, people came to him because he was clearly the only game in town!

He was the Master. He had the clout of the university behind him. As a university lecturer the university was able to advertise his classes far afield. And people who would receive a brochure in the mail from the university would see his name there and would come to him. In that way he benefited very much from the university's strength and mailing lists and widespread influence throughout the western Washington area.

He related beautifully to a group. He just saw it as a performance. We'd get the songs from him in advance, we'd type them up and pass them out. And then he would sing a song and they would sing it. He'd do a line at a time and they would repeat. A lot of people had dyed red hair that was really obvious! And after class was over he'd say: ' Jaysus, you should have seen the one in the second row!'

That kind of teaching he seemed to be very comfortable with. And he would tell a long story or an anecdote and he would teach a song or the first verse of a song until he knew they had the first verse. And then he'd be done.

Dúirt a sheanchara Seán 'ac Dhonncha an fhírinne nuair a dúirt sé: 'Rinne siad chuile shórt beo dó i Seattle ach é a chanónú!' Thug an Seán céanna cuairt air i Seattle an fómhar sin i 1983, agus chaitheadar cupla lá i gcomhluadar a chéile. Ba gheall le beirt bhuachaillí beaga arís iad, a dúirt Sean Williams liom, ag Gaeilgeoireacht agus ag gáirí faoi eachtraí a n-óige:

Seán and Joe were as thick as thieves. Seán did a concert and I think we taped it. He gave a brilliant performance. I think it was a concert. That was the first time I met him ... Joe certainly gave the impression that literally if you knock on a farmhouse door in Carna that somebody will greet you with 'Curachaí na Trá Báine'! But I must say that he always gave credit more to the area and the people than to himself. Of course he had a big ego and he loved being celebrated for who he was, but at the same time he insisted that he was one of many in a long line of many people.

Shíl formhór a chairde i Meiriceá go raibh sé socraithe síos go buan i Seattle anois. Chuaigh sé go Nua-Eabhrac i mí na Samhna 1983 agus thug sé suas an t-árasán a bhí aige ansin. Bhuail sé lena sheanchara, Lucy Simpson, den uair dheireanach:

The move to Seattle was hard, but it was gradual, at first just a few months at a time. None of us thought it was permanent. Joe kept his Brooklyn apartment until November of 1983. When he emptied it to finally move to Seattle, he gave us some of his household goods, the heavy pot in which he cooked bacon and cabbage, for example ... When we took him to the airport, we all agreed that next time he came to New York he would really live with us. Although we knew he had emphysema and wasn't in great health, it didn't occur to us that it was the last time we would see him. I was planning to visit him in July, when I had to attend a conference in Portland, Oregon.

Fuair Lucy Simpson, céad slán di, bás i 2005. Bhí mé ag caint lena fear céile, Barry, go gairid tar éis a báis agus dúirt sé liom go mbíonn sé féin fós ag inseacht scéalta a d'fhoghlaim sé ó Sheosamh Ó hÉanaí.

'*THE LAST HURRAH*' an ceannteideal a bhí ag an eagarthóir Éireannach Niall O'Dowd ar an leathanach tosaigh dá nuachtán *The Irishman* i San Francisco, ar an 18 Samhain 1983, ag fógairt:

Joe Heaney, king of the Sean Nós (old style) Irish singing makes his final appearance in the U.S., on November 18, in San Francisco ... The Great American Music Hall will present what may be the last performance in this area, of the great Irish singer Joe Heaney. Joe Heaney is regarded as one of the leading performers of a style of singing usually referred to as Sean Nós. Sean Nós is Gaelic for old style and the style is considered to be the main root from which all traditional music and singing arose and developed into this century. The Northern Irish collector and singer of traditional songs Paddy Tunney, in his recent book 'The Stone Fiddle', referred to Joe Heaney as the 'King of Sean Nós' ... The coming concert at the Music Hall is a rare opportunity for people in this area to experience on stage a unique performer who is a bridge to the traditions of Connemara. Joe unfortunately will not do a full concert of two sets but will perform for one set of forty-five minutes ...

Chonaic mé féin fístéip den ócáid agus, cé go raibh Seosamh go maith fós, ba léir do dhuine ar bith a chonaic ar stáitse cheana é go raibh sé ag éirí craite. Ní raibh an fuinneamh ann a bhíodh. Sula ndeachaigh sé ar an stáitse ar chor ar bith rinne sé agallamh don chlár teilifíse áitiúil *Irish Magazine*, agus thug sé a thuairim, gan scáth ná faitíos, faoi na seanamhráin, faoin teanga Ghaeilge agus faoin gceol Gaelach. I mbeagán focal dúirt sé nár cheart aon tionlacan a bheith leis na seanamhráin; go raibh a bhealach féin ag chuile dhuine lena chuid ornáidíochta féin a chur in amhrán, agus go n-athraíonn sé sin féin ó am go chéile. Dúirt sé nach bhfuil buille ('*beat*') ar bith sna seanamhráin, gur cuisle ('*pulse*') atá iontu, agus go gcaithfidh mothú a bheith in amhrán. Dúirt sé gurb í an teanga Ghaeilge thar aon rud eile bunchloch an chultúir Ghaelaigh, agus má imíonn an teanga gurb in deireadh leis an gcultúr. D'fhoghlaim muintir na Gaeltachta Béarla, a dúirt sé, mar gur thuigeadar go raibh sé riachtanach Béarla a bheith acu, agus d'fhoghlaimeodh muintir na hÉireann Gaeilge freisin dá mbeadh a fhios acu go raibh sé riachtanach Gaeilge a bheith acu. Nuair a bhí sé féin ag éirí suas bhí daoine ann a bheadh ag gáirí faoi dhuine a bheadh ag labhairt a theanga féin.

Faoin gceol Gaelach, dúirt sé go bhfuil na grúpaí ag seinm rósciobtha agus ag milleadh an chineál ceoil a sheinneadh Joe Cooley agus a sheinneann Joe Burke. Dúirt sé gur uirlis ón iasacht é an bodhrán agus gur cheart dúinn cloí lenár n-uirlisí dúchasacha féin. Mar 'experiment' a thug Ó Riada isteach an bodhrán i gCeoltóirí Chualann, a dúirt sé, agus ní raibh ann ach sin: 'but Ó Riada was a genius in what he did,' a dúirt sé. Nuair a fiafraíodh de céard a cheap sé faoi Raidió na Gaeltachta, dúirt sé: 'They're bringing in English things now, pop songs and so on', agus dúirt sé faoin teilifís go ginearálta:

> Television is the most stupid contraption that was ever invented. It could be the best, and it could be a great thing for educating children, or anybody indeed, if used properly. But our television is taking the stuff that has been thrown away here [i Meiriceá] and putting it on over there [in Éirinn].

Nuair a cuireadh i láthair ag an gcoirm cheoil é go gairid ina dhiaidh sin bhreathnaigh sé tuirseach. Thosaigh sé láithreach le amhrán éadrom, 'Come in and close the half-door', agus rinne sé beagán cainte faoin gcaoi a mbíodh 'dancing on the half-door' fadó in Éirinn. Bhain sé de a sheaicéad ansin, le tabhairt faoi na hamhráin eile. Dúirt sé beagán faoin gcéad eitleán a d'eitil trasna an Atlantaigh i 1919, an bhliain ar rugadh é féin, agus a thuirling i gConamara gar dá áit dhúchais i gConamara. Cheangail sé é sin lena bhfuil de chlocha i gConamara agus thagair sé don Teachta Dála a mhol go ndéanfaí bóthar go Meiriceá leis na clocha céanna.

Cheangail sé na clocha ansin leis an dara hamhrán, 'The Rocks of Bawn', ceann de na hamhráin ab fhearr leis a chasadh. Tar éis tamaill chuir sé a lámh dheas ar an gcathaoir a bhí lena thaobh ar an stáitse agus lig sé beagán dá mheáchan uirthi an chuid eile den oíche. Ba léir go raibh sé tuirseach. Rinne sé athrá ar roinnt dá raibh ráite aige san agallamh teilifíse (agus nach raibh cloiste fós ag an lucht féachana sa halla mór). Dúirt sé, le deá-ghiúmar a chur orthu, go ndeireadh a sheanmháthair fadó *'that love was blind but that marriage was a great eye-opener'*, agus ansin chas sé an t-amhrán faoin mbean a rinne iarracht a fear a bhá, *'There was an Old Woman from Wexford'*. D'inis sé an scéal Na Cruiteacháin – *'The Two Hunchbacks'* agus an rann 'Dé Luain, Dé Máirt; Dé Luain, Dé Mairt; Dé Luain, Dé Máirt . . .' Scéal é seo a raibh a chuid féin déanta ag Seosamh de, agus bhí sé in ann é a inseacht go han-mhaith. I lár an scéil bhí sé díreach tar éis a rá: *'You could hear a pin drop!'*, nuair a thit gloine de bhord sa lucht féachana. Dúirt Seosamh láithreach: *'A pin, I said, not a glass!'* rud a bhain neart gáirí amach. Chas sé 'An raibh tú ar an gCarraig' agus thug sé aistriú air agus an míniú gurb í carraig an aifrinn a bhí i gceist, mar a múintí sna scoileanna – ach, is cosúil, nach bhfuil aon bhunús fírinneach leis.[135] Chas sé amhrán eile a raibh sé an-cheanúil air, an t-amhrán a fuair sé ó Lucy Simpson, agus chas an lucht éisteachta an curfá in éineacht leis:

> I wish I had someone to love me,
> Someone to call me his own,
> Someone to sleep with me nightly,
> I'm weary of sleeping alone.

Rinne sé cur síos ar Bhainis Mheiriceá nó an *American Wake*, rinne sé portaireacht bhéil ar '*My Love is in America*' agus '*Off to California*', agus ansin chas sé 'A Stór Mo Chroí' ar áilleacht an domhain. Chas sé 'Dónall Óg', '*Dark is the Colour of my True Love's Hair*', ghabh sé buíochas ó chroí leis an lucht éisteachta, rud a dhéanadh sé i gcónaí, agus d'inis sé scéilín beag faoin bhfile Micheál Mac Suibhne nuair a casadh an sagart air. D'inis sé an scéal 'Didderumdoo' ansin, agus chas sé an port béil a théann leis, agus bhí an lucht féachana i bhfíorghiúmar go deo agus é ag imeacht den stáitse. Nuair a chuala sé an bualadh bos mór a fuair sé tháinig sé ar ais ar an stáitse arís, agus d'fhógair fear as an lucht féachana, Gerry Shannon as Dúlainn, air 'Curachaí na Trá Báine' a rá, rud a rinne sé go fonnmhar. Chríochnaigh sé a chuid féin den oíche ansin le '*Red is the Rose*', agus an lucht féachana ar fad ag casadh an churfá in éineacht leis.

I San Francisco a bhí cónaí faoin am seo ar Gerry Shannon as Dúlainn, a mbíodh aithne aige ar Sheosamh i Nua-Eabhrac. Tháinig Gerry ar ais go hÉirinn i 1976, phós sé bean as Baile Átha Cliath, Maureen Lenihan, agus le linn dóibh a bheith ar mhí na meala in Albain, cé a chasfaí orthu ach Geordie McIntyre a mbíodh aithne mhaith aige ar Sheosamh i nGlaschú i lár na seascaidí. Chuaigh Gerry agus Maureen go San Francisco i 1981, áit a raibh aintíní le Maureen. Nuair a chuala Gerry go raibh Seosamh ag teacht i 1983 chaith sé an tseachtain roimh an gcoirm cheoil ag scaipeadh agus ag crochadh póstaer, agus bhí sé ar dhuine de na chéad daoine a bhí san Great Music Hall i San Francisco oíche na coirme. Dúirt Gerry liom nuair a chuir mé faoi agallamh é i 2006:

> He did a great show. After the show Joe said we'd meet up at The Plough and the Stars, a pub in San Francisco, and I was hoping we were going to hear more songs. I was dropping my wife and young daughter home first, and Joe said: 'When you're coming back to The Plough and the Stars will you bring me back a mug of strong black tea?' Well, Maureen put bags of tea into a big flask and I brought it back to him. And when he drank it, he said: 'Now, it was good tea, but with no disrespect to your wife it could be *stronger*!' He loved strong black tea! I introduced him to a few people I knew: a Faherty man from Inis Meáin whose people own the post office there, and another guy called Máirtín Mulkerrins who had a brother, Joe, who was a great stepdancer. Anyhow, the jukebox was playing in The Plough and the Stars and we had no songs, but we talked a lot.
>   I went after Joe Heaney's songs like a magnet. Of all the great traditional Irish singers, Joe Heaney was the one. And anyone I ever met who had tapes of Joe Heaney, I made an

effort to get copies of them. I got stuff from Josh Dunson in New York: Joe is singing 'Skibbereen', and I have never heard it sung so slowly. I felt it was coming totally from the heart. I got copies of as many tapes as I could and I sent them all to Seattle to the Ethnomusicology Department there. I have a lot of stuff on Joe and I am still collecting. Joe wasn't very pleased with the headline 'The Last Hurrah' in The Irishman by the way: he said: 'I don't think so.'

In agallamh in eagrán na Samhna de The Irishman, leis an iriseoir Danny McGinley, dúirt Seosamh:

When I was growing up I lived some of the things that are in the songs. I really ploughed the Rocks of Bawn myself, you know. My father was a good singer and he had an awful lot of songs. My grandmother was a good singer; she used to sing all these songs – the Christmas song and Resurrection song and Christ and the Crucifiction, which I do myself now . . .[136]

In eagrán na Nollag den nuachtán céanna rinne sé cur síos ar an Nollaig i gCarna le linn a óige:

When I was growing up, Christmas was probably the most beautiful season. Nowadays, you will hear people talk about Christmas being only for children. Nothing could be further from the truth. It was for everybody. At that time we didn't have much, but everybody seemed to have plenty at Christmas.
The night before Christmas, people went to confession. Christmas Eve was always a fast day and the traditional meal was salted fish, potatoes and buttermilk. People saved some of the fish during the year and salted them for when they could not go out fishing. If you had four windows in your house, two candles were lit in each one . . . The people still believed that Mary and Joseph were going around looking for a place to stay. Therefore, all the doors of the houses were left open until morning. On Christmas morning, everybody walked four or seven miles to Mass after fasting from midnight. Now I'm not trying to make a religious thing out of it, but that was the way Christmas was.[137]

Bhí tnúthán an dúchais ansin i gcónaí agus is ag neartú a bhí an tnúthán sin le himeacht na mblianta. Bhí an bheannacht agus an mhian 'Bás in Éirinn' múinte aige dá chuid mac léinn go léir, agus bhí sé féin ag teannadh leis an aois anois a smaoiníonn duine ar an mbás, go háirithe má bhíonn sé i bhfad ó bhaile agus gan a shláinte thar mholadh beirte.

Ní raibh aon dáta ar an gcéad litir eile, ceann de na litreacha deireanacha a fuair Máire Nic Fhinn Davitt uaidh, ach cé go raibh sé an-sásta leis na tuairiscí nuachtáin faoin gcoirm cheoil i San Francisco, bhí sé ag smaoineamh fós ar theacht abhaile agus fanacht sa mbaile dá mbeadh áit mhaireachtála aige ansin:

> A Mháire, a stór,
> Seo cuid de na píosaí a bhíodh fúm sna páipéir anseo. Tá tuilleadh agam ach caithfidh mé fanacht go nglana mé amach rudaí . . .
> *Miss*eáileann mé go mór thú féin is do chomhluadar agus déarfaidh mé leat – beidh mé ansin an chéad bhliain eile má bhím beo. D'fhéadfá tosaí ag obair ar rudaí as seo amach. B'fhéidir go bhfanfainn sa mbaile go Nollaig nó b'fhéidir ar fad.
> Dá mbeinn in ann sórt bothgáin a bheith agam d'fhanfainn thiar agus bheadh muid ag déanamh rudaí. Ar aon nós tá mé cinnte go mbéidh cailín sáréifeachtach mar thú féin in ann cuimhneamh ar rud eicínt.
> Slán is beannacht leat go fóill,
> Ón seansclábhaí
> Grá, Seos.

Dúirt Riobard Mac Góráin liom gur éirigh leis, sna blianta deireanacha sin, árasán a fháil do Sheosamh i mBaile Átha Cliath:

> Ag pointe amháin, tháinig mise ar bhealach a bhféadfadh árasán a bheith ar fáil aige saor in aisce. B'in ag an NCEA (National Council for Educational Awards – Comhairle

Náisiúnta na gCáilíochtaí Oideachais). Is éard a bhí i gceist ná go mbeadh cónaí sa teach ar dhuine eicínt a bheadh ag tabhairt aire don teach. Bhí an dara foirgneamh acu agus bhí árasán ina chuid de, agus bhí an t-árasán riachtanach ag an mBardas. Bheidís sin sásta an t-árasán a thabhairt dó. Is é an buntáiste a bhainfeadh leis an árasán sin go mbeadh ar a laghad na bunchostais tí glanta.

Nuair a scríobh mé chuige dúirt mé go mb'fhéidir go bhféadfaí go leor ócáidí, idir raidió, teilifís agus rudaí eile, a chur ar bun le go mbeadh sé in ann tuarastal breise a thuilleamh agus nach mbeadh aon bhunchostas árasáin air. Ach ní dóigh liom gur shíl sé go raibh sé sin indéanta. Tús na n-ochtóidí a bhí ansin, sílim. Bhí fonn air teacht ar ais ag an am sin.

Ach dá mbeadh post ar fáil in Éirinn, post ceart, níl aon amhras orm ach go dtiocfadh sé ar ais go hÉirinn. Is é an saghas ruda a d'fheilfeadh dó ná post i gceann de na hollscoileanna, ach faraor tháinig an fear bocht róluath. Dá mba rud é go raibh na rudaí a tharla i gColáiste Ollscoile na Gaillimhe le cúig bliana déag anuas tarlaithe an uair sin bheadh áit ansin dó, cinnte – sa rud ar fad atá ag Peadar Mac an Iomaire. Bhí an Cadhnach i gColáiste na Tríonóide ach cailleadh róluath é. Dá bhfanfadh an Cadhnach ansin b'fhéidir go mbeadh áit ann dó. Is é Tomás de Bhaldraithe a bhí sa gColáiste Ollscoile, Baile Átha Cliath, ach ní raibh postanna den tsórt sin ar fáil go héasca sna hollscoileanna. Tá leathnú amach ar rudaí den tsórt sin ó shin. Ach sílim gurb in é an cineál ruda a d'fheilfeadh dó.

Nuair a tosaíodh ag ceapadh fonnadóir cónaitheach go bliantúil in Ollscoil na hÉireann, Gaillimh blianta beaga ó shin, is iníon iníne le deartháir Sheosaimh, Máirtín, Bríd Ní Mhaoilchiaráin, an chéad duine a ceapadh, agus fear gaoil le Seosamh, Josie Sheáin Jeaic Mac Donncha, an dara duine a ceapadh. Ina ndiaidh sin tháinig Áine Ní Dhroighneáin agus Máire (Pheter) Bean Uí Dhroighneáin, as an Spidéal agus *Ros na Rún*. Agus le linn don bheathaisnéis seo a bheith ag dul i gcló i 2007 is é Micheál Ó Cuaig as Aill na Brón, Cill Chiaráin atá ina fhonnadóir cónaitheach ansin, an fear atá ag reachtáil Féile Chomórtha Joe Éinniú ón uair a bunaíodh an fhéile i 1985.

Nuair a buaileadh Seosamh tinn go tobann, tús na bliana 1984, chuir Sean Williams an milleán uirthi féin:

We were working on '*An raibh tú ar an gCarraig?*'. I was writing my Masters thesis on his ornamentation and I was constantly making him angry, just asking him very detailed questions: was there an ornament on this word and so on? And I started to realize that the ornaments were occuring on unstressed syllables in Irish-language songs, which he hadn't said to me. I hadn't heard anybody say that, and I had been doing lots of research on this. All I heard from Joe was: 'Ornamentation is a mystery. There's nobody living who can tell anybody how to ornament or decorate a song!' And I said: 'Well, you put the ornaments on the unstressed syllables.' And he asked me to prove it, and I sang him a line where every ornament was on an unstressed syllable. And then he said: 'By God you're getting it!' And then he wouldn't talk to me for weeks! He cancelled all the lessons. And I'm sure it's because I made it sound easy. It was a terrible mistake on my part, and I felt bad about it, because it was still a mystery to me! But I didn't give him the impression that I felt that way. I made it sound as if I'd figured him out, which was a terrible insult.

And that's when he got sick. And I'm the one that made him sick! I had the flu and I was drinking tea with him. He had his teacup and I had mine. And I was trying to sit across the table, so that he wouldn't get sick. And he reached across the table and took my teacup. And I said: 'Don't take that teacup; you're going to get the flu.' He put it to his lips and he said: 'Then everybody will know that you killed me', and he took a sip, got the flu, and died! And I nearly died too, knowing what had happened. But I certainly thought that he was risking the flu and, as you know, that can be serious. He caught the flu, and he died two months later. And you can imagine my guilt. It was just terrible. It was overwhelming!

He was in and out of hospital four or five times in the last two months. When he was out of hospital he was able to teach. He wasn't teaching me because he was still angry at me, but he was teaching an evening class to a large group of adults, and I was assisting him with that, recording the classes. I was a graduate student and I was assigned to him, because of speaking Irish and because this was my topic for my thesis. And Jill Linzee, who is now Head of Public Outreach for the Northwest Folklife Association in Seattle, was working with him in the libraries and schools. She was writing her thesis about variation in Joe Heaney's songs and stories.

Is cosúil gur imigh an stuaic a bhí ar Sheosamh le Sean Williams nuair a bhuail an tinneas é agus nuair ab éigean dó fanacht san árasán. Mí nó mar sin sular bhásaigh sé, fuair sise árasán geal grianmhar dó, a raibh aer níos fearr ann dá chuid giorranála, ar an dara hurlár i dteach nach raibh ach sé bhloc ón teach a raibh sé ann. Bhí amharc breá as an áit nua ar chathair Seattle, ach níor mhair Seosamh sách fada le sásamh a bhaint as. Nuair nár fhéad sé a chuid ranganna a mhúineadh feasta, d'iarr sé ar Shean Williams iad a mhúineadh dó. Ba ise an t-aon duine de na dlúthchairde a chreid go raibh sé ag fáil bháis:

When he was getting ready to die I said to him: 'I'll call the students and tell them that you won't be able to teach them on Wednesday.' He said: 'Why don't you do it?' And he told me what songs to teach, and I said O.K. So, I went in on the Wednesday night and I basically did his teaching. And I told him how it went and he said: 'Next time do these songs', and so he gave me the rest of the course to do. And he said: 'Well, you know enough about this now, and so it's on you to teach what I would be teaching.' So, I continued to teach, but whenever I teach any of his songs I say: 'I got this from Joe Heaney and here are his recordings', and I always steer people to the original in the Ethnomusicology Department in the College.

Rinne an mheitheal scoláirí, Sean Williams, Jill Linzee, Steve Coleman agus Sandy Salstrom uainíocht ar a chéile sna seachtainí deiridh, ag tabhairt aire dó san oíche agus ag réiteach tae agus greim bia dó sa lá. Iasc ab fhearr leis, go háirithe trosc. Tá dhá chineál troisc i Seattle, mangach a dtugtar *Alaskan pollock* air (tugtar *cod* freisin air), agus an trosc ceart a dtugann siad *true cod* air. Is é an trosc ceart ab fhearr le Seosamh, agus is cuimhneach le Sean Williams gáire a bhaint as nuair a thug sí trosc bruite isteach chuige lá agus a dúirt sí: '*Well, Joe, here it is, the one true cod!*' Nuair a dhéanadh sé gáire thosaíodh sé ag casacht agus thagadh giorranáil air, ach deir Sean Williams nár chaill sé a acmhainn grinn go bhfuair sé bás.

Is go gairid roimh a bhás a thosaigh Cáit Callen ag tabhairt aire dó san oíche, ar a seal, in éineacht leis an gcuid eile. Banaltra oilte a bhí intise agus tharla sé gurb í a bhí ar dualgas an oíche ar bhásaigh sé. Bhí caint le tamall roimhe sin ar choirm cheoil a eagrú dó, agus bhí siad i dteagmháil le Joe Burke i Nua-Eabhrac faoi, a dúirt Joe liom:

> When he became ill in Seattle, the girl who was looking after him used to ring me. There was a big benefit concert being organized for him, but they weren't telling Joe about it. And Kathy Ryan, a folk singer in New York, was to take part. Kathy came from Detroit, and her father was a good friend of mine. Kathy Ryan had taken lessons from Joe Heaney in New York and it was amazing the way she learned *sean-nós* singing. You'd swear she was from Connemara. She was mad about Joe's singing, and Joe must have been a good teacher! Kathy Ryan was married at the time to Dermot Henry, the well-known singer from Sligo.
>
> But Dermot Henry and Kathy Ryan put up the money to fly myself and Liam Clancy out to Seattle, and they were going out themselves as well. It was all planned, and the date and the flights were arranged, when Joe became very ill. And Joe's friend in Seattle who was looking after him had been talking

to me on the phone and making arrangements about the concert. On a few occasions when she was talking to me, Joe would come on the phone and I would talk to him. Then, she rang me one night and said that Joe was very bad. I rang a few nights later, to find out how he was, and he was awake and talked to me, although he was short of breath. I remember he said: 'Maybe you'll come out here sometime soon; I'd love to see you out here!' And I couldn't say anything, but I was thinking: You'll see me out there next week maybe. And the next thing I got the phone call that he was dead!

Choinnigh Máire Nic Fhinn Davitt agus Riobard Mac Góráin cairde Sheosaimh in Éirinn ar an eolas faoina shláinte, agus labhair a sheanchara agus a chomharsa Seán 'ac Dhonncha leis ar an teileafón an oíche sular bhásaigh sé:

Chuir mé glaoch air as an teach anseo an oíche sular bhásaigh sé. Fuair mé scéala ó Riobard Mac Góráin go raibh sé an-dona. Mar, chuile uair a dtagadh sé abhaile d'fhanadh sé anseo. B'fhéidir go ngabhfadh sé as sin siar go Carna, agus thagadh sé ar ais anseo arís amanta. Mise a d'fhág i Shannon é an uair dheireanach, mé féin agus Máirtín Byrnes. Ach, chuir mé glaoch ar Joe. Fuair mé thríd. 'Cén chaoi a bhfuil tú, a Joe?' a dúirt mé. 'Níl mé go maith,' a dúirt sé. 'Níl siad in ann níos mó a dhéanamh dhom san ospidéal.' 'Beidh deoch againn fós,' a dúirt mise. 'Á, le cúnamh Dé,' a dúirt sé.

Fuair sé bás lá arna mhárach. Bhí áthas orm gur ghlaoigh mé. Bhí sé feicthe ag mo mhac Féilim an samhradh roimhe sin. Bhí chuile shórt déanta acu dó thall, ach é a chanónú! Tá a phictiúr anseo agam, in áit eicínt, é féin agus Seán Chóilín [Ó Conaire] agus mé féin, amuigh ansin ag an doras. Bhí Seán Chóilín anseo é féin. D'fhan sé anseo cupla uair, ach níor chodail sé ar aon leaba! Sa gcathaoir a chodail sé. Ina shuí go moch ansin, agus ag feadaíl suas síos an bóthar!

Labhraíodh Seosamh agus Máire Nic Fhinn Davitt le chéile ar an teileafón go minic go dtí an deireadh, agus scríobh sé a litir dheireanach chuig Máire agus é ar leaba a bháis:

Scríobh sé litir an-uaigneach ar fad chugam agus ba léir go raibh sé an-bhreoite. Bhí creathán ina láimh. Agus an chéad litir eile a fuaireas, is duine eicínt eile a scríobh í, ag rá go raibh sé an-bhreoite ar fad. Agus ansin, an chéad rud eile, an-obann, fuair mé an glaoch teileafóin: duine éigin ag rá go raibh Joe ar leaba a bháis. Agus ar feadh seachtaine bhí sé ar leaba a bháis, agus chríochnaíodh sé an rud a bhíodh sé a rá liom ar an teileafón gach uair le: 'Tabhair amach as an áit seo mé, a Mháire. Teastaíonn uaim fáil amach as an áit seo.'

Mar a dúirt mé, bhínn ag caint leis chuile lá. Bhíodh Michael ag caint leis. Bhí tuairim agam nach dtiocfadh sé as. Bhí tuairim aige féin nach dtiocfadh sé as. Agus fiú amháin ar leaba a bháis, ceann de na rudaí deiridh a dúirt sé ná go raibh an-chion aige orainn go léir agus gur mhaith leis teacht go hÉirinn mar gur theastaigh uaidh bás a fháil in Éirinn.

Scríobh Máire a litir dheireanach chuige i mBéarla mar go raibh a fhios aici go mb'fhéidir go mbeadh sé rólag lena léamh:

Sunday 29th April [1984]

Dear Joe,

I'm writing this in English so that your friends there can read it. We're so sorry to hear that you're so ill and will continue to pray for your speedy recovery.

I got in touch with some of your friends today. I spoke with Liam Clancy (who will be writing to you), to Maureen O'Donoghue, to Joe Kennedy and Johnny McDonagh. I also spoke with Tony MacMahon and Ciarán Mac Mathúna – who are going to the U.S. tomorrow on some musical tour. Don't be surprised if Tony calls on you personally. I notified your nephew in the Army [Seán Ó hÉanaigh] some time ago and told him discreetly that you weren't well.

How are you situated financially? Do you need money? If so, let me know. I can organize something, if you're in a spot, through friends. We will continue to pray for your recovery and our sincere thanks to those around you at present who seem to be so concerned and kind to you.

Le grá mór,
Máire

Ag seoladh an leabhair *Caitlín Maude – Dánta* i mBord na Gaeilge a bhí Máire Nic Fhinn Davitt agus go leor eile de chairde Sheosaimh in Éirinn, nuair a tháinig an scéala as Meiriceá go raibh sé marbh. Chinntigh Máire go raibh sé sna nuachtáin an lá dár gcionn:

> To be brutally frank, no matter what your beliefs, it is a sad occasion when friends gather to honour the publication of a first book when the author is dead. But although this in itself was a night of some sadness for the friends of poet Caitlín Maude, who nevertheless celebrated in some joy the publication of her lifetime's work, it was compounded later in the night with the news that Seosamh Ó hÉanaí had died in Seattle, Washington, so far far away from the green shamrock shore and the whole world that was his in Connemara, Dublin, London, Glasgow and New York.[138]

Ba í Máire dearthóir leabhar Chaitlín Maude:

> Bhí muid ag ceiliúradh i lár na cathrach nuair a tháinig an glaoch go raibh sé caillte. Cailleadh ar an tslí chun an ospidéil é. Bhí *emphysema* air. Bhí sé ag casaoid i gcónaí faoina chuid scamhóg, de bharr na dtoitíní agus mar sin de. Bhreathnaigh mise i ndiaidh na sochraide an taobh seo, go speisialta an plé le hAer Lingus agus eagrú an aifrinn. Rinne Cáit Callen an t-eagrú ón taobh thall agus rinne mise comhoibriú léi siúd. Tháinig Cáit abhaile leis an gcorp; ba sna míonna deiridh dá shaol a chuir Cáit aithne air, agus rinne sí jab iontach.

23. Ceann Scríbe

THUG CÁIT CALLEN AN CUNTAS SEO A LEANAS DOM AR BHÁS Sheosaimh:

I believe it was in February 1984 that he entered University Hospital for the first time. He had been scheduled to make an appearance and sing at the Galway Trader [siopa i Seattle ina mbíodh a chuid ceirníní ar díol] that evening but the performance had to be cancelled due to his condition.

During the months of February through March 1984, Joe was in and out of University Hospital. He was carrying oxygen with him at all times. When I visited him during his last stint in University Hospital, he told me: 'I don't know what this is, Cáit, but it's going to get me!' When he left University Hospital the last time in the ambulance, I accompanied him home to his apartment. It seems to me it was Good Friday, the twentieth of April.

In the short period of time between his return home to his apartment and his death on May first, I remember taking him back to the hospital for at least one doctor visit and X-rays. During those last days before his death, I remember the Visiting Nurse, two folk musicians and Father Lane calling in on him while I was caring for him. When Joe had asked me to call for a priest, I began the search for an Irish-speaking priest and discovered Father Lane. Before Father Lane left on the day of his visit, Joe instructed me to get out his money and give a donation to the Father. When Father Lane protested Joe insisted that he take it 'for the petrol'. I remember watching Father Lane go down the stairs from Joe's apartment, commenting on 'Joe's having come home in more ways than one'. And I remember Joe commenting after Father Lane had left that 'they (meaning priests) are better in this country'.

I am the one who was caring for Joe the night he died. He had made it clear that he wished me to stay by his side. Sometime during the night I became aware that something had changed. I asked him if he could hear me and did he want me to call the aide car. He indicated that he could not talk but that he could hear.

At that point I called Liam Callen and the aide car. I remember the medical team arriving and myself holding on to Joe's ankle while they did what they do. Liam recollects that Joe could barely breathe and that he seemed unconscious or barely conscious at the time. I remember standing and watching the door to the aide car slammed shut, then making the sad journey behind it to Virginia Mason Hospital, jumping out of the car and running after Joe's stretcher into the hospital.

Once inside I was waylaid and taken to a special room where I was greeted by a Pastoral Counsellor. He had a large cross hanging around his neck. Liam joined me there. Periodically the door would open and a nurse would step in and make some comment. I remember waiting for that door to open in a strange state of suspended fear. Time seemed to be standing still. And then the door opened one more time and those terrible words were said. Joe was dead. Then they took me into the room where Joe's body lay still, with the shoe horn-like instrument in his mouth.

After we left the hospital we went back to Joe's apartment and I headed right for the phone where I called his doctor. I told him what had happened and we discussed the 'what if's?' which everyone involved with caring for the dying experience.

He told me that had Joe, who appeared to have died of congestive heart failure in the aide car, been given a test that would have confirmed the doctor's suspicion regarding Joe's heart, he, the doctor, could have told me not to call the aide car at the end and spared Joe that last ordeal.

Although Joe was far from home at the time of his death, he had good medical care at University Hospital. While convalescing at the hospital and at his apartment he was surrounded by students and friends who visited and cared for him. Before I took his body home to Conamara, a funeral mass was said by Father Lane at Our Lady of Fatima Church here, which was attended by many of his students and friends.

Nuair a shroich scéala a bháis Roinn na hEitneacheoleolaíochta in Ollscoil Washington, 'We took turns in falling apart,' a dúirt Laurel Sercombe. Ach chuadar i mbun oibre láithreach faoi stiúir Lorraine Sakata. D'eagraíodar grúpa mac léinn, le glaoch ar chuile dhuine ar a n-eolas a raibh aithne acu ar Sheosamh Ó hÉanaí, lena rá leo go raibh sé marbh. 'We tried to raise money to ship his body back to Ireland, which was an expensive proposition, and we started a Joe Heaney Memorial Fund to collect money for some of these expenses,' a dúirt Lorraine Sercombe. 'We also decided to establish the Joe Heaney Archives, within the larger Archives, and ask people who had recordings to contribute copies. And within that next year we received eight hundred collections at least, and Sean Williams processed and catalogued them all . . .'

Bhí na céadta ag aifreann na sochraide i Magnolia, in iarthar Seattle, ag meán lae ar an Satharn an 5 Bealtaine. Bhí idir mhic léinn agus a dtuismitheoirí ann, foireann na hollscoile agus cairde eile, agus go leor tuairisceoirí ó na meáin. Bhí an chónra ag cúl an tséipéil agus í oscailte, rud nach raibh súil ag daoine leis, agus chaoin go leor nuair a chonaic siad Seosamh marbh. Thug chuile dhuine suntas don

Claddagh Ring a bhí fós ar a mhéar, mar bhíodh sé ag caint faoi go minic, gan trácht ar an amhrán a bhí aige faoin '*Old Claddagh Ring*'.

I nGaeilge a bhí an searmanas féin, agus léigh daoine éagsúla paidreacha i mBéarla. Chas Sean Williams 'Caoineadh na dTrí Muire' agus bhí na focla scríofa, i nGaeilge agus i mBéarla, i leabhrán an phobail, mar aon le focla an 'Ár nAthair'. Sheinn Francesca Ferguson, bean Mhormanach as Utah, ar an gcruit, agus chas sí amhráin as Éirinn.

Bhí an lá ag báisteach, rud a mheabhraigh ceann de scéalta Sheosaimh dá chuid mac léinn ach, de réir tuairisce, scal an ghrian ar feadh meandair nuair a bhí sé á thabhairt amach as an séipéal. Bhí fear céile Shean Williams, Cary Black, ceoltóir gairmiúil, agus fear céile Cháit Callen, Liam Callen, orthu sin a thug amach an chónra as an séipéal.

Tugadh an corp ar ais chuig an teach tórraimh tar éis an aifrinn, go dtí go dtabharfaí chuig an aerfort níos deireanaí é, agus chuaigh go leor den slua ón teach tórraimh ar ais chuig teach cónaithe Lorraine Sakata le Seosamh a thórramh i gceart. Dúradh amhráin, seinneadh ceol agus insíodh go leor scéilíní faoi Sheosamh féin, faoin tóir a bhí aige ar iasc saillte, tae láidir, bagún agus cabáiste; agus an ghráin a bhí aige, má bhí, ar ghiotáraithe. Sheinn Denis Brooks, atá ina chónaí i gCorcaigh anois, fonn mall uaigneach ar an bpíb uilleann – seinntear fonn le fonn agus seinntear fonn le mífhonn.

Scríobh an t-amhránaí Louis Killen san iris *Come for to Sing*, faoin teideal 'An Intimate Singer':

> It is difficult at any time to deal with the loss af a friend, but with a friend such as Joe, the loss goes far beyond friendship. The talent and art of the man are lost to all of us left here to mourn. Although recording can help to revitalize the memory, there is no longer the ability to capture further the moments of intimacy that occured when Joe performed. Joe was a very intimate singer. He looked directly at a person when he sang, and though there might be hundreds of others in the same room or hall, one knew, as his eyes fixed upon one's own eyes, that he was communicating that song to *you*.

At the same time, there was the recognition that he was drawing energy from you, through that joined gaze, to help him sing the song to one who 'understood' the nuances of the culture that surrounded the song. I think Joe needed to know that his audiences understood what was behind him, supporting him. We needed to know, too. I mourn the loss of all those intimacies of his performance as much as I mourn the loss of further chances of 'the crack', that is, the sharing of singing, of talking – the act of being together among mutual friends. He was very depressed, during one of my visits with him in the hospital, about his inability to breathe well enough to sing. But, as we parted, he said: 'Well, maybe we'll get a chance to exchange a song yet.' The chance never came.

The 'Green Linnet' was the song I most loved to hear Joe sing; if I might paraphrase it:

My green linnet has flown
My sweet Joe, will I ne'er see you more?[139]

Scríobh ceoltóir eile, Brendan Boyle as Baile Átha Cliath, in eagrán speisialta den *Seattle Folklore Society Journal* i gcuimhne ar Sheosamh:

He enriched our lives with his stories and songs for the short time he was amongst us, but his impact is everlasting. At the moving funeral service given for Joe . . . his memory was honored by the music that he gave and inspired in us. The Irish community was brought together with pride in itself and its culture. Joe left us with an understanding and feeling for traditional singing that will live for many a year. His contribution to the performance of Irish music in this region is immeasureable.[140]

Thoiligh Aer Lingus an corp a thabhairt abhaile go hÉirinn in aisce, agus tá cuid mhaith dá bhuíochas sin ag dul do Mháire Nic Fhinn Davitt:

Chuaigh mé i dteagmháil le hAer Lingus. Bhíodar sásta é a thabhairt abhaile agus é breoite, agus bhíodar sásta é a thabhairt abhaile in aisce! Bhí roinnt *contacts* againn in Aer Lingus. Bhí baint ag Slógadh Ghael-Linn agus Aer Lingus le chéile sna laethanta tosaigh, agus bhí roinnt daoine a bhain le cúrsaí caidrimh phoiblí ansin, a raibh aithne agam féin agus ag Michael orthu, agus bhíodar sásta é a dhéanamh. Mar a tharla, thugadar abhaile an corp in aisce. Is ceart é sin a rá.

Bhí aithne níos faide agus níos fearr ag Jill Linzee agus ag Sean Williams ar Sheosamh ná mar a bhí ag aon duine eile i Seattle, agus bhí fonn an domhain ar chaon duine acu dul go hÉirinn leis an gcorp. Ach bhí scrúduithe ceann cúrsa díreach rómpu agus bhíodar sách trína chéile mar a bhíodar. Ba í Cáit Callen an t-aon duine a bhí saor ag an am agus thóg sise an cúram ar fad uirthi féin go fonnmhar.

Bhí scéal spéisiúil ag Cáit Callen faoi rud a tharla sa teach tórrraimh:

In my head, Joe was a hero of the Irish people, so I thought he needed to have the Irish flag over his coffin. I didn't know what the rules were about that; I just simply put the flag I got at the Galway Trader over the coffin. Now, there was a group of people in the room, and one of them was the wife of the funeral director, who was Irish. And she said: 'You can't do that!' And I couldn't figure out why not. And in the background there was a gentleman who had been an officer in the IRA, and he very quietly said: 'She can do whatever she wants.' And that was the end of that. That's how the flag went over the coffin!

Cuardaíodh an chónra, ar fhaitíos go mbeadh airm i bhfolach inti, sular cuireadh ar bord an eitleáin i Seattle í; dhéantaí é sin le gach cónra a bhí ag teacht go hÉirinn ag an am, mar gheall ar chúrsaí an Tuaiscirt.

Chum Michael Davitt 'Dán do Sheosamh Ó hÉanaí' Lá Bealtaine 1984:

Ba chomaoin ar an teach tú a theacht.
Comharthaí sóirt an tseanfhóid
a thugais leat thar lear
bhíodar leat arís abhaile

thar tairseach isteach:
an iall bróige a cheangail do chás cnagaosta
is an gáire gáirsiúil sin, gáire an fhir
nár scag na blianta an buachaill as
is nach bhfuair a bhéasa foyer an lámh in uachtar
ar a bhéasa tinteáin –
thaispeánfá ar ball
go raibh do bhéasa stáitse gan cháim.

Mhaireamar mí ar an sean-nós.
Tharchéimnigh do mhóinghlór
leamhas leathscartha an bhruachbhaile:
do shúile uaigneacha teallach-oscailte,
do scéalta faoin seansaol i gCarna,
do thóir laethúil ar ronnachaí úra
i margaí na seanchathrach,
do mhallachtaí ar phúdarthae na málaí
dá dhuibhe – níor mhór duitse
fianaise láidir duilleog i dtóin gach muga.
Chuiris deilín ar dheilín i mbéal na leanaí
is chuiris na fataí ag ceiliúradh
is ag brú a mbolg amach
sa bhfastaím.

Nuair a dhúntá do shúile istoíche
théimis ag siúl leat
siar na bóithríní
cosnochtaithe
ag portaireacht
ag cruinniú aislingí ar an Trá Bhán.[141]

Chuir scéala a bháis a sheanchara, Gabe Sullivan i Londain, chun filíochta freisin. Chum sé é seo te bruite tar éis dó an scéala a fháil:

The night wind blows its storm tonight on Galway's rugged west,
No songbirds sing at morning's dawn or will sing this dawning day,
For how could songbirds sing at morn but weep within their nest,
When the sweetest *céirseach* of them all lies wrapped in Maíros clay.

Muise, Joe a stór, you're home at last and you sleep among your own,
You made the last long journey across the Atlantic sea (say),
'Twas your dearest wish that your heart would lie in that dear land
  o'er the foam,
So you closed your eyes and said goodbye to your life in Americay.

The Maínis folk will o'er you *caoin*, you sang their songs of yore,
The great one 'Amhrán Mhaínse' being of the saddest kind,
Saying 'Take me to my Teaimín Bán when my Calvary here is o'er,
The lights will shine on the sandhills and no loneliness there I'll find'.

Your 'Amhrán na Trá Báine' from the heart would take a tear,
Of a family that was torn apart for many a bitter day,
But if all Bríd's people were alive her heart would know no fear,
And she could pick the *carraigín* and dry it near the bay.

The old poets spoke and sang of love in the grand old Gaelic way,
What's written in the Book of Life will always have to be,
But often down that lonely road that love can go astray,
And you feel a sword going through your breast as in 'Bádóirín Thír
  an Fhia'.

In your 'Púcán Mhicil Pháidín' you sang of bygone days,
Of the men who built the *gleoiteogaí* and sailed them out to sea,
Of gallant Mr Casey, the man from the Maínis wave,
Who launched the currach from the *céibh* and raced her fast and free.

No more you'll roam by Carna's shore when the tide runs wild and free,
Or gaze again from Coillín Hill on a burning summer's day,
But while I must roam this sad world o'er across the bitter sea,
You're home forever, a Joe a stór, and at peace in Maíros clay.

(*Cuirimse mo bheannacht leat go Ríocht na Glóire a stór. An Ghéib,
  Londain.*)

Bhí muintir Éinniú, gaolta agus cairde, ag aerfort na Sionna go moch maidin Dé Máirt, 8 Bealtaine, nuair a shroich corp Sheosaimh an fód glas dúchais. Chuir Cáit Callen brat na hÉireann ar ais ar an gcónra san eileatram agus ghluais an scuaine carranna ó thuaidh trí Chontae an Chláir go cathair na Gaillimhe agus as sin go Carna. Díobh sin a bhí ag an aerfort agus ar labhair mé leo, ba é Pádraig Ó Baoighill Ghael-Linn ab fhearr a raibh cuimhne aige ar an ócáid:

Ghlaoigh Bob [Riobard] Mac Góráin orm agus dúirt sé gur cheart go mbeadh sé féin thíos roimh an gcorp, ach go raibh ceangal éigin air. D'fhiafraigh sé díom an rachainnse ann ina áit agus dúirt mise: 'Cinnte!' Chuaigh mé síos an oíche roimh ré agus d'fhan mé in Inis. Bhí an t-eitleán ag teacht isteach ag a sé a chlog ar maidin agus chuaigh mé amach chuig an aerfort. Bhí muintir Charna ansin, agus bhí deartháir do Mháirtín Ó Cadhain ann fosta. [Mícheál Ó Cadhain – bhí sé féin agus deartháir Sheosaimh, Michael, pósta le beirt dheirfiúracha.] Thiomáin muid suas ansin agus stop muid ag Óstán Uí Shúilleabháin i nGort. Fuair muid béile de chineál éigin ansin, agus chuaigh muid ar aghaidh as sin go Gaillimh.

Bhí scéala curtha ag Seán Mac Réamoinn, fear a scríobh píosaí breátha moltacha faoi Sheosamh, chuig Easpag na Gaillimhe, an Dr Éamonn Ó Cathasaigh, go mbeadh an tsochraid ag dul trí Ghaillimh agus gur fear é Seosamh Ó hÉanaí a raibh ómós tuillte aige. Fuair Méara na Gaillimhe scéala faoin tsochraid freisin, agus bhí an cuntas seo ag Tom Munnelly ó Roinn Bhéaloideas Éireann:

On the journey from Shannon the cortege halted in Galway where it was met by the Bishop and Mayor of Galway and a short ceremony was held in Galway Cathedral before the funeral cars wound their way through the rocky Connemara landscape to the village of the singer's birth. Another ceremony was held in the church in Carna before gathering mourners dispersed for the night . . .[142]

Bhí Máire Geoghegan Quinn, Teachta Dála le Fianna Fáil (nach raibh i gcumhacht ag an am), bean a rugadh agus a tógadh i gCarna, i láthair ag an searmanas i nGaillimh freisin. Ghluais an tsochraid thar Choláiste Éinde i nGaillimh, áit a ndearna buachaillí an choláiste garda onóra in ómós dá n-iarscoláire cáiliúil, agus chuadar 'trí choiscéim na trócaire' leis, sular thug an tsochraid a haghaidh ar Charna.

Tharla eachtra sa séipéal i gCarna an tráthnóna sin a fhanann i gcuimhne Cháit Callen i Seattle:

> We got to Carna and I think it was Mr Mylotte who was the undertaker. There was some fuss: the young curate came out and made the announcement that the Public Health Department said the coffin was not to be opened. Anyway, Mr Mylotte looked across at me and he just nodded his head, and we lifted the lid. The people had to see. Otherwise, he might be like Elvis Presley – the people still think he's around somewhere! And then we respectfully lowered the lid.

D'oscail seanchara Sheosaimh, Tom Mulligan, an chónra níos deireanaí, nuair nach raibh aon duine thart, a dúirt a mhac Néillidh liom:

> Chuaigh mo Dhaid siar ar an traein go dtí tigh Sheáin 'ac Dhonncha an lá sular tháinig an corp abhaile agus d'fhan sé le Johnny agus le Bríd. Chuaigh sé go Carna le Johnny agus d'fhan siad i dteach eicínt i gCarna an oíche sin. Chuaigh mise siar maidin na sochraide agus bhí Peadar Ó Ceannabháin agus duine nó dhó eile in éineacht liom. Bhuail mé leis an amhránaí Máire Áine Ní Dhonnchadha agus í ag siúl chuig an aifreann i gCarna – bhí muid an-chairdiúil le Máire Áine freisin.
>
> Ach dúirt m'athair liom gur oscail sé cónra Joe sa séipéal an

tráthnóna roimhe sin nuair nach raibh aon duine thart, mar tháinig corp m'uncail Fran abhaile as Meiriceá i gcónra a bhí díreach cosúil leis an gcónra mhór a bhí ar Joe, agus bhí a fhios ag m'athair cá raibh an cnaipe le brú. Ní bhíodh Joe ag iarraidh carabhat a chaitheamh, agus bhí sé ansin sa chónra agus a léine oscailte agus an *Claddagh Ring* ar a mhéar. Bhí m'athair an-sásta go bhfaca sé Joe sa chónra, agus dúirt sé gurbh í an onóir is mó a fuair sé riamh a bheith ag ceol ar shochraid Joe Éinniú, bhí meas chomh mór sin aige air.

Nuair a chuala Máirtín Byrnes gur oscail m'athair an chónra, dúirt sé: '*I want to see Joe*', agus nuair a chuala sé faoin *Claddagh Ring* dúirt sé gur bhreá leis an fáinne a bheith aige i gcuimhne ar Joe. Ach nuair a chuaigh muid ar ais chuig an séipéal bhí an sagart cúnta ansin, fear as Maigh Eo, agus ní ligfeadh sé cead an chónra a oscailt! Ach is é Máirtín Byrnes a fuair an brat a bhí ar an gcónra. D'iarr sé ar Cháit Callen é i gcomhair a shochraide féin, agus thug sise dó é! Dúirt an sagart linn ar an altóir roimh aifreann na sochraide, nuair a bhí muid ag eagrú an cheoil a bhí iarrtha ag Máire Davitt orainn a chasadh: '*If this turns into a concert I'm walking off the altar!*' Níor chuala mé a leithéid riamh! Bhain sé croitheadh asainn go léir.'

Bhí an tuairisc seo san *Evening Press* ag Joe Kennedy an lá dár gcionn:

The small church of Carna was *lán go doras* and the requiem, the music and the singing, all in Irish, were uplifting on such a sad occasion. The young local curate of Carna, Father Liam O'Reilly, was at the centre of two small controversies during an understandably emotional occasion when the remains of the singer arrived at the church on Tuesday evening. He did not approve of the opening of the casket which had been sealed in the U.S., but relatives went ahead and did so. Neither did he approve of a suggestion that a local *sean-nós* song, 'Amhrán Mháinse', be sung as part of the service. He succeeded in this . . .[143]

Deir Máire Nic Fhinn Davitt go raibh trioblóid aici leis an Athair Ó Raghallaigh nuair a luaigh sí leis gur mhaith léi ceol a bheith ag aifreann na sochraide:

Ba léir domsa, duine a raibh an oiread sin déanta aige ar son cheol na hÉireann, go mbeadh sé ceart agus cóir go mbeadh ceol ag an aifreann. Agus nuair a rinne mé teagmháil leis an sagart i gCarna bhí an sagart paróiste as baile. Dúirt daoine áitiúla liom gur duine uasal a bhí sa sagart paróiste agus dul ar a thóir, ach ní raibh teacht air. Is leis an sagart cúnta a bhí plé agamsa, áfach, agus caithfidh mé a rá nár phlé róphléisiúrtha é.

Ar an gcéad dul síos, nuair a dúirt mé leis go raibh ceol le bheith ann, dúirt sé liom go mba mhó suim a bhí aige féin i gcúrsaí spioradálta ná i gcúrsaí ceoil agus nach rabhas-sa chun *hijacking* a dhéanamh ar an aifreann ná ar chúrsaí spioradálta – gurbh in iad na cúraimí ba thábhachtaí. Agus d'éirigh eadrainn, go pointe áirithe, agus rinne mé iarracht chomh dioplamáideach agus ab fhéidir, a chur ina luí air go gcaithfeadh ceol a bheith ann. Ar an bhfón a pléadh é seo ar dtús, agus arís nuair a chuaigh mé siar go Carna chuig an tsochraid agus a chuaigh mé go dtí teach an tsagairt.

Agus bhí an ceol ann gan bhuíochas dó. Caithfidh mé é sin a rá, gur gan bhuíochas dó a bhí sé ann. Ní raibh aon chomhoibriú ón sagart cúnta mar gheall air sin. Agus is é an rud a dúirt sé liom: 'Ní ceolchoirm í seo, ach aifreann.' Agus b'ait liomsa é sin, ó shagart a bhí ag teacht isteach in áit a bhí lán de cheol agus de chultúr, nach raibh éirithe leis aon bhlas de sin a shú chuige féin, duine a bhí chomh tábhachtach agus chomh lárnach don phobal. Gan dabht chanamar 'Caoineadh na dTrí Muire', mar bhí sé sin ar cheann d'amhráin aitheantais Joe. Le bheith macánta, bhí mé chomh suaite sin gur beag is cuimhin liom de. Ach tá a fhios agam go raibh ceol den scoth ann. Chinntigh na hamhránaithe agus na ceoltóirí é sin. Is cuimhneach liom go raibh teannas orm an lá sin mar gheall ar an eachtra a tharla leis an sagart. Freisin, bhí mé caillte le cumha i ndiaidh Sheosaimh. Bhí mo chroí briste.

Deir an t-amhránaí agus an scoláire Lillis Ó Laoire ina leabhar *Ar Chreag i Lár na Farraige*:

> Léiríonn an t-easaontas a tharla idir an sagart agus lucht an cheoil, agus le Máire Davitt go háirithe, an dúshlán a mhothaigh an sagart dá údarás agus dá chumhacht ar an ócáid, mórán mar a tuigeadh an scéal sna scéalta sin a léiríonn briatharchath idir na mná caointe agus an sagart sa tseanaimsir, is dóigh liom.[144]

Maidin na sochraide bhí pictiúr i *Scéala Éireann* de Sheosamh sa gcónra sa séipéal i gCarna agus a sheanchomharsa Máire an Ghabha (Bean Uí Cheannabháin) ag fágáil slán aige, mar aon leis an amhrán caointe seo, faoin teideal '*Seosamh Ó hÉanaí – a tribute by Cormac MacConnell*':

It was on a bright May morning, a bright May morning early,
That a silver plane from the western sky dropped down through the
    dawn mist early,
And at Shannon she rested, a tired bird, from the New to the Old
    world flown,
And the western men were waiting there to bring Carna's Blackbird
    home.

Ah! Seosamh Ó hÉanaí, the last song is sung, your Blackbird's throat
    is still,
So the old friends who wait at the airport morgue, with deep sorrow
    their faces are chilled,
The eastern breeze through the resting planes keens, till one freed
    speeds away bound for Rome,
O'er the westering mourners behind the hearse, bringing Carna's
    Blackbird home.

O Seosamh *a chara*, how great was your fame for the singing of
    Gaelic songs,
All over the folk world they honour your name; with the greatest it
    firmly belongs,

Ten thousand songs – how many began '*in the bright May morn I roam*'?
But on this bright May morning, all roaming done, they bring Carna's Blackbird home.

And the lark sings his best in this glittering dawn, but his notes are no sweeter than thine,
And the robin who warbles his Maytime tune is but water where you were wine,
For your throat was the throne of the sean-nós song, where each grace note itself was a poem,
Like 'Amhrán Mháinse' that they sang last night round the Carna Blackbird's home.

In Galway the bishop came out to pray when your flag-draped casket came there,
The sunkissed children, unasked, fell still, and joined in the bishop's prayer,
Further west they spoke words of your Mweenish lament, 'bring me back, to my friends, near the foam,
And I won't ever be lonely there', in the Carna Blackbird's home.

Today in your home place they'll lay you to rest and 'Caoineadh na dTrí Muire' they'll sing,
Fr. Willie O'Reilly will pray the Mass and the hoarse little church bell will ring,
And they'll lay you down in a peaceful grave, cool and deep in the Maíros loam,
While a lark in the heavens, above them all, sings the Carna Blackbird home.

Comhartha ar an meas a bhí ag a phobal féin ar Sheosamh Ó hÉanaí gur craoladh aifreann a shochraide beo ar Raidió na Gaeltachta, agus rinne Seán Bán Breathnach, a raibh a chuid briatharchathanna féin aige le Sesoamh lena bheo, a chuid tráchtaireachta go sollúnta agus go dínitiúil.
Mar seo a labhair an tAthair Ó Raghallaigh:

A chairde, tá muid tagtha le chéile anseo inniu, ar an gcéad dul síos chun onóir agus glóir a thabhairt do Dhia. Sin é an fáth go bhfuil muid anseo. Agus á dhéanamh sin dúinn, déanaimid é in ómós do Sheosamh Ó hÉanaí. Ba fear é a bhain clú agus cáil amach dó féin mar amhránaí ar an seannós. Is dóigh gur fíor le rá gur beag áit ar fud an domhain nach bhfuil ainm Sheosaimh cloiste, mar gheall ar a chuid amhránaíochta. Ach, má cheapann muid gurb í an amhránaíocht nó rud ar bith mar sin a rinne duine tábhachtach as, feictear domsa go bhfuil dul amú orainn. Cinnte dearfa, ba iontach an rud é an chaoi a raibh sé in ann amhráin a rá, agus an méid a thug sé do dhaoine, mar gheall ar a chuid amhránaíochta agus rudaí mar sin. Ach, mar sin féin, ní ó rudaí mar sin a thagann tábhacht an duine. Agus feictear dom gur cheart dúinn é sin a choinneáil os ár gcomhair, go mór mór ar ócáid mar seo. Ba duine tábhachtach é ar an gcéad dul síos mar gheall ar an méid grá a thug Dia dó. Sin an fáth a bhfuil aon tábhacht le aon duine againn anseo, mar gheall ar an méid grá a thug Dia dúinn . . .

Sheinn Néillidh Mulligan 'Curachaí na Trá Báine' go sollúnta agus go brónach ar an bpíb i lár an aifrinn, agus le linn na comaoine chas fonnadóirí áitiúil 'Caoineadh na dTrí Muire', an dánphaidir álainn sin a choinnigh na glúnta ban in Iorras Aintheach beo i gcaitheamh na gcéadta bliain, go dtí gur phréamhaigh sí i gcroí agus in anam Sheosaimh Uí Éanaí agus gur cheiliúir seisean ar fud an domhain mhóir í. Dúirt cúigear fonnadóirí áitiúil: Joe John Mac an Iomaire, Peadar Ó Ceannabháin, Seán 'ac Dhonncha, Johnny Mháirtín Learaí Mac Donnchadha, Josie Sheáin Jeaic Mac Donncha, agus Máire Nic Fhinn Davitt in éineacht leo, véarsa an duine de 'Caoineadh na dTrí Muire', agus tháinig siad ar fad isteach ar an 'ochón is ochón ó'. Bhí Máire an Ghabha (Bean Uí Cheannabháin) i measc an tslua ag an aifreann agus í ag rá na bhfocal di féin faoina hanáil.

Sheinn na ceoltóirí 'Eanach Cuain' le chéile, ceann de na caointe ab ansa le Seosamh, le linn don chorp a bheith á thabhairt amach as an séipéal. D'ardaigh clann Mhichael Éinniú, a rugadh i Meiriceá, agus clann Mháirtín Éinniú, a rugadh agus a tógadh ar an Aird Thoir, corp a n-uncail Joe suas ar ghuaillí arda, lena thabhairt ar a thuras deiridh go reilig Mhaírois. Bhí clann Mhichael Éinniú, Seán agus Seosamh Ó hÉanaigh, faoin gcónra chun tosaigh; beirt dhearthár leo, Micheál agus Éamonn Ó hÉanaigh, sa lár, agus clann Mháirtín Éinniú, Seán agus Michael Éinniú, ar gcúl.

Scríobh Tom Munnelly:

> A most moving funeral mass was held in the small church which could not hope to cater for the enormous crowd which had gathered from all over Ireland and abroad. The removal to the graveyard was an awesome sight, for even when the head of the procession had travelled the couple of miles to Muighros the tail had not even left Carna. It was here in the churchyard that we were forcibly reminded that we were not merely burying a fine artist, but a man whose early death brought much grief to his relations and friends who were so obviously deeply distressed.
>
> When the crowd gathered in the sea-lapped graveyard Seán 'ac Dhonncha sang 'Táimse i mo Chodladh' and Máirtín Byrnes played a farewell to his friend on the fiddle. Néillidh Mulligan played the pipes over the grave in accompaniment to the fiddling of his father, the ebullient Tom Mulligan. Tragically Néillidh could not have foreseen that he would be playing over Tom's own grave in Leitrim a mere five days later.[145]

Sheinn Marcus Ó hIarnáin, an ceoltóir cáiliuil áitiúil, go huaigneach agus go hálainn ar an bhfeadóig mhór. Dúirt Néillidh Mulligan liom ina dhiaidh sin:

> 'Cuaichín Ghleann Néifinn' an ceann a chas mé ag an uaigh. Amhrán é sin a fuair mé ó Joe, agus bhí tionchar an-mhór ag amhráin Joe ar mo chuid ceoil, agus ag amhráin Johnny McDonagh freisin. Chasamar 'The Bucks of Oranmore' ina dhiaidh sin. Chuamar chuig an óstán i ndiaidh na sochraide agus bhíomar ag ceol ansin, agus ina dhiaidh sin Tigh Mhóráin, agus bhí brón orainn ag imeacht. Bhí mise ag tiomáint, agus bhí m'athair agus Peadar Ó Ceannabháin in éineacht liom. Stopamar i nGaillimh sa Crane Bar agus bhí

deoch againn, ach ní raibh mo Dhaid ag mothú rómhaith agus d'fhan sé sa charr. Bhí *angina* air agus bhí sé ag tógáil taibléidí, agus ní raibh sé ag ól le cúpla bliain. Thiomáineamar ar ais go Baile Átha Cliath agus bhí an-bhród air faoi bheith ag ceol ar shochraid Joe. An oíche ina dhiaidh sin, Déardaoin, bhí seisiún – seisiún rialta – agamsa i gClub Raiftearaí sa Mont Clare Hotel, áit a mbíodh Colm Ó Méalóid ina fhear an tí. Chuaigh mé féin agus m'athair ag ceol ansin, agus Gerry Bohan, fliúiteadóir as Contae Liatroma, agus John Lucid, boscadóir as Ciarraí. B'in é an uair dheireanach ar cheol mé féin agus m'athair le chéile, mar fuair sé bás lá arna mhárach, Dé hAoine, dhá lá tar éis shochraid Joe i gCarna.

Cé go raibh slua ollmhór ar shochraid Sheosaimh i gCarna, ní raibh aon duine i láthair thar ceann an rialtais, mar a thuairisc Michael Finlan san *Irish Times:*

> Many who had long appreciated the very precious musical talents of Seosamh Ó hÉanaí followed his coffin, draped in the Tricolour, to his last resting place . . . Ronnie Drew, Ciarán Bourke and John Sheahan of the Dubliners were there, and so too were Paddy Tunney [agus a mhac John Tunney] and the Keane family from Caherlistrane . . . Most of the talk among the friends of Seosamh Ó hÉanaí at the graveside was about how he had been so shamefully neglected officially in his own land. As it was in life, so it was in death: no representative of the Government came to the funeral. The only politician there was Denis Gallagher, the west Mayo Fianna Fáil T.D., representing Mr. Charles Haughey.[146]

Ach dúirt Pádraic Ó Gaora ag Féile Joe Éinniú i 1993:

> Cloisfidh tú daoine ag rá gur chaith Éirinn go dona le Joe Éinniú, nach bhfuair sé an t-aitheantas ná an onóir anseo a caitheadh leis i Stáit Aontaithe Mheiriceá, cuirim i gcás. Níl a fhios agam an bhfuil sé sin ceart uilig ach oiread. Fear fánaíochta a bhí in Joe, a raibh tráithnín an tsiúil faoina chosa an lá ar rugadh é agus nach raibh ag dul ag déanamh suaimhnis ná cónaí in áit ar bith.

Dúirt Paul Drury ina thuairisc san *Irish Independent*:

There were no Government representatives at Joe's funeral, no
establishment figures. One solitary T.D., former Gaeltacht
Minister Denis Gallagher from Achill, was left to fly the
political flag. One feels that Joe Heaney (Seosamh Ó hÉanaí)
– perhaps the greatest exponent of *sean-nós* singing this
century has seen – would have preferred it that way. The
establishment gave him scant support during all his years of
hardship, from his youth in Carna, through the struggle to
become known, to the international recognition that he
ultimately won ... Gathered at the graveside were musicians
and singers like Ronnie Drew, Ciarán Bourke and John
Sheahan of The Dubliners; Séamus Mac Mathúna, Dolores
Keane and Máirtín Byrnes. There were those who had helped
bring Joe's skills to a wider audience, people like Proinsias
Mac Aonghusa, who first introduced Joe to RTÉ, and Riobard
Mac Góráin and Máire Davitt of Gael-Linn. There were those
who shared with Joe in the excitement and challenge of
Oireachtas Sean-Nós competitions in days gone by – Máire
Áine Ní Dhonnchadha, Seosamh Mac Donncha [Josie Sheáin
Jeaic] and Seán 'ac Dhonncha.[147]

D'ainmnigh an *Connacht Tribune* polaiteoir amháin eile a bhí ar
an tsochraid, Joe Higgins, a bheadh ina T.D. don Pháirtí Sóisialach
sna blianta 1997–2007, a d'inis dom le gairid gur ar an ordóg a rinne
sé a bhealach go Carna, le hómós do Sheosamh Ó hÉanaí.
D'ainmnigh an *Connacht Tribune* freisin '*broadcasters Liam Ó
Murchú and Seán Mac Réamoinn, and Connemara author Seán Ó
Conghaile.*'[148] Bhí ceoltóirí agus lucht éigse go farrabachall ann, agus
rinneadh lá croí dílis de, in ómós don fhonnadóir mór a raibh a
shraith ar lár.

Mar a tharlaíonn go minic ar ócáidí brónacha den chineál seo téann
daoine ar an ól, mar a rinne Seosamh Ó Cuaig, is cuimhneach leis:

Chuaigh mé ar an ól go dona an lá sin. Ghoill a bhás go mór
orm. Tá sé san amhrán ag Tom a' tSeoighe: 'bhí mo bhrón

chomh mór go dtug mé don ól'. Agus ar feadh cupla lá! Ní raibh mé ag an tsochraid ceart ar chor ar bith. Bhí mé ag rá liom féin go raibh an cluiche caillte agus é seo caillte! Agus ní raibh aon aithne agam air, ach mar gheall ar chomh maith is a bhí sé. Ní fhaca mé ceart riamh é ach an oíche a raibh sé i gColáiste Lurgan. Ach, céard a dúirt an ceoltóir siúd ag sochraid Sheáin Uí Riada: '*He lifted us all!*' – sin é an chaoi ar airigh mise faoi Joe Éinniú.

Bhí deartháir Sheosaimh Uí Chuaig, an file Micheál Ó Cuaig, ag múineadh scoile ag an am, agus bíonn ar mhúinteoirí cead a fháil ón sagart paróiste leis an scoil a fhagáil le dhul ar shochraid:

Bhí mé ag múineadh i Ros Muc, agus dúirt mé: 'Dá mbrisfí mé mar gheall air, tá mé ag dul ar an tsochraid seo!' Tá mé ag ceapadh, ceart go leor, go raibh mé ag dul á insint don bhainisteoir, an tAthair Leon Ó Móracháin. Níl mé ag rá nach ligfeadh Leon Ó Móracháin cead dom, mar fear an-Ghaelach é féin. Ach tá mé ag ceapadh nár bhac mé le dhul chuig an séipéal lena fháil amach an raibh sé ann nó nach raibh. D'imigh liom, ar aon chuma. Scaoil an príomhoide, Tomás Ó Conaire, bóthar liom. Bhí mé ag briseadh rialach, ach b'fhiú a dhul ann, mar ba lá an-áithrid a bhí ann.

B'fhiú go deimhin; as an mbriseadh rialach sin tháinig an marbhna breá a chum Micheál Ó Cuaig do Sheosamh Ó hÉanaí, dar teideal 'Éinniú':

Ba mhaith a chuir mo dhuine é
San óstán dúinn
Théis Joe a fhágáil
I gcréafóg Mhuighrois.

'Bhíodar uilig sách maith
Leis na hamhráin,
Ach ar chaoi eicínt
Chuir Éinniú an plána air . . . '

Chuir 'mhaisce agus páirín
Is dá n-abraí é
Ina dhiaidh táile an vearnais.[149]

Dúirt Mick Moloney sa *Sunday Tribune*:

It wasn't altogether inappropriate that Joe should have passed
away in a country that had rewarded him so much more in his
lifetime than his own native land that he loved so much even in
exile. He was a gifted singer and storyteller and a consummate
performer – the only solo unaccompanied singer I have ever
come across who could hold riveted for hours on end any
audience of any size, no matter what its age, size or ethnic
composition. I was privileged to perform with him on several
occasions in recent years, and as I watched him I couldn't help
feeling that even his physical appearance, particularly his gaunt,
craggy facial features symbolised the rugged, dignified
grandeur of the Connemara landscape whence he came. He
was Ireland's supreme cultural ambassador abroad. That he
could never make a living in Ireland, doing what he loved so
much, is, to say the least of it, ironic.[150]

'*THE LATE SEOSAMH Ó hÉANAÍ*' a bhí mar cheannteideal ag an
Galway Advertiser ar phríomhalt dá gcuid, an lá tar éis na sochraide:

The recent death of sean-nós singer Seosamh Ó hÉanaí gives
us a chance to think for a minute about this country's
relationship with one of its most important exports – its
talent. Ó hÉanaí was brought back to be buried yesterday in
his native Carna from Seattle, Washington, where he was a
guest lecturer in ethnic music. For most of his career he had
lived and worked abroad.

In a lot of ways, the contribution he made to Irish goodwill
abroad was an invaluable one. But it's sad that he had to join
the roster of Irish talent in exile to do it. Is it that Ireland can
turn them out but can't keep them? It certainly seems to be the
case that for every one we manage to keep – every Brian Friel,
Mannix Flynn, and Pádraic Ó Conaire – ten others seem to slip

through the net and emerge shining somewhere else. The exiles always bring a bit of Ireland with them: there is Joyce's Ireland, Beckett's Ireland, even Thin Lizzy's Ireland. Their achievement could be seen, by some, as a vindication of Somerset Maugham's contention that you have to get out of a country before you can write about it from a convincing perspective.

Aesthetic questions aside, the fact of the matter is that Ireland just couldn't contain Seosamh Ó hÉanaí. No matter how much we appreciate him and others like him, it will still be a long time before we have sean-nós singers lecturing in our universities. In recent years we've made a much better job of nurturing our homespun talent. The fact that a city like Galway can CONTAIN the Druid Theatre Company and (hopefully) an Arts Centre, is in its own way just as encouraging as the fact that we were able to give rise to them in the first place. This kind of climate will have to prevail on a national scale as well. Ireland's vision and revision of itself will have to be able to provide the talents of tomorrow with the conditions that they need to flourish. And there's no reason why Galway, with its reputation as a city for the arts, can't lead the way in this.[151]

Sing away the dark man's touch
For I am still and cold.
Sing me air and sing me fire
With your voice of wintry gold.
Set a course across my dreams
Place a watcher on street and keen
Take a sounding of the deepest note
And sing the dark away.
                                        – Mary O'Malley

24. Comóradh

G O GAIRID TAR ÉIS BHÁS SHEOSAIMH, SHOCRAIGH BEIRT fhonnadóirí óga áitiúla, Micheál Ó Cuaig agus Peadar Ó Ceannabháin, ceiliúradh agus comóradh bliantúil a dhéanamh ar Sheosamh, agus bhunaíodar Féile Chomórtha Joe Éinniú. Mar a dúirt Micheál Ó Cuaig:

Is dócha go bhféadfá a rá gurbh í sochraid Joe féin an chéad fhéile, mar gur tháinig an oiread daoine thart go speisialta, agus gur casadh an oiread ceoil an lá sin. Bhí ceoltóirí na tíre ann agus bhí muid ag gabháil fhoinn agus ag ceol go maidin. Níor facthas a leithéid riamh cheana i gCarna, is dóigh. Agus is as sin a tháinig an smaoineamh chugam féin agus chuig Peadar Ó Ceannabháin go gcaithfeadh muid féile a chur ar bun, go *gcaithfí* é seo a dhéanamh arís. Tosaíodh an fhéile an bhliain dár gcionn agus bhí sí thar barr. Is beag nach raibh sí cosuil leis an tsochraid, chruinnigh an oiread sin daoine aríst.

Agus dúirt Peadar Ó Ceannabháin:

Cheap mé féin nach raibh Carna sách mór dó, mar bhí cruinniú aisteach daoine ann. Bhí muid ag brath ar thrí áit, óstán agus dhá theach ósta. Bhí seanhalla ann, thíos le cladach, ach ní raibh sé an-fheiliúnach, mar bhí sé fuar. Tá sé imithe ó rath ar fad anois. [Dódh go talamh é tús na bliana 2007.] Bhí comórtas na ngasúr scoile sa scoil náisiúnta, agus bhí sé sin thar cionn. Bhí seisiún breá againn san óstán an chéad oíche, bhí an-seisiún Tigh Mhóráin tráthnóna lá arna mhárach agus bhí seisiún iontach ar fad maidin Domhnaigh Tigh Mheaic. Tá a fhios agam go raibh Cóilín Sheáinín Choilmín agus Máirtín Byrnes ann agus bhí an bheirt in ardghiúmar. Bhí Máirtín Byrnes ag fanacht sa seanteach sin againne, é féin agus Seán Garvey, Gregory Daly, Néillidh Mulligan, Frank Speirs agus Madeline. Bhí an-deireadh seachtaine acu. Tháinig daoine as Meiriceá agus as go leor áiteacha eile an bhliain sin. Bhí mé trí bliana ar fad i mbun eagrú na féile le Micheál Ó Cuaig, agus níor fhéad mé a bheith páirteach ina dhiaidh sin. Ach lean Micheál leis an bhféile ó shin, é féin agus a bhean agus a chlann.

'Tá muid ann ó shin,' a dúirt Micheál:

Tugann cupla duine eile cúnamh dúinn ag teacht gar don am, agus bíonn Josie Sheáin Jeaic ina fhear an tí. Bhí sé éasca go leor leanacht leis an bhféile. Comóradh ar Joe a bhí i gceist ar dtús, ar an bpearsa féin. Ach ansin chonaic muid gur cuid de thraidisiún é Joe agus nach féidir an pearsa a dhealú ón traidisiún, agus go raibh muid dáiríre ag ceiliúradh thraidisiún Iorras Aintheach freisin. Chuaigh muid go hInis Bó Finne bliain amháin, sa ngeimhreadh nó i dtús an earraigh – am aisteach! Baois na hóige! Ansin, d'athraigh muid go Cill Chiaráin bliain eile, aimsir na Féile Pádraig – is cuimhneach liom gurb é Proinsias Mac Aonghusa a d'oscail an fhéile an bhliain sin. Chuaigh muid don Tulaigh bliain eile. Bhí Máire Áine Ní Dhonnchadha mar théama againn an bhliain sin agus fear Mháire Áine, Seán Mac Mathghamhna, ag cur síos ar na hamhráin a bhailigh sé féin agus í féin i Halla Thír an Fhia i samhradh na bliana 1959.

Ach fuair muid amach gurb é Carna an áit leis an bhféile a bheith. Dúradh linn gur i gCarna is cóir í a bheith, agus is ann. Féile siamsaíochta í i ndáiríre agus ní bhíonn mórán den acadúlacht ag baint léi, cé is moite de chorr-léacht nó corrchaint anois is arís. Bíonn Comórtas na nGasúr Scoile againn chuile bhliain. Níor chlis muid riamh air sin, fiú amháin na cupla bliain nach raibh an fhéile ann. Tagann gasúir ó chuile áit le cur isteach ar an gcomórtas, agus bíonn sé thar barr! Agus tá sé suimúil anois go bhfeiceann tú an dream a tháinig tríd an gcomórtas sin ag dul chuig an Oireachtas agus ag buachan comórtas ann.

Ansin, bhronn muid cóip de bhailiúchán amhrán Joe Éinniú as an gcartlann i Seattle ar Ollscoil na hÉireann, Gaillimh agus ar an School of Scottish Studies in Ollscoil Dhún Éideann. Rinne Údarás na Gaeltachta cóip de na fístéipeanna dúinn agus chuaigh grúpa breá againn anonn leis an mbronnadh a dhéanamh. Tá siad ag baint leasa astu thall ansin freisin, chuala mé. Bhronn muid an bailiúchán a fuair muid as Seattle go hoifigiúil ar Áras Shorcha Ní Ghuairim i gCarna nuair a fuair muid i dtosach é. Is ar an gcoinníoll go mbeadh sé i gCarna a fuair muid an chéad lá riamh é. Is iontach an dream iad sin in Ollscoil Seattle. Chaith duine acu, Sean Williams, seachtain sa teach anseo againn, agus tugann sí grúpa scoláirí léi anall chuig an bhféile chaon tríú bliain.

Tá ceangal againn ón tús le traidisiún amhránaíochta Gaeilge na hAlban, agus le traidisiún amhránaíochta Béarla na hAlban freisin, mar gheall ar an gceangal a bhí ag Joe le hAlbain. Chuir muid aithne ar dhaoine mar Cy Laurie i nGlaschú a raibh aithne acu ar Joe, agus tagann siad anall chugainn. Thug Cy Laurie grúpa againn anonn go Glaschú: Johnny Joe Pheaitsín, Josie Sheáin Jeaic, Johnny Mháirtín Learaí agus mé féin, agus bhí an ócáid thar barr. Is é Cy Laurie a chuir Mary Smith in aithne dúinn; thug sé Mary Smith anuas as Oileán Leodhais le bualadh linn agus le amhráin a chasadh dúinn. Agus bhuail muid freisin le Geordie McIntyre thall ansin agus bhí sé abhus againn ina dhiaidh sin.

Dúirt Geordie McIntyre liom:

The first concert to raise money for the gravestone in Carna, which I initiated, actually took place in Glasgow, and was run in Cy Laurie's Club. We were before Dublin or anyone else when we started to raise money for the gravestone. And at the time I wrote a brief memorial for Joe:

> Joe Heaney
> Vibrations that tremble to infinity,
> Colours of gold and westlin winds,
> Joe was singing,
> His gaze ever on some distant shore.

My memory of him is that he had this otherworld quality. He communicated in his songs and in his stories, but he disappeared into his music. For me, how he really expressed himself was in song. He was a very memorable individual altogether.

Micheál Ó Cuaig invited us over to the Joe Heaney Festival in 1994, the year the gravestone was unveiled. It wasn't in Carna that year; it was in Spiddal. The place was packed solid, and it was all sean-nós singing, 99.9% in Irish. It was fantastic. We just loved it. My wife Alison was with me, and of course Sam Ramsay and Cy Laurie were there.

Dúirt Cy Laurie:

After Joe's death, Cáit Callen from Seattle got in touch with Geordie McIntyre to tell him Joe had died and had been brought over to Ireland, and there was no headstone. And I arranged to have an evening in the Riverside Club to raise money for the headstone. I brought Johnny McDonagh over and he sang that evening. We had a full house and Joe's family were invited. We collected four hundred pounds or so and Geordie sent it over to America. We were invited over to Carna for the unveiling of the headstone, and subseqently to the Joe Heaney Festivals.

Tá Seosamh curtha le taobh beirt dá thriúr dearthár i Reilig Mhaírois, agus shocraigh Máire Nic Fhinn Davitt, i gcomhar le Gael-Linn, le Máire Uí Mhaoilchiaráin, neacht le Seosamh, agus le lántoil a ghaolta, an dlaoi mhullaigh a chur ar a raibh déanta go dtí sin agus cloch chinn a chur ar an uaigh:

Thug mé cuairt ar an uaigh aon uair a bhí mé thiar, uaireanta in éindí le Máire Uí Mhaoilchiaráin. Bhí leacht ar na deartháireacha eile agus ní raibh aon cheann ar Sheosamh. Bhí cothrom is deich mbliana ón dáta ar cailleadh é ag druidim linn agus rith sé le cuid againn gur chóir rud éigin fónta a dhéanamh. Labhair mé le Riobard Mac Góráin, Liam Clancy, Ronnie Drew agus le daoine eile agus dúirt siad uilig gur bhreá leo a bheith páirteach i gceolchoirm chun airgead a bhailiú do chloch chinn. Dúirt siad liom: 'Eagraigh í!' agus d'eagraigh mé í.

Agus bhí na Dubliners, Liam Clancy, Tony MacMahon, Liam O'Flynn, Paddy Glackin, Maighread Ní Dhomhnaill agus Paidí Bán Ó Broin an daimhseoir, páirteach sa cheolchoirm. Ciarán Mac Mathúna a chuir an cheolchoirm i láthair sa Cheoláras Náisiúnta. Bhí siad sin go léir, chomh maith le Tom agus Néillidh Mulligan, dílis do Sheosamh i gcónaí agus ba le fonn agus le gean a chuir siad sár-oíche ar fáil.

Rinneadh brabach trí mhíle go leith punt tar éis costais a íoc. Mhol Riobard Mac Góráin dul i dteagmháil le Ken Thompson, dealbhadóir i gCorcaigh, chun an chloch a dhearadh. Chuaigh mé chun cainte le Ken agus mhol seisean cloch gearrtha as cloch aoil Chill Chainnigh. Bhí an leacht curtha ar uaigh Sheosaimh cothrom is deich mbliana a bháis, agus faoin am a raibh an scríbhinn curtha air agus é curtha suas, bhí na trí mhíle go leith punt ídithe. Tá buíochas mór tuillte acu sin go léir a d'fhan dílis do Sheosamh i gcónaí.

Is dóigh liom go bhfuil daoine an-sásta leis an gcloch féin. Luíonn sí le dreach álainn sceirdiúil na háite, agus is dóigh liom go bhfuil an scríbhinn Ghaelach go haoibhinn. Tá an rud ar fad ag teacht le tréithe Sheosaimh féin – fathach tarraingteach, ealaíonta, Gaelach.

Níor dearnadh dearmad ar Sheosamh i Meiriceá ach an oiread. Trí bliana tar éis a bháis, in eagrán na Nollag 1987 den iris *Irish America*, thiomnaigh an t-eagarthóir, Niall O'Dowd, arís, a eagarfhocal dó, faoin gceannteideal *'The Blackbird of Carna'*:

> I think of Joe Heaney at Christmas time, mainly because in 1983, an Irish publication I edited in California published the last interview with the legendary sean-nós (old-style) singer, who died shortly afterward. In that interview he was much preoccupied with the theme of Christmas in Ireland, the time of homecoming for many emigrants. Perhaps his mind was full of the reality that he would never again see his beloved Carna, in County Galway, and he was expressing, unconsciously, his death wish.
>
> Joe lived much of the latter part of his life in Seattle, Washington, teaching traditional music and the Irish language, an exile from a homeland which had spurned him, like thousands before and after. In the U.S. Joe Heaney would have been an incomparable national treasure, on the lines of an Ansel Adams or a Leonard Bernstein: in Ireland he was just another emigrant statistic.
>
> To its eternal credit, this country awarded him one of the first ever National Endowment of the Arts National Heritage Fellowships, thereby making the last years of his life comfortable despite worsening health . . .

In Eanáir na bliana 1996, nuair a thaispeáin RTÉ an clár teilifíse *Joe Heaney: Sing The Dark Away*, rinne Liam Ó Muirthile cur síos spéisiúil, ina cholún 'An Peann Coitianta' san *Irish Times*, ar an gcaoi a ndeachaigh Seosamh Ó hÉanaí agus a chuid amhrán i bhfeidhm air féin agus ar a chomhaoiseacha cathrach:

> B'iad Seosamh Ó hÉanaí agus Nioclás Tóibín an dá amhránaí sean-nóis is treise a tháinig faoi bhráid an mhórphobail sna 1960í déanacha. B'iad is túisce ar thosnaigh mo leithéidse,

ógánach cathrach, ag foghlaim an tsean-nóis ó na ceirníní dá gcuid a d'eisigh Gael-Linn. Iad féin agus a gcomhghleacaithe a leag na clocha boinn faoin bpobal comhaimseartha sean-nóis a dtráchtann Pádraig Ó Cearbhaill air ina aiste in *Oghma* 7: 'Is tuar dóchais é go bhfuil pobail nua sean-nóis ag teacht chun cinn bonn ar aon leis na hamhránaithe. I gcomparáid leis an bpobal traidisiúnta, is pobal neamhbhuan, aistreach é an cineál eile seo, comhthalán daoine a thagann le chéile ar ghrá an tsean-nóis ar ócáid ar leith.'

Is cuimhin liom amhráin thraidisiúnta Joe Heaney i mBéarla a fhoghlaim den chéad uair ó fhadcheirnín a d'eisigh an lipéad Topic Records, go háirithe 'The Rocks of Bawn' agus 'Sweet Bony O', mar a thugaimísne air. Ar ndóigh ní raibh aon idirdhealú sa traidisiún idir amhráin Ghaeilge agus Bhéarla. Chanas na hamhráin, oíche, ag ócáid theaghlaigh agus fuaireas amach go raibh leaganacha díobh ag uncail liom agus ag mo mháthair. Níor chuala riamh iad á rá roimhe sin ach toisc go rabhadar foghlamtha agam féin tugadh eisiúint nua dóibh.

B'iad na ceirníní agus an gníomh foghlamtha a dhruid i leataobh arís an leac a bhí ardaithe i gcoinne béal na pluaise. Bhíodh éileamh áirithe ag an am ar an sean-nós sna 'folk clubs' cathrach, é ag guailleáil tríd na ceolta eile agus ag fáil slí agus éisteachta i lár báire. Ba mhar a chéile, im chás-sa, spéis sa tsean-nós agus spéis sna 'blues' nó i Woodie Guthrie – tóir éigin ar an mbundúchas, ar an eithne eithneach.

Dob fhéidir léine 'cheese cake', 'poncho', agus 'denim' a chaitheamh, agus a bheith ag gabháil de shean-nós chomh maith. Bhí an tuairim fós i réim go láidir nárbh fhéidir an sean-nós a fhloghlaim ach, ar nós na teangan, go gcaithfeá siolpaireacht a dhéanamh air ón gcích mháthartha. Buidéil agus Farex a bhí i réim inár dtighne. Dúirt amhránaí áirithe liom fhéin ag an am nach raibh aon 'nós' agam agus nach mbeadh go deo. Ach pé mianach sainiúil é an sean-nós, diúltaíonn sé don leagan deifnídeach – buíochas mór le Dia. Dá mbeadh sé deifnídeach bheadh sé marbh.[152]

Cé gurbh iad Conradh na Gaeilge agus Oireachtas na Gaeilge a thug ardán do Sheosamh agus dá chuid fonnadóireachta an chéad lá riamh, agus cé gur ghnóthaigh Seosamh féin duaiseanna ag an Oireachtas, mar sin féin bhí sé in aghaidh na hiomaíochta a bhaineann leis na comórtais do dhaoine fásta, mar a bhí a chara Seán 'ac Dhonncha freisin, agus fonnadóirí móra eile nach iad. Le linn do Sheosamh a bheith ag cur síos do Mhaidhc P. Ó Conaola ar Raidió na Gaeltachta in Aibreán na bliana 1979 ar na féilte a mbíodh sé féin páirteach iontu i Meiriceá, dúirt sé gur cheart d' Fhéile an Oireachtais in Éirinn smaoineamh ar aithris a dhéanamh orthu:

An sórt féilte nó feiseanna iad féin, is é an chaoi a n-iarrtar duine; is é an chaoi a gcuirtear fios ort, agus faigheann chuile dhuine an t-airgead céanna. Agus bhí mé féin ag cuimhneamh go minic go mbeadh sé iontach anseo ag an Oireachtas dá dtabharfaidís beirt amhránaithe as Conamara, beirt scéalaithe as Conamara – fear agus bean do chaon rud – tá mná in ann scéalta a insint freisin – agus iad a thabhairt as chuile Ghaeltacht agus iad a chur ar an ardán céanna agus an t-airgead céanna a thabhairt dóibh uilig agus gan bacadh le duaiseanna ná le comórtais. Mar tá a fhios agat féin, bíonn daoine náimhdiúil tar éis comórtais; duine nach bhfaigheann duais, déarfaidh sé: 'Ba cheart domsa é a fháil.'
   Ach tá mé ag ceapadh go bhfuil comórtas idir daoine óga go maith, páistí scoile agus mar sin. Tugann sé aidhm dóibh rud eicínt a dhéanamh. Ach daoine fásta, cheapfainn go mbeadh sé i bhfad níos deise an t-airgead céanna a thabhairt dóibh uilig, agus cupla coirm cheoil a bheith acu ar an ardán céanna . . .

Dúirt Seosamh le Mick Moloney i Nua-Eabhrac:

If I had anything to do with the Oireachtas myself I wouldn't have any competition, because it breeds animosity sometimes, because you cannot give the prize to everybody. I think if they invited one or two from each Irish-speaking district and have them all in the one room doing a concert, and pay them all the same thing on the same stage, I think it would be much nicer.

Dá maireadh Seosamh d'aontódh sé go hiomlán, sílim, lenar scríobh an fonnadóir breá eile sin as Iorras Aintheach, Peadar Ó Ceannabháin, roinnt blianta ó shin, in aiste dá chuid:

Is é an dúshlán atá romhainn an amhránaíocht a chur chun cinn ar an mbealach is dúchasaí agus is fearr a d'fheilfeadh di mar ealaín. Tá sé cruthaithe ag dreamanna éagsúla ar fud na tíre gur féidir féilte fiúntacha a reachtáil beag beann ar chomórtais. Is é an tOireachtas príomhfhéile na Gaeilge agus tá an-leas déanta aici mar fhéile, i réimse na litríochta go háithrid, ach b'fhiú go mór athsmaoineamh agus plé a dhéanamh ar fhiúntas agus ar fheiliúnacht na gcomórtas sean-nóis d'ealaín na hamhránaíochta traidisiúnta.

Is galar é an comórtas – galar tóigeálach, ainsealach, ar deacair é a chloí. Tá an domhan thiar foircthe leis an tsíorchoimhlint agus leis an gcomhrac, is má tá slánú ar bith i ndán do dhaonnacht an duine caithfidh gné eicínt dá shaol, an ghné spioradálta nó ealaíonta, a bheith saor ar an gcoimhlint, ar an ábharachas, agus ar an anailís thomhaiste scagúil a chalcann is a dhreonn aon choipeadh cruthaitheachta in anam an duine. Is ealaín thaithíoch chéadfaíoch í an amhránaíocht thraidisiúnta arb í an fhonnadóireacht bheo an chuid is luachmhaire di, mar a síobann an t-amhránaí a chomhluadar éisteachta ar an ala ó thrácht an tsaoil agus tugann spléachadh aithinneach ar ár ndúchas sinseartha. Is balsam inniu í do phobal scáinte na Gaeilge a chuireann bealadh ar ghad an phobail sin lena dhúchas ceart. Is íocshláinte anama í don té a bhlaiseann go croíúil di agus a dhéanann síor-athnuachan uirthi de réir a nádúir féin.[153]

Bhí an balsam agus an íocshláinte anama sin le brath ag Féile Chomórtha Joe Éinniú i gCarna i mbliana (2007), nuair a bhí leathchéad dalta scoile, idir chailíní agus bhuachaillí, páirteach i gComórtas na nÓg, ar mó de thaispeántas agus de cheiliúradh a bhí ann ná 'comórtas', mar gur bronnadh duais de chineál eicínt ar chuile dhuine agus ní raibh duine ar bith diomuach. Tá buíochas mór tuillte ag an nGaelacadamh ar an Spidéal agus ag na stiúrthóirí stuama a bhí ar an eagraíocht sin ó bunaíodh é: Máire Ní Dhuibhir, Seán Ó Cearbhaill (nach maireann), Art Ó Dufaigh, Áine Ní Ghallchóir, Máirín Uí Bhriain agus Caitríona Ní Oibicín. Tá buíochas tuillte roimhe sin arís ag an triúr a bhunaigh an Gaelacadamh: Pádraig Ó hAoláin, Micheál Ó hEidhin agus an fonnadóir breá sin Tomás Ó Neachtain. Tá an-bhuíochas tuillte freisin ag na fonnadóirí dúthrachtacha sin go léir a roinn a gcuid ama agus a gcuid amhrán go fial flaithiúil le daltaí scoile Chonamra agus Árann: Nan Tom Teaimín de Búrca, Bairbre (Béibí) Éinniú, Joe John Mac an Iomaire, Máirtín Tom Sheáinín Mac Donnchadha, Johnny Mháirtín Learaí Mac Donnchadha, Josie Sheáin Jeaic Mac Donncha, Seán Mac Eochagáin, Caitríona Ní Cheannabháin, Treasa Ní Mhiolláin, Pádraig Tom Pheaits Ó Ceannabháin, Peatsaí Ó Ceannabháin (nach maireann), Peait Phádraig Tom Ó Conghaile, Tomás Ó Neachtain, Máire Uí Chéidigh agus Máire (Pheter) Uí Dhroighneáin.

Tá buíochas ar leith tuillte ag Micheál Ó Cuaig agus a bhean Mairéad agus a gclann, a chuireann ardán álainn ar fáil do fhonnadóirí óga na Gaeltachta ag an bhféile bhliantúil seo i gCarna, i gcuimhne ar an bhfonnadóir cumasach sin as an Aird Thoir i gCarna a fuair bás i Seattle Mheiriceá, lá buí Bealtaine 1984.

Nuair atá deireadh ráite, is é ráiteas Lucy Simpson (nach maireann) is mó a fhanfas i mo chuimhne féin: *'I think the songs and the stories were for him a link to some ancient way of being together on this earth, connecting person to person in a most simple, universal way, directly with a "naked" song or story.'* Is í an Lucy Simpson céanna, slán beo leo go léir anois, a dúirt liom ag Féile Chomórtha Joe Éinniú i gCarna i 1994, go ndeireadh Seosamh go minic i Meiriceá, nuair a bhíodh daoine ag moladh a chuid fonnadóireachta go haer: *'Stop making a fuss about my singing; where I come from they all sing like that!'*

Nótaí

1   *(Mac Con Raoi réidh atá le fáil/I gceannas ar Ghnó Mhór na gcaltaí beaga;/Ó hÉanaigh i gceannas ar Ghnó Bheag bhuan,/Dream nach bhfuil bocht ná neamhbhuan.)* James Carney (eag.), *Topographical Poems by Seaán Mór Ó Dubhagáin and Giolla-na-Naomh Ó hUidhrín* (Dublin, 1943) lch 28, línte 751–4.

2   Tomás Ó Con Cheanainn, 'Ó Maoil Chonaire agus Sloinne Shean-Phádraic', *Éigse* XXXII (2000) lch 27, f. 13.

3   Roderic O'Flaherty (James Hardiman, eag.), *A Chorographical Description of West or h-Iar Connaught* (Dublin, 1846) lch 314.

4   Seán Mac Giollarnáth, *Annála Beaga ó Iorrus Aithneach* (Baile Átha Cliath, 1941) lgh 40–41.

5   Charles R. Browne, 'The Ethnography of Carna and Mweenish, in the parish of Moyruss, Connemara', *Proceedings of the Royal Irish Academy* 6 C XXIII (1900–2) lch 503.

6   Peadar Ó Ceannabháin (eag.), *Éamon a Búrc: Scéalta* (Baile Átha Cliath, 1983) lgh 288–92.

7   Tomás Ó Con Cheanainn, 'Seanchas ar Mhuintir Laidhe', *Éigse* XXXIII (2002) lch 211.

8   Agallamh a rinne Seosamh Ó hÉanaí le Mick Moloney, Nollaig 1981.

9   Ciarán Ó Coigligh (eag.), *Raiftearí: Amhráin agus Dánta* (Baile Átha Cliath, 1987) lgh 148–50.

10   Cóil Neaine Pháidín Mac Donncha (Fearghas Mac Lochlainn, (eag.), *Pluid Dhorcha Leára* (Indreabhán, 1993) lch 11.

11   Thomas Colville Scott (Tim Robinson, eag.), *Connemara After the Famine* (Dublin, 1995) lch xvi.

12   Colville Scott (1995) lgh 10–11, 26–7.

13   Colville Scott (1995) lch 10.

14   Tim Robinson (Liam Mac Con Iomaire a d'aistrigh), *Spás, Am, Conamara* (Baile Átha Cliath, 1993) lch 28.

15   Tim Robinson, *Mapping South Connemara, Parts 1–29: Cashel, Carna, Cill Chiaráin* (Roundstone, 1985) lgh 39–40.

16   Mac Giollarnáth (1941) lch 51–2.

17   Albert B. Lord, *The Singer of Tales* (Cambridge, 1960) lch 49.

18 Seán Mac Giollarnáth, *Peadar Chois Fhairrge* (Baile Átha Cliath, 1944) lgh 15–16.

19 Douglas Sealy, 'Dílis dá Dhúchas', *Soundpost* (Nollaig 1982–Eanáir 1983) lch 24.

20 Róisín Nic Dhonncha, 'An tOireachtas agus an Amhránaíocht ar an Sean-Nós: Cruthú agus Sealbhú Traidisiúin' in Ruairí Ó hUiginn agus Liam Mac Cóil (eag.), *Bliainiris 2004*, lgh 80–1.

21 Nic Dhonncha (2004) lch 57.

22 Nic Dhonncha (2004) lch 65.

23 Nic Dhonncha (2004) lch 67.

24 Nic Dhonncha (2004) lch 73.

25 Nic Dhonncha (2004) lch 52.

26 Nic Dhonncha (2004) lch 31.

27 Nic Dhonncha (2004) lgh 66, 68, 69, 71.

28 Somhairle Mac Gill-Eain / Sorley MacLean, *O Choille gu Bearra / From Wood to Ridge* (Manchester, 1989) lch xi.

29 John MacInnes, 'The Oral Tradition in Scottish Gaelic Poetry', *Scottish Studies* 12 (1968)

30 Donal O'Sullivan, *Irish Folk Music and Song* (Dublin, 1961) lch 38.

31 Tomás Ó Canainn, *Traditional Music In Ireland*, (London, 1978) lch 49.

32 Mac Giollarnáth (1941) lch 320.

33 Sealy (1982–3) lch 24.

34 *The Irish Press*, 4 Bealtaine 1984.

35 *The Irish Press*, 11 Bealtaine 1984.

36 Tá cuntas ar an nuachtán, *An t-Éireannach: Nuachtán Sóisialach Gaeltachta* (Baile Átha Cliath, 1993), scríofa ag mac iníne le Seán Beaumont, Éamon Ó Ciosáin.

37 D'atheisigh Cló Iar-Chonnachta an ceirnín i 1990 faoin teideal *An Chéad Dólás* (CIC 008); tá 'Seacht nDólás na Maighdine' ar cheann de na hamhráin atá air. Sa mbliain 2002 rinne Gael-Linn i gcomhar le Comhairle Bhéaloideas Éireann atheisiúint ar chuid dá cuid amhrán, *Sorcha* (CEFCD 182).

38 Rinne Mairéad Uí Chuaig clár faisnéise faoi Shorcha Ní Ghuairim do Raidió na Gaeltachta, agus rinne Bríona Nic Dhiarmada scannán faisnéise, *Ar Lorg Shorcha*, do TG4. Tá cuntas cuimsitheach ar Shorcha Ní Ghuairim agus ar a deirfiúr Máire in Diarmuid Breathnach agus Máire Ní Mhurchú, *1882–1982 Beathaisnéis a Ceathair* (Baile Átha Cliath, 1994) lgh 125–6.

39 Mac Donncha (1993) lch 23.

40 Seán Mac Giollarnáth, *Loinnir Mac Leabhair* (Baile Átha Cliath, 1936) lgh v–viii.

41 Séamas Mac Con Iomaire, *Cladaí Chonamara* (Baile Átha Cliath, 1938, 1985) lgh 2–5.

42 Seo iad a leanas an rang a raibh Seosamh ann, de réir an liosta a fuair mé san iris *Coláiste Éinde 1928–1978*, lch 148: Mícheál Ó Braonáin; Peadar Ó Cadhain; Seán Ó Cárthaigh; Seán Ó Cadhain; Seán Ó Cuinneagáin; Stiophán Ó Catháin; Liam Ó Craobháin; Proinnsias Ó Cuinneagáin; Domhnall Ó Deasúna; Seosamh Ó Drisceoil; Tomás Mac Diarmada; Tomás Ó hÉineacháin; Seosamh Ó hÉinigh; Caoimhín Ó Flanagáin; Mícheál Mac an Ghoill; Diarmuid Ó hIcidhe; Seán Ó Mainnín; Seosamh Ó Maolrúnaigh; Proinnsias Ó Maoláin; Seán Ó Muinneacháin; Mícheál Ó Rócháin; Tomás Ó Séaghdha; Pádraig Mac Suibhne; Peadar Seoighe; Tomás Tóibín; Peadar Ó Tuathail; Éamonn Mac an Ultaigh.

43 *Coláiste Éinde 1928–1978*, lgh 47–52.

44 Joe Heaney / Seosamh Ó hÉanaí, *The Road from Connemara: Songs and Stories Told and Sung to Ewan MacColl & Peggy Seeger* (CICD 143, 2000)

45 http://www.mustrad.org.uk/articles/heaney2.htm

46 Breandán Ó hEithir, *Over the Bar* (Dublin, 1984) lgh 63–5.

47 Proinsias Mac Aonghusa, *Súil Tharam* (Baile Átha Cliath, 2001) lch 130.

48 Mac Giollarnáth (1941) lgh 158–9.

49 Mac Giollarnáth (1941) lgh 149–50.

50 *Inniu*, 11 Meitheamh 1984.

51 Diarmuid Breathnach agus Máire Ní Mhurchú, *1882–1982 Beathaisnéis a Trí* (Baile Átha Cliath, 1992) lgh 129–30.

52 Breathnach agus Ní Mhurchú (1992) lch 130.

53 Ríonach uí Ógáin (eag.), '*Mise an fear ceoil*': *Séamus Ennis – Dialann Taistil 1942–1946* (Indreabhán, 2006) lch 415.

54 Mac Giollarnáth (1941) lgh 358–9.

55 Mac Giollarnáth (1941) lgh 364–5.

56 Tá cuntas ag Richard J. Scott ina leabhar *The Galway Hookers* (Swords, 1983, 2004) ar na saortha báid seo go léir agus ar na báid mhóra a thógadar, mar aon le cur síos ar na *nobbies* a rinne saortha Mháinse agus Chloch na Rón in aimsir Bhord na gCeantar Cúng thart ar thús an chéid seo caite.

57 Foilsíodh i bhfoirm leabhair iad, *Tales of the West of Ireland* (Dublin, 1966).

58 Breathnach agus Ní Mhurchú (1992), lch 14.

59 http://www.mustrad.org.uk/articles/heaney2.htm

60 Tom Munnelly, 'Seosamh Ó hÉanaí', *Dál gCais* 7 (1984) lch 92.

61 uí Ógáin (2006), lgh 69, 70, 71, 72, 82, 85–6, 120, 160, 170, 239, 439.

62 Ríonach Ní Fhlaithearta, *Clár Amhrán Bhaile na hInse* (Baile Átha Cliath, 1976) lch 235.

63 Tim Robinson, *Connemara: Listening to the Wind* (Dublin, 2006) lgh 205–6.

64 Lillis Ó Laoire & Sean Williams, 'Singing the Irish Famine: Joe Heaney, "Johnny Seoighe" and the Politics of Performance' in Anne Clune (eag.), *Dear Far-Voiced Veteran: Essays in Honour of Tom Munnelly* (Milltown Malbay, 2007).

65 Seán Ó Morónaigh (eag.), *Agallaimh na hÉigse: Cíoradh agus Cnuasach* (Camas, 2001) lgh 71–4

66 *Return From The Snipegrass* (RTÉ, 1984)

67 Diarmuid Ó Gráinne (eag.), *Peait Phádraig Tom Ó Conghaile: A Scéal Féin* (Baile Átha Cliath, 1997)

68 Máirtín Ó Cadhain, '*Páipéir Bhána agus Páipéir Bhreaca*' (Baile Átha Cliath, 1969) lch 38.

69 *The Irish Press*, 15 Bealtaine 1957.

70 *The Evening Press*, 17 Bealtaine 1957.

71 Cuireadh Harry Ó Corrduibh, Oide Scoile as Ros Dumhach i gContae Mhaigh Eo, i bpríosún i 1957 nuair a dhiúltaigh sé fíneáil a íoc a gearradh air faoi gan aon cháin a bheith ar a charr aige, mar agóid faoi staid na mbóithre i nGaeltacht Mhaigh Eo.

72 *The Irish Times*, 17 Bealtaine 1957.

73 *The Irish Press*, 21 Bealtaine 1957.

74 'Bean Pháidín' agus 'Is í do Mhamó í' a bhí ar an gcéad cheirnín ag Seán 'ac Dhonncha, agus Seán Ryan ar an bhfidil ar an taobh eile; 'Caoineadh na dTrí Muire' a bhí ag Seosamh Ó hÉanaí ar an dara ceirnín, agus Tommy Reck ar an bpíb uilleann ar an taobh eile; 'Neainsín Bhán' a bhí ar an tríú ceann, ag Seosamh arís,

agus Tommy Reck arís ar an taobh eile; 'Bean an Leanna' a bhí ar an gceathrú ceann,
ag Seosamh arís, agus Denis Murphy ar an bhfidil ar an taobh eile; 'Mainistir na
Búille' a bhí ar an gcúigiú ceann, ag Seán 'ac Dhonncha, agus Denis Murphy ar an
bhfidil ar an taobh eile; 'An Buinneán Buí' a bhí ar an séú ceirnín, ag Seán 'ac
Dhonncha arís, agus Joe Devlin ar an bhfidil ar an taobh eile.

75 Nioclás Ó Cearbhalláin in *Seoltaí Séidte – Setting Sail: Ceolta Éireann 1957–1961*
(CEFCD 184, 2004) lgh 17–19.

76 Nicholas Carolan, 'From 2RN to International Meta-Community: Irish National
Radio and Traditional Music', *Journal of Music in Ireland* 5 no. 1 (Jan.–Feb. 2005)
lch 13.

77 Peggy Seeger, *The Essential Ewan MacColl Songbook* (New York, 2001) lch 369.

78 Peggy Seeger, 'Joe Heaney: Assorted Memories' in Joe Heaney / Seosamh Ó hÉanaí,
*The Road from Connemara: Songs and Stories told and sung to Ewan MacColl &
Peggy Seeger* (CICD 143, 2000) lch 13.

79 Louis Killen, 'Memories of Joe Heaney', *Seattle Folklore Society Journal* (Fall, 1984)
lch 3.

80 Agallamh le Mick Moloney (1981).

81 Seeger (2000) lgh 14–15.

82 http://www.mustrad.org.uk/articles/heaney2.htm

83 http://www.mustrad.org.uk/articles/heaney2.htm

84 Tá na hamhráin go léir a bhí ar na cláracha sin ar fáil ar Topic Records agus na focla
le fáil in *The Essential Ewan MacColl Songbook* a chuir Peggy Seeger le chéile agus a
d'fhoilsigh Oak Publications i Nua-Eabhrac sa mbliain 2001, an comhlacht céanna
a d'fhoilsigh *The Peggy Seeger Songbook* roimhe sin i 1998.

85 Ó Cadhain (1969) lgh 7–8.

86 *Irish Independent*, 2 Lúnasa 1984.

87 Éamonn Ó Bróithe, 'O'Donohue's' in Fintan Vallely (eag.), *The Companion to Irish
Traditional Music* (Cork, 1999) lch 275.

88 http://mustrad.org.uk/reviews/j_heaney.htm

89 Seeger (2000) lch 14.

90 http://www.mustrad.org.uk/reviews/j_heaney.htm

91 Munnelly (1984) lch 92–3.

92 Joy Graeme (eag.), *The Irish Songbook: 75 Songs Collected, Adapted, Written and
Sung by the Clancy Brothers & Tommy Makem* (New York, 1979)

93 Clinton Heylin, *Dylan: Behind The Shades* (Harmondsworth, 1991) lch 135.

94 Máirtín Ó Cadhain, *Ar Céalacan: Ar Stailc Ocrais in Aghaidh na nOcastóirí* (Baile
Átha Cliath, 1966)

95 Des Geraghty, *Luke Kelly: A Memoir* (Baile Átha Cliath, 1994) lgh 54–5.

96 Munnelly (1984) lch 92–3.

97 Léacht oscailte, Féile Chomórtha Joe Éinniú, 1986.

98 Sean O'Sullivan (eag.), *Folktales of Ireland* (Chicago, 1966)

99 The Joe Heaney Collection, Ethnomusicology Archives, University of Washington,
Seattle.

100 Fintan Vallely, Charlie Piggott & Nutan, *Blooming Meadows* (Dublin, 1988) lgh
10–12.

101 Vallely (1999) lch 401.

102 'Dónal Óg', 'Record Review' *Treoir* Márta–Aibreán (1970) lch 19.

103 The Joe Heaney Collection, Ethnomusicology Archives, University of Washington,
Seattle.

104 Sealy, (1982–3) lch 24.
105 *Joe Heaney: Sing the Dark Away* (RTÉ, 1996)
106 Máirtín Mac Donnchadha, 'Amhráin na Trá Báine' in Ruairí Ó hUiginn agus Liam Mac Cóil (eag.), *Bliainiris 2001*, lch 121.
107 Sealy (1982–3) lch 24.
108 The Joe Heaney Collection, Ethnomusicology Archives, University of Washington, Seattle.
109 *The Evening Press*, 14 Iúil 1976.
110 Sealy (1983–4) lch 24.
111 The Joe Heaney Collection, Ethnomusicology Archives, University of Washington, Seattle.
112 The Joe Heaney Collection, Ethnomusicology Archives, University of Washington, Seattle.
113 The Joe Heaney Collection, Ethnomusicology Archives, University of Washington, Seattle.
114 The Joe Heaney Collection, Ethnomusicology Archives, University of Washington, Seattle.
115 James R. Cowdery, *The Melodic Tradition of Ireland* (Kent, Ohio, 1990) lch 29.
116 Cowdery (1990) lgh 36–7.
117 Cowdery (1990) lch 40.
118 Cowdery (1990) lch 41.
119 The Joe Heaney Collection, Ethnomusicology Archives,University of Washington, Seattle.
120 The Joe Heaney Collection, Ethnomusicology Archives,University of Washington, Seattle.
121 The Joe Heaney Collection, Ethnomusicology Archives,University of Washington, Seattle.
122 The Joe Heaney Collection, Ethnomusicology Archives,University of Washington, Seattle.
123 The Joe Heaney Collection, Ethnomusicology Archives,University of Washington, Seattle.
124 The Joe Heaney Collection, Ethnomusicology Archives,University of Washington, Seattle.
125 Clár an Vancouver Folk Festival,1984. The Joe Heaney Collection, Ethnomusicology Archives, University of Washington, Seattle.
126 The Joe Heaney Collection, Ethnomusicology Archives, University of Washington, Seattle.
127 *Sunday Tribune*, 13 Bealtaine 1984.
128 The Joe Heaney Collection, Ethnomusicology Archives, University of Washington, Seattle.
129 Finbar Boyle, 'Home is the Singer', *In Dublin*, 16 Meán Fómhair 1982, lgh 8–9.
130 *Inniu*, 3 Meán Fómhair 1982.
131 *Sunday World*, 5 Meán Fómhair 1982.
132 *The Irish Press*, 7 Meán Fómhair 1982.
133 Steve Coleman, 'Joe Heaney Meets the Academy', *Irish Journal of Anthropology* 1 (1996) lgh 69–85.
134 The Joe Heaney Collection. Index to Songs and Stories, Ethnomusicology Archives, University of Washington, lgh 1–2.

135 Tomás Ó Con Cheanainn, 'Roinnt Seanchais faoi Amhráin Chonnacht' in Áine Ní Chonghaile (eag.), *Deile: Iris Mhuintir Chonamara i mBaile Átha Cliath* (1998) lch 1.
136 *The Irishman*, Samhain 1983.
137 *The Irishman*, Nollaig 1983.
138 *Irish Independent*, 2 Lúnasa 1984.
139 Louis Killen, 'An Intimate Singer', *Come for to Sing: Folk Music in Chicago and the Midwest* vol. 10, no. 3 (Summer, 1984)
140 Brendan Boyle, 'Irish Music in Seattle', *Seattle Folklore Society Journal* (Fall, 1984) lch 31.
141 Michael Davitt (Louis de Paor, eag.), *Freacnairc Mhearcair/The Oomph of Quicksilver* (Corcaigh, 2000) lch 68.
142 Munnelly (1984) lch 93.
143 *Evening Press*, 10 Bealtaine 1984.
144 Lillis Ó Laoire, *Ar Chreag i Lár na Farraige* (Indreabhán, 2002) lch 303.
145 Munnelly (1984) lch 93.
146 *The Irish Times*, 10 Bealtaine 1984.
147 *Irish Independent*, 10 Bealtaine 1984.
148 *Connacht Tribune*, 10 Bealtaine 1984.
149 Micheál Ó Cuaig (Micheál Ó Conghaile, eag.), *Clocha Reatha* (Indreabhán, 1986) lch 7.
150 *Sunday Tribune*, 13 Bealtaine 1984.
151 *Galway Advertiser*, 10 Bealtaine 1984.
152 *The Irish Times*, 11 Eanáir 1986.
153 Peadar Ó Ceannabháin, 'An Sean-Nós: Caithréim Chráite nó Íocshláinte Anama?' in Áine Ní Chonghaile (eag.), *Deile: Iris Mhuintir Chonamara i mBaile Átha Cliath* (1998) lgh 20–21.

Foinsí

Berry, James, *Tales of the West of Ireland* (Dublin, 1966)

Boyle, Brendan, 'Irish Music in Seattle', *Seattle Folklore Society Journal* (Fall, 1984)

Boyle, Finbar, 'Home is the Singer', *In Dublin*, 16 September 1982

Breathnach, Diarmuid agus Ní Mhurchú, Máire, *1882–1982 Beathaisnéis a Trí* (Baile Átha Cliath, 1992)

Breathnach, Diarmuid agus Ní Mhurchú, Máire, *1882–1982 Beathaisnéis a Ceathair* (Baile Átha Cliath, 1994)

Browne, Charles R., 'The Ethnography of Carna and Mweenish, in the parish of Moyruss, Connemara', *Proceedings of the Royal Irish Academy* 6 C XXIII (1900–2)

Carney, James (eag.), *Topographical Poems by Seaán Mór Ó Dubhagáin and Giolla-na-Naomh Ó hUidhrín* (Dublin, 1943)

Carolan, Nicholas [Nioclás Ó Cearbhalláin], 'From 2RN to International Meta-Community: Irish National Radio and Traditional Music', *Journal of Music in Ireland* vol. 5 no.1 (Jan.–Feb. 2005)

Coláiste Éinde 1928–1978 (Indreabhán, 1978)

Coleman, Steve, 'Joe Heaney Meets the Academy', *Irish Journal of Anthropology* 1 (1996)

Coleman, Steve, 'Joe Heaney and Style in Sean-nós Singing' in T. M. Smith & M. Ó Súilleabháin (eag.), *Blas: the Local Accent in Irish Traditional Music* (Limerick, 1997)

Coleman, Steve, 'The nation, the state and the neighbors: personation in Irish language discourse', *Language and Communication* vol. 24 no. 4 (2004)

Colville Scott, Thomas (Tim Robinson, eag.), *Connemara After the Famine* (Dublin, 1995)

Cowdery, James R., *The Melodic Tradition of Ireland* (Kent, Ohio, 1990)

Davitt, Michael, *Joe Heaney: Sing the Dark Away* (RTÉ, 1996) Clár teilifíse.

Davitt, Michael (Louis de Paor, eag.), *Freacnairc Mhearcair / The Oomph of Quicksilver* (Corcaigh, 2000)

'Dónal Óg', 'Record Review', *Treoir* (Márta–Aibreán 1970)

Geraghty, Des, *Luke Kelly: A Memoir* (Dublin, 1994)

Graeme, Joy (eag.), *The Irish Songbook: 75 Songs Collected, Adapted, Written and Sung by the Clancy Brothers & Tommy Makem* (New York, 1979)

Heylin, Clinton, *Dylan: Behind The Shades* (Harmondsworth, 1991)

Killen, Louis, 'An Intimate Singer', *Come for to Sing: Folk Music in Chicago and the Midwest* vol. 10 no. 3 (Summer, 1984)

Killen, Louis, 'Memories of Joe Heaney', *Seattle Folklore Society Journal* (Fall, 1984)

Lord, Albert B., *The Singer of Tales* (Cambridge, 1960)

Mac Aonghusa, Proinsias, *Súil Tharam* (Baile Átha Cliath, 2001)

MacColl, Ewan, agallamh le Seosamh Ó hÉanaí, cuid a haon, http://www.mustrad.org.uk/articles/heaney1.htm

MacColl, Ewan, agallamh le Seosamh Ó hÉanaí, cuid a dó, http://www.mustrad.org.uk/articles/heaney2.htm

Mac Con Iomaire, Séamas, *Cladaí Chonamara* (Baile Átha Cliath, 1938, 1985)

Mac Donncha, Cóil Neaine Pháidín (Fearghas Mac Lochlainn, eag.), *Pluid Dhorcha Leára* (Indreabhán, 1993)

Mac Donncha, Jackie, *Gaineamh Séidte* (Indreabhán, 2003)

Mac Donnchadha, Máirtín, 'Amhráin na Trá Báine' in Ruairí Ó hUiginn agus Liam Mac Cóil (eag.), *Bliainiris 2001*

Mac Gill-Eain, Somhairle / MacLean, Sorley, *O Choille gu Bearra / From Wood to Ridge* (Manchester, 1989)

Mac Giollarnáth, Seán, *Loinnir Mac Leabhair* (Baile Átha Cliath, 1936)

Mac Giollarnáth, Seán, *Annála Beaga ó Iorrus Aithneach* (Baile Átha Cliath, 1941)

Mac Giollarnáth, Seán, *Peadar Chois Fhairrge* (Baile Átha Cliath, 1944)

MacInnes, John, 'The Oral Tradition in Scottish Gaelic Poetry', *Scottish Studies* 12 (1968)

Munnelly, Tom, 'Seosamh Ó hÉanaí', *Dál gCais* 7 (1984)

Munnelly, Tom, 'A Mastersinger from Carna', www.mustrad.org.uk/reviews/j_heaney.htm

Nic Dhonncha, Róisín, 'An tOireachtas agus an Amhránaíocht ar an Sean-Nós:

Cruthú agus Sealbhú Traidisiúin' in Ruairí Ó hUiginn agus Liam Mac Cóil (eag.), *Bliainiris 2004*

Ní Fhlaithearta, Ríonach [Ríonach uí Ógáin], *Clár Amhrán Bhaile na hInse* (Baile Átha Cliath, 1976)

Ní Ghuairim, Sorcha, *Sorcha: Amhráin Shorcha Ní Ghuairim – Traditional Songs from Conamara* (CEFCD 182, 2002) Dlúthdhiosca.

Ó Cadhain, Máirtín, *Ar Céalacan: Ar Stailc Ocrais in Aghaidh na nOcastóirí* (Baile Átha Cliath, 1966)

Ó Cadhain, Máirtín, *'Páipéir Bhána agus Páipéir Bhreaca'* (Baile Átha Cliath, 1969)

Ó Canainn, Tomás, *Traditional Music In Ireland*, (London, 1978)

Ó Ceannabháin, Peadar (eag.), *Éamon a Búrc: Scéalta* (Baile Átha Cliath, 1983)

Ó Ceannabháin, Peadar, 'An Sean-Nós: Caithréim Chráite nó Íocshláinte Anama?' in Áine Ní Chonghaile (eag.), *Deile: Iris Mhuintir Chonamara i mBaile Átha Cliath* (Baile Átha Cliath, 1998)

Ó Cearbhalláin, Nioclás [Nicholas Carolan], *Seoltaí Séidte – Setting Sail: Ceolta Éireann 1957–1961* (CEFCD 184, 2004) Leabhrán dlúthdhiosca.

Ó Ciosáin, Éamon, *An t-Éireannach: Nuachtán Sóisialach Gaeltachta* (Baile Átha Cliath, 1993)

Ó Coigligh, Ciarán (eag.), *Raiftearí: Amhráin agus Dánta* (Baile Átha Cliath, 1987)

Ó Con Cheanainn, Tomás, 'Roinnt Seanchais faoi Amhráin Chonnacht' in Áine Ní Chonghaile (eag.), *Deile: Iris Mhuintir Chonamara i mBaile Átha Cliath* (Baile Átha Cliath, 1998)

Ó Con Cheanainn, Tomás, 'Ó Maoil Chonaire agus Sloinne Shean-Phádraic', *Éigse* XXXII (2000)

Ó Con Cheanainn, Tomás, 'Seanchas ar Mhuintir Laidhe', *Éigse* XXXIII (2002)

Ó Cuaig, Micheál, *Clocha Reatha* (Indreabhán, 1986)

O'Flaherty, Roderic, (James Hardiman, eag.), *A Chorographical Description of West or h-Iar Connaught* (Dublin, 1846)

Ó Gráinne, Diarmuid (eag.), *Peait Phádraig Tom Ó Conghaile: A Scéal Féin* (Baile Átha Cliath, 1997)

Ó hEithir, Breandán, *Over the Bar* (Dublin, 1984)

Ó hEithir, Breandán, *Return From The Snipegrass* (RTÉ, 1984) Clár teilifíse.

Ó Laoire, Lillis, *Ar Chreag i Lár na Farraige* (Indreabhán, 2002)

Ó Laoire, Lillis agus Williams, Sean, 'Singing the Famine: Joe Heaney, "Johnny Seoighe" and the Poetics of Performance' in Anne Clune (eag.), *Dear Far-voiced Veteran: Essays in Honour of Tom Munnelly* (Milltown Malbay, 2007)

O'Malley, Mary, *The Knife in the Wave* (Cliffs of Moher, 1997)

Ó Morónaigh, Seán (eag.), *Agallaimh na hÉigse: Cíoradh agus Cnuasach* (Camas, 2001)

O'Sullivan, Donal, *Irish Folk Music and Song* (Dublin, 1961)

O'Sullivan, Sean (eag.), *Folktales of Ireland* (Chicago, 1966)

Robinson, Tim, *Mapping South Connemara, Parts 1–29 Cashel, Carna, Cill Chiaráin* (Roundstone, 1985)

Robinson, Tim, (Liam Mac Con Iomaire a d'aistrigh), *Spás, Am, Conamara* (Baile Átha Cliath, 1993)

Robinson, Tim, *Connemara: Listening to the Wind* (Dublin, 2006)

Scott, Richard J., *The Galway Hookers* (Swords, 1983, 2004)

Sealy, Douglas, 'Dílis dá Dhúchas', *Soundpost* (Dec. 1982–Jan. 1983)

Seeger, Peggy, 'Joe Heaney: Assorted Memories', Joe Heaney / Seosamh Ó hÉanaí, *The Road from Connemara: Songs and Stories told and sung to Ewan MacColl & Peggy Seeger* (CICD 143, 2000) Leabhrán dlúthdhiosca.

Seeger, Peggy, *The Essential Ewan MacColl Songbook* (New York, 2001)

uí Ógáin, Ríonach [Ríonach Ní Fhlaithearta] (eag.), *'Mise an fear ceoil': Séamus Ennis – Dialann Taistil 1942–1946* (Indreabhán, 2006)

Vallely, Fintan, Piggott, Charlie, agus Nutan, *Blooming Meadows* (Dublin, 1988)

Vallely, Fintan (eag.), *The Companion to Irish Traditional Music* (Cork, 1999)

Dioscliosta Uí Éanaí

1957

Caoineadh na dTrí Muire (Gael-Linn, 78 rpm, CÉ 2); Neainsín Bhán (Gael-Linn, 78 rpm, CÉ 3); Bean an Leanna (Gael-Linn, 78 rpm, CÉ 4).

1960

Amhrán na Trá Báine (Gael-Linn, 78 rpm, CÉ 16); Amhrán na Páise (Gael-Linn, 78 rpm, CÉ 17); Sadhabh Ní Bhruinneallaigh agus Is Measa Liom Bródach (Gael-Linn, 78 rpm, CÉ 18).

1965

Amhráin Aniar (Gael-Linn, 45 rpm, GL 4): Peigín is Peadar; Baile Uí Lí; An tAmhrán Bréagach; Seachrán Chearbhaill.

Irish Music in London Pubs (Folkways, FG 3575; atheisithe ag Cló Iar-Chonnachta, 1990, CIC 032) Amhráin le Seosamh Ó hÉanaí: The Rocks of Bawn; Morrissey and the Russian Sailor; An Spailpín Fánach.

1968

The Travelling People (Stormking Music Inc.)
Amhráin le Seosamh Ó hÉanaí: The Terror Time; Dublin Jack of All Trades.

1969

Irish Traditional Songs in Irish and English (Topic 12T91, atheisithe ag Ossian, 2002, OSSCD 22)
Taobh 1: The Rocks of Bawn; One Morning in June; Casadh an tSúgáin; The Wife of the Bold Tenant Farmer; The Trees They Grow Tall; Peigín is Peadar. Taobh 2:

Connla; Caoineadh na dTrí Muire; An Tiarna Randal; Bean an Leanna; John Mitchel.

1971
Seosamh Ó hÉanaí (Gael-Linn, fadcheirnín, CÉF 028)
Taobh 1: Curachaí na Trá Báine; Bean an Leanna; Caoineadh na dTrí Muire; Tá na Páipéir á Saighneáil; Sadhbh Ní Bhruinneallaigh; Cuaichín Ghleann Néifinn; Eileanór na Rún. Taobh 2: An Buinneán Buí; An Tiarna Randal; Amárach Lá 'le Pádraig; Anach Cuain; Neainsín Bhán; Púcán Mhicil Pháidín.

1975
Come All Ye Gallant Irishmen (Philo Records, PH 2005; atheisithe ag Cló Iar-Chonnachta, 1989, CIC 020)
Taobh 1: Morrissey and the Russian Sailor; Dark is the Colour of my True Love's Hair; The Green Linnet; The Seven Irishmen; Róisín Dubh; Didderumdoo. Taobh 2: Johnny is the Fairest Man; The Rocks of Bawn; An Draighneán Donn; O'Brien from Tipperary; I'm a Catholic not a Protestant; An Buinneán Buí; Cunnla.

1976
Ó Mo Dhúchas (Gael-Linn, fadcheirnín, CÉF 051)
Taobh 1: Casadh an tSúgáin; Úna Bhán; Peigín is Peadar; Róisín Dubh; Deoindí; Dónall Óg; Seachrán Chearbhaill. Taobh 2: Baile Uí Laí; Cailleach an Airgid; An Sagairtín; Contae Mhaigh Eo; Amhrán Rinn Mhaoile; Amhrán na Páise.

1979
Joe and the Gabe (Green Linnet Records, SIF 1018)
Amhráin le Seosamh Ó hÉanaí. Taobh 1: The Widow from Mayo; Amhrán Mháinse; The Banks of Sweet Dundee. Taobh 2: Skibbereen; Bádóirín Thír Nia; The Bogs of Shanaheever.

1982
Bloomsday: James Joyce and Nora Barnacle – A Tribute (Aquitaine Records)
Amhráin le Seosamh Ó hÉanaí: Peigín is Peadar; Will You Come Over the Mountain?; The American Wake (A Stór mo Chroí); Óró Sé do Bheatha Abhaile.

Roaratorio (Athenaum)

1996

Say a Song (Northwest Folklife Recordings, NWARCD 001)
(1) A Stór mo Chroí; (2) Eileanór a Rúin; (3) The Galway Shawl; (4) The Wife of the Bold Tenant Farmer; (5) Róisín Dubh; (6) An Raibh tú ar an gCarraig?; (7) Red is the Rose; (8) Oíche Nollag; (9) Seóithín Seó Hó/Óró mo Bháidín/Coochenanty; (10) Will You Come Over the Mountain?; (11) The Rocks of Bawn; (12) An Tiarna Randal; (13) My Love She's in America/Off to California; (14) Óró Sé do Bheatha Abhaile; (15) Bean Dubh an Ghleanna; (16) I Wish I Had Someone to Love Me; (17) An Buinneán Buí; (18) The Claddagh Ring; (19) Caoineadh na dTrí Muire.

2000

The Road from Connemara: Songs and Stories Told and Sung to Ewan MacColl & Peggy Seeger (Topic / Cló Iar-Chonnachta, CICD 143)
Diosca 1: (1) My Bonny Boy is Young; (2) The West of Ireland*; (3) Skibbereen; (4) Bean Pháidín; (5) Amhrán na hEascainne (Lord Randal); (6) As I Roved Out; (7) An Droighneán Donn; (8) Caroline and her Young Sailor Bold; (9) Fishing in Connemara*; (10) Amhrán an Bhá (Curachaí na Trá Báine); (11) Singing in Connemara*; (12) The Jug of Punch; (13) The Ferocious O'Flahertys; (14) The Widow from Mayo; (15) The Harp Without the Crown; (16) Seóithín Seó; (17) Advice to Young Singers*; (18) The Valley of Knockanure; (19) The Valley of Knockanure*; (20) Whiskey o roudelum row; (21) Barbary Ellen.
Diosca 2: (1) The Two Greyhounds (The Bogs of Shaneever); (2) The Old Woman of Wexford; (3) The Banks of Claudy; (4) Éamonn an Chnoic; (5) My Boy Willie; (6) Patsy McCann; (7) Úna Bhán; (8) Cailleach an Airgid; (9) The Lonely Woods of Upton; (10) O'Brien from Tipperary; (11) Erin Grá mo Chroí; (12) Cúnnla; (13) The Tennis Right; (14) Eanach Cuain; (15) Beidh Aonach Amárach i gContae an Chláir; (16) The Glen of Aherlow; (17) Slán agus Beannacht le Buaireamh an tSaoil (One Morning in June); (18) The Old Man Rocking the Cradle.

* Caint

2007

Ó Mo Dhúchas Sraith 1 & Sraith 2 (Gael-Linn, CEFCD 191-2; atheisiúint ar CEF 028 agus CEF 051)
Diosca 1: (1) Curachaí na Trá Báine; (2) Bean an Leanna; (3) Caoineadh na dTrí

Muire; (4) Tá na Páipéir á Saighneáil; (5) Sadhbh Ní Bhruinneallaigh; (6) Cuaichín Ghleann Néifinn; (7) Eileanór na Rún; (8) An Buinneán Buí; (9) An Tiarna Randal; (10) Amárach Lá 'le Pádraig; (11) Anach Cuain; (12) Neainsín Bhán; (13) Púcán Mhicil Pháidín.

Diosca 2: (1) Casadh an tSúgáin; (2) Róisín Dubh; (3) Peigín is Peadar; (4) Úna Bhán; (5) Deoindí; (6) Dónall Óg; (7) Seachrán Chearbhaill; (8) Baile Uí Laí; (9) Cailleach an Airgid; (10) An Sagairtín; (11) Contae Mhaigh Eo; (12) Amhrán Rinn Mhaoile; (13) Amhrán na Páise.

Aguisín

Leabhra a bhí ina sheilbh nuair a bhásaigh sé

Anon., *Abair Amhrán* (Béal Feirste, Comhaltas Ultach [1962])

Anon., *Celtic Way of Life* (Dublin, O'Brien Educational, 1982)

Anon., *Marco Polo* (New York, Interlyth Ltd, 1971)

Anon., *Oireachtas 1983* (Baile Átha Cliath, An tOireachtas)

Anon., *Songs & Recitations of Ireland: The Wild Geese Book 5* (Cork, C.F.N., 1967)

Anon., *The Gunfighters* (Alexandria, Va., Time Life Books, 1981)

Anon., *The Irish Rover* (Dublin, Walton's, n.d.)

Apel, Willi agus Daniel, Ralph T., *The Harvard Brief Dictionary of Music* (New York, Washington Square Press, 1960)

Cage, John, *Roaratorio: An Irish Circus on Finnegans Wake*

Carbery, Eithne, *In the Irish Past* (Cork, Mercier, 1978)

Cirker, Blanche, *The Book of Kells* (New York, Dover Publications, 1982)

Clarke, Joseph I. C., *The Fighting Race* (New York, The American News Company, 1911)

Costello, Mrs [Eibhlín Bean Mhic Choisdealbha], *Amhráin Mhuighe Seóla* (Dublin, Candle Press, 1919)

Crofton Croker, T., *Popular Songs of Ireland* (London, George Routledge, 1886)

Curtin, Jeremiah, *Hero Tales of Ireland* (Macmillan, 1894)*

Curtin, Jeremiah, *Tales of the Irish Fairies* (London, David Nutt, 1895)*

d'Arbois de Jubainville, H., *The Irish Mythological Cycle and Celtic Mythology* (New York, Lemma Pub. Corp., 1970)

Danaher, Kevin, *Folktales of the Irish Countryside* (Cork, Mercier, 1976)

Dance Theatre Journal vol. 1 no. 4 (Autumn 1983)

Davis, Jim, *Garfield at Large* (New York, Ballantine, 1980)

Davitt, Michael, *Bligeard Sráide* (Baile Átha Cliath, Coiscéim, 1983)

Dillon, Myles, *There Was a King in Ireland* (Austin, Univ. of Texas Press, 1971)*

Donegan, Maureen, *Fables and Legends of Ireland* (Cork, Mercier, 1976)

Emery, H. G. agus Brewster, K. G., *The New Century Dictionary vol. 1* (New York, Appleton, Century, Crofts, 1952)

Fussell, Paul, *The Great War and Modern Memory* (New York, OUP, 1977)

Haverty, Martin, *The History of Ireland* (New York, Thomas Kelly, 1847)

Healy, James N., *Love Songs of the Irish* (Cork, Mercier, 1977)

Hogan, Desmond, *Children of Lir* (New York, George Braziller Inc., 1981)

Hoke, Helen, *Witches, Witches, Witches* (New York, Franklin Watts, 1958)

Hyde, Douglas, *The Religious Songs of Connaught* (New York, Barnes & Noble, 1972)

Kennedy, Patrick, *Legends of Irish Witches and Fairies* (Cork, Mercier, 1976)

Lawless, the Hon. Emily, *The Story of the Nations: Ireland* (New York/London, G. P. Putnam's Sons/T. Fisher Unwin, 1895)

Lifton, Sarah, *The Listener's Guide to Folk Music* (New York, Facts on File, 1983)

Logan, Patrick, *Irish Country Cures* (Belfast, Appletree Press, 1972)

McCaskey, J. P., *Lincoln Literary Collection* (New York, American Book Company, 1897)

McPhee, Nancy, *The Second Book of Insults* (New York, St Martin's Press, 1981)

Lomax, Alan, *The Folk Songs of North America* (New York, Doubleday, 1960)

Lynch, Patricia, *Tales of Irish Enchantment* (Cork, Mercier, 1980)

McCarthy, Justin, M.P., *Irish Literature* vols I, IV, VI, X, IX (Philadelphia, John D. Morris & Co., 1904)

McGarry, Mary, *Great Fairy Tales of Ireland* (London, Frederick Muller, 1979)

McGuffin, James, *In Praise of Poteen* (Belfast, Appletree Press, 1978)

Melch, George G., agus Kroup, Ben, *To Shorten the Road* (Dublin, O'Brien Press, 1978)

Milner, Dan, *Songs of England, Ireland & Scotland* (New York, Oak Publications, 1983)

Murphy, Gerard, *Ossianic Lore: Fiannaíocht agus Rómánsaíocht* (Cork, Mercier, 1971)

National Geographic vol. 150 no. 5 (December 1976)

O'Brien, Charles, *American Ballads: Naughty, Ribald and Classic* (New York, Fawcett Publishing Inc., 1952)

O'Brien, Flann, *The Poor Mouth* (London, Picador, 1981)

O'Conor, Manus, *Old Time Songs and Ballads of Ireland* (New York, The Popular Publication Co., 1901)

O'Driscoll, Robert, *Dream Chamber & About Roaratorio* (Toronto, The Black Brick Press, n.d.)

O'Sullivan, Sean, *Folktales of Ireland* (Chicago, Univ. of Chicago Press, 1966)

O'Sullivan, Sean, *The Folklore of Ireland* (New York, Hastings House Pub., 1974)*

Squire, Charles, *Celtic Myth and Legend: Poetry and Romance* (New York, Bell Publishing Co., 1979)

Wood-Martin, W. G., *Traces of the Elder Faiths of Ireland and Pre-Christian Traditions* vol. II (London, Paternoster Row, 1902)*

Yeats, W. B., *Fairy and Folk Tales of Ireland* (Lettchworth, Herts., 1892)*

* Leabhar leabharlainne

Dlúthdhiosca

Liosta na Rianta

1. Amhrán Rinn Mhaoile (Bailiúchán Phroinsiais Mhic Aonghusa, © RTÉ)
2. Port na Giobóige (Bailiúchán Phroinsiais Mhic Aonghusa, © RTÉ)
3. Oíche Nollag (Bailiúchán Phádraig Uí Raghallaigh, © RTÉ)
4. Caoineadh na dTrí Muire (Bailiúchán Phádraig Uí Raghallaigh, © RTÉ)
5. An Buinneán Buí (Bailiúchán Phroinsiais Mhic Aonghusa, © RTÉ)
6. The Yellow Bittern (Bailiúchán Phroinsiais Mhic Aonghusa, © RTÉ)
7. Amhrán Shéamais Uí Chonchúir (Bailiúchán Phádraig Uí Raghallaigh, © RTÉ)
8. Eanach Cuain (Bailiúchán Phroinsiais Mhic Aonghua, © RTÉ)
9. Róisín Dubh (Bailiúchán Phroinsiais Mhic Aonghusa, © RTÉ)
10. Úna Bhán (Bailiúchán Phroinsiais Mhic Aonghusa, © RTÉ)
11. O'Brien from Tipperary (Bailiúchán Phroinsiais Mhic Aonghusa, © RTÉ)
12. Seachrán Chearbhaill (Bailiúchán Phádraig Uí Raghallaigh, © RTÉ)
13. Eileanór na Rún (Bailiúchán Phroinsiais Mhic Aonghusa, © RTÉ)
14. The Bonny Bunch of Roses (Bailiúchán Phroinsiais Mhic Aonghusa, © RTÉ)
15. Amhrán Mháire Ní Mhongáin (Bailiúchán Phroinsiais Mhic Aonghusa, © RTÉ)
17. Skibbereen (Bailiúchán Phroinsiais Mhic Aonghusa, © RTÉ)
18. Amhrán Mhaínse (Cathal Goan, © RTÉ)
19. Bean Pháidín (Bailiúchán Phroinsiais Mhic Aonghusa, © RTÉ)

Focla na nAmhrán

Formhór na dtaifeadtaí ar an dlúthdhiosca seo, cé is moite de rianta 3, 4, 7, 12, (a rinne Pádraig Ó Raghallaigh i 1957) agus 18, is é Proinsias Mac Aonghusa a rinne iad dá chlár raidió *Aeriris* sna seachtóidí.

Tá roinnt véarsaí ar ghnách le Seosamh Ó hÉanaí iad a rá, ach nach bhfuil ar na taifeadtaí seo, curtha idir lúibíní cearnacha agam.

1. Amhrán Rinn Mhaoile

Is scríobhfainn agus léifinn leabhar Gaeilge cé gur milis a bhlas,
Agus dhéanfainn céachta Gaelach a réabfadh an iomaire ghlas;
Dhéanfainn teach téagair do mo chéadsearc is bhréagfainn í seal,
Is fear ar mo thréithre dheamhan arbh fhéidir nó d'éalódh leis bean.

Is tá mé i mo shuí ó d'éirigh an ghealach aréir,
Ag cur na tine seo síos do mo mhian is dá fadú liom fhéin;
A Mhuire is a Chríost, nach cloíte le n-aithris mo scéal,
Tá na coiligh ag glaoch is Rinn Mhaoile ina gcodladh ach mé fhéin.

Is gheobhaidh mé bás le grá do leagan do shúl,
Is gheobhaidh mé dhá bhás le grá don chois atá fút,
Ó, gheobhad trí bhás má fháigheann aon fhear eile uaim thú,
Cúl taitneamhach gan smál, mo chrá má cheilimse thú.

[Nár fhágha mé bás choíche nó go gcaithe mé dhíom an mí-ádh,
Go mbeidh bó againn is caoirigh, is mo mhian ar an mbaile údan thall.
Tá bean óg ins an tír seo ag gabháil eadrainn gach aon dara lá,
Ach nár fhágha sí bás choíche go mbeidh sí ag caoineadh agus mise ag
   mo ghrá.

Agus tá siad dá rá gur tú sáilín socair i mbróig,
Agus tá siad dá rá gur tú béilín milis na bpóg;
Tá siad dá rá, a mhíle grá, go dtug tú dhom cúl,
Ach nár fhágha siad na grásta má fháigheann aon fhear eile uaim thú.]

Is é Séamus Ennis atá ag casadh an phoirt ar an bpíb agus ag comhrá le Seosamh Ó hÉanaí.

Amhrán grá é seo, a bhfuil chuile véarsa ann, ach an chéad véarsa, le fáil in amhráin eile. Tá an ceathrú véarsa thuas, 'Nár fhágha mé bás . . .', le fáil in amhrán den ainm céanna sin in *Ceol na nOileán* (Baile Átha Cliath, 1931), bailiúchán an Athar Tomás Ó Ceallaigh. Tá an dara véarsa thuas, 'Tá mé i mo shuí . . .', le fáil in amhrán grá den ainm céanna sin in *Dhá Chéad de Cheoltaibh Uladh* le Énrí Ó Muirgheasa (Baile Átha Cliath, 1934), ach go bhfuil 'Rinn Mhaoile' curtha isteach sa líne dheiridh anseo. Tá an véarsa deireanach thuas, 'Tá siad á rá . . .', le fáil in amhrán dar teideal 'Bean an Fhir Rua' in *Abhráin Ghrádha Chúige Chonnacht* (London, 1893) le Dubhglas de hÍde. Agus tá an dara véarsa thuas, 'Gheobhaidh mé bás . . .', le fáil in *Ceol na nOileán* freisin, faoin ainm 'D'aithneoinn mo Ghrá'. Ní san ord céanna a deireadh Seosamh na véarsaí sin i gcónaí. In ainneoin an mheascáin seo go léir, nó mar gheall ar dhraíocht na véarsaí seo i bhfochair a chéile, is amhrán an-chumhachtach é seo, go háirithe leis an mothúchán a chuireann Seosamh Ó hÉanaí ann.

2. Port na Giobóige

Tá Séamus Ennis agus Seosamh ag comhrá anseo faoin bhfonn 'Port na Giobóige' a fuair Ennis ó chol seisir Sheosaimh i nGlinsce, Colm Ó Caodháin, fear ar thóg Séamus os cionn dhá chéad amhrán uaidh. Ráiméisíní a bhíodh i gcuid acu, cosúil leis an gceann seo, a raibh suim ar leith ag Ennis sa bhfonn a bhí leo. Bhíodh Séamus agus Seosamh ag foghlaim cheoil agus amhrán óna chéile i gcaitheamh a saoil, agus sampla maith é seo den chaoi a mbídís ag ceartas le chéile agus iad idir shúgradh agus dáiríre.

3. Oíche Nollag

Tá a fhios againn uilig faoin gcead Oíche Nollag, an oíche ar rugadh ár slánaitheoir Íosa Críost. Bhí Naomh Seosamh agus an Mhaighdean Mhuire i gcathair Bhethlehem. Chuadar isteach sa teach ósta agus ní raibh aon áit dóibh ann. B'éigean dóibh dul amach taobh amuigh den chathair agus chuadar isteach i stábla. Agus sin é an áit ar rugadh Íosa Críost, an chéad Oíche Nollag.

Chuadar siar 's aniar na sráideanna,
'S ní bhfuaireadar aon dídean ann
Go dtáinigeadar don stábla naofa
Dhá uairín roimh lá.

Rugadh an Leanbh Naofa
Idir bulláin agus asail,
Is tháinig na haoirí
Le é a adhradh roimh mhaidin.

    Aililiú-leá, is aililiú-leá,
    Abhó-bhó is achó-chó
    Is aililiú-leá.

Tháinig na trí ríthe
Le bronntanais ag an Leanbh
Is dhiúltaigh tú uilig an méid sin
Ag sábháil gach peacach.

    Aililiú-leá, is aililiú-leá,
    Abhó-bhó is achó-chó
    Is aililiú-leá.

Lá dá raibh an cúpla
Ag siúl lena chéile,
Nár fhiafraigh an Mhaighdean Ghlórmhar,
'An mar seo a bheas muid feasta?'

'Díolfar mé Dé Céadaoin
Ar leathchoróin den airgead bán,
Is beidh mé Dé hAoine
Do mo ruaigeadh ag mo námhaid.'

'Tiocfar anuas orm
Le chúig mhíle buille,
An braon uasal, a stór, atá in uachtar,
Beidh sé síos le mo shála.'

Aililiú-leá, is aililiú-leá,
Abhó-bhó is achó-chó
Is aililiú-leá.

4. Caoineadh na dTrí Muire

Muise a Pheadair, a Aspail, an bhfaca tú mo ghrá bán?
Óchón is óchón ó!
Chonaic mé ar ball é dá chéasadh ar an ngarda,
Óchón is óchan ó!
Cé hé an fear breá sin ar Chrann na Páise?
Óchón is óchón ó!
Muise an é nach n-aithníonn tú do mhac, a Mháithrín?
Óchón is óchan ó!
Muise an é sin an maicín a d'iompair mé trí ráithe?
Óchón is óchón ó!
Nó an é sin an maicín a rugadh ins an stábla?
Óchón is óchan ó!
Crochadh suas í ar ghuaillí arda,
Óchón is óchón ó!
Is buaileadh anuas í faoi leacrachaí na sráide,
Óchón is óchan ó!
Buailigí mé féin, ach ná bainidh le mo mháithrín,
Óchón is óchón ó!
Maróidh muid thú fhéin agus buailfidh muid do mháithrín,
Óchón is óchan ó!
Cuireadh tairní maola thrí throitheacha a chosa agus a lámha,
Óchón is óchón ó!
Is cuireadh an tsleá thrína bhrollach álainn,
Óchón is óchan ó!
Muise éist, a Mháthair, is ná bí cráite,
Óchón is óchón ó!
Tá mná mo chaointe le breith fós, a Mháithrín,
Óchón is óchan ó!'
[Nó an é sin an maicín a hoileadh in ucht Mháire?
Óchón is óchón ó!
A Mhicín mhuirneach, tá do bhéal 's do shróinín gearrtha,
Óchón is óchan ó!

Is cuireadh culaith róin air le spídiúlacht óna námhaid,
Óchón is óchón ó!
Is cuireadh coróin spíonta ar a mhullach álainn,
Óchón is óchan ó!
Cuireadh go Cnoc Chalbharaí é, ag méadú ar a pháise,
Óchón is óchón ó!
Bhí sé ag iompar na croiche agus Simon lena shála,
Óchón is óchan ó!]

Nuair a d'fhiafraigh Mick Moloney de Sheosamh i Nua-Eabhrac i 1981 cé na hamhráin ab ansa leis, d'ainmnigh Seosamh láithreach na hamhráin bheannaithe 'Caoineadh na Páise', nó 'Caoineadh na dTrí Muire', agus 'Chuadar siar is aniar na Sráideanna', nó 'Oíche Nollag' mar is minicí a thugtar anois air.

Le linn an Charghais, go háirithe faoi Cháisc agus go speisialta Aoine an Chéasta, a chastaí 'Caoineadh na dTrí Muire', agus mná, de ghnáth, a chasadh é.

'Caoineadh na dTrí Muire' a bhí tugtha roimhe sin ar an leagan den amhrán a thaifead amhránaí cáiliúil eile as pobal Charna, Sorcha Ní Ghuairim as Roisín na Mainiach, do Sheán Ó Súilleabháin i 1940 ar cheirnín do Choimisiún Béaloideasa Éireann, cé gur 'Caoineadh na Páise' a tugadh ar leagan a thaifead bean eile as Roisín na Mainiach, Bairbre Bean Uí Mhaidín, do Bhrian Mac Lochlainn ó Choimisiún Béaloideasa Éireann i 1936.

Nuair a chuir Dubhglas de hÍde leagan den amhrán seo as ceantar Iorrais i gContae Mhaigh Eo i gcló sa *New Ireland Review* in 1896, agus an leagan céanna i gcló in *Abhráin Diadha Chúige Chonnacht / The Religious Songs of Connacht* i 1906, is 'Caoineadh na dTrí Muire' a thug sé air, an t-ainm a bhí coitianta air in Iorras agus in áiteacha eile i gContae Mhaigh Eo. Sin é an fáth, is dócha, gur tugadh tús áite don ainm sin agus gurbh é a tugadh ar leagan Shorcha Ní Ghuairim agus ar leagan Sheosaimh Uí Éanaí. Is dócha gurbh in é a bhí i gceist ag Seosamh freisin nuair a dúirt sé '"Caoineadh na dTrí Muire", mar is iondúil a tugtar air'.

Chomh maith le caighdeánú a dhéanamh ar an ainm, rinneadh caighdeánú freisin ar fhocla an amhráin, agus tugadh tús áite do na línte a bhí i leagan a thóg Pádraig Mac Piarais ó Mháire Ní Fhlannchadha (Mrs Keady) as Maigh Cuilinn, Contae na Gaillimhe ag Feis Chonnacht ag tús an chéid seo caite, cé gur 'Caoineadh Mhuire' an t-ainm a bhí aicise air. Cuireadh na focla seo i gcló ar dtús in *An Claidheamh Soluis* i 1904 agus foilsíodh in áiteacha eile ina dhiaidh sin iad. Sin é an fáth, b'fhéidir, gur roghnaigh Sorcha Ní Ghuairim agus Seosamh Ó hÉanaí iad, i dtosach ar roinnt de na línte a bhí acu óna muintir féin. Is cinnte, ar aon chuma, gur thug an bheirt fhonnadóirí seo as Carna léas nua saoil don amhrán, go háirithe an phoiblíocht a fuair Seosamh leis ag na hOícheanta Seanchais i mBaile Átha Cliath i lár na gcaogaidí agus na taifeadtaí den amhrán a rinne sé do Ghael-Linn agus do chomhlachtaí ceirníní eile ina dhiaidh sin.

Nuair a bhí an scoláire Angela Bourke (Partridge) ina mac léinn óg i gColáiste na hOllscoile, Baile Átha Cliath i 1975, chuaigh sí ag bailiú seanamhrán i gCarna agus chuala sí Máire an Ghabha (Bean Uí Cheannabháin) ag casadh 'Caoineadh na Páise', mar a thugadh Máire an Ghabha air. Spreag an t-amhrán sin Angela leis an leabhar *Caoineadh na dTrí Muire: Téama na Páise i bhFilíocht Bhéil na Gaeilge* (Baile Átha Cliath, 1983) a scríobh, ina bhfuil 200 téacs de dhánta éagsúla faoi Pháis Chríost a bailíodh in áiteacha éagsúla ar fud na Gaeltachta, faoi theidil éagsúla. Faoin teideal 'Caoineadh na Páise' atá trí théacs ón Aird Thoir i gCarna sa leabhar, mar atá, leagan a thóg Maighréad Ní Chathasaigh ó Mháire an Ghabha i 1936; leagan a thóg Séamus Ennis ó mháthair Mháire an Ghabha, Neainín Mháire Ní Ghríofa (Bean Mhic Giolla Mháirtín) c. 1942; agus an leagan a thóg Angela Bourke féin ó Mháire an Ghabha i 1975 agus arís i 1977.

Luann Angela Bourke ina leabhar freisin go bhfuil taifeadadh eile de Shorcha Ní Ghuairim, faoin teideal 'Caoineadh na Maighdine' ar cheirnín le Coimisiún Béaloideasa Éireann a taifeadadh le linn Oireachtas na Gaeilge 1954, agus gur ón gceirnín sin a d'fhoghlaim Nóirín Ní Riain an leagan dar teideal 'Caoineadh Mhuire' a thaifead Nóirín ar cheirnín le Gael-Linn i 1980. Luann sí freisin gur ó Cháit Ní Choisdealbha (Bean Uí Chonláin, máthair an cheoltóra Feistí Ó Conláin) as Baile an tSagairt, an Spidéal, a fuair Máire Ní Scolaí an leagan dar teideal 'Caoineadh na dTrí Muire' atá aici ar cheirnín le Gael-Linn.

Is mar amhrán is mó atá 'Caoineadh na dTrí Muire' ar eolas ag an bpobal, agus cuirtear fonn freisin le 'Dán na hAoine', le 'Gol na dTrí Muire', le 'Seacht nDólás na Maighdine' agus le paidreacha eile, ach tá roinnt de na paidreacha nach bhfuil aon cheol luaite leo.

5. An Buinneán Buí

A bhuinneáin bhuí, is é mo thrua thú sínte,
Tá do chnámha reoite faoi bhun na dtom;
Tá do ghob 's do scornach ar dhath an óir bhuí,
'S do bhéilín ródheas ina leaca lom.
Dhá gcuirfeá scéala faoi mo dhéin-sa
Rachainn do d'fhéachaint dhá uair roimh an lá;
Bhainfinn géimneach as leac Loch Éirne,
D'fhliuchfainn do bhéilín 's do chroí in do lár.

Is dúirt mo stór liom mura ligfinn don ól,
Nach mairfinn féin beo ach tamall gearr;
Is dúirt mé léithe go raibh sí bréagach,
Is go mba fada ar mo shaol dom an braon úd a fháil;
An bhfaca tú éan an phíobáin réidh
A chuaigh in éag le tart ar ball?
Ach, a chairde Gael, ólaidh a bhfaighidh sibh,
Dheamhan deoir a ghlaofas sibh thar éis bhur mbáis.

Is beidh an lá amárach, ó, mar an Domhnach
Is tá mo phócaí féin fann go leor;
Is iad mná an ósta a chráigh go mór mé,
Ach, le méid a d'ól mé, ó, liath mo cheann.
Níl ní dá bhreátha anuas ón Ardrí
Ar a dtabharfainn biorán dá bhfáighinn de braon;
Ach, a Rí na nGrás, nach mór an feall é
Nach dtug tú fhéin fáil dom ar léamh mo chroí.

[Ní bó ná gamhna atá mé a chaoineadh,
An lon dubh, an chéirseach, ná an t-éinín glas,
Ach an buinneán buí a dtug mé gnaoi dhó,
Is geall liom féin a shnua is a dhath.
Mar bíonn sé i gcónaí ag síor-ól na dí,
Is deir siad liom go raibh mé amhlaidh seal;
Dheamhan deoir dá bhfaighidh mé nach scaoilfead síos é,
Ar eagla go bhfaighinn féin bás le tart.]

Cathal Buí Mac Giolla Ghunna (c. 1680–1756) a chum 'An Bonnán Buí', ceann de cheithre amhrán déag ar a laghad a chum sé. Bhí cáil an óil agus cáil na mban ar Chathal, agus tá sé sa seanchas gur léadh den altóir é agus gur ordaigh an sagart paróiste don phobal gan é a ligean isteach ina dteach; ach fuair sé a chuid féin ar ais nuair a ghléas sé suas mar bhean bhocht agus fuair sé lóistín na hoíche i dteach an tsagairt chéanna!

Tugadh Cathal Buí air mar gheall ar dhath crón a éadain, agus nuair a tháinig sé ar éan a dtugtar an bonnán buí air agus é caillte leis an tart, gar do dhromchla reoite Loch mac nÉan (loch a cheanglaíonn Contae Liatroma, Contae Fhear Manach agus Contae an Chabháin le chéile), rinne sé an t-amhrán faoin gcosúlacht a bhí aige féin agus ag an éan le chéile 'ina snua is ina ndath', agus faoin tóir a bhí acu araon ar an ól. I gCúige Uladh agus i gCúige Chonnacht is mó a bhíodh an t-amhrán, agus tá sé ar bhéala daoine sa dá réigiún sin fós. Ba cheann d'amhráin mhóra Sheosaimh Uí Éanaí é. Tá breis eolais faoi Chathal Buí ag Breandán Ó Buachalla ina leabhar *Cathal Buí: Amhráin* (Baile Átha Cliath, 1975).

6. The Yellow Bittern
The yellow bittern that never broke out
In a drinking bout, might as well have drunk;
His bones are thrown on a naked stone
Where he lived alone like a hermit monk.
O yellow bittern! I pity your lot.
Though they say that a sot like myself is curst –
I was sober for a while, but I'll drink and be wise
For I fear I should die in the end of thirst.

It's not for the common birds that I'd mourn,
The blackbird, the corncrake, or the crane,
But for the bittern that's shy and apart
And drinks in the marsh from the long bog-drain.
Oh! If I had known you were near your death,
While my breath held out I'd have run to you,
Till a splash from the Lake of the Son of the Bird
Your soul should have stirred and waked anew.

My darling told me to drink no more
Or my life would be o'er in a little short while;
But I told her 'tis drink gives me health and strength
And will lengthen my road by many a mile.
You see how the bird of the long smooth neck
Could get his death from the thirst at last
Come, son of my soul, and drain your cup,
You'll get no sup when your life is past.

[In a wintering island by Constantine's halls
A bitten calls from a wineless place,
And tells me that hither he cannot come
Till the summer is here and the sunny days.
When he crosses the stream there and wings o'er the sea
Then a fear comes to me he may fail in his flight –
Well, the milk and the ale are drunk every drop,
And a dram won't stop our thirst this night.]

D'aistrigh Thomas MacDonagh amhrán Chathail Bhuí go Béarla. Seo
Liam Clancy á chasadh.

7. Amhrán Shéamais Uí Chonchúir

*An t-amhrán atá mé ag gabháil a rá anois, is é an t-ainm a tugtar air
'Amhrán Shéamais Uí Chonchúir', nó tugann cuid de na daoine 'Amhrán
Árann' air, mar is in Árainn a rugadh agus a tógadh Séamas Ó Conchúir.
Fear bocht diaganta a bhí ann, agus an t-am a raibh na ministéirí, nó
thugadh cuid de na daoine* soupers *orthu, ag dul thart, gheall ministéir a
bhí in Árainn cnagaire dúiche, is é sin le rá gabháltas talún – an rud a
dtugann muide gabháltas air, 'cnagaire' a tugtar in Árainn air – sin
timpeall ocht n-acra fichead talún. Gealladh é sin do Shéamas as ucht
amhrán a dhéanamh ag moladh an chreidimh Gallda agus ag rith síos a
chreidimh féin, an creideamh Caitliceach.*

*Bhuel, bhí Séamas bocht, mar a dúirt mé cheana, agus ní raibh a fhios
aige céard a dhéanfadh sé. Chuaigh sé abhaile agus luigh sé ar a leaba. Agus
san oíche, bhí aisling aige. Agus san aisling, tháinig an tAingeal chuige agus
thóg sé lámh leis. Agus thaispeáin sé dó an t-anam dá mheáchan.*

*D'éirigh Séamas ar maidin is chuaigh sé go dtí an sagart paróiste, agus
d'inis sé dó mar a bhí an aisling aige. 'Chonaic mé,' ar seisean, 'an t-anam
dá mheáchan aréir.'*

'Agus, a Shéamais, a stór,' a dúirt an sagart, 'ar mheáigh an mhaith an t-olc?'

'Ó, mheáigh,' a deir Séamas, 'míle buíochas is altú le Dia.'

'Muise, a Shéamais anois,' a deir sé, 'an bhfuil socraithe i d'intinn agatsa céard a dhéanfas tú?'

'Ó, tá,' arsa Séamas. 'Tá mise ag gabháil abhaile anois,' a deir sé, 'agus cluinfidh an saol fós an t-amhrán atá mise ag gabháil a dhéanamh.'

Déarfaidh mise an t-amhrán anois, mar a rinne Séamas Ó Conchúir é.

Dá bhfáighinnse culaith éadaigh a mbeadh ór ag sileadh léithe
Ar chúntar dán a dhéanamh, ag moladh an chreidimh Gall,
Ní bhfaighinnse ó mo chroí istigh sliocht Liútair a mholadh ar aon chor,
A d'iompaigh ar a lámh chlé is a thréig Mac na nGrás.
Nárbh olc an charaid dhomsa, in áit m'anam a bheith dá sciúradh,
Cnagaire de dhúiche ar chúntar dá bhfáighinn,
Mo chreideamh fhéin a phlúchadh, mar dhéanfadh an mada dúchais,
Is a bheith aríst go cúthail, in aimsir cúntais a thabhairt ann.

Siúd é an fear nár shantaigh maoin, capaill, ba ná gamhna,
Ná *jewels* ar bith dá bhreátha, níor chuir sé iontu spéis.
Níor chuir sé suim i mnaoi dá bhreátha cé gur daor a chuaigh a clann air,
Dhóirt sé fuil a chroí mar gheall orthu, le sláinte a thabhairt dóibh;
Ach an dream nár ghéill dá mháthair, is a dhearc ar chrann na páise é,
Ór an tsaoil agus fáighimse é, ní luífeadh mo chroí leo;
Ach a Rí atá ar neamh i bpárthas, ós agatsa atá na grásta,
Nár chuire tú aon cheo ina n-aigne a chaillfeas dóibh do ghlóir.

Is í Máire an bhean nár smaoinigh riamh ar pheaca a dhéanamh,
Ach ar nós na n-úllaí aoibhinn a bhíonn ar thaobh deas na gcrann;
'S gur fhás an brainse thríthe le solas a thabhairt daoibhse,
'S gur beart de réir ár saothair a bheas go cinnte againn le fáil.
'S a pheacachaí, ná sílidh gur ar nós an chine daoine
A shíolraigh an leanbh Íosa, a fuair aoibhneas na ngrás;
'S gur chaith an t-athair naofa blianta cheithre mhíle
Le soitheach glan a dhéanamh, a d'iompródh é trí ráithe.

8. Eanach Cuain

Má fháighimse sláinte is fada a bheas tráchtadh
Ar an méid a báthadh ó Eanach Cuain.
Mo thrua amáireach gach athair is máthair,
Bean is páiste atá ag sileadh súl.
A Rí na nGrásta a cheap neamh is párthas,
A Dhia, cér chás dúinn beirt nó triúr,
Ach lá chomh breá leis, gan gaoth ná báisteach,
Ó, lán an bháid a scuabadh ar siúl.

Baile Cláir a bhí in aice láimhe
Níor lig an t-ádh dhóibh a dhul aníos;
Bhí an bás chomh láidir, níor thug sé cairde
D'aon mhac máthar dár rugadh riamh;
Mar bhris an bád is báthadh na daoine
Scaip na caoirigh anonn sa snámh,
A Dhia, nach ansin a bhí an feall mór déanta
Ar aon fhear déag is ochtar mná.

Loscadh sléibhe agus scalladh cléibh
Ar an áit ar éagadar is milleán crua;
Is iomdha créatúr a d'fhág sé ag géarghol,
Ag gol 's ag éagaoin gach maidin Luain;
Ní díobháil eolais a chuir dá dtreoir iad
Ach mí-ádh mór a bhí sa gCaisleán Nua.
Is é críochnú m'amhráin gur báthadh mórán,
'D'fhág ábhar dóláis in Eanach Cuain.

[Casann Seosamh na véarsaí seo a leanas i dtaifeadtaí eile, mar véarsaí a 3, 4, 5]:

[Nár mhór an t-ionadh os comhair na ndaoine
Iad a fheiceáil sínte ar chúl a gcinn;
Screadach is caoineadh a scanródh daoine,
Bhí gruaig dá cíoradh is an chreach dá roinnt.
Bhí buachaillí óga ann, ag tigheacht don fhómhar,
Dá síneadh ar chróchair 's dá dtabhairt go cill;
Ba é gléas a bpósta a bhí dá dtórramh,
Ach a Rí na Glóire, nár mhór an feall.

A Jeaic Uí Choscardha, ba mhór an scéal thú
Gur sheas tú riamh i loing 's i mbád;
Is iomdha coiscéim lúfar a shiúil tú
Ó Londain anonn go Béal na Trá;
Nuair a shíl tú snámh a dhéanamh
Rug na mná óga ort abhus is thall;
Is gur shíl do mháithrín dá mbáití céad fear
Go dtabharfá an svae leat abhaile slán.

Is í Máire Ní Ruáin an buinneán gléigeal,
An cailín spéiriúil a bhí againn san áit;
Ghléas sí í féin go moch Dé Céadaoin
Le dhul go haonach Chnoc an Dolláin;
Bhí cóta uirthi de thogha an éadaigh,
Caipín spéisiúil is ribín bán;
D'fhág sí a máithrín go brónach cráite,
Ag silt na ndeor arís go brách.]

Ar an *Connaught Journal*, tráthnóna an 4 Meán Fómhair 1828, bhí an scéala brónach seo:

It is with unaffected sorrow we have to record a most distressing circumstance which took place this day, by which it is supposed that at least 19 unhappy fellow creatures perished. An old row boat in a rotten and leaky condition, started from Annadown, early in the morning, a distance from Galway, up Loch Corrib, of about eight miles, having, it is calculated, about 31 persons who were coming to the fair in Galway, when she suddenly went down, and all on board perished, except twelve persons, who were fortunately rescued from their perilous situation by another boat.

Cé gurbh uafásach an tubaiste é, bheadh sé ligthe i ndearmad fadó murach gur chum Raiftearaí (Antaine Ó Reachtaire, 1779–1835) an caoineadh cáiliúil seo, atá coinnithe beo ar bhéala daoine riamh ó shin, go háirithe i gConamara agus in Oileáin Árann. 'Aon fhear déag agus ochtar mná' atá san amhrán, ach aon bhean déag agus ochtar fear a bádh, agus sin é atá ar an leac chuimhneacháin ar an gcéibh in Eanach Dhúin féin. Tá chuile eolas faoin bhfile agus faoina shaothar le fáil sa leabhar *Raiftearaí: Amhráin agus Dánta* (Baile Átha Cliath, 1987) le Ciarán Ó Coigligh.

9. Róisín Dubh

Nach fada an réim a lig mé léithe ó inné go inniu,
Ag siúl sléibhte i mo chadhan aonraic, ní raibh aon neach liom;
Loch Éirne chaith mé de léim í cé go mb'ard a bhí sruth,
Ó, tá m'anam gléigeal ligthe de léig agam le mo Róisín Dubh.
 Loch Éirne chaith mé de léim í cé go mb'ard a bhí sruth,
 Ó, tá m'anam gléigeal ligthe de léig agam le mo Róisín Dubh.

A Róisín, ná bíodh brón ort ná cás anois;
Tá do dheartháir ins an nGearmáin, tá a thriall thar muir;
Tá do phardún ag tigheacht ón bPápa is ón Róimh uilig,
Ó, ná spáráil fíon Spáinneach ar mo Róisín Dubh.
 Tá do phardún ón bPápa is ón Róimh uilig,
 Is, ó, ná spáráil fíon Spáinneach ar mo Róisín Dubh.

Dá mbeadh seisreach agam is deas a threabhfainn in aghaidh an chnoic,
Dhéanfainn seanmóir ar an altóir mar a hordaíodh dhom,
Thabharfainn póg nó dhó don chailín a lig a hóighe liom,
Ó, dhéanfainn cleas deas ar chúl an easa le mo Róisín Dubh.
 Thabharfainn póg nó dhó don chailín a lig a hóighe liom,
 Ó, dhéanfainn cleas deas ar chúl an easa le mo Róisín Dubh.

Beidh an Éirne ina tonnta tréana, beidh an spéir ina fuil,
Beidh na Bráithre Bána ag tigheacht thar sáile le cabhrú linn,
Bhí an smál ort nó gur shantaigh tú an t-óigfhear glic,
Ó, cuiridh anonn í sula ndamnaí sí na hoird uilig.
 Bhí an smál ort nó gur shantaigh tú an t-óigfhear glic,
 Ó, cuiridh anonn í sula ndamnaí sí na hoird uilig.

[Tá mo Róisín geal lúfar taobh thall den tsruth,
Tá crios an phrionsa uirthi fáiscthe faoi lár a coim;
Bhí an smál ort gur shantaigh tú an t-óigfhear glic,
Agus díbridh anonn í nó damnóidh sí na hoird uilig.*]

[Tá an fharraige ina tuilte tréana is tá an spéir ina fuil,
Tá na Bráithre Bána ag teacht thar sáile le cabhrú linn;
A chraobh chumhra, cén fáth ar dhúirt tú go raibh grá agat dom?
Is nárbh í an chéad scoth de na mná buartha a bhí in mo Róisín Dubh.*]

*Bíonn an dá véarsa dheiridh seo ag comharsa béal dorais le Seosamh Ó hÉanaí, Dara Bán Mac Donnchadha.

Seanamhrán grá é 'Róisín Dubh'. Tá sagart i ngrá le bean óg darb ainm Róisín – i leagan Thír Chonaill den amhrán tugtar le tuiscint gur bean rialta in ord San Proinsias í Róisín, nó Róise, an amhráin:

> Dá bhfeicfeá Róise Dé Domhnaigh is í ag éirí amach,
> Crios San Proinsias thar timpeall ar lár a coirp.

'Crios an phrionsa' is minicí a chloistear in áit 'crios San Proinsias' i leagan Charna den amhrán sa lá atá inniu ann, ach bhí sé sa seanchas i gConamara freisin gur bean rialta a bhí i Róisín Dubh, a bhí ag 'caitheamh anuas róbaí Naomh Proinsias'. (Máirtín Ó Conaola, An Gleann Mór, An Cheathrú Rua, 1935. CBÉ 231: 539–43).

Tá línte san amhrán a thugann le tuiscint gur sagart atá ag caint, go háirithe:

> Dhéanfainn seanmóir ar an altóir, mar a hordaíodh dom . . .

ach línte eile freisin, mar:

> Tá m'anam gléigeal ligthe de léig agam le mo Róisín Dubh . . .

> Tiocfaidh do phardún ón bPápa is ón Róimh anoir . . .

> Cuiridh anonn í sula ndamnaí sí na hoird uilig . . .

Is díol spéise é gur múineadh i scoileanna na tíre, agus go múintear fós b'fhéidir, gur amhrán tírghrá é seo, agus gur ainm ceana ar Éirinn é 'Róisín Dubh'. Is sa roinn 'Tírghrá', agus ní sa roinn 'Dánta Grá', a bhí an t-amhrán ag Pádraig Ó Canainn in *Filidheacht na nGaedheal* (Baile Átha Cliath 1940), in éineacht le dánta tírghrá mar 'Síle Ní Ghadhra' agus 'Caitlín Ní Uallacháin', agus tugann Seán Ó Tuama 'amhrán cáiliúil tírghrá, bunaithe ar sheanamhrán grá' ar an leagan atá aige féin agus ag Thomas Kinsella in *An Duanaire: Poems of the Dispossessed* (Dublin, 1981), leagan ina bhfuil na línte grá collaí seo:

> Bhéarfainn póg don chailín óg a bhéarfadh a hóighe dom,
> Is dhéanfainn cleas deas ar chúl an leasa le mo Róisín Dubh.

Is i leagan Thír Chonaill is soiléire gur amhrán grá fir do bhean, agus nach amhrán grá tíre é:

Agus a Róise, dá mba liom tú nárbh aoibhinn duit,
Is deas a chealgfainn do leanbh dá mbeadh sé agam;
Bhéarfainn searc labhartha fríd do bhriathra duit
Dhéanfainn cleas ar bhruach an leasa le mo Róisín Dubh.

Ceaptar gurbh é James Hardiman (1782–1855), ina leabhar *Irish Minstrelsy* (London, 1831) a thosaigh ag déanamh amhrán tírghrá de Róisín Dubh, nuair a scríobh sé:

Róisín Dubh, *Little Black Rose,* is an allegorical ballad, in which strong political feelings are conveyed, as a personal address from a lover to his fair one. The allegorical meaning has been forgotten, and the verses are now remembered and sung as a plaintive love ditty. It was composed in the reign of Elizabeth of England, to celebrate our Irish hero, Hugh Ruadh O'Donnell, of Tyrconnell. By *Róisín Dubh,* supposed to be a beloved female, is meant Ireland . . .

D'easaontaigh an scoláire agus an bailitheoir ceoil George Petrie (1790–1866) le Hardiman, ina *Ancient Music of Ireland* (London, 1855):

Of the old song . . . Róisín Dubh . . . two versions have been printed, one in Hardiman's *Irish Minstrelsy,* with a very free metrical translation by the late Thomas Furlong, and the other in Mr. [John] O'Daly's *Poets and Poetry of Munster,* with an almost equally free translation by the late J. Clarence Mangan. These versions differ very much from each other, and Mr. [Eugene O'] Curry [Eoghan Ó Comhraí, 1794–1862] assures me that they are equally corrupted by interpolations from other songs, with a view to give them a political bearing, and to convert poor *Róisín Dubh* into an allegorical personification of unhappy Ireland in the reign of Elizabeth. Heaven knows we have political lyrics enough – both allegorical and palpable – without adding to their number the older genuine love-songs of the country, of which we have too few remaining . . .

An saoraistriúchán atá luaite ag Petrie ansin thuas, a rinne James Clarence Mangan (1803–49) ar 'Róisín Dubh' in *Poets and Poetry of Munster,* sin é an dán *'Dark Rosaleen'* a mhúineadh dúinn go léir i scoileanna na tíre mar dhán tírghrá Béarla, a bhí ina aistriúchán ar 'Róisín Dubh'. Seans gurbh é sin, thar aon rud eile, ba chúis le daoine a cheapadh gur dán tírghrá a bhí sa mbundán Gaeilge freisin, cé gur dhearbhaigh file comhaimseartha le James Clarence Mangan, Samuel Ferguson (1810–86), go raibh Mangan agus Hardiman mícheart: amhrán grá sagairt do bhean atá i 'Róisín Dubh', a dúirt Ferguson.

Tá 'Dark Rosaleen' ar eolas ag go leor de phobal na tíre, ach is beag eolas atá ar an 'very free metrical translation' a rinne Thomas Furlong ar 'Róisín Dubh' in *Irish Minstrelsy* Hardiman. Is fiú, mar sin, blas d'aistriúcháin Furlong a thabhairt anseo, lena thaispeáint cé chomh 'saor' go díreach is atá sé:

Dá mbeadh seisreach agam do threabhfainn in aghaidh na gcnoc,
A's dhéanfainn soiscéal i lár an aifrinn do mo Róisín Dubh,
Bhéarfainn póg don gcailín n-óg do bhéarfadh a hóige dhamh,
A's dhéanfainn cleas ar chúl an leasa le'm Róisín Dubh.

Had I power, oh! My lov'd one, but to plead thy right,
I should speak out in boldness for my heart's delight;
I would tell to all around me how my fondness grew,
And bid them bless the beauty of my Róisín Dubh.

An dá véarsa is pearsanta agus is grámhaire sa dán ar fad, b'fhéidir, ní dhéanann Furlong ach iad a chaitheamh le chéile in aon véarsa amháin i mBéarla:

Shiúilfinn féin an drúcht leat agus fásaigh goirt,
Mar shúil go bhfaighinn rún uait nó páirt de'm thoil,
A chraoibhín chumhra, gheallais domhsa go raibh grá agat damh,
'S gurb í fíorscoth na Mumhan í mo Róisín Dubh.

A Róisín mhín, mhódhúil, na mbán-chíoch cruinn,
Is tú d'fhág míle arraing i gceartlár mo chroí;
Éalaigh liom a chéadsearc, agus fág an tír,
A's dá bhféadfainn nach ndéanfainnse banríon dhíot (a Róisín Dubh).

There's no flower that e'er bloom'd can my rose excel,
There's no tongue that e'er moved half my love can tell;
Had I strength, had I skill the wide world to subdue,
Oh! the queen of that wide world should be Róisín Dubh.

Cé go ndeir Donal O'Sullivan (1893–1973), in *Songs of the Irish* (1960) gur *'patriotic song'* é, *'because it has long been so regarded, giving to us in "Róisín Dubh" the most beautiful of all poetical names for Ireland'*, deir sé freisin: *'There is no doubt that, like others of its type, it originated as a love song.'*

Bhí Breandán Breathnach (1912–85), ina leabhar *Ceol agus Rince na hÉireann* (Baile Átha Cliath, 1989), cáinteach ar Hardiman freisin faoina rá gur amhrán tírghrá a bhí i Róisín Dubh:

Ní amhrán tírghrá é sin ó cheart, ach seanamhrán grá . . . Ní ag tagairt do chogadh ar son shaoirse na hÉireann a bhí an file is é á dhearbhú gur 'ina tuilte dearga' a bheadh an Éirne, 'go réabfaí cnoic' agus eile sula dtréigfeadh sé a Róisín, nó sula n-éagfadh sí féin, mar atá i leagan eile. Ag iarraidh an buanghrá a bhí istigh ina chroí aige dá leannán a fhoilsiú a bhí sé. Le dílseacht an ghrá a chur in iúl ba ghnách áibhéil dá shórt, agus is le siorraí dá sórt a chuirtí in iúl é. Ba iad Séamas Ó hArgadáin [James Hardiman], údar *Irish Minstrelsy*, agus Seán Ó Dálaigh [John O'Daly], eagarthóir *The Poets and Poetry of Munster*, a thionscain an finscéal seo faoi Róisín Dubh a bheith ina amhrán tírghrá.

Tá tionchar Hardiman le feiceáil freisin ar G. D. Zimmermann ina leabhar *Songs of Irish Rebellion* (Geneva, 1966), cé go ndeir sé freisin gur amhrán grá a bhí ann go bunúsach:

The song 'Róisín Dubh', identifying Ireland with a girl, was composed in the seventeenth century. Some consider it a mere love song, others an allegory of Ireland waiting for the help Red Hugh O'Donnell was seeking on the continent. Still others look upon it as a love song to which some lines with a patriotic meaning were added afterwards. The third theory is the most probable, but we may observe that the patriotic stanzas seem to have been ignored by the people in the first half of the nineteenth century.

Nuair a d'eisigh Irish University Press eagrán nua de *Irish Minstrelsy* i 1970, chuir scoláire agus file mór ár linne féin Máire Mhac an tSaoi réamhrá leis an leabhar, ina ndeir sí faoin mbunleagan Gaeilge den amhrán atá ag Hardiman:

There is an extended version of Róisín Dubh . . . which certainly lends itself far more to Ferguson's acute interpretation, that it is the complaint of a clerical lover awaiting release from his vow of celibacy, than to that pious gloss which makes it the hermetic expression of a proscribed patriotism under which guise it has been immortalized by Mangan.

Meabhraíonn an t-amhránaí agus an scoláire Pádraig Ó Cearbhaill, dúinn, ina dhlúthdhiosca féin, *Amhráin na Séad/Jewels and Pathways* (An Béal Binn 001, 2006), gur i 1920 a cuireadh an leagan áirithe seo den fhonn i gcló den chéad uair, sa leabhar *Ár gCeol Féinig* (Baile Átha Cliath, 1920) leis an Athair Pádraig Breathnach, agus nach raibh téama an ghrá chomh soiléir sa leagan seo agus a bhí i leaganacha eile den amhrán. Is cosúil gur ghlac an Roinn Oideachais leis an bhfonn sin a d'fhoilsigh an tAthair Breathnach agus na ceithre véarsa geanmnaí den amhrán a ghabh leis, mar leagan de 'Róisín Dubh' a bheadh feiliúnach le múineadh i scoileanna na tíre. Sin é an leagan a múineadh sna ceantair Ghaeltachta go léir, chomh maith le gach ceantar eile den tír, agus rinneadh faillí sna bunleagain áitiúla den seanamhrán grá. Ansin, nuair a chóirigh Seán Ó Riada an fonn i gcomhair an scannáin *Mise Éire* i 1959, ceanglaíodh 'Róisín Dubh' níos dlúithe fós le grá tíre agus le hÉirinn.

D'fhoghlaim Seosamh Ó hÉanaí an leagan sin de 'Róisín Dubh' le linn dó a bheith ar meánscoil i gColáiste Éinde, agus ó tharla gur thaithin sé leis, is é an leagan sin ba mhinicí leis a chasadh go poiblí i Meiriceá. 'Leagan na scoile' nó 'leagan na Mumhan' a thugadh sé air, mar a thugtar go coitianta air i gConamara, agus deir Kenneth S. Goldstein agus Mick Moloney, sna nótaí clúdaigh a chuireadar leis an gceirnín *Come All Ye Gallant Irishmen,* gur cheangail Seosamh féin Róisín Dubh le hÉirinn nuair a bhíodh sé ag casadh an *'Munster version'* den amhrán:

> . . . the symbolic use of the Rose as a motif by patriotic poets and singers is now accepted as belonging to an age-old tradition. Joe certainly views it in that light when performing the song . . . When performing in public he generally sings the more well-known Munster version which he learned from his teachers in Dublin when he was at college. However, he chose to sing the Connemara version on this record because, as he said, 'it comes more naturally to me'.

Seanleagan Charna a deireann Seosamh anseo, a bhí cloiste go minic agus tugtha leis aige óna mhuintir féin agus óna chomharsana, agus is minic a luaigh sé an dá leagan de 'Róisín Dubh' mar shampla den difríocht a bhí idir amhráin na scoile agus amhráin an bhaile.

10. Úna Bhán

'S a Úna Bhán, nach gránna an luí sin ort,
I do leaba chaol chláir 's tú i measc na dtáinte corp;
Mura dtige tú is fóir orm, a stáidbhean a bhí riamh gan olc,
Ní thiocfaidh mé in d'áras go brách ach an oíche anocht.

'S a Úna Bhán, ba rós i ngairdín thú;
Ba coinnleoir óir ar bhord na banríona thú;
Ba cláirseach cheoil ag gabháil romham sa mbóthar thú,
Mo léan dóite níor pósadh le do ghrá geal thú.

Tá an sneachta seo ar lár is tá sé dearg le fuil,
Ach samhail mo ghrá ní fhaca mé in áit ar bith;
Féachaidh, a mhná, cé b'fhearr é ná an t-óchón sin
Aon ghlaoín amháin ag gabháil Áth na Donóige.

Dá mbeadh píopa fada cailce agam is tobac a bheith ann,
Ó, tharraingeoinn amach é is chaithfinn de mo sháith;
Is maith a d'inseoinnse daoibhse cá gcónaíonn Úna Bhán,
I gCill Bhríde i gCrích Mhaigh Chill, mo chreach is mo chrá.

Mo scrúdadh thú, a Úna Nic Dhiarmada óig,
An chéad scoth de na mná buartha agus Brianach Óg;
Do bhéal mar an sneachta, mar an leamhnacht 's an fíon ar bord,
Do chois lúfar a shiúileadh go fíor i mbróig.

Deirtear gurb é Tomás Láidir 'ac Coisdealbha a chum an t-amhrán seo do Úna Bhán Nic Dhiarmada, a raibh an dá mhuintir, na Coisdealbhaigh agus muintir Mhic Dhiarmada, ina gcónaí cóngarach dá chéile sa taobh thiar de Chontae Ros Comáin timpeall trí chéad bliain ó shin. Ba iníon í Úna Bhán le Tomaltach 'ac Ruairí Mhic Bhriain Mhic Dhiarmada – ba é an Brian sin an fear ar scríobhadh *Annála Loch Cé* dó. Bunadh Gallda a bhí sna Coisdealbhaigh, agus an dream de mhuintir Mhic Dhiarmada ar díobh Úna Bhán, ba ar thaobh na nGall a bhí siad, de bharr achrainn le cuid eile dá gcine féin – ar thaobh Chromail a bhí siad san am a mbeadh Úna Bhán ag éirí suas.

Tá sé ráite sa seanchas nach ligfeadh a hathair d'Úna Bhán Tomás Láidir a phósadh, agus gur chuir sé faoi ghlas í i seomra ina chaisleán ar oileán i Loch Cé – ceaptar gur finscéal é an chuid deiridh sin. Ar aon nós, an uair dheireanach a ndeachaigh Tomás Láidir ag iarraidh Úna Bhán, mhóidigh sé nuair a bhí sé ag imeacht, mura nglaofaí ar ais air sula dtéadh sé thar Áth na Donóige nach bhfillfeadh sé go brách. Tar éis do Thomás Láidir imeacht, ghéill athair Úna Bhán agus chuir sé teachtaire ina dhiaidh, ach bhí Tomás imithe thar Áth na Donóige agus ní dhearna sé ach an teachtaire a mharú. Más fíor an scéal, cailleadh Úna Bhán le briseadh croí, agus chum Tomás Láidir an t-amhrán seo di. De réir an amhráin, is mar seo a labhair sé leis na mná caointe:

> Féachaidh, a mhná, cé mb'fhearr ná an t-ochón seo
> An t-aon ghlao amháin, ag dul Áth na Donóige?

cé gur minic a chloistear agus a fheictear scríofa:

> Féach a ghrá, cé acu ab fhearr den dá chomhairle,
> A éin i gcliabhán is mé in Áth na Donóige?

Ní fios cén déanamh a bhí ar an amhrán ar dtús. An leagan is sine atá le fáil anois, is i scríbhinn a cuireadh le chéile i gContae Ros Comáin os cionn dhá chéad bliain ó shin (c. 1775) atá sé. Fear a raibh Brian Ó Fearghail air a chuir an lámhscríbhinn sin le chéile agus is in Acadamh Ríoga na hÉireann i mBaile Átha Cliath atá sí (RIA 23 0 35, 186). Faoin am sin, bheadh an t-amhrán os cionn céad bliain ar bhéal na ndaoine agus, dá bharr sin, tá an leagan sin féin truaillithe agus tá píosaí as amhráin eile tite isteach leis.

Bhíodh, agus tá fós, an seanleagan den amhrán atá ag Seosamh anseo ag go leor fonnadóirí as Carna, ach bhí cáil ar leith ar Sheán Jeaic Mac Donncha á rá. Seans maith gur uaidh a thóg Seosamh é, mar dúirt Seosamh féin in agallamh raidió: 'Níl aon duine in Éirinn in ann "Úna Bhán" a rá mar Seán Jeaic Mac Donncha.'

Tá seanleagan eile de 'Úna Bhán' taifeadta ag an amhránaí cáiliúil as Cois Fharraige i gConamara Máire Áine Ní Dhonnchadha, a rugadh an bhliain chéanna le Seosamh i 1919, agus fuair bás i 1991. Ní hé amháin go bhfuil an fonn atá ag Máire Áine difriúil, ach tá na focla difriúil freisin. Tosaíonn sé leis an véarsa 'Na cheithre Úna, na cheithre Áine, na cheithre Máire is na cheithre Nóra' (tá an chuid eile de na focla le fáil sa leabhar *Éigse Éireann* a chuir Seán Ua Ceallaigh ('Sceilg') le chéile thart ar thús an chéid seo caite) amhail is gur amhrán ar leith ann féin a bhí ann. Ó Mháire Bean Uí Scannláin i Ros an Mhíl – Máire Ní Chobthaigh (Máire Chafaí) as Leitir Calaidh i gCeantar na nOileán i gConamara roimh phósadh di – a fuair Máire Áine é, agus tá sé le fáil ar an gceirnín *Deora Aille* a thaifead sí do Cheirníní Cladaigh (CC6). An leagan de 'Úna Bhán' a bhíodh á mhúineadh sna scoileanna nuair a bhí Seosamh agus Máire Áine agus daoine níos óige ná iad ag dul ar scoil, is cóiriú é a rinne an ceoltóir dall Carl Hardebeck (1869–1945) ar an seanamhrán.

Tá tuilleadh eolais faoin amhrán seo le fáil ó na foinsí seo a leanas: Marcus Mac Enery, 'Úna Bhán', *Éigse IV* (1943–4) lgh 133–46; Dubhglas de hÍde, *Abhráin Ghrádha Chúige Chonnacht* (1893) lgh 36-43; Pádraig de Brún, Breandán Ó Buachalla, Tomás Ó Con Cheanainn, *Nua-Dhuanaire I* (Baile Átha Cliath, 1971) lgh 71–2; An Bráthair M. F. Ó Conchúir, *Úna Bhán* (Indreabhán, 1994).

11. O'Brien from Tipperary

O'Brien from Tipperary is the subject of my tale,
Before the American Civil War began to America he came,
He was of good character, his spirit light and free,
And by a plan he won the North against the enemy.

It was on a Sunday morning the Major he did swear,
'You did insult a soldier, all on the barrack square.'
'You may thank your daughter,' said O'Brien, 'or else I'd have your life.'
The Major then his sword he drew and thought to end his life.

O'Brien received a pistol, with an eye both sharp and keen,
Like a gallant soldier, he quickly took his aim;
In order to defend his life he fired the fatal ball
He lodged it in the Major's breast, which made the tyrant fall.

As soon as the report was made the guards all turned around,
He was taken prisoner, in irons firmly bound,
Court martial on O'Brien was held immediately,
He was sentenced to be shot, far from his friends and his own country.

[When O'Brien received the sentence no fear of death did show,
Unto his execution he manfully did go,

By a holy priest from Clonmel town he was prepared to die,
In hope to get a pardon from the Lord who rules on high.]

The coffin was got ready, he was ordered to kneel down,
The sergeant, with a handkerchief his eyes he firmly bound,
The soldiers, on the other hand, all guns they did prepare,
And many a soldier for O'Brien shed a silent tear.

They were ordered to fix bayonets, all ready for to fire,
Before a trigger could be drawn the Major's daughter did appear,
In a voice as loud as thunder, 'Come, set that prisoner free!
I have a letter of reprieve, he's granted unto me.'

[She quickly seized O'Brien and took him by the hand,
'Rise up my bold Tipperary boy, you're now at my command,
It's true I am in love with you, though you took my father's life,
He had vengeance sworn against you I'd never be your wife.']

So now to conclude and finish and see what love can do,
She is married to O'Brien, she is both loyal and true.
She saved him from the fatal ball, her one and only joy,
And now she's in New York City with her bold Tipperary boy.

Throid na mílte Éireannach i gCogadh Cathartha Mheiriceá (1861–5), a bhformhór mór in Arm an Tuaiscirt. Chomh maith leis na hÉireannaigh a bhí i Meiriceá cheana féin tar éis an Ghorta Mhóir, liostáil sluaite breise i gConsalacht Mheiriceá i mBaile Átha Cliath ag an am, nuair a tairgeadh a bpaisinéireacht in aisce go Meiriceá dóibh, mar aon le $700 an duine.

Maraíodh na mílte díobh i gcathanna éagsúla sa gcogadh, ó Gettysburg go Appomattox, agus bhain go leor eile cáil amach dóibh féin, go háirithe sa 69th Regiment (New York Volunteers) faoi cheannas an Chornail Michael Corcoran, agus san Irish Brigade faoi cheannas Thomas Francis Meagher. Tá a misneach, a gcrógacht agus ar a ngníomhartha gaisce buanaithe in amhráin mar 'The Irish Volunteer', 'Pat Murphy Of The Irish Brigade', 'O'Brien From Tipperary' agus an t-amhrán is cáiliúla díobh ar fad, b'fhéidir, 'Paddy's Lamentation'. Tá roinnt de na hamhráin seo agus a gcúlra le fáil i leabhar Mick Moloney, Far From The Shamrock Shore (Corcaigh, 2002).

Óna athair a dúirt Seosamh Ó hÉanaí a fuair sé an t-amhrán, ach tá a fhios againn go raibh sé ag daoine eile san áit ag an am freisin. I leabhar a chuir R. L. Wright in eagar, *Irish Emigrant Ballads and Songs* (Bowling Green, Ohio, 1975), tugtar 'A New Song' air, agus cé go mb'fhéidir gur ó Sheosamh Ó hÉanaí a chuala an fear eagair é, tá dhá véarsa ann nach bhfuil i leagan Sheosaimh, a thugann beagán breis eolais dúinn faoin scéal.

'*William O'Brien from Tipperary is the subject of my tale*' atá aige mar chéad líne den dara véarsa (seo é an chéad véarsa ag Seosamh), agus seo iad an chéad agus an tríú véarsa sa leagan atá i leabhar Mheiriceá (tá cuid de na línte céanna liopasta go leor):

You loyal-hearted Irishmen, attend unto my tale,
Those lines are true you may depend I am going to reveal,
It is of an Irish emigrant from the town of Templemore,
Like many seeking employment on Columbia's shore.

In the Philadelphia regiment I mean to let you know,
O'Brien many a battle fought against the Southern foe,
The Major's daughter fell in love with him you plainly see,
Her father then resolved to prove her destiny.

12. Seachrán Chearbhaill

'Gus lá breá a ndeachaigh mise ag amharc ar an spéirbhean bhreá,
Nárbh iúd í ainnirín na mailí agus na ngealchrobh lámh;
Bhí a grua mar na ballaí le go mbreactar orthu an t-aol mar bhláth,
Is a seang-mhailí searca le go nglaoitear air an aol-tsúil bhreá.

Ó, bhí siúd aici, a deir Peadar, más fíor le rá,
Ó, rós-bhéilín tanaí le caiseal agus tím-bhéal tláth;
Bhí pingin ins an maide aici is dhá leithphingin eile anuas ar an gclár;
'S ní raibh fáil aici ar an gcluiche údan ó mhaidin nó go n-éiríodh an lá.

Muise an gcluineann sibhse mise libh, a chailíní na sráide údan thiar?
Go bhfuil mé i ngean oraibh le fada is mé faoi ghrásta Dé;
Tugaidh scéala uaim chuici agus aithris di nach taobh léi atáim,
Mar go bhfuil sin bean eile le fada do mo chloí le grá.

Ó, lán doirne doinne ins gach buinne dá dlaoi-fholt breá,
Nó an bhfuil sibh ina gcodladh, mar is mithid daoibh m'úrscéal a fháil.

*Dar seo agus dar siúd, is é an t-úrscéal a bhí ansiúd, triúr bodachaí i dtús
earraigh a chuaigh ag dó móna, iad féin agus an dá mhada con a bhí acu.
Chuadar ag iarraidh cead coille ar an gCoirbíneach agus thug sé sin dóibh.
Chrochadar leo a bpéire tuannaí cúl-ramhra béal-tanaí. Dhearmadar an
tapa, is thugadar an míthapa leo. Bhriseadar na giarsaí is lig siad na maidí
rámha leis an sruth.*

Muise ar arraingeachaí agaillte dhomsa nó pianta báis;
Mar tá mé do mo stangadh ag an arraing atá ag gabháil thrí mo lár?
Ó, b'fhearr liom seal fada a bheinn ag breathnú ar a mínchnis breá
Nó dá bréagadh go maidin, cé gur maoirsiúil dom a leithéid a rá.

*Dar seo agus dar siúd, is é an t-úrscéal a bhí ansiúd ná Cormac Mac Airt
Mac Choinn, Mac Thréanmhóir Uí Bhaoiscne, a chuaigh ag tomhais na
léime binne brice bua, a bhí ar Bhinn Éadain Mhic Éadghaoith Mhic
Amhlaigh, an áit a dtáinig an chéad loing is an chéad laoch go hÉirinn
riamh.*

Muise dheamhan sin gort socair nach i bhfogas dó atá an nóinín fraoigh,
Agus dheamhan sin loch ar bith gan abhainn a bheith ag gabháil uaithi
    síos.
Tá an reithe seo sna sodair agus níl aon chónaí faoi,
'S ní minic a tháinig sonas gan an donas a bheith ina orlaí thríd.

*Dar seo agus dar siúd, is é an t-úrscéal a bhí ansiúd, reithe mór mo
mháthar mór, a chuaigh siar sa teampall mór, ag réabadh amach
deskanna. Mura dtaga siad roimh reithe mór mo mháthar mór, déanfaidh
sé an diabhal sa teampall mór.*

Má théann tú thart siar ansin ag seanbheainín bhéasach
A bhfuil aici scata de pháistí bréagach,
Cuimil do bhasa go sleamhain dá n-éadan
Is fainic an lochtófá tada dá dtréithre,
'S an mhaigearó aeró, is í an chraoibhín gheal donn.

Má théann tú thart siar ansin in easc údan Shiomáin
Fainic thú féin ar easc údan Shiobháin,
Bádh dhá chaora inti, minseach is meannán,

Capall Uí Dhónaill, a chú agus a ghearrán;
Is an mhaigearó aeró, is í an chraoibhín gheal donn.

Ó Sheán Choilm Mac Dhonnchadha, athair Dhara Bháin, a d'fhoghlaim
Seosamh an t-amhrán seo. Rinne Seán Mac Mathghamhan taifeadadh
de in óstán an Swiss Chalet le linn Oireachtas na bliana 1956. Ní raibh
an taifeadadh a rinne Seán Mac Mathghamhna baileach sách maith le
cur ar an dlúthdhiosca seo agus chuir mé an taifeadadh a rinne Seosamh
do Phádraig Ó Raghallaigh i 1957 isteach ina áit. Tá cuntas níos
iomláine ar an 'Seachrán' á rá sa Swiss Chalet ar leathanaigh 148–50 den
bheathaisnéis seo.

13. Eileanór na Rún

Mo ghrá den chéad fhéachaint thú
A Eileanór, a rún;
Is ort a bhím ag smaoineamh
Tráth a mbím i mo shuan.
A ghrá den tsaol 's a chéadsearc,
Is tú is deise ná ban Éireann;
A bhruinnillín deas óg,
'S tú is deise milse póig,
Chúns mhairfead beo beidh gean agam ort;
Mar is deas mar a sheolfainn gamhna leat
A Eileanór, a rún.

Bhí bua aici go meallfadh sí
Na héanlaith den chrann;
Bhí bua eile aici go dtógfadh sí
An corp fuar ón mbás;
Bhí bua eile aici nach ndéarfad,
Is í grá mo chroí is mo chéadsearc;
A bhruinnillín deas óg,
Is tú is deise milse póig,
Chúns mhairfead beo beidh gean agam ort;
Mar is deas mar a sheolfainn gamhna leat,
A Eileanór, a rún.

An dtiocfaidh tú nó an bhfanfaidh tú,
A Eileanór, a rún?
Nó an aithneofá an té nach gcáinfeadh thú,
A chuid den tsaol is a stór?
Ó, tiocfaidh mé is ní fhanfaidh mé,
Is maith a d'aithneoinn an té nach gcáinfeadh mé.
A bhruinnillín deas óg, is tú is deise milse póig,
Chúns mhairfead beo beidh gean agam ort;
Mar is deas mar a sheolfainn gamhna leat,
A Eileanór, a rún.

I seanchas na n-amhrán labhraítear faoi Chearbhall Ó Dálaigh mar aon fhile cáiliúil amháin, cé go raibh roinnt filí den ainm sin ann, a shíolraigh ó Chearbhall Fionn Ó Dálaigh, duine de sheachtar mac a bhí ag an bhfile Aonghus Ó Dálaigh i gceantar na hIarmhí sa 13ú céad. Tá dhá amhrán mhóra i gceantar Charna a luaitear le duine de na Cearbhaill Ó Dálaigh sin, a bhí ina chónaí i Loch Garman ag tús an 17ú céad, 'Seachrán Chearbhaill' agus 'Eileanór na Rún'. Tá an dá amhrán ceangailte go dlúth le chéile, mar gur úsáid an file an 'Seachrán' le Eileanór Chaomhánach, iníon le Murchadh Caomhánach, nó Sir Morgan Kavanagh, i gCaisleán Chluain Maoláin i gContae Cheatharlach, a mhealladh ón bhfear a bhí lena pósadh. Tháinig Cearbhall, i mbréigriocht mar bhacach, chun na coirme ina teach an oíche roimh an mbainis agus, le meascán filíochta agus seachráin (caint nár thuig aon duine dá raibh i láthair ach Eileanór agus é féin), d'éirigh leis a chur ina luí uirthi éalú leis. Leis an 'Seachrán' a mheall sé í, agus is leis an amhrán grá 'Eileanór na Rún' a bhréag sé í.

14. The Bonny Bunch of Roses
By the margin of the ocean,
One pleasant evening in the month of June,
When all the feathered songsters
Their liquid notes did sweetly tune;
It's there I met a female,
And on her features were signs of woe,
Conversing with young Bonaparte,
Concerning the Bonny Bunch of Roses O.

Out speaks the young Napoleon,
He takes his mother by the hand,
Saying, 'Mother dear, be patient
Until I'm able to take command;
Then I'll raise a mighty army,
And through tremendous dangers go,
And ne'er will I return again
Till I conquer the Bonny Bunch of Roses O.'

He took six hundred thousand men,
And kings likewise to bear his train;
He was so well provided for,
That he could sweep the world for gain;
But when he came to Moscow,
He was overpowered by sleet and snow
And with Moscow all ablazing
He lost the Bonny Bunch of Roses O.

'O son, be not too venturesome
For England has a heart of oak;
And England, Ireland, Scotland,
Their unity shall ne'er be broke;
Remember your brave father,
In Saint Helena he lies low;
But if you follow after,
Beware of the Bonny Bunch of Roses O.'

'Now mother dear, I bid you adieu,
As I lie on my dying bed;
If I'd have lived I'd be more clever,
But now I droop my youthful head;
And when my bones lie mouldering,
And the weeping willows o'er me grow,
The name of young Napoleon
Will enshrine the Bonny Bunch of Roses O.'

[Bhíodh an véarsa seo a leanas ag Seosamh go minic, mar an tríú véarsa:]

'When first you met great Bonaparte
You fell upon your bended knee;
And you asked your father's life of him,
He granted it right manfully.
It was then he took an army
And o'er the frozen Alps did go;
He said 'I'll conquer Moscow
And return for the Bonny Bunch of Roses O.'

Comhrá atá anseo idir Napoleon II, mac Impire Napoleon Bonaparte na
Fraince (ó 1804 go 1815), agus a mháthair Marie-Louise, iníon Impire
na hOstaire, faoin ionradh a rinne Napoleon Bonaparte ar an Rúis i
Meitheamh na bliana 1812 agus os cionn 600,000 fear faoina cheannas.
Bhí an tImpire Napoleon pósta le Marie Louise na hOstaire ón mbliain
1810, tar éis dó arm a hathar a chloí i Wagram na hOstaire in 1809, agus
tar éis dó a chéad bhean, Josephine, a chur uaidh, nuair nár thug sí
oidhre mic dó. Thug Marie Louise an t-oidhre mic sin dó in 1811, agus
sin é an mac (Napoleon II) atá ag comhrá léi san amhrán seo.
    Theip chomh tubaisteach sin ar thuras fada arm Napoleon go Moscó
idir 1812 agus 1814, go mb'éigean dó éirí as a bheith ina Impire nuair a
d'fhill sé ar Pháras. Ach cuireadh ar ais ina Impire arís é in 1815 ar feadh
tréimhse ghairid ghlórmhar céad lá, go dtí go bhfuair Arm Shasana (faoi
cheannas Wellington) agus Arm na Prúise (faoi cheannas von Blücher)
an ceann is fearr air i Waterloo i Meitheamh 1815. Ghéill Napoleon
d'Arm na Breataine agus cuireadh i bpríosún é ar oileán Saint Helena,
áit a bhfuair sé bás – le nimh, deirtear – i mBealtaine na bliana 1821.
    Tar éis Waterloo, cumadh go leor amhrán molta faoi Napoleon, agus
tá 'The Bonny Bunch of Roses' agus 'The Green Linnet' ar na cinn is
cáiliúla a cumadh faoi in Éirinn. Thugtaí 'The Bunch of Roses' ar Arm na
Breataine ag an am, mar gheall ar na cótaí dearga a chaithidís agus an rós
a bheith mar shuaitheantas náisiúnta Shasana. Deir A. L. Lloyd, ina
leabhar The Singing Englishman (London, 1944):

> 'The bunch of roses' was a common name for the redcoated British
> Army. After Waterloo there was a whole crop of songs about
> Napoleon with fine sonorous titles like The Great Conversation on
> Napoleon or The Illumination of the Royal Corsican, with long striding
> Myxolyian tunes of very wide compass, often running more than an
> octave and a half, which made them very satisfactory for shouting in

the streets by balladmongers, who did a roaring trade in such ballads during the general rejoicing that followed the Treaty of Amiens.

Deireadh Seosamh Ó hÉanaí gurbh ionann 'The Bonny Bunch of Roses' agus Éire, Alba agus Sasana, agus sin é an chiall a bhain go leor Éireannach eile freisin as, go háirithe mar gheal ar an líne:

'England, Ireland, Scotland, their unity shall ne'er be broke'.

Deir Terry Moylan ina leabhar *The Age of Revolution in the Irish Song Tradition 1776–1815* (Dublin, 2000) go raibh dlúthbhaint ón tús ag an amhrán leis an seanamhrán Gaeilge 'An Binsín/Beairtín Luachra'. Tá cúlra an amhráin seo tugtha ag Seán Garvey ina dhlúthdhiosca *The Bonny Bunch of Roses* (Harry Stotle, HS002, 23). Deir sé gur chum file mór Chiarraí Theas Tomás Rua Ó Súilleabháin amhrán moltach do mhuintir Uí Chonaill as Cárthann in Uíbh Ráthach (muintir Dhónaill Uí Chonaill). San amhrán bhain Tomás Rua úsáid as íomhá sheanbhunaithe 'chailín beag na luachra' mar shiombail d'Éirinn. Aistríodh an focal Gaeilge 'luachra' go *loughero* i mBéarla, agus cumadh bailéad moltach faoi Napoleon dar teideal 'The New Bunch of Logheroo'. D'fheil na focla 'bonny bunch of loughero' agus an fonn bunaidh go maith dá chéile agus tháinig borradh faoin amhrán. Ní hamháin sin ach ceanglaíodh go dlúth an t-amhrán le cás na hÉireann. Ach, a deir Garvey, pé bá a bhí ag Éireannaigh le Napoleon agus fiú má chonaic roinnt acu mar shlánaitheoir é, níor stop sé sin na mílte Éireannach (breis agus 200,000 idir 1800–15) as liostáil in Arm Shasana, a bhformhór le héalú ón ocras agus cruatan sa mbaile. Agus iad ag rá amhráin leis an líne 'the bunch of loughero' in arm a raibh 'the bunch of roses' mar leasainm air, ní nach ionadh gur athraíodh an líne go 'the bonny bunch of rushes o' ar dtús agus ansin go 'the bonny bunch of roses o.'

15. Amhrán Mháire Ní Mhongáin

Bhí Máire Ní Mhongáin ina cónaí i mBaile na Cille, is é sin Baile na Cille atá in aice le Leitir Fraic ansin, agus bhí sí pósta agus bhí triúr mac aici. Agus cailleadh a fear agus rinne sí – mar a dúirt sí féin – an dearmad pósadh aríst. Agus nuair a phós sí aríst d'imigh an triúr mac uaithi. Chuaigh duine acu in Arm Shasana agus chuaigh beirt acu go Meiriceá. Agus anois, seo amhrán a tháinig anall as Boston, agus tá mé ag ceapadh gurbh é an chéad uair riamh ar dúradh é, i dteach i mBoston. Agus nuair a phós sí aríst bhí muirín óg uirthi agus bhí a croí chomh briste nuair a d'imigh an chlann mhac uaithi is go ndearna sí an t-amhrán seo. Bhí duine acu istigh i dteach i mBoston nuair a tháinig cailín as Baile na Cille amach ansin. Agus, mar a dhéanann siad i gcónaí, nuair a thagann duine as an áit, déanann siad céilí beag dó. Agus dúirt sí an t-amhrán seo agus bhí Peadar istigh sa teach ar dúradh an t-amhrán ann. Nuair a chuala sé an t-amhrán thosaigh sé ag caoineadh agus d'imigh sé abhaile lá arna mhárach, ach bhí a mháthair curtha roimhe.

Muise, bhí triúr mac agam a bhí oilte tóigthe,
Ba ghearr ba lón dom iad, céad faraor géar;
D'fhágadar a ndeirfiúirín ag sileadh deora
Gach aon lá Domhnaigh is í ag iarraidh a ngléas;
Ní raibh suim ar bith agam sa mac ab óige,
Cé gur lách an leoinín é Peadar féin;
Ach an mac ba shine acu a chráigh go mór mé
Is mí ní beo mé le cumha ina dhiaidh.

Mo Pheadar muirneach a bhí go hoilte múinte
'S a chuaigh ar chúntar a bheith ní b'fhearr;
Bhí gnaoi na gcomharsan air fhad is bhí sé liomsa,
'S ba mhaith an cúntóir é amuigh le Seán.
Tá súil le Muire agam go bhfaighidh tú iomlacht
Is fortún cumhachtach ó Rí na nGrás,
A bhéarfas abhaile chugam thú slán ón gcontúirt,
Mar is mór mo chumha i ndiaidh mo mhicín bháin.

An bhfuil trua in Éirinn ach mac is máthair
A ghabháil i bhfán ar a chéile choíche?
A chuaigh go Sasana san Arm Gallda
'S gan fios a pháighe ach an beagán bidh.
Dá mba i mBaile na Cille a bheadh a gcnámha
Ní bheinn chomh cráite ná a leath in do dhiaidh,
Ach mo chúig chéad beannacht leat go Ríocht na nGrásta
Mar nach bhfuil sé i ndán dom thú a fheiceáil choíche.

Nach mór a ghoileas bean i ndiaidh páiste
Nuair a fháigheann sé bás uirthi in aois a mhí;
'S nach iomdha forránach breá lúfar láidir
Ag gabháil thar sáile 's nach bhfillfidh choíche.
Ní hé sin is measa liom ná a d'fhág faoi bhrón mé
Ach rinne mé an pósadh úd ar ais aríst,
Mar bhain sé an chlann díom a bhí oilte tóigthe
Tá muirín óg orm is mé lag ina gcionn.

'S an bhfuil trua in Éirinn níos mó ná mise
I ndiaidh mo chéad mhic a chráigh mo chroí?
Ag guibhe Dé is ag déanamh déirce
Is ní fháighim aon scéal uait ar muir ná tír.
Ach más é an ní a bhuair mé is a d'fhág faoi bhrón mé
Is iomdha dólás atá ag gabháil thrí mo chroí,
Tá deireadh mo sheanchais is mo chomhrá déanta
'S ní labhród gíog nó go dté mé i gcill.

17. Skibbereen

O father dear, I often hear you speak of Erin's Isle,
Her lofty scenes, her valleys green, her mountains rude and wild,
They say it is a lovely land wherein a prince might dwell,
Oh, why did you abandon it? The reason to me tell.

My son, I loved my native land with energy and pride,
Till a blight came over all my crop, my sheep and cattle died,
My rent and taxes were so high I could not them redeem,
That's the cruel reason I left old Skibbereen.

It's well I do remember the year of Ninety-Eight,
When I arose, a Fenian, to battle against our fate,
We were hunted through the mountains, as traitors to the Queen,
That's another reason I left old Skibbereen.

It's well I do remember the cold November's day,
When the landlord and the sheriff came to drive us all away,
They set our roof ablaze on fire with their demon yellow spleen,
That's another reason I left old Skibbereen.

Your mother too, God rest her soul, fell on the snowy ground,
She fainted in her anguish seeing the desolation around,
She never rose but passed away from life to mortal dream,
She found a grave and place of rest in dear old Skibbereen.

You were only two months old, and feeble was your frame,
I could not leave you with my friends, you bore your father's name,
I wrapped you in my *cóta mór* at the dead of night unseen,
We heaved a sigh and bade goodbye to dear old Skibbereen.

O father dear, the day will come when vengeance we will call,
When Irishmen, both stout and stern, will rally to the call,
I'll be the man to lead the van, beneath the flag of green,
And loud and high we'll raise the cry 'Revenge for Skibbereen!'

Ceann de na hamhráin mhóra Béarla faoin nGorta é 'Skibbereen'. 'The
daddy of them all' a thugadh Seosamh air. Fuair an t-ochtú cuid de
dhaonra na hÉireann, 1.1 milliún duine, bás le linn an Ghorta Mhóir
(1845–50). Chuaigh milliún eile ar imirce go Meiriceá, agus cailleadh go
leor leis an ocras agus leis an bhfiabhras ar an mbealach anonn.

Bhí an Sciobairín, in iarthar Chorcaí, ar cheann de na háiteacha is
measa a bhuail an Gorta; fuair ochtó faoin gcéad den daonra ansin bás.
Buachaill óg atá ag fiafraí dá athair anseo cén fáth ar fhág sé an baile,
agus an t-athair ag insint dó.

'It's well I do remember the year of Ninety-Eight' atá sa tríú véarsa ag
Seosamh anseo, ag trácht ar Éirí Amach 1798, ach 'the year of Forty-
Eight', an bhliain 1848, is ceart a bheith ann, bliain Éirí Amach Éire Óg.

'When I arose, a Fenian, to battle against our fate' atá ag Seosamh sa
gcéad líne eile, cé nach é sin atá coitianta. D'fhéadfadh an chiall a bheith
le líne Sheosaimh, gur de bharr Éirí Amach na bliana 1848 a bunaíodh
na Fíníní in 1858.

18. Amhrán Mhaínse (Amhrán Mháire Ní Chlochartaigh)

Dá mbeinn trí léig i bhfarraige nó ar thalamh i bhfad ó thír,
Gan aon neach beo i mo ghaobhar ach raithneach glas is fraoch;
An sneachta dá shéideadh ó thuaidh 's ó dheas 's an ghaoth dá fhuadach
  díom,
Is mé bheith ag comhrá le mo Teaimín Bán níorbh fhada liom an oíche.

A Mhuire dhílis, céard a dhéanfas mé, tá an geimhreadh anois an-ghann,
A Mhuire dhílis, céard a dhéanfas an teach seo ná a bhfuil ann?
A Dhia, cén fáth nár fhág tú mé nó go scalfadh an lá breá,
Go mbeadh an chuach ag gairm is gach duilliúr glas ag fás.

Dá mba thusa féin a d'imeodh agus mise fanacht beo,
Thógfainnse do chuid clainne duit an dá lá is bheidís beo.
Shiúilfinn féin na *Liberties* agus páirt de Chontae an Chláir
'S ní chuimhneoinn an fhad is mhairfinn aon fhear eile a chur in d'áit.

Dá mbeadh mo chlann sa mbaile agam an oíche a bhfaighinnse bás
Thórróidís go fiúntach mé trí oíche agus trí lá.
Bheadh na píopaí fada cailce ann, is na ceaigeanna is iad lán,
Is bheadh triúr ban óg ó shléibhte le mé a chóiriú os cionn cláir.

Is bíodh mo chónra déanta ó fhíor-ghealscoth na gclár,
Má tá Seán Ó hEidhin i Maínis bíodh sí déanta óna láimh;
Bíodh mo ribín is mo chaipín is iad go ródheas faoi mo cheann,
Is tabharfaidh Páidín Mór go Maínis mé nó is garbh a bheadh an lá.

Ag gabháil anoir ag Inse Ghainimh bíodh an brat againn sa gcrann,
Ná cuiridh i Leitir Calaidh mé mar ní ann atá mo dhream;
Ach cuirigí i Maínis mé, san áit a gcaoinfear mé go breá,
Beidh soilse ar na dumhachannaí, ní bheidh uaigneas orm ann.

Bean as Maínis i bpobal Charna a bhí pósta i Leitir Calaidh taobh thoir
de Chuan Chill Chiaráin a raibh Máire Ní Chlochartaigh uirthi a rinne
'Amhrán Mhaínse', más fíor an seanchas. Cé go raibh sí ceanúil ar a fear,
'Teaimín Bán', mar a thugann sí air san amhrán, ba thiar a bhí a nádúr,
agus nuair a d'airigh sí an bás ag teacht d'iarr sí gan í a chur i Leitir
Calaidh ach í a thabhairt siar go Maínis. Bhí fear gaoil léi, Páidín Mór
Mac Con Iomaire, a raibh bád seoil aige agus gheall seisean go
dtabharfadh sé siar í, ach tá sé ráite gur tháinig lá na sochraide rógharbh
agus gurbh éigean í a chur i Leitir Calaidh.
    Seo leagan a dúirt Seosamh do Tony MacMahon ar an gclár raidió
The Long Note.

19. Bean Pháidín

(Is é an) trua ghéar nach mise, nach mise,
(Is é an) trua ghéar nach mise bean Pháidín;
(Is é an) trua ghéar nach mise, nach mise,
Is an bhean atá aige a bheith caillte.

Chuaigh mé go hAonach an Chlocháin,
Isteach go Béal Átha na Báighe,
Bhreathnaigh mé isteach thríd na fuinneogaí
I ndúil is go bhfeicfinn bean Pháidín.

(Is é an) trua ghéar nach mise, nach mise,
(Is é an) trua ghéar nach mise bean Pháidín;
(Is é an) trua ghéar nach mise, nach mise,
Is an bhean atá aige a bheith caillte.

Go mbristear do chosa, do chosa,
Go mbristear do chosa, a bhean Pháidín,
Go mbristear do chosa, do chosa,
Go mbristear do chosa is do chnámha.

(Is é an) trua ghéar nach mise, nach mise,
(Is é an) trua ghéar nach mise bean Pháidín;
(Is é an) trua ghéar nach mise, nach mise,
Is an bhean atá aige a bheith caillte.

Is ghabhfainn go Gaillimh, go Gaillimh,
Is ghabhfainn go Gaillimh le Páidín,
Ghabhfainn go Gaillimh, go Gaillimh,
Is thiocfainn abhaile sa mbád leis.

(Is é an) trua ghéar nach mise, nach mise,
(Is é an) trua ghéar nach mise bean Pháidín;
(Is é an) trua ghéar nach mise, nach mise,
Is an bhean atá aige a bheith caillte.

Chaith mé mo bhróga, mo bhróga,
Chaith mé mo bhróga i ndiaidh Pháidín,

Chaith mé mo bhróga, mo bhróga,
Chaith mé na boinn is na sála.

(Is é an) trua ghéar nach mise, nach mise,
(Is é an) trua ghéar nach mise bean Pháidín;
(Is é an) trua ghéar nach mise, nach mise,
Is an bhean atá aige a bheith caillte.